OLIVER JANZ

DER GROSSE KRIEG

Campus Verlag
Frankfurt/New York

ISBN 978-3-593-39589-0

Das Werk einschließlich aller seiner Teile ist urheberrechtlich geschützt.
Jede Verwertung ist ohne Zustimmung des Verlags unzulässig. Das gilt
insbesondere für Vervielfältigungen, Übersetzungen, Mikroverfilmungen
und die Einspeicherung und Verarbeitung in elektronischen Systemen.
Copyright © 2013 Campus Verlag GmbH, Frankfurt am Main
Umschlaggestaltung: Guido Klütsch, Köln
Umschlagmotiv: © AKG
Satz: Fotosatz L. Huhn, Linsengericht
Gesetzt aus: Minion und Myriad
Druck und Bindung: Beltz Bad Langensalza
Printed in Germany

Dieses Buch ist auch als E-Book erschienen.
www.campus.de

INHALT

Einleitung 9

1. Wege in den Krieg 17

    Nationalismus, Imperialismus, Sozialdarwinismus 18
    Kriegserwartungen und Kriegsbereitschaft 25
    Bündnissysteme und Aufrüstung 40
    Die Julikrise 59

2. Industrieller Krieg 71

    Von Lüttich bis Mons 71
    Aus Deutschen werden Hunnen 75
    Das Ende der Illusionen 81
    Der Übergang zum Stellungskrieg 86
    Materialschlacht und maschineller Tod 90
    Motivation und Moral, Konsens und Verweigerung 97

3. Entgrenzter Krieg 103

    Der Krieg im Osten 103
    Der Krieg auf dem Balkan und im Nahen Osten 112
    Der Krieg im Nahen und Mittleren Osten 115
    Kriegsgräuel, Gefangenschaft und Kriegsrecht 122

4. Globaler Krieg 133

    Der große Krieg als Weltkrieg 133

Der Krieg in Ostasien und im Pazifik 140
Seekrieg: Das deutsche Ostasiengeschwader 147
Der Krieg in Afrika 153
Die Kolonialreiche im Krieg 165

5. Kulturkrieg 179

Die Stimmungen bei Kriegsbeginn 180
Die Kriegsfreiwilligen 190
Die Sozialdemokratie am Beginn des Krieges 195
Geistige Mobilmachung 202
»Für ein größeres Italien« 212

6. Totaler Krieg 225

Zensur und Meinungslenkung 226
Kriegswirtschaft, Arbeit und Frauen 230
»Union sacrée« und politische Krisen 243
Bridge am Rande des Bankrotts 250
Mobilisierung ohne Konsens 256
Vielvölkerstaat am Rande des Zerfalls 261
Vom Burgfrieden zur Verwaltung des Mangels 264
Antisemitismus und Balfour-Deklaration 270

7. Kriegswende 281

Vorboten der Wende 281
Das Ende des Zarenreichs 292
Der Kriegseintritt der Vereinigten Staaten 298
Die Westfront 1917 302

8. Kriegsende 313

Die deutschen Offensiven an der Westfront 1918 313
Die deutsche Niederlage und die Dolchstoßlegende 318
Die Pariser Friedensverhandlungen und Vorortverträge 324
Der lange Krieg 334

9. Trauer und Erinnerung 351

Anhang

Anmerkungen 359
Quellen- und Literaturverzeichnis 387
Register 403

EINLEITUNG

Unsere Vorstellung vom Ersten Weltkrieg ist geprägt durch die Westfront, durch Bilder von endlosen Schützengräben, vom Stellungskrieg und den industriellen Abnutzungsschlachten an der Somme und um Verdun. Dafür steht bis heute Erich Maria Remarques Roman *Im Westen nichts Neues*, das berühmteste Buch über den Ersten Weltkrieg und Vorlage für den gleichnamigen Film. Aber nicht nur in der Öffentlichkeit, sondern auch in der Geschichtswissenschaft dominiert noch immer ein auf Deutschland und Westeuropa konzentriertes Bild vom Ersten Weltkrieg. Dieser erscheint vor allem als ein europäischer Bürgerkrieg zwischen Deutschland, Frankreich und England. Als seine Ursachen gelten die deutsch-französische »Erbfeindschaft«, die nicht verwundene Niederlage von 1870/71 und der Verlust Elsass-Lothringens, das wilhelminische Streben nach Weltgeltung und die deutsche Flottenrüstung sowie britische Missgunst gegenüber dem wirtschaftlich so erfolgreichen Newcomer Deutschland.

Demgegenüber ist weitgehend in Vergessenheit geraten, dass Ost- und Südosteuropa noch stärker in Mitleidenschaft gezogen wurden als West- und Mitteleuropa. Während im Westen viele Staaten wie Spanien, die Schweiz, die Niederlande, Dänemark, Schweden und Norwegen ihre Neutralität wahren konnten, wurde ganz Osteuropa vom Krieg erfasst, einschließlich des Balkans, wo der Krieg ausbrach. Dies war kein Zufall, denn hier lagen viele seiner tieferen Ursachen. Noch weniger bekannt ist, dass die Verluste an den östlichen und südöstlichen Fronten und im Nahen und Mittleren Osten höher waren als an der Westfront mit ihren blutigen Materialschlachten. So ist etwa ein Drittel der serbischen und rumänischen Soldaten im Krieg umgekommen, mehr als doppelt so viel wie im deutschen oder im französischen Heer. Das osmanische Heer verlor 20 Prozent seiner Soldaten, fast doppelt so viele wie Briten oder Italiener.[1] Noch eindeutiger fällt die Bilanz aus, wenn man die Opfer einbezieht, die der Krieg unter der Zivilbevölkerung Osteuropas und Kleinasiens forderte.

Dass die osteuropäische Dimension des Weltkriegs im allgemeinen Bewusstsein – und bis vor wenigen Jahren auch in der Forschung – so wenig präsent ist, hängt nicht zuletzt damit zusammen, dass die Sowjetunion, obwohl sie aus dem Ersten Weltkrieg hervorging, aber auch die Staaten in Osteuropa, die nach 1945 zu ihren Satelliten wurden, auf den Gründungsmythos der Russische Revolution fixiert waren. Das hat die Erinnerung an den großen Krieg in Osteuropa lange überlagert. Ähnlich liegen die Dinge in der Türkei. Für sie wurde nicht der Erste Weltkrieg, sondern der unmittelbar aus ihm entspringende Unabhängigkeitskrieg, der vor allem gegen Griechenland geführt wurde und in die Gründung der Republik mündete, zum zentralen Bezugspunkt der kollektiven Erinnerung.

Als Erster Weltkrieg wird der Konflikt allgemein erst seit dem Beginn des Zweiten Weltkriegs bezeichnet. In Frankreich, England und Italien spricht man bis heute vorwiegend vom Großen Krieg. Wenn hier und da schon früher vom »Ersten Weltkrieg« die Rede war, vor allem in Deutschland, dann meist nicht um seine globale Ausdehnung, sondern seine welthistorische Bedeutung zu unterstreichen. So blieb die deutsche Historiografie des Krieges stark national verengt. Nach 1918 ging es vor allem darum, die These von der Kriegsschuld Deutschlands zu widerlegen, nach 1945 um die Frage, welchen Stellenwert der Krieg für den »deutschen Sonderweg« hatte, der zu Hitler und Auschwitz führte.

Doch in einer Zeit, die durch die Erfahrung beschleunigter Globalisierung geprägt ist, muss gerade die weltumspannende Dimension des Ersten Weltkrieges in den Mittelpunkt rücken. Er war nicht nur für Europa, sondern auch für viele Länder der außereuropäischen Welt die »Urkatastrophe des 20. Jahrhunderts«. Kein anderes Ereignis vor ihm hat das Leben so vieler Menschen auf allen Kontinenten verändert. Der Erste Weltkrieg zeigt, wie globalisiert die Welt und das internationale Mächtesystem schon 1914 waren. Er war nicht nur der erste totale Krieg, in dem alle gesellschaftlichen Kräfte und wirtschaftlichen Ressourcen mobilisiert wurden, sondern auch der erste wirklich globale Krieg der Weltgeschichte.[2] Er wurde nicht nur, wie schon manche Kriege zwischen den europäischen Mächten vor ihm, auch außerhalb Europas geführt, in Afrika, im Nahen und Mittleren Osten, in China und im pazifischen Raum, an diesen Kämpfen nahmen nun auch in großem Umfang außereuropäische Staaten teil.

Global war der Krieg von Beginn an auch in ökonomischer Hinsicht. Der Kriegseintritt Großbritanniens hatte Folgen für den Handel und die Finanzsysteme aller Staaten der Welt, ganz unabhängig davon, ob sie in den Krieg eintraten oder nicht, denn das Vereinigte Königreich war das Zentrum des Welthandels und London Mittelpunkt des globalen Finanzwesens. So betraf der Krieg rasch und unmittelbar die internationalen Finanzmärkte, darunter vor allem ihr zweites Zentrum New York. Alle Staaten der Entente nahmen nun, oft über London, in den Vereinigten Staaten Kredite auf, um den Krieg zu finanzieren. Am Ende des Krieges, der Deutschland hohe Reparationen auferlegte, war ganz Europa in den USA verschuldet. Der Krieg eröffnete überdies vielen zunächst neutralen Ländern neue Exportmärkte. Dies gilt für die USA, für Lateinamerika und einige Staaten Asiens, deren Volkswirtschaften sich dadurch dramatisch veränderten. So wirkte für große Teile der restlichen Welt der Krieg wie ein großes, von Europa finanziertes Konjunkturprogramm. Am Ende hatte Europa nicht nur knapp zehn Millionen tote Soldaten zu beklagen, sondern war auch finanziell und ökonomisch ausgeblutet. Mit dem Ersten Weltkrieg, der den Aufstieg der USA endgültig machte und den der UdSSR einleitete, endete nicht nur die politische, sondern auch die wirtschaftliche Vorherrschaft Europas über den Rest der Welt.

Zu einem globalen Konflikt wurde der Krieg aber auch dadurch, dass Frankreich und Großbritannien die Ressourcen ihrer kolonialen Imperien mobilisierten, die ein Viertel der Weltbevölkerung ausmachten, und zwar nicht nur in ökonomischer, sondern auch in militärischer Hinsicht. Frankreich rekrutierte 550 000 Mann in seinen Kolonien, von denen 440 000 in Europa zum Einsatz kamen. In Indien wurden 1,3 Millionen Soldaten mobilisiert, von denen über 800 000 außerhalb des Subkontinents eingesetzt wurden. Ein großer Teil der britischen Truppen, die in Europa kämpften, stammten aus Australien, Neuseeland, Südafrika und Kanada. Diese Gebiete des Britischen Weltreichs stellten insgesamt 1,2 Millionen Soldaten, von denen 900 000 in Europa dienten. Und auch die russische Armee, die insgesamt 15 Millionen Männer mobilisierte, war nicht nur europäisch geprägt, sondern rekrutierte sich auch aus der asiatischen Bevölkerung des Zarenreiches. Darüber hinaus setzten Briten und Franzosen auch in größerem Stil Arbeitskräfte aus ihren Kolonien und aus China in Europa ein.

Die intensiven Bemühungen beider Seiten um weitere Bündnispartner führten schnell dazu, dass sich der Krieg ausweitete. Um weitere Staaten zum Kriegseintritt zu bewegen, mussten Zugeständnisse an ihre territorialen Interessen gemacht werden. So wurden immer mehr regionale Konflikte an den Krieg angedockt, die mit dem zentralen Geschehen oft wenig zu tun hatten. Diese Dynamik lässt sich am Beispiel von Rumänien, Bulgarien, Italien, Portugal, Japan, China und dem Osmanischen Reich beobachten, die alle den europäischen Kernkonflikt auszunutzen versuchten; entweder, wie das Osmanische Reich, Portugal und China, um ihre Position zu konsolidieren, oder, wie etwa Japan, das im Ersten Weltkrieg zur dominanten Macht in Südostasien und im pazifischen Raum aufstieg, um massiv zu expandieren. Aber auch Australien und Südafrika versuchten den Krieg für eigene Ziele zu instrumentalisieren und heizten ihn damit an. Die Forschung spricht hier von »Subimperialismus«. Als schließlich auch die USA in den Krieg eintraten, konnte es sich kaum noch ein Staat leisten, abseits zu stehen, da nun sicher war, dass am Tisch der Sieger die Welt neu geordnet werden würde. Das zeigt das Beispiel der lateinamerikanischen und anderer Staaten, die bald dem Beispiel Washingtons folgten.

Eine Folge dieser Kettenreaktion, die den globalen Charakter des Krieges immer weiter verstärkte, war, dass dieser keineswegs 1918 endete, wie das konventionelle Geschichtsbild es will. Auch in dieser Hinsicht muss unsere auf Deutschland und Europa zentrierte Sichtweise korrigiert werden. Der Erste Weltkrieg war nicht nur ein globaler, sondern auch ein langer Krieg, der eine eigene Epoche markiert. Er begann in vieler Hinsicht schon vor 1914 auf dem Balkan und an den kolonialen Peripherien wie Marokko oder Libyen. Und er dauerte weit über 1918 hinaus an. Dies gilt nicht nur in dem allseits bekannten Sinn, dass die Pariser Friedensverträge keine stabile internationale Ordnung schufen und die Grundlage für den Aufstieg von Faschismus und Nationalsozialismus legten, die dann zum Zweiten Weltkrieg führten und von dort zum Kalten Krieg, der erst 1989 endete. Auch wenn man nicht so weit ausgreifen will, markiert 1918 nicht das Ende des Krieges, denn an ihn schlossen sich zahlreiche weitere Kriege und bewaffnete Konflikte an, die unmittelbar aus ihm hervorgingen und zum Teil bis in die frühen 1920er Jahre hinein andauerten. Die Liste dieser gewaltsamen Konflikte ist lang. Sie reicht vom russischen Bürgerkrieg, der wahrscheinlich mehr Russen das Leben gekostet hat als der Erste Weltkrieg, über die zahlreichen Grenzkonflikte und Kriege nach 1918 in Ostmitteleuropa bis hin zum türkischen Unabhängigkeitskampf und dem türkisch-griechischen Krieg, der erst 1923 mit dem Frieden von Lausanne zu Ende ging, oder dem Kampf für die ägyptische Unabhängigkeit.

Aus dieser gesamteuropäischen, globalen und zeitlich weitgestreckten Betrachtungsweise ergeben sich die Schwerpunkte und zentralen Fragestellungen des vorliegenden Buches. Wie unterschied sich der Krieg im Westen von dem in Osteuropa und auf dem Balkan? Welche Besonderheiten wies die Kriegführung im Nahen und Mittleren Osten und in Afrika auf? War der Erste Weltkrieg der letzte klassische Krieg, in dem, wie an der Westfront, vor allem Soldaten kämpften und starben, oder trug er bereits Züge eines »entgrenzten Krieges«, in dem sich die völkerrechtlich sanktionierte Linie zwischen Militär und Zivilbevölkerung verwischte, wie an der Ostfront, auf dem Balkan und im Nahen Osten? Inwieweit prägten Kriegsverbrechen diesen Konflikt? Wie wurden die Kriegsgefangenen behandelt, von denen es nun mehr als in jedem anderen Krieg zuvor gab?

Ein zweiter Fragenkomplex betrifft die globale Dimension des Krieges. War der große Krieg wirklich ein globaler Krieg und nicht doch in erster Linie ein europäischer Konflikt? War er tatsächlich der erste der Weltkriege? Was unterscheidet ihn von vorangehenden Kriegen zwischen europäischen Mächten wie dem Siebenjährigen Krieg oder den napoleonischen Kriegen, die zum Teil auch schon außerhalb Europas ausgetragen worden waren? Warum weitete sich der Krieg über die Grenzen Europas hinweg aus? Wie hing der europäische Kernkonflikt in Europa mit den regionalen Konflikten außerhalb Europas zusammen? Inwieweit haben die Kolonialmächte ihre außereuropäischen Ressourcen mobilisiert? Welche Erfahrungen machten Soldaten und Arbeiter aus den Kolonien in Europa? Welche Folgen hatte der Krieg für die außereuropäische Welt und die globalen Machtverhältnisse? Hat er das Zeitalter der Dekolonialisierung eingeleitet?

Ein dritter Komplex von Problemen betrifft Fragen der Periodisierung. Da ist zunächst die Vorgeschichte des Krieges. Wie eng hängt die Vorkriegszeit mit der Katastrophe von 1914 zusammen? Lässt sich ein Zeitpunkt bestimmen, ab dem sich die internationalen Krisen so verschärften und verdichteten, dass ein großer Krieg wahrscheinlich oder sogar unvermeidlich wurde? Wenn Osteuropa und der Nahe Osten keine Nebenschauplätze des großen

Krieges waren, wann endete er dann? Mit dem endgültigen Sieg der Roten Armee im russischen Bürgerkrieg 1922 oder mit dem Vertrag von Lausanne 1923, der dem Nahen Osten Frieden brachte? Oder war der große Krieg nur der Auftakt zu einem zweiten dreißigjährigen Krieg, der erst mit dem Zweiten Weltkrieg und der Niederlage von Faschismus und Nationalsozialismus zu Ende ging?

Die vorliegende Darstellung ist kein Handbuch. Sie deckt nicht alle Themen ab. Sie versteht sich als ein Überblick, der auf der Basis einer auch für die Experten nur noch schwer zu überschauenden Forschungsliteratur systematische Schneisen schlägt und sich auf die wichtigsten Akteure und Kräfte, Entwicklungen und Konstellationen beschränkt. Wo immer es sich anbietet, wird die makrohistorische Perspektive durchbrochen und Ereignisse und Zusammenhänge durch den Blick auf die Erfahrungen einzelner Menschen und ihre Schicksale deutlich gemacht. So kombiniert die Darstellung auch ganz verschiedene historische Ansätze und methodische Ebenen, von der Militär- und Technikgeschichte, der Geschichte der Staatlichkeit und der politischen Ideen, der internationalen Beziehungen und des Völkerrechts über die Wirtschafts-, Sozial- und Alltagsgeschichte bis hin zur Geschichte der Mentalitäten und Emotionen, der Bilder und Repräsentationen, der Geschlechter und des kollektiven Gedächtnisses.

Dabei werden auch die klassischen Probleme des Ersten Weltkriegs behandelt, die bis heute von Interesse und Bedeutung sind. Dazu gehört nicht zuletzt die Frage nach den Ursachen des Krieges und der Verantwortung für seine Auslösung. Zentral ist auch die Frage, wieso der Krieg zu einer derart unerhörten Entfaltung technisch-industrieller Gewalt führte und warum er so lange dauerte. Warum kämpften die meisten Soldaten weiter – trotz der immer offenkundigeren Sinnlosigkeit des Krieges, seiner unvorstellbaren Grausamkeit und seiner enormen wirtschaftlichen und menschlichen Kosten? Wie und in welchem Maße gelang es den beteiligten Staaten, ihre wirtschaftlichen, gesellschaftlichen und politischen Ressourcen für den Krieg zu mobilisieren? Warum waren die Siegermächte dabei letztlich erfolgreicher als Deutschland, Österreich-Ungarn und Russland? Wie und warum endete der Krieg? Durch den militärischen Zusammenbruch der Besiegten oder durch die Erschöpfung ihrer wirtschaftlichen und politischen Reserven und die Auflösung ihres inneren Zusammenhaltes? Welche Folgen hatte der Krieg für die politische

Ordnung der beteiligten Länder und für ihre Gesellschaften, für das Verhältnis der sozialen Klassen, der Geschlechter und der Generationen?

Am Ende muss die Frage stehen, wie an den Krieg erinnert und seine elementarste Folge, der Tod von fast zehn Millionen meist junger Männer, verarbeitet wurde. Dieser Verlust war für alle beteiligten Gesellschaften eine Herausforderung, die sie für Jahrzehnte geprägt hat. In die Ehrung der Toten wurden fast überall enorme Energien investiert. Die Trauer der unmittelbar Betroffenen war dadurch kaum zu mildern. Im öffentlichen Raum hat der Krieg nach 1918 ganz verschiedene Kulturen des Erinnerns und Vergessens hervorgebracht. Und auch heute spielt der Krieg im kollektiven Gedächtnis der beteiligten Nationen noch eine ganz unterschiedliche Rolle. Ob hundert Jahre nach seinem Beginn die Zeit für eine gemeinsame europäische, transnationale oder gar globale Erinnerung an den Krieg reif ist, muss sich erst noch zeigen.

KAPITEL 1

WEGE IN DEN KRIEG

Die Zeit der großen Debatten über die Ursachen des Ersten Weltkriegs ist vorbei. Die These des Historikers Fritz Fischer, das Deutsche Reich habe den Krieg in seinem Streben nach Weltmacht langfristig geplant, hat sich ebenso wenig durchgesetzt wie die Vorstellung, die europäischen Großmächte seien mehr oder weniger zufällig in den Konflikt »hineingeschlittert«. Dass »die deutsche Reichsführung einen erheblichen Teil der historischen Verantwortung für den Ausbruch des allgemeinen Krieges«[1] trug, wie Fischer 1961 schrieb, ist weitgehend unbestritten. In den letzten Jahren hat die Forschung den Blick jedoch, vielleicht auch unter dem Eindruck aktueller Konflikte, stärker auf den Balkan gerichtet, die Region, in der die Katastrophe begann.

Wer mehrere Jahrzehnte vor den August 1914 zurückgeht und danach fragt, wie es längerfristig gesehen zum großen Krieg kommen konnte, gerät leicht in die Gefahr, die Geschichte von ihrem Ende her zu erzählen. Der Ausbruch des Weltkriegs erscheint dann leicht als unvermeidliches Ergebnis zahlreicher, sich wechselseitig verstärkender Faktoren, von Nationalismus, Imperialismus und Militarismus, von Wettrüsten, militärischen Planungen und sich verhärtenden Bündnissystemen. In dieser Perspektive wird jedoch oft nur das berücksichtigt, was direkt zum Krieg führte oder ihn wahrscheinlicher machte. Die neuere Forschung verabschiedet sich zusehends von diesem Tunnelblick und fragt auch nach den Gegenkräften, denn oft wird vergessen, dass die Zeit zwischen 1871 und 1914 eine der längsten Perioden des Friedens zwischen den großen Mächten in Europa war. Dieser lange Frieden ist ebenso erklärungsbedürftig wie sein Ende.

Der Erste Weltkrieg war nicht unvermeidlich. Die meisten Beobachter rechneten 1914 keineswegs mit ihm, und in den Jahren zuvor wurden ganz unterschiedliche Prognosen abgegeben, ob es in absehbarer Zeit zu einem großen Krieg kommen würde. Während manche Zeitgenossen ihn für unausbleiblich oder sogar wünschenswert hielten, waren viele Politiker, Intellektuelle, Bankiers und Unternehmer davon überzeugt, dass er aufgrund der starken wirtschaftlichen Verflechtung und gegenseitigen Abhängigkeit der großen Wirtschaftsnationen nicht nur schädlich und sinnlos, sondern auch unmöglich geworden sei.

Zum Ersten Weltkrieg kam es aber auch nicht zufällig. Er war mehr als nur das Ergebnis einer unglückseligen Verkettung einzelner Ereignisse, in deren Verlauf die europäischen Mächte in den Krieg gleichsam hineinrutschten. Eine solche Perspektive verdunkelt nicht nur die Frage danach, wer den Krieg gewollt oder zumindest bewusst in Kauf genommen hat, sie verdeckt auch den Blick auf die zahlreichen lang- wie mittel- und kurzfristig wirksamen Faktoren, die den Krieg vor 1914 immer wahrscheinlicher machten und die Spielräume der Entscheidungsträger einengten.

Nationalismus, Imperialismus, Sozialdarwinismus

Der moderne Nationalstaat versprach seinen Bürgern Gleichheit und Teilhabe, Verfassung, politische Freiheit und wirtschaftlichen Fortschritt. Die Nation verband sich aber auch mit Vorstellungen kultureller Homogenität und Identität, gemeinsamer Geschichte und Sprache, mit dem Versprechen von Einheit und Stärke, mit der Abgrenzung und Behauptung gegen äußere Gegner. Das galt für Frankreich und Großbritannien ebenso wie für die neu entstandenen Staaten Griechenland (1830), Belgien (1832), Italien (1861) und Deutschland (1871). In der zweiten Hälfte des 19. Jahrhunderts griff die Idee des homogenen Nationalstaats immer mehr auch auf Ost- und Südosteuropa über, wo nach dem Berliner Kongress (1878) Serbien, Montenegro und Rumänien ihre Unabhängigkeit und Bulgarien seine Autonomie erlangt hatten. Dies trug zur Destabilisierung der multiethnischen Imperien bei, vor allem des Osmanischen Reichs und der Donaumonarchie, und führte zu wachsenden Spannungen in der Region.

Die Idee der Nation, ursprünglich die Sache kleiner kultureller und politischer Eliten, hatte sich in der ersten Hälfte des 19. Jahrhunderts mit Vorstellungen von Demokratie und Liberalismus verbunden, mit der Forderung nach Verfassung und Partizipation, Freiheit und nationaler Selbstbestimmung. In dieser Phase waren nationale Bewegungen noch gegen etablierte staatliche Ordnungen gerichtet. Doch in den letzten Jahrzehnten des Jahrhunderts wird der Nationalismus immer mehr eine konservative, auf den bestehenden Staat, seine Institutionen und Symbole bezogene Kraft; ein Massenphänomen, von der Obrigkeit gezielt gefördert. Er dient als sozialer und politischer Kitt, als Antwort auf die zahlreichen Herausforderungen und Verunsicherungen durch Industrialisierung, Binnenwanderung und Urbanisierung, durch klassengesellschaftliche Spannungen, Politisierung und Ausdehnung des Wahlrechts. Eine wichtige Agentur der Nationalisierung der Massen, auch in sprachlich-kultureller Hinsicht, werden die Volksschulen, deren Besuch in manchen Ländern erst jetzt zur Pflicht gemacht oder durchgesetzt wird. Eine andere ist das Militär, das durch die Einführung oder flächendeckende Durchsetzung der Wehrpflicht immer mehr zu einer nationalen Institution wird und sich als »Schule der Nation« oder »Nation in Waffen« versteht. Trotz ihrer Härten und Zumutungen ist die Wehrpflicht wohl in vielen Ländern auf mehr Akzeptanz gestoßen, als man lange angenommen hatte. Sie war mitunter ein erster Schritt zum sozialen Aufstieg, sie wurde mit Männlichkeit und Ehre verknüpft und ersetzte ältere »Riten des Übergangs« zum Mannesalter.[2] Popularität genoss das Militär durch Paraden und andere Formen des militärischen Kults, der folkloristische Züge trug und Bedürfnisse nach Unterhaltung und Spektakel befriedigte.[3]

In allen europäischen Staaten entwickelten sich nationale Liturgien mit Symbolen, Fahnen, Hymnen und Feiertagen, in denen sich monarchische, militärische und demokratische Elemente zusammenfanden. Ihre Eckpunkte bildeten die Geburtstage, Jahrestage der Thronbesteigungen und Regierungsjubiläen der Monarchen ebenso wie die Gedenktage von Schlachten (Sedan, Trafalgar), Aufständen und Revolutionen (Sturm auf die Bastille), offizielle Nationalhymnen (»God save the Queen«, »Heil Dir im Siegerkranz«) ebenso wie inoffizielle (»Rule Britannia«, »Deutschlandlied«). Hinzu kamen Staatsbegräbnisse und Ruhmeshallen, in denen der großen Männer der Nation gedacht oder sie zur letzten Ruhe gebettet wurden (die Walhalla bei Regensburg, das Panthéon in Paris, Westminster Abbey in London). Der öffentliche Raum wurde mit Denkmälern besetzt; sie feierten Monarchen, Militärs, Staatsmänner, nationale Helden und Gründerväter wie Nelson, Bismarck oder Garibaldi und dienten als lokale Erinnerungsorte des patriotischen Kultes. Den Frauen standen die weiblichen Mitglieder der Herrscherfamilien als Modelle und Objekte der Identifikation zur Verfügung. Sie wurden zum Teil sehr populär wie etwa Margherita, Frau des italienischen Königs Umberto, der sogar eine Pizza in den Nationalfarben grün, weiß, rot mit Basilikum, Mozzarella und Tomaten gewidmet wurde. Die aus der Politik ausgeschlossene Frau stand im nationalen Symbolhaushalt vor allem für die Einheit der Nation jenseits aller politischen Konflikte. Als Allegorien des Vaterlands – und beliebte Motive für die aufkommenden Briefmarken – etablierten sich daher meist weibliche Figuren wie die Marianne, die Germania oder die Italia. Preisgünstige illustrierte Zeitschriften ließen die Massen an nationalen Liturgien und Feierlichkeiten medial teilnehmen, auch wenn diese in den meistens weit entfernten Hauptstädten stattfanden.[4] Bilderwelt und Symbolik der Nation erreichten auch die Häuser der einfachen Leute.

All dies führte dazu, dass die Nation vor 1914 immer mehr zu einer kulturellen Selbstverständlichkeit wurde und sich fest im Gefühlshaushalt der Menschen verankerte, zumal ihre Symbole und Rituale in erster Linie auf den Bereich der Gefühle und Empfindungen zielten.[5] Diese boten Sicherheit und Halt im raschen Wandel, der traditionelle soziale und religiöse Bindekräfte verblassen ließ. Die nationale Emotionalisierung der Massen, die sich mit einer Ästhetisierung und Sakralisierung des Politischen verband, erwies sich jedoch als zweischneidig. Sie setzte eine Dynamik in Gang, die von den politischen Eliten nicht mehr beliebig zu kontrollieren war und ihren Handlungsspielraum vor allem in außenpolitischer Hinsicht einengte. Verschärft wurde diese Entwicklung durch die immer stärkere Verbindung von Nationalismus mit kolonialem und imperialem Engagement. Schon im frühen 19. Jahrhundert erstreckten sich die europäischen Besitzungen in Übersee einschließlich ehemaliger Kolonien wie der Vereinigten Staaten über mehr als ein Drittel des Globus. Zum Britischen Empire gehörten neben Irland Besitzungen in der Karibik, in Südafrika, Indien und Indonesien sowie Kanada, Australien und Neuseeland. Die Niederlande verfügten über Kolonien in Indonesien, Portugal in Afrika, Frankreich unter anderem in der Karibik und mit Algerien seit 1830 auch in Nordafrika. Spanien waren vor allem die Philippinen und Kuba verblieben. Nach der Jahrhundertmitte setzte ein verschärfter Wettlauf um die noch nicht kolonisierten Gebiete der Erde ein, an dem sich nun auch neue Nationalstaaten wie Deutschland und Italien beteiligten. Ein koloniales Unikum war der »Kongo-Freistaat«. Zunächst persönliches Eigentum von König Leopold II., wurde er erst 1908 unter der Bezeichnung »Belgisch-Kongo« eine Kolonie des belgischen Staates. Bei der Berliner Afrikakonferenz von 1884/85 erfolgte die weitgehende Aufteilung des Kontinents unter den europäischen Mächten. 1912 wurde Marokko in ein französisches und ein spanisches Protektorat geteilt und das bis dahin zum Osmanischen Reich gehörende Libyen von Italien besetzt. Damit wurde am Vorabend des Ersten Weltkriegs ganz Afrika mit Ausnahme Äthiopiens und Liberias von europäischen Mächten kontrolliert.

1880 standen weltweit 25 Millionen Quadratkilometer unter Kolonialherrschaft, 1913 waren es 53 Millionen. Großbritannien expandierte von Indien nach Osten, nach Burma und Malaysia, und weitete in Afghanistan und Persien seine informelle Kontrolle aus. Dort kollidierten die Briten mit den Russen, die ihren Einflussbereich über den Kaukasus und Kasachstan nach Süden hin ausdehnten. In vielen Teilen der Welt gingen die europäischen Mächte überdies von der informellen Beherrschung zur formellen Kolonialherrschaft über, teils aus strategischen Gründen, teils weil lokale politische Regime oder gesellschaftliche Ordnungen infolge des wachsenden europäischen Einflusses zusammenbrachen.[6] Zur Aufteilung der Welt und scheinbaren Verknappung des »Lebensraums«, die viele Beobachter diagnostizierten, gehört auch, dass in den Jahren vor dem Ersten Weltkrieg die Binnenkolonisation in Nordamerika und im Russischen Reich, das sich nun bis Wladiwostok erstreckte, zu ihrem Abschluss kam.

Außereuropäische Staaten traten in das System der imperialen Mächte ein. Die USA, die Großbritannien und Deutschland als stärkste Industrienation der Welt schon vor der Jahrhundertwende überrundeten, wurden nun ebenfalls Kolonialmacht und besetzten nach einem Krieg gegen Spanien 1898 Kuba, Puerto Rico, Guam und Philippinen und annektierten Hawaii und Ostsamoa. Japan stieg nach Reformen, die das Land nach westlichem Vorbild modernisierten, und zwei erfolgreichen Kriegen gegen China (1894/95) und Russland (1904/05) zur Regionalmacht mit imperialen Ambitionen in Ostasien auf. Mit Taiwan (1895), Südsachalin (1905) und Korea, das 1905 Protektorat und 1910 annektiert wurde, verfügte es über eigene Kolonien.

Wirtschaftliche Erwägungen spielten beim Wettlauf um Kolonien und Einflusszonen meist eine untergeordnete Rolle, auch wenn in der Öffentlichkeit mit der Sicherung von Rohstoffen, Absatzmärkten oder Siedlungsraum argumentiert wurde. Die großen Wirtschaftsnationen waren sehr viel stärker untereinander als mit ihren wirtschaftlich oft unbedeutenden Kolonien verflochten. Deren Erschließung und Beherrschung kosteten meistens mehr, als sie einbrachten. In besonderem Maße galt dies für Nachzügler im kolonialen Wettbewerb wie Deutschland. Manche Historiker sehen selbst im Britischen Empire dieser Zeit ein Zuschussgeschäft.[7] Eine direkte Folge des Kapitalismus, wie marxistische Theoretiker dieser Zeit meinten, war der Imperialismus daher sicher nicht.

Der Zusammenhang zwischen dem Imperialismus und dem Ausbruch des Ersten Weltkriegs ist also weniger eindeutig und direkt, als es den Anschein hat, und entsprechend umstritten unter Historikern. Die Aufteilung der Welt in Kolonien und Einflusszonen in den Jahrzehnten vor dem Ersten Weltkrieg begünstigte ein »Klima imperialistischer Torschlusspanik«[8] und führte zu zahlreichen Spannungen zwischen den Großmächten, vor allem in Afrika, Zentralasien und Ostasien. 1895 drohte ein Krieg zwischen Russland und Großbritannien um Afghanistan. Drei Jahre später markierte die Faschoda-Krise den Höhepunkt der französisch-britischen Rivalität in Afrika. Ausgangspunkt war die Frage des Einflusses im Sudan, wo das britische Interesse an einem durchgehenden Kolonialreich von Ägypten bis zum Kap der Guten Hoffnung mit dem französischen Interesse an einem Ost-West-Gürtel von Dakar bis Dschibuti kollidierte. 1898 setzten die Vereinigten Staaten ihren Anspruch auf Kuba in einem Krieg gegen Spanien durch, das nun aus dem Kreis der Kolonialmächte ausschied. Japan führte 1894/95 Krieg gegen China und zehn Jahre später gegen Russland. 1905 und 1911 gerieten die europäischen Mächte zweimal an den Rand eines großen Krieges, weil das Deutsche Reich in seinem Streben nach Weltgeltung die Verfestigung der französischen Kontrolle über Marokko nicht akzeptieren wollte.

Doch diese imperialen Konflikte waren bis 1914 weitgehend beigelegt. Die koloniale Expansion führte nicht nur zur Erhöhung der Spannungen, sondern auch zu deren Ablenkung an die Peripherie. Die Großmächte machten einander im kolonialen Raum Konzessionen und stuften ihre dortigen Konflikte meist nicht als existenzielle Bedrohung der eigenen Sicherheit ein. Der Erste Weltkrieg wurde auch nicht durch koloniale Konflikte ausgelöst, sondern durch eine krisenhafte Zuspitzung der Gegensätze auf dem Balkan. Unmittelbar vorher hatte der italienische Sieg im Libyenkrieg zur Schwächung des Osmanischen Reichs und damit auch zur Destabilisierung der Situation auf dem Balkan beigetragen. Insofern stand der Erste Weltkrieg zweifellos »am Ende einer langen Kette von Konflikten und Kriegen, die aus der imperialistischen Expansion der Großmächte resultierten«.[9]

Der Imperialismus ging einher mit einem fundamentalen Wandel des politisch-historischen Denkens. In sein Zentrum rückte nun immer mehr die Überzeugung, die Existenz einer Nation könne langfristig nur durch deren Expansion gesichert werden.[10] Die Theorien Darwins über die Entwicklung der Arten durch Auslese schienen die wissenschaftliche Begründung für diese Annahme zu liefern. Dabei wurde die Vorstellung vom Leben als »Kampf ums Dasein« und vom »Recht des Stärkeren« auf Gesellschaft und Geschichte übertragen. Sozialdarwinistische Vorstellungen dieser Art beschränkten sich nicht auf ein bestimmtes Lager, sondern waren allgemein verbreitet.[11] Die Durchsetzung der liberalen Marktgesellschaft und des Kapitalismus schienen ihnen ebenso recht zu geben wie die globale Konkurrenz der Nationen um Kolonien und Einflusszonen.

Der sozialdarwinistische Zeitgeist des späten 19. Jahrhunderts wurde von einem neuen, aggressiven und antiliberalen Nationalismus begleitet. Ihm galt der Krieg nicht mehr als Ultima Ratio der Politik, als letztes Mittel, das nur einzusetzen war, wenn alle Wege der Diplomatie versagt hatten, sondern als ehernes Lebensgesetz, dem sich keine Nation entziehen konnte, wollte sie nicht zur Bedeutungslosigkeit herabsinken. Folgerichtig trat der neue Nationalismus für militärische Stärke und Aufrüstung ein. Ein antiliberales und dezidert antisozialistisches Politikverständnis ordnete den Einzelnen dem Kollektiv unter und mythisierte die Nation zu einer Wesenheit mit eigenem Recht und Leben. Einheit und Geschlossenheit waren für diesen neuen, integralen Nationalismus Mittel und Zweck zugleich: Sie waren Voraussetzung, um im Kampf um nationale Selbstbehauptung zu bestehen, zugleich verband sich mit Krieg und Expansion die Hoffnung, innere Konflikte der Klassengesellschaft aus der Welt zu schaffen. Äußere Machtentfaltung und innere Ordnung wurden eng miteinander verknüpft und der Krieg mit diffusen politischen Erneuerungshoffnungen aufgeladen. Hinzu kam nicht selten die unter kulturpessimistischen Intellektuellen und in der bürgerlichen Jugend vor 1914 weit verbreitete Vorstellung vom Krieg als kollektive Katharsis, als Lösung der Widersprüche der modernen Gesellschaft und als Ausweg aus der Krise der bürgerlichen Zivilisation.

Dieser neue Nationalismus, der sich vom traditionellen Konservatismus deutlich abhob, organisierte sich in radikalen Agitationsverbänden: im Alldeutschen Verband (1891), im Flottenverein (1898) und im Wehrverein (1912), in der deutschnationalen Bewegung Österreichs um Georg von Schönerer, in der panslawistischen Bewegung in Russland, in der Action française (1898), der Associazione Nazionalista Italiana (1910) und den englischen Agitationsverbänden wie der Navy League und der Imperial Maritime League. Diese Verbände standen meistens rechts von den Regierungen und setzten diese durch ihre Propaganda unter ständigen Druck, vor allem in Fragen der Außen-, Kolonial- und Rüstungspolitik. Ein typischer Vertreter des sozialdarwinistischen und kriegsbejahenden Denkens war der preußische General Friedrich von Bernhardi, der bis 1901 dem Generalstab unter Schlieffen angehört hatte und nach seinem 1909 erfolgten Abschied als Militärschriftsteller tätig war. Er sah den Krieg als biologische Notwendigkeit und Grundlage einer gesunden Entwicklung der Menschheit an. Spätestens seit der zweiten Marokkokrise 1911, in der nach Meinung vieler Beobachter die Isolierung und »Einkreisung« des Reiches deutlich zutage getreten war, hielt er einen großen Krieg in naher Zukunft für unumgänglich und setzte alles daran, die deutsche Öffentlichkeit auf ihn vorzubereiten. Sein bekanntes Buch *Deutschland und der nächste Krieg* von 1912 erfuhr in kurzer Zeit sechs Auflagen und wurde auch bald nach seinem Erscheinen ins Englische und Französische übersetzt. Bernhardi vertrat hier die These, Deutschland stehe vor der Wahl zwischen »Weltmacht oder Niedergang«. Der Krieg sei für das Kaiserreich nicht nur unvermeidlich, sondern auch eine Pflicht. Damit wurde er rasch zu einem Herold der radikalen Nationalisten.

Der Einfluss der radikalnationalistischen Kriegstreiber auf die Entscheidungsträger ist jedoch meist nur schwer abzuschätzen und daher umstritten. Die Auffassung, »die europäischen Regierungen seien 1914 vom nationalistischen Massendruck gegen ihren Willen in den Krieg gedrängt worden«, hat sich nicht durchsetzen können. Die radikalnationalistischen Verbände blieben »überall eine mehr oder weniger starke Minderheit, der in der Regel weit größere Antikriegsbewegungen auf der politischen Linken gegenüberstanden«.[12] So war das Buch von Bernhardi, um nur ein Beispiel zu nennen, in Deutschland trotz mehrerer Auflagen bis 1914 nur in 7 000 Exemplaren verbreitet. Der Einfluss der Alldeutschen und anderer Verbände auf die öffentliche Meinung reichte jedoch in vielen Fällen weit über die eigenen Kreise hinaus, waren sie doch in der Regel gut mit den Medien, Meinungsführern und intellektuellen Eliten vernetzt. So fanden zentrale Elemente ihrer Ideologie und Programmatik Eingang in die bürgerliche Presse und Publizistik und prägten die politischen Mentalitäten der Eliten und der Mittelschichten vor 1914 in immer größerem Ausmaß.

Kriegserwartungen und Kriegsbereitschaft

Der aggressive sozialdarwinistische Zeitgeist prägte auch das Denken der Militärs und ihre Kriegsplanungen; hier herrschte ein »Kult der Offensive«. Ihre Advokaten, wie der preußische General Colmar von der Goltz, der mit seinem Buch *Das Volk in Waffen* (1883) internationale Resonanz fand, beriefen sich häufig auf Carl von Clausewitz und dessen 1832–1834 posthum publiziertes Hauptwerk *Vom Kriege*.[13] Die militärtheoretische Schrift wurde jedoch meist nur selektiv rezipiert und oft in gekürzten Ausgaben gelesen, also ohne die langen Passagen, in denen Clausewitz die Verteidigung als die überlegene – weil die eigenen Kräfte schonende und den Gegner ermüdende – Form des Kampfes herausstellt.[14]

Das große Vorbild vieler Militärs im späten 19. Jahrhundert war Generalfeldmarschall Helmuth von Moltke (1800–1891), der Sieger von Königgrätz und Sedan, der wie Napoleon die Bezwingung des Gegners in raschen Entscheidungsschlachten gesucht hatte. In der Folge zeigte sich im militärischen Denken der Zeit eine nationenübergreifende kulturell und ideologisch bedingte Fixierung auf die Offensive.[15] Nicht nur in Deutschland, sondern beispielsweise auch in Frankreich oder Österreich, die auf verlorene Kriege zurückblickten, wurden offensive Strategien kultiviert, obwohl sie für diese militärisch eher schwachen Länder besonders ungeeignet waren.[16] Die Doktrin der Offensive war für die Militärs in Wien genauso gültig wie für ihre Kollegen in Paris, wo man die ›offensive à l'outrance‹ predigte. Ferdinand Foch, vor dem Krieg an der Pariser Militärakademie (1895–1901), die er einige Jahre auch leitete (1907–1911), vertrat sie ebenso wie Franz Conrad von Hötzendorf, der an der Wiener Kriegsschule lehrte (1888–1892), bevor er Chef des Generalstabs (1906–1917) wurde. Noch 1926 beharrte der britische General Douglas Haig darauf, dass Bajonett und Säbel seiner vorwärtsstürmenden Soldaten den Krieg entschieden hätten.[17]

Die Entwicklung der Waffentechnik in den letzten Jahrzehnten vor dem großen Krieg begünstigte jedoch keineswegs offensive Strategien. Im Gegenteil waren durch sie Feuerkraft, Schussrate und Zielgenauigkeit der Schusswaffen und Artilleriegeschütze dramatisch erhöht worden. In den 1890er Jahren wurden die Gewehre mit Magazinen ausgestattet, und zur gleichen Zeit konnte der Rückstoß der Geschütze beim Feuern verhindert werden, so dass nicht mehr vor jedem Schuss das Gerät neu justiert werden musste. In einer Minute konnten nun bis zu zwölf Granaten abgefeuert werden, ohne das Ziel neu anzupeilen.[18]

Die technische Entwicklung verbesserte maßgeblich die Position des Verteidigers gegenüber dem Angreifer. Diese Überlegenheit der Defensive wurde noch wesentlich verstärkt durch die vielleicht dramatischste Neuerung in der Waffentechnik dieser Zeit: das moderne Maschinengewehr. Schon im Amerikanischen Bürgerkrieg (1861–1865) wurde die nach seinem Erfinder benannte *Gatling Gun* eingesetzt. Diese Repetiergeschütze brachten es auf 200 Schüsse in der Minute. Noch in den 1860er Jahren exportierte Richard Jordan Gatling seine Waffe nach Großbritannien, Russland, Japan, Deutschland und in die Türkei.[19] Noch effektiver war die neue Generation des Maschinengewehrs, dessen Rückstoß genutzt wurde, um die nächste Patrone zu laden. Die 1884 von dem britischen Erfinder Hiram Maxim entwickelte und im Folgejahr vorgestellte *Maxim Gun* konnte 400 bis 600 Schuss pro Minute abgeben. Ihre ersten Opfer waren nicht Europäer, sondern Afrikaner: Zum Einsatz kam die *Maxim Gun* zum ersten Mal 1893 bei der britischen Eroberung Matabelelands im heutigen Simbabwe.[20] Welche Wirkungen die Waffe hatte, zeigte sich 1898 im Sudan in der Schlacht von Omdurman. Etwa 50 000 Anhänger des Mahdi, die sich seit 1881 erfolgreich gegen britische Kolonialbestrebungen gewehrt hatten, stürmten im offenen Feld frontal gegen eine zahlenmäßig weit unterlegene anglo-ägyptische Armee unter dem Kommando von Horatio Herbert Kitchener. Dabei kamen fast zehntausend von ihnen ums Leben, während die Briten und Ägypter am Ende des Tages lediglich 48 Tote zu beklagen hatten.

Bis 1914 hatten alle großen Militärmächte ihre Armeen mit Maschinengewehren ausgestattet. Die verwendeten Modelle waren jedoch sehr schwer. Das Maxim MG 08 der deutschen Armee, das erst im Laufe des Ersten Weltkriegs durch das leichtere MG 08/15 ergänzt wurde, wog über 60 Kilogramm. Um die Waffe und ihre Munition zu tragen, waren mindestens sechs Männer erforderlich. Die Maschinengewehre der französischen und britischen Armee waren nur wenig leichter.[21] Außerdem mussten die Geräte ständig mit Wasser gekühlt werden, was ihre Beweglichkeit ebenfalls einschränkte. Die massive

Feuerkraft der Maschinengewehre kam daher vor allem der Verteidigung zugute.

Einer der ersten, der die Folgen der veränderten Waffentechnik erkannte, war der polnische Eisenbahnunternehmer, Bankier und Pazifist Jan Bloch (1836–1902). Sein 1899 auf Russisch veröffentlichtes und bald in alle wichtigen europäischen Sprachen übersetztes Buch *Die Zukunft des Krieges* argumentierte, dass die neuen Waffensysteme, weil sie dem Verteidiger eine vielfache Überlegenheit über den Angreifer sicherten, klassische Infanterie- oder Kavallerie-Attacken obsolet und siegreiche Entscheidungsschlachten unwahrscheinlich gemacht hätten. In künftigen Kriegen würden die Infanteristen sich in Schützengräben verschanzen, zwischen denen sich eine Feuerzone erstrecken werde, die nur mit hohen Verlusten zu überwinden sein werde. Ein künftiger Krieg zwischen Industriestaaten, so Bloch weiter, werde ein langer Abnutzungskrieg zwischen Millionenheeren sein, der zu wirtschaftlichem Ruin, Hungersnöten und Revolutionen führen würde.[22]

Von den Berufsmilitärs wurden diese scharfsichtigen Prophezeiungen eines Außenstehenden in der Regel ignoriert oder abgelehnt.[23] Kaum verwunderlich, ließen sie doch nur eine Schlussfolgerung zu, nämlich dass ein Krieg zwischen den großen Mächten im Industriezeitalter sinnlos geworden war, der Frieden zwischen ihnen praktisch um jeden Preis erhalten werden musste und Aufrüstung an diesem Gleichgewicht des Schreckens kaum noch etwas ändern konnte. Diese Ansicht widersprach aber nicht nur dem vulgärdarwinistischen Zeitgeist, sondern hätte auch zu einem Bedeutungsverlust des Militärs geführt. Dabei bestätigten sich viele der Vorhersagen Blochs schon vor 1914. Bereits im Burenkrieg erlitten die Briten schwere Verluste bei frontalen Bajonettangriffen, wogegen sie weitaus erfolgreicher waren, wenn sie in kleinen Gruppen und aus der Deckung heraus operierten. Die Kavallerie erwies sich nur dann als nützlich, wenn die Soldaten absaßen und wie die Infanteristen mit modernen Gewehren kämpften. Solche Erfahrungen wurden jedoch weitgehend ignoriert, und im Gegenteil unterstrichen etwa John French und Douglas Haig, die beide am Burenkrieg teilgenommen hatten und im Ersten Weltkrieg hohe Kommandopositionen einnehmen sollten, immer wieder die Bedeutung der Kavallerie in diesem Feldzug.[24]

Ähnlich verhielt es sich mit dem Russisch-Japanischen Krieg. Hier kam es zum ersten Mal auf breiter Front zum Einsatz von schnellfeuernder Artillerie und Maschinengewehren aus geschützten Positionen gegen die Angreifer im freien Feld, was zu enormen Verlusten und zur Aushebung von Schützengräben führte. Die Schlacht von Mukden in der Mandschurei erstreckte sich auf einer durch Schützengräben befestigten Linie von 145 Kilometern. Hier kamen Anfang 1905 in knapp drei Wochen 160 000 Soldaten ums Leben. Insgesamt kostete der Krieg in Fernost über eine halbe Million Soldaten das Leben.[25]

Auch dieser Krieg wurde hochgradig selektiv im Lichte des vorherrschenden Offensivdenkens wahrgenommen. So schlossen viele Beobachter aus dem Sieg der Japaner, der mit Verlusten von 40 Prozent der eingesetzten Soldaten erkauft worden war, dass erfolgreiche Offensiven auch im Zeitalter der modernen Kriegstechnologie weiterhin möglich seien, wenn die Angreifer über eine starke Kampfmoral verfügten und hohe Verluste akzeptierten. Dass dieser Erfolg gegen die relativ rückständige und schlecht geführte russische Armee errungen wurde, die mit anderen europäischen Armeen nicht zu vergleichen war, wurde weitgehend ignoriert.[26] Ähnlich bewerteten die Militärs die Balkankriege. So wurden die Bulgaren von Beobachtern für ihre Bajonett-Angriffe an der Çatalca-Linie gelobt, obwohl diese im November 1912 in nur fünf Tagen zu Verlusten von 90 000 Soldaten führten und erfolglos blieben. Die Çatalca-Linie bildete die letzte türkische Verteidigungslinie vor Konstantinopel und ähnelte in vieler Hinsicht der Westfront des Ersten Weltkriegs: eine durchgehende Abfolge von Schützengräben, die über 24 Kilometer vom Schwarzen Meer bis zum Marmara-Meer reichte.[27]

Die Reaktionen der Militärführer auf diese Erfahrungen und Entwicklungen fielen widersprüchlich aus. Auf der einen Seite übernahm man die technischen Innovationen, wenn auch oft nur zögerlich. Nach dem Russisch-Japanischen Krieg führten alle Armeen entschiedener als bisher das Maschinengewehr ein und bildeten eigene MG-Einheiten. Die deutsche Armee verfügte 1914 über knapp 5 000 Maschinengewehre, ebenso wie die französische.[28] Die Zahl der schweren Artilleriegeschütze wurde deutlich erhöht, vor allem in Deutschland, das am Vorabend des Weltkriegs über mehr schwere Artillerie verfügte als jede andere europäische Macht.[29] Unauffälligere graue, braune oder khakifarbene ersetzten die bisherigen farbigen und hellen Uniformen, wie etwa seit 1907 das deutsche »Feldgrau«.[30] Nur die Franzosen bildeten eine Ausnahme und führten Ende 1914 das blaugraue »bleu horizon« ein.[31] Viele Armeen experimentierten mit der neuen Taktik kleinerer, zerstreuter Infanterieeinheiten. Auf der anderen Seite verschlossen die meisten Kommandeure und Militärtheoretiker die Augen vor den hohen Verlusten an Menschenleben, die ein großer Krieg mit sich bringen würde, hielten am Konzept der Offensive in massierten Einheiten einschließlich der klassischen Kavallerie-Attacke fest und versteiften sich auf Kampfmoral und Angriffsgeist als entscheidende Faktoren des Sieges.[32]

Eine Ausnahme von der Bevorzugung offensiver Strategien bildete Großbritannien, das für den Fall eines Krieges mit dem Deutschen Reich vor allem auf die Blockade der Handelswege setzte, um den Gegner in die Knie zu zwingen, und das daher einen Großteil seiner Flotte in der Nordsee stationierte.[33] Die britische Armee war mit knapp 250 000 Mann relativ klein und zur Hälfte über das ganze Empire verteilt. Überlegungen bezüglich eines britischen Expeditionskorps gingen noch lange davon aus, dass seine Aufgabe am ehesten in der Verteidigung Indiens gegen einen russischen Angriff bestehen würde. Seit 1911 wurde ein Einsatz an der Seite Frankreichs in die Planungen einbezogen, jedoch nur mit dem Ziel, einen schnellen deutschen Sieg auf dem Kontinent zu verhindern, keinesfalls jedoch, um das Kaiserreich rasch niederzuringen, denn dies erschien angesichts der Kräfteverhältnisse aussichtslos.[34]

Die russischen Kriegsplanungen waren nach dem verlorenen Krieg gegen Japan zunächst defensiv ausgerichtet. Nach 1905 wurden die Festungen in Polen und Weißrussland mit neuer Artillerie verstärkt. Sie sollten die deutschen Truppen aufhalten und der eigenen Armee genug Zeit für ihre besonders langwierige Mobilmachung geben. Seit 1910 ging das Zarenreich jedoch zu offensiven Planungen über, während der Bau von Eisenbahnlinien mit französischer Unterstützung forciert wurde, um die Dauer der Mobilmachung zu reduzieren. Seit 1912 plante der Generalstab, nach Abschluss der Mobilmachung sofort zum Angriff überzugehen. Über dessen Stoßrichtung bestand jedoch in der russischen Militärführung keine Einigkeit.[35] Frankreich drängte zu einem raschen Schlag gegen Deutschland und erhielt die Zusage, dass die russischen Truppen im Kriegsfall schon nach zwei Wochen mit starken Verbänden angreifen würden.[36] Der russische »Plan XIX« ging zu Recht davon aus, dass Deutschland seine Kräfte zunächst gegen Frankreich richten würde. Er sah daher einen sofortigen eigenen Angriff mit vier Armeen auf Ostpreußen vor. Dem widersetzten sich jedoch Teile der Militärführung, die alle Kräfte auf eine Offensive gegen Österreich-Ungarn konzentrieren wollten. Der Kompromiss vom Mai 1912 sah vor, zwei Armeen gegen Ostpreußen und vier gegen Österreich-Ungarn einzusetzen, womit die Weichen für eine Verzettelung der russischen Kräfte an zwei Fronten gestellt wurden.[37]

Eine ähnliche Entwicklung lässt sich in Frankreich beobachten. Auch hier waren die militärischen Planungen zunächst defensiv ausgerichtet. Laut »Plan XVI« von 1909 sollte der größere Teil der Armee an der belgischen Grenze stationiert werden, wo der Hauptangriff erwartet wurde. In den Folgejahren wurde die Kriegsplanung offensiver ausgerichtet. Dabei spielten die zweite Marokkokrise 1911 und die wachsende Bedrohung durch das Deutsche Reich eine wichtige Rolle, aber auch das zunehmende Vertrauen der französischen Militärführer in die Stärke und Kampfmoral der eigenen Truppen. Hinzu kam das Bedürfnis, den russischen Partner durch offensivere Pläne von der eigenen Bündnistreue zu überzeugen und zu einer schnelleren Entlastung Frankreichs im Kriegsfall zu motivieren.[38] So beschränkte sich der von Foch konzipierte »Plan XVII«, der sich 1911 im Generalstab durchsetzte, nicht mehr auf die Verteidigung an der belgischen Grenze, sondern sah auch Offensiven im Elsass und in Lothringen vor, die zu einer raschen Invasion Deutschlands führen sollten. Dabei wurde das Ausmaß der gegnerischen, für den Angriff im Norden vorgesehenen Kräfte grob unterschätzt, obwohl die französischen Militärs über die deutschen Planungen relativ genau unterrichtet waren.[39]

Auch wenn viele Staaten in ihren Kriegsplanungen vor 1914 auf offensive Strategien setzten, so war deren schneller Erfolg doch für keine Macht so wichtig wie für Deutschland – und der Glaube an den Erfolg so verhängnisvoll. In einem modernen Krieg, in dem sich nicht traditionelle Armeen, sondern Massenheere sowie ganze Gesellschaften und Volkswirtschaften gegenüberstanden, arbeitete die Zeit gegen Deutschland. Das Deutsche Reich verfügte nicht über die immensen Bevölkerungsreserven und globalen Ressourcen seiner Gegner und musste daher in einem langen Abnutzungskrieg, in dem es von den Weltmärkten abgeschnitten war, den Kürzeren ziehen. Schon Helmuth von Moltke hatte in seiner letzten Reichstagsrede am 14. Mai 1890 mit Nachdruck vor der Gefahr eines langen Krieges gewarnt:

»Meine Herren, wenn der Krieg, der jetzt schon mehr als zehn Jahre lang wie ein Damoklesschwert über unseren Häuptern schwebt, wenn dieser Krieg zum Ausbruch kommt, so ist seine Dauer und ist sein Ende nicht abzusehen. Es sind die größten Mächte Europas, welche, gerüstet wie nie zuvor, gegen einander in den Kampf treten; keine derselben kann in einem oder in zwei Feldzügen so vollständig niedergeworfen werden, daß sie sich für überwunden erklärte, daß sie auf harte Bedingungen hin Frieden schließen müßte, daß sie sich nicht wieder aufrichten sollte, wenn auch erst nach Jahresfrist, um den Kampf zu erneuern. Meine Herren, es kann ein siebenjähriger, es kann ein dreißigjähriger Krieg werden. Wehe dem, der Europa in Brand steckt, der zuerst die Lunte in das Pulverfaß schleudert.«[40]

Anders als Moltke, der gegen Ende seines Lebens immer mehr dafür eintrat, den Krieg ganz zu vermeiden, gaben sich seine Nachfolger der Illusion hin, diesen durch erfolgreiche Offensiven rasch beenden zu können. Wenn ein langer Krieg nicht zu gewinnen war, so musste der Krieg eben kurz sein; vermeidbar war er in ihren Augen nicht. Auf diesem Fehlschluss beruhten die deutschen Kriegsplanungen vor 1914.

Bis in die frühen 1890er Jahre waren die Planungen noch vorwiegend defensiv gewesen. Im Falle eines Zweifrontenkrieges sollte die Westgrenze nur verteidigt werden, ein Einbruch in den französischen Festungsgürtel galt als unmöglich. Im Osten war ein Vorstoß in den russischen Teil Polens vorgesehen, das man mit schnell errichteten Festungen zu halten beabsichtigte. Ein Angriff auf das russische Kernland war nicht geplant.[41] Nach der französisch-russischen Annäherung jedoch entwickelte Alfred von Schlieffen (1833–1913), seit 1891 Chef des deutschen Generalstabs, einen neuen, 1905 fertiggestellten Kriegsplan. Nach einem raschen Sieg über Frankreich sollten große Teile der Truppen per Eisenbahn an die Ostfront verlegt werden, bevor die russische Armee ihre langwierige Mobilisierung abgeschlossen hatte. Um im Westen einen raschen Durchbruch zu erzielen, wurde zunächst der Einsatz schwerer Artillerie gegen die französischen Festungen an der gemeinsamen Grenze erwogen. Dies wurde jedoch bald als wenig erfolgversprechend verworfen und stattdessen eine Umgehung der französischen Verteidigungslinien geplant. Die deutschen Armeen sollten in einem raschen Vorstoß durch Luxemburg und Belgien auf Paris marschieren und die französischen Kräfte in einer Zangenbewegung angreifen und vernichtend schlagen. Die Schwächen des Plans liegen auf der Hand. Nach Berechnungen des deutschen Generalstabs musste der Sieg gegen Frankreich in 42 Tagen erfolgen. Danach war in den Augen der deutschen Militärs ein russischer Vormarsch im Osten auch mit Hilfe Österreich-Ungarns nicht mehr aufzuhalten.

Doch bei einer Verletzung der belgischen Neutralität drohte eine britische Intervention. Diese Gefahr wurde ebenso unterschätzt wie der mögliche Widerstand der belgischen Streitkräfte, zumal es schon genügte, die deutschen Truppen nur wenige Tage aufzuhalten, um den gesamten Kriegsplan zu Fall zu bringen. Nach Auffassung nicht weniger Historiker war der Schlieffenplan selbst unter günstigsten Bedingungen von vornherein zum Scheitern verurteilt, weil er die deutschen Kräfte überschätzte,[42] aber auch, weil ein Vormarsch durch Belgien in der geplanten Zeit und Truppenstärke aus logistischen Gründen unmöglich war. Auf den wenigen Durchgangsstraßen musste sich die Masse der Soldaten gegenseitig behindern. Den Schlieffenplan als Glücksspiel zu bezeichnen, ist bestenfalls ein Euphemismus.[43]

Der amerikanische Militärhistoriker Terence Zuber hat bezweifelt, dass der Generalstab auf den Schlieffenplan festgelegt war. Schon der Namensgeber selbst habe auch defensive Optionen verfolgt und eher grenznahe Schlachten geplant als Kämpfe tief im Feindesland. In diesem Fall nämlich hätten die deutschen Einheiten viel zu lange gebraucht, um zu den deutschen Eisenbahnlinien zurückzumarschieren, die sie rechtzeitig an die Ostfront bringen sollten. Helmuth von Moltke der Jüngere, Neffe des gleichnamigen Generalfeldmarschalls und seit 1906 Schlieffens Nachfolger, hatte zudem 1910 eine Untersuchung in Auftrag gegeben, die zeigte, dass für die Ausführung des ursprünglichen Plans nicht genug Kräfte zur Verfügung standen. Dieses Ergebnis habe, so Zuber, zu der Überlegung geführt, die Franzosen durch einen Angriff zu Offensiven zu verleiten und außerhalb ihrer gut ausgebauten Verteidigungsstellungen in Grenznähe rasch zu schlagen, was eine schnelle Truppenverlegung an die russische Front ermöglicht hätte.[44] Gegen diese Thesen spricht allerdings, dass sich die deutsche Militärführung 1914 letztlich doch am Schlieffenplan orientierte.

Die Planung eines Krieges darf nicht mit seiner Auslösung verwechselt werden. Auch kann den Militärs nicht zum Vorwurf gemacht werden, dass sie sich auf den Krieg einstellten, denn darin bestand ihre Aufgabe.[45] Doch die zunehmend offensiven Kriegsplanungen vor 1914 haben den Ausbruch eines großen Krieges ohne Zweifel wahrscheinlicher gemacht. Sie spiegelten das darwinistisch geprägte Weltbild der Zeit ebenso wider wie die zunehmende Verfestigung und Konfrontation der Bündnisse. Für die Behauptung, von diesen sei eine abschreckende und damit friedenserhaltende Wirkung ausgegangen, gibt es kaum Anhaltspunkte. Im Gegenteil basierten alle militärischen Planungen auf einer möglichst schnellen Mobilisierung und Eröffnung der Kampfhandlungen und erzeugten damit einen Zeitdruck, der den Handlungsspielraum der politischen Akteure in Krisen einengte. Aber nur der Schlieffenplan sah einen automatischen Übergang von der Mobilisierung zum Krieg vor. Auch war er der einzige Aufmarschplan, dessen Ausführung die Neutralität anderer Staaten verletzen und damit fast zwangsläufig zu einer Ausweitung des Krieges führen würde. Hinzu kam, dass er auf der Annahme der Rückständigkeit der russischen Infrastruktur und Militärorganisation beruhte. Doch mit der zunehmenden Geschwindigkeit der russischen Mobilisierung in den Jahren vor 1914 verminderten sich zusehends die Erfolgsaussichten des Schlieffenplans und schloss sich in den Augen der deutschen Militärführung das Zeitfenster, in dem noch Aussicht auf einen Sieg an zwei Fronten bestand.

Vielen hochrangigen Militärs vor 1914 war bewusst, dass die Zeit der Kabinettskriege vorbei war und sich in einem großen Krieg nicht mehr nur Armeen und Staaten, sondern ganze Gesellschaften gegenüberstehen würden; der österreichische Generalstabschef Conrad bezeichnete den nächsten Krieg immer wieder als »Existenzkampf«. Sie stellten sich jedoch kaum auf die wirtschaftlichen und sozialen Folgen eines langen und verlustreichen Krieges ein, sondern konzentrierten sich in ihren Planungen meist auf dessen erste Phasen, in der Hoffnung, einen länger andauernden Konflikt durch rasche, erfolgreiche Offensiven vermeiden zu können. Dabei waren sie sich keineswegs immer sicher, dass ihre Planungen aufgehen würden. So entschied sich Moltke dagegen, für den Kriegsfall auch einen Angriff auf die Niederlande zu planen: Sie sollten als »Luftröhre« Deutschlands dienen, als Versorgungskanal, der den Zugang zu den Weltmärkten gewährleistete. Dies zeigt, dass die Kriegserwartungen der deutschen Militärführung ein hohes Maß von Ambivalenz und Widersprüchlichkeit aufwiesen und nicht auf den »Mythos des kurzen Krieges« festgelegt waren.[46]

Die Generalstäbe bereiteten den Krieg jedoch nicht nur vor, oft bejahten sie ihn auch. Nationalistische Strömungen bestimmten die Öffentlichkeit der meisten europäischen Länder, und auch unter den führenden Militärs setzte sich vor 1914 immer mehr ein Glaube an die Unvermeidlichkeit des Krieges durch, der sich durch die Verschärfung des Rüstungswettlaufs, die zunehmende Verhärtung der Bündnissysteme und zahlreiche internationale Krisen bestätigt fühlen konnte. Der verbreitete »Topos vom unvermeidlichen Krieg« (Wolfgang Mommsen) führte zu einer fatalistischen Kriegserwartung, die in den Augen vieler Historiker als eine Art »self-fulfilling prophecy« beträchtlich zum Ausbruch des Krieges beigetragen hat. Vieles spricht dafür, dass die Vorstellung vom unvermeidlichen Krieg unter deutschen und österreichischen Militärs besonders ausgeprägt war. Ihre Äußerungen reichten von vitalistischer Kriegsbejahung bis hin zu fatalistisch-resignativer Kriegserwartung. So vertrat Erich von Falkenhayn, Chef des Generalstabs, schon während des Russisch-Japanischen Kriegs die unter zivilisationskritischen Intellektuellen und Publizisten in ganz Europa verbreitete Idee vom Krieg als Heilmittel gegen angebliche Verfallserscheinungen der modernen Kultur.[47]

Auch in Österreich sehnten Militärs den Krieg als »stärkendes Stahlbad« herbei und sprachen sich gegen einen »faulen Frieden« aus, der zu einem weiteren Niedergang des Habsburgerreiches führen könne.[48] Hinter diffusen Hoffnungen auf moralische Regeneration stand bei vielen auch die Erwartung, durch einen Krieg den politischen Einfluss und die soziale Stellung ihres Berufsstandes stärken zu können, der in ihren Augen durch Demokratisierung, Internationalismus, Individualismus und Materialismus bedroht war. In Ländern wie Deutschland, Österreich oder Russland, in denen das Offizierskorps traditionell über hohes Ansehen und großen Einfluss verfügte, waren die Hoffnungen auf den Krieg, in denen sich Kulturpessimismus, Standespolitik und nationale Bedrohungsängste miteinander verbanden, besonders ausgeprägt.

Die Kriegserwartungen vor 1914 tendierten dazu, sich wechselseitig zu verstärken. »Es ist unverkennbar«, schrieb etwa Moltke nach der Marokkokrise in einer Denkschrift über die strategische Lage vom Dezember 1911, »dass die seit Jahren bestehende und sich periodisch verschärfende Spannung zwischen Deutschland und Frankreich fast in allen europäischen Staaten eine erhöhte militärische Tätigkeit ausgelöst hat. Alle bereiten sich auf den großen Krieg vor, den alle kurz oder lang erwarten.«[49] Nach dem Ersten Balkankrieg verstärkte sich sein Eindruck noch, dass ein Krieg unvermeidlich sei. Angesichts der Aufrüstung der Gegner und der für Österreich immer ungünstigeren Entwicklung auf dem Balkan sollte dieser lieber heute als morgen geführt werden.[50] Mit solchen Diagnosen traf Moltke bei seinen Kollegen in Wien auf offene Ohren. Dort hatte sich längst die Auffassung durchgesetzt, dass ein Krieg gegen das aufstrebende Serbien und nötigenfalls auch seinen russischen Verbündeten unvermeidlich sei, um das Zerfallen des Habsburgerreichs zu verhindern.[51]

Ganz gleich, ob sie den Krieg für wünschenswert oder unvermeidlich hielten, die Probleme eher in der wachsenden Stärke der Gegner oder in den zunehmenden Integrationsproblemen im Inneren sahen, in einem stimmten die deutschen und österreichischen Militärs fast durchweg überein: dass die Zeit gegen sie arbeitete. Das verstärkte ihre Bereitschaft, »eine Lösung der Probleme von der Flucht nach vorn in einem Präventivkrieg zu erwarten, mit anderen Worten: den allgemein für wahrscheinlich gehaltenen europäischen Krieg zu führen, solange man noch einigermaßen sicher sein konnte, diesen für sich entscheiden zu können«.[52]

Dass viele Generäle vor 1914 für den Präventivkrieg eintraten, allen voran Conrad und Moltke, steht außer Zweifel. Wie weit ihr Einfluss auf die politischen Entscheidungsträger reichte und in welchem Maße diese von den Kriegsplanungen und Kriegserwartungen beeinflusst wurden, ist jedoch umstritten.[53] In Großbritannien wurde das Kriegsministerium ebenso wie das Marineministerium von Zivilbeamten geleitet, denen die Militärs rechenschaftspflichtig waren; das »Committee of Imperial Defence« unterstand dem Premierminister. Politischen Einfluss konnten sie nur erlangen, wenn sich Politiker zum Sprachrohr ihrer Vorschläge machten, wie etwa im Fall des Admirals Sir Jackie Fisher, der über gute Beziehungen zu den hochrangigen Politikern Grey, Balfour und Churchill verfügte, die sich seine Vorschläge zum Dreadnought-Bau zu eigen machten. Ähnlich lagen die Dinge in Frankreich. Der Kriegsminister konnte zwar, wie in vielen anderen Ländern auch, ein Militärangehöriger sein, wurde aber nach politischen Kriterien ausgewählt. Zwar kam es bisweilen zu Spannungen zwischen dem Militär mit seinen monarchistischen Tendenzen und der republikanischen Staatsführung. Diese blieben jedoch begrenzt und die Politik behielt letztlich die Kontrolle über das Militär, wie sich in der Dreyfus-Affäre gezeigt hatte.

Viel geringer noch war der Einfluss der Militärs in Italien, wo der Generalstab dem Kriegsminister unterstand und alle wesentlichen Entscheidungen, wie etwa die zur Eskalation des Libyenkrieges, vom Außenminister getroffen wurden. Die Politiker informierten die Generäle nur unzureichend, so dass diese bis 1914 mit Planungen eines Kriegs gegen Frankreich beschäftigt waren, obwohl mit dem Nachbarland längst ein geheimes Neutralitätsabkommen bestand. Kaum überraschend, dass sie auch nicht auf ihre Militärführung hörten, was zu einer Überschätzung der eigenen Stärke führte. Im italienischen Fall hat also nicht ein übermäßiger, sondern allenfalls ein zu geringer politischer Einfluss des Militärs zur Erhöhung der Kriegsneigung geführt.

Die These, dass in der Verselbständigung des Militärs gegenüber der Politik eine der Kriegsursachen gelegen habe, ist vor allem auf Deutschland und Österreich gemünzt, wo die Generalstäbe nicht den Kriegsministerien unterstanden und direkten Zugang zur monarchischen Staatsführung hatten. In Deutschland hätte das Militär vom Kaiser koordiniert werden müssen. Dies geschah in der Praxis kaum, was den Generälen, wie argumentiert worden ist, einen relativ großen Handlungsspielraum verschaffte. Als Beispiel wird oft der sogenannte »Kriegsrat« herangezogen, eine Besprechung des Kaisers mit den Spitzenmilitärs, darunter Moltke und Großadmiral Tirpitz, am 8. Dezember 1912. Nach Auffassung der Historiker Fritz Fischer und John Röhl wurden damals die Weichen für den Krieg gestellt. Das Treffen, an dem weder der Reichskanzler und noch der Außenminister teilnahmen, wird auch als Beleg dafür gewertet, dass sich die Macht im späten Kaiserreich immer mehr von der Politik zu den Militärs verschoben habe. Diese These blieb allerdings nicht unwidersprochen, denn, so die gegenteilige Meinung, der »Kriegsrat« sei ohne konkrete Ergebnisse geblieben und die wirkliche Macht habe weiter bei der zivilen Führung gelegen.

In der Tat hatten sich führende Militärs auch in den Jahren zuvor immer wieder für den Präventivkrieg ausgesprochen, etwa 1887 oder 1905, fanden jedoch bei den Reichskanzlern Bismarck, Bülow und Bethmann Hollweg, aber auch beim Kaiser selbst für ihr Ansinnen kein Gehör.[54] Auch in Österreich konnte sich Conrad, seit 1906 Generalstabschef, mit seinem Plädoyer für einen Präventivkrieg gegen Italien nicht gegen Außenminister Aehrenthal durchsetzen. Ende 1911 trat er deshalb zurück, wurde aber schon ein Jahr später ins Amt zurückberufen. Erneut forderte er 1913 einen Präventivschlag, diesmal gegen Serbien, doch auch Aehrenthals Nachfolger Berchtold lehnte dieses Ansinnen ab. In beiden Fällen war die Haltung des Kaisers entscheidend, der den jeweiligen Außenminister unterstützte, nicht aber den Generalstabschef.

Dies bedeutet freilich nicht, dass die deutschen und österreichischen Militärs keinen politischen Einfluss besessen hätten. Die von Tirpitz betriebene Flottenrüstung belastete die Beziehung zu Großbritannien und schränkte dadurch den Handlungsspielraum der deutschen Außenpolitik ein, wurde jedoch nicht nur von Militärs getragen, sondern auch von hochrangigen Politikern, allen voran Reichskanzler Bülow. Auch in Deutschland haben die Generäle und Admiräle also letztlich nur dann die Außenpolitik mitbestimmen können, wenn sie die Unterstützung der politischen Führung hatten.

Wenn es irgendwo eine weitgehende Verselbständigung des Militärs gegeben hat, ohne die es nicht zum Ausbruch des Ersten Weltkriegs gekommen wäre, dann in Serbien. Hier war das Militär ein entscheidender Faktor der Innen- wie der Außenpolitik. 1903 ermordeten Offiziere den österreichfreundlichen König Aleksandar Obrenović und seine Gattin und brachten das Land durch ihren Staatsstreich auf einen Kurs, der zu einem immer engeren Bündnis mit Russland führte. Die serbische Regierung sah sich in den folgenden Jahren zu einer immer aggressiveren, nationalistisch motivierten Expansionspolitik gedrängt, die zu den Balkankriegen von 1912 und 1913 und zur Destabilisierung der ganzen Region führten. Die von Oberst Dragutin Dimitrijević gegründete Geheimorganisation »Schwarze Hand« operierte zunächst mit Billigung der Belgrader Regierung in Mazedonien, wo die Balkanstaaten um Einfluss kämpften, geriet dann aber zunehmend außer Kontrolle. So gelang es der serbischen Regierung nicht, die Ermordung von Erzherzog Franz Ferdinand in Sarajewo zu verhindern, obwohl sie die österreichischen Stellen vor der Gefahr gewarnt hatte, die letztlich von den Ultranationalisten im eigenen Offizierskorps ausging.

Unter den Militärs in Europa hat es vor 1914 nicht an Kriegstreibern gefehlt. Doch inwieweit Politiker und Diplomaten ihnen folgten, ist umstritten. Fatalistische Prophezeiungen, die einen baldigen europäischen Krieg für unvermeidlich hielten und sich selbst zu erfüllen drohten, hat es seit den 1870er Jahren immer wieder gegeben. Doch vieles spricht dafür, dass sie sich mit der Zeit abgenützt haben. Der Zusammenhang zwischen Kriegserwartungen und Kriegsausbruch sollte also nicht überbetont werden. Der »Topos vom unvermeidlichen Krieg« führte nicht zwangsläufig zum Krieg, genauso wenig wie die Aufrüstung oder die Verfestigung der Bündnissysteme vor 1914.

Außerdem existierten auch gegenläufige Prognosen, die von der Geschichtswissenschaft lange übersehen worden sind, weil sie nicht in das traditionelle, teleologisch gefärbte Bild der Vorkriegszeit als einer Epoche wachsender Spannungen und Kriegserwartungen passen. So hielten viele europäische Diplomaten und Politiker vor 1914 einen großen Krieg in nächster Zukunft für unwahrscheinlich. Manche verwiesen darauf, dass die europäischen Mächte genug mit ihren inneren Problemen beschäftigt seien. Andere hielten einen Krieg zwischen den Industrienationen wegen ihrer starken wirtschaftlichen Verflechtungen für unwahrscheinlich oder sogar unmöglich. Maßgeblich aber war die Erfahrung, dass der Frieden über mehr als vierzig Jahre in Europa bewahrt und die zahlreichen Krisen zwischen 1911 und 1914 bewältigt worden waren. So wurde nicht nur der unvermeidliche Krieg, sondern auch der immer wieder vermiedene und daher auch in der Zukunft vermeidbare Krieg zu einem gängigen Topos.[55] Solche optimistischen Erwartungen eines andauernden Friedens trotz starker Spannungen und Krisen haben möglicherweise nicht weniger zum Ausbruch des Ersten Weltkriegs beigetragen als alle Vorhersagen eines baldigen und unvermeidlichen Krieges, nährten sie doch die trügerische Hoffnung, dass auch die nächste Krise gemeistert werden könne und eine übertriebene Vorsicht und Zurückhaltung fehl am Platze seien.

Viele Politiker, Diplomaten und Monarchen hielten einen Krieg zwischen den großen Mächten nicht nur für vermeidbar. Sie wollten ihn auch vermeiden und warnten vor seinen katastrophalen Konsequenzen. So erklärte der Führer der britischen Konservativen Arthur Balfour 1905 in einer Rede den großen europäischen Krieg zu einem Anachronismus. Es würde einen tragischen Rückschritt bedeuten, wenn die europäischen Staaten sich genötigt sähen, einer allzu anmaßenden Macht entgegentreten zu müssen.[56]

Das war ohne Zweifel als Warnung an Deutschland gerichtet. In der Äußerung kommt jedoch auch eine generelle Absage an den Präventiv- oder Angriffskrieg als Mittel legitimer Politik zum Ausdruck. Ob dies auch für die meisten anderen europäischen Staatsmänner galt, wie mitunter behauptet wird, sei dahingestellt.[57] Sicher ist jedoch, dass viele europäische Politiker einen Krieg wegen seiner unkalkulierbaren sozialen und politischen Folgen vermeiden wollten. Dies galt sogar für entschiedene Imperialisten wie den britischen Außenminister Edward Grey. Er war fest davon überzeugt, dass ein großer Krieg in allen beteiligten Nationen zur Revolution führen werde, selbst in den siegreichen. Solche Befürchtungen waren vor allem bei Konservativen verbreitet, besonders in Russland, das 1905 wie Frankreich 1870 die Erfahrung gemacht hatte, wie kurz der Weg vom Krieg zur Revolution war. So warnte der ehemalige konservative Innenminister Pjotr N. Durnowo den Zaren 1914, ein Krieg mit Deutschland werde zum wirtschaftlichen Ruin des Landes und zum Ende der Monarchie in Russland führen.[58] Dass auch manche Führer und Vordenker der sozialistischen Arbeiterbewegung in einer seltsamen Mischung aus Faszination und Schrecken im Krieg einen Geburtshelfer der Revolution sahen, war kaum dazu angetan, konservative Befürchtungen zu zerstreuen. Friedrich Engels hatte schon 1887 prophezeit, der nächste Krieg, den Deutschland führe, werde ein Weltkrieg werden, »und zwar ein Weltkrieg von einer bisher nie geahnten Ausdehnung und Heftigkeit. [...] Zusammenbruch der alten Staaten und ihrer traditionellen Staatsweisheit, derart, dass die Kronen zu Dutzenden über das Straßenpflaster rollen und niemand sich findet, der sie aufhebt; absolute Unmöglichkeit, vorherzusehen, wie das alles enden und wer als Sieger aus dem Kampf hervorgehen wird; nur ein Resultat absolut sicher: die allgemeine Erschöpfung und die Herstellung der Bedingungen des schließlichen Siegs der Arbeiterklasse.«[59]

Die möglichen Folgen eines großen Kriegs waren den Staatsmännern in Europa vor 1914 also bekannt. Keiner wollte einen großen Krieg oder strebte ihn an. Die Bereitschaft, ihn zu vermeiden, war jedoch unterschiedlich stark ausgeprägt, ebenso wie die Neigung, ihn zu riskieren und zur Not auch zu führen. Als legitim galt ein großer Krieg nur, wenn vitale eigene Interessen bedroht waren. Frankreich, Großbritannien und letztlich auch Russland waren vor allem an der Aufrechterhaltung des Status quo in Europa interessiert. Sie verfügten über große außereuropäische Imperien, deren Kontrolle und Erschließung beträchtliche Ressourcen banden. Sie hatten in einem großen europäischen Krieg wenig zu gewinnen, während die Folgen für die innere Stabilität, vor allem in Russland, beträchtlich waren. Für Großbritannien kam die Beteiligung an einem Krieg auf dem Kontinent nur in Frage, wenn das Gleichgewicht zwischen den europäischen Mächten und damit die globale Hegemonie des Inselreichs bedroht waren, zumal man sich in London ohnehin mit beträchtlichen inneren Herausforderungen wie der Irlandfrage konfrontiert sah. Für die französische Politik stellte die Wiedergewinnung von Elsass-Lothringen seit der Jahrhundertwende de facto kein Thema mehr dar, auch wenn die Revanchisten weiter lautstark danach riefen. Russland strebte zwar die Kontrolle über die Meerengen Bosporus und Dardanellen an, ohne darin aber von seinen Bündnispartnern unterstützt zu werden. Frankreich und Großbritannien waren an der Aufrechterhaltung des Osmanischen Reichs und an Stabilität auf dem Balkan interessiert. Zwar gab es auch in der russischen Politik angesichts der wachsenden Spannungen auf dem Balkan nicht wenige Stimmen, die einen Kampf zwischen »Slawentum und Germanentum« für unvermeidlich hielten. Anders als in Deutschland und Österreich wurden aus dieser pessimistischen Prognose jedoch keine Forderungen nach einem Präventivkrieg abgeleitet.[60]

In Deutschland dagegen wurde der Stand der Dinge in Europa immer mehr als unvereinbar mit den langfristigen Interessen des Reiches angesehen. Das hat die Bereitschaft, einen großen Krieg zu riskieren, deutlich erhöht. Dahinter stand letztlich das sozialdarwinistische Axiom, dass das Deutsche Reich als junge und aufstrebende Macht nur die Wahl zwischen dem Aufstieg zur

Weltmacht oder dem Rückfall in die Bedeutungslosigkeit habe. Diese Grundannahme dominierte nicht nur in breiten Teilen der Öffentlichkeit, sondern prägte auch das Denken und Handeln der meisten politischen Entscheidungsträger wie Reichskanzler Bethmann Hollweg, aber auch das von Generalstabschef Falkenhayn. Spätestens seit der zweiten Marokkokrise 1911, in der die Isolation Deutschlands deutlich geworden war, setzte sich bei ihnen der Eindruck fest, das Reich sei von seinen Rivalen quasi eingekreist worden, um es systematisch an der Verfolgung seiner »Lebensinteressen« zu hindern. Der Krieg wurde von ihnen zwar nicht angestrebt, anders als beispielsweise von Moltke, aber als »Grenzfall erfolgreicher Weltpolitik« zunehmend hingenommen. Dies galt auch für große Teile des politischen Spektrums wie etwa die Nationalliberalen, deren Haltung darin bestand, »dass die deutsche Politik den Krieg zwar nicht suchen oder durch eine unbesonnene Politik provozieren sollte, andererseits aber vor dem Krieg, sofern sich dieser zur Wahrung vitaler deutscher Interessen als unabweisbare Notwendigkeit darstelle, nicht zurückscheuen dürfe«.[61]

Solche Positionierungen leisteten nicht nur einer Umdeutung des Präventivkriegs zum Verteidigungskrieg Vorschub, sie gingen auch mit einer zunehmenden Bereitschaft einher, die Kriegsdrohung als Mittel der Außenpolitik einzusetzen. Die deutsche Außenpolitik schwenkte in den Jahren vor 1914 immer mehr auf den Kurs einer »offensiven Diplomatie hart am Rande eines Kriegs« ein. Kurt Riezler, der Privatsekretär Bethmann Hollwegs, lieferte dazu 1913 in einem vielbeachteten Buch die theoretischen Grundlagen. Er vertrat die These, dass »es den Staatsmännern schwerer denn je zuvor geworden sei, den ersten Schritt zur Auslösung eines allgemeinen Krieges zu tun«, und zog daraus die gewagte Schlussfolgerung, »dass die allgemeine Erhöhung der Schwelle, die vor dem Entschluss zur Auslösung eines Krieges liege, diplomatisch ausnutzbar sei, wenn man die eigene Strategie und die Interessenlage der Gegenspieler nur entsprechend scharf kalkuliere – eine Theorie, die die deutsche Politik während der Julikrise 1914 in unglückseliger Weise beeinflusst hat.«[62]

Bündnissysteme und Aufrüstung

Die Entwicklung der internationalen Beziehungen und Bündnissysteme vor 1914 steht häufig an erster Stelle, wenn von den langfristigen Ursachen des

Ersten Weltkriegs die Rede ist. Die ältere Forschung hat lange die These vertreten, die europäischen Mächte seien im Juli 1914 mehr oder weniger gegen ihren Willen durch den Automatismus der Beistandsverpflichtungen in den Krieg »hineingeschlittert«. Diese an eine Äußerung des englischen Premier Lloyd George angelehnte Sichtweise, nach der sich die Bündnissysteme bis 1914 so stark polarisiert und verhärtet hatten, dass ein lokaler Konflikt beinahe zwangsläufig zu einem großen Krieg führen musste, findet heute kaum noch Anhänger. Keine Macht ist 1914 in den Krieg eingetreten, weil sie sich durch Beistandsverpflichtungen gebunden fühlte, zumal im Bündnisfall meist nur eine wohlwollende Neutralität eingefordert wurde. Maßgeblich war vielmehr die Wahrnehmung, dass vitale nationale Interessen auf dem Spiel standen. Und so hat auch kein politischer Führer 1914 den Kriegseintritt seines Landes in erster Linie mit Bündnisverpflichtungen gerechtfertigt.[63] Wenn mit Bündnisverträgen argumentiert wurde, dann vor allem, um die eigene Neutralität zu rechtfertigen, wie im Fall von Italien, dessen Regierung im August 1914 den Bündnisfall nicht gegeben sah, da Österreich von Serbien nicht angegriffen worden war.

Von einem Automatismus zwischen Bündnissystemen und Kriegsausbruch kann also keine Rede sein. Davon abgesehen stehen sich jedoch zwei Tendenzen der Forschung gegenüber. Die eine betont die Vertiefung der Gegensätze zwischen den Blöcken und deren Verfestigung, die daraus resultierende Einengung der Handlungsspielräume und die Zunahme der internationalen Krisen vor 1914. Die andere streicht die Instabilität der Bündnisse, ihren begrenzten, informellen und vorwiegend defensiven Charakter heraus. Bündnisse hätten nicht zur Eskalation, sondern auch zur Entschärfung von Konflikten beigetragen und der Frieden sei durch das Konzert der Mächte über die Bündnisgrenzen hinweg vor 1914 immer wieder bewahrt worden.

Angesichts dieser kaum noch überschaubaren Forschungsdiskussion verbietet sich jede teleologische und reduktionistische Sicht der Dinge. Jedoch kann nicht übersehen werden, dass der deutsch-französische Gegensatz, die weitgehend selbstverschuldete Isolierung des Kaiserreichs und dessen bündnispolitische Fixierung auf die Habsburgermonarchie sowie die Annäherung zwischen Frankreich, Russland und Großbritannien die internationalen Beziehungen vor 1914 strukturell belastet haben. Keine dieser Entwicklungen hat den Krieg zwangsläufig gemacht. Zusammen genommen jedoch und in

Verbindung mit anderen, hier bereits erwähnten Faktoren haben sie zum Kriegsausbruch beigetragen und diesen, wenn auch nicht unvermeidlich, so doch wahrscheinlicher gemacht.

Das traditionelle System der internationalen Beziehungen basierte nicht auf festen Bündnissen, sondern auf dem Grundsatz, die Balance zwischen den Mächten ständig neu und flexibel auszutarieren. Bismarck war ein Meister dieses Kräftespiels. Seine Außenpolitik verfolgte vor allem das defensive Ziel, eine Koalition der anderen Mächte gegen Deutschland zu verhindern und Frankreich, das seinen Anspruch auf Elsass-Lothringen nicht aufgeben wollte, zu isolieren. Diese Ziele verfolgte er durch die Ausnutzung der Gegensätze zwischen den Großmächten auf dem Balkan, in Nordafrika und Zentralasien, aber auch durch lockere Bündnisse wie den 1879 geschlossenen Zweibund mit Österreich-Ungarn, der sich 1882 durch den Beitritt Italiens zum Dreibund erweiterte, oder den Rückversicherungsvertrag von 1887 mit Russland.

Nach 1890 setzte sich in den internationalen Beziehungen ein neues Denken durch, das stärker als bisher auf stabile Bündnisse als Basis kolonialer Expansion setzte und diese auch zunehmend als militärische Bündnisse konzipierte.[64] Vor allem die deutsche Führung identifizierte Sicherheit nun stärker als bisher mit festen Bündnissen und militärischer Stärke, nachdem Wilhelm II. 1888 den Thron bestiegen und zwei Jahre später Bismarck entlassen hatte. Die Nachfolger des »Eisernen Kanzlers« verdoppelten die Rüstungsausgaben des Reiches in wenigen Jahren und entschieden sich 1890 gegen eine Verlängerung des Vertrags mit Russland, weil er ihnen nicht zum Bündnis mit Österreich-Ungarn zu passen schien und sie auf einen Pakt mit London hofften. Diese Konzentration auf den Dreibund erwies sich als schwerer Fehler. Die Hoffnungen auf ein Bündnis mit Großbritannien zerschlugen sich, denn das Inselreich blieb vorerst bei seiner »splendid isolation«, um das Gleichgewicht in Europa nicht zu gefährden. Russland stand nun ohne Bündnispartner da und näherte sich rasch Frankreich an. So wurde 1892 zwischen den beiden Ländern eine Militärkonvention und 1894 ein Bündnisvertrag geschlossen. Diese Abkommen hatten einen rein defensiven Charakter; dennoch war nun eingetreten, was Bismarck immer hatte verhindern wollen: die potenzielle Bedrohung Deutschlands an zwei Fronten.

Dies blieb nicht der einzige Fehler. Statt in der bereits misslichen Situation energisch eine Annäherung an Russland oder Großbritannien zu suchen, glaubte die deutsche Führung, eine »Politik der freien Hand« ohne besondere

Rücksichten auf mögliche Bündnispartner betreiben zu können. Dahinter stand die Annahme, die Gegensätze zwischen Großbritannien, Russland und Frankreich im kolonialen Raum seien unüberbrückbar und könnten daher für die eigenen globalen Interessen dauerhaft ausgenutzt werden. Diese »Weltgeltung« Deutschlands wurde immer mehr zum Leitstern der deutschen Politik. Bernhard von Bülow, Reichskanzler von 1900 bis 1909, hat sie 1897, noch als Staatssekretär des Äußeren, in einer Reichstagsrede auf die berühmte Formel gebracht: »Wir wollen niemanden in den Schatten stellen, aber wir verlangen auch unseren Platz an der Sonne.«

Diese Hinwendung zu Imperialismus und Weltpolitik muss vor dem Hintergrund des raschen wirtschaftlichen und demographischen Aufstiegs Deutschlands gesehen werden. Die Bevölkerungszahl des Reiches verdoppelte sich in wenigen Jahrzehnten. In den 1890er Jahren überholte es den englischen Rivalen und wurde zur führenden Wirtschaftsnation Europas, vor allem in den oft schon stark wissensbasierten Schlüsselindustrien der damaligen Zeit, der Chemie- und Elektroindustrie und dem Maschinenbau. Diese Entwicklung fiel in die Zeit einer verschärften Konkurrenz der europäischen Mächte um die noch nicht verteilten kolonialen Einflussgebiete. Diese strukturelle Konstellation verlieh dem deutschen Imperialismus, ähnlich wie dem italienischen, eine besondere Schärfe.

Manifestiert hat sich die von der Führung des Reiches ausgerufene Weltpolitik vor allem in der Flottenrüstung. Sie wurde von Wilhelm II., Reichskanzler Bülow und Alfred von Tirpitz, der seit 1897 als Staatssekretär im Reichsmarineamt fungierte, energisch vorangetrieben, mit lautstarker Unterstützung nationalistischer Agitationsverbände, vor allem des 1898 gegründeten Flottenvereins, dessen Mitgliederzahl bis 1908 auf über eine Million Personen und Körperschaften stieg. Nach den Planungen von Tirpitz sollte Deutschland innerhalb von zwanzig Jahren zwei Drittel der britischen Flottenstärke erreichen. Die Flotte sollte den Weltmachtanspruch des Kaiserreichs unterstreichen und eine abschreckende Wirkung entfalten, das heißt so stark werden, dass ein Sieg über sie nur um den Preis höchster Verluste und einer entscheidenden Schwächung des Empire möglich war. Insofern diente die Flottenrüstung, von innenpolitischen Integrationsfunktionen einmal ganz abgesehen, auch als Ersatz für fehlende Verbündete. Sie war ein Versuch, die sich anbahnende Isolation Deutschlands durch militärische Stärke zu kompensieren und sich nicht durch Bündnisse, sondern durch Rüstung unverwundbar zu machen.

Die Flottenbegeisterung dieser Jahre, die selbst die Kindermode der oberen Schichten prägte – die berühmten Matrosenanzüge –, war jedoch keine rein deutsche Angelegenheit. Die Idee, dass Weltmacht auf militärischer Überlegenheit zur See beruhte, war in vielen Ländern verbreitet, vor allem in den Vereinigten Staaten und in Großbritannien. Ihr Prophet war der amerikanische Konteradmiral Alfred Thayer Mahan, der »Clausewitz of the sea«, wie ihn Zeitgenossen nannten. Sein Buch *The Influence of Sea Power upon History* von 1890 wurde zur Bibel der Flottenenthusiasten in aller Welt. Schon ein Jahr zuvor hatte das britische Parlament den »Naval Defence Act« verabschiedet, der eine massive Verstärkung der Seestreitkräfte vorsah und den »Two-Power-Standard« zur Maxime der Flottenrüstung machte. Nach ihr sollte die Royal Navy immer mindestens so stark sein wie die beiden nächstgrößten Flotten zusammen.

Die Flottenrüstung des Reiches hat die Beziehungen zu Großbritannien nachhaltig belastet, ohne dass die deutschen Ziele erreicht wurden. Britische Bündnisangebote verliefen 1901 im Sande. Die deutsche Führung war nicht bereit, auf die Flottenrüstung zu verzichten. Nach der Jahrhundertwende begann ein Wettrüsten, angefacht durch Presse und Agitationsvereine auf beiden Seiten.[65] Das britische Misstrauen gegenüber Deutschland wuchs trotz der engen historischen, kulturellen und wirtschaftlichen Beziehungen zwischen den beiden Ländern und der engen Verwandtschaft ihrer Monarchen. Die britische Haltung gegenüber Deutschland war freilich nicht einheitlich. Premierminister Balfour (1902–1905) und Außenminister Lansdowne (1900–1905) schätzten die deutsche Flottenrüstung als nicht bedrohlich ein. Edward Grey dagegen, der ab 1905 als Außenminister amtierte, sah schon 1903 in Deutschland den wichtigsten Rivalen und in einer deutsch-russischen Allianz die größte Gefahr für Großbritannien.[66] Ab 1906 lief eine neue Generation von schnelleren und größeren britischen Schlachtschiffen mit einheitlichen Großkalibergeschützen vom Stapel, die nach dem ersten Exemplar dieses Typs »Dreadnoughts« genannt wurden. Über dreißig dieser Schiffe sind bis 1913 von Großbritannien in Dienst gestellt worden. Deutschland versuchte mitzuhalten und baute in dieser Zeit 19 vergleichbare Schiffe – und stieg in wenigen Jahren von der fünftgrößten zur zweitgrößten Seemacht auf, die der britischen Flotte gefährlich werden konnte.[67] Insgesamt wurde aber immer deutlicher, dass das Kaiserreich trotz beträchtlicher Anstrengungen das Flottenwettrüsten nicht gewinnen konnte, zumal nun auch andere Mächte in den

Wettlauf einstiegen und ebenfalls große Schlachtschiffe der Dreadnought-Klasse bauten, vor allem die USA, Frankreich, Russland, Italien und Japan. Das relativierte die Bedeutung der britischen, aber auch der deutschen Flotte.

Die Flottenrüstung war also ein Fehlschlag, wie überhaupt der von den Nachfolgern Bismarcks ausgerufenen Weltpolitik keine Erfolge beschieden waren. Die weitgehend ohne Rücksicht auf mögliche Bündnisse betriebene Außenpolitik führte zur Brüskierung der anderen europäischen Mächte, allen voran Großbritanniens, und zur Isolierung Deutschlands. Die imperialen und weltpolitischen Ziele wurden nicht erreicht, denn der erhoffte Zuwachs an Kolonien blieb aus, wenn man von einigen Inselgruppen im Pazifik (Karolinen, Marianen, Palau, Westsamoa) und dem Erwerb des chinesischen Pachtgebietes Kiautschou mit dem Hafen Tsingtau (Qingdao) absieht.

Diese Entwicklung muss jedoch auch vor dem Hintergrund der Globalisierung der internationalen Beziehungen gesehen werden, die Großbritanniens Handlungsspielräume einengte und zur Aufgabe seiner »splendid isolation« zwang. Sie kann daher nicht nur auf die deutsche Politik zurückgeführt werden, wie dies in vielen auf Deutschland (und seinen »Sonderweg«) zentrierten Darstellungen oft geschieht. Mit dem Aufstieg der Vereinigten Staaten und Japans zu Großmächten erweiterte sich das bisher von europäischen Staaten dominierte internationale Mächtesystem. Die USA stiegen durch ihre territoriale Expansion und das rasante Wachstum ihrer Bevölkerung und Ökonomie, das sie vor 1914 zur größten Wirtschaftsnation der Welt machte, durch ihren Sieg über Spanien und die Besetzung von Kuba, Puerto Rico, den Philippinen und Hawaii 1898 zur Vormacht in der westlichen Hemisphäre auf. Sie beanspruchten mit Verweis auf ihre Hegemonialmacht das alleinige Recht auf Interventionen in der Region. Großbritannien blieb nichts anderes übrig, als diesen von Präsident Theodore Roosevelt 1904 in einer Mitteilung an den Kongress formulierten Anspruch zu akzeptieren, der sich schon seit 1903 in zahlreichen US-Interventionen in Mittel- und Südamerika niederschlug. Großbritannien zog seine Flotte aus der Karibik ab, um in europäischen Gewässern besser für einen Konflikt gerüstet zu sein.[68]

In Ostasien stieg Japan zu einer regionalen Großmacht auf, nachdem es 1895 das instabile chinesische Reich besiegt und sich Taiwan, die chinesische Halbinsel Liaodong und Einflussgebiete in Korea gesichert hatte. Dies führte dazu, dass Großbritannien 1902 zur Sicherung seiner Interessen in der Region und zur Eindämmung Russlands, seines wichtigsten Rivalen in Asien, ein

Bündnis mit Japan einging. Es war der erste Schritt zur Aufgabe der »splendid isolation«. Ihm folgte die »Entente cordiale« vom April 1904, in der sich Frankreich und Großbritannien über ihre Interessensphären in Nordafrika verständigten: Ägypten wurde britisches, Marokko französisches Einflussgebiet. Beide Seiten garantierten sich freie Durchfahrt durch die Straße von Gibraltar und den Suezkanal. Dieses Abkommen war nicht in erster Linie gegen das Deutsche Reich gerichtet, auch wenn dieses nun weit weniger als bislang die französisch-britischen Gegensätze für sich nutzen konnte. Das britische Hauptmotiv bestand in einer Verminderung der Reibungsflächen des Empire mit den anderen großen Kolonialmächten, nämlich das angeschlagene Verhältnis zu Russland zu verbessern und zu verhindern, dass Frankreich und Großbritannien von ihren Bündnispartnern Japan und Russland in den Krieg verwickelt würden, der seit dem Februar 1904 in Ostasien geführt wurde.[69]

Die Entente cordiale war ein schwerer Rückschlag für Deutschland. Frankreich und Großbritannien hatten Nordafrika unter sich aufgeteilt, ohne das Kaiserreich zu konsultieren. Das erschütterte die Grundannahme der deutschen »Weltpolitik«, die imperialen Gegensätze zwischen seinen Rivalen seien unüberbrückbar. Der »ägyptische Hebel«, der für Bismarck eine so große Rolle gespielt hatte, entfiel nun.[70] Bülow sprach im Reichstag von einer »Einkreisung« Deutschlands. Tatsächlich aber hat Deutschland alles getan, um sich selbst »auszukreisen«. Dies zeigte sich schon wenig später in der ersten Marokkokrise. Der von Revolten und einer Finanzkrise bedrohte Sultan hatte einen großen Teil seiner Steuereinkünfte an Frankreich verpfändet, das auf ›Reformen‹ drängte, die Frankreich die Vorherrschaft sichern sollten. Die deutsche Führung wollte dies nicht hinnehmen und meldete ein Mitspracherecht an. Am 31. März 1905 landete der Kaiser bei einer Kreuzfahrt in Tanger und sicherte dem Sultan seine Unterstützung bei der Verteidigung der marokkanischen Souveränität zu. Hintergrund dieses Manövers war die russische Niederlage gegen Japan, die sich nach der Schlacht von Mukden im Laufe des März abzeichnete. Die deutsche Führung hoffte, das geschwächte Russland zu einem Bündnis mit dem Reich bewegen und Frankreich in der Marokkofrage die Unzuverlässigkeit seines Bündnispartners vorführen zu können. Das Kalkül, einen Keil in den sich abzeichnenden Ring um Deutschland zu treiben, schien zunächst aufzugehen. Ende Mai erlitten die Russen auch zur See, in der Meerenge von Tsushima, eine vernichtende Niederlage gegen die japanische Flotte. Im Juli unterzeichneten Wilhelm II. und sein Vetter Zar

Nikolaus II. auf der in den Gewässern vor Björko (Primorsk) ankernden Jacht des deutschen Kaisers ein Defensivbündnis.[71]

Doch die deutsche Rechnung ging nicht auf. Der Vertrag scheiterte an den Ministern Nikolaus', die das Bündnis mit Frankreich nicht aufgeben und sich nicht von Deutschland abhängig machen wollten. Die Niederlage gegen Japan führte zu einer Revolution im Zarenreich. Die Schwächung Russlands, die das Gleichgewicht in Europa bedrohte, führte zu einer Konsolidierung der britisch-französischen Entente und zu einer Annäherung Großbritanniens an Russland. Deutschland wurde auf der Konferenz im spanischen Algeciras, die 1906 die Marokkokrise lösen sollte, nur von Österreich-Ungarn unterstützt. Es musste die politische Vorherrschaft Frankreichs über Marokko akzeptieren und sich mit einer Garantie seiner ökonomischen Interessen in dem nordafrikanischen Land begnügen. 1907 kam es zu einem Bündnis zwischen Großbritannien und Russland, in dem sich die beiden Mächte über ihre Einflusszonen in Persien, Afghanistan und Tibet verständigten. Damit hatte sich der Bündnisring um Deutschland und Österreich geschlossen. Bismarcks Albtraum der Koalitionen war endgültig Wirklichkeit geworden.

Wurden also bereits in der Zeit des Hochimperialismus nach 1890 die Weichen für den Ersten Weltkrieg gestellt? Einerseits ist nicht zu übersehen, dass die imperiale Konkurrenz infolge der Globalisierung des Mächtesystems und der Verknappung der noch zu verteilenden Einflussgebiete zunahm. Alle großen Mächte sahen sich vor die selbst definierte Wahl gestellt, Weltmächte zu werden oder zu bleiben oder sich mit einer Rolle in der zweiten Reihe abzufinden. Die internationale Politik erschien als Nullsummenspiel, in dem es nur Verlierer oder Gewinner geben konnte. Manche Historiker haben auf die Unvereinbarkeit zwischen dem europäischen und dem globalen Gleichgewicht hingewiesen. Deutschland konnte danach, anders als Großbritannien, Russland und die USA, nicht Weltmacht werden, ohne die Balance in Europa zu zerstören. Dies habe zu einer Blockade der imperialen Expansion des Kaiserreichs durch die europäischen Nachbarn geführt, was die Neigung der Reichsleitung zu riskantem und aggressivem Vorgehen erhöht habe.[72]

Andererseits hat kein imperialer Konflikt zum großen Krieg geführt. Die Rivalitäten zwischen den europäischen Mächten konnten durch Kompensationen und territoriale Einigungen an der Peripherie ausgeglichen werden. Die wachsenden Spannungen in Asien wurden auf Kosten Chinas entschärft. Deutschland besetzte 1897 Kiautschou, Großbritannien zog 1898 mit der Besetzung von Weihaiwei, Russland mit der von Port Arthur und der Halbinsel Liadong nach und baute in den folgenden Jahren seine Position in der Mandschurei aus. Der dadurch ausgelöste Boxeraufstand wurde im Sommer 1900 von einem gemeinsamen europäischen Expeditionskorps unter der Führung des deutschen Generals Alfred Graf von Waldersee niedergeschlagen.[73] Die Kooperation im kolonialen Raum konnte zu einer dauerhaften Entspannung der Beziehungen zwischen einigen Mächten führen, wie die britisch-französische und die britisch-russische Annäherung von 1904 und 1907 zeigen.[74]

Auch vom deutsch-britischen Flottenwettrüsten führte kein direkter Weg zum Ersten Weltkrieg, denn dieser verlor nach dem Übergang zum britischen Dreadnought-Bau 1906 immer mehr an Bedeutung und endete spätestens 1912, als das britische Parlament die nötigen Mittel bewilligte, um den Vorsprung vor dem kontinentalen Konkurrenten auf Dauer zu sichern. Deutschland räumte nun dem Ausbau seines Heeres Priorität ein und gab seine ehrgeizigen Ziele in der Hochrüstung seiner Seestreitkräfte auf. Die deutsch-britischen Beziehungen verbesserten sich auch deshalb vor 1914 deutlich, zumal Bülow 1909 von dem liberal orientierten Theobald von Bethmann Hollweg ablöst wurde, der viel stärker als sein Vorgänger um ein gutes Verhältnis zum Vereinigten Königreich bemüht war.[75]

Trotzdem haben die imperialen Konflikte und die deutsche Flottenrüstung zur Entstehung der Blockkonfrontation in Europa beigetragen. Die Jahre 1904 bis 1907 sind daher oft als Umbruchzeit in den internationalen Beziehungen bezeichnet worden, in denen die Weichen für den Weg in die Katastrophe von 1914 gestellt wurden.[76] Die britische Entente-Politik, so ist argumentiert worden, habe zur Entstehung von zwei festen Bündnisblöcken geführt. Diese Entwicklung habe das Reich in den folgenden Jahren in ein Dilemma und die Beziehungen zwischen den europäischen Mächten in einen Teufelskreis geführt. Je schwächer Österreich-Ungarn wurde, desto stärker musste Deutschland am Bündnis mit der Doppelmonarchie festhalten, was seinen Handlungsspielraum einengte und die Blockkonfrontation verstärkte. Die Schwächung Russlands durch den verlorenen Krieg gegen Japan und die Verständigung mit Großbritannien über die Interessen der beiden Mächte in Asien hätten zu einer Umorientierung der russischen Politik auf den Balkan und die Meerengen geführt, was den Schwerpunkt der großen Politik nach Europa zurückverlagert und zu Spannungen zwischen den Mächten geführt habe, die folgenschwerer waren als die im kolonialen Raum.[77]

Doch nach 1906 trat in den internationalen Beziehungen sogar eine Phase relativer Entspannung ein, die bis 1911 andauerte und auch von der Bosnienkrise 1908 nur kurz vorübergehend unterbrochen wurde. Die europäischen Bündnisse, die bis 1907 ihre Konturen gewonnen hatten, waren nach Auffassung vieler Historiker begrenzter, defensiver und instabiler als lange angenommen. Vor allem die Entente blieb ein relativ lockeres Bündnissystem, das weit entfernt davon war, seine Partner einzuschränken.[78] Großbritannien ging es um die Sicherung von Gleichgewicht und Frieden in Europa. Dabei war die britische Politik darauf bedacht, ihre Handlungsfreiheit zu behalten. Noch in der Julikrise 1914 hoffte die deutsche Führung, Großbritannien werde nicht intervenieren, während Frankreich genau dies befürchtete.[79] Schließlich war die Entente cordiale eine Verständigung über koloniale Interessen, kein Bündnis wie das zwischen Frankreich und Russland, auch wenn nun deutlich wurde, auf welche Seite sich das Vereinigte Königreich im Falle eines Krieges schlagen könnte.[80] Ähnliches gilt für die Verständigung mit Russland. Auch hier hat sich Großbritannien nicht auf ein festes Bündnis eingelassen. Die lockere Entente mit Frankreich und Russland diente nicht nur der Abschreckung Deutschlands, sondern auch der Mäßigung der eigenen Partner.[81] Ähnliche Funktionen erfüllte auch der Dreibund: Großbritannien machte 1906 deutlich, dass es nicht bereit war, wegen französischer Interessen in Marokko Krieg zu führen, während Deutschland bei der Konferenz von Algeciras von Österreich nur sehr verhalten und von Italien überhaupt nicht unterstützt wurde.[82]

Auch Frankreich hat sich durch sein Bündnis mit Russland kaum einengen lassen. Das zeigte sich in der Bosnienkrise 1908, in der das Zarenreich isoliert blieb. In dieser Krise trafen zum ersten Mal die verschiedenen Spannungslinien auf dem Balkan zusammen, die einige Jahre später zum Ersten Weltkrieg führen sollten: die Verschlechterung des Verhältnisses zwischen Österreich und Serbien seit dem Militärputsch von 1903; die Umorientierung der russischen Politik unter Außenminister Graf Alexander Iswolski, der seit 1908 für ein offensiveres Vorgehen auf dem Balkan und gegenüber dem Osmanischen Reich eintrat und eine russische Kontrolle der Meerengen anstrebte; und schließlich die anhaltende Schwäche und innere Krise des Osmanischen Reichs, die bei den kleineren Staaten der Region nationale Begehrlichkeiten weckte und eine permanente Einmischung der großen Mächte nach sich zog. Gegen diesen Verfall der osmanischen Souveränität richtete sich die Revolte der jungtürkischen Offiziere, die im Juli 1908 von der besonders unruhigen, ethnisch heterogenen Provinz Mazedonien ausging. Die politische Krise des Osmanischen Reiches führte dazu, dass Bulgarien im Oktober seine Unabhängigkeit erklärte, worauf Österreich einen Tag später das schon seit 1878 besetzte Bosnien-Herzegowina annektierte. Russland hatte diese Eingliederung bereits in einer geheimen Verabredung akzeptiert, die im Gegenzug eine österreichische Unterstützung für die Revision des internationalen Abkommens vorsah, das der russischen Schwarzmeerflotte die Durchfahrt durch die Meerengen verbot. Die österreichische Führung, die sich von Bulgarien überrumpelt fühlte, machte diese Vereinbarung publik, ein Affront für Russland, dessen Meerengen-Pläne sich dadurch zerschlugen. Deutschland unterstützte Österreich in dieser Krise uneingeschränkt. Hier fiel zum ersten Mal das Wort von der »Nibelungentreue«, die sich als so verhängnisvoll erweisen sollte. Frankreich und Großbritannien übten erheblichen Druck auf das militärisch immer noch geschwächte Russland aus, die Annexion zu akzeptieren, da sie an einer weiteren Destabilisierung des Balkans und des Osmanischen Reichs nicht interessiert waren. Belgrad und Konstantinopel mussten sich mit Kompensationszahlungen begnügen. Die Entente hat hier eindeutig als Eskalationsbremse fungiert.[83]

Mit der zweiten Marokkokrise endete die Phase der Entspannung in den internationalen Beziehungen. Die Konflikte begannen auf Europa zurückzuschlagen. Die Krise löste eine Kettenreaktion aus, in deren Verlauf sich vor allem die Spannungen auf dem Balkan verschärften und für die großen Mächte immer weniger beherrschbar wurden. Ausgelöst wurde die Krise durch den erneuten Versuch Frankreichs, ein Protektorat über Marokko zu etablieren. Im April 1911 marschierten französische Truppen in das Land ein, um Aufstände gegen den Sultan niederzuschlagen. Dies war eine Verletzung des Vertrags von Algeciras, denn Frankreich hatte die Unterzeichnerstaaten nicht um Erlaubnis für sein Vorgehen gefragt. Die deutsche Führung glaubte die Situation ausnutzen und von Frankreich Konzessionen in Mittelafrika erhalten zu können und unterstrich seine Forderungen auf persönlichen Befehl des Kaisers durch die Entsendung des Kanonenboots *Panther*, das sich am 1. Juli vor Agadir zeigte. Dieser Einsatz eines deutschen Kriegsschiffes weitab seiner Heimatgewässer wurde in Großbritannien als Herausforderung bewertet. Der bis dahin als Pazifist geltende liberale Schatzkanzler Lloyd George sicherte am 21. Juli in einer berühmt gewordenen Rede Frankreich Unterstützung zu und ließ durchblicken, dass er einen Krieg als letztes Mittel der Politik nicht ausschließe, wenn vitale britische Interessen auf dem Spiel stünden. Damit war das Reich erneut diplomatisch isoliert und musste in den Verhandlungen, die im November abgeschlossen wurden, die Errichtung eines französischen Protektorats über Marokko akzeptieren, wofür es mit einem Teil des französischen Kongo entschädigt wurde, der allerdings deutlich kleiner ausfiel als erhofft.

Die Beilegung dieser schweren Krise belegt erneut, dass die europäischen Mächte nicht bereit waren, wegen kolonialer Streitigkeiten einen Krieg vom Zaun zu brechen, und den Frieden immer noch durch Kompensationen im kolonialen Raum erhalten konnten. Weder die deutsche noch die französische Regierung zogen den Krieg wirklich in Betracht. Auch war erneut deutlich geworden, dass die Bündnisse vorwiegend defensiven Charakter hatten und zur Deeskalation der Krise beitrugen, denn Russland machte Frankreich die engen Grenzen seiner Unterstützung ebenso deutlich wie Österreich dem Deutschen Reich, was die Bereitschaft der Kontrahenten zum Kompromiss erheblich förderte.[84]

Trotz ihres glücklichen Ausgangs hatte die Krise so weitreichende Folgen, das sie als Wendepunkt in den internationalen Beziehungen betrachtet werden kann. Der Frieden in Europa war deutlich brüchiger geworden. Die Bündnisse verloren erheblich an Flexibilität. Die Entente-Mächte rückten näher aneinander als bisher. Deutschland war isolierter und damit stärker auf den österreichischen Bündnispartner angewiesen als jemals zuvor. Vor allem das britisch-französische Bündnis festigte sich und gewann nun auch immer mehr eine militärische Dimension, etwa durch die Einsatzplanungen für das britische Expeditionskorps an der Seite Frankreichs zur Abwehr einer deutschen Invasion in Nordfrankreich oder durch eine verstärkte Flottenkooperation, die eine Konzentration der britischen Flotten in der Nordsee und der französischen im Mittelmeer vorsah.[85]

Durch die Marokkokrise verstärkten sich die Spannungen zwischen den Blöcken. Das durch Drohungen und Bluffs geprägte Auftreten der beteiligten Mächte hatte zu einem Klima des Misstrauens und der Kriegserwartung geführt. Sicherheit wurde noch stärker als bisher in Abschreckung durch vermehrte Rüstung gesucht, wodurch sich das gegenseitige Misstrauen weiter vertiefte. Dieser Teufelskreis begann vor allem die deutsch-französischen und deutsch-russischen Beziehungen zu prägen, die sich in den Jahren vor 1911 entspannt hatten. Frankreich wollte nicht noch einmal infolge militärischer Schwäche an den Verhandlungstisch gezwungen werden. Es modernisierte seine Kommandostrukturen, ging zu offensiveren Kriegsplanungen über und nahm die militärische Kooperation mit dem Zarenreich wieder auf.[86] Russland, das noch von seiner Niederlage gegen Japan geschwächt war und in der Bosnienkrise hatte klein beigeben müssen, hatte schon 1910 ein großangelegtes Programm militärischer Reorganisation und Aufrüstung beschlossen, das nun mit französischen Krediten, vor allem für den Eisenbahnbau, zügig vorangetrieben wurde. In Deutschland saß der Schock über die Isolation des Reichs in der zweiten Marokkokrise tief. Tirpitz trat für eine weitere Flottenverstärkung ein, aber Moltke und Bethmann Hollweg setzten im Wehrgesetz von 1912 eine Aufstockung der Armee um 39 000 Mann durch. Mit dem Krieg auf dem Balkan verstärkten sich die deutschen Bedrohungsängste noch, denn er beschleunigte den Bedeutungsverlust Österreich-Ungarns und die Konzentration des Bündnispartners auf die Krisenregion. So begann die deutsche Führung damit zu rechnen, im Kriegsfall alleine an zwei Fronten zu kämpfen. Dies schien angesichts der rasch zunehmenden französischen und russischen Mobilisierungsgeschwindigkeit nicht mehr lange aussichtsreich, zumal im Frühjahr 1913 die Umrisse des russischen Rüstungsprogramms deutlich wurden, das eine Erhöhung der Friedensstärke des Heeres um 200 000 Mann vorsah. So drehte sich die Rüstungsspirale weiter, auch wenn die Freigabe der Mittel für das Rüstungsprogramm durch die Duma bis zum 22. Juni 1914 auf sich warten ließ.

Das deutsche Wehrgesetz vom Juni 1913 erhöhte die Zahl der jährlich einzuziehenden Wehrpflichtigen und damit die Friedensstärke der deutschen Armee um 63 000 Mann, eine Verdopplung der 1912 beschlossenen Heeresvergrößerung. Frankreich zog rasch nach. Hier konnte die Zahl der Wehrpflichtigen freilich kaum noch erhöht werden, denn die Konskriptionsquote lag bereits bei 80 Prozent. Daher wurde die Dauer der Wehrpflicht auf drei Jahre verlängert, was die Friedensstärke der französischen Armee um 50 Prozent erhöhte. Insofern war Frankreich vor 1914 stärker militarisiert als das Reich, allerdings nicht in absoluten Zahlen, da es nur über zwei Drittel der Bevölkerung seines Nachbarn im Osten verfügte.[87]

Die wichtigste unmittelbare Folge der Marokkokrise war die italienische Invasion Libyens im Oktober 1911. Die italienische Kolonialexpansion war durch die verheerende Niederlage gegen Äthiopien in der Schlacht von Adua

1896 weitgehend zum Stillstand gekommen. 1911 waren Frankreich, Deutschland und Großbritannien durch die Marokkokrise absorbiert, während Russland und Österreich an einem Wiedererstarken des Osmanischen Reichs infolge der jungtürkischen Revolution nicht interessiert waren.[88] Italien nutzte die Gunst der Stunde, um seine Ansprüche auf das zum Osmanischen Reich gehörende Libyen durchzusetzen und einer weiteren Expansion Frankreichs in Nordafrika vorzubeugen. Dahinter stand nicht nur die Befürchtung, erneut leer auszugehen, wie bei der französischen Besetzung Tunesiens 1881, sondern vor allem die Absicht, von innenpolitischen Problemen abzulenken. Der reformistische Kurs, den der liberale Ministerpräsident Giovanni Giolitti seit der Jahrhundertwende mit zunächst beträchtlichen Erfolgen eingeschlagen hatte, stieß mit der Zeit nicht nur auf die Opposition der rasch wachsenden und immer radikaleren Arbeiterbewegung, sondern auch auf den Widerstand einer neuen nationalistischen Sammlungsbewegung. Sie hatte sich zwar erst 1910 als Partei organisiert, gewann jedoch im bürgerlichen Lager und der Öffentlichkeit rasch an Einfluss, zumal sie nicht nur von Intellektuellen, sondern auch von einigen Industriellen und Bankiers unterstützt wurde, die ein Interesse an Aufrüstung und Kolonialbesitz hatten. Ihr Programm war Sozialimperialismus in Reinkultur: die Ablenkung innerer Spannungen nach außen, Krieg und Expansion statt Reform oder gar Revolution. Im Zentrum stand die Idee, den Klassenkampf in die internationale Arena zu tragen. Italien sei insgesamt eine »proletarische Nation«, so die Formel von Enrico Corradini, dem Wortführer der Nationalisten, die sich gegenüber den »plutokratischen Nationen« wie Frankreich und Großbritannien entschlossen behaupten müsse. Der Erwerb von Kolonien sollte überdies das soziale Problem der Landarmut lösen und eigenen Siedlungsraum für die Emigranten bereitstellen, die Jahr für Jahr zu Hunderttausenden ihre Heimat in Richtung Südamerika und USA verließen. Diese Rhetorik, die linke wie rechte Elemente zu verbinden schien, stieß in dem in vieler Hinsicht rückständigen und von Minderwertigkeitsgefühlen gegenüber den europäischen Großmächten geprägten Land auf breite Resonanz, die sich auch auf Teile der Arbeiterbewegung und des katholischen Lagers erstreckte.[89]

So löste der Libyenkrieg, der Ende September 1911 mit einem unannehmbaren Ultimatum an die Hohe Pforte vom Zaun gebrochen wurde, in der italienischen Öffentlichkeit zunächst erhebliche Euphorie aus. Dem 34 000 Mann starken italienischen Expeditionskorps gelang schon in den ersten beiden Oktoberwochen die Einnahme der wichtigsten Küstenstädte wie Bengasi, Homs, Tripolis und Tobruk. Aber die Hoffnungen, von der einheimischen Bevölkerung als Befreier empfangen zu werden, erfüllten sich nicht. Sie hatte unter der Herrschaft Konstantinopels nur wenig gelitten und leistete im Inneren des Landes zusammen mit den wenigen verbliebenen osmanischen Truppen energischen Widerstand gegen die Invasoren. Das italienische Militär reagierte mit einer Radikalisierung der Kriegführung und Vergeltungsaktionen gegen die Zivilbevölkerung.[90] Ende Oktober wurden bei Massakern und Massenhinrichtungen innerhalb weniger Tage Tausende umgebracht oder deportiert und ihre Dörfer dem Erdboden gleichgemacht. Die italienischen Truppen mussten bald auf 100 000 Mann aufgestockt werden. Zum ersten Mal in der Geschichte erfolgte der Einsatz von Flugzeugen und Fliegerbomben.[91] Dennoch kamen die Italiener kaum über die Küstenregion hinaus, worüber auch die formale Annexion des Landes Anfang November nicht hinwegtäuschen konnte.

Da das Osmanische Reich sich weigerte, die italienische Inbesitznahme zu akzeptieren, weiteten die Aggressoren den Krieg aus und griffen am 7. Januar 1912 die jemenitische Hafenstadt Hodeida am Roten Meer an, wo sie, wie schon zuvor in der Adria, einige veraltete osmanische Kanonenboote zerstörten. Am 24. Februar versenkten drei italienische Panzerkreuzer vor Beirut ein weiteres osmanisches Kriegsschiff und ein Torpedoboot. Doch zum Friedensschluss, der am 18. Oktober 1912 die Annexion von Tripolitanien und der Cyrenaika besiegelte, kam es erst, nachdem die italienische Marine den Krieg bis in die türkischen Küstengewässer getragen, die Festungen am Eingang der Dardanellen beschossen und die Inseln des Dodekanes besetzt hatte.

Der Libyenkrieg wird in vielen Darstellungen des Ersten Weltkriegs und seiner Vorgeschichte nur am Rande erwähnt. Er markiert jedoch den Punkt, an dem die imperialen Konflikte – die hier im Gegensatz zur Marokkokrise auch militärisch ausgetragen wurden – auf Europa zurückschlugen, und damit den eigentlichen Beginn der Weltkriegsepoche und der europäischen Selbstzerstörung, denn er führte zu einer weiteren Destabilisierung des Osmanischen Reichs und des Gleichgewichts auf dem Balkan.[92] Das Osmanische Reich war ohnehin schon durch den Nationalismus der Balkanvölker schwer bedroht, der sich immer stärker an der Leitidee ethnischer und religiöser Homogenität orientierte, die in dieser Region besonders schwer mit der Realität in Einklang zu bringen war. Auf sie waren auch die Jungtürken eingeschwenkt. Sie wollten das Reich erneuern und die Privilegien der christlichen Untertanen einschränken. So wurden in Mazedonien die Ländereien bulgarischer, serbischer und griechischer Bürger enteignet und auf ihnen Muslime angesiedelt. Auf dieser Linie lag auch das Projekt, zur Stabilisierung des Reiches ein islamisch geprägtes, halbautonomes Groß-Albanien zu schaffen, das auch Teile Mazedoniens umfassen sollte.[93]

Die libysche Niederlage war für die Balkanstaaten die willkommene Gelegenheit, die Osmanen ganz von der Halbinsel zu verdrängen und durch eine Arrondierung ihrer Territorien und eine Neuordnung der Region eine Ausdehnung Österreichs über Bosnien-Herzegowina hinaus zu verhindern.[94] Ermuntert wurden sie von Russland, das sich als Schutzmacht der vorwiegend orthodoxen und im Falle der Serben und Bulgaren auch slawisch geprägten Völker auf dem Balkan verstand; diese als Bollwerk gegen Österreich betrachtete und im Windschatten der Erhebung gegen die Hohe Pforte seine Ansprüche auf die Meerengen durchsetzen wollte. Insofern hatte Russland entscheidenden Anteil an der Destabilisierung der internationalen Beziehungen in Europa vor 1914, konnte jedoch die Geister, die es rief, bald nicht mehr bändigen.[95] Am 13. März 1912 schlossen sich Serbien und Bulgarien unter russischer Vermittlung und Patronage zusammen. Im Oktober traten auch Griechenland und Montenegro dem Balkanbund bei.

Am 8. Oktober 1912 erklärte Montenegro dem Osmanischen Reich den Krieg. Seine Verbündeten folgten neun Tage später.[96] Damit war der Krieg nach über vierzig Jahren des Friedens nach Europa zurückgekehrt, wenn auch zunächst nur in regional begrenzter Form. In anderer Hinsicht sprengte der Balkankrieg jedoch bereits weitgehend die traditionellen Grenzen, denn die Truppen der Balkanstaaten, die 500 000 Mann mobilisiert hatten, verübten in den von ihnen eroberten Gebieten Kriegsverbrechen an der muslimischen Zivilbevölkerung in einem bisher in Europa unbekannten Ausmaß. Dabei kam es zur Einäscherung ganzer Dörfer, zu Vergewaltigungen, willkürlichen Morden und zur massenhaften Exekution angeblicher Spione. Die Zahl der toten und verwundeten Soldaten erreichte überdies bald die Hunderttausendermarke.[97] Die schlecht geführten und unzulänglich versorgten osmanischen Truppen, die an verschiedenen Fronten kämpften, wurden in mehreren Schlachten schnell besiegt, wobei die bulgarische Armee die führende Rolle spielte. Der Vormarsch der Verbündeten konnte erst kurz vor Konstantinopel aufgehalten werden. Am 3. Dezember wurde ein Waffenstillstand vereinbart.[98]

Der Krieg erschütterte das europäische Gleichgewicht tiefgreifend und führte zu starken Spannungen weit über die direkt beteiligten Staaten hinaus. Serbien beanspruchte Teile Albaniens und einen Zugang zur Adria. Italien lehnte das ab und erhob ebenfalls Ansprüche auf Albanien. Griechenland wollte sich mit der italienischen Besetzung des Dodekanes nicht abfinden. Österreich dagegen sah in jeder Expansion der Mächte vor seiner Haustür eine Bedrohung, weil sie das relative Gewicht der Donaumonarchie schmälerte und angesichts der italienischen und südslawischen Minderheiten auch die territoriale Integrität des multiethnischen Reichs bedrohte. Für Russland war die Unterstützung seiner Verbündeten, allen voran Serbiens, eine Prestigefrage geworden und ein Einknicken gegenüber Österreich wie noch in der Bosnienkrise keine Option mehr, zumal sich die russische Führung inzwischen für einen Konflikt besser gerüstet sah und unter dem Druck panslawistischer Strömungen in der öffentlichen Meinung stand. So schien vielen Beobachtern am Ende des Jahres ein Krieg zwischen den beiden Mächten unvermeidlich.[99]

Dieser konnte jedoch dank der Intervention von Großbritannien, Frankreich und Deutschland, die kein Interesse an der Auflösung des Osmanischen Reiches hatten und mäßigend auf ihre Bündnispartner einwirkten, verhindert werden. Eine eigens einberufene Botschafterkonferenz tagte seit dem 17. Dezember in London, und am 30. Mai 1913 wurde ein Friedensvertrag unterzeichnet, mit dem das Osmanische Reich, abgesehen von einem schmalen Landstreifen zwischen dem Schwarzen Meer (Midia) und der Ägäis (Enez), auf alle seine europäischen Besitzungen einschließlich der Insel Kreta verzichtete und alle vier Balkanstaaten erhebliche Landgewinne verbuchen konnten. Das europäische Konzert schien seine Handlungsfähigkeit durch Kooperation über die Bündnissysteme hinweg erneut bewiesen zu haben.[100]

Doch der Frieden war von kurzer Dauer. Die Balkanstaaten begannen sich bald um die Beute zu streiten. Serbien und Griechenland beanspruchten einen größeren Anteil an Mazedonien, als ihnen im Vertrag von London zugebilligt worden war, um sich für entgangene Territorialgewinne in Albanien zu entschädigen. Bulgarien war nicht bereit, diesen Forderungen entgegenzukommen. Daraufhin schlossen Serbien und Griechenland am 1. Juni ein Bündnis gegen Bulgarien, das am 29. Juni, seine militärischen Möglichkeiten stark überschätzend, ohne Kriegserklärung die beiden Verbündeten angriff. Im Juli traten Rumänien und das Osmanische Reich an der Seite der

Verbündeten in den Krieg ein. Bulgarien wurde nun von allen Seiten bedrängt und sah sich infolge seiner militärischen Unterlegenheit gezwungen, in Verhandlungen einzutreten.[101] Im Frieden von Bukarest (10. August 1913) musste Bulgarien fast alle im Ersten Balkankrieg eroberten Gebiete abtreten. Nordmazedonien und das Kosovo fielen an Serbien, Südmazedonien an Griechenland. Rumänien erhielt den südlichen Teil der Dobrudscha. Das Osmanische Reich konnte in einem Separatfrieden (29. September 1913) Ostthrakien mit Adrianopel (Edirne) zurückgewinnen. Westthrakien ging auf Druck von Russland an Bulgarien, das auf diese Weise einen Zugang zur Ägäis behielt.[102]

Die Balkankriege haben nicht nur das Gleichgewicht in der Region, sondern den Frieden in ganz Europa beschädigt. Zwar konnten die Großmächte mit der Schaffung eines unabhängigen Albanien den von Serbien gewünschten Zugang zur Adria verhindern. Die Unabhängigkeit Albaniens wurde im November 1912 von einem Nationalkongress in Valona proklamiert und im Juli 1913 von den Großmächten bestätigt.[103] Die Kontrolle über die kleineren Mächte in der Region war ihnen jedoch im Frühsommer 1913 entglitten, als Bulgarien, Griechenland, Serbien und Montenegro den Londoner Vertrag weitgehend ungestraft missachtet und Territorien besetzt hatten. In diesem Fall hatte das Konzert der europäischen Mächte versagt.

Der große Gewinner der Balkankriege war Serbien, das sein Territorium fast verdoppeln und seine Bevölkerungszahl um die Hälfte steigern konnte. Damit war Serbien die stärkste Regionalmacht auf dem Balkan geworden. Das bedeutete vor allem für Wien ein Desaster, denn nun musste man noch stärker als bisher ein Ausgreifen des serbischen Nationalismus, der eine Vereinigung aller südslawischen Völker unter Führung Belgrads anstrebte, auf das Vielvölkerreich befürchten. Österreich-Ungarns Vertrauen in die internationale Ordnung war durch das Versagen des Mächtekonzerts schwer erschüttert.[104] Daher schlug die Donaumonarchie nun eine aggressivere Außenpolitik ein, die wenig Rücksicht auf die Erhaltung des Friedens in Europa nahm und sich ganz auf Serbien konzentrierte. Am 3. Oktober 1913 gelangte der Ministerrat zu der Einschätzung, dass ein Krieg gegen Serbien unvermeidlich sei. Ohne sich mit den anderen Mächten abzusprechen, forderte Wien wenige Tage später unter Berufung auf das Londoner Abkommen ultimativ den Abzug der serbischen Truppen aus dem Norden Albaniens. Das durch die Balkankriege militärisch geschwächte Land lenkte ein.[105]

Die Bereitschaft zum Kompromiss und zu multilateralen Absprachen war in Wien auf den Nullpunkt gesunken. Ende 1912 hatte Deutschland seinen Verbündeten von einem Krieg noch abhalten können, doch eine neuerliche Bereitschaft dazu hatte in Berlin angesichts der Schwächung des Verbündeten, die auch die eigene Position in Europa immer mehr beeinträchtigte, stark abgenommen. Aber auch andere Mächte waren vom Ausgang der Balkankriege enttäuscht: Bulgarien, weil es fast alle seine Territorialgewinne wieder eingebüßt hatte, Serbien, weil ihm der Zugang zur Adria verwehrt worden war, und Russland, weil es den Anspruch seines serbischen Verbündeten nicht hatte durchsetzen können, was als Prestigeverlust betrachtet wurde. Das Osmanische Reich verlor endgültig sein Vertrauen in die europäischen Mächte und setzte auf die Wiedererlangung militärischer Stärke.

Die Balkankriege hatten eine Verhärtung der Bündnissysteme und eine deutliche Verschlechterung der Beziehungen zwischen den großen Mächten zur Folge. Schon im Dezember 1913 kam es zu einer weiteren Krise, als eine deutsche Militärmission nach Konstantinopel entsandt wurde. Deutschland hatte das Osmanische Reich schon jahrzehntelang durch Waffen und die Entsendung von Militärexperten unterstützt. Die militärische Zusammenarbeit zwischen den beiden Ländern konnte also auf eine lange Tradition zurückblicken. Neu war jedoch, dass der Chef der deutschen Mission, Generalleutnant Otto Liman von Sanders, nicht nur als Berater fungierte, sondern auch ein militärisches Kommando in den osmanischen Streitkräften übernahm, und zwar als Oberbefehlshaber des ersten osmanischen Armeekorps, das in der Hauptstadt stationiert war. Russland erhob umgehend Einspruch und wurde dabei von seinen Verbündeten unterstützt. Im Januar 1914 lenkten Deutschland und das Osmanische Reich ein, Liman von Sanders musste sein Kommando abgeben, wurde dafür aber Generalinspekteur der türkischen Streitkräfte und damit für ihre Ausbildung zuständig. Damit war den russischen Forderungen formal Genüge getan, doch das eigentliche Ziel, den deutschen Einfluss in Konstantinopel zu begrenzen, wurde nicht erreicht. Russland musste die Schlappe hinnehmen, denn die Unterstützung durch seine Verbündeten hielt sich in Grenzen, da diese auch weiterhin an einer russischen Kontrolle der Meerengen kein Interesse hatten.[106]

Der erneute Rückschlag Russlands, das seinen Einfluss auf dem Balkan und im Orient schwinden sah, führte zu einer weiteren Stärkung derjenigen Kräfte, die für eine aktivere Außenpolitik eintraten, welche sich weniger an der Friedenswahrung als an der Aufrechterhaltung des russischen Prestiges und Großmachtstatus orientieren sollte. Dazu zählte vor allem Außenminister Sasonow, der sich weiter für die Gewinnung der Meerengen und den Ausbau der Schwarzmeerflotte starkmachte. Zu diesem Zweck wurde eine Festigung des Bündnisses mit Großbritannien angestrebt. Da auch Grey nach den Balkankriegen und der Liman-von-Sanders-Affäre, in der Großbritannien seinen Verbündeten kaum unterstützt hatte, an einer Verbesserung der Beziehungen interessiert war, kam es im Mai zu einem russisch-britischen Flottenabkommen. Dessen Bekanntwerden verstärkte die deutschen Einkreisungsängste. Bethmann Hollweg gab seine Hoffnungen auf Kooperation mit Großbritannien und eine deutsche Weltpolitik gleichsam als Juniorpartner des Empire weitgehend auf. Dadurch erfuhr das Bündnis mit Österreich, an das sich Deutschland nun auf Gedeih und Verderb gebunden sah, eine weitere, fatale Aufwertung.[107]

Die Julikrise

Es ist denkbar und gut möglich, dass sich das Konzert der Mächte über die Bündnissysteme hinweg wieder erholt und die Beziehungen zwischen den großen Mächten wieder entspannt hätten, wäre es nicht schon im Juni 1914 erneut zu einer Krise auf dem Balkan gekommen. Manche Historiker wie Edward Mulligan halten dies für wahrscheinlich und den Ausbruch des Ersten Weltkriegs damit letztlich für das Ergebnis eines relativ zufälligen Zusammentreffens unglücklicher Umstände. In dieser Sicht kommt der Julikrise entscheidende Bedeutung zu.[108] Nach Meinung anderer, wie etwa Wolfgang Mommsen, war sie eher sekundär und der Krieg bereits vor der Krise sehr wahrscheinlich, bedurfte es doch »nur eines an und für sich zweitrangigen Konflikts, um den angehäuften Zündstoff innerhalb des europäischen Mächtesystems zu einer Entladung zu bringen«.[109] Es bedarf keiner prophetischen Gabe, um vorherzusagen, dass die Historiker auch in dreißig oder fünfzig Jahren in dieser Frage noch keine Einigkeit erzielt haben werden. Fest steht jedoch, dass die Julikrise kaum zu einem ungünstigeren Zeitpunkt in der Entwicklung der internationalen Beziehungen hätte kommen können.

Am 28. Juni 1914 wurden der österreichische Thronfolger Erzherzog Franz Ferdinand und seine Gattin Sophie in der bosnischen Hauptstadt Sarajewo ermordet. Das Attentat war von einer Gruppe junger serbischer Nationalisten geplant worden, die sich »Junges Bosnien« nannte. Der Anschlag scheiterte zunächst, denn die Bombe, die ein gewisser Nedeljko Čabrinović auf den offenen Wagen des Erzherzogs warf, verfehlte ihr Ziel und verletzte einige ihr folgende Offiziere und Passanten. Die Kolonne setzte zunächst ihre Fahrt zum Rathaus der Stadt fort. Nach dem Besuch des Rathauses entschloss sich das Thronfolgerpaar, die verletzten Offiziere aufzusuchen. So wich die Wagenkolonne von der vorgesehenen Fahrtroute ab und fuhr einem weiteren Mitglied der Gruppe vor die Füße: dem schwer kranken bosnischen Studenten Gavrilo Princip, der nach dem gescheiterten Attentat unentschlossen an einer Straßenecke stand. Als das Automobil in seiner Nähe wegen der großen Menschenmenge bremsen musste, gab er aus kürzester Entfernung zwei Schüsse ab, die das Thronfolgerpaar töteten.[110]

Die Weltpresse reagierte mit Entrüstung auf das Attentat. Wien gab umgehend Belgrad die Schuld. Auch in den anderen europäischen Hauptstädten ging man davon aus, dass Serbien hinter dem Anschlag steckte. Dies war jedoch nur bedingt zutreffend. Die Attentäter handelten im Auftrag oder zumindest mit Unterstützung der nationalistischen Geheimorganisation »Schwarze Hand«, die mit allen Mitteln für eine staatliche Vereinigung aller Serben kämpfte. Sie war eng mit dem serbischen Militär verflochten, das sich der politischen Kontrolle weitgehend entzogen hatte. Die Schlüsselfigur der großserbischen Offiziersclique war Oberst Dragutin Dimitrijević, der Chef der militärischen Aufklärung, der in der Geheimorganisation unter dem Namen »Apis« (der Stier) firmierte. Er fürchtete einen Präventivschlag Österreichs und hielt Franz Ferdinand für den wichtigsten Kriegstreiber. Damit lag er völlig falsch, denn der Thronfolger plädierte für Mäßigung und trat auch für eine politische Reform und stärkere Berücksichtigung der kleineren Nationalitäten in der Doppelmonarchie ein.[111]

Die serbische Regierung unter Premierminister Nikola Pašić war nicht an einem Konflikt interessiert, zumal das Land von den Balkankriegen militärisch geschwächt war. Sie hatte Kenntnis von den Attentatsplänen und Wien informiert. Diese Warnungen waren jedoch vom österreichischen Geheimdienst nicht ernst genommen worden. Die serbische Regierung hat mit Sicherheit keine Pläne verfolgt, einen Krieg auszulösen, auch ihre direkte Beteiligung an dem Attentat kann ausgeschlossen werden. Dafür haben auch die österreichischen Ermittler, die nach der Besetzung des Landes in Serbien tätig wurden, keine Belege gefunden.[112] Allerdings war Pašić nicht in der Lage, den

Ultranationalisten im Militär das Handwerk zu legen, und reagierte »gefangen zwischen dem inneren und dem äußeren Feind« auch nur zögerlich auf das Attentat von Sarajewo, wodurch »der Vorwurf einer aktiven Beteiligung Serbiens an ihm hängen« blieb.[113]

Die Führung in Wien entschied rasch, den Vorfall zu einem scharfen diplomatischen Vorgehen und notfalls auch einem Krieg gegen Serbien zu nutzen. Das Land sollte gedemütigt, der serbische Nationalismus eingedämmt und das angeschlagene Prestige der Doppelmonarchie wieder hergestellt werden. Begünstigt wurde dieser Schritt sicher durch die für Österreich sehr günstigen Reaktionen der Weltöffentlichkeit. Dieses Mal stellte sich das Deutsche Reich voll hinter seinen Verbündeten, nicht zuletzt, um dessen Prestigegewinn auch für sich selbst und die Stärkung des gemeinsamen Bündnisses zu nutzen. Berlin ging es nicht nur darum, Serbien in die Schranken zu weisen und das österreichische Vielvölkerreich zu stabilisieren, sondern jetzt schien auch eine gute Gelegenheit, um die Festigkeit des gegnerischen Bündnisses insgesamt zu testen. Dahinter stand die Hoffnung, durch eine Eskalation der Krise den Bündnisring um Deutschland sprengen zu können, der sich mit dem britisch-russischen Marineabkommen bedrohlich zuzuziehen schien. Aus deutscher Sicht waren vor allem zwei Szenarien denkbar: Entweder ließ Russland Serbien im Stich oder Frankreich und Großbritannien ihren russischen Verbündeten, weil sie für Serbien keinen Krieg riskieren wollten. In beiden Fällen wären die Mittelmächte als Gewinner aus der Krise hervorgegangen. Im ersten Fall wäre Serbien isoliert und diszipliniert worden, im zweiten Fall hätte das gegnerische Bündnis deutlich an Festigkeit verloren. Diese Überlegungen fußten auf der Annahme, den Konflikt lokalisieren zu können. Ein großer Krieg wurde von Berlin zwar nicht gewollt, doch das Risiko einer Eskalation in Kauf genommen. Dies gilt vor allem für einen Krieg mit Russland, den die Militärs in Berlin wegen des drohenden Rüstungsvorsprungs der Entente ohnehin so bald wie möglich führen wollten.

Der Zeitpunkt für eine solche Risikostrategie schien der deutschen Führung günstig: Die Armee war vergrößert worden, der Nord-Ostsee-Kanal fertiggestellt. Teile der deutschen Führung, darunter der Kaiser und der deutsche Botschafter in Sankt Petersburg, glaubten, dass Russland nicht zum Krieg bereit sei, weil es sich noch nicht von der Niederlage gegen Japan erholt habe und keine erneute Revolution riskieren wollte.[114] Andere dagegen hielten ein Eingreifen des Zarenreichs für wahrscheinlich, gingen aber davon aus, für einen Krieg gegen Russland und zur Not auch gegen Frankreich Verbündete in Italien, Griechenland, Bulgarien, Rumänien und im Osmanischen Reich gewinnen zu können. Allerdings wurde keine dieser Mächte im Juli in die deutsch-österreichischen Überlegungen einbezogen. Eine Intervention Großbritanniens galt dagegen schon wegen der irischen Frage, die London in Atem hielt, für unwahrscheinlich. Reichskanzler Bethmann Hollweg beurteilte die Entente aufgrund der großen inneren Gegensätze zwischen den Bündnispartnern als brüchig.[115] In dieser auf zahlreichen Fehleinschätzungen basierenden Risikostrategie besteht die Hauptschuld der Reichsleitung am Ausbruch des Ersten Weltkriegs.

Am 6. Juli sicherte der Reichskanzler in einem Brief an den deutschen Botschafter in Wien seinem Bündnispartner bedingungslose Rückendeckung für ein scharfes Vorgehen gegen Serbien zu. Dieses Dokument ist als der sogenannte »Blankoscheck« in die Geschichte eingegangen. Die Zusage bezog sich zwar nur auf den österreichischen Konflikt mit Serbien, war aber dennoch hochgradig riskant, denn die Reichsleitung hatte nicht sondiert, ob die anderen Mächte eine Strafexpedition gegen den Balkanstaat hinnehmen würden.[116] Zudem beließ Berlin es nicht dabei, sondern drängte Österreich zu einem harten Vorgehen und einem baldigen Ultimatum gegen Serbien. Doch die österreichische Führung war uneins hinsichtlich des weiteren Vorgehens. Außenminister Berchtold, der österreichische Ministerpräsident Karl Graf Stürgkh und Generalstabschef Franz Conrad von Hötzendorf traten am entschiedensten für einen Krieg ein.[117] Aber Kaiser Franz Joseph zögerte. Der ungarische Ministerpräsident István Tisza verweigerte sich dem Drängen von Berchtold und Conrad und riet dazu, einen kühlen Kopf zu bewahren. Er fürchtete im Fall eines Sieges einen Zuwachs des slawischen Gewichts im Reich auf Kosten Ungarns.[118] Am 14. Juli änderte er seine Meinung nach Unterredungen mit dem deutschen Botschafter in Wien Heinrich von Tschirschky und dem ungarischen Politiker Stephan Burián, der in den Südslawen eine Herausforderung der ungarischen Position in der Doppelmonarchie sah.[119] Die serbische Regierung hatte die erste Julihälfte zudem kaum dazu genutzt, um den Konflikt zu entschärfen, denn es herrschte Wahlkampf, in dem verschiedene Politiker mit Rücksicht auf nationalistische Stimmungen in der Öffentlichkeit ihres Landes harte Töne gegen Österreich angeschlagen hatten. Das hatte auch in der internationalen Presse sein Echo gefunden.[120] So schwenkte letztlich auch der Kaiser, der den Großmachtstatus und den Zusammenhalt seines Reiches gefährdet sah, auf den Kriegskurs ein. Doch die österreichische Armee war noch nicht einsatzfähig, da viele Soldaten in jenen Wochen als Erntehelfer tätig waren.

So stellte Wien erst am 23. Juli Serbien ein Ultimatum, das auf 48 Stunden befristet war. Die Bedingungen waren hart. Serbien sollte nicht nur Ermittlungen gegen die Urheber des Attentats einleiten, sondern diese auch von Vertretern Österreichs überwachen lassen. Das war für einen souveränen Staat unannehmbar. Wien rechnete auch gar nicht mit einer Erfüllung der Forderungen; das Ultimatum war de facto eine Kriegserklärung an Serbien.[121] Doch nicht nur der Inhalt, auch das späte Datum des Ultimatums wirkte konfliktverschärfend. Vom 20. bis 23. Juli hielten sich die beiden höchsten französischen Politiker, Staatspräsident Raymond Poincaré und Ministerpräsident René Viviani, zu einem Staatsbesuch in Sankt Petersburg auf. Über den Inhalt ihrer Gespräche mit der russischen Führung ist wenig bekannt. Sie scheinen den russischen Bündnispartner nicht zu besonderer Zurückhaltung gemahnt, aber auch nicht zum Krieg aufgestachelt zu haben, wie manche deutsche Historiker der älteren Schule behauptet haben. Frankreich bekannte sich in der Julikrise zum russischen Bündnis, legte es aber keineswegs auf einen Krieg an. Österreich stellte das Ultimatum erst nach Abreise der französischen Politiker, um eine schnelle Abstimmung der Bündnispartner zu verhindern.[122] Damit gab Wien der französischen Führung aber auch keine Gelegenheit, mäßigend auf Russland einzuwirken und seine Bündniszusage an Bedingungen zu knüpfen. Das späte Datum des Ultimatums war auch deshalb ungünstig gewählt, weil die Empörung der Weltöffentlichkeit über das Attentat zu diesem Zeitpunkt schon weitgehend abgeklungen und damit auch das Verständnis für eine harte Haltung Österreichs in den anderen europäischen Hauptstädten deutlich nachgelassen hatte. Die Chancen für eine Akzeptanz der österreichischen Position waren nun deutlich gesunken, was sich konfliktverschärfend auswirkte.[123]

Dennoch drängten Frankreich, Großbritannien und Italien die serbische Führung, versöhnlich auf das Ultimatum zu antworten und die Forderungen Wiens so weit wie möglich zu erfüllen.[124] Dies tat Belgrad auch und akzeptierte am 25. Juli alle Forderungen fristgerecht, außer denen, die die Souveränität Serbiens einschränkten. Damit konnte Serbien einen Sympathiegewinn in der Weltöffentlichkeit verbuchen.[125] Ob Serbien ohne die Unterstützung, die ihm Russland in recht allgemeiner Form zugesagt hatte, alle österreichischen Forderungen bedingungslos erfüllt hätte, ist umstritten und wohl eher unwahrscheinlich.[126] Wien brach nach der serbischen Antwort, die in seinen Augen unbefriedigend ausfiel, die diplomatischen Beziehungen zu Belgrad ab, das daraufhin die Teilmobilmachung anordnete.

Nun unternahm die britische Regierung einen Vermittlungsversuch. Am 26. Juli schlug Außenminister Grey eine Konferenz der Großmächte vor, allerdings nicht gegenüber Österreich, sondern Deutschland, das in London als Hauptakteur betrachtet wurde.[127] Das kam dem österreichischen Außenminister Berchtold entgegen, der eine solche Konferenz zu verhindern suchte.[128] Der Vorschlag wurde von Deutschland nur zögerlich beantwortet und letztlich am 27. Juli mit dem Scheinargument zurückgewiesen, es handele sich um eine bilaterale Angelegenheit Serbiens und Österreichs. Das Reich blieb bei seiner harten Linie und tat wenig, um eine weitere Eskalation der Krise zu verhindern.

Viele Historiker stellen jedoch auch der britischen Politik in dieser entscheidenden Phase ein schlechtes Zeugnis aus. London habe Berlin zu lange über seine Haltung im Unklaren gelassen und nicht früh und deutlich genug gewarnt. Die britischen Vermittlungsversuche hätten in Berlin die Hoffnung auf eine Neutralität des Vereinigten Königreichs genährt, denn ein deutliches Zeichen, dass es im Kriegsfall auf der Seite Frankreichs stehen würde, hätte den großen Krieg verhindert. Für diese These spricht einiges. Die Regierung Asquith hat es in der Tat versäumt, ein solches Zeichen zu geben, hatte allerdings in dieser Frage selbst noch keine Entscheidung gefällt. Allerdings hat auch die deutsche Führung London weitgehend über ihre Absichten im Unklaren gelassen, ja sogar bewusst getäuscht, um die britische Neutralität zu erreichen und den Konflikt zu lokalisieren. So hatte Außenminister von Jagow seinem Botschafter in London, Karl Max von Lichnowsky, die falsche Information zukommen lassen, Deutschland unternehme alles, um Österreich von einem Krieg gegen Serbien abzuhalten. Dies wurde an Grey weitergegeben, der daraufhin versprach, mäßigend auf Russland einzuwirken. Wenn Grey also eine Botschafterkonferenz vorschlug und damit Hoffnungen auf die britische Neutralität nährte, so tat er dies auch, weil Berlin ihm das irreführende Signal übermittelt hatte, Deutschland sei nach Kräften bemüht, seinen Bündnispartner vom Krieg abzuhalten.[129] Wie auch immer man die britische Politik in dieser Phase beurteilt, wird man ihr allenfalls politische Fehler, aber keinesfalls eine Schuld am Ausbruch des Weltkriegs zuschreiben können.

Am 28. Juli erklärte Österreich-Ungarn Serbien den Krieg. Einen Tag später begannen mit der Bombardierung Belgrads die Kampfhandlungen. Russland verkündete die Teilmobilmachung. Damit wurde klar, dass sich der Krieg kaum lokalisieren ließ.[130] Die Meinung der Weltöffentlichkeit war überdies umgeschlagen und betrachtete Österreich als Aggressor. Auch wurde immer deutlicher, wie sich Frankreich und Großbritannien verhalten würden. Grey erklärte dem deutschen Botschafter am 29. Juli, dass Großbritannien bei einer Ausweitung des Kriegs nicht abseits stehen würde.[131] Mit der Androhung einer britischen Intervention überschritt Grey zwar seine Kompetenzen, denn seine Regierung hatte diese noch keineswegs beschlossen,[132] doch in Berlin bekam man kalte Füße, schließlich trat jetzt ein, was man als Risiko in Kauf genommen, aber keineswegs gewollt hatte. Nun bemühte sich die deutsche Führung, seinen Bündnispartner zu einem Kompromiss und zu Verhandlungen mit Russland zu bewegen. Der Reichskanzler telegrafierte am Morgen des 30. Juli nach Wien, man wolle vermitteln, wenn die österreichischen Truppen in Belgrad Halt machten. Conrad aber befürchtete eine diplomatische Niederlage und wollte den Feldzug fortsetzen.[133] Moltke bestärkte ihn darin und drängte, ohne den Kaiser zu konsultieren, auf eine österreichische Generalmobilmachung, um der russischen zuvorzukommen, da jeder Tag, den Russland zum Transport von Truppen an die deutsche Ostgrenze nutzen konnte, den Erfolg des Schlieffenplans gefährdete.

Am 30. Juli erfolgte trotz der deutschen Signale an Wien die russische Generalmobilmachung an der gesamten Westgrenze des Zarenreiches. Seine Generäle und Politiker hatten Nikolaus dazu gedrängt, weil sie die Teilmobilmachung für militärisch sinnlos hielten. Unterstützung erhielten sie vom französischen Botschafter in Sankt Petersburg. Der Vorgang wurde zwar von einem Telegrammwechsel zwischen Nikolaus und Wilhelm begleitet, in dem die beiden Cousins ihren Friedenswillen beteuerten. Ob dies ein ernsthafter Versuch war, den Frieden zu retten, oder nur dem Ziel diente, den jeweils anderen als eindeutigen Aggressor hinzustellen, ist allerdings umstritten.[134]

Der Schritt Russlands erleichterte es der deutschen Regierung, die Öffentlichkeit und vor allem die Sozialdemokratie vom Verteidigungscharakter des Krieges zu überzeugen, eines der Hauptziele ihrer Krisenstrategie seit der österreichischen Kriegserklärung an Serbien. In der russischen Generalmobilmachung haben viele deutsche Historiker der älteren, nationalkonservativen Schule den entscheidenden Schritt zum Weltkrieg sehen wollen. Sie war jedoch in erster Linie eine Antwort auf die österreichische Bombardierung Belgrads am Vortag, die Russland nicht ohne Prestigeverlust hinnehmen konnte. Der österreichische Angriff auf Serbien war der entscheidende Schritt zum Krieg, nicht die russische Mobilmachung. Österreich hatte sich, ermuntert und gedrängt von Deutschland, zu weit gegen Russland vorgewagt, als dass nun eine der beiden Mächte ohne Gesichtsverlust einlenken konnte. Die Generalmobilmachung bedeutete überdies keineswegs Krieg, sondern war angesichts der wochenlangen Mobilisierungszeiten der Russen, die allen Beteiligten bekannt waren, zunächst nur eine defensive Maßnahme, die lediglich deutlich machte, dass der Zar und seine Regierung sich nun auf einen Krieg einstellten. Deutschland und Österreich hätte immer noch wochenlang Zeit für Verhandlungen zur Verfügung gestanden.

Doch anstatt die letzte Chance zu Verhandlungen zu nutzen, rief Deutschland am 31. Juli den »Zustand drohender Kriegsgefahr« aus und forderte Russland in einem auf 12 Stunden befristeten Ultimatum auf, die Generalmobilmachung zurückzunehmen. Andernfalls werde Deutschland seinerseits die Generalmobilmachung anordnen; Österreich verkündete die seine noch am selben Tag. Frankreich wurde ultimativ aufgefordert, innerhalb von 18 Stunden eine Neutralitätszusage für den Fall eines Krieges zwischen Deutschland und Russland abzugeben. Dies war die eigentliche Entscheidung zum Krieg. Sie ist nur mit dem großen Gewicht der Militärs in der deutschen Führung zu erklären, deren militärischen Argumente, die allein auf den Sachzwang abhoben, die Oberhand über alle politischen Erwägungen gewonnen hatten. Die deutsche Strategie sah einen raschen Vormarsch im Westen vor, solange Russland noch mit seiner langwierigen Mobilisierung beschäftigt war. Dieser Zeitvorsprung durfte in den Augen des deutschen Generalstabs um keinen Preis verschenkt werden, denn er war die einzige Chance, einen Zweifrontenkrieg und damit die sichere Niederlage zu vermeiden. Diese Logik machte sich die politische Führung in Berlin zu eigen.

Die Annahme der deutschen Forderungen an Russland und Frankreich war undenkbar, denn für beide ging es längst nicht mehr nur um Serbien, sondern um ihren Großmachtstatus und den Zusammenhalt ihres Bündnisses. Die russische Führung befürchtete einen erheblichen Gesichts- und Machtverlust im Fall einer weiteren Schlappe.[135] Nicht zu Unrecht ging sie davon aus, dass Deutschland hinter der österreichischen Aggression gegen Serbien steckte, und glaubte gegen den mächtigen Rivalen Stärke zeigen zu müssen, zumal die Siegesaussichten als günstig galten. Das Parlament und die öffentliche Meinung waren überdies mehrheitlich für den Krieg.[136] Unterstützung kam aus Paris, obwohl die russische Mobilisierung ohne vorige Absprache erfolgt war, denn in seinen Augen stand das Bündnis auf dem Spiel und damit die Sicherheit Frankreichs. Die französische Regierung hatte in der Krise zurückhaltend agiert. Sie war sich über die britische Haltung im Unklaren und glaubte wegen der Stärke der Sozialisten, die vehement für den Frieden eintraten, nur einen Verteidigungskrieg durchsetzen zu können.[137] Die Kriegsdrohung aus Berlin lieferte dafür die ideale Vorlage.

Wie vorauszusehen, blieben die Ultimaten unbeantwortet. Daraufhin erklärte das Deutsche Reich Russland am 1. August den Krieg. Selbst jetzt hätte vielleicht noch das Schlimmste verhütet werden und der Krieg auf Russland und Frankreich begrenzt werden können. Aber die deutsche Führung hielt an der fatalen, rein militärischen Logik des Schlieffenplans fest, der eine Verletzung der belgischen Neutralität vorsah. Am 2. August forderte das Reich seinen kleinen Nachbarn auf, innerhalb eines Tages seiner Armee die Erlaubnis zum Durchmarsch nach Frankreich zu erteilen. Brüssel wies dieses Ansinnen zurück. Am 3. August begann der Einmarsch in Belgien, und Berlin erklärte Frankreich den Krieg. Dies war der schwerste Fehler, den die deutsche Führung beging, denn er zog umgehend die britische Kriegserklärung nach sich. Diese war keineswegs eine ausgemachte Sache. Mehrere Kabinettsmitglieder sprachen sich gegen eine Intervention aus, zu der Großbritannien durch kein formelles Bündnis mit Frankreich verpflichtet war. Noch am 31. Juli hatte Premierminister Asquith gegenüber dem Erzbischof von Canterbury geäußert, die Serben verdienten »eine ordentliche Tracht Prügel«. Großbritannien ist letztlich nicht wegen der Verletzung der belgischen Neutralität ins Feld gezogen, auch wenn der Angriff auf das kleine Land die britische Öffentlichkeit massiv zu Ungunsten der Mittelmächte beeinflusst hat. Entscheidend war vielmehr, dass es durch eine Besetzung Belgiens, allen voran der Häfen, und die drohende deutsche Hegemonie in Europa vitale eigene Interessen bedroht sah. Entsprechend verlangte London am 3. August eine sofortige Beendigung des Angriffs. Diese Forderung wurde von Berlin ignoriert, woraufhin einen Tag später die Kriegserklärung des Vereinigten Königreichs an das Deutsche Kaiserreich erfolgte. Das britische Eingreifen war vorhersehbar, auch wenn der Entschluss dazu erst spät fiel. Die deutsche

Führung war gewarnt worden und trug daher die Hauptschuld an der Ausweitung des Konflikts. Schon am 31. Juli hatte Moltke zu seinem Adjutanten gesagt: »Dieser Krieg wird sich zu einem Weltkriege auswachsen, in den auch England eingreifen wird. Nur Wenige können sich eine Vorstellung über den Umfang, die Dauer und das Ende des Krieges machen. Wie das alles enden soll, ahnt heute niemand.«[138]

Wer also war schuld am Krieg? Ohne die serbischen Ultranationalisten und die Unfähigkeit der Belgrader Regierung, diese zu kontrollieren, wäre es nicht zur Julikrise gekommen. Wien und Berlin schlugen in ihr jedoch von Anfang an einen harten Kurs ein, der auf eine militärische Lösung zusteuerte oder sie zumindest in Kauf nahm. Für die Kriegspartei in Wien war die Julikrise die willkommene Gelegenheit, Serbien in die Schranken zu weisen und das angeschlagene Prestige der Donaumonarchie wiederherzustellen. Dabei nahm Österreich-Ungarn wenig Rücksicht auf die anderen Mächte, von denen es seit dem zweiten Balkankrieg enttäuscht war. Insofern geht ein großer Teil der Schuld am Ausbruch des Ersten Weltkriegs auf das Konto der österreichischen Führung und ihren auf Serbien verengten Tunnelblick. Berlin unterstützte diese Politik, um seinen einzigen verlässlichen Bündnispartner zu stärken. Es hoffte, den Konflikt lokalisieren zu können und durch ihn nicht nur Serbien, sondern auch Russland zu isolieren und die russisch-französische Allianz zu sprengen. Die These von Fritz Fischer, nach der die Julikrise für Deutschland die willkommene, von einigen sogar ersehnte Gelegenheit darstellte, den schon lange geplanten großen Krieg vom Zaun zu brechen, der dem Reich die Vorherrschaft in Europa bringen sollte, wird heute kaum noch vertreten. Tatsächlich wären Deutschland und Österreich mit einem Sieg über Serbien oder einer massiven Demütigung des Landes zufrieden gewesen. Sie wollten keinen großen europäischen Krieg und auch keinen Krieg gegen Russland um jeden Preis. Aber sie nahmen ihn in Kauf. Aus ihrer Sicht standen, anders als in bisherigen Krisen, existenzielle Interessen auf dem Spiel. Wie bewusst die Eskalation des Konflikts in Kauf genommen wurde, ist bis heute umstritten. Die Mehrheit der Historiker neigt der Auffassung zu, dass ein Eingreifen Russlands in Deutschland für wahrscheinlich und ein Krieg mit Frankreich für möglich gehalten, mit einer Intervention Großbritanniens dagegen zunächst nicht gerechnet wurde. Im Laufe der Julikrise wurde immer deutlicher, dass sich der Krieg nicht lokalisieren ließ, wie die deutsche Führung gehofft hatte. Die Reichsleitung unternahm erst spät und auch dann nur zögerlich Versuche, die Krise auf dem Verhandlungswege zu lösen. Insofern trug ihre Politik eindeutig die Hauptschuld am Ausbruch des Ersten Weltkriegs, auch wenn man ihr nicht die gezielte Auslösung des Konflikts, sondern nur grobe Fehleinschätzungen und eine ganze Reihe von schweren Fehlern attestieren will.

KAPITEL 2

INDUSTRIELLER KRIEG

Der Erste Weltkrieg wurde an vielen Fronten ausgetragen. Die Kämpfe im Osten Europas forderten mehr Menschenleben als anderswo. Aber entschieden wurde der Krieg trotz aller Siege der Deutschen an der russischen Front letztlich im Westen. Hier trafen die wichtigsten Industriegesellschaften der Zeit mit voller Wucht aufeinander. Hier zeigte sich am deutlichsten, was den Ersten Weltkrieg von vorangehenden wie späteren Kriegen unterschied: der schier endlose Stellungskrieg und die industrielle Materialschlacht mit ihrem unbeschreiblichen Grauen. Entsprechend hat die Westfront die Erinnerung an den Ersten Weltkrieg stärker geprägt als alle anderen Fronten und Kriegsschauplätze.

Von Lüttich bis Mons

Anfang August 1914 kam es an den Grenzen zwischen Deutschland, Frankreich und Belgien zum größten Truppenaufmarsch der bisherigen Weltgeschichte. Die Deutschen folgten ihren auf Schlieffen zurückgehenden Planungen und setzten fast sieben Achtel ihrer Kräfte im Westen ein. Nur neun Divisionen wurden zur Verteidigung Ostpreußens abgestellt, zwei weitere in Schleswig-Holstein für den Fall einer britischen Landung in Bereitschaft gehalten; 76 Divisionen mit fast 1,5 Millionen Soldaten marschierten an den Westgrenzen auf, darunter auch Reservedivisionen. Frankreich mobilisierte 88 Divisionen; die relativ schlecht ausgebildete und ausgerüstete belgische Armee kam auf 117 000 Mann. Unterstützt wurden sie vom britischen Expeditionskorps, das aus 100 000 Berufssoldaten und Reservisten bestand. Insgesamt verfügte die Entente im Westen am Anfang des Krieges über 2,2 Millionen Soldaten.[1]

Der Schwerpunkt des deutschen Aufmarschs lag auf dem rechten Flügel; 40 Prozent ihrer Kräfte setzte die Heeresleitung hier ein. Die 1., 2. und 3. Armee sollte Belgien rasch durchqueren, den Gegner nach Südosten abdrängen, umfassen und möglichst vernichtend schlagen. Manches deutet darauf hin, dass die entscheidenden Schlachten in der Nähe der Grenzen und der deutschen Eisenbahnknotenpunkte geschlagen werden sollten, von wo eine rasche Verlegung der Truppen nach Osten möglich war, dass also gar nicht so tief ins Feindesland eingedrungen werden sollte. Ein Vorstoß bis nach Paris, wie ihn Schlieffens Denkschrift von 1906 vorsah, war vermutlich nur für den Fall geplant, dass sich die französischen Truppen so weit zurückziehen würden. Auch scheint Schlieffen selbst keineswegs fest davon ausgegangen zu sein, den Feind durch einen Umfassungsangriff in kurzer Zeit definitiv schlagen zu können. Für Moltke, der Schlieffen 1906 als Generalstabschef ablöste, scheint dies erst recht gegolten zu haben; Tatsache ist jedoch auch, dass Moltke an der Kernidee Schlieffens festhielt, den französischen Festungsgürtel zwischen Verdun und Belfort mit starken Kräften durch Belgien und Luxemburg zu umgehen, den Gegner auf diese Weise zur offenen Schlacht zu zwingen und ihm so starke Verluste beizubringen, dass ein Teil der deutschen Kräfte innerhalb von etwa vierzig Tagen in den Osten verlegt werden konnte.[2]

Auch der französische Generalstab unter Joseph Joffre richtete sein Augenmerk auf die Offensive. Der sogenannte »Plan 17« sah eine Konzentration der Kräfte an der deutsch-französischen Grenze vor. Das Nahziel war die Wiedergewinnung der 1871 verlorenen Provinzen Elsass und Lothringen. Die 1. Armee sollte von Epinal nach Karlsruhe, die 2. von Nancy auf Saarbrücken und die 3. von Verdun in Richtung Kaiserslautern vorrücken. Wie es von dort weitergehen sollte, darüber bestanden keine klaren Vorstellungen. Überhaupt beruhte der Plan auf fundamentalen Fehleinschätzungen. Die Franzosen gingen davon aus, dass die Deutschen wie sie selbst nur einen Teil ihrer Reserven ins Feld werfen würden. So rechnete man mit einem Einmarsch von allenfalls 26 feindlichen Divisionen in Belgien statt 34 Divisionen, die tatsächlich eingesetzt wurden. Dementsprechend erwartete man ihren Angriff auch nur östlich der Maas, also am südlichsten Abschnitt der französischen Grenze zu Belgien. Hier sollten die Deutschen von der 5. Armee aufgehalten werden. Südlich von ihr marschierte die 4. Armee auf, um sich entweder dem eigenen

Angriff auf das nördliche Lothringen anzuschließen oder die deutsche Attacke aus dem südlichen Belgien abzuwehren. So konzentrierte die französische Armeeführung fast alle ihre Kräfte zwischen Epinal und der Maas. Die 175 Kilometer lange französische Grenze und potenzielle Front zwischen der Maas und der Kanalküste hingegen wurde völlig ungedeckt gelassen.[3] Hier kam lediglich das bloß vier Divisionen starke britische Expeditionskorps zum Einsatz, das Mitte August bei Maubeuge in Stellung ging. Der französische Aufmarsch kam also Berlins Plan einer Umfassung von Nordosten her entgegen, denn er konzentrierte fast alle Kräfte dort, wo die Deutschen nicht angreifen wollten, womit er gleichzeitig für ein deutliches Übergewicht von deren rechtem Flügel sorgte. Die Aufstellung der französischen Truppen hätte für die Deutschen nicht günstiger ausfallen können.[4]

Am 4. August begann der deutsche Einmarsch in Belgien, kam jedoch schon bald vor Lüttich zum Stehen, wo zwölf starke Forts das Tal der Maas und den Zugang zur belgischen Tiefebene versperrten. Die Belgier hatten die Garnison mit einer Division verstärkt; eine weitere Division war in der Festung Namur stationiert worden. Der Rest des kleinen belgischen Heeres stand an der Gette im Landesinneren, um den Deutschen den Weg nach Brüssel zu versperren, oder noch weiter im Westen. Mit so starkem Widerstand bei Lüttich hatte die Heeresleitung nicht gerechnet. Die Stadt selbst konnte zwar rasch eingenommen werden, aber die Angriffe auf den Festungsgürtel blieben zunächst erfolglos. Das änderte sich erst mit dem Auffahren von schwerer Artillerie, darunter 420-mm-Mörser von Krupp (umgangssprachlich »Dicke Bertha« genannt) und von den Österreichern ausgeliehene 305-mm-Skoda-Haubitzen. Bis zum 13. August konnten fünf Forts zur Kapitulation gezwungen werden. Zwei Tage später am Nachmittag durchschlug eine über 800 Kilogramm schwere Granate der Dicken Bertha das Zentralmassiv von Fort Loncin und detonierte in der rechten Pulverkammer. Die gewaltige Explosion zerstörte die Festung fast völlig, wobei 350 der 550 Mann umfassenden der Besatzung ums Leben kamen. Ihre sterblichen Überreste liegen bis heute unter den Trümmern begraben.

Auch wenn die restlichen Forts erst einige Tage später kapitulierten, war die Bresche im Festungsgürtel von Lüttich nun breit genug. Die beiden deutschen Armeen unter von Kluck und von Bülow, die sich am Flaschenhals von Lüttich gestaut hatten, konnten nun mit ihren 580 000 Mann in Belgien einmarschieren. Südlich davon rückte die 3. deutsche Armee unter Hausen auf

Dinant vor. Der rasche Transport und die Versorgung einer so großen Zahl von Soldaten stellte eine enorme logistische Anstrengung dar. So überquerten in den ersten Augustwochen über 2 000 Züge im Abstand von nur zehn Minuten in Köln die Hohenzollernbrücke über den Rhein. Am 18. August war der deutsche Übergang über die Maas abgeschlossen, mit nur zwei Tagen Verspätung gegenüber den Planungen des deutschen Generalstabs. Am 20. August erreichten die drei deutschen Armeen Dinant, Namur und Brüssel. Die von König Albert befehligten belgischen Truppen zogen sich nach Antwerpen zurück. Am 23. August kapitulierten die Festungen von Namur und Givet.[5]

Während die Deutschen sich noch an Lüttich die Zähne ausbissen, gingen die Franzosen am 14. und 15. August mit ihrer 1. und 2. Armee in Lothringen und in den Vogesen ihren Plänen entsprechend zum Angriff über. Dies war der Beginn der sogenannten Grenzschlachten, die etwa zehn Tage dauern sollten. Die Franzosen konnten zwar relativ rasch bis Morhange und Sarrebourg vorrücken, wurden aber bald von den Deutschen wieder zum Rückzug gezwungen. Nach wenigen Tagen standen beide Seiten wieder nahe ihrer Ausgangspositionen an der deutsch-französischen Grenze, wo die Kämpfe fortgesetzt wurden, ohne dass eine Seite größere Geländegewinne verbuchen konnte. Die Verluste waren jedoch enorm. Beide Seiten hatten 200 000 Tote oder Verwundete zu beklagen. Am 23. August begann Joffre große Teile der 1. und 2. Armee nach Norden abzuziehen, um den drohenden Einmarsch des Gegners abzuwehren. Dadurch flauten die Kämpfe in Lothringen und im Elsass immer weiter ab. Auch in den Ardennen, wo die 3. und 4. Armee am 21. August mit 350 000 Mann zum Angriff überging, scheiterte die französische Offensive völlig. Die Angreifer erlitten im Feuer der deutschen Artillerie und Maschinengewehre so hohe Verluste, dass sie sich hinter die Maas zurückziehen mussten. 200 000 Mann waren gefallen, verwundet oder in Gefangenschaft geraten. Am härtesten traf es das Kolonialkorps der 4. Armee, das am 22. August bei Neufchâteau 11 000 seiner 17 000 Soldaten verlor.[6]

Inzwischen war die 5. französische Armee unter Lanrezac in den Bogen von Sambre und Maas bis Charleroi und Namur vorgerückt. Dort wurde sie zwischen dem 21. und 23. August beinahe von der 2. und der 3. deutschen Armee eingekreist und musste sich rasch wieder in Richtung französische Grenze zurückziehen. Die Einkreisung scheiterte auch daran, dass Prinz Albrecht von Württemberg, der Kommandeur der 4. Armee, den Befehl der Obersten Heeresleitung missachtete, vier Divisionen zum Angriff auf die rechte Flanke der

Franzosen abzustellen. Das britische Expeditionskorps hatte sich mittlerweile bei Maubeuge gesammelt und rückte von dort auf Mons vor. Hier traf es am 23. August auf die 1. deutsche Armee unter Alexander von Kluck. Zum ersten Mal in ihrer Geschichte traten sich Deutsche und Briten als Gegner gegenüber. Die Deutschen konnten trotz ihrer zahlenmäßigen Überlegenheit die beiden britischen Korps erst nach mehreren verlustreichen Angriffen zum Rückzug zwingen. Auch die Briten hatten an diesem Tag mit 1 600 Mann beträchtliche Verluste zu verzeichnen. Die Deutschen setzten rasch nach und brachten den Briten bei Landrecies und Le Cateau am 25. und 26. August weitere schwere Verluste bei, ohne sie jedoch einkreisen zu können. Die Niederlagen unterminierte die Moral der britischen Soldaten, und es kam zu zahlreichen Desertionen. Sir John French war kurz davor, sich nach Le Havre zurückzuziehen, wo das Expeditionskorps im schlimmsten Fall evakuiert werden konnte, suchte dann aber doch den Schulterschluss mit der 5. französischen Armee, nachdem Kriegsminister Lord Kitchener ihn persönlich in Frankreich aufgesucht und von seinen Rückzugsplänen abgebracht hatte.[7]

Aus Deutschen werden Hunnen

Während des deutschen Vormarschs kam es zu massiven Übergriffen gegen die Bevölkerung. In den ersten Wochen des Krieges wurden 5 521 belgische und 906 französische Zivilisten von deutschen Soldaten vorsätzlich getötet. Die Weigerung Brüssels, freien Durchzug nach Frankreich zu gewähren, löste im deutschen Militär Verärgerung aus, obwohl die Invasion des Landes einen klaren Bruch des Völkerrechts darstellte, wie Reichskanzler Theobald von Bethmann Hollweg freimütig zugegeben hatte.[8] Seitdem sie gleich nach dem Grenzübertritt bei Lüttich auf starke Gegenwehr gestoßen waren, rechneten die Deutschen damit, dass in Belgien und Frankreich auch Zivilisten bewaffneten Widerstand leisten würden. Diese Annahme basierte letztlich noch auf dem Deutsch-Französischen Krieg von 1870/71, in dem sich nach der Niederlage der regulären Armee unter Napoleon III. bei Sedan Freiwilligenverbände gebildet hatten, die zur Grundlage der neuen republikanischen Armee werden sollten. Diese nur teilweise uniformierten »franc-tireurs« waren von den Deutschen als irreguläre und illegale Kombattanten betrachtet und nach der Gefangennahme meist hingerichtet worden. Dörfer, die ihnen Zuflucht gewährt hatten, waren mit schweren Sanktionen belegt worden.

Die Erinnerung an diesen »Franktireur-Krieg« prägte die Erwartungen der deutschen Soldaten bei ihrem Einmarsch in Belgien und wenig später in Frankreich. Überall dort, wo sie aus der Deckung heraus beschossen wurden und den Gegner nicht eindeutig identifizieren konnten, gingen sie in den meisten Fällen davon aus, es mit bewaffneten Zivilisten zu tun zu haben, vor allem innerhalb oder in der Nähe von Ortschaften. So kam es schon in den ersten acht Tagen in der Grenzregion bei Lüttich zur Erschießung von 640 Zivilisten als Vergeltung für Angriffe vermeintlicher Freischärler. Diese Annahme war jedoch völlig unbegründet, und es gab 1914 in Belgien und Frankreich keine organisierten Freiwilligenverbände. Die Deutschen konnten daher auch keinen einzigen Franktireur überführen.[9] Und es gab auch nur sehr wenige erwiesene Fälle, in denen belgische Zivilisten gleichsam auf eigene Faust Deutsche beschossen hatten.[10]

Die Vorstellung, von Freischärlern bedroht zu sein, hielt sich jedoch hartnäckig in den Köpfen der deutschen Soldaten. Hinzu kamen Gerüchte, dass belgische Zivilisten tote und verwundete Soldaten verstümmelt hätten und auch Frauen bewaffnet wären. Dies entfachte endgültig die Paranoia der Deutschen, die bis hinauf zu den höchsten Kommandoebenen reichte, die wiederum ihre Truppen dazu anhielten, hart durchzugreifen, wo immer sie auf bewaffnete Zivilisten stießen. Die Entwicklung der Waffentechnik leistete den Wahnvorstellungen Vorschub. Die modernen Gewehre, die 1914 zum Einsatz kamen, hatten eine Reichweite von bis zu 1 500 Metern, so dass der Schütze oft nicht auszumachen war. Es war für die deutschen Soldaten daher vielfach nicht zu erkennen, ob Schüsse, die auf sie abgegeben wurden, von regulären belgischen Truppen oder womöglich doch von Zivilisten stammten.[11]

Der rasche Vormarsch der Deutschen führte überdies oft zu einer unübersichtlichen Lage, in der nicht mehr klar war, wo Freund und Feind standen. Besonders nach Einbruch der Dunkelheit beschossen sich die Deutschen daher nicht selten selbst. In diesen Fällen lag es besonders nahe, die Schuld bei vermeintlichen Freischärlern zu suchen und die Zivilbevölkerung, die sie angeblich deckte, zur Rechenschaft zu ziehen. So kam es zu zahlreichen standrechtlichen Erschießungen und Massakern. Bürgermeister, Polizisten und katholische Priester waren besonders gefährdet, weil man in ihnen Organisatoren des Widerstands sah.

An vielen Orten machten die Deutschen bei ihren Vergeltungsaktionen jedoch keinerlei Unterschiede und erschossen auch Frauen und Kinder. Ein besonders dramatisches Beispiel ist das Massaker von Dinant, bei dem am 23. August 674 Zivilisten, ein Fünftel der Bevölkerung des Städtchens, getötet wurden. Bei ihrem Einmarsch in die südlichen Vororte nahmen die deutschen Soldaten eine größere Gruppe von Einwohnern fest. Als französische Truppen vom anderen Ufer der Maas das Feuer eröffneten, erschossen die Soldaten auf Befehl eines Majors die Zivilisten, die sich in ihrem Gewahrsam befanden, obwohl sie wussten, dass diese sich nichts hatten zuschulden kommen lassen. Die meisten der 77 Opfer waren Frauen und Kinder, darunter auch sieben Babys.[12] Die Regierung der Bundesrepublik hat sich erst 2001 bei den Nachfahren der Opfer für die Kriegsverbrechen der Deutschen in Dinant entschuldigt. Ähnliche Kriegsgräuel wurden am 19. August in Aarschot (156 Tote), am 20. August in Andenne (262 Tote) und am 22. August in Tamines (383 Tote) von den Deutschen begangen.

Die Vergeltungsaktionen der Deutschen gingen meistens auch mit der Zerstörung von öffentlichen und privaten Gebäuden einher. Traurige Berühmtheit hat vor allem die Zerstörung der Universitätsstadt Löwen erlangt. Am 18. August zog die 1. Armee in die Stadt ein. Zahlreiche Honoratioren wurden als Geiseln genommen und 15 000 Mann in privaten Unterkünften einquartiert. Die städtischen Behörden hatten schon Anfang August alle Waffen in privater Hand konfisziert, um beim Eintreffen der Deutschen individuelle Widerstandsakte zu verhindern, die zu Repressalien führten konnten. Die Stadt war also zum Bersten mit deutschen Truppen gefüllt und völlig entwaffnet. Dennoch brach unter den Soldaten am Abend des 25. August Panik aus, nachdem irgendwo in der Stadt Schüsse gefallen waren. Einige Soldaten begannen aus den Häusern auf die Straße zu schießen, andere von der Straße in die oberen Stockwerke der Häuser, wo sie feindliche Schützen vermuteten. Die Stadt wurde für mehrere Tage Schauplatz unbeschreiblicher Szenen. Die Einwohner wurden auf die Straßen getrieben, beschimpft und misshandelt. 248 Bürger wurden erschossen oder sogar mit Bajonetten erstochen. Bei einigen der Leichen sind Spuren von Folter entdeckt worden. 1 500 Einwohner wurden unter menschenunwürdigen Bedingungen nach Deutschland deportiert. Es kam zu zahlreichen Plünderungen, und große Teile der Stadt wurden vorsätzlich und systematisch in Schutt und Asche gelegt. 1 120 der 8 928 Häuser der Stadt gingen in Flammen auf, darunter auch die Stadthalle, ein Juwel der niederländischen Gotik, und die Universitätsbibliothek mit ihren weltberühmten Buch- und Handschriftenbeständen.[13]

Diese Ereignisse haben dem Ansehen Deutschlands in der Welt schweren Schaden zugefügt und dienten der alliierten Propaganda als willkommener Anlass, um den Deutschen den Status eines Kulturvolks abzusprechen – sie waren nun »Hunnen« oder »Barbaren«. Dabei kam es auch zu Übertreibungen, etwa wenn behauptet wurde, Soldaten hätten belgischen Kindern die Hände abgehackt. Die Deutschen versuchten, die Kriegsgräuel und Zerstörungen als legitime Repressalien gegen die illegale Bewaffnung von Zivilisten zu rechtfertigen. Auf beiden Seiten wurde eine Flut von inoffiziellen Schriften und amtlichen Publikationen zum Thema veröffentlicht, die auch in andere Sprachen übersetzt wurden, um nicht zuletzt die öffentliche Meinung in den neutralen Ländern zu beeinflussen. Daran haben sich bald auch die Intellektuellen aller Seiten beteiligt. So ging die Entgrenzung der militärischen Gewalt durch die Deutschen nahtlos in eine ideologische Entgrenzung des Krieges über, in der beide Seiten sich elementare Werte wie Kultur und Menschlichkeit absprachen. Die Kriegsgräuelfrage trug entscheidend dazu bei, »den Weltkrieg in einen totalen Krieg zu verwandeln, in dem die Werte der feindlichen Kultur verdammt und wodurch die Friedensfindung nach 1918 erschwert wurde«.[14]

Diese internationale Propagandaschlacht um die Gunst der Neutralen konnten die Deutschen nicht gewinnen. Belege für die vermeintliche belgische Volksbewaffnung konnten sie nicht vorweisen. Aber das war nur einer der Gründe für ihren propagandistischen Misserfolg. Schon durch den Einmarsch in das neutrale Land hatte sich das Kaiserreich in den Augen der Welt ins Unrecht gesetzt. Dass der Reichskanzler dies unumwunden zugab, machte die Sache nicht besser. Außerdem blieb es nicht bei den Kriegsgräueln in Belgien. Die Deutschen lieferten ihren Gegnern auch im weiteren Verlauf des Krieges durch spektakuläre Verstöße gegen das Völkerrecht oder andere allgemein anerkannte Normen immer wieder Anlässe, die sich von den Medien gut ausschlachten ließen und den deutschen Interessen in neutralen Ländern schweren Schaden zufügten. So beschoss die Artillerie am 19. September die weltberühmte Kathedrale von Reims, vermutlich aus Ärger darüber, dass es den Franzosen wenige Tage zuvor gelungen war, die symbolträchtige Stadt wiedereinzunehmen. Der deutsche Heeresbericht vom 22. September begründete den Beschuss, der das Bauwerk schwer beschädigte, mit einem französischen Beobachtungsposten, der sich auf dem Turm befunden habe. Solche hilflosen Erklärungen überzeugten die Öffentlichkeit in neutralen Ländern wenig.

Ein Skandal waren auch die Deportationen aus den besetzten Gebieten, die von den Deutschen in der Karwoche 1916 durchgeführt wurden, und zwar vor allem, weil auch Frauen und Kinder betroffen waren. Insgesamt wurden während des Krieges 120 000 Franzosen, 100 000 Belgier und einige hunderttausend Polen nach Deutschland zur Zwangsarbeit deportiert. In Polen erfolgten die Umsiedlungen, um Land für Deutsche zu gewinnen.[15] Die Militärführung rechtfertigte die Deportationen der »Abschüblinge« damit, dass die englische Blockade deren Versorgung in ihrer Heimat unmöglich gemacht habe. In den neutralen Staaten wurden solche Ausreden nicht ernst genommen. Die Verschleppungen und Vertreibungen lösten in der Weltöffentlichkeit Abscheu aus, ebenso wie die Versenkung des britischen Passagierdampfers *Lusitania* am 7. Mai 1915, bei der 1 200 Menschen ums Leben kamen, darunter 126 US-Amerikaner.[16]

Mit derartigen Maßnahmen schadete die Reichsführung vor allem sich selbst, denn die öffentliche Meinung in den neutralen Ländern zählte. Sie konnte zu deren Kriegseintritt beitragen wie im Fall Italiens oder der USA, aber auch ökonomische Folgen haben. Die britische Seeblockade war nämlich keinesfalls lückenlos, und Deutschland bezog über Schweden, Norwegen, die Niederlande und die Schweiz wichtige Lieferungen. Als entscheidend für den Kriegsverlauf würde sich noch die öffentliche Stimmung in den USA erweisen; Reichskanzler Bethmann Hollweg und der Kaiser ahnten dies bereits 1915 und wehrten sich deshalb auch gegen den unbeschränkten U-Boot-Krieg, der nach der Versenkung der *Lusitania* für fast zwei Jahre eingestellt wurde.

Die Briten befanden sich bei der Beeinflussung der Weltmeinung deutlich im Vorteil, denn sie hatten gleich zu Kriegsbeginn alle sechs deutschen Atlantikkabel durchtrennt und der Entente dadurch das globale Informationsmonopol gesichert. So konnten, als ob die tatsächlichen Grausamkeiten nicht gereicht hätten, auch Massaker gemeldet werden, die es nie gegeben hat, zumal sich derartige Nachrichten gut verkaufen ließen, weil die Öffentlichkeit danach verlange. Ein Reporter des *Daily Mail* berichtete, dass seine Zeitung dringend nach Berichten über deutsche Grausamkeiten rief. Als er nicht fündig wurde, erfand er eine herzerweichende Geschichte über die Rettung eines Babys vor mordlustigen Hunnen in einer Kleinstadt nahe Brüssel.[17] Manche Zeitungen der Entente brachten Fotos von russischen Vorkriegspogromen und schrieben sie einfach den Deutschen zu.

Während die britischen Nachrichtenagenturen ihre Berichte nach Belieben in die Welt kabeln konnten, musste sich Reichskanzler Bethmann Hollweg

1914 mit einem Brief an die amerikanischen Nachrichtenagenturen United Press und Associated Press behelfen, um eine deutsche Version der Vorgänge in Belgien nachzuliefern:

»Man verschweigt Ihnen, daß belgische Mädchen Verwundeten auf dem Schlachtfelde die Augen ausgestochen haben. Beamte belgischer Städte haben unsere Offiziere zum Essen geladen und über den Tisch hinüber erschossen. Gegen alles Völkerrecht wurde die ganze Zivilbevölkerung Belgiens aufgeboten, die im Rücken unserer Truppen nach anfänglich freundlichem Empfang mit versteckten Waffen sich in grausamer Weise erhob. Belgische Frauen durchschnitten Soldaten, die sie im Quartier aufgenommen hatten und die sich zur Ruhe gelegt hatten, den Hals.«[18]

Derartige deutsche Rechtfertigungsversuche gingen nicht nur an den Tatsachen vorbei; die deutsche Seite hatte auch kaum Einfluss auf ihre Verbreitung und Kommentierung in der Weltpresse. Da half es auch nichts, dass sich der Kaiser mit den Propagandalügen seiner Militärs direkt an den amerikanischen Präsidenten Wilson wandte und ihm erklärte, dass seine Armeeführung gezwungen gewesen sei, »die blutdürstige Bevölkerung von der Fortsetzung ihrer schimpflichen Mord- und Schandtaten abzuschrecken«.[19]

Die deutsche Propaganda schreckte vor Erfindungen nicht weniger zurück als die ihrer Gegner. Dazu gehörten nicht nur Gräuelgeschichten aus Belgien, sondern auch aus Ostpreußen, in das Ende August 1914 zwei russische Armeen einmarschierten. Die deutschen Zeitungen berichteten bald breit über Plünderungen, Erschießungen und Vergewaltigungen, um den Krieg als legitimen Verteidigungskampf gegen eine barbarische Soldateska hinzustellen. Die Berichte waren nicht immer völlig aus der Luft gegriffen, aber doch stark übertrieben. Eine offizielle deutsche Untersuchungskommission stellte nach dem Krieg fest, dass sich die russischen Truppen der deutschen Zivilbevölkerung in Ostpreußen gegenüber im Allgemeinen korrekt verhalten hatten und dass die belegbaren Übergriffe auf die Disziplinlosigkeit von einzelnen Soldaten zurückzuführen waren.[20]

Die deutsche Propaganda war allerdings nicht immer auf Erfindungen oder Übertreibungen angewiesen, denn Verletzungen des Völkerrechts gab es auch auf der Seite der Entente. Dazu zählte etwa die Landung britischer und französischer Truppen in Thessaloniki im Oktober 1915. Das war eine Verletzung der Souveränität des neutralen Landes, auch wenn der griechische Ministerpräsident im Gegensatz zum deutschfreundlichen König die Landung begrüßte.

Griechische Zeitungen berichteten bald von brutalen Übergriffen der alliierten Truppen. Die Deutschen versuchten diese Nachrichten für sich auszubeuten. Sie erreichten damit die Öffentlichkeit außerhalb Mitteleuropas aber kaum, denn die propagandistische Lufthoheit lag längst bei den Alliierten.[21]

Das Ende der Illusionen

Ende August 1914 befanden sich die Alliierten im Westen fast überall auf dem Rückzug. 75 000 französische Soldaten waren in den Grenzschlachten in Lothringen, in den Ardennen und bei Charleroi gefallen, davon 27 000 an einem einzigen Tag, dem 22. August. Die 3., 4. und 5. französische Armee und das britische Expeditionskorps zogen sich auf eine Linie zurück, die von Paris entlang der Marne nach Osten bis nach Verdun reichte. Die französische Regierung verlegte am 2. September ihren Sitz nach Bordeaux. Generalstabschef Joffre hatte die Stärke des Gegners unterschätzt und durch unnötige Offensiven die eigenen Kräfte geschwächt. Aber statt sich dies einzugestehen, gab er seinen Kommandeuren die Schuld an dem Debakel und warf ihnen öffentlich vor, den Gegner nicht energisch genug angegriffen zu haben, eine nach wie vor vom Kult der Offensive inspirierte Fehlerdiagnose, die völlig in die Irre ging. Die Kommandeure von zehn Armeekorps, 38 Divisionen und 90 Brigaden wurden abgesetzt. Das war die größte Säuberung in der Armee seit der Französischen Revolution. Auch die Generale Ruffey und Lanrezac, die Befehlshaber der 3. und 5. Armee, wurden ihrer Kommandos enthoben, dabei hatte Lanrezac durch seinen Rückzugsbefehl eine ganze Armee gerettet, ohne die Frankreich mit großer Wahrscheinlichkeit verloren gewesen wäre.[22]

Anfang September schien der deutsche Kriegsplan voll aufzugehen. Der Gegner zog sich auf breiter Front zurück, und die 1. Armee unter von Kluck stieß bis zu den nordöstlichen Vororten von Paris vor. Der Sieg schien nun zum Greifen nahe. Doch die Oberste Heeresleitung überschätzte die eigenen Kräfte. Die deutschen Armeen hatten sich bei ihrem Vormarsch bis zu 130 Kilometer von den Endpunkten ihrer Eisenbahnlinien entfernt. Je weiter sie vordrangen, desto schwieriger wurde ihre Versorgung. Diese basierte nun weitgehend auf Pferdefuhrwerken, da nur 4 000 Lastkraftwagen zur Verfügung standen, von denen viele nicht mehr einsatzfähig waren. Die deutschen Soldaten waren nach Gewaltmärschen von 40 Kilometern am Tag bei drückender Spätsommerhitze erschöpft. Dies galt vor allem für die 1. Armee, die bei der Verfolgung des Gegners die weiteste Strecke zurückgelegt hatte, wobei viele Nachzügler zurückgelassen werden mussten. Überdies standen die Deutschen nun tief im Feindesland und mussten immer mehr Soldaten zur Sicherung ihrer Nachschubwege einsetzen. Hinzu kam, dass Moltke bereits Ende August zwei Armeekorps mit 60 000 Mann von Belgien an die Ostfront verlegt hatte. Als die vier Divisionen im Osten eintrafen, war dort die entscheidende Schlacht bei Tannenberg (26. bis 30. August) schon geschlagen. Weitere sieben Divisionen waren zur Verfolgung der Belgier abgestellt worden, die sich nach Antwerpen zurückgezogen hatten, und zur Belagerung der Festung von Maubeuge. Dies war ein schwerer Fehler, wie sich bald zeigen sollte.

Die Deutschen waren auf ihrem rechten Flügel entscheidend geschwächt, was im Widerspruch zu all ihren Planungen stand. Die Franzosen dagegen mobilisierten nun ihre Reserven und stellten rasch zwei neue Armeen auf. Die 6. Armee, die sich vor allem aus der Pariser Garnison rekrutierte, ging nordöstlich von Paris in Stellung, um die Hauptstadt zu verteidigen. Joffre übernahm persönlich das Kommando. Die 9. Armee unter General Foch stellte sich zwischen der 4. und 5. Armee südlich der Marne auf. Nun besaßen die Alliierten wieder ein Übergewicht; sie verfügten über eine Million Soldaten, die 750 000 Mann auf der deutschen Seite gegenüberstanden. Da ihre Kräfte zur Umfassung von Paris nicht ausreichten, änderten die Deutschen ihre Planungen und ließen die französische Hauptstadt rechts liegen, um den Gegner nach Südosten abzudrängen. Am 3. September überquerte die Vorhut der 1. Armee die Marne bei Meaux, etwa auf halbem Weg zwischen Château-Thierry und Paris. Der Vormarsch der 1. Armee nach Süden war riskant, denn er exponierte ihre rechte Flanke.

Die Franzosen erkannten die Chance und mobilisierten nun alle in Paris verfügbaren Reserven. Die Soldaten wurden zum Teil mit requirierten Taxis an die Front gebracht, wofür Joseph Gallieni, der Befehlshaber von Paris, in Frankreich bis heute gefeiert wird. Er selbst hat seine Idee mit den Worten kommentiert: »Nun ja, wenigstens ist sie nicht gewöhnlich.« Am 5. September griff Joffre die Deutschen in ihrer rechten Flanke an. Die Kämpfe entbrannten bald wie ein Lauffeuer an der gesamten, über 300 Kilometer langen Front zwischen Paris und Verdun. Doch die Entscheidung fiel an der Marne, auf dem linken Abschnitt der Front. Die 1. Armee schwenkte nach Westen ab, um den Flankenangriff der Franzosen abzuwehren. Dadurch entstand eine etwa

40 Kilometer breite Lücke zwischen ihr und der 2. Armee, die die Marne sehr viel weiter östlich überquert hatte. In diese Bresche stießen das britische Expeditionskorps und die 5. französische Armee hinein, ohne dass sie sich über die Tragweite ihres Manövers völlig im Klaren waren. Sie bedrohten nun die Flanke von Bülows 2. Armee und den Rücken der 1. Armee unter Kluck, die den Angriff der 6. französischen Armee abgewehrt hatte.

Die Kommunikation zwischen Kluck und Bülow brach während der Kämpfe weitgehend ab. Auch die Verbindungen zum Hauptquartier der Obersten Heeresleitung in Luxemburg funktionierten nur schlecht. Moltke folgte der deutschen Militärdoktrin, die den Kommandeuren ein Höchstmaß an Autonomie einräumte, und ließ Kluck und Bülow vier Tage lang ohne Instruktionen. Erst am 8. September entsandte er einen Mitarbeiter zu seinen Armeen, den Chef der Nachrichtenabteilung Rudolf Hentsch (1869–1918), einer seiner engsten Berater. Hentsch fuhr mit dem Auto nacheinander die Oberkommandos der deutschen Armeen ab. Am Abend traf er bei Bülow ein, am nächsten Morgen fuhr er zu Kluck. Der Nachrichtenchef schätzte die Lage als prekär ein und erkannte die drohende Isolation der 1. deutschen Armee. Bis heute ist unklar, mit welchen Vollmachten Moltke seinen Emissär, der nur den Rang eines Oberstleutnants bekleidete, ausgestattet hatte. Sicher ist jedoch, dass dieser Bülow und Kluck den Rückzug massiv nahelegte, wenn nicht befahl, und diese am 9. September auch den Abbruch der Kämpfe anordneten, obwohl ihre Armeen noch nicht geschlagen waren und sie nicht miteinander gesprochen hatten. Erst gegen Abend kam es zum Kontakt zwischen Bülow und Kluck über ein Feldtelefon. Aber nun war es zu spät. Die Schlacht an der Marne war verloren. Die Verluste der Deutschen und Franzosen betrugen jeweils 250 000, die der Briten 13 000 Mann.[23]

Am 11. September waren 42 Tage seit dem Beginn der deutschen Mobilisierung vergangen. Spätestens jetzt hätte der Gegner nach dem deutschen Operationsplan geschlagen sein und die Verlegung der siegreichen Truppen in den Osten beginnen sollen. Stattdessen traten nun auch die 3., 4. und 5. deutsche Armee den Rückzug an. Ihre erschöpften Gegner setzten nur zögerlich nach. So kamen die deutschen Armeen Mitte September auf der Linie Noyon – Soissons – Reims – Verdun zum Stehen. Am 8. September hatte Maubeuge kapituliert. 40 000 Franzosen gingen in Gefangenschaft. Aber das war nur ein schwacher Trost und konnte nicht darüber hinwegtäuschen, dass der deutsche Kriegsplan auf ganzer Linie gescheitert war. Nun war mit einem längeren Krieg an zwei Fronten zu rechnen, für den der Generalstab keinen Plan hatte. Moltke erlitt einen Nervenzusammenbruch und wurde am 13. September durch Kriegsminister Erich von Falkenhayn abgelöst. Dieser Wechsel an der Spitze der Obersten Heeresleitung wurde jedoch erst am 6. November bekannt gegeben, um die Öffentlichkeit in der Welt und im eigenen Land sowie den österreichischen Bündnispartner über das Debakel hinwegzutäuschen, das in Frankreich als »Wunder an der Marne« gefeiert wurde.[24]

Die Alliierten griffen nun mit der 5. und 6. französischen Armee und dem britischen Expeditionskorps die deutschen Rückzugsstellungen hinter der Aisne an, die aufgrund ihrer erhöhten Lage gut zu verteidigen waren. Zudem verlegte Falkenhayn die 7. Armee zum größten Teil aus dem Elsass nach Norden und schloss dadurch die Lücke zwischen seinen ersten beiden Armeen. Die Schlacht an der Aisne (13. bis 28. September) war die erste des Krieges, in denen die Verteidiger Schützengräben anlegten. Die Alliierten erlitten bei ihren Angriffen hohe Verluste, allein die britischen beliefen sich auf 12 000 Mann. Joffre zog nun, während die Kämpfe an der Aisne noch anhielten, ebenfalls Truppen aus dem Süden ab und verlegte die 2. Armee aus Lothringen an seine äußerste linke Flanke, um dem Gegner westlich von Noyon in den Rücken zu fallen. Der Umfassungsangriff scheiterte an der raschen Reaktion der Deutschen, die nun ebenfalls erfolglos versuchten, die gegnerische Flanke zu umfassen, und sich dabei immer weiter nach Nordwesten bewegten.[25]

Dies war der Beginn des sogenannten »Wettlaufs zur See«. Die Bezeichnung trifft nicht wirklich den Kern der Sache, denn es ging den beiden Seiten keineswegs darum, als erster die Kanalküste zu erreichen, sondern den Gegner durch Flankenangriffe zu umfassen, was keinem der beiden gelang, zumal sich ungefähr gleich starke Kräfte gegenüberstanden.[26] So verlagerten sich die Kämpfe Ende September von der Aisne in das Artois bis hinauf nach Arras. Hier versuchten die Franzosen mit ihrer neu gebildeten 10. Armee die Deutschen zu umgehen, kollidierten dabei aber in der ersten Oktoberwoche mit starken deutschen Kräften, die aus Lothringen abgezogen worden waren, so dass sich beide Seiten gegenseitig neutralisierten.[27]

Nun wendeten sich beide Seiten dem Gebiet zwischen Arras und der Kanalküste zu, immer in der Hoffnung, dem Gegner doch noch in den Rücken fallen zu können. Der belgische König Albert hatte sich mit seinen verbliebenen fünf Divisionen am 6. Oktober aus Antwerpen befreien können, das am

10. Oktober von den Deutschen eingenommen wurde, und zog sich hinter die Yser zurück, in den westlichsten Winkel seines Landes, der an die Kanalküste grenzte. Südlich davon bei Ypern nahm das britische Expeditionskorps Aufstellung, dessen Verluste nicht nur ausgeglichen wurden, sondern dessen Mannschaftsstärke auch ständig wuchs, während die Franzosen mit ihrer 10. Armee die Region um La Bassée abdeckten. Auf deutscher Seite kam nun vor allem die umgruppierte 4. Armee unter dem Herzog von Württemberg zum Einsatz, zu der nun auch die Truppen aus Antwerpen stießen, ebenso wie die 6. Armee unter Kronprinz Rupprecht von Bayern aus Lothringen.[28] Seit Mitte Oktober kam es in allen drei Abschnitten zu heftigen Kämpfen.

Die Belgier erlitten an der Yser so schwere Verluste, dass ein Durchbruch der Deutschen nicht mehr auszuschließen war. Daran konnten auch einige britische Kriegsschiffe nichts ändern, die vor der Küste lagen und mit ihrer Artillerie in die Kämpfe eingriffen. So blieb den Belgiern in den letzten Oktobertagen nichts anderes übrig, als die Dämme bei Nieuwpoort zu öffnen und die Polder zu fluten, was den deutschen Vormarsch im tiefliegenden Küstenland stoppte. Doch am heftigsten und längsten waren die Kämpfe bei Ypern, das fast völlig von der deutschen Artillerie zerstört wurde, weswegen die Kämpfe zwischen Arras und der Küste im Oktober und November 1914 in ihrer Gesamtheit auch häufig als erste Schlacht von Ypern bezeichnet werden.

In Deutschland erlangte vor allem die Schlacht bei Langemarck Berühmtheit, obwohl sie militärisch keine besondere Bedeutung hatte. Hier erlitt am 10. November eine Einheit von etwa 7 000 deutschen Kriegsfreiwilligen beim Angriff auf britische Stellungen schwerste Verluste. Darunter waren auch zahlreiche Oberschüler, die noch nicht das kriegspflichtige Alter erreicht hatten. Das Ereignis wurde von der deutschen Propaganda als »Kindermord« gebrandmarkt, aber auch zum patriotischen Opfergang der deutschen Jugend hochstilisiert: »Westlich Langemarck brachen junge Regimenter unter dem Gesange ›Deutschland, Deutschland über alles‹ gegen die erste Linie der feindlichen Stellungen vor und nahmen sie.« Dieser kurze Passus im deutschen Heeresbericht vom 11. November wurde zur Basis eines langlebigen Mythos, der die Kriegsbegeisterung, die Opferbereitschaft und das Heldentum der Freiwilligen feierte, die Gefallenen zum Symbol nationaler Erneuerungshoffnungen machte und ihnen ein Vermächtnis zuschrieb, dem die deutsche Jugend immer wieder nacheifern sollte. Auch Adolf Hitler hat an der Schlacht teilgenommen und sich in *Mein Kampf* zum Langemarck-Kämpfer stilisiert, aber auch richtig darauf hingewiesen, dass sich die Freiwilligenkorps, die im Herbst 1914 in Flandern zum Einsatz kamen, keineswegs nur aus Schülern und Studenten rekrutierten.[29]

Der Übergang zum Stellungskrieg

Nach den Schlachten in Flandern Mitte November wurde deutlich, dass es keiner der beiden Seiten gelungen war, die andere zu umgehen oder ihr gar eine Niederlage beizubringen. Die Soldaten begannen nun, sich in den Boden einzugraben, Schützengräben anzulegen und ihre Verteidigungsstellungen auszubauen. Die Front erstarrte auf einer durchgehenden Linie von 720 Kilometern, die von Nieuwpoort an der Kanalküste bis Altkirch an der Schweizer Grenze reichte. Die deutsche Strategie war endgültig gescheitert, der Traum vom schnellen Sieg im Westen ausgeträumt. Pläne für einen langen Krieg an zwei Fronten hatte der Generalstab nicht in der Schublade. Falkenhayn kam daher zu der Auffassung, dass der Krieg für Deutschland nicht mehr zu gewinnen sei, da die Gegner über die größeren Kräfte und Reserven verfügten. Seine Empfehlung, einen ehrenvollen Frieden zu schließen, wurde jedoch von Bethmann Hollweg zurückgewiesen: Deutschland war nicht geschlagen. Der Angriff der Russen im Osten war abgewehrt und zwei ihrer Armeen vernichtend geschlagen worden. Belgien und große Teile Nordostfrankreichs mit seinen wichtigen Industriegebieten befanden sich in deutscher Hand. Diese Erfolge hatten dazu geführt, dass sich Regierung und einflussreiche Teile der Öffentlichkeit auf einen Katalog weitreichender Kriegsziele festlegten, den sie nicht mehr ohne weiteres ad acta legen wollten. Aber auch die Alliierten haben den Frieden Ende 1914 nicht gesucht. Auch ihnen war es nicht mehr möglich, den Krieg ohne greifbare Vorteile zu beenden. Zu hoch waren die Verluste, zu festgefügt und eingängig die These von der deutschen Barbarei und dem preußischen Militarismus. So nährte der Krieg den Krieg.[30]

Der Übergang zum Stellungskrieg war eine Folge der modernen Technik. Die Feuerkraft, Reichweite und Zielgenauigkeit der Waffen hatten sich in den Jahrzehnten vor dem Ersten Weltkrieg dramatisch erhöht. Die modernen Gewehre, mit denen die Infanteristen 1914 in den Krieg zogen, besaßen meist eine Reichweite von über 1 000 Metern und konnten zehnmal in der Minute feuern. Die Kugeln erreichten eine sehr viel höhere Geschwindigkeit und Durchschlagskraft als früher und riefen daher auch schwerere Verwundungen hervor.

Doch wichtiger noch war das Maschinengewehr, das 400 bis 600 Schuss in der Minute abgeben konnte. Diese Waffe war schon vor 1914 in Gebrauch gewesen, allerdings noch in vergleichsweise begrenztem Umfang. Im Ersten Weltkrieg dagegen wurde das Maschinengewehr von allen Seiten zum ersten Mal systematisch und auf breiter Front eingesetzt. Seine Wirkung war überwältigend. Das Maschinengewehr tötete mit industrieller Effizienz und wurde daher zum Inbegriff des modernen Krieges und des Massentodes. Wo es zum Einsatz kam, wurde es für die angreifende Infanterie unmöglich, ohne extreme Verluste das Niemandsland zu überqueren und die feindlichen Linien zu erreichen.

Auch die Feuerkraft und Reichweite der Artillerie hatte vor 1914 massiv zugenommen. Die entscheidenden Innovationen fielen in die letzten fünfzig Jahre vor dem Krieg. Zu ihnen zählten stählerne Geschützläufe, rauchlose Munition und vor allem hydraulische Rückstoßmechanismen, die den Rückprall der Geschütze beim Feuern verhinderten, so dass nicht mehr vor jedem Schuss das Gerät neu justiert werden musste. Die modernen Geschütze mussten auch nicht mehr vor jedem neuen Schuss gereinigt, geladen und verschlossen werden. Dadurch konnten die leichten Feldgeschütze, die 1914 zum Einsatz kamen, nun bis zu 30 Granaten in der Minute abfeuern. Die wichtigsten von ihnen waren das französische 75-mm-Geschütz und das deutsche 77-mm-Geschütz von Krupp. Sie hatten eine Reichweite von bis zu neun Kilometern.

Das Vernichtungspotenzial der Infanterie und Artillerie hatte in den fünfzig Jahren vor dem Ersten Weltkrieg insgesamt um etwa das Zehnfache zugenommen.[31] Die enorm gesteigerte Feuerkraft der modernen Waffen, ihre Frequenz, Durchschlagskraft und Reichweite erschwerten den Angriff und boten dem Verteidiger einen deutlichen Vorteil. Diese strukturelle Überlegenheit der Defensive war auch eine Folge der rauchlosen Munition, die es dem Angreifer erschwerte, die genaue Position des aus der Deckung heraus operierenden Schützen zu bestimmen, während für den Verteidiger selbst bei intensivem Feuer die Sicht auf das Schussfeld nicht mehr vom traditionellen Pulverdampf behindert wurde. Das Maschinengewehr kam überdies nur der Verteidigung zugute. Für den Angriff war es wegen seines Gewichts kaum zu gebrauchen.

Die Wirklichkeit des modernen Krieges war ein Schock für die meisten Soldaten. Sie widersprach allen Erwartungen, die sie bei Bekanntgabe der Mobilmachung gehegt haben mochten. Das galt besonders für die Soldaten mit höherer Bildung, deren Vorstellung vom Krieg durch Schulbücher, historische Literatur und Romane geprägt war. Sie erwarteten den heldenhaften, ritterlichen Krieg, in dem sich Mut, Tapferkeit und Angriffsgeist unter Beweis stellen ließen. Ihre Erwartungen wurden besonders stark enttäuscht. So schreibt ein deutscher Student, dessen Einheit in Westflandern belgischen Stellungen gegenüberlag, am 28. Oktober in einem Brief über sein erstes Kampferlebnis:

»Mit welcher Freude, welcher Lust bin ich hinausgezogen in den Kampf, der mir als die schönste Gelegenheit erschien, Lebensdrang und Lebenslust sich austoben zu lassen. Mit welcher Enttäuschung sitze ich hier, das Grauen im Herzen. [...] Wie soll ich Dir das, was ich in den letzten Tagen erlebte, so recht erzählen. [...] Es war furchtbar! Nicht das vergossene Blut, nicht auch der Umstand, dass es vergeblich vergossen war, auch nicht, dass in dunkler Nacht die eigenen Kameraden auf uns schossen, – nein, die ganze Kampfesweise ist es, die abstößt. Kämpfen wollen und sich nicht wehren können! Der Angriff, der mich so schön dünkte, was ist er anderes als der Drang: hin zur nächsten Deckung da vorn gegen diesen Hagel tückischer Geschosse. Und der Feind, der sie entsendet, nicht zu sehen!«[32]

Der moderne Krieg zwang die Soldaten in die Deckung. Diese Einsicht führte zur Anlage von Schützengräben – eine Maßnahme, welche in diametralem Gegensatz zu der auf allen Seiten herrschenden Militärdoktrin stand, die ganz auf die Offensive setzte. Dieser Lernschritt, diese Anpassung an die Vernichtungskraft der modernen Waffen setzte sich daher auch nicht von oben durch. Die ersten Schützengräben entstanden spontan, nicht auf Befehl der höheren Kommandoebenen. Die von den langen Märschen und verlustreichen Kämpfen der ersten Kriegsmonate erschöpften Soldaten begannen im Herbst 1914 damit, sich in Löchern einzugraben, um sich vor dem feindlichen Beschuss zu schützen. Diese isolierten Anlagen wurden dann nach und nach verbunden, wodurch die ersten Schützengräben entstanden. Dies wiederum verstärkte das Übergewicht der Defensive mit der Folge, dass die Fronten immer mehr erstarrten. Im Osten dagegen herrschte noch bis zum Sommer 1915 der Bewegungskrieg vor. Erst nach dem großen Rückzug der Russen kam es dann auch hier zur Anlage von dauerhafteren und ausgebauten Schützengräben, wodurch sich die Physiognomie der Fronten anglich.[33]

Die hohen Verluste an Menschenleben im Ersten Weltkrieg werden gemeinhin mit den Schrecken des Stellungskrieges an der Westfront und seinen endlosen Materialschlachten in Verbindung gebracht. Dies ist auch zutreffend, denn in den langen Jahren des Stellungskrieges sind, absolut gesehen, sehr viel mehr Soldaten gefallen oder verwundet worden als in den ersten Monaten, in denen noch ein Bewegungskrieg gekämpft wurde. Die Anfangsschlachten waren jedoch sehr viel verlustreicher als alle späteren Schlachten des Krieges, wenn man die Dauer der Kämpfe und der Zahl der eingesetzten Soldaten berücksichtigt. In ihnen sind wahrscheinlich auch mehr Soldaten ums Leben gekommen als in allen Kriegen der vergangenen hundert Jahre zusammengenommen. In der Schlacht von Solferino, die als eine der blutigsten des 19. Jahrhunderts gilt und zur Gründung des Roten Kreuzes geführt hat, fielen nicht einmal 5 000 Soldaten. In der fast drei Wochen dauernden Schlacht von Mukden, der wichtigsten des Russisch-Japanischen Krieges und größten Landschlacht ihrer Zeit, kamen 1905 knapp 27 000 russische Soldaten ums Leben. 1914 dagegen fielen in den wenigen Tagen zwischen dem 20. und dem 23. August 40 000 französische Soldaten, 27 000 davon an einem einzigen Tag, dem 22. August.[34]

Insgesamt verloren die Deutschen im August und September 1914 an der Westfront 373 369 und die Franzosen rund 329 000 Soldaten. Das war etwa so viel wie später in den Kämpfen um Verdun, die sich jedoch über einen Zeitraum von mehr als acht Monaten erstreckten. Enorm waren auch die Verluste des britischen Expeditionskorps, die sich bis Ende November 1914 auf 89 964 Mann summierten. Das war mehr als seine ursprüngliche Stärke und konnte nur ausgeglichen werden, weil immer neue Freiwillige rekrutiert wurden. Eine deutliche Sprache sprechen auch die monatlichen Todesraten, die für die deutsche Seite bis Juli 1918 vollständig vorliegen. Sie betrugen 1,43 Prozent im August, 1,65 im September, 1,04 im Oktober und 0,88 Prozent im November 1914. Dies war ein Niveau, das in späteren Kriegsphasen nie wieder erreicht wurde, auch nicht auf dem Höhepunkt der Schlachten von Verdun oder an der Somme.[35] Und dies sind nur die Durchschnittszahlen. Sie mögen auf den ersten Blick relativ undramatisch wirken, doch was sie konkret bedeuteten, wird deutlich, wenn man sich die Verluste einzelner Einheiten vergegenwärtigt. In den ersten Kriegswochen wurden ganze Kompanien (je 250 Mann), Bataillone und Regimenter und sogar Brigaden praktisch ausgelöscht. So verlor eine deutsche Brigade am 6. August 1914 im Angriff auf Lüttich drei Viertel ihrer Männer.[36]

Wir haben zahlreiche Berichte von Soldaten, die diese ersten, extrem verlustreichen und meist vergeblichen Angriffe beschreiben, etwa diesen Bericht eines sozialdemokratischen Soldaten aus Bremen über einen deutschen Angriff am 29. September:

»Leute, schreit Hurra, so laut ihr könnt, dann laufen die Franzosen von selbst weg, so ermunterten die Offiziere die Soldaten. Und sie schrien, wie weiland die Horden Hermanns des Cheruskers geschrieben haben mochten, als echte Germanen. Der Gegner verhielt sich indessen völlig ruhig, und mancher der Kameraden mochte wohl wirklich glauben, daß das Geschreie in der Tat die beste Sturmwaffe sei. [...] Bis auf 50 Meter ließen die schlauen Franzosen die irregeführten Truppen herankommen. Dann aber brach ein Feuer aus Kanonenschlünden und Gewehrläufen auf die Braven los, daß man glauben konnte, der Weltuntergang sei gekommen. Ein dichter Hagel von Geschossen prasselte in die dichten Reihen der Deutschen hinein. Eine Verwirrung entstand, die die ganzen vorgehenden Regimenter im Nu auseinandersprengte. Alles rannte durcheinander. Offiziere traten mit 8, 10, 12 Mann als den Trümmern ihrer Kompanie den Rückzug an. Sie flüchteten bis weit hinter die Front. Jetzt ist alles verloren, hörte ich einen Leutnant sagen.«[37]

Nie wieder sind im Ersten Weltkrieg in so kurzer Zeit so viele Soldaten getötet worden wie in den ersten Schlachten des Krieges, als beide Seiten auf Offensive um jeden Preis setzten und kaum defensive Positionen aufbauten. So prallten die Massenarmeen mit ihrem gesamten Vernichtungspotenzial weitgehend ungeschützt aufeinander.[38]

Der Übergang zum Stellungskrieg war eine Antwort auf diese traumatische Erfahrung, ein erster Lernschritt, der allerdings von Hunderttausenden von Soldaten mit dem Leben bezahlt wurde. Die weitere Entwicklung des Krieges an der Westfront lässt sich als eine Geschichte der taktischen Anpassung an diese Gegebenheiten beschreiben und der Versuche, die durch die strukturelle Überlegenheit der Defensive bedingte Immobilität der Kriegführung durch erhöhten Materialeinsatz oder den Einsatz neuer Waffensysteme zu überwinden. Dabei lernten beide Seiten voneinander, hatte mal die eine, mal die andere Seite die Nase vorn, ohne den entscheidenden Durchbruch zu erzielen, bevor am Ende dann die materielle und zahlenmäßige Überlegenheit der Alliierten, der kombinierte Einsatz neuer Waffen und die Erschöpfung und Demoralisierung der deutschen Truppen zur Entscheidung führten.

Materialschlacht und maschineller Tod

Im Jahr 1915 wurde deutlich, in welche Sackgasse der Übergang zum Stellungskrieg führte. »Stalemate«, zu Deutsch Patt, haben es die Briten mit einem Begriff aus dem Schachspiel genannt: eine Situation, in der beide Spieler zugunfähig sind. Dieses Patt resultierte vor allem aus dem zusehends systematisierten Ausbau der Schützengräben.[39] Auf beiden Seiten entstanden nun nach und nach immer stärker befestigte und tiefer gestaffelte Stellungen, zwischen denen sich ein Niemandsland erstreckte, das meist einige hundert Meter tief war. Ende 1916 betrug die Länge der deutschen Schützengräben 16 000, die der Alliierten 12 000 Kilometer. Die vordersten Gräben wurden bald mit einem, später auch mehreren Gürteln von dichten Stacheldrahtverhauen geschützt. Mitte 1916 brachten die Deutschen wöchentlich etwa 7 000 Tonnen Stacheldraht an die Front. Zwei bis drei Kilometer hinter der ersten Linie wurde eine der feindlichen Artillerie weniger ausgesetzte zweite Linie von Schützengräben angelegt, in denen Reserven in Bereitschaft gehalten wurden. Mit der Zeit entstand weitere zwei Kilometer dahinter auch eine dritte Linie, in der weitere Truppen bereitgehalten wurden, um die Soldaten in den vorderen Gräben bei Bedarf verstärken zu können. Alle 600 Meter wurden Maschinengewehre in Betonbunkern postiert. Diese Stellungen befanden sich etwa 800 Meter hinter den vordersten Linien, von wo sie das gesamte Niemandsland in ihrem Abschnitt mit tödlichem Feuer bestreichen konnten. Die Gräben waren bis zu neun Meter tief. Sie wurden zum Teil mit Holz, Erde und Steinen überdacht. Mitunter wurden die Unterstände auch mit Betondecken verstärkt und mit Türen versehen, um die Soldaten vor der Druckwelle der explodierenden Granaten zu schützen. Zwischen den Hauptlinien verliefen zahllose Verbindungsgräben. Sie waren meist eng, so dass es hier oft zu Verstopfungen kam, die den Austausch der Truppen, die Versorgung und den Abtransport der Verwundeten behinderten, was für diese fatale Folgen haben konnte. So entstand ein komplexes und unübersichtliches Labyrinth von Gräben, das von den Soldaten als apokalyptische Unterwelt erfahren wurde. Das Leben in den Gräben war hart, selbst wenn die Waffen schwiegen. Schlafgelegenheiten gab es kaum. Die Versorgung erfolgte oft unregelmäßig. Ratten waren ebenso allgegenwärtig wie Unrat und Schmutz aller Art. Im Sommer war es heiß und stickig, in den anderen Jahreszeiten kalt und nass. Oft standen die Soldaten bis zu den Knien im kalten Wasser oder im Schlamm, in den sich nicht selten Kot und Urin mischten, von Blut und Leichenteilen einmal ganz abgesehen. Wenn der Artilleriebeschuss einsetzte und die Angst hinzukam, getroffen oder verschüttet zu werden, zudem noch der Anblick toter und zerfetzter Kameraden, wurde die Unterwelt der Gräben vollends zum Inferno.

Die Deutschen gingen beim Ausbau der Schützengräben voran. Sie waren nicht nur besser dafür ausgebildet als die alliierten Soldaten, die Anlage von festen Verteidigungsstellungen hatte auch eine andere Bedeutung für sie. Sie stand für die Sicherung von Geländegewinnen und verband sich mit der Hoffnung, der Gegner werde irgendwann ermüden und einlenken, wenn man nur lang genug im Feindesland aushalte. Die Franzosen dagegen taten sich schwerer mit dem Übergang zur defensiven Kriegführung, weil sie auf eine baldige Rückeroberung der von den Deutschen besetzten Territorien setzten. Zwar legten auch sie Schützengräben an, aber der Schwerpunkt der Alliierten lag 1915 weiter auf der Offensive, während die Deutschen im Westen weitgehend zur Defensive übergingen und ihre Offensiven auf den Osten konzentrierten.

Die Hauptlast der alliierten Kriegsanstrengungen lag bis Mitte 1916 bei den Franzosen. Die Briten mobilisierten zwar bis Ende 1915 eine Armee von fast 2,5 Millionen Freiwilligen, die allerdings zuvor ausgerüstet und ausgebildet werden mussten und erst nach und nach an der Westfront zum Einsatz kamen. Im Januar 1915 hielten die Briten nur 50 und die Belgier 20, die Franzosen dagegen 650 Kilometer der Front.[40] Die Franzosen setzten zunächst weiter darauf, die deutschen Linien durch energische Angriffe zu durchbrechen. Ihre Offensiven in der Champagne im Februar und März scheiterten jedoch an der deutschen Verteidigung. Magere Geländegewinne wurden mit Verlusten von 250 000 Mann bezahlt.[41] Am 10. März erfolgte bei Neuve-Chapelle eine britische Offensive. Dem Angriff im Morgengrauen ging ein Artilleriefeuer voraus, bei dem in 35 Minuten mehr Granaten verschossen wurden als im gesamten Burenkrieg. Auch bei diesem Versuch konnte kein Durchbruch erzielt werden. Als der Tag zur Neige ging, hatten die Briten einen Kilometer Gelände gewonnen, dafür aber Verluste von 13 000 Mann erlitten.[42] Einen noch wesentlich höheren Blutzoll entrichteten die Franzosen im Mai und Juni bei ihren Offensiven im Artois und wieder in der Champagne. Doch auch diese scheiterten an den mittlerweile gut ausgebauten deutschen Verteidigungsstellungen. Die Franzosen verloren 300 000 Mann, darunter waren 100 000 Tote.[43]

Bei diesen Kämpfen wurde deutlich, dass die Anlage von Schützengräben das Übergewicht der Defensive massiv verstärkt hatte und frontale Angriffe auf befestigte feindliche Stellungen nur zu enormen Verlusten, aber kaum zu Geländegewinnen und erst recht nicht zum Durchbruch führten. Daraus zogen nun alle Seiten vor allem einen Schluss: dass vor dem Angriff der Infanterie zunächst die feindlichen Befestigungen weitgehend vernichtet und vor allem die Maschinengewehrstellungen des Gegners ausgeschaltet werden mussten. Dies konnte nur durch den längeren und systematischen Einsatz der

Artillerie geschehen. So provozierte der Schützengraben die Materialschlacht und das Maschinengewehr die Artillerie. Ihr systematischer Einsatz als Offensivwaffe war die wichtigste taktische Antwort auf den Stellungskrieg. In der ersten Kriegsphase hatte sie nur punktuell Anwendung gefunden, etwa bei der Belagerung von Festungen wie Lüttich oder Namur. Doch nun wurde sie zur dominanten Waffe des Krieges, auf die sich auch alle Rüstungsanstrengungen konzentrierten. Der französische Angriff bei Vimy im Mai 1915 wurde bereits mit einem fünf Tage dauernden Artilleriefeuer eingeleitet, für das 1 100 Geschütze und 200 000 Granaten bereitgestellt wurden.[44] Auch der vermehrte Einsatz der Artillerie bedeutete, so zynisch das klingen mag, einen Lernschritt, der darauf zielte, die eigenen Verluste zu verringern und Menschen durch Maschinen zu ersetzen. Dabei ging die Tendenz von leichteren zu immer schwereren Geschützen, die auch Bunker und Betondecken brechen konnten. Aber es gab auch qualitative Veränderungen. So wurden nun neue Geschütztypen entwickelt, die nicht flach und weit, sondern im steilen Winkel nach oben schossen, um stark geschützte Untergrundstellungen mit voller Wucht von oben zu treffen.[45]

Dementsprechend setzten die Franzosen vermehrt schwere Artillerie aus ihren Festungsanlagen ein, als sie im Herbst 1915 im Artois und der Champagne zusammen mit den britischen Verbündeten erneut zur Offensive übergingen.[46] Die Deutschen reagierten jedoch rasch und waren ihren Gegnern bald wieder einen Schritt voraus. Die Antwort lautete: flexible Verteidigung in der Tiefe. Die Deutschen staffelten ihre Schützengräben, wie schon beschrieben, immer tiefer. Das erlaubte es, sich bei einem Angriff ohne große Verluste aus der vordersten Linie weitgehend zurückzuziehen, sich außerhalb der Reichweite der gegnerischen Artillerie zu sammeln und zum Gegenangriff überzugehen, wenn der Gegner ermüdet und geschwächt war. Auf diese Weise wurden die eigenen Verluste minimiert, ohne dass der Gegner nennenswerte Geländegewinne erzielte. Diese Taktik wurde von den Deutschen im Herbst 1915 zum ersten Mal praktiziert und trug zusammen mit dem schlechten Wetter, das die Angriffe erschwerte, erheblich zum Scheitern der alliierten Herbstoffensiven bei. Diese Misserfolge hatten personelle Konsequenzen: Der französische Ministerpräsident René Viviani wurde von Aristide Briand abgelöst, Kriegsminister Alexandre Millerand von Joseph Gallieni, der Oberbefehlshaber des Expeditionskorps Sir John French von Douglas Haig, Spross einer schottischen Familie von Whisky-Herstellern.

Der verstärkte Einsatz der Artillerie war nicht die einzige Antwort auf die Blockade des Stellungskrieges. Am späten Nachmittag des 22. April 1915 wurden zwei französische Divisionen aus algerischen Kolonialsoldaten und eine kanadische Division von einer neuen Waffe überrascht. Die Deutschen ließen aus etwa 6 000 Kanistern 160 Tonnen Chlorgas austreten. Zwei Wochen hatten sie auf Ostwind warten müssen, der nun das Gas rasch in die feindlichen Schützengräben trug. Der Vater der neuen Waffe war der spätere Nobelpreisträger Fritz Haber (1868–1934), Direktor des Kaiser-Wilhelm-Instituts für physikalische Chemie und Elektrochemie in Berlin-Dahlem. Habers Frau, Clara Immerwahr, eine promovierte Chemikerin, war von Anfang an gegen die Entwicklung des Giftgases. Sie nahm sich wenige Tage nach dem Angriff bei Ypern mit der Dienstpistole ihres Mannes das Leben.

Der Einsatz der Waffe war nicht nur in Habers Ehe, sondern auch in der deutschen Führung umstritten. Die Haager Landkriegsordnung von 1899 hatte den Einsatz von Giftgas verboten, und auch mehrere deutsche Armeekommandeure lehnten ihn ab, darunter Herzog Albrecht von Württemberg, der Befehlshaber der 4. Armee. Sie hielten den Einsatz von Giftgas für unmoralisch, aber auch für unklug, weil er zu einem weiteren Prestigeverlust Deutschlands führen konnte und die Winde an der Westfront meist aus westlicher Richtung bliesen. Doch Falkenhayn sprach sich dafür aus.[47] Auf den Rat spitzfindiger Juristen hin wurde das Chlorgas nicht als Giftgas, sondern als Reizgas deklariert, und das war international nicht geächtet. So gehörten zur Ausstattung der Pariser Polizei schon seit längerem Tränengaspatronen, die auch bald nach Kriegsbeginn gegen die Deutschen eingesetzt wurden, um diese aus ihren Stellungen zu treiben. Doch das Tränengas war für den Straßenkampf in den Städten geeignet, im offenen Gelände erwies es sich als weitgehend wirkungslos.

Die Wirkung des Chlorgases hingegen war verheerend. Schon nach wenigen Minuten lagen Tausende von Algeriern und Kanadiern im Sterben. Die alliierten Soldaten verließen ihre Stellungen in Panik und zogen sich sechs bis acht Kilometer zurück. Die Deutschen konnten ihren Erfolg jedoch nicht voll ausnützen. Zwar waren sie mit primitiven Gasmasken ausgestattet worden und stießen auch rasch drei Kilometer vor, doch da der Angriff aufgrund der Windverhältnisse erst am späten Nachmittag begonnen hatte, brach schon bald die Dunkelheit ein. Der deutsche Vormarsch kam zum Stehen. Die britischen und französischen Truppen konnten sich in der Nacht wieder sammeln und ihre Linien stabilisieren. Für einen entscheidenden Durchbruch waren auch nicht genug Kräfte bereitgestellt worden, da der Angriff vor allem der Ablenkung von geplanten Offensiven im Osten dienen sollte. Auch die Deutschen waren also auf die Wirkung der neuen Waffen nicht vorbereitet. Zwar wurde das Gas drei Tage später erneut eingesetzt, nun aber waren die Verteidiger vorbereitet und schützten sich notdürftig durch Tücher, die sie in Wasser oder Urin tränkten. So blieb der einzigen deutschen Offensive des Jahres 1915 im Westen der durchschlagende Erfolg versagt.[48]

Im weiteren Verlauf des Krieges setzten auch die Alliierten Giftgas ein, etwa bei ihren Herbstoffensiven von 1915. Beide Seiten entwickelten bald noch tödlichere Kampfstoffe als Chlorgas, und vom Ablassen des Gases in die Luft kam man rasch ab, da dieser Einsatz von den Windverhältnissen abhängig und relativ ineffizient war und überdies auch die eigenen Soldaten gefährden konnte. Stattdessen ging man dazu über, das Giftgas mit Granaten zu verschießen. Dennoch blieb die Bedeutung der Waffe begrenzt, denn schon nach kurzer Zeit hatten außer Russland alle Seiten ihre Soldaten mit immer effizienteren Gasmasken ausgestattet. Selbst die im Krieg eingesetzten Tiere (darunter sogar Hunde) wurden mit Gasmasken geschützt. Auch hier war die Defensive der Offensive also rasch wieder einen Schritt voraus. So gingen auch nur drei bis vier Prozent der Verluste an der Westfront auf Gas zurück. 1916 gingen die Deutschen nach ihren Erfolgen im Osten, auf die wir noch zu sprechen kommen, auch im Westen wieder zur Offensive über, und zwar bei Verdun, einem Ort von hoher strategischer und symbolischer Bedeutung. Hier wurde 843 die Teilung des Reichs Karls des Großen festgelegt, was als Geburtsstunde Frankreichs galt. Verdun war von einem Gürtel von 39 Forts und einem dichten Netz von Infanteriegräben, Artilleriestellungen und Maschinengewehrposten umgeben. Die Kämpfe, die von Ende Februar bis in den November dauerten, wurden für Deutsche und Franzosen zum Inbegriff der sinnlosen Materialschlacht. Das Ziel des deutschen Generalstabs war nicht der Durchbruch, sondern die Zermürbung des Feindes. Die französische Armee sollte im Wortsinn ausbluten. Man hoffte, die Kräfte des Gegners mit begrenzten Mitteln an einem Ort zu binden, den er, anders als ein paar Schützengräben an anderen Frontabschnitten, aus Prestigegründen nicht aufgeben konnte, und ihm hier durch massiven Materialeinsatz größere Verluste beizubringen, als man selber zu verzeichnen hatte. Die Franzosen ließen sich auf das grausame Spiel ein. »Ils ne passeront pas«, war die Devise: »Sie sollen nicht durchkommen.« Doch Falkenhayns Rechnung ging nicht auf. Den Deutschen gelang es nicht, Verdun vom Hinterland abzuschneiden. So brachten die Franzosen von Bar-le-Duc aus über die »Voie sacrée«, den »heiligen Weg«, der einzigen Route, die außerhalb der Reichweite deutscher Geschütze lag, immer mehr Material und Soldaten nach Verdun, die häufig abgelöst wurden. Fast alle französischen Divisionen rotierten durch die »Blutmühle von Verdun«. So mussten auch die Deutschen immer mehr Kräfte einsetzen. Am Ende der Abnutzungsschlacht hatten die Franzosen 380 000 Mann, die Deutschen 340 000 Soldaten verloren und beide Seiten zusammen etwa 350 000 Tote zu beklagen.[49]

In allen Augenzeugenberichten über die Hölle von Verdun spielt die schwere Artillerie und ihre Vernichtungskraft, die das Schlachtfeld in eine Mondlandschaft verwandelte, eine zentrale Rolle. Ein deutscher Soldat, der die Aufgabe hatte, zerstörte Fernmeldeleitungen zwischen den Geschützstellungen wieder in Ordnung zu bringen, schrieb am 29. Juli:

»Granattrichter von 3 m Tiefe und 10–12 m Durchmesser liegen vor und hinter den Geschützständen, es ist eine richtige Wildnis. Und so wie in unserer Feuerstellung, so sieht es in dem ganzen, großen, herrlichen Eichenwald aus. Seit 10 Tagen haben wir zum ersten Mal dauernden Sonnenschein, da läßt sich doch alles noch ertragen, aber grausig waren die ersten Wochen mit ihrem unaufhörlichen Regen, der alles ringsum in Sumpf verwandelte. Man konnte keine 10 Schritte weit gehen, ohne daß man bis an die Knie versank. Und in diesem Schlamm war ich wochenlang von früh bis spät unterwegs, um meine 10 km Leitungen in Ordnung zu halten. Selten war eine Leitung länger als eine Stunde heil, manche fanden wir überhaupt nicht wieder. So tobten wir durch die Gegend, ewig im schwersten Feuer, ohne jede Deckung. Alle Augenblicke warf man sich hin, wo man stand und ging, um nicht getroffen zu werden. Von oben bis unten mit dicker feuchter Lehmkruste bedeckt, suchten wir abends ein Stündchen Schlaf in den Unterständen, in denen das Wasser stand. Vor Ungeziefer und Nässe und Kälte konnten wir nicht schlafen, stürzten ans Geschütz und lösten die todmüden Kameraden ab, nur daß wir warm wurden. […] Und dann kamen die Tage, an denen uns die Franzosen entdeckt hatten, als die Geschütze Volltreffer bekamen, als alles half und einsprang und daneben lagen und brüllten vor Schmerzen die halbverkohlten Kameraden und keiner konnte helfen.«[50]

Und ein Infanterist schreibt aus der Schlacht von Verdun am 2. Juli:

»In der Stellung angekommen legten wir uns todmüde in Granatlöcher – von Schützengräben oder gar Unterständen keine Rede; das Gebiet war ja erst vor zwei

Tagen erstürmt, dort lagen wir vier Tage lang zuerst ganz naß und ½ Meter tief im Dreck – ein Trommelfeuer ging auf uns los, daß es einen von einem Loch ins andere riß; die Schmerzensrufe und das Gestöhne der Verwundeten die elend zu Grunde gehen müssen; […] An ein Zurücktragen ist nicht zu denken. Tag und Nacht Granatfeuer – oft daß es in der Sekunde 10–20 Geschosse heranhagelte, uns verschüttete und wieder aufgrub. Unser Leutnant hat geweint wie ein Kind; ja wie sie da lagen, ein Fuß weg – Arme weg, ganz zerfetzt. Gott, das war furchtbar. […] Ihr könnt Euch keine Vorstellung von diesem Schrecken machen und niemand, ders nicht mitgemacht hat.«[51]

Motivation und Moral, Konsens und Verweigerung

Die dominante Erfahrung der Soldaten in den Materialschlachten der Westfront war die der Angst, der Machtlosigkeit und der Erniedrigung. Anfängliche Kriegsbegeisterung machte, soweit überhaupt vorhanden, rasch weitgehender Desillusionierung und der Sehnsucht nach Frieden Platz. Der Krieg wurde als industrielles Schlachthaus erfahren, dem die Soldaten wie Tiere ausgeliefert waren, als anonyme Tötungsmaschine, in der der Einzelne nichts mehr galt und in dem es nur noch um das Überleben ging. Der Impuls, sich dem tödlichen Geschehen zu entziehen, war daher stark.

So hat es auch nicht an Verweigerungen gefehlt. Sie konnten ganz verschiedene Formen annehmen, die von der Selbstverstümmelung und der Simulation von Krankheiten über das Absondern von der Truppe im hinteren Frontbereich bis zur Desertion reichten. All das wurde jedoch an der Westfront und auch an vielen anderen Fronten nicht zum Massenphänomen. Häufiger waren Nervenzusammenbrüche und sogenannte Kriegsneurosen, die als unbewusste Formen der Verweigerung verstanden werden können. Aber auch davon waren nicht mehr als fünf Prozent der Soldaten betroffen, und viele von ihnen auch nicht dauerhaft. Viel seltener noch als individuelle waren kollektive Verweigerungen. Offene Meutereien blieben bis 1917 weitgehend aus, und wo sie auftraten, wie 1917 in einigen französischen und britischen Einheiten, richteten sie sich nicht gegen den Krieg an sich, sondern gegen einzelne Missstände wie zu seltene Pausen zwischen den Angriffen, zu wenig Heimaturlaub oder unzureichende Verpflegung. Häufiger waren stille Vereinbarungen über die Gräben hinweg, die Waffen schweigen zu lassen. Dazu kam es vor allem an ruhigen Frontabschnitten, wo sich über längere Zeit dieselben Einheiten gegenüberlagen. Offene Verbrüderung dagegen war selten und wurde von den Kommandeuren rasch unterbunden, mit der berühmten Ausnahme des »Christmas Truce«, als 1914 anlässlich des Weihnachtsfests für ein paar Tage zwischen deutschen und britischen Truppen die Waffen ruhten.

Die ganz überwiegende Mehrheit der Soldaten kämpfte also trotz aller Schrecken und Härten des Krieges weiter. Dies lässt sich nur erklären, wenn man ein ganzes Bündel von Faktoren berücksichtigt.[52] Zunächst muss darauf hingewiesen werden, dass die Soldaten nicht pausenlos in der vordersten Linie standen und der Krieg für sie nicht nur aus Kampfeinsätzen bestand. Die Einheiten rotierten. Nicht an allen Fronten wurde pausenlos gekämpft. Es gab Abschnitte, an denen es über lange Zeiten hinweg relativ ruhig blieb, wie in Lothringen oder im Elsass. Auf den direkten Fronteinsatz folgten Phasen der relativen Ruhe oder Erholung in den hinteren Linien, ruhigen Frontabschnitten oder der Etappe. Auch wurde der Einsatz in den meisten Armeen hin und wieder von Heimaturlaub unterbrochen. All dies erklärt freilich nur, warum die meisten Soldaten überhaupt so lange kämpfen konnten. Es erklärt nicht, warum sie es auch taten.

Ideologische Motive spielten für die meisten von ihnen keine Rolle. Nur wenige Soldaten kämpften für die westliche »Zivilisation« oder die deutsche »Kultur«, für die Demokratie, das Völkerrecht oder den ewigen Frieden. Auch nationalistische Feindbilder und Kriegsziele waren wenig ausgeprägt. Kaum ein einfacher Soldat sah in den Männern, die ihm in den Schützengräben gegenüberlagen, Erbfeinde oder entmenschte Barbaren, und kaum einer kämpfte für bestimmte territoriale Ziele, für die Wiedererlangung Elsass-Lothringens, für Trient und Triest, für die Arrondierung des Britischen Empire oder für weiträumige deutsche Annexionen in West- und Osteuropa.

Das bedeutet freilich nicht, dass patriotisches Pflichtbewusstsein und die Loyalität gegenüber Staat, Nation oder der Monarchie für die Motivation der Soldaten keine Rolle spielten. Sie waren jedoch vorwiegend defensiv geprägt. Defensiver Patriotismus war eine wichtige Kampfmotivation, besonders dort, wo der Feind im eigenen Land stand, wie schon bald nach Kriegsbeginn in Belgien, Frankreich und Ostpreußen. Die Zahl der britischen Freiwilligen schnellte in die Höhe, als Ende August 1914 eine deutsche Landung auf der Insel zu drohen schien. Und auch in späteren Kriegsphasen stieg die Moral der Soldaten meist, wenn ein Durchbruch des Feindes drohte oder er die eigenen Linien überrannte und Teile des eigenen Territoriums besetzen konnte, wie dies in Italien nach der Niederlage von Caporetto Ende 1917 geschah. Dieser defensive Patriotismus richtete sich bei den einfachen Soldaten nicht primär auf das Vaterland im Allgemeinen, sondern verband sich meistens mit dem Gedanken an den Schutz der konkreten Heimat und der Familie.

Lokale und regionale Identitäten spielten auch sonst eine wichtige Rolle. Viele Regimenter setzten sich aus regional sehr homogenen Soldatengruppen zusammen. Das Regiment List, in dem Hitler diente und das sich vor allem aus Oberbayern rekrutierte, ist nur eines von vielen Beispielen. Oft kämpften die Soldaten sogar Seite an Seite mit Kameraden, die aus ihrem Heimatort stammten und die sie schon aus dem Zivilleben kannten, was das Entstehen eines Zusammengehörigkeitsgefühls förderte. Am stärksten prägte sich dies in den britischen Freiwilligen-Bataillonen aus, in denen ganze Schulklassen, Belegschaften oder Stadtviertel geschlossen zum Einsatz kamen. In solchen Einheiten kämpften die Soldaten immer auch für die Ehre ihrer Heimatregion oder Heimatstadt und konnten sich auch in ihrem Dialekt verständigen. Je homogener eine Einheit war, desto höher war auch ihre Kampfmoral und desto geringer die Neigung zu Verweigerung und Desertion.

Aber auch in stärker durchmischten Einheiten bildeten sich mehr oder weniger starke Bindungen zwischen den Soldaten heraus, vor allem auf der untersten Ebene, in den Kompanien und ihren einzelnen Zügen. Diese Kameradschaft ist ideologisch massiv überhöht worden, sie verdankt sich jedoch nicht ideologischen Faktoren, sondern vor allem elementaren sozialpsychologischen Mechanismen. In den einzelnen Einheiten entwickelten sich vielfältige Loyalitäten, Abhängigkeiten und Hierarchien, die den Zusammenhalt und die soziale Kontrolle verstärkten. Wenn sie in den Schützengräben überleben wollten, waren die Soldaten aufeinander angewiesen. So kämpften viele von ihnen einfach deswegen, weil auch die anderen kämpften. Und sie machten vor allem deshalb weiter, weil sie ihre Kameraden nicht im Stich lassen wollten, mitunter aber auch, weil sie gefallene Kameraden rächen wollten. Die Frage nach dem Sinn des Krieges konnte dabei völlig in den Hintergrund treten. Es gab auch Soldaten, die kein starkes Interesse an einem Ende des Krieges hatten, weil zu Hause niemand auf sie wartete und ihnen das Militär zur zweiten Heimat geworden war. Der erfolglose Kunstmaler Adolf Hitler, der auch nach dem Ende des Krieges noch so lange wie möglich bei seiner Einheit blieb, ist wohl das berühmteste Beispiel für diese Entwurzelten ohne Familie, Freunde und Arbeit. Zahlenmäßig fallen diese Randexistenzen jedoch kaum ins Gewicht.

Auch religiöse Faktoren konnten eine Rolle für die Pflichterfüllung spielen. Viele Soldaten fanden Trost im Glauben und im Gebet. Auch wenn sie im Krieg ein Unglück sahen, akzeptierten sie ihn doch als Strafe und Prüfung oder als unerforschlichen Ratschluss Gottes. Diese traditionalistische Haltung religiös motivierter Resignation war vor allem bei bäuerlichen Soldaten nicht selten. Zu diesem Ethos zählte auch, im Gehorsam gegenüber der Obrigkeit ein Gebot Gottes zu sehen. Volksreligiöse Praktiken waren oft eine Stütze und erleichterten manchen das Durchhalten, und viele Soldaten trugen zum Schutz Amulette und Talismane bei sich.

Viele Soldaten kämpften überdies gerade deshalb weiter, weil sie kriegsmüde waren und nach Hause wollten. Mit jeder neuen Schlacht verband sich die Hoffnung, dass diese endlich den Durchbruch, den Sieg und damit den Frieden bringen würde. So lag gerade in der Sehnsucht nach Frieden ein wichtiges, paradoxes Motiv, um weiterzukämpfen. In diese Kerbe schlug auch die Durchhaltepropaganda, die in den letzten Kriegsjahren auf allen Seiten massiv verstärkt wurde. Sie war jedoch ein zweischneidiges Schwert, denn die Hoffnungen, die sie nährte, ließen sich nicht beliebig oft enttäuschen. Dies zeigte sich 1918 vor allem auf deutscher Seite, als die große Frühjahrsoffensive an der Westfront scheiterte, die nach dem Frieden im Osten als letzte Schlacht vor dem Endsieg angekündigt worden war.

Nicht weniger wichtig als diese positiven Antriebe zum Kämpfen waren die negativen Faktoren, die von Verweigerung und Desertion abhielten. Zum Feind überzulaufen, war lebensgefährlich, denn Soldaten, die sich ergeben wollten, waren nur schwer von Angreifern zu unterscheiden. Wer sich dem Gegner zeigte, ganz gleich in welcher Absicht, musste damit rechnen, dass auf ihn geschossen wurde. So kam es auch immer wieder vor, dass die ersten Männer einer sich ergebenden Einheit den Tod fanden. Nicht immer aus Versehen: An allen Fronten kam es vor, dass Soldaten bei der Gefangennahme gezielt erschossen wurden. Sehr häufig war dies zwar nicht, aber die Propaganda verstärkte entsprechende Gerüchte und Ängste. Und schließlich stellte auch die Gefangenschaft keine attraktive Perspektive dar. Natürlich malte die Propaganda die Zustände in den Gefangenenlagern in den düstersten Farben. Völlig verfehlt wurde die Realität dabei allerdings keineswegs immer. Überdies galten Kriegsgefangene in vielen Armeen als verkappte Deserteure, die bei ihrer Rückkehr nicht nur mit öffentlicher Entehrung, sondern auch mit peinlicher Befragung und Strafen rechnen mussten.

Kaum weniger riskant war es, sich von der Front nach hinten abzusetzen. Hier bestand die Gefahr, der Militärpolizei in die Hände zu laufen und vor ein Kriegsgericht gestellt zu werden. Deserteuren drohten schwere Strafen. Aber auch die mit einem Militärgerichtsverfahren verbundene Entehrung in den Augen der Familie, Freunde und Kameraden wirkte auf viele Soldaten abschreckend. Die Selbstverstümmelung war kaum eine Alternative, denn sie war nicht nur schmerzhaft und gesundheitsgefährdend, sondern konnte auch entdeckt werden, was ebenfalls schwere Strafen nach sich zog. So galt wohl für viele, was ein deutscher Soldat, der aus dem Elsass stammte, nach einem seiner ersten Gefechte an der Westfront 1914 sich in einem Feldpostbrief von der Seele schrieb:

»Ich stand auf. Welch ein Anblick bot sich mir! […] Die Toten waren zum Teil entsetzlich anzusehen, teils lagen sie auf dem Gesicht, teils auf dem Rücken. Blut, verkrallte Hände, verglaste Augen, verzerrte Gesichter. Viele hielten die Gewehre krampfhaft in der Hand, andere hatten die Hände voll Erde oder Gras, das sie im Todeskampf ausgerissen hatten. Ich sah viele Soldaten beisammenstehen an einer Stelle, ging hin, und es bot sich da ein entsetzliches Bild. Ein deutscher und ein französischer Soldat lagen da halb kniend gegeneinander. Jeder hatte den anderen mit dem Bajonett durchbohrt und waren so zusammengesunken. […] Mut, Heldentum, ob es das wohl gibt? Ich will es fast bezweifeln, denn im Feuer sah ich nichts als Angst, Bangen und Verzweiflung in jedem Gesicht geschrieben. Von Mut, Tapferkeit und dergleichen überhaupt nichts, denn in Wirklichkeit ist's doch nur die furchtbare Disziplin, der Zwang, der den Soldaten vorwärts und in den Tod treibt.«[53]

KAPITEL 3

ENTGRENZTER KRIEG

Grabenkämpfe inmitten menschenfeindlicher Mondlandschaften und rücksichtsloser Einsatz von Menschen und Material auf engstem Raum – dies waren die markantesten Merkmale des neuartigen Stellungskriegs im Westen. Eben dieser industrialisierte Kampfraum in Nordostfrankreich und Belgien hat in seiner visuellen Eindringlichkeit unser Bild vom Ersten Weltkrieg als Ganzes entscheidend geprägt, und er dominiert es weiterhin. Darüber gerät allzu leicht in Vergessenheit, dass der Krieg an vielen Fronten geführt wurde und dass seine anderen Gesichter keineswegs freundlicher waren. Innerhalb wie auch außerhalb Europas kannte er kaum mehr Grenzen, er zog Völker und Länder auf allen Kontinenten in seinen Strudel. Doch er ging nicht allein über räumliche Grenzen hinweg, sondern es verschwammen zusehends auch ethische und völkerrechtliche Grenzen, in die Europas Kriege über lange Zeit eingehegt zu sein schienen. Dieses Phänomen zeigte sich – wenn auch mit unterschiedlicher Intensität – auf allen Kriegsschauplätzen, in West wie Ost, im Orient wie in Übersee. Der Charakter der Kriegführung, für den im 19. Jahrhundert eine postulierte Trennung von Kombattanten und Nichtkombattanten leitend gewesen war, begann sich grundlegend zu ändern. Somit tritt uns der Erste Weltkrieg als ein im doppelten Sinne entgrenzter Krieg gegenüber.

Der Krieg im Osten

Als dem deutschen Reichskanzler Theobald von Bethmann Hollweg 1913 das Stärkeverhältnis von deutscher und russischer Armee vorgelegt wurde, zeigte er sich erschüttert: »Man muß schon ein gut Teil Gottvertrauen haben und auf die russische Revolution als Bundesgenossen rechnen, wenn man einigermaßen ruhig schlafen will.«[1] Obschon Bethmann Hollwegs Sorge vor der »russischen Dampfwalze« auch im deutschen Generalstab geteilt wurde,[2] hielt dieser im Sommer 1914 dennoch an seinem, alles auf eine Karte setzenden Westaufmarsch als einziger Lösung fest. Der Plan war, Frankreich innerhalb nur weniger Wochen zu besiegen und sich erst danach Russland zuzuwenden, weswegen an der Ostgrenze des Deutschen Reiches nach Kriegsausbruch lediglich ein Zehntel des gesamten Heeres lag. Grund zur Sorge boten Anfang August aber auch die Kräfteverhältnisse an der Ostgrenze Österreich-Ungarns, das seine Armeen zunächst allein für die serbische Front mobilisiert hatte, dies noch während des Aufmarsches änderte und schließlich in einem Transportchaos feststeckte.[3]

Während die Mittelmächte im Osten zunächst nur ein Durchhalten vorsahen, plante Russland, gegen Deutschland und Österreich-Ungarn in die Offensive zu gehen. Dieser Angriff – so forderten es vor allem die vom deutschen Westheer bedrohten Franzosen – sollte möglichst frühzeitig erfolgen.[4] In der Tat gelang es den Russen, Mobilisierung und Aufmarsch zügig durchzuführen, so dass bereits Mitte August zwei russische Armeen in Ostpreußen einrückten. Dem Befehlshaber der deutschen 8. Armee, General von Prittwitz, erschien die gegnerische Überlegenheit derart erdrückend, dass er Moltke um die Erlaubnis nachsuchte, sich hinter die Weichsel zurückziehen zu dürfen, womit er ganz Ostpreußen dem Gegner preisgegeben hätte. Die Antwort erfolgte unverzüglich: Prittwitz wurde von seinem Kommando enthoben. Die folgende personelle Neubesetzung sollte von großer Tragweite sein. Die Wahl fiel auf einen schon seit 1911 pensionierten General aus Hannover: Paul von Hindenburg; seine rechte Hand als neuer Chef des Stabes wurde Erich Ludendorff. Dieses Doppelgespann, dessen Namen nur wenige Wochen später jedes Kind kennen sollte, nahm sofort in Angriff, was Offiziere in Prittwitz' Stab bereits in den letzten Tagen zu entwickeln begonnen hatten.[5] Die vorrückenden Russen wurden in die Zange genommen, und zwischen dem 24. und 31. August 1914 fanden mehrere Gefechte statt, die insgesamt als Schlacht von Tannenberg in die Geschichte eingingen. In dieser größten Kesselschlacht des Krieges wurde die 2. russische Armee unter General Samsonow vollständig aufgerieben. Samsonow, der den Freitod einer Gefangenschaft vorzog, hatte es den Deutschen allerdings durch seine schweren Führungsfehler auch verhältnismäßig leicht gemacht. In den beiden folgenden Wochen versuchten Hindenburg und Ludendorff auch der 1. russischen Armee bei den Masurischen Seen dasselbe Schicksal zu bereiten, den Russen aber gelang es, sich noch rechtzeitig zurückzuziehen.[6] Damit hatten die Deutschen die akute Bedrohung ihrer Nordostflanke für das Erste beseitigt, eine Kriegsentscheidung im Osten aber stand weiterhin aus.

Während die Russen in Tannenberg ein Debakel erlitten, bereiteten sie ihrerseits den Österreichern ein solches in Galizien. Der Großteil des Gebiets mit seiner Hauptstadt Lemberg fiel in ihre Hand. Die Dimensionen der österreichisch-ungarischen Verluste überstiegen die der Russen in Ostpreußen um ein Mehrfaches. Innerhalb nur weniger Tage hatte die Doppelmonarchie 100 000 Gefallene zu beklagen; ebenso viele Soldaten gerieten in russische Gefangenschaft. Von diesem Schlag, der das Offizierskorps dramatisch ausblutete und die Moral empfindlich schwächte, sollte sich die k.u.k.-Armee auch im weiteren Kriegsverlauf kaum mehr erholen können. Ein österreichischer Brigadekommandeur schilderte die Fassungslosigkeit seiner Kameraden beim Anblick der Trümmer ihrer zerschlagenen Einheiten: »Mancher brachte erst nach einiger Zeit knirschend die Worte über die Lippen, nun sei alles aus. [...] Andere fluchten grimmig in heiligem Zorn. Einmütig war die Überzeugung, daß die Führung versagt habe.«[7] Die Niederlage war aber nicht allein die Folge von unmittelbaren Fehlentscheidungen von Generalstabschef Conrad, sondern sie offenbarte auch grundlegende strukturelle Mängel der Armee, die sich über lange Zeit angehäuft hatten. Eine allzu große Sorglosigkeit und die damit einhergehende jahrzehntelange Vernachlässigung der Heeresrüstung rächten sich nun tragisch.[8] Hinzu kam die Vielfalt unterschiedlicher Nationalitäten, die immer stärker auseinanderstrebten. Die große Zahl an Überläufern machte deutlich, wie sehr die Doppelmonarchie inzwischen an innerer Bindekraft verloren hatte. Erst mit Hilfe deutscher Truppen, die inzwischen aus dem Westen herangeführt worden waren, gelang es im Herbst nach einer Offensive in Südpolen, die Front längerfristig zu stabilisieren.[9]

Nach dem Scheitern der Marneschlacht und der Ablösung Moltkes durch Falkenhayn war für die Deutschen dringend eine neue Strategie und eine übergreifende Koordinierung ihrer Kräfte im Osten geboten. Hindenburg erhielt die einflussreiche Stellung eines Oberbefehlshabers aller deutschen Truppen an der Ostfront, kurz »Ober Ost«. Mit dieser neugeschaffenen Position kam es zu einem grundlegenden Konflikt, der die deutsche Militärführung in zwei

Lager spaltete: Hindenburg und Ludendorff plädierten für die Verlagerung des strategischen Schwerpunktes der Gesamtkriegführung vom Westen auf den Osten. Ein baldiger Sieg über Russland erschien ihnen wahrscheinlicher als ein kriegsentscheidender Erfolg gegen Frankreich. Falkenhayn hingegen hielt, so seine Worte, »alle Siege im Osten, die auf Kosten unserer Stellung im Westen errungen werden können, (für) wertlos«.[10] Damit war in der deutschen Führung ein Gegensatz zwischen »Ostlern« und »Westlern« entstanden, der sich bis in eine persönliche Feindschaft hinein steigerte und damit letztlich auch der konstruktiven Zusammenarbeit abträglich war.[11] Ludendorff äußerte ganz kategorisch: »Ich kann nur lieben oder hassen und den General von Falkenhayn hasse ich, mit ihm zusammenzuarbeiten ist mir unmöglich.«[12] Aber nicht nur innerhalb der deutschen Führung gab es derartig massive Konflikte, auch unter den beiden Bündnispartnern schwelten permanentes Misstrauen und tiefgreifende Kompetenzstreitigkeiten, die immer wieder auch auf persönlicher Ebene zum Ausbruch kamen und die gemeinsame Kriegführung behinderten. Jeder der Verbündeten verfolgte seine eigenen Ziele. Conrads Wort von den »heimlichen Feinden« machte die Runde, was auf die Deutschen gemünzt war.[13] Durch die Misserfolge der Österreicher aber mehrten sich zugleich die Versuche der Obersten Heeresleitung, ihren schwächeren Bündnispartner zu dominieren. Hauptstreitpunkt war dabei die Forderung nach einem deutschen Oberbefehl für sämtliche verbündete Truppen im Osten. Das offenkundige Ungleichgewicht der tatsächlichen Machtverhältnisse zwang Conrad 1916 schließlich, diese Forderung widerwillig zu akzeptieren.[14]

Zu Beginn des Jahres 1915 allerdings, als Österreich-Ungarn in den Karpaten zur Gegenoffensive überging, war diese Frage noch nicht geklärt. Nach vier Monaten heftiger Kämpfe war das Ergebnis für die k.u.k.-Monarchie abermals katastrophal: Neben dem hohen Blutzoll der Österreicher schmerzte vor allem der Verlust der Festung Przemyśl. Diese Niederlage machte ein verstärktes Engagement der Deutschen im Osten erforderlich. Anfang Mai 1915 setzten beide Verbündete zu einer gemeinsamen Offensive an und errangen in einem erfolgreichen Zusammenwirken unter der Führung Mackensens bei Gorlice und Tarnów den Durchbruch. Dem vorausgegangen war eine derart große Konzentration an Feuerkraft, wie es sie selbst im Westen nicht gegeben hatte. Nun ging die Handlungsinitiative wieder auf die Mittelmächte über, denen in den folgenden Monaten nicht nur die Rückeroberung von Przemyśl und Lemberg gelang, sondern die auch tief ins Hinterland des Zarenreiches einbrachen.[15] Hinsichtlich der Zahl geschlagener gegnerischer Truppenteile und der Größe des eroberten Raumes zeitigte diese Offensive ihren größten Sieg im Ersten Weltkrieg.[16]

Während sich die Mittelmächte vom Baltikum bis Galizien auf dem Vormarsch befanden, erlebte Russland seinen »Großen Rückzug«. Dieser tangierte jedoch nicht allein die Armee, die seit Beginn der Offensive 1,4 Millionen Mann verloren hatte,[17] sondern es wurden auch weit über drei Millionen Zivilisten gezwungen, ihre Häuser zu verlassen und mit den Truppen nach Osten zu ziehen. Der russische Generalstabschef wollte den Deutschen und Österreichern ohne jegliche Rücksicht auf die eigene Bevölkerung nichts als verbrannte Erde hinterlassen. Aus dem mit dem Rückzug verbundenen Verlust bedeutender Industriegebiete und Anbauflächen folgte eine ernste Ernährungskrise in Russland.[18] Aber auch die schon zuvor bestehenden Probleme bei der Versorgung der Armee mit Waffen und Munition steigerten sich so weit, dass Soldaten sogar unbewaffnet an die Front geschickt wurden, um sich erst während des Gefechts mit den Gewehren ihrer gefallenen Kameraden zu versehen. Die Erfahrung des »Großen Rückzugs« bedeutete einen schweren Schlag für die russische Kriegsmoral. Andererseits aber gab sie auch den Anstoß, die eigenen Anstrengungen in Richtung auf eine totale Kriegführung zu verstärken.[19]

Im Herbst 1915 hatte sich die Front auf einer Linie stabilisiert, die im Wesentlichen bis zum Waffenstillstand Bestand haben sollte. Die folgenden Monate nutzte das Zarenreich, sich von der schweren Niederlage zu erholen und unter enormen Anstrengungen seine Kriegsmaschinerie weiter auszubauen. Anfang Juni 1916 schließlich sah sich der Befehlshaber der russischen Südwestfront, Alexander Brussilow, in der Lage, die Mittelmächte in großem Stil anzugreifen.[20] Die Westalliierten hatten zuvor dringend um einen solchen Entlastungsangriff gebeten, da sie bei Verdun und an der italienischen Front in schwere Bedrängnis geraten waren. In einem gut durchdachten Angriff stürmten vier russische Armeen gegen die österreichisch-ungarischen Stellungen bei Luck an und konnten sie sofort durchstoßen. Die Österreicher befanden sich in völliger Auflösung; ganze Regimenter ließen sich ohne Gegenwehr gefangen nehmen. Einzig in der Mitte des Angriffsraumes, wo deutsche Truppen lagen, hielt die Front stand. Mit dem russischen Durchbruch wurde die Situation für die Mittelmächte äußerst bedrohlich, zumal nun auch Rumänien in den Krieg eintrat und Brussilow weitere Attacken befahl, die nur mit äußerster Not und unter Schwächung der Front vor Verdun und in Italien aufgefangen werden konnten. Die Angriffsbemühungen dauerten noch bis Oktober fort und forderten auf allen Seiten große Opfer, bis sie schließlich unter völliger Erschöpfung der russischen Truppen aufgegeben werden mussten. Zwar war es den Russen gelungen, Österreich-Ungarn an den Rand einer Katastrophe zu führen, aber dennoch war ihre Kraftanstrengung angesichts des deutschen Eingreifens letztlich erfolglos geblieben. Der ungemein hohe Blutzoll von über einer Million Mann ließ die Kampfmoral im Zarenreich auf einen vorläufigen Tiefpunkt sinken.[21]

Die inneren Probleme Russlands traten nun immer offener zutage. Selbst als Brussilow noch Siegesmeldungen in die Heimat senden konnte, waren die Gemüter in Petrograd, wie Sankt Petersburg mit Beginn des Krieges umbenannt worden war, und Moskau weit mehr mit Gerüchten über Rasputin und der Kritik am Zarenhof beschäftigt als mit der Frontlage.[22] Umso stärker trat nach dem Scheitern der Offensive die Unzufriedenheit mit dem herrschenden System in allen Bevölkerungskreisen in den Vordergrund. Auch die unter den Russen weit verbreitete und von der Regierung geschürte Stimmung gegen Deutsche und Juden[23] konnte von den schwerwiegenden inneren Problemen kaum mehr ablenken. Das Land war von den Grabenkämpfen unterschiedlicher Strömungen und Cliquen in den Eliten zerrissen. Die Lebensbedingungen der Arbeiter verschlechterten sich drastisch, Streiks und Demonstrationen waren allgegenwärtig und nahmen ein immer bedrohlicheres Ausmaß an.[24] Im März 1917 steigerte sich eine dieser Demonstrationen zum Generalstreik. Innerhalb nur weniger Tage brach die dreihundertjährige Herrschaft der Romanows wie ein Kartenhaus in sich zusammen.

Der Krieg aber ging weiter: Die neue provisorische Regierung und ihr Kriegsminister Kerenski waren entschlossen, nochmals alle vorhandenen Kräfte anzuspannen. Anfang Juli 1917 traten die Russen am gleichen Frontabschnitt, an dem sie ein Jahr zuvor die Österreicher in so große Bedrängnis gebracht hatten, zur erneuten Offensive an. Abermals errangen sie gegen die kriegsmüde k.u.k.-Armee Anfangserfolge, wobei sich besonders die aus Überläufern und Kriegsgefangenen gebildete tschechoslowakische Legion hervortat.[25] Nach nur zwei Wochen allerdings musste der Angriff, zumal inzwischen deutsche Reserven herangeführt worden waren, abgebrochen werden. Die hohen Verluste demoralisierten die russische Armee vollends, Meutereien waren an der Tagesordnung. Nachdem im November 1917 Kerenski, mittlerweile auch Regierungschef, von den Bolschewisten gestürzt worden war, verhandelten die neuen Machthaber über einen Separatfrieden mit den Mittelmächten, der im März 1918 in Brest-Litowsk zustande kam. Damit hatte der Krieg zwischen den Mittelmächten und Russland seinen Abschluss gefunden. Schauplatz kriegerischer Auseinandersetzungen aber sollte der Osten noch für drei weitere Jahre bleiben.

Blickt man auf die Ostfront als Ganzes, so zeigt sich vor allem aus der deutschen Perspektive, wie dominierend hier die Rolle des Raumes war. Bereits 1894 hatte Schlieffen konstatiert, dass die Weite des Landes es gleichsam unmöglich mache, Russland zu besiegen.[26] Das Dilemma, in dem sich Deutschland angesichts seiner Mittellage befand, wird gerade im Blick auf die Ostfront besonders deutlich: Einerseits hatte der deutsche Generalstab schon vor dem Krieg das schier unerschöpfliche Menschenreservoir Russlands – die »russische Dampfwalze« – als die größte Bedrohung des Reiches angesehen, andererseits aber schien der Osten als operativer Raum nicht geeignet, eine rasche und günstige Entscheidung herbeizuführen. Das Ziel war es, die russische Armee hinzuhalten und einen schnellen Sieg im Westen zu erringen, wo die Dimension des Raumes überschaubar und das Verkehrsnetz engmaschig war.

Anders als im Westen, wo Deutschland auf sich alleingestellt operierte, war die Ostfront der Schauplatz eines Koalitionskrieges. Da beide Seiten sich nicht ausreichend aufeinander abstimmten, zeigten sich dort von Beginn an die Nachteile einer Bündniskriegführung besonders deutlich. 1914 erwartete Deutschland von Österreich-Ungarn, dass es ihm den Rücken freihielt, während sich die mit dieser Aufgabe überforderte Doppelmonarchie von ihrem stärkeren Verbündeten im Stich gelassen fühlte. Eine gemeinsame Strategie fehlte völlig. Zudem schienen den Verbündeten im weiteren Verlauf des Krieges andere Fronten wichtiger zu sein – sei es vor Verdun oder in Serbien und Südtirol.[27] Diese Rahmenbedingungen prägten den Kriegsverlauf an der Ostfront. Dass mit dem Frieden von Brest-Litowsk die Mittelmächte schließlich über Russland triumphierten, war einzig dem inneren Zusammenbruch Russlands zuzuschreiben, nicht aber der gemeinsamen Kriegführung der Mittelmächte und ihren taktischen und strategischen Erfolgen.

Für Russland und den gesamten Osten selbst bedeutete der Erste Weltkrieg ein Elend von gewaltigen Ausmaßen. Fast zwei Millionen russischer Soldaten verloren ihr Leben, und Millionen Zivilisten befanden sich auf der Flucht.[28]

Entgrenzter Krieg

Diese Schrecken aber erscheinen rückblickend gesehen lediglich als Auftakt jener Ereignisse, die aus diesem Raum schließlich die »Bloodlands« des 20. Jahrhunderts machten.[29] Der Bürgerkrieg, die Hungerkatastrophen und der Terror zweier Ideologien ließen die Erinnerung an den Ersten Weltkrieg und seine Folgen schon bald verblassen.[30]

Die volle Bedeutung des Ersten Weltkriegs im Osten lässt sich nur erfassen, wenn zugleich die Problematik der zahlreichen Nationalitäten in Ost- und Ostmitteleuropa berücksichtigt wird. Schon früh stand in diesem Krieg die polnische Frage auf der Agenda. Da die Ostfront zunächst durch polnisch besiedeltes Gebiet verlief, waren Russland, Österreich-Ungarn und Deutschland – die Mächte, auf die das Land aufgeteilt war – erstmals in großem Stil um die Sympathie der Polen bemüht. Die Russen machten bereits Mitte August 1914 mit einem Manifest den Anfang: Sie stellten den Polen ein vereinigtes und selbstverwaltetes Staatswesen unter der Krone der Romanows in Aussicht.[31] Österreich-Ungarn versprach den Polen eine ähnliche Zukunft, allerdings unter der Habsburgerkrone. Als 1915 Warschau und der größte Teil des Landes in deutsche Hand fielen, wurde die Frage nach der Zukunft Polens auch für Deutschland virulent. Anfänglich herrschte die Überlegung vor, Russland mit Blick auf einen möglichen Sonderfrieden nicht zu verstimmen und daher am Status quo nicht allzu viel zu verändern. Ludendorff aber ging es vor allem darum, die 1,5 Millionen wehrfähigen Polen für den Krieg im Osten nutzbar zu machen. Mit diesem Hintergedanken stimmten Deutschland und Österreich-Ungarn 1916 der Proklamation eines Königreichs Polen zu. Jedoch ging die Rechnung der Mittelmächte nicht auf: Die Polen ließen sich von Versprechungen allein nicht überzeugen und verhielten sich abwartend.[32] Der deutschen Seite gelang es auch nach dem Zusammenbruch Russlands nicht, das Vertrauen der Polen zu gewinnen. Zu sehr standen Deutschlands eigene machtpolitischen Ziele im Vordergrund, aber auch ein Entgegenkommen gegenüber den konkurrierenden Interessen anderer Nationalitäten wie den Litauern, Weißrussen oder Ukrainern führte die deutsche Polenpolitik letztlich in die Sackgasse.

Im von den Deutschen besetzten Osteuropa sollten gerade diese – bis dahin im westlichen Europa kaum zur Kenntnis genommenen – Völker eine wichtige Rolle bei der Neugestaltung des Gebietes übernehmen. Dabei ging es um eine Herrschaftsstrategie, die aus Litauern, Weißrussen und Ukrainern Gegengewichte zu Russen und Polen zu formen suchte. Die nationale Identität dieser Völker sollte durch eine gezielte Kulturpolitik im deutschen Sinne gestaltet werden.[33] Dabei allerdings schwankten die Kriegszielvorstellungen in Deutschland zwischen Personalunionplänen mit dem Haus Hohenzollern und der Schaffung von gänzlich eigenständigen, aber mit dem Reich verbündeten Staaten.[34] Im Zerfallsprozess des russischen Vielvölkerstaates nach der Oktoberrevolution löste sich die Ukraine ab. Das seit Februar 1918 von den Mittelmächten besetzte Land proklamierte seine Unabhängigkeit, wurde aber bald eine Marionette der deutschen Militärverwaltung. Im März 1918 entstanden das Herzogtum Kurland, dessen Krone Kaiser Wilhelm II. selbst annahm, sodann ein unabhängiger Staat Litauen. An dessen Spitze wurde der württembergische Herzog Wilhelm von Urach berufen, der sich für die Dauer dieser kurzen Episode König Mindaugas II. nannte und eifrig Litauisch lernte, das er anzuwenden aber keine Gelegenheit mehr hatte.[35] Auch Finnland, das innerhalb des Zarenreiches ein autonomes Großfürstentum gewesen war, wurde nach der Russischen Revolution von der deutschen Regierung in seinen Unabhängigkeitsbestrebungen unterstützt. Der dortige Kampf um einen eigenen Staat entwickelte sich 1918 zu einem zwischen »Weißen« und »Roten« geführten Bürgerkrieg, in den deutsche Truppen erfolgreich eingriffen. Vier Wochen vor Kriegsende wählte das Parlament Finnlands einen hessischen Prinzen zum König, jedoch wurde auch diese Maßnahme deutscher Herrschaftssicherung im Osten mit der Niederlage im November 1918 Makulatur.[36]

Der über vier Jahre währende Krieg bewirkte, dass Millionen deutscher Soldaten mit Osteuropa und seinen Bewohnern in Berührung kamen, sei es an der Front, sei es im Besatzungsgebiet von Ober Ost oder aber bei dem Vormarsch des Jahres 1918. In dieser Zeit bildete sich in den deutschen Köpfen ein markantes Bild vom »Osten«, das gerade auch in den nächsten Jahrzehnten folgenreich nachwirken sollte. Schon vor 1914 war der kommende Krieg oftmals zu einem Kampf zwischen Germanen und Slawen stilisiert worden – und dies durchaus auf beiden Seiten.[37] In Deutschland verfestigte sich mit Kriegsbeginn das alte Bild von einer bedrohlichen Flut aus dem barbarischen Osten, gegen die nur ein starkes deutsches Heer einen festen Damm bilden könne. Der Sieg des »Retters der Nation« Hindenburg bei Tannenberg wurde zum eindringlichen Symbol dieses Abwehrkampfes.[38] Kein Feldherr und keine andere Schlacht haben zu einem derartig positiv besetzten Mythos werden können. Dieser unerwartete Sieg in Ostpreußen ließ die Propaganda den Tenor einer grundlegenden Minderwertigkeit der Russen anstimmen. Die Frontsoldaten selbst aber schlossen sich in der Regel einer allzu geringschätzige Haltung gegenüber ihrem Gegner nicht an.[39] Dennoch prägte auch sie die Überzeugung, dass sie als Kulturträger mit einem Missionsauftrag in den Osten kämen und dorthin Ordnung und Zivilisation brächten. Die Weite der Landschaft, die schlechten Wegeverhältnisse, die wilde Natur, der tägliche Kampf mit Ungeziefer, Schmutz und Krankheit wie auch die Ärmlichkeit des dortigen Lebens schienen nur durch ernsthafte »deutsche Arbeit« überwunden werden zu können. Mit einer derartigen Wahrnehmung des Ostens verfestigten sich zugleich der Eindruck eigener Überlegenheit und die Überzeugung von einer Unterlegenheit der dort ansässigen Völker, was aber Mitleid und Sympathie keineswegs ausschloss.[40] Erst unter den Vorzeichen einer rassenbiologisch geleiteten Ideologie sollte sich das Überlegenheitsgefühl zwei Jahrzehnte später in todbringende Verachtung wandeln.

Der Krieg auf dem Balkan und im Nahen Osten

Die Forschung hat die Ostfront zu Recht die »vergessene Front« des Ersten Weltkrieges genannt. Um einiges mehr aber noch trifft diese Bezeichnung auf die Kriegsschauplätze in Südosteuropa sowie im Nahen und Mittleren Osten zu. Mochte zwar der Krieg als Ganzes – wie es auch bereits die meisten Zeitgenossen empfanden – im Westen entschieden werden, so gab es dennoch immer wieder Versuche, den Hebel gerade auf den Nebenkriegsschauplätzen anzusetzen, um dort an den vermeintlich verwundbaren Stellen des Gegners die strategische Gesamtkriegslage im eigenen Sinne zu verbessern. Auch wenn solche Bemühungen auf dem Balkan und im Orient letztlich für die Kriegsentscheidung nicht ausschlaggebend wurden, so griffen sie doch massiv und langfristig in das Leben der dort lebenden Völker ein. Auch für diese sogenannten Nebenkriegsschauplätze war der Erste Weltkrieg ein Ereignis, das individuell und kollektiv als eine gewaltige Katastrophe empfunden wurde und das nicht nur politische Ordnungen in sich zusammenbrechen ließ, sondern auch ethische Schranken beseitigte und so im großen Ausmaß zu einer »Entgrenzung« führte.

Der Weltkrieg nahm seinen Ausgang in einem Konflikt, der – hätte die europäische Krisendiplomatie anders reagiert – wohl als dritter Balkankrieg in die Geschichte eingegangen wäre. Als Österreich-Ungarn am 28. Juli 1914

Serbien den Krieg erklärte, hegten die Verantwortlichen in Wien durchaus die Hoffnung auf einen lokal beschränkten Konflikt. Durch die russische Mobilmachung am gleichen Tag wurde daraus binnen weniger Tage ein Weltkrieg. Dennoch blieb das kleine Serbien noch über die erste Augustwoche hinaus für den österreichischen Generalstab der Hauptgegner, mit dem man sofort »abrechnen« wollte. Erst eine Intervention Moltkes veranlasste Conrad zur Umleitung seiner 2. Armee von der serbischen an die wichtigere galizische Front.[41] Kurz zuvor hatte Wien dem serbischen Generalstabschef Radomir Putnik, der sich bei Kriegsausbruch in einem österreichischen Kurbad aufhielt, die ungehinderte Ausreise zugesagt.[42] Es war dies eine aus der Geisteshaltung des vergangenen Jahrhunderts entspringende ritterliche Tat, die aber ihren Teil zu den kommenden österreichisch-ungarischen Niederlagen beitrug. Obwohl für die Österreicher angesichts der russischen Bedrohung das Land südlich von Donau und Save inzwischen nur zu einem Nebenkriegsschauplatz geworden war, unternahmen sie am 11. August 1914 eine bescheidene Offensive gegen ihren Hassgegner. Sie scheiterte kläglich.[43] Im November 1914 folgten weitere Angriffe, bei denen auch Belgrad eingenommen werden konnte – allerdings nur für kurze Zeit, denn Serbien erwies sich auch hier als ein gefährlicher Gegner, der in der Lage war, die Besatzer wieder aus seiner Hauptstadt zu vertreiben. Im ersten Jahr des Krieges hat sich das kleine Land, wenn auch unter großen Opfern, tapfer behaupten können. Obwohl es nur eine Frage der Zeit war, bis die österreichische Militärführung zum nächsten Hieb ausholen würde, versäumte es die Entente aus Rücksicht auf das neutrale Bulgarien, Serbiens geschwächte Armee erneut aufzurüsten.[44] Nach dem zweimaligen Scheitern der k.u.k.-Armee begann auf Falkenhayns Initiative hin am 6. Oktober 1915 eine neue großangelegte Offensive deutscher und österreichisch-ungarischer Truppen, der sich bald darauf auch Bulgarien als neuer Verbündeter der Mittelmächte anschloss. Unter der Führung von Generalfeldmarschall von Mackensen wurde Serbien innerhalb von vier Wochen mit großer Übermacht niedergerungen. Die Trümmer des serbischen Heeres zogen mitsamt Zivilisten und Kriegsgefangenen mit Putnik an der Spitze in einem Elendsmarsch nach Albanien und Montenegro, von wo aus 140 000 Mann nach Korfu evakuiert wurden.[45] Dies war der klägliche Überrest der serbischen Armee, die noch drei Monate zuvor 420 000 Soldaten umfasst hatte.[46] Ein österreichischer Hauptmann, der den serbischen Zug mit seiner Einheit verfolgt hatte, schilderte seine Eindrücke: »Zu Haufen lagen sie tot; um ein noch glimmendes

Feuer, zwischen den Pferden, erdrückt, erstickt, nicht mehr kräftig genug, sich herauszuwühlen. [...] Hunger und Seuchen, Cholera, Pest, und gehetzt und getrieben vom Verfolger, der überall nachkam.«[47] Keine Armee hat im Ersten Weltkrieg – in Relation zur Bevölkerungszahl – größere Verluste erlitten als die serbische. Das Land wurde von Österreichern und Bulgaren besetzt, die ein hartes Besatzungsregime führten.

Rumänien und Bulgarien ließen sich in der ersten Hälfte des Krieges von den beiden Machtblöcken umwerben: Bulgarien war im für die Mittelmächte erfolgreichen Jahr 1915 nach langem Zögern auf deren Seite in den Krieg eingetreten. Ein Jahr später hingegen standen die Aussichten für die Entente deutlich besser, nicht zuletzt aufgrund der Erfolge der russischen Armee unter General Alexei Brussilow. Ende August 1916 entschloss sich Rumänien zum Angriff auf Österreich-Ungarn; es erhoffte sich damit die Annexion von Siebenbürgen und der Bukowina. Der anfänglichen rumänischen Offensive folgte schon bald ein wuchtiger Gegenschlag unter der Führung Falkenhayns, der hier seine erste Verwendung fand, seitdem er den Posten eines Generalstabschefs an Hindenburg hatte abgeben müssen. Während Falkenhayn im Verbund mit den Österreichern in Siebenbürgen vorrückte, ging Mackensen gemeinsam mit dem bulgarischen Bundesgenossen von Süden aus zum Angriff auf Bukarest und die Dobrudscha über.[48] Am Morgen des 6. Dezember 1916 ritt Mackensen – es war an seinem 67. Geburtstag – in die gerade zuvor von der rumänischen Armee geräumte Hauptstadt ein. Was er dabei zu sehen bekam, erstaunte ihn nicht wenig: »Offene Läden, gefüllte Kaffeehäuser! [...] Vereinzelt ertönen Hurras und deutsche Zurufe. Ja, befinden wir uns denn nicht inmitten der Bevölkerung einer feindlichen Hauptstadt? Ist denn nicht Krieg?«[49] Der Krieg aber sollte sich an genügend anderen Orten in all seiner Brutalität zeigen: Bis zum Jahresende 1916 wies die offizielle rumänische Verlustliste allein 10 000 gefallene, verwundete oder vermisste Offiziere aus; die Gesamtzahl der Verluste lag bei fast 350 000 Mann.[50] Zu diesem Zeitpunkt hatte sich die unterlegene Armee bis zum Sereth zurückgezogen, wo sie sich regenerierte und bis zum Waffenstillstand im November 1917 in einem Stellungskrieg ausharrte. Für die Mittelmächte endete dieser Kampf als großer Erfolg, denn nicht nur war eine gefährliche Flanke gesichert, sondern es fielen auch die umfangreichen rumänischen Lebensmittel- und Rohstoffressourcen in ihre Hände.

Seit Ende 1916 wurde somit der größte Teil des Balkans von den Mittelmächten kontrolliert. Nur an einer Stelle – der Saloniki-Front in Mazedonien – gelang es der Entente, sich langfristig festzusetzen. Als die Mittelmächte im Oktober 1915 den Angriff auf Serbien begannen, kamen Briten und Franzosen überein, ein gemeinsames Expeditionskorps unter General Sarrail nach Thessaloniki zu entsenden, das jedoch zu spät eintraf.[51] Allerdings hatten die Westmächte mit dieser Aktion nicht allein Serbien, sondern auch Griechenland im Sinn. Zwar achtete Griechenland unter seinem deutschfreundlichen König Konstantin streng auf Neutralität, jedoch strebte der schon bald abgesetzte Premierminister Venizelos im Gegensatz zum Monarchen und zur Mehrheit des Volkes den Kriegseintritt auf Seiten der Entente an und begrüßte deren Landung in der mazedonischen Hafenstadt. Der völkerrechtlichen Problematik ihrer Expedition waren sich Briten und Franzosen sehr wohl bewusst, was sich in der scheinheiligen Schutzbehauptung Lloyd Georges zeigte, es bestehe »kein Vergleich zwischen einem britischen Durchmarsch durch Griechenland und dem der Deutschen durch Belgien«.[52] Im Verlauf des Jahres 1916 kam es zu Auseinandersetzungen der französischen Truppen mit den Griechen; die Franzosen okkupierten schließlich den Hafen von Athen und zwangen 1917 König Konstantin zur Abdankung. Ein Teil der griechischen Armee begab sich in deutsche Obhut und wurde – begleitet von Sympathiekundgebungen – in einem Lager bei Görlitz interniert. Das Ergebnis der alliierten Saloniki-Aktion war, dass schließlich eine halbe Million Soldaten der Entente in ihren malariaverseuchten Gräben den bulgarisch-deutschen Truppen gegenüberlagen und damit für den westlichen Hauptkriegsschauplatz verlorengingen.[53] Die Saloniki-Front erhielt daher den sarkastischen Beinamen »größtes Internierungslager des Krieges«.[54] Erst gegen Ende des Krieges, als die Niederlage Deutschlands infolge des Zusammenbruchs der Westfront bereits absehbar war, trug auch sie ihren Teil zur Kriegsentscheidung bei: Einer französisch-britischen Offensive im September 1918 hatte das demoralisierte Bulgarien nichts mehr entgegenzusetzen und kapitulierte schließlich. Den Alliierten stand damit der Weg nach Österreich-Ungarn offen, wenngleich es inzwischen nicht mehr nötig war, diesen Weg auch zu nehmen.

Der Krieg im Nahen und Mittleren Osten

Neben dem Balkan war auch der Nahe und Mittlere Osten zum Schauplatz des Kampfes zwischen beiden Machtblöcken geworden, seit am 29. Oktober

1914 das Osmanische Reich als Verbündeter der Mittelmächte in den Krieg eingetreten war.[55] Dieser deutsch-türkischen Waffenbrüderschaft ging eine lange Geschichte der Zusammenarbeit im militärischen Bereich voraus: Schon der spätere Generalfeldmarschall Moltke der Ältere war 1835 als junger Hauptmann in die Türkei gegangen, um dort als Militärberater zu wirken; ihm folgten unter anderem von der Goltz und Liman von Sanders.[56] Aber nicht nur diese Tradition, sondern auch ein zurückweisendes Verhalten seitens Großbritannien und Frankreich ließen die jungtürkischen Machthaber für eine deutsche Option stimmen.[57] Auf deutscher Seite wiederum waren nicht alle wirklich glücklich über den neuen Verbündeten, von dem zu erwarten stand, dass dieser ihm »nur Lasten auferlegen« werde, ohne andererseits »die geringsten Vorteile bieten zu können«, wie Botschafter von Wangenheim wenige Tage vor Kriegsausbruch notierte.[58] »Die Türkei ist militärisch eine Null!«, hatte nur vier Monate zuvor auch Generalstabschef Moltke geurteilt.[59] Dennoch setzte man in Berlin große Hoffnungen darauf, dass das Osmanische Reich starke Kräfte der Entente binden werde, insbesondere als im November 1914 im Namen des Kalifen der Dschihad gegen Briten, Franzosen und Russen ausgerufen wurde. »Da erhebt sich vor Englands hohlen Augen«, so schrieb erwartungsvoll eine deutsche Zeitung, »das Gespenst der Erhebung des gesamten Islam – ein Ruf des Kalifen, und bis tief nach Arabien, in Algier, in Marokko, wird man ihn hören, und das Band des gemeinsamen Glaubens wird sie alle vereinen.«[60] Allzu optimistisch glaubten viele Deutsche, dass sich nun im Britischen Empire, aber auch in Frankreichs Kolonien und in Russlands Imperium Unruhe verbreiten würde, während das sonst von der Welt weitgehend abgeschnittene Deutsche Reich durch das Bündnis mit der Türkei einen Zugang zu Asien bis nach Indien hinein erhielte. Folglich gerieten Ägypten, Persien und Afghanistan in den Blick deutscher Planungen. Der erhoffte Aufstand in der islamischen Welt blieb allerdings aus. Trotzdem erwies sich das Osmanische Reich als ein stärkerer Verbündeter als ursprünglich erwartet. In den folgenden vier Jahren banden die Türken – ungeachtet zunehmender Misserfolge – zahlreiche Entente-Truppen auf den Kriegsschauplätzen des Orients.[61]

Besonders deutlich zeigte sich dies bei Gallipoli: Russland, das von Kriegsbeginn an zu Wasser und zu Lande von den Türken attackiert worden war, bat seine Verbündeten erfolgreich um Unterstützung für eine Operation gegen die türkische Kontrolle der Meerengen Dardanellen und Bosporus. Vor allem der

Erste Lord der Admiralität, Winston Churchill, verfolgte dabei die Absicht, das an der Westfront starke Deutsche Reich vor Konstantinopel empfindlich zu treffen, indem dessen Verbindung zu Asien gekappt und die Nachschubwege Großbritanniens zu Russland hergestellt würden.[62] Ein britisch-französischer Flottenverband versuchte am 18. März 1915 den Durchbruch durch die Dardanellen. Die unter deutscher Anleitung ausgebauten Küstenbatterien machten allerdings diesen Versuch zunichte. Um die gefährlichen türkischen Geschützstellungen von Land aus anzugreifen, entschloss sich die Entente Ende April zur Landung von etwa 75 000 Mann auf der Halbinsel Gallipoli. Als die Flotte wenige Wochen später wegen deutscher U-Boote zurückgezogen werden musste, war aus der ursprünglichen Marineoperation ein Stellungskrieg zu Lande geworden. Fast wie an der Westfront lagen sich alliierte und von deutschen Offizieren geführte türkische Truppen in gut ausgebauten Gräben gegenüber. Hitze, Wassermangel und Krankheiten bestimmten den Alltag der Soldaten auf beiden Seiten und forderten mehr Opfer als die Kampfhandlungen selbst.[63] Die wiederholten Versuche der Entente, durch Vorstöße und Landungen an der Küste des gebirgigen Landstreifen wieder in die Offensive zu gehen, konnte die osmanische Armee – wenn auch mit letzter Kraft – abwehren, so dass die Operation um die Jahreswende 1915/16 abgebrochen und die Truppen – es waren schließlich bis zu 480 000 Mann – evakuiert wurden.

Der Name Gallipoli steht allerdings für weit mehr als nur für eine gescheiterte Militäroperation; er ist zu einem Mythos geworden, zum Gründungsmythos der australischen Nation: Neben englischen Regimentern hatte die britische Militärführung auch das australisch-neuseeländische Armeekorps (ANZAC) eingesetzt, das sich gerade in Ägypten zur Ausbildung befunden hatte. Für diese Freiwilligen von der anderen Seite der Erdhalbkugel bildete Gallipoli einen ersten und zugleich sehr verlustreichen Einsatz im Weltkrieg. Befördert durch Legendenbildung und Geschichtsschreibung wirkte er als Katalysator für ein Eigenständigkeitsgefühl der Australier in Abgrenzung zu den Briten. Das Gedenken an heroischen Opfermut ist bis heute zentraler Bestandteil australischer Identität, und der jährlich am 25. April begangene »ANZAC Day« ist Nationalfeiertag.[64] Doch auch für das nationale Selbstbewusstsein der Türken gilt Gallipoli als eine bedeutende Wegmarke: Mustafa Kemal, der später unter dem Namen Atatürk in die Geschichtsbücher eingegangen ist, hat durch seinen erfolgreichen Einsatz als Divisionskommandeur an dieser Front seinen Ruf als türkischer Nationalheld begründet und seinen Landsleuten ein neues Selbstbewusstsein gegeben.[65]

Ein solches nationales Selbstvertrauen war für die Türken umso wichtiger, als dass ihre erste größere Operation in diesem Krieg in einem Desaster geendet hatte. Die osmanische 3. Armee war Ende Dezember 1914 mit 150000 Mann durch die Berge des Kaukasus gegen die Russen vorgerückt. Schon nach kurzer Zeit aber sah sie sich nicht mehr in der Lage, einem Gegenstoß standzuhalten, zu sehr hatten Kälte und Krankheiten die Truppe dezimiert: Nur weniger als ein Viertel der Soldaten überlebte das Unternehmen.[66] In dieser Katastrophe machte sich ein zentrales Problem bemerkbar, das auch in den folgenden Jahren viele der türkischen Kampfhandlungen beeinträchtigen sollte: Da ein Eisenbahnnetz nur rudimentär vorhanden war und das übrige Verkehrswesen in einem rückständigen Zustand, fiel es der Heeresführung sehr schwer, ihre Truppen zu den verschiedenen Fronten zu transportieren und sie ausreichend zu versorgen.[67]

Mit solchen Schwierigkeiten hatten aber auch die britischen Truppen weiter östlich zu kämpfen, die beabsichtigten, von Süden auf Bagdad vorzustoßen. London glaubte, angesichts der Schlappe vor Gallipoli dringend einen großen Erfolg im Orient zu benötigen, um so einem befürchteten Dschihad vorzubeugen.[68] Im September 1915 hatten die Briten das südöstlich von Bagdad gelegene Kut al-Amara erobert, doch einen weiteren Vormarsch hielt General Townshend wegen der miserablen Versorgungswege für zu gefährlich. In gleichem Maße aber sorgte er sich auch um die geringe Moral seiner Truppen, die größtenteils aus Indien stammten, wo die Briten insgesamt 1,5 Millionen Mann für den Krieg mobilisiert hatten.[69] Als Townshend nach mehrmonatiger Belagerung im April 1916 kapitulieren musste und über 13000 Mann in Gefangenschaft gingen, war dies ein schwerer Schlag für das britische Ansehen.[70]

Wesentlichen Anteil an diesem türkischen Sieg hatte der Oberbefehlshaber der 6. Armee, Generalfeldmarschall Colmar von der Goltz, der allerdings wenige Tage vor der Einnahme Kut al-Amaras an Flecktyphus starb. Von der Goltz – aufgrund seiner langjährigen Tätigkeit in der Türkei mit dem Orient vertraut – hegte in seiner Zeit als osmanischer Heerführer 1915/16 sehr weitreichende strategische Ziele: Persien und Afghanistan sollten zum Anschluss an die Mittelmächte bewegt und schließlich sogar das Britische Empire in Indien unmittelbar bedroht werden. Dabei war von der Goltz Realist genug, um zu erkennen, dass es sich hierbei nur um ein langfristiges Ziel handeln konnte: »Für mich«, so notierte er am 19. Dezember 1915 in sein Tagebuch, »ist der gegenwärtige Krieg ja überhaupt nur der Anfang einer langen historischen Entwicklung, an deren Ende der Untergang der englischen Weltstellung stehen wird. Die Signatur des 20. Jahrhunderts dürfte der Aufstand der farbigen Rassen gegen den Kolonialimperialismus der Europäer sein.«[71] Eben diesen suchte er im Mittleren Osten zu entfachen.

Den Anfang sollte die Aufwiegelung des einst so mächtigen, nun aber darniederliegenden Persien machen. Schon vor dem Ersten Weltkrieg war es von Briten und Russen in Interessensphären aufgeteilt worden: Im Norden des Landes lagen russische Truppen, im Süden bestand eine britische Garnison. Der Schah war zu schwach, um sich dagegen zu wehren. Deutschland setzte sich, wie eine außenpolitische Richtlinie vom Februar 1915 festlegte, für ein von den Entente-Mächten, aber auch von der Türkei unabhängiges Persien ein. In Berlin widmete sich ein Komitee persischer Exilpolitiker den Vorbereitungen zur Übernahme ihres Heimatlandes.[72] Ein Netz von deutschen Konsuln und mehrere Expeditionen beabsichtigten, die Perser zum Aufstand gegen Russen und Briten zu veranlassen. Da Teheran inzwischen von den Russen eingenommen worden war, befand sich das deutsche Hauptquartier im westpersischen Kermanschah. Hier schloss sich auch die von schwedischen Offizieren geführte persische Gendarmerie den Deutschen an, ungeachtet der Tatsache, dass sowohl Schweden als auch Persien in diesem Krieg offiziell neutral waren. Besonderes Augenmerk legten die Deutschen auf die Gewinnung der Stämme, wofür sie hohe Geldsummen einsetzten. Es gelang tatsächlich, die Russen zurückzuschlagen, jedoch war der Erfolg nur von kurzer Dauer, denn mochten die Perser auch eine prodeutsche Haltung zeigen, so hegten sie doch gegenüber den Türken, deren Truppen zur Unterstützung des Aufstandes einmarschiert waren, ein großes Misstrauen. Spätestens nach neuerlichen russischen Erfolgen war mit einem Kriegseintritt Persiens nicht mehr zu rechnen. Hans von Kiesling, der im Auftrag von der Goltz' die Operationen koordinierte, fasste die Gründe für das Scheitern der Unternehmung schon ein Jahr nach ihrem Beginn so zusammen: »Für Geld tut der Perser alles, soweit es nicht lebensgefährlich ist. Daß die deutsche Politik in Persien bei den Stämmen ein gesamtpersisches Nationalgefühl voraussetzte und darauf ihre Maßnahmen aufbaute, war ein Grundirrtum. Der zweite war derjenige, daß man mit der militärischen Verwendbarkeit dieser

Leute rechnete, ehe man ihnen den Begriff von Disziplin beigebracht und sie militärisch organisiert hatte.«[73]

Auch die Briten suchten sich die verschiedenen Stämme im Nahen Osten zunutze zu machen und waren dabei letztlich erfolgreicher als die Deutschen. Im September 1916 setzten britisch-indisch-australische Truppen unter General Allenby – erst kurz zuvor hatten sie einen türkischen Angriff auf den Suez-Kanal zum zweiten Mal abgewehrt – von Ägypten aus zum Gegenstoß an.[74] Auch wenn diese alliierte Offensive zunächst von der Heeresgruppe Yildirim unter dem Kommando von Falkenhayn, der in der Türkei sein neues Einsatzgebiet gefunden hatte, zum Halten gebracht werden konnte, war die Initiative insgesamt nun doch auf die Entente übergegangen. Nachdem an der Mesopotamien-Front im März 1917 bereits Bagdad eingenommen worden war,[75] eroberten die Briten im Dezember auch Jerusalem. Einen nicht unwesentlichen Anteil an den Misserfolgen der Mittelmächte im Orient hatte der Umstand, dass es Oberst T. E. Lawrence gelungen war, die arabischen Stämme unter Faisal, dem Sohn des Emirs von Mekka, auf die Seite der Briten zu ziehen.[76] Der arabische Aufstand, von vielerlei leichtfertigen Versprechungen beflügelt, machte den türkischen und deutschen Truppen schließlich sehr zu schaffen. Seit September 1918 waren sie in einem chaotischen Rückzug begriffen, der jenseits von Aleppo in Syrien einzig durch den Waffenstillstand vom 30. Oktober 1918 zum Stehen kam.[77] Damit endete der Erste Weltkrieg im Nahen und Mittleren Osten, doch ebenso wie in Osteuropa kam es auch hier zu weiteren Kriegen und Konflikten. Erst zu Beginn der 1920er Jahre sollte die Region zur Ruhe kommen.

Die Ausweitung des Krieges auf den Balkan und den Orient hat den kriegführenden Großmächten zahlreiche Truppen für die Verstärkung der Westfront entzogen. Dies ging vor allem zu Lasten der Entente, deren Einsätze in Mazedonien und bei Gallipoli besonders viele eigene Kräfte banden. Während Deutschland im Verlauf des Krieges lediglich 20 000 Mann zur Unterstützung der osmanischen Armee in den Nahen und Mittleren Osten entsandt hatte, standen dort eine halbe Million Soldaten des Britischen Empire im Einsatz.[78] Die Absicht der Mittelmächte aber, die Kolonialreiche ihrer Gegner sowie Teile Russlands durch einen islamischen Heiligen Krieg in Aufruhr zu versetzen und damit eine noch größere Zahl gegnerischer Truppen zu binden, scheiterte. Die Bindekraft des Islam war zu dieser Zeit nicht stark genug, während hingegen ein antiosmanischer Nationalismus gerade unter den Arabern im Erstarken begriffen war.[79]

Ohne Verbündete und Hilfstruppen hätten die Großmächte den Weltkrieg auf seinen peripheren Schauplätzen nur schwerlich führen können. Der Bündniskrieg aber stellte beide Kriegsparteien in Südosteuropa und im vorderen Asien vor militärische und politische Herausforderungen, die sich aus dem gemeinsamen Agieren mehrerer Parteien fast zwangsläufig ergeben.[80] An der Front in Mazedonien beispielsweise lagen Franzosen, Briten, Serben und Russen auf engem Raum nebeneinander, was nicht ohne Konflikte blieb. Auch innerhalb der Armeen bestanden Unterschiede und Animositäten, wie vor allem ein Blick auf die verschiedenen Kontingente des Empire unter britischem Oberkommando zeigt. Eine derartige Heterogenität der Truppen und eine Verschiedenartigkeit der Interessen unter den Verbündeten erschwerte die Kriegführung sowohl für die Entente als auch für die Mittelmächte erheblich.

Besonders augenfällig wird dies im Falle Deutschlands, dessen eigene militärische Leistungsfähigkeit in einem scharfen Kontrast zu der seiner drei Verbündeten stand. Schwierigkeiten in der Koalitionskriegführung wurden jedoch nicht allein durch den differierenden Bewaffnungs- und Ausbildungsstand der Bündnispartner hervorgerufen, sondern wesentlich auch durch das Vorhandensein unterschiedlicher »Militärkulturen«. War bereits die deutsche Zusammenarbeit mit den Österreichern von großen Schwierigkeiten geprägt, so wirkten sich kulturelle Unterschiede im Zusammengehen mit bulgarischen und osmanischen Truppen noch um vieles deutlicher aus.[81]

Mindestens ebenso schwer wogen die politischen Probleme innerhalb der Militärkoalitionen. Das Beispiel der gegensätzlichen Kriegsziele der Mittelmächte in der Dobrudscha veranschaulicht dies: Diese Region war im Rumänienfeldzug 1916 von deutschen, bulgarischen und türkischen Truppen erobert worden. Die Frage ihres künftigen Verbleibs aber führte zu einem tiefgreifenden Zerwürfnis. Während die Bulgaren die gesamte Dobrudscha ganz selbstverständlich als eigenes Territorium reklamierten, waren die Deutschen nur bereit, ihnen die im Balkankrieg 1913 verlorene Süddobrudscha zuzugestehen. Der nördliche Teil hingegen sollte nach deutschen Vorstellungen bei Rumänien verbleiben, damit eine künftige deutsch-rumänische Verständigung möglich bliebe. Auch die Österreicher arbeiteten den bulgarischen Annexionsplänen entgegen. Für die Dauer des Krieges stellte die Norddobrudscha ein Kondominium aller vier Bündnispartner dar, was vor allem den Türken, die in kaum verdeckter Rivalität zu ihrem bulgarischen

Verbündeten standen, ein Druckmittel in die Hand gab, um von den Bulgaren Grenzgebiete in Thrakien zurückzufordern. In dieser Konstellation vermochten die Bulgaren sich in einem ihrer Hauptkriegsziele nicht durchzusetzen, was vor allem im letzten Kriegsjahr zu einer massiven Verstimmung zwischen den Verbündeten führte und schließlich dem Ausscheren Bulgariens aus der Kriegskoalition den Boden bereitete. Erst wenige Tage vor der bulgarischen Waffenstillstandserklärung lenkten dessen Verbündete ein und überließen ihm die Norddobrudscha; jedoch war es zu diesem Zeitpunkt bereits zu spät für ein solches Entgegenkommen.[82]

Kriegsgräuel, Gefangenschaft und Kriegsrecht

»Das finstere Mittelalter grinst uns an, wenn wir ins greueldurchtobte Mazedonien hinunterschauen [...]: ein siegreiches Heer rottet mit vernichtender Gewalt die friedliche Bevölkerung aus, die am Krieg gar nicht beteiligt ist.«[83] Diesen Satz schrieb ein französischer Augenzeuge über die Gräueltaten während der Balkankriege 1912/13. Um die von der Presse ausführlich wiedergegebenen Grausamkeiten erfassen zu können, benötigten die Zeitgenossen im westlichen Europa den Vergleich mit weit zurückliegenden Epochen, so fern erschienen ihnen die Art der Kriegführung auf dem Balkan. Die Auffassung, dass Derartiges in Westeuropa undenkbar sei, ließ den Pazifisten Alfred H. Fried 1913 sogar davon träumen, dass »aus dem Blutgeruch am Balkan Europa sich zusammenfinden und die Kultur des Erdteils dadurch gerettet werde«[84]. Nur ein Jahr später versanken ganz Europa sowie Teile von Asien und Afrika im Krieg. Was von vielen bis dahin als »mittelalterlich« oder »balkanisch« apostrophiert worden war, ereignete sich während des Ersten Weltkriegs an den unterschiedlichsten Schauplätzen, und auch die sogenannten »Kulturmächte« waren involviert. Der Erste Weltkrieg bildet eine erste Zäsur in der Entgrenzung des Krieges, die für das 20. Jahrhundert bestimmend werden sollte. Kriegsverbrechen und Übergriffe auf Zivilisten, Zwangsarbeit und Internierung von Millionen Menschen gehörten zu den fast allgegenwärtigen Erscheinungen dieses Krieges.

Kein Ereignis des Ersten Weltkrieges illustriert die Entgrenzung des Krieges drastischer als die massenhafte Deportation und Ermordung der im Osmanischen Reich lebenden Armenier. Die schwere Niederlage der 3. Armee im Kaukasus zur Jahreswende 1914/15 hatte das schon zuvor bestehende

Misstrauen der Jungtürken gegenüber den etwa 1,5 bis 2 Millionen christlichen Armeniern verschärft.[85] Die osmanische Führung ließ zu Beginn des Jahres 1915 alle armenischen Rekruten aus der Armee aussondern und entweder ermorden oder in Arbeitsbataillone überstellen, was ebenfalls einem Todesurteil gleichkam. In einer zweiten Phase, die auf einen vermeintlichen Aufstand in der ostanatolischen Stadt Van folgte, wurden zwischen Ende April und August 1915 alle Armenier, derer man im gesamten Reich habhaft werden konnte – darunter vor allem Frauen, Kinder und Greise –, verhaftet und entweder sofort erschossen oder aber auf langen Todesmärschen in Deportationslager nach Mosul und Syrien verbracht, wo die meisten starben.[86] Die Gesamtzahl der Toten dürfte zwischen 800 000 und 1,5 Millionen Menschen gelegen haben.[87] Die von den ausführenden Organen als Freibrief für die Ermordung angesehene Deportationsanweisung des Innenministers und Großwesirs Mehmed Talât begründete das Vorgehen gegen die Armenier mit den Erfordernissen des Krieges und der Sicherheit des Staates.[88] Schon vor Kriegsausbruch hatten die jungtürkischen Machthaber ihre sozialdarwinistisch gefärbte Ideologie über das Türkentum und den Islam definiert. Die christlichen Minderheiten galten dabei als gefährlicher Fremdkörper. Ausschreitungen gegen Griechen und Armenier waren die Folge. Jedoch erst die besondere Bedrohungssituation des Weltkrieges ließ in dieser Sichtweise die Armenier zu inneren Feinden werden, die auch physisch vollständig vernichtet werden müssten. Der Erste Weltkrieg wirkte damit im Osmanischen Reich als Katalysator einer für diese Zeit gänzlich neuen Stufe der Gewalt.[89]

Die Ermordung der Armenier war ein Verbrechen gegen die eigene Bevölkerung, das in seiner Art und seinem Ausmaß ein für den Ersten Weltkrieg einzigartiges Vorgehen darstellt. Maßnahmen zur »ethnischen Säuberung« und die Ermordung von gegnerischen Zivilisten aber gab es auch auf anderen Kriegsschauplätzen. Gerade auf dem Balkan setzten alle Seiten auch während des Ersten Weltkrieges die schon vorher geführten Nationalitätenkämpfe fort: Bulgaren deportierten und ermordeten Angehörige der griechischen und serbischen Elite in Mazedonien, serbische Soldaten massakrierten und vergewaltigten Muslime bei ihrem Einmarsch in Bosnien, und Griechen begingen Gräueltaten bei ihrem Vorstoß nach Südalbanien.[90]

Der Erste Weltkrieg zeigte, dass gewaltsame Übergriffe auf Zivilisten keineswegs nur von Balkanvölkern oder von Türken ausgeübt werden konnten, wie vor dem Krieg viele Westeuropäer geglaubt haben mochten. Die österreichisch-ungarische Armee beging bereits im August 1914 mehrere Massaker an serbischen Zivilisten mit bis zu 4 000 Toten. Die Militärführung hatte diese zwar nicht angeordnet, doch geduldet. Auch zur offiziellen Besatzungspolitik Österreich-Ungarns gehörte ein äußerst hartes Vorgehen gegen die serbische Zivilbevölkerung, wobei eine tatsächliche oder vermeintliche Freischärlertätigkeit serbischer Zivilisten als Begründung für Massenhinrichtungen diente.[91] Ein ungarischer Husar beschreibt eine Szene in einem serbischen Dorf, in dem seine Kameraden einen Familienvater als Partisanen verdächtigten: »Ein Mann vom Küchendienst, ein Schweinemetzger aus Wien, übernimmt mit Freuden die Rolle des Henkers. [...] Die Frauen weinen, die Kinder wimmern und starren, wie gelähmt vor Schreck, während sich Soldaten um den Baum versammeln, bedächtig und ohne irgendwelche Gebärden, aber mit Erregung in den Augen.«[92] Das Militär ging aber nicht nur gegen Serben, sondern auch gegen seine eigenen ruthenischen und jüdischen Untertanen in Galizien und der Bukowina mit grober Gewalt vor. Zahlreiche Zivilisten wurden 1914/15 sowohl während des Rückzugs als auch nach der Rückeroberung dieser Gebiete am Galgen hingerichtet. Sie galten als Spione oder Verräter, die den Russen in die Hände arbeiteten. Hinter diesen Vorwürfen standen fest verankerte antislawische und antijüdische Ressentiments in der österreichisch-ungarischen Militärführung.[93]

Vergleichbares fand auch auf russischer Seite statt, die im eigenen Land rücksichtslos gegen die deutsche und jüdische Bevölkerung vorgingen und diese – von Pogromen begleitet – aus den Grenzgebieten ins Hinterland verbrachten. Auch im zeitweise eroberten österreichischen Galizien wurden die Juden deportiert, was eine Massenflucht auslöste. Und auch hier waren diese Maßnahmen – wie im Falle Österreich-Ungarns – von pauschalen Verrats- und Spionagevorwürfen motiviert. Der Krieg und insbesondere in ihm erlittene Niederlagen ließen nicht nur das eigene Sicherheitsbedürfnis in den Vordergrund treten, sondern sie radikalisierten darüber hinaus die bestehenden ethnischen Feindbilder, was massenhaften Vertreibungen und Hinrichtungen den Boden bereitete.[94]

Illegitime Gewalt gegen Zivilisten war kein Phänomen, das allein auf Ost- und Südosteuropa und Vorderasien begrenzt war. Auch im Westen ereigneten sich in den ersten Monaten des Krieges Übergriffe, denen insgesamt rund 6 500 Menschen zum Opfer fielen.[95] Verantwortlich für diese Taten waren deutsche Militärangehörige, die während ihres Vormarschs durch Belgien und Nordfrankreich – in Anlehnung an die deutsche Kriegserfahrung von 1870/71 – praktisch überall feindliche Freischärler witterten und im Zweifelsfall kurzen Prozess machten (siehe Kapitel 2).[96]

Doch nicht allein Zivilisten, auch Soldaten waren von völkerrechtswidriger Gewalt betroffen. An allen Fronten und auf allen Seiten kam es zur Erschießung von Gefangenen, was der britische Historiker Niall Ferguson zu Recht als die vergessenen Gräueltaten des Ersten Weltkriegs bezeichnet hat.[97] »Die Australier massakrieren jeden Türken«, berichtete beispielsweise ein französischer Offizier von der Gallipoli-Front.[98] Hass- und Rachegefühle waren in diesem und vielen anderen Fällen leitend. Der Augenzeugenbericht eines britischen Soldaten, der an einem Massaker an Hunderten Deutschen beteiligt war, macht das Ausmaß der Verrohung vieler Frontsoldaten deutlich: »Eine große Zahl von ihnen kam heraus und winselte um Gnade. Es ist wohl überflüssig zu sagen, daß wir sie auf der Stelle erschossen haben, was das Äußerste an Gnade war, das wir ihnen gewähren konnten.«[99] Ebenso aber konnte ein Rauschzustand während des Kampfes zu Tötungen von gefangenen oder sich ergebenden Gegnern führen. Der Frontkämpfer und Schriftsteller Ernst Jünger beschrieb aus seiner eigenen Erfahrung von Sturmangriffen, »daß ein Verteidiger, der dem Angreifer bis auf fünf Schritt seine Geschosse durch den Leib jagt, auf Gnade nicht rechnen kann. Der Kämpfer, dem während des Anlaufs ein blutiger Schleier vor den Augen wallte, will nicht gefangennehmen; er will töten.«[100] Häufig aber war es einzig die kühle rationale Überlegung, sich während eines Vorstoßes nicht mit Gefangenen belasten zu wollen, die zu derartigen Kriegsverbrechen führte. Oft wurden sogar Befehle ausgegeben, die eine Gefangennahme von Gegnern verboten.[101]

Sich in Kriegsgefangenschaft zu begeben, war für Soldaten insbesondere im Stellungskrieg mit einem hohen Risiko verbunden, wie schon in Kapitel 2 ausgeführt wurde. Gerade die Furcht vor dieser Gefahr, aber auch vor der Gefangenschaft selbst bildete eine Motivation für ein weiteres Ausharren in den Gräben.[102] Gefangenschaft als bewusste Flucht vor dem Kriegsgeschehen dürfte während des Ersten Weltkrieges im Westen ein eher seltenes Phänomen gewesen sein.[103] Überläufer gab es vor allem im Osten, wo viele demoralisierte Russen die Waffen streckten oder aber Slawen aus der k.u.k.-Armee desertierten. Es waren vorrangig die Situationen des Bewegungskrieges, in denen Soldaten in großer Zahl – manche freiwillig, aber die meisten unfreiwillig – in die Hand des Gegners fielen. Etwa acht bis neun Millionen Mann – und damit fast ein Siebtel aller in den Krieg Eingezogenen – gerieten in Kriegsgefangenschaft, die für die letzten unter den Heimkehrern erst 1922 endete.[104] Gerade im Osten, wo die Front immer wieder in Bewegung war, schnellten die Verluste durch Gefangennahme in die Höhe: Allein die russische Armee verlor auf diesem Wege 3,4 Millionen Mann, die österreichisch-ungarische 2,8 Millionen Mann, während zum Vergleich die französische Armee nur einen Abgang von 600 000 Gefangenen hatte.[105]

Für die kriegführenden Staaten entwickelten sich vor allem zu Beginn des Krieges die unerwartet hohen Gefangenenzahlen zu einem großen logistischen Problem. Nur vier Wochen nach Kriegsbeginn hatte beispielsweise Deutschland bereits 100 000 russische Soldaten zu versorgen, ohne dass es vorbereitete Pläne dafür gegeben hätte. Lager für Mannschaften wurden in der Regel auf Truppenübungsplätzen angelegt, Offiziere wurden in Festungen untergebracht.[106] Die Lagerunterkünfte waren dabei zumeist improvisiert und unzureichend. Hunger wurde in dieser Phase zu einem alltäglichen Begleiter der Gefangenen, aber auch Seuchen wie Fleckfieber und Typhus breiteten sich vor allem in den ersten beiden Kriegsjahren aus und forderten Tausende Opfer. Im Winter 1914/15 raffte eine Typhusepidemie in einem Gefangenenlager im russischen Samara mehr als zwei Drittel seiner 25 000 Insassen hinweg.[107] Die Aussichten zu überleben hingen deutlich davon ab, wann und wo der Soldat in Gefangenschaft geriet. Von den britischen und vor allem indischen Soldaten, die bei Kut al-Amara gekämpft hatten, überlebte kaum einer die hygienisch-klimatischen Zustände und die Unterversorgung in den osmanischen Lagern.[108] Nicht besser erging es den österreichisch-ungarischen Militärangehörigen in serbischer Hand, die Ende 1915 auf dem verlustreichen Rückzug in die Berge mitgenommen worden waren und dabei vielfach umkamen. Kriegsgefangene waren als wehrlose Verfügungsmasse in der Hand des Gegners häufig auch gezielten Repressionsmaßnahmen ausgesetzt. Sie wurden damit zu Opfern einer Vergeltung für vermeintliche oder tatsächliche Rechtsbrüche ihrer eigenen Kameraden. Kürzung der Verpflegungsrationen, der völkerrechtswidrige Einsatz beim Bau von Schützengräben an der Front oder aber im Falle deutscher Gefangener die Verlegung nach Nordafrika waren als Repressalien an der Tagesordnung.[109]

Solchen Schicksalen stehen andererseits Beispiele privilegierter Behandlung von Kriegsgefangenen gegenüber. In russischem Gewahrsam wurden vor allem die Tschechen, aber auch andere slawische Soldaten der k.u.k.-Armee in Sonderlagern untergebracht, in denen weitaus bessere Lebensbedingungen herrschten. Aus den Tschechen wurde schließlich eine Legion in russischen Diensten rekrutiert. In Österreich-Ungarn waren es die Ukrainer und Polen, in Deutschland vor allem die Russlanddeutschen, Ukrainer und Muslime, die in den Lagern eine Vorzugsbehandlung erfuhren.[110] Damit wurden auch die Kriegsgefangenenlager zu einem Schauplatz politischer Beeinflussungs- und Propagandaversuche. Bei Wünsdorf unweit von Berlin entstand ein Mohammedaner-Lager mit eigener Moschee, dessen privilegierte und am Islam ausgerichtete Lebensbedingungen muslimische Angehörige der Entente-Armeen zum Überlaufen veranlassen sollten. Aber auch wegen seiner Exotik zog es die volle Aufmerksamkeit der zeitgenössischen Publizistik auf sich: »Wahrlich«, so schrieb der schweizerisch-deutsche Journalist Gustav Eberlein über dieses Lager, »der Menschenrassen sind wenige, die in diesem Kriege keine Kämpen stellen! Damaskus taucht auf, Tunis, der Sahara Glutmeer, des Ganges heilige Ufer, Ägypten, das dunkelste Afrika: wogende Turbane, weiße Haiks, fliegende meerblaue Jacken. Dazwischen verfilztes pechschwarzes Kraushaar, aufblitzende Raubtierzähne.«[111] Gerade an diesem Ort vergegenwärtigte sich, wie sehr die Mobilisierung im Ersten Weltkrieg über Ländergrenzen und Kontinente hinweg in das Leben der Menschen eingriff.

Das Leben in der Gefangenschaft bedeutete auch bei korrekter Behandlung eine schwere seelische Belastung. Die Gefangenen fühlten sich oftmals dem Leben entzogen, so auch der in einem österreichischen Lager einsitzende italienische Gebirgsjäger Paolo Monelli: »Und heute ist wie gestern. Nichts verändert sich. Heute wie gestern, wie morgen. Der morgendliche Appell in den düsteren Schlafsälen, die abendliche Inspektion, um zu kontrollieren, dass alles dunkel ist. In dieser Klammer ein sinnloses Dahinleben, wo man aufgehört hat, an die Zukunft zu denken.«[112] Viele Gefangene litten unter Depressionen oder einer »Stacheldrahtpsychose«. Handarbeiten oder kulturelle Tätigkeiten wurden in der Monotonie des Lagerlebens fernab von Heimat und Familie zur sinnerfüllenden Überlebensstrategie.[113] Einen wichtigen Halt für die Kriegsgefangenen aller Seiten boten die humanitären Bemühungen des Internationalen Komitees vom Roten Kreuz und die Vermittlungstätigkeit neutraler Staaten. Inspektionen in den Lagern überprüften die Einhaltung der Genfer Konvention. In der Schweiz wurde eine internationale Auskunftsstelle zum Schicksal der Kriegsgefangenen eingerichtet und schließlich auch der Austausch von verwundeten Soldaten organisiert. Alleine Deutschland hat im Rahmen dieser Aktionen im Verlauf des Krieges 219 000 Gefangene freigelassen.[114]

Seit 1915 entdeckte man zunehmend den Nutzen von Kriegsgefangenen: Sie wurden als Arbeitskräfte in der Kriegswirtschaft eingesetzt, was durchaus im Einklang mit der Haager Landkriegsordnung stand. Ihr Einsatz in der industriellen und landwirtschaftlichen Produktion sowie im Bergbau ermöglichte die Einberufung der bisher in diesen Bereichen Tätigen. Diese Arbeitskräftepolitik wurde in fast sämtlichen kriegführenden Staaten mit Nachdruck betrieben, so dass im Sommer 1916 schließlich drei Viertel aller Kriegsgefangenen in Frankreich wie auch in Deutschland in der Wirtschaft arbeiteten.[115]

Zusätzlich zum Arbeitseinsatz von Kriegsgefangenen, der in allen Ländern gängig war, entwickelte sich im deutschen Herrschaftsbereich die Praxis von ziviler Zwangsarbeit. 1915 begann die deutsche Industrie mit der zunächst noch freiwilligen Anwerbung von Arbeitskräften in den besetzten Gebieten in Ost und West. Im Oktober 1916 gingen deutsche Behörden schließlich dazu über, belgische Zivilisten völkerrechtswidrig ins Reich zu deportieren. Nach internationalen Protesten und der Kritik von Reichstagsabgeordneten wurde diese Aktion bereits im Februar 1917 wieder abgebrochen; zu diesem Zeitpunkt waren rund 60 000 Belgier ins Reich verbracht worden. Allerdings wurden auch weiterhin mindestens ebenso viele belgische und französische Zivilisten im Rahmen von Zivilarbeiter-Bataillonen im Etappengebiet eingesetzt.[116] Weit weniger im Blick einer internationalen Öffentlichkeit standen die Zwangsarbeiter aus dem Generalgouvernement Warschau und aus Ober Ost. Bereits bei Kriegsausbruch war den etwa 300 000 polnischen Saisonarbeitern im Reich die Rückkehr in ihre Heimat verweigert worden. Zeitgleich zur Deportation der Belgier wurden auch aus Polen Arbeitskräfte, unter ihnen viele Juden, ins Reich verbracht. Die Grenzen zwischen freiwilliger Anwerbung und tatsächlicher Zwangsrekrutierung waren dabei oft fließend. Im Bereich von Ober Ost wurde – anders aber als im Westen und im Generalgouvernement Warschau – schließlich auch nach 1917 an der Anwendung von Zwang festgehalten.[117] Auch wenn eine Kontinuitätslinie zur Zwangsarbeit während der Jahre 1939 bis 1945 wegen der gänzlich verschiedenen ideologischen Rahmenbedingungen kaum zu ziehen ist, so kann dieser erste großflächige Zwangsarbeitereinsatz doch als ein Erfahrungsraum für den Zweiten Weltkrieg und damit als eine Etappe in der bis zum Äußersten geführten Entgrenzung des Krieges gelten.

In nicht geringerem Maße gilt dies auch für andere folgenreiche Maßnahmen im Ersten Weltkrieg, so beispielsweise für den Versuch Großbritanniens, die Mittelmächte auf dem Wege einer Blockade von sämtlichen Importen abzuschneiden und damit »auszuhungern«. Dieses Vorgehen, dem allein in Deutschland rund 800 000 Zivilisten zum Opfer fielen, stellt einen weiteren Schritt in Richtung Totalisierung und Dehumanisierung des Krieges dar. London blockierte damit nicht nur Deutschlands Einfuhren, sondern zwang auch die neutralen Staaten, ihren Handel einer britischen Kontrolle zu unterwerfen, was einen Bruch des Völkerrechts darstellte. Der Umstand aber, dass diese Seeblockade für sich genommen nach verbreiteter Lesart nicht gegen die Haager Landkriegsordnung verstieß,[118] zeigt, dass eine Entgrenzung des Krieges im ethischen Sinne auch innerhalb der gesetzten völkerrechtlichen Regeln möglich war.

Auch der von Großbritannien als unmenschlich angeprangerte U-Boot-Krieg Deutschlands gegen den britischen Seehandel, der eine Reaktion auf die Blockade darstellte, stand durchaus im Einklang mit dem Seekriegsrecht. Die Bedingung für eine solche Rechtmäßigkeit allerdings war, dass das aufgetauchte U-Boot der Besatzung die Möglichkeit zum Verlassen ihres Schiffes geben müsse, was jedoch die Sicherheit der U-Boote gefährdete und daher vielfach unterblieb.[119] Besonders hohe Wellen schlug die Versenkung des britischen Passagierdampfers *Lusitania* im Mai 1915, die 1 200 Menschen das Leben kostete und im alliierten wie neutralen Ausland für große Empörung sorgte. Die deutsche Seite warf Großbritannien im Gegenzug vor, die *Lusitania* zum Transport von Kriegsmaterial genutzt zu haben. Letztlich haben beide Seiten gegen das Kriegsrecht verstoßen, da das Passagierschiff von der britischen Admiralität in der Tat mit Waffen bestückt und zum Munitionstransport missbraucht worden war, währenddessen das deutsche U-Boot das mit 2 000 zivilen Passagieren fahrende Schiff ohne die völkerrechtlich vorgeschriebene Vorwarnung versenkte.[120]

Zu kontroversen völkerrechtlichen Diskussionen boten auch neuartige Kriegsmittel Anlass: Im April 1915 setzte die deutsche Armee an der Westfront erstmalig Giftgas ein, was von der Entente als Verstoß gegen die Haager Landkriegsordnung gewertet, von deutschen Völkerrechtlern hingegen als legitim verteidigt wurde. Ein halbes Jahr später begannen auch Briten und Franzosen selbst Giftgas als Waffe zu nutzen und begründeten diese Entscheidung mit dem »Recht auf Repressalie«, ein Begriff, der in der Haager Landkriegsordnung nicht vorkam.[121] Das im Ersten Weltkrieg von beiden Kriegsparteien immer wieder in Anspruch genommene Recht auf Repressalie trug deutlich zu einer Spirale der Gewalt bei.

Dies zeigte sich auch im völkerrechtlich umstrittenen Luftkrieg gegen Städte. Deutsche Angriffe, etwa auf Amiens und Reims, wurden mit Verweis auf die vorangegangene Bombardierung deutscher Städte gerechtfertigt.[122] In der Frage der Luftkriegführung bestanden während des Krieges deutliche Unterschiede zwischen den Völkerrechtlern in Deutschland einerseits und in Großbritannien und Frankreich andererseits. Während erstere auch in Bahnhöfen, Eisenbahnlinien und Häfen legitime Ziele sahen, beschränkten sich die britischen und französischen Völkerrechtler in ihren Gutachten auf militärische und rüstungsindustrielle Einrichtungen.[123] Die Praxis des Krieges sah aber auch auf der Seite der Entente anders aus, wie ein besonders tragischer Vorfall zeigt: Französische Flugzeuge suchten im Juni 1916 den Bahnhof von Karlsruhe zu bombardieren, trafen dabei aber, da sie veraltete Stadtpläne nutzten, ein Zirkuszelt; 119 Menschen, die meisten davon Kinder, starben.[124] Aber selbst wenn es nicht zu solch tragischen Ereignissen gekommen wäre, so stellte allein schon die Erklärung, nur rein militärische Ziele in ansonsten nicht verteidigten Städten anzugreifen, einen weiteren Schritt zur sukzessiven Ausweitung des Krieges auf die Zivilbevölkerung dar, mochten sich auch alle Seiten darin einig sein, dass eine Bombardierung rein ziviler Ziele inakzeptabel sei.[125]

KAPITEL 4

GLOBALER KRIEG

Dass der nächste große Krieg ein »Weltkrieg« sein werde, hatten manche Zeitgenossen schon lange vor 1914 prognostiziert. Dabei war jedoch oft nicht mehr gemeint als ein Krieg zwischen den Großmächten des europäischen Kontinents. So notierte etwa Alfred von Waldersee, stellvertretender Chef des deutschen Generalstabs, 1887 in seinem Tagebuch, dass »in der ganzen Welt« ein Krieg zwischen Deutschland und Frankreich für unvermeidlich gehalten und allgemein angenommen werde, dass dieser durch den Hinzutritt von Österreich und Russland »zu einem Weltkrieg werden« müsse.[1]

Der große Krieg als Weltkrieg

Nach der Jahrhundertwende setzte sich (in Deutschland) eine erweiterte Perspektive auf einen künftigen Krieg durch. Das war ein Reflex der deutschen »Weltpolitik«, der deutsch-britischen Flottenrivalität und der wachsenden Spannungen zwischen den europäischen Mächten an der Peripherie. Die Erwartung eines zukünftigen Weltkriegs bezog sich jetzt vor allem auf einen Kriegseintritt des Britischen Empire. Viele Prognosen gingen davon aus, dass ein künftiger Krieg zwischen den europäischen Mächten durch ihre kolonialen Imperien fast automatisch zu einem Weltkrieg werden würde. Diese Prophezeiung findet sich etwa bei dem Journalisten und Marineschriftsteller Ferdinand Grautoff, der 1905 unter dem Titel *1906. Der Zusammenbruch der alten Welt* einen fiktiven Bericht über einen künftigen Krieg veröffentlichte. Hier heißt es über die europäischen Mächte: »Das hatten sie nicht berechnet, dass ein europäischer Krieg bei den tausendfältigen Beziehungen zu den überseeischen Neuländern, deren Millionenvölker widerwillig einer Hand voll Weißer gehorchten, notwendiger Weise die Welt in Flammen setzen musste.«[2]

Solche Prognosen finden sich nicht nur in der populären Publizistik, sondern auch bei manchen Militärs wie Colmar von der Goltz und Erich von Falkenhayn oder Politikern wie dem Reichskanzler Bethmann Hollweg. »Wir treiben dem Weltkrieg zu«, hatte dieser schon am 6. Juni 1914 geäußert, gleichlautend der Führer der Nationalliberalen Ernst Bassermann am Tag zuvor.[3] Der deutschen Führung war also durchaus bewusst, dass ein großer Krieg durch den Eintritt Großbritanniens zu einem Weltkrieg werden würde. Dass England und Frankreich in einem solchen Konflikt alle ihre globalen Ressourcen mobilisieren würden, war abzusehen. Dies meinte Moltke wohl auch, als er am 31. Juli zu seinem Adjutanten sagte: »Dieser Krieg wird sich zu einem Weltkrieg auswachsen, in den auch England eingreifen wird. Nur Wenige können sich eine Vorstellung über den Umfang, die Dauer und das Ende dieses Krieges machen.« Umso erstaunlicher ist es, wie wenig Anstrengung die deutsche Führung unternahm, den Konflikt zu vermeiden.

Wenn also vor August 1914 von einem Weltkrieg gesprochen wurde, dann vor allem im Sinne eines allgemeinen und großen Krieges zwischen den europäischen Mächten. Die imperiale und koloniale Dimension wurde dabei mitunter mitgedacht, sie stand aber nicht im Vordergrund. Mit einer Beteiligung souveräner außereuropäischer Staaten rechnete niemand. In dieser eurozentrischen Bedeutung, die nicht zwischen Europa und der Welt unterschied und im Kern einen den ganzen Kontinent erfassenden Konflikt meinte, wurde der Krieg dann auch schon bald nach seinem Ausbruch 1914 als Weltkrieg bezeichnet. Weltkrieg bedeutete also nicht in erster Linie »globaler Krieg«, sondern »Krieg von welthistorischer Bedeutung«. Oft man sprach man daher auch einfach vom »großen Krieg«, eine Bezeichnung, die sich bis heute in vielen Ländern, vor allem in England, Frankreich und Italien, erhalten hat.

Die Historiker haben den Begriff des Weltkriegs in seiner ganzen Unschärfe und seiner vorwiegend auf Europa fixierten Bedeutung von den Zeitgenossen übernommen. Dabei wurde die globale Dimension des Krieges, vom Kriegseintritt der USA 1917 einmal abgesehen, weitgehend ausgeblendet. So wurde der Erste Weltkrieg häufig als eine Art europäischer Bürgerkrieg gedeutet, in dem sich die europäischen Nationen selbst zerstörten und am Ende ihre Führungsrolle an die USA abtraten.[4] Die Beteiligung außereuropäischer Staaten und Regionen geriet dadurch im europäischen Bewusstsein weitgehend in Vergessenheit, ganz abgesehen von den indirekten Folgen für die außereuropäische Welt, und zwar nicht nur in politischer, sondern auch in wirtschaftlicher, sozialer und kultureller Hinsicht.

Erst in den letzten Jahren hat die Geschichtswissenschaft damit begonnen, die globale Dimension des Konflikts zu thematisieren. So ist auch erst relativ spät danach gefragt worden, was einen Krieg überhaupt zu einem Weltkrieg macht. Gab es schon vor dem 20. Jahrhundert Weltkriege? Oder war vielleicht erst der Zweite Weltkrieg der erste »echte« Weltkrieg? Die Antwort hängt, wie so oft, von den Begriffen und ihren Definitionen ab. Was macht einen Krieg zum Weltkrieg? Sind es die außereuropäischen Kriegsschauplätze oder die globalen Folgen eines Krieges? Oder wird ein Krieg erst durch die Beteiligung außereuropäischer Mächte zu einem globalen Konflikt? Für diesen Aspekt kann zwischen einer informellen, vor allem ökonomisch-kommerziellen, einer diplomatisch-politischen und einer auch militärischen Beteiligung mit mehr oder weniger großen Opferzahlen unterschieden werden.

Es fehlt in der Forschung nicht an extremen Positionen. Folgt man einer extrem engen Definition von »Weltkrieg«, müssen verschiedene Konflikte in einem globalen Krieg zusammenfließen und sich nahezu alle Staaten der Welt an ihm beteiligen, und zwar militärisch und mit entsprechenden Opfern. Außerdem muss er in den verschiedenen Weltregionen gleichermaßen und mit ähnlicher Intensität ausgetragen werden.

Bernd Wegner etwa, einer der führenden deutschen Historiker des Zweiten Weltkriegs, streitet ab, dass es sich beim Ersten Weltkrieg um einen globalen Krieg gehandelt hat. Für ihn ist er »weniger ein Weltkrieg als ein erweiterter europäischer Konflikt«, denn er sei »fast nur auf dem europäischen Kontinent ausgetragen« worden und »ausschließlich den Querelen der europäischen Politik entsprungen«. Die Rede vom Weltkrieg speise sich aus einer eurozentrischen Sichtweise.

Für Wegner steht fest, dass erst der Zweite Weltkrieg der erste globale Krieg der Weltgeschichte war. »Der Krieg von 1914/18 war weniger der erste mehrerer Weltkriege als vielmehr der letzte einer Reihe multilateraler europäischer Großmachtkriege. Nicht zufällig wurde er außerhalb Europas, zum Beispiel in Japan, denn auch so bezeichnet. Wenn wir demgegenüber das Konfliktgeschehen der dreißiger und vierziger Jahre als ›ersten globalen Krieg‹ bezeichnen, so darum, weil hier erstmals weitgehend unabhängig voneinander bestehende europäische und außereuropäische Konfliktherde zu einem Weltkrieg verschmolzen.«[5]

Diese Thesen blieben nicht unwidersprochen. Ein Krieg der fünf europäischen Großmächte galt schon vor 1914 völlig zu Recht als Weltkrieg, so der Neuzeithistoriker Imanuel Geiss. Dies sei kein Eurozentrismus gewesen, sondern habe den »globalhistorischen Realitäten« entsprochen, denn Europa habe damals, neben den USA und Japan, die gesamte Welt beherrscht, »und sei es nur durch das in London zentrierte Weltwirtschafts- und Weltfinanzsystem«. Der Erste Weltkrieg habe zwar in Europa begonnen und sei auch vor allem dort ausgefochten worden. Doch »mit den ›europäischen‹ Kolonialreichen war fast die gesamte übrige Menschheit dem ›europäischen‹ Weltkrieg angeschlossen, direkt wie indirekt«. Neben Japan und den USA seien überdies auch die meisten anderen »unabhängigen Staaten der Erde, ob aus freien Stücken oder unter dem Druck der Alliierten«, in den Krieg eingetreten.[6]

Man könnte ergänzen, dass der Erste Weltkrieg keineswegs »fast nur« in Europa ausgefochten wurde, sondern auch im Nahen und Mittleren Osten, in China, in Sibirien und im Pazifik sowie in großen Teilen Afrikas und auf den Weltmeeren, als globaler Seekrieg und als globaler Wirtschaftskrieg. Der Krieg von 1914 bis 1918 spielte sich sogar noch an sehr viel entlegeneren Schauplätzen ab als der von 1939 bis 1945, etwa in Tahiti, vor der Küste Chiles und bei den Falklandinseln. Außerdem erfasste er anders als der Zweite Weltkrieg auch die südlich der Sahara liegenden Teile Afrikas und zwar über vier Jahr lang, auch wenn die Intensität der Kriegführung hier nicht so hoch war in Europa.[7]

Das Osmanische Reich, das bis zum Persischen Golf und Indischen Ozean reichte, war 1914 keine europäische Macht mehr, nachdem es in den Balkankriegen fast alle seine europäischen Territorien verloren hatte. Insofern können weder die Gefallenen noch die zivilen Opfer unter seiner Bevölkerung, darunter vor allem die Armenier, den europäischen Verlusten zugerechnet werden. Über ein Drittel der zivilen Opfer des Ersten Weltkriegs entfielen auf diese Region.[8] Russland hatte 1914 seine Expansion nach Osten längst abgeschlossen und war daher keine rein europäische Macht mehr. Wie viele der mobilisierten Soldaten und der Gefallenen aus dem asiatischen Teil des Reiches stammten, ist allerdings unbekannt, da keine Daten zur nationalen Zugehörigkeit der Rekruten vorliegen, wie die Angaben zu den russischen Verlusten überhaupt unzuverlässig sind.[9] Weitgehend unbekannt ist auch die

Zahl der Opfer, die der Krieg unter der afrikanischen Zivilbevölkerung gekostet hat. Auch sie sind in den gängigen Statistiken nicht enthalten.[10]

Im Übrigen flossen auch schon im Ersten Weltkrieg »unabhängig voneinander bestehende europäische und außereuropäische Konfliktherde«[11] zusammen, vor allem in Ostasien. Nur hatte dies noch nicht die Folgen wie im Zweiten Weltkrieg. Dies lag vor allem daran, dass sich der japanische Imperialismus noch nicht offen gegen das Britische Empire und die Vereinigten Staaten richtete. Die außereuropäischen Mächte traten keineswegs, wie wir noch sehen werden, aufgrund von Bündnisverpflichtungen gegenüber den europäischen Mächten in den Ersten Weltkrieg ein, sondern weil sie eigene regionale oder, wie im Fall der USA, auch globale Interessen verfolgten. Dies gilt mit Einschränkungen auch für die nicht voll souveränen britischen Dominions, die in ihren Regionen eine jeweils eigene Agenda im Sinne hatten. Kurz: Der Krieg von 1914 bis 1918 war nach seinen Schauplätzen und den Verlusten der beteiligten Staaten und Völker zweifellos weniger global als der Krieg von 1939 bis 1945. Nichts spricht jedoch dafür, ihm deshalb den Status eines Weltkriegs zu nehmen.

Der Erste Weltkrieg kann aber auch aus der Perspektive vorausgehender Kriege relativiert werden. Hier wird allerdings nicht so sehr seine globale Dimension, sondern sein Erstgeburtsrecht in Frage gestellt, denn aus der Perspektive der Frühen Neuzeit erscheint er manchen Historikern nicht als der erste, sondern einer der letzten Weltkriege der Geschichte. Dabei kommen allerdings meist sehr weite Definitionen von »Weltkrieg« zur Anwendung. Für Richard F. Hamilton und Holger H. Herwig etwa ist jeder Krieg ein Weltkrieg, an dem fünf oder mehr größere Mächte beteiligt sind und in dessen Verlauf es zu militärischen Operationen auf zwei oder mehr Kontinenten kommt. Danach war der Krieg von 1914 nicht der erste, sondern der siebte von insgesamt acht Weltkriegen der Weltgeschichte, nach dem Krieg der Großen Allianz gegen Frankreich (1689–1697), dem Spanischen Erbfolgekrieg (1701–1714), dem Österreichischen Erbfolgekrieg (1740–1748), dem Siebenjährigen Krieg (1756–1763), den französischen Revolutionskriegen (1792–1802) und den Napoleonischen Kriegen (1803–1815).[12]

Nun ist in der Tat nicht zu übersehen, dass es im Zuge der europäischen Expansion schon lange vor 1914 globale militärische Konflikte gegeben hat. Die Ende des 15. Jahrhunderts einsetzende europäische Expansion ging von Anfang an mit Kriegen gegen indigene Mächte und mit Gewalt gegen die eingeborenen Bevölkerungen einher. Diese Kolonialkriege waren jedoch regional begrenzt, »auch wenn sie, wie etwa im Falle Amerikas, in der Summe allmählich zur Unterwerfung ganzer Kontinente führen konnten«.[13] Daneben kam es aber auch schon bald zu Kolonialkriegen zwischen den europäischen Mächten um Einflussgebiete außerhalb Europas. »Bereits im 16. und 17. Jahrhundert lieferten sich Spanier, Portugiesen, Niederländer, Engländer und Franzosen mehrere global geführte Kolonialkriege.«[14] Je mehr sich die europäische Expansion intensivierte, desto mehr wurden Konflikte zwischen den europäischen Mächten auch außerhalb Europas ausgetragen. So kam es im 18. Jahrhundert zu mehreren »großangelegten Kriegen auf verschiedenen Kontinenten« zwischen den europäischen Mächten. Dazu zählten nicht nur die gerade genannten Kriege, sondern auch der amerikanische Unabhängigkeitskrieg (1775–1783), in den auch Frankreich, Spanien und die Niederlande an der Seite der dreizehn aufständischen Kolonien eintraten und der keineswegs nur in Nordamerika, sondern auch in europäischen Gewässern, in der Karibik und im Indischen Ozean sowie in Westafrika und in der niederländischen Kapkolonie ausgetragen wurde. »Allen diesen Kriegen war allerdings gemeinsam, dass es sich hierbei primär um Auseinandersetzungen zwischen Europäern handelte, die allerdings nunmehr weltweit ausgetragen wurden«, so der Militärhistoriker Stig Förster, »es handelte sich daher bei diesen Konflikten nicht um Weltkriege im modernen Sinne«.[15]

Die von Hamilton und Herwig vorgeschlagene Definition von »Weltkrieg« erscheint also zu weit, um die Spezifika moderner Weltkriege zu erfassen. Weltkriege sind mehr als weltweit ausgetragene Konflikte zwischen Europäern. Für Förster sind die entscheidenden Merkmale eines Weltkriegs, ähnlich wie für Wegner, die globale Vernetzung regionaler Konflikte und die maßgebliche Beteiligung außereuropäischer Mächte an den militärischen Auseinandersetzungen. Diese Bedingungen sieht Förster jedoch nicht erst im 20. Jahrhundert erfüllt, sondern schon in den »französischen Kriegen« zwischen 1792 und 1815. Sie sind für ihn der erste Weltkrieg der Geschichte, denn »bereits bestehende regionale Konflikte, etwa zwischen Persien und Russland, (wurden) mit dem allgemeinen Krieg strukturell vernetzt […] Neue Kriegsschauplätze, wie Ägypten und Syrien, kamen hinzu. Indigene außereuropäische Mächte beteiligten sich direkt am Krieg und – was entscheidend ist – begannen ihre Politik und Strategie auf einen globalen Konflikt hin auszurichten. Neben

Persien wurden auf diese Weise unter anderem das Osmanische Reich, die indischen Mächte, die Wahhabiten Arabiens und Shawney-Indianer Nordamerikas zu kriegführenden Parteien. Schließlich griffen die USA als nichtindigene außereuropäische Macht in den Krieg ein.«[16]

Der 1914 ausgebrochene Krieg war also vielleicht nicht der erste Weltkrieg der Geschichte, an seinem globalen Charakter kann jedoch kaum ein Zweifel bestehen. Global war der Krieg schon durch die Beteiligung der europäischen Kolonialmächte, allen voran des Britischen Empire. Durch sie waren große Teile der außereuropäischen Welt automatisch an ihm beteiligt, und sei es nur politisch und wirtschaftlich. Doch dies allein erklärt noch nicht die Ausweitung des Konflikts zum Weltkrieg.[17] Großbritannien und Frankreich waren generell an der Begrenzung des Konflikts auf Europa interessiert, damit sie ihre globalen Ressourcen dort ungestört zum Einsatz bringen konnten. Ihnen war vor allem daran gelegen, die eigenen Nachschubwege zu sichern und die Mittelmächte durch eine Seeblockade von den internationalen Märkten abzuschneiden. Um dieses Ziel zu erreichen, mussten jedoch zunächst die Häfen und Funkstationen in den deutschen Kolonien, die Basis eines weltumspannenden Kommunikationsnetzes, blockiert und ausgeschaltet werden, denn ohne sie hatten die deutschen Kreuzer auf den Weltmeeren langfristig keine Überlebenschance.[18] Insofern haben auch Großbritannien und Frankreich zur Ausweitung des Krieges beigetragen. Deutschland war an einer Ausweitung des Krieges interessiert, um möglichst viele Kräfte des Gegners an der Peripherie zu binden. Dies war etwa die Strategie des Kommandeurs der Schutztruppe für Deutsch-Ostafrika Paul von Lettow-Vorbeck. Außerdem musste Deutschland daran gelegen sein, die Blockade zu durchbrechen und die Verbindungswege des Gegners durch einen möglichst globalen Seekrieg zu stören. Darin lag ein weiterer Grund dafür, dass sich der Krieg ausweitete, denn der unbeschränkte U-Boot-Einsatz Deutschlands hat letztlich entscheidend zum Kriegseintritt der USA und in ihrem Gefolge auch zahlreicher lateinamerikanischer Staaten beigetragen.

Das Deutsche Reich hatte aber auch ein Interesse daran, möglichst viele Kräfte der Gegner an der Peripherie zu binden, damit sie ihr globales Übergewicht nicht in Europa zur Geltung bringen konnten. Dies konnte durch Krieg im kolonialen Raum erfolgen, wie vor allem in Ostafrika, aber auch durch die Gewinnung außereuropäischer Bündnispartner wie des Osmanischen Reiches, von dessen Kriegseintritt sich Deutschland den weltweiten Dschihad der Muslime gegen Briten und Franzosen erhoffte. Eine Ausweitung des Krieges über Europa hinaus war aber nicht nur im Interesse Deutschlands und seiner Verbündeten; zu ihr haben auch Bündnispartner der Entente wie Japan sowie die Dominions des Britischen Empire beigetragen, die in ihren Regionen eigene imperialistische oder »subimperialistische« Interessen verfolgten. Ihnen bot sich mit dem Krieg in Europa eine willkommene Gelegenheit, ihre regionalen Ambitionen zu realisieren, wie sich schon kurz nach Ausbruch in Ostasien und im pazifischen Raum zeigen sollte: »Großbritannien sah im Ausbruch des Ersten Weltkriegs nicht die Gelegenheit, sich deutsche Kolonien anzueignen. Andere, deren Dienste es in Anspruch nahm, dagegen schon. Der britische Imperialismus mag zwischen 1914 und 1918 geruht haben, dafür schoss der sogenannte Subimperialismus ins Kraut.«[19]

Der Krieg in Ostasien und im Pazifik

Japan war vor 1914 zur regionalen Großmacht in Ostasien aufgestiegen. Dabei war das Land, das sich im 19. Jahrhundert allen Kolonialisierungsversuchen westlicher Mächte erfolgreich widersetzt hatte, selbst zur Kolonialmacht geworden. Nach dem Sieg über China (1895) waren Taiwan und Südsachalin und nach dem gewonnenen Krieg gegen Russland (1905) auch Korea unter japanische Herrschaft gekommen. Auch verfügte das Land 1914 bereits über die mit Abstand stärkste Flotte in der Region. Sie bestand aus 14 Schiffen, darunter die 1912 fertiggestellte *Kongo*, das als das größte und am stärksten bewaffnete Kriegsschiff der Welt galt.

Der Krieg in Europa war für Japan die ideale Gelegenheit, seine imperiale Vormachtstellung in Ostasien weiter auszubauen, lenkte er doch die Großmächte von der Region ab und wertete Japan als Bündnispartner auf. Ein führender Politiker des Landes hat ihn daher als »Gottesgeschenk« bezeichnet.[20] Japan war seit 1902 mit Großbritannien verbündet. Diese Maßnahme richtete sich nicht gegen das Deutsche Reich, das in Japan von vielen bewundert wurde, sondern vor allem gegen Russland und seine Expansionsbestrebungen in Asien. Nach dem japanischen Sieg über Russland 1905 und dem Abschluss der russisch-britischen Entente 1907 hatte das Interesse Londons an der Allianz deutlich nachgelassen, auch wenn sie 1911 noch einmal erneuert wurde. Das Bündnis verpflichtete die Partner zur Neutralität, wenn einer von ihnen mit einer dritten Macht im Krieg lag, und zur wechselseitigen Unterstützung, wenn einer der beiden in einen Konflikt mit mehr als einer anderen Macht verwickelt wurde.[21]

Darauf kam Großbritannien nun zurück. Am 6. August bat 1914 der britische Außenminister die japanische Regierung, die zunächst ihre Neutralität erklärt hatte, um Unterstützung bei der Aufbringung bewaffneter deutscher Handelsschiffe im nördlichen Pazifik. Dabei ging es Großbritannien um den Schutz seiner Häfen in China, die Entlastung seiner Flotte und die Neutralisierung des deutschen Ostasiengeschwaders unter dem Kommando von Graf Spee, das in Tsingtau (Qingdao) stationiert war und über die beiden Panzerkreuzer *Scharnhorst* und *Gneisenau* sowie drei Kreuzer verfügte. Die vor allem in Hongkong stationierten britischen Verbände waren zahlenmäßig von vergleichbarer Stärke, qualitativ jedoch unterlegen. Die Dominions Australien und Neuseeland hatten gerade erst begonnen, eigene Flotten aufzubauen. Sie verfügten jeweils über einen Schlachtkreuzer. Die HMS *New Zealand* war jedoch nach Europa abgezogen worden, und Australien hatte deutlich gemacht, dass es sein Flaggschiff, die HMS *Australia*, nur zur eigenen Verteidigung einsetzen würde.[22]

Das britische Ersuchen zielte also nur auf eine begrenzte Unterstützung im Rahmen der Seekriegführung. Für die japanische Führung um den Außenminister und überzeugten Imperialisten Takaaki Kato dagegen stellte es einen willkommenen Vorwand dar, als gleichberechtigte Macht in den Krieg einzutreten und ganz andere und weitergehende Vorstellungen zu verwirklichen, als die Briten sie im Sinn hatten. Dabei verfolgten die japanischen Militärs unterschiedliche Ziele. Die Marine hatte es vor allem auf die deutschen Inseln im Nordpazifik abgesehen. Sie sollten als Ausgangsbasen für ein japanisches Großreich dienen. Das Heer dagegen war vor allem an einer Expansion auf dem chinesischen Festland interessiert. Beides schien durch den Krieg in greifbare Nähe gerückt.[23] So entschloss sich die japanische Führung auch schon am 8. August zum Kriegseintritt an der Seite der Entente. Am 15. August wurde Deutschland aufgefordert, alle Truppen und Schiffe aus japanischen und chinesischen Gewässern abzuziehen und die deutschen Pachtgebiete um Tsingtau an Japan abzutreten. Nach Ablauf des Ultimatums, das unbeantwortet blieb, erklärte Japan am 23. August Deutschland den Krieg.[24]

Der japanische Kriegseintritt richtete sich nur vordergründig gegen Deutschland, sondern vor allem gegen China und langfristig auch gegen die anderen Mächte in der Region, vor allem gegen Großbritannien und seine pazifischen Dominions sowie die USA, die kein Interesse an einer japanischen Hegemonie in Asien und im Pazifik haben konnten. Japan hat daher auch nie

Truppen nach Europa entsandt. Erst 1917 wurde auf Druck der Alliierten ein kleines Geschwader ins Mittelmeer verlegt, das sich aber nicht an Kampfhandlungen beteiligen sollte.[25] Japan hat von Anfang an einen eigenen, parallelen Krieg geführt. So beließ es seine Marine auch nicht bei der Seeblockade Tsingtaus, die am 24. August begann und gemeinsam mit britischen Schiffen durchgeführt wurde, sondern landete in den ersten Septembertagen mit Bodentruppen auf der Halbinsel Shandong, womit die deutsche Marinebasis vom Hinterland abgeschnitten wurde. Das geschah ohne vorherige Konsultationen mit den Verbündeten und verletzte die chinesische Neutralität.

Die von General Mitsuomi Kaimo befehligten 60 000 Soldaten waren der nur knapp 5 000 Mann zählenden deutschen Garnison in Tsingtau weit überlegen. Die Japaner hatten zudem, im Gegensatz zu den europäischen Mächten, aus dem verlustreichen Krieg mit Russland gelernt und vermieden frontale Attacken, sondern rückten meistens im Schutz der Dunkelheit vor. Innovativ war auch, dass der Einsatz der japanischen Artillerie durch Luftaufklärung optimiert wurde. So konnten die Verluste auf ein Minimum reduziert werden.[26] Das langsame Vorrücken der Japaner, die am 25. September den Belagerungsring schlossen, gab den Briten Zeit, sich mit einem kleinen Korps britischer und indischer Truppen an der Operation zu beteiligen, um den Anschein gemeinsamer Kriegführung zu wahren und die Ansprüche Japans auf die Beute zu begrenzen. Am 7. November ergaben sich die Deutschen, nachdem sie die im Hafen verbliebenen Schiffe versenkt hatten. Etwa 4 600 deutsche Matrosen und Soldaten gerieten in japanische Gefangenschaft, wo sie relativ gut behandelt wurden.[27] Am bekanntesten wurde das Lager Bando bei Naruto: Dort entwickelten sich besonders gute Beziehungen zwischen den Kriegsgefangenen und der Bevölkerung, die sogar zu Eheschließungen führten. Ein Lagerorchester führte mit zum Teil selbstgebauten Instrumenten am 1. Juni 1918 Beethovens 9. Symphonie zum ersten Mal in Asien auf, ein Ereignis, dessen Wiederkehr jährlich in Naruto in großem Stil begangen wird.[28]

Japan war nicht die einzige Macht im asiatisch-pazifischen Raum, die vom Krieg in Europa und der exponierten Lage der weitverstreuten deutschen Kolonien profitierte. Auch Neuseeland und Australien, die gerade erst den Status von Kolonien abgestreift und das Recht zur Selbstverwaltung erlangt hatten (1907), nutzten die Gelegenheit, um eigene koloniale Ambitionen zu verwirklichen und die Existenz ihrer Flotten zu legitimieren. Dies geschah freilich mit Billigung der Briten, denen daran gelegen war, die Nachschubbasen und Kommunikationsverbindungen der deutschen Marine im Pazifik auszuschalten. Am 30. August nahm ein neuseeländisches Expeditionskorps von 1 400 Mann Deutsch-Samoa mit seiner wichtigen Telegraphenstation und seinen Kohlendepots ein. Die Verteidiger waren weit unterlegen und ergaben sich kampflos. Am 11. September landeten die Australier mit 2 000 Mann in Deutsch-Neuguinea. Hier kam es zu kurzen, aber heftigen Gefechten. Nach zwei Wochen war Deutsch-Neuguinea mit Ausnahme einiger unbedeutender Außenposten, die noch einige Wochen Widerstand leisteten, weitgehend unter australischer Kontrolle. Auch der Bismarck-Archipel und die Salomoninseln wurden bis Mitte September eingenommen. Die deutschen Siedler und Kaufleute wurden zunächst weiter geduldet und die deutschen Beamten sogar in die australische Verwaltung übernommen, wenn sie bereit waren, einen Neutralitätseid zu schwören. Den übrigen wurde sogar ein Rücktransport nach Europa auf Staatskosten angeboten, was zeigt, wie wenig es auch Australien in diesem Krieg um Deutschland ging, auch wenn es sich wie Neuseeland bei Kriegsbeginn sofort zur Unterstützung des Mutterlands bereit erklärt hatte. Einige dieser Zugeständnisse wurden allerdings später zurückgenommen.[29]

Nur wenig später schufen die Japaner im nördlichen Pazifik Fakten. Noch während der Kämpfe in China begann die japanische Marine Ende September ihren Vorstoß im Pazifik. Dies geschah unter dem Vorwand, das deutsche Ostasiengeschwader unter Graf Spee zu verfolgen, dessen wichtigste Schiffe schon kurz vor Kriegsbeginn Tsingtau verlassen hatten. Am 29. September erreichten die Japaner das zu den Marschallinseln gehörende Eniwetok-Atoll. Am 3. Oktober landeten sie auf der nahegelegenen Jaluit-Inselgruppe. Bis Mitte Oktober waren große Teile der Marianen, Karolinen und Marschallinseln, die alle zur deutschen Kolonie Neuguinea gehörten, von den Japanern besetzt, ohne dass die wenigen Deutschen dort nennenswerten Widerstand leisteten. Für die australische Regierung bedeutete das japanische Vorgehen einen Affront, denn ihrer Ansicht nach war ihr mit der Kapitulation des deutschen Gouverneurs auf Neuguinea die Oberhoheit über alle zur Kolonie gehörenden pazifischen Inselgruppen zugefallen. Auch die neutralen Niederlande, die mit dem Westteil von Neuguinea und Niederländisch-Indien, dem heutigen Indonesien, ebenfalls Kolonien in der Region besaßen, betrachteten die japanische Expansion mit Argwohn. Langfristig wichtiger jedoch war, dass diese zu einer deutlichen Verschlechterung der Beziehungen zwischen Japan und den USA führte, die mit ihren Kolonien Hawaii, Ostsamoa, Guam und den Philippinen erhebliche Interessen in der Region hatten und eine Neutralitätsvereinbarung aller Pazifikmächte vorgezogen hätten; schließlich waren sie selbst am Krieg noch nicht beteiligt. Insofern bahnte der Erste Weltkrieg auch in Ostasien den Weg für eine Entwicklung, die schließlich in den Zweiten Weltkrieg münden sollte. Für London war die Besetzung der deutschen Kolonien eine provisorische Maßnahme, wie der britische Außenminister im November erklärte. Eine endgültige Entscheidung über ihre Aufteilung sollte erst nach dem Krieg bei einer Friedenskonferenz gefällt werden. Diese Position wurde auch von Australien bis 1917 immer wieder vertreten. De facto jedoch war der Äquator zur Demarkationslinie zwischen Japan und den britischen Dominions in der Region geworden. Der Besitz der deutschen Kolonien im nördlichen Pazifik wurde von Tokio als endgültig betrachtet, wie der japanische Außenminister Takaaki Kato am 1. Dezember ohne jede Umschweife erklärte.[30]

So waren die japanischen Truppen, im Gegensatz zu denen aller anderen am Krieg beteiligten Mächte, an Weihnachten wieder zu Hause. Die Gewinne waren bedeutend, die Verluste dagegen hielten sich in engen Grenzen. Insgesamt waren nur knapp 500 Gefallene zu beklagen. Keine Macht hat im Ersten Weltkrieg mit so geringem Aufwand so viel erreicht wie Japan. Doch Japan gab sich mit dem Erreichten keineswegs zufrieden, sondern zielte auf eine weitere Ausdehnung seines Einflussbereichs in China. Diese von nationalistischen Agitationsverbänden lautstark unterstützte Politik wurde nicht nur durch das Machtvakuum begünstigt, das infolge des Kriegs in Ostasien entstanden war, sondern auch durch die instabilen inneren Verhältnisse, die in China seit der Revolution von 1911 und dem Sturz der Mandschu-Dynastie im Jahr 1912 herrschten. Der Gründer der chinesischen Republik, Präsident Sun Yat-sen, hatte sein Amt schon bald an General Yuan Shikai abgetreten, einen der vielen Warlords, die das Innere des Landes faktisch regierten. Aber auch er hatte das Land nicht unter seine Kontrolle bringen können, vor allem nicht im Süden, wo Militärgouverneure herrschten, die seine Autorität nicht anerkannten.

Am 18. Juni präsentierte Japan der chinesischen Regierung einen weitreichenden Forderungskatalog, der nur notdürftig als »Vertragsentwurf zur Regelung der bilateralen Beziehungen« getarnt war.[31] Dies geschah passenderweise auf einem Papier, dessen Wasserzeichen die Form von Maschinengewehren und Kriegsschiffen hatte.[32] Die sogenannten »Einundzwanzig Forderungen« zerfielen in fünf Gruppen. Die erste zielte auf die Übertragung der ehemals deutschen Pachtrechte an der Halbinsel Shandong auf Japan. In der zweiten ging es um die Ausdehnung der durch den Krieg mit Russland 1905 erworbenen Einflusszonen in der südlichen Mandschurei und im Ostteil der inneren Mongolei, darunter vor allem der Pachtrechte in Kwantung. Drittens sollte China japanische Unternehmen an der Ausbeutung von Eisenerzminen in Zentralchina beteiligen. Viertens sollte sich China dazu verpflichten, keine Häfen oder Inseln mehr an andere Mächte als Japan zu verpachten. Das zielte vor allem auf den amerikanischen Wunsch, den Hafen von Fujian zu pachten, der dem von Japan kontrollierten Taiwan gegenüberlag. Eine fünfte Gruppe von Forderungen wurde als »Wünsche« deklariert. China sollte japanische Berater in Militär und Regierung akzeptieren. Dies war besonders umstritten, denn es hätte aus China de facto ein japanisches Protektorat gemacht. Yuan Shikai weigerte sich, dies zu akzeptieren, und reiste nach Tokio, um mildere Bedingungen auszuhandeln. Großbritannien und die USA legten massiven Protest ein. Daraufhin zog die japanische Regierung ihre »Wünsche« zurück. Die übrigen Forderungen wurden jedoch von China weitgehend akzeptiert und am 25. Mai 1915 in einem Vertrag festgeschrieben, der zwar vom chinesischen Parlament nie ratifiziert wurde, dennoch zu einer deutlichen Verstärkung des japanischen Einflusses in China führte.[33]

Auch wirtschaftlich hat Japan vom Ersten Weltkrieg stark profitiert. Durch die Verträge mit China erhielt es Zugang zu wichtigen Rohstoffen wie Kohle und Erz. Der Krieg eröffnete aber auch neue Absatzmärkte. Für die Industrie, den Handel und den Finanzmarkt des Landes markierte der Krieg einen Wendepunkt. »Wo die europäischen Wirtschaften als Produzenten und Lieferanten von Konsumgütern ausfielen, sprang die japanische Industrie ein. Darüber hinaus belieferte sie die alliierten Mächte selbst mit kriegswichtigen Gütern, vor allem mit Munition, und stellte mit ihrer Handelsflotte den Transport von und nach Europa sicher.«[34] Die Rolle Japans im Ersten Weltkrieg mag »eher marginal« gewesen sein, wenn man darunter den militärischen Beitrag des Landes zum Sieg über die Mittelmächte versteht. Die Bedeutung des Weltkriegs für Japan dagegen, die lange kaum gewürdigt wurde, war jedoch alles andere als nebensächlich.[35]

Chinas Rolle im Ersten Weltkrieg ist lange völlig ignoriert worden.[36] Das ist nicht zuletzt darauf zurückzuführen, dass die Siegermächte nach dem Krieg den Beitrag des Landes systematisch kleingeredet haben, um seine Anliegen bei den Pariser Verhandlungen bequemer beiseiteschieben zu können. Wie in Japan, so wurde auch in China der Krieg der europäischen Mächte von vielen als einzigartige Gelegenheit begriffen, die Lage des Landes zu verbessern. Die Agenda war jedoch, anders als in Japan, nicht imperialistisch, sondern eher national und antiimperialistisch ausgerichtet. China hatte im 19. Jahrhundert einen fortschreitenden Souveränitätsverlust erlitten, der sich durch die Niederlage gegen Japan 1895 und den Boxerkrieg noch verstärkt hatte. In den Jahren vor 1914 war eine ganze Generation von reformorientierten Intellektuellen, Beamten und Politikern angetreten, um aus dem Land einen modernen Nationalstaat nach westlichem Vorbild und ein gleichberechtigtes Mitglied der internationalen Gemeinschaft zu machen. Die Revolution von 1911 hatte jedoch das innenpolitische Chaos und die außenpolitische Schwäche des Landes noch vergrößert. Als 1914 in Europa der Krieg ausbrach, löste dies in China eine breite Welle nationaler Erregung und Begeisterung aus, schien er doch die langersehnte Gelegenheit, den semikolonialen Status des Landes zu überwinden. In diese durch große nationale Erneuerungshoffnungen gekennzeichnete kollektive Gefühlslage, wie wir sie auch aus manchen europäischen Ländern kennen, vor allem aus Italien, mischten sich jedoch von Anfang auch Ängste. So wurde in der öffentlichen Debatte das Wort für Krise (*weiji*) benutzt, um die Situation zu beschreiben. Es besteht aus zwei Zeichen: Das eine steht für Gefahr, das andere für Chance.

Dass der Krieg für China nicht nur Chancen bot, sollte sich schon bald zeigen. Alle Versuche der chinesischen Regierung, die kriegführenden Mächte mit Hilfe der USA von militärischen Operationen auf chinesischem Boden abzuhalten, misslangen. Daraufhin versuchte sie, sich an der Einnahme des deutschen Pachtgebiets Tsingtau zu beteiligen. Dies scheiterte jedoch am Widerstand Japans, das kein Interesse daran hatte, seine Eroberung und seinen Platz am Tisch der Sieger mit China zu teilen. Auch in den folgenden Jahren hat Japan immer wieder alle chinesischen Versuche, in den Krieg einzutreten, blockieren können. Durch die einseitigen Verträge, die China 1915 von Japan im Windschatten des europäischen Krieges oktroyiert wurden, verschlechterte sich die Lage des Landes weiter. Innere Konflikte infolge der Selbsterhebung von Präsident Yuan Shikai zum Kaiser taten ein Übriges. Japan übernahm die deutschen Besitzungen auf der Halbinsel Shandong und erhielt die Genehmigung zum Bau von Eisenbahnlinien. Seine Pachtrechte für Port Arthur und Dalian wurden verlängert und die Verpachtung von Häfen und

Inseln an andere Mächte blockiert. Auch in der Mandschurei und der inneren Mongolei konnte Japan seine Position vor allem in wirtschaftlicher Hinsicht massiv ausbauen.

Diese weiteren Souveränitätsverluste verstärkten die chinesischen Bemühungen, am Krieg teilzunehmen und sich als Partner der Entente zu profilieren. Insofern ist der chinesische Fall ein weiteres Beispiel dafür, wie regionale Dynamiken die Ausweitung und Globalisierung des Krieges gefördert haben. Mit der Strategie, sich mit den Bündnispartnern des Feindes zu verbünden, um sich seiner zu erwehren, war China jedoch nur in begrenztem Maße erfolgreich, denn Japan vereitelte auch weiterhin alle seine Versuche eines Kriegseintritts. Es blieb zunächst bei einer informellen Beteiligung des Landes. China lieferte den Alliierten trotz der formalen Neutralität Waffen und Munition und schränkte die Tätigkeit deutscher Unternehmen auf seinem Territorium ein. Um die Beziehungen zu Frankreich und Großbritannien zu verbessern, wurden zudem seit 1915 chinesische Arbeiter an die Westfront entsandt. Damit war das Land de facto am Krieg beteiligt, auch wenn es pro forma neutral blieb. Bis 1918 wurden von Großbritannien, Frankreich und Russland rund 185 000 Arbeiter angeworben und 150 000 von ihnen auch nach Europa verschifft.[37] Sie wurden auch an der Front eingesetzt, etwa beim Ausheben von Schützengräben oder beim Bau von Befestigungsanlagen. 3 000 bis 4 000 von ihnen kamen in Europa ums Leben, darunter allerdings vermutlich nicht wenige durch die Spanische Grippe, die seit 1918 wütete. Diese Arbeiter und ihre Opfer wurden für China bei den Pariser Friedenskonferenzen zu einem der Hauptargumente im Kampf um internationale Anerkennung. 1917 gelang es China dann doch noch, im Gefolge der USA in den Krieg einzutreten. Aber auch dies hat, wie wir noch sehen werden, die internationale Position des Landes nicht fundamental verbessern können, zumal alle seine Versuche, Truppen nach Europa zu entsenden, am Widerstand Japans, aber auch an anderen Problemen wie etwa fehlenden Transportkapazitäten scheiterten.

Seekrieg: Das deutsche Ostasiengeschwader

Auch zur See hatte der Krieg von Anfang an eine globale Dimension. Mit der Einnahme von Tsingtau und der deutschen Kolonien waren die Kampfhandlungen im Pazifik noch nicht beendet, das deutsche Ostasiengeschwader unter dem Befehl von Admiral Graf Spee, das eine beträchtliche Bedrohung der alliierten Verbindungslinien darstellte, war noch nicht geschlagen. Die beiden schweren Panzerkreuzer *Scharnhorst* und *Gneisenau* befanden sich seit dem 20. Juni auf einer Kreuzfahrt durch Mikronesien. Bei Kriegsausbruch lagen sie vor Ponape, der größten Insel der Ostkarolinen. Der leichte Kreuzer *Nürnberg* war schon zwei Wochen vor Spee von Tsingtau in Richtung Mexiko aufgebrochen, um dort die *Leipzig* zu entlasten. Er änderte jedoch nach Kriegsausbruch umgehend seinen Kurs, um sich mit den beiden Hauptschiffen des Geschwaders zu vereinigen. Spee hatte nicht die Absicht, Tsingtau zu verteidigen. Daher verließen nach Kriegsausbruch auch fast alle anderen Schiffe des Geschwaders ihre chinesische Basis. Dazu zählten der leichte Kreuzer *Emden*, vier Kanonenboote, ein Zerstörer und der österreichische Kreuzer *Kaiserin Elisabeth*, das einzige österreichische Kriegsschiff außerhalb europäischer Gewässer, sowie zwei Passagierschiffe, die zu Hilfskreuzern umgerüstet worden waren: die beschlagnahmte russische *Riasan* (die den Namen des am 6. August in Tsingtau außer Dienst gestellten kleinen Kreuzers *Cormoran* erhielt) und die deutsche *Prinz Eitel Friedrich*. Alle diese Schiffe außer der *Cormoran* vereinigten sich am 12. August bei den Marianen mit den anderen Schiffen Spees, der *Scharnhorst*, *Gneisenau* und *Nürnberg*. Die *Cormoran* stieß zwei Wochen später bei den Marschallinseln hinzu. Damit war das gesamte Ostasiengeschwader vereint, außer der *Leipzig*, die sich weiter im Ostpazifik aufhielt, um dort den alliierten Seeverkehr zu stören.[38]

Als sich der Kriegseintritt Japans abzeichnete, drohte die Konfrontation mit überlegenen Kräften. Auch musste mit dem Verlust der deutschen Nachschubbasen im pazifischen Raum gerechnet werden, die für erfolgreiche Operationen unabdingbar waren, denn die Schlachtkreuzer mussten sich alle acht bis neun Tage mit Kohlen versorgen. Spee stand nun vor der Wahl, sein Geschwader zu zerstreuen und mit einzelnen Kreuzern, die einfacher mit Nachschub zu versorgen waren, verletzliche Ziele des Gegners wie Häfen und Handelsschiffe anzugreifen oder seine Schiffe unter einheitlichem Oberbefehl zusammenzuhalten, um auch für Gefechte mit feindlichen Flottenverbänden gerüstet zu sein. Spee wählte die zweite Option und entschied sich dafür, Chile anzusteuern, das als deutschfreundlich galt und wo sich sein Geschwader mit Nachschub versorgen konnte. Außerdem war die Entente hier nur mit schwachen Kräften vertreten.[39]

Karl von Müller, der Kommandant der *Emden*, sprach sich gegen diesen Plan aus, weil er den Druck auf die Handelswege des Feindes verringerte. So wurde Müller in den Indischen Ozean abkommandiert, wohl auch, um vom Rückzug des Ostasiengeschwaders nach Südamerika abzulenken. Die *Emden* wurde zum erfolgreichsten deutschen Kreuzer in überseeischen Gewässern. Innerhalb von nur zwei Monaten gelang es ihr, 23 feindliche Handelsschiffe und zwei Kriegsschiffe zu versenken oder aufzubringen. Damit störte sie die britischen Verbindungswege so empfindlich, dass vorübergehend die Verschiffung australischer und neuseeländischer Truppen ausgesetzt wurde. Am 28. Oktober 1914 drang sie als britischer Kreuzer getarnt in den Hafen von Penang auf der Malaiischen Halbinsel ein, wo sie das Feuer auf die ankernden Schiffe eröffnete und den viel größeren russischen Kreuzer *Schemtschug* sowie den französischen Torpedoboot-Zerstörer *Mousquet* versenkte. Nach diesem spektakulären Erfolg nahm die *Emden* Kurs auf die Kokosinseln, um auf Direction Island eine britische Kabel- und Funkstation zu zerstören. Deren Besatzung konnte noch einen letzten Funkspruch absenden. Er von dem australischen Kreuzer *Sydney* empfangen, der zufällig als Begleitschutz eines britischen Konvois nur 50 Seemeilen entfernt unterwegs war und die *Emden* am 9. November überraschen und entscheidend zerstören konnte. Dabei fanden 136 Besatzungsmitglieder den Tod.

Die Weltöffentlichkeit war in ihrer Suche nach Beispielen für Ritterlichkeit und Heldentum, die sich von den industriellen Materialschlachten dieses Krieges abhoben, längst auf die kühne Kaperfahrt der *Emden* aufmerksam geworden. Das Ende des Kreuzers fand daher nicht nur in Deutschland ein breites Echo. Selbst die Londoner *Times* zollte der *Emden* Tribut: »Seit den ersten Septembertagen, als die ›Emden‹ im Golf von Bengalen erschien, waren ihre Taten durch Wagemut und Unternehmungslust gekennzeichnet, Eigenschaften, die in einem Volk mit der Marinetradition Englands Anerkennung finden müssen. [...] Wir begrüßen Kapitän von Müller als einen tapferen und ritterlichen Gegner. [...] Es gibt nur wenige Ereignisse in der neueren Seekriegsgeschichte, die bemerkenswerter wären als die glänzende Laufbahn der kleinen ›Emden‹.«[40]

Das auf Direction Island abgesetzte, von Kapitänleutnant von Mücke befehligte Landungskommando war der Gefangenschaft entgangen. Den 50 Mann gelang es rechtzeitig, einen alten Schoner zu kapern, mit dem sie bis ins Rote Meer gelangten. Vom Jemen aus schlugen sie sich auf abenteuerlichen Wegen bis nach Konstantinopel durch, von wo sie im Juni 1915 nach Deutschland zurückkehren konnten. Durch diese Odyssee wurde die *Emden* in Deutschland endgültig zum Mythos, der nicht zuletzt von den Überlebenden selbst durch zahlreiche Publikationen und Vorträge verewigt wurde. Aber auch im südindischen Raum hat die *Emden* im kollektiven Gedächtnis Spuren hinterlassen. In die tamilische Sprache ist das Wort *Emdena* eingegangen, es bedeutet »schlauer Fuchs« oder »gewiefter Bursche«.[41]

In der Zwischenzeit hatte Spee zunächst die Marschallinseln angesteuert und von dort Kurs auf Samoa genommen, wo er am 15. September eintraf. Dabei bewahrte er weitgehend Funkstille. So war es ihm gelungen, japanischen, australischen und britischen Kriegsschiffen zu entgehen und seine Verfolger über die Position seines Geschwaders im Unklaren zu lassen. Am 22. September traf Spee vor der französischen Kolonie Tahiti ein und beschoss den Hafen von Papeete. Dabei wurden ein französisches Kanonenboot und ein von den Franzosen aufgebrachtes deutsches Schiff versenkt. Das mit 40 000 Tonnen gut gefüllte Kohledepot des Hafens fiel den Deutschen jedoch nicht in die Hände, da die Franzosen es in Brand setzten.[42] Verhängnisvoller war, dass ein französisches Handelsschiff von dem Angriff Bericht erstattete. Damit war nun klar, dass Spee sich auf dem Weg nach Südamerika befand, was die britische Marineführung seit Anfang September vermutet hatte.

Am 12. Oktober war es Spee gelungen, sich bei den Osterinseln mit der *Leipzig* und der *Dresden*, die inzwischen vom Südatlantik in den Pazifik gewechselt war, zu vereinigen. Auch die sieben Versorgungsschiffe der beiden leichten Kreuzer waren hinzugestoßen und hatten für Nachschub gesorgt. Darüber waren die Briten nicht im Bilde. Daher machte sich auch nur ein Teil der britischen Südatlantikflotte unter dem Kommando von Konteradmiral Christopher Cradock in den Pazifik auf, um Spee zu stellen: die beiden Panzerkreuzer *Monmouth* und *Good Hope* sowie zwei kleinere Kreuzer, die *Glasgow* und die *Otranto*. Spee setzte seine Funksignale nur von der *Leipzig* ab, um den Gegner zu täuschen. Die Briten glaubten daher, den Kreuzer isoliert abfangen zu können, und waren überrascht, als sie am späten Nachmittag des 1. November vor der chilenischen Küste bei Coronel auf das gesamte deutsche Geschwader stießen; nur die *Nürnberg* kam später hinzu. Die deutschen Schiffe verfügten über die größere Feuerkraft, und die Lichtverhältnisse waren für sie günstig, denn die Silhouetten der Schiffe ihrer Gegner zeichneten sich vor der untergehenden Sonne besonders klar ab, während sie selbst in der Dämmerung nur undeutlich zu sehen waren. Hinzu kam hoher Seegang, so dass Wasser in die Laderäume der britischen Schiffe eindrang und einen großen Teil ihrer tief montierten Geschütze außer Gefecht setzte. Nach zahlreichen Treffern sanken sowohl die *Good Hope* wie die *Monmouth*, während die *Glasgow* und die *Otranto* entkommen konnten. Fast die gesamte Besatzung der beiden Schiffe kam ums Leben. Dunkelheit und schwere See verhinderten alle Rettungsversuche. Auch Admiral Cradock war unter den 1 570 Toten. Die Deutschen verzeichneten nur wenige Treffer und zwei leicht verwundete Männer.[43]

Die Schlacht bei Coronel war der erste deutsche Seesieg über Großbritannien und die erste britische Niederlage zur See seit den napoleonischen Kriegen. Der Kaiser verlieh 300 Eiserne Kreuze an Spees Mannschaften.[44] Dieser gab sich jedoch trotz seines Erfolgs keinen Illusionen hin. Als er am 3. November in Valparaíso an Land ging, wo er von der deutschen Kolonie begeistert empfangen wurde, vertraute er einem dort lebenden Freund an: »Ich kann nicht zurück nach Deutschland. Wir haben keinen sicheren Hafen. Ich muss die Weltmeere befahren und so viel Schaden anrichten, wie ich nur kann, bis mir die Munition ausgeht, oder bis ein Feind, der viel stärker ist als ich, mich stellt.«[45]

Von Valparaíso machte sich Spee mit einiger Verzögerung Richtung Kap Hoorn auf, um in den Atlantik zu gelangen. Die Hoffnung der deutschen Marineleitung war, Spee könne die britische Blockade durchbrechen und in die Heimatgewässer zurückkehren, wo die deutsche Flotte am 28. August drei leichte Kreuzer in der Bucht von Helgoland und einen leichten Kreuzer in der Ostsee verloren hatte. Der Kaiser hatte daraufhin befohlen, jedes Risiko zu vermeiden und in den Häfen zu bleiben. Die zur Untätigkeit verdammte deutsche Marineführung hoffte, diese Befehle aufweichen zu können, falls das zurückkehrende deutsche Geschwader bei der Überwindung der britischen Blockade in den Atlantikgewässern vor dem westlichen Kanaleingang oder der Nordsee Hilfe benötigen sollte. Mit Spees Schiffen hätte sich überdies das Untergewicht der deutschen Flotte, das etwa zwei zu drei betrug, erheblich vermindert und dieser möglicherweise wieder offensivere Operationen ermöglicht, zumal sich fast immer fünf oder sechs der schweren britischen Schiffe infolge ihres andauernden Einsatzes bei Blockadepatrouillen zu Reparaturen in den Docks befanden.[46]

Ob Spee diese Hoffnungen teilte, sei dahingestellt. Am 2. Dezember erreichte er Picton Island unweit von Kap Hoorn. Hier entschied er, den britischen Stützpunkt auf den Falklandinseln anzugreifen, davon ausgehend, dass sich dort keine oder nur wenige britische Schiffe aufhielten. Seine Informationen waren jedoch veraltet, da ihn am Kap der deutsche Funk nicht mehr erreichte. Die britische Marineführung unter Winston Churchill und Jackie Fisher war schon kurz nach dem Debakel von Coronel fest entschlossen, die Scharte um jeden Preis auszuwetzen. Am 15. November hatten sich zwei der modernsten und schnellsten Schlachtschiffe, die Kreuzer *Invincible* und *Inflexible*, unter dem Kommando von Vizeadmiral Doveton Sturdee aus den britischen Heimatgewässern Richtung Südatlantik in Bewegung gesetzt. Sie erreichten am 7. Dezember die Falklandinseln, wo bereits sechs leichte Kreuzer auf sie warteten. Da Sturdee wie zuvor Spee nur von einem seiner leichten Kreuzer Funksprüche absetzte, waren sich die Deutschen über das Ausmaß der gegnerischen Kräfte völlig im Unklaren, als sie sich am 8. Dezember unter Volldampf Port Stanley näherten. Als Spee klar wurde, dass er es mit zwei Großkampfschiffen zu tun hatte, blies er die Operation ab und ergriff die Flucht. Doch die schnelleren britischen Schiffe holten die *Scharnhorst* und *Gneisenau* am Nachmittag ein und versenkten sie, wobei sie eine Distanz hielten, in der die deutschen Geschütze sie nicht erreichen konnten. Dabei kamen 1400 Männer ums Leben, auch Spee und sein Sohn Heinrich waren unter den Toten. Wenig später wurden auch die *Nürnberg* und die *Leipzig* versenkt. Weitere 800 Männer fanden den Tod, darunter auch Otto von Spee, ein weiterer Sohn des Admirals. Nur 215 Mann, meist von der *Gneisenau*-Besatzung, konnten gerettet werden.[47]

Nach dem Verlust der *Emden* und der Schlacht bei den Falklandinseln verfügte Deutschland über keine schweren Kreuzer mehr außerhalb europäischer Gewässer. Aber auch die leichteren Kreuzer der deutschen Marine, die noch isoliert auf den Weltmeeren operierten und die Nachschubwege der Entente störten, wurden nach und nach alle ausgeschaltet. Einige Tage vor der Niederlage der *Emden* war auch die *Karlsruhe* durch ein Explosionsunglück verloren gegangen, nachdem sie in der Karibik 16 Handelsschiffe versenkt hatte. Der leichte Kreuzer *Königsberg* war seit Oktober 1914 in einer Flussmündung in Ostafrika blockiert, bis er im Juli des darauffolgenden Jahres versenkt wurde. Die durch ihren Turbinenantrieb besonders schnelle *Dresden* konnte dem Debakel bei den Falklandinseln entkommen. Sie versteckte sich noch wochenlang in verschiedenen Buchten Feuerlands, die auf den Karten noch nicht verzeichnet waren. Am 14. März wurde sie jedoch von zwei britischen Kreuzern aufgespürt, worauf der Kommandant den Befehl gab, sie zu versenken. Die Besatzung wurde auf einer Insel in der Nähe der chilenischen Stadt Concepción interniert, darunter auch der spätere Admiral und Exponent des konservativen Widerstands gegen Hitler Wilhelm Canaris, der bald nach der Festnahme fliehen konnte und später als U-Boot-Kommandant diente. Auch alle deutschen Hilfskreuzer wurden ausgeschaltet. Die *Kronprinz Wilhelm* ließ sich im April in den USA internieren, weil ihr der Nachschub ausgegangen war. Den gleichen Weg war schon im März der zum Hilfskreuzer umgerüstete Postdampfer *Prinz Eitel Friedrich* gegangen. Bis April wurden weitere 16 deutsche Hilfskreuzer versenkt oder interniert, wenn sie nicht Schiffbruch erlitten.[48] Damit waren die Weltmeere neun Monate nach Kriegsbeginn praktisch frei von deutschen Schiffen, die den globalen Handel der Alliierten und ihre Nachschublinien hätten stören können. Die Entente-Mächte konnten die wirtschaftlichen und militärischen Ressourcen ihrer Kolonien nun ohne Störung durch deutsche Kriegsschiffe in Europa zum Tragen bringen. Die Bedrohung der britischen Handelswege durch deutsche Kreuzer war allerdings von Anfang an begrenzt gewesen. Die bis Januar 1915 von deutschen Überwasserschiffen versenkten britischen Handelsschiffe machten nur zwei Prozent der gesamten britischen Handelsflotte aus.[49] Die deutschen U-Boote stellten auf die Dauer die größere Gefahr dar.

Der Krieg in Afrika

Das letzte deutsche Kriegsschiff außerhalb europäischer Gewässer war der leichte Kreuzer *Königsberg*. Wenige Tage vor Kriegsbeginn war er in Daressalam, der Hauptstadt von Deutsch-Ostafrika, ausgelaufen und bis zum Golf von Aden vorgestoßen, um die Handelsrouten der Alliierten zu stören, zog sich aber bald wieder nach Süden zurück. Inzwischen hatten mehrere britische Kreuzer die Verfolgung aufgenommen. Um ihnen zu entgehen, versteckte sich die *Königsberg* im Delta des Rufiji-Flusses. Am 20. September lief sie noch einmal aus und griff den britischen Hafen auf Sansibar an, wo sie den leichten Kreuzer *Pegasus* versenkte. Danach zog sie sich rasch wieder in das Flussdelta zurück, das durch seinen reichen Mangrovenwald gute Tarnung bot. Am 30. Oktober wurde sie dennoch von den Briten entdeckt und saß nun in der Falle. Nach Beschuss durch die feindlichen Schiffe vor der Mündung flüchtete sie weiter ins Delta. Nach zahlreichen anderen Versuchen, ihr den Garaus zu machen, setzten die Briten schließlich zwei für den Einsatz in seichten Küsten- und Flussgewässern gebaute Panzerschiffe mit geringem Tiefgang ein, sogenannte »Monitore«. Sie machten der *Königsberg* im Juli 1915 schließlich den Garaus. Die Operationen gegen das Schiff hatten erhebliche britische Kräfte gebunden, darunter auch zahlreiche Flugzeuge, von denen einige von den Deutschen abgeschossen wurden. Auch war es den Deutschen gelungen, die Kanonen des Schiffes rechtzeitig abzubauen, so dass sie von den Truppen Lettow-Vorbecks als Feldartillerie eingesetzt werden konnten.[50]

Die deutschen Kolonien in Afrika waren infolge der alliierten Seehoheit bald vom Nachschub abgeschnitten und infolge der geringen Zahl der dort stationierten Truppen nur schwer zu verteidigen. Dennoch haben sich die Kämpfe in Afrika bis zum Kriegsende hingezogen, mit fatalen Folgen vor allem für weite Teile Südostafrikas. Das lag vor allem an der Entscheidung der Briten, die Eroberung der deutschen Kolonien ausschließlich mit lokalen Truppen zu bewerkstelligen, um den Erfolg auf dem europäischen Kriegsschauplatz nicht zu gefährden.[51]

Schnelle Erfolge haben die Alliierten nur in Togo erzielt, der kleinsten deutschen Kolonie in Afrika. Der relativ schmale Landstreifen lag wie eingeklemmt zwischen der britischen Goldküste (heute Ghana) und Französisch-Dahomey (heute Benin) und war daher nur schwer zu verteidigen. Die Schutztruppe bestand nur aus 300 deutschen und 1 200 afrikanischen Soldaten, die mit veralteten Gewehren ausgerüstet waren und nur über vier Maschinengewehre verfügten. Die britischen Truppen in der Goldküste wurden schon am 31. Juli 1914 mobilisiert. Briten und Franzosen konnten vom deutschen Gouverneur nicht dazu bewegt werden, die Neutralität der Kolonie zu akzeptieren. Am 7. August marschierte das Gold Coast Regiment von Westen in Togo ein, fünf Tage später wurde die Haupstadt Lomé mit ihrem Hafen eingenommen. Zugleich drangen französische Truppen, die meistens aus dem Senegal kamen, von Osten her in Togo ein und vereinigten sich mit den Briten. Die Deutschen zogen sich nach Norden ins Landesinnere zurück, immer entlang der Eisenbahnlinie, die nach Kamina führte. Der Ort hatte strategische Bedeutung, weil sich hier die zweitgrößte deutsche Funkstation mit einer Reichweite von über 5 000 Kilometern befand. Sie verband die Zentrale in Nauen bei Berlin mit den anderen deutschen Kolonien in Afrika, aber auch mit deutschen Schiffen im Atlantik. Am 22. August kam es zu heftigen Kämpfen an der Brücke über den Chra-Fluss, bei denen fast ein Fünftel der britischen Soldaten getötet oder verwundet wurden. Dennoch mussten sich die Deutschen weiter zurückziehen. Am 26. August kapitulierten sie unter dem Gouverneur Major von Doering in Kamina, nachdem sie die wertvollen Teile der Funkstation zerstört hatten.[52]

Die Eroberung Kameruns nahm sehr viel mehr Zeit in Anspruch, obwohl die Alliierten auch hier deutlich in der Überzahl waren. Die deutsche Schutztruppe verfügte über 200 deutsche und etwas mehr als 1 600 afrikanische Soldaten, ihre Zahl konnte jedoch während des Krieges durch Aushebungen auf etwa 6 000 Mann erhöht werden. Die von General Sir Charles Dobell geführte Royal West African Frontier Force (RWAFF), die sich aus Nigeria, Sierra Leone, Gambia und der Goldküste rekrutierte, zählte über 7 000 Mann, während die Franzosen in ihren west- und zentralafrikanischen Kolonien über 20 000 Mann verfügten, die vor allem aus dem Senegal kamen.[53] Auch die Belgier beteiligten sich an den Kämpfen mit Einheiten der Force Publique aus dem Kongo. Insgesamt haben die Alliierten in Kamerun neben einigen leichten Kreuzern und mehreren Flußschiffen etwa 19 000 Soldaten und 30 000 Träger eingesetzt.[54]

Im August griffen die Franzosen unter der Führung von General Aymerich im Südosten an, der nur schwach verteidigt wurde. Unterstützt von belgischen Einheiten machten sie rasche Fortschritte und erlangten bald die Kontrolle über große Teile der Gebiete, die 1911 als Kompensation für Marokko an Deutschland abgetreten worden waren. Die gleichzeitig von Nigeria aus vorrückenden britischen Truppen kamen dagegen nur mühsam voran, vor allem im Süden des Grenzgebiets, wo sumpfiges Gelände militärische Operationen erschwerte. Nach dem Fall von Togo verfügten die Briten über stärkere Kräfte und landeten Ende September unter Führung von Brigadegeneral Charles Dobell zusammen mit einem französischen Expeditionskorps an der Küste bei Victoria und Douala. Beide Städte mit ihren Funkstationen wurden kampflos eingenommen, wodurch die Deutschen nun von der Außenwelt abgeschnitten waren. Geschlagen waren sie damit jedoch noch lange nicht, sondern zogen sich in das relativ gut geschützte Hochland zurück, um hier den Ausgang des Krieges abzuwarten, mit dessen baldigem Ende sie rechneten.[55]

Die Alliierten führten den Krieg in den folgenden Monaten nur auf Sparflamme fort. Die Briten litten unter krankheitsbedingten Ausfällen und

Nachschubproblemen. Hinzu kam, dass die Kommunikation zwischen den Alliierten, aber auch zwischen verschiedenen britischen Stellen nicht reibungslos funktionierte.[56] So lag der Schwerpunkt zunächst auf der Sicherung der Küste, zumal ein Angriff durch Spees Geschwader vorerst noch nicht ausgeschlossen werden konnte.[57] Erst im Februar 1915 begann die Eroberung des Landesinneren, was sich jedoch als schwierig gestaltete. Die Alliierten hatten auf eine Rebellion der einheimischen Bevölkerung gegen die Deutschen gehofft, diese blieb jedoch weitgehend loyal und unterstützte die Kolonialmacht. Die deutsche Verwaltung blieb, anders als in Deutsch-Ostafrika, weitgehend intakt. Die Wirtschaft wurde von Gouverneur Eberlein einer zentralen Lenkung unterworfen, wozu auch die Rationierung der Lebensmittel zählte.[58] Den Deutschen gelang es sogar, in begrenztem Umfang eigene Munition zu produzieren. So konnten sie viel länger Widerstand leisten, als ihre Gegner angenommen hatten. Hinzu kam, dass die Truppen der Alliierten immer wieder mit Krankheiten zu kämpfen hatten. Am Ende des Feldzugs hatten sie 4 200 Tote zu beklagen, über ein Viertel der eingesetzten Soldaten. Die meisten von ihnen waren an Krankheiten gestorben. Im Juni konnten die Briten Garua und Ngaundere im nördlichen Hochland einnehmen. Ein Angriff auf Jaunde (Yaoundé) aber scheiterte. Doch im Herbst ging den Deutschen immer mehr die Munition aus, die Niederlage war jetzt nur noch eine Frage der Zeit. Im Dezember drohten sie von ihrem Rückzugsweg in die spanische Kolonie Río Muni (Äquatorialguinea) abgeschnitten zu werden. Sie verließen Jaunde, das am 1. Januar 1916 eingenommen wurde. Am 18. Februar fiel der letzte deutsche Außenposten Mora im Norden des Landes. Der größte Teil der Deutschen und ihrer afrikanischen Truppen und Träger, zusammen etwa 15 000 Mann, hatte sich zu diesem Zeitpunkt bereits ohne größere Verluste nach Río Muni durchschlagen können, wo sie von den Spaniern interniert wurden.[59]

Die Eroberung Deutsch-Südwestafrikas (heute Namibia) sollte nach dem Willen Londons durch Südafrika erfolgen. Die Südafrikanische Union war 1910 durch den Zusammenschluss der Kapkolonie, Oranje-Freistaat, Natal und Transvaal entstanden und hatte durch den »South Africa Act« vom 31. Mai 1910 den Status eines Dominion erhalten, das sich selbst verwaltete, in der Außenpolitik und im Kriegsfall aber verpflichtet war, dem Empire zu folgen. Das Land wurde von den englischsprachigen Siedlern und den afrikaanssprachigen Buren dominiert, die sich nach der Übertragung der niederländischen

Kapkolonie an Großbritannien 1806 ins Landesinnere zurückgezogen und Mitte des 19. Jahrhunderts in Transvaal und Oranje eigene Republiken aufgebaut hatten. In Nationalversammlung und Senat waren fast nur Weiße vertreten. Die Regierung unter den früheren Burengenerälen Louis Botha, der von 1910 bis 1918 als Premierminister amtierte, und Verteidigungsminister Jan Smuts stützte sich auf eine Koalition von moderaten Buren und englischsprachigen Siedlern. Sie ging bereitwillig auf das Ansinnen aus London ein, da es ihren eigenen imperialistischen Ambitionen entsprach, das ganze südliche Afrika in einem »Greater South Africa« zu vereinen.[60] Am 8. September 1914 erklärte die Südafrikanische Union dem Deutschen Reich den Krieg.

Der Entschluss zum Kriegseintritt war jedoch umstritten. Unterstützt wurde er nur von den englischsprachigen Weißen, einer Minderheit der loyal eingestellten Buren und von Teilen der indischen, farbigen und afrikanischen Eliten und der relativ kleinen schwarzen Mittelschicht, die darauf hofften, dass eine patriotische Einstellung zur Gewährung weiterer politischer und gesellschaftlicher Rechte führen werde. Die Masse der schwarzen Bevölkerung stand dem Krieg äußerst distanziert gegenüber. Die weiße Arbeiterschicht, die von der Labour Party vertreten wurde, war in weiten Teilen antimilitaristisch und pazifistisch eingestellt. Viele Buren trauerten überdies immer noch ihrer Unabhängigkeit hinterher, die sie mit dem zweiten Burenkrieg (1899–1902) verloren hatten, der mit der Eingliederung ihrer selbständigen Republiken Transvaal und Oranje in das Britische Weltreich zu Ende gegangen war. Diese »Old Boers« waren nicht bereit, für Großbritannien zu kämpfen, und erst recht nicht gegen Deutschland und seine Kolonisten in Südwestafrika, die sie im Burenkrieg unterstützt hatten.[61]

Die geringe Akzeptanz des Krieges behinderte die Kriegsanstrengungen Südafrikas erheblich, und an die Einführung der Wehrpflicht war unter diesen Bedingungen nicht zu denken. Das stehende Heer bestand nur aus 2 000 Mann, der Krieg musste also in erster Linie mit Freiwilligen geführt werden.[62] Wie sich bald zeigte, war auf die Buren in der Armee jedoch nur bedingt Verlass. Oberst Maritz, der Kommandant der südafrikanischen Truppen im Norden der Kapprovinz, kollaborierte mit den Deutschen über die Grenze hinweg. Als Premierminister Botha ihn am 8. Oktober absetzte, ging er zur offenen Rebellion über. Sechs Tage später verhängte Botha das Kriegsrecht über das Land. Etwa 12 000 republikanisch und deutschfreundlich gesinnte Buren schlossen sich der Revolte an, darunter auch viele fahnenflüchtige Offiziere der Armee. Der Aufstand war de facto ein Bürgerkrieg innerhalb der Buren, denn er konnte nur mit Hilfe loyaler Buren-Milizen niedergeschlagen werden.[63] Der größte Teil der Rebellen wurde schon am 24. Oktober unter der Führung Bothas besiegt. Maritz floh nach Deutsch-Südwestafrika. In Transvaal und im Oranje-Freistaat hielten sich einzelne Widerstandsnester noch bis Dezember. Die letzten Rebellen ergaben sich im Februar 1915, nachdem sie aus Südwestafrika zurückgekommen waren. Der Aufstand kostete 350 aufständische Buren das Leben. Die übrigen wurden relativ milde behandelt. Nur die Anführer erhielten langjährige Haftstrafen, wurden jedoch von Botha schon nach ein bis zwei Jahren begnadigt.[64]

Auch in Südwestafrika bestand das Hauptziel der Briten in der Zerstörung der feindlichen Funkstationen und Nachschubbasen, die der Kommunikation und Versorgung deutscher Schiffe im Südatlantik dienten. Dies wurde schon im September erreicht, als die Royal Navy die Funkstation in Swakopmund zerstörte und bei Lüderitz ein kleines südafrikanisches Expeditionskorps an Land setzte, welches die Hafenstadt einnahm. Infolge des Maritz-Aufstands war der Krieg in Deutsch-Südwest zunächst ins Stocken geraten; im Februar des folgenden Jahres wurde er wieder aufgenommen. Die von General Victor Franke befehligten Schutztruppen verfügten nur über knapp 3 000 Mann, die durch etwa die gleiche Zahl deutscher Siedler aufgestockt wurde. Eine Rekrutierung afrikanischer Hilfstruppen in größerem Stil kam nicht in Frage, da der Völkermord an den aufständischen Herero und Nama die einheimische Bevölkerung stark dezimiert hatte; fast 100 000 Menschen waren 1904 ums Leben gekommen. Der Krieg in Deutsch-Südwest wurde daher, anders als sonst in Afrika, weitgehend zwischen Weißen ausgetragen; allerdings rekrutierte die Union für den Feldzug über 30 000 schwarze Arbeiter.

Mittlerweile hatte die südafrikanische Regierung fast 70 000 Soldaten mobilisiert, von denen etwa 43 000 in Deutsch-Südwest zum Einsatz kamen.[65] Ein Teil dieses Kontingents rückte von Süden, aber auch von Lüderitz und von Swakopmund vor. Der Vormarsch wurde oft dadurch erschwert, dass die Deutschen die gut ausgebauten Eisenbahnlinien zerstört hatten. Eine weitere Kolonne marschierte von Osten durch die Kalahari-Wüste in die deutsche Kolonie ein, unterstützt von motorisierten Lastwagen zur Wasserversorgung. Die Schutztruppe ließ sich nur auf wenige größere Gefechte ein.[66] Dennoch hatten die Deutschen am Ende des Krieges 1 300 Tote zu beklagen, die Südafrikaner nur 250, deutlich weniger als bei der Niederschlagung des Aufstands im eigenen Land ums Leben gekommen waren.[67]

Am 12. Mai 1915 wurde die Hauptstadt Windhoek eingenommen. Die Deutschen zogen sich in den Norden zurück. Aber Botha, der die Operationen persönlich befehligte, stieß rasch nach, so dass die Deutschen keine neuen Verteidigungslinien mehr aufbauen konnten.[68] Am 9. Juli unterzeichneten Botha und der deutsche Gouverneur Theodor Seitz den ersten Waffenstillstand des Ersten Weltkriegs. Seine Bedingungen fielen für die Deutschen günstig aus: Südafrika übernahm die Herrschaft über die Kolonie, die nun auch für eigene weiße Siedler geöffnet wurde, aber die rund 15 000 deutschen Siedler mussten das Land nicht verlassen. Die Reservisten konnten nach Hause gehen, und die Beamten der deutschen Zivilverwaltung wurden übernommen.[69]

Am längsten und verlustreichsten gestaltete sich der Krieg um Deutsch-Ostafrika, das die heutigen Länder Tansania, Ruanda, Burundi und einen kleinen Teil Mosambiks umfasste und etwa doppelt so groß wie das Deutsche Reich war. Mit knapp acht Millionen Einwohnern war es die größte deutsche Kolonie. Die Schutztruppe verfügte einschließlich der Polizeieinheiten über knapp 7 000 Mann, darunter etwa 250 Soldaten, 1 600 Reservisten aus der lediglich etwa 5 500 Köpfe zählenden deutschen Bevölkerung und knapp 5 000 einheimische Soldaten, sogenannte Askaris. Während des Krieges wuchs sie durch zusätzliche Rekrutierungen vor allem in der einheimischen Bevölkerung auf etwa die doppelte Zahl an.[70] Der Krieg in Ostafrika war schon in sich global, denn die Briten setzten nicht nur Kolonialtruppen aus ihren umliegenden Territorien, sondern auch indische Einheiten ein. Verstärkt wurden sie 1916 von Verbänden aus Südafrika. Insgesamt kamen auf britischer Seite etwa 160 000 Soldaten zum Einsatz. Daneben waren auch belgische Truppen aus dem Kongo an den Kämpfen beteiligt, die 1916 Ruanda und Burundi besetzten. Gegen Ende kam es auch zu Kämpfen mit portugiesischen Einheiten, als sich die Schutztruppe unter ihrem Kommandeur Lettow-Vorbeck nach Mosambik zurückzog.

Dem Gouverneur Heinrich Schnee ging es vor allem darum, seine Kolonie unbeschadet durch den Krieg zu bringen. Er versuchte, die beiden wichtigsten Küstenstädte Daressalam und Tanga zu offenen Städten zu erklären. Die Briten ignorierten dies jedoch und bombardierten die Hauptstadt Daressalam schon bald von ihren Kriegsschiffen aus. Der erst vor kurzem in Ostafrika eingetroffene Kommandeur der Schutztruppe Paul von Lettow-Vorbeck, ein

Veteran der Kriege gegen die Boxer und die Herero, hatte ganz andere Vorstellungen. Er wollte Krieg führen, möglichst viele Kräfte des Gegners binden und die Kämpfe, wenn möglich, auch auf das Territorium der umliegenden britischen Kolonien tragen. Seine Truppe war den britischen Kräften in der Region zwar weit unterlegen, aber relativ gut ausgebildet, gut bezahlt und motiviert und hatte bei der Niederschlagung von Aufständen, vor allem dem der Maji-Maji 1905/06, Erfahrungen im Buschkrieg sammeln können. Der Anteil der weißen Offiziere und Unteroffiziere lag bei den Deutschen überdies höher als bei den britischen Kolonialtruppen. Außerdem kam Lettow-Vorbeck anfangs zugute, dass sich die britischen Kolonialtruppen teilweise noch in Togo und Kamerun im Einsatz befanden und die Südafrikaner mit dem Krieg in Südwest und der Rebellion in den eigenen Reihen beschäftigt waren. So ging Lettow-Vorbeck gleich zu Beginn des Krieges zum Angriff über und fiel im Süden Kenias ein, wo er am 15. August Taveta einnahm und zeitweilig bis zur Bahnlinie vorstieß, die Uganda und Kenia verband. Mit Taveta war der Zugang nach Deutsch-Ostafrika durch die Senke zwischen dem Kilimandscharo und den Pare-Bergen blockiert.[71]

Die Briten beabsichtigten jedoch zunächst nicht, von Kenia aus vorzurücken. Ihnen ging es vor allem darum, die Kontrolle über die Küste mit ihren deutschen Häfen und Funkstationen zu erlangen, um ihren Schiffsverkehr im Indischen Ozean zu sichern. Dies sollte durch ein etwa 8 000 Mann starkes indisches Expeditionskorps unter dem Kommando von Generalmajor Arthur Edward Aitken erfolgen. Das Unternehmen stand von Anfang an unter keinem guten Stern. Die indische Armee verfügte zu Beginn des Krieges zwar über neun Infanterie- und drei Kavallerie-Divisionen mit insgesamt 140 000 Mann, die von 15 000 britischen Offizieren und Unteroffizieren befehligt wurden, doch drei Viertel davon, darunter die besten Einheiten, waren schon am Anfang des Krieges nach Europa, Ägypten, Mesopotamien und Persien verlegt worden; ebenso die 60 000 Mann zählenden britischen Truppen, die regulär in Indien stationiert waren. So konnte sich Aitken nur noch aus dem Reservoir der im ganzen Land verteilten Imperial Service Troops bedienen. Diese für den Einsatz im Inneren gedachten lokalen Truppen waren schlecht ausgebildet und ausgerüstet und wiesen keinerlei Kampfmotivation auf.[72]

Das hastig zusammengestellte indische Expeditionskorps brach am 16. Oktober nach Kenia auf, wo es am Ende des Monats eintraf. Am 2. November landete Aitken bei Tanga. Lettow-Vorbeck hatte zur Verteidigung der Hafenstadt etwas über 1000 Mann zusammenziehen können. Das war nur ein Achtel der britisch-indischen Kräfte, dennoch scheiterte ihr Angriff zwei Tage nach ihrer Landung kläglich im deutschen Maschinengewehrfeuer. Die schlecht geführten und oft noch seekranken Inder flohen in Scharen und verloren in nur sieben Stunden über 800 Mann. Aitken schiffte sich rasch wieder ein und ließ dabei 16 Maschinengewehre, 500 Gewehre und 600000 Schuss Munition zurück, die den vom Nachschub aus der Heimat weitgehend abgeschnittenen Deutschen in den kommenden Jahren von großem Nutzen waren. Einen Tag zuvor hatten die Deutschen und ihre Askaris unter Major Georg Kraut bereits bei Longido in der Nähe des Kilimandscharo einen Sieg errungen.[73]

Dieser doppelte Sieg der Deutschen besiegelte das Scheitern des indischen Expeditionskorps. Das folgende Jahr blieb relativ ruhig. Lettow-Vorbeck unternahm mit seiner Truppe, deren Kampfmoral nun erheblich gestiegen war, gelegentliche Vorstöße nach Kenia, die ohne große Folgen blieben. Die geringe Intensität der Kämpfe verschaffte Lettow-Vorbeck eine Atempause von über einem Jahr, in dem er sich auf die kommenden Angriffe vorbereiten und seine Position konsolidieren konnte. Die Schutztruppe wurde durch zusätzliche Rekrutierungen bis Ende 1915 auf 3000 Deutsche und über 12000 Askaris aufgestockt. Die Zivilverwaltung der Kolonie und ihre Wirtschaft blieben intakt, die Truppen konnten weiter versorgt und bezahlt werden. Ein Schiff aus Deutschland durchbrach die Blockade und sorgte für Nachschub. Auch für die medizinische Betreuung war weiter gesorgt, so dass der Gesundheitszustand der Soldaten gut blieb und sich die Ausfälle durch Malaria in Grenzen in hielten.[74]

1916 begann sich das Blatt jedoch zu wenden. Im März trat Portugal in den Krieg ein, und damit auch dessen Kolonie Mosambik; nun waren die Deutschen ringsum von Feinden umgeben. Nach dem alliierten Sieg in Kamerun konnten auch die dadurch frei gewordenen britischen Truppen eingesetzt werden. Das Goldküstenregiment traf im Juli 1916 in Ostafrika ein, einige Monate später folgten ihm Regimenter der West African Frontier Force aus Nigeria. Gleichzeitig intensivierten die Briten die Rekrutierung neuer Soldaten in ihren ostafrikanischen Kolonien, so dass die britischen Kolonialtruppen der Region, die King's African Rifles, bis Januar 1917 von drei auf dreizehn Bataillone aufgestockt werden konnten. 1916 griff auch Südafrika mit knapp 30000 Mann in die Kämpfe ein, als sich das Ende des Feldzugs in Südwestafrika abzeichnete. London wollte die dadurch frei werdenden Truppen in Europa einsetzen, doch die südafrikanische Regierung hatte andere Vorstellungen, zumal seit 1915 bereits 32 000 weiße Infanteristen der Union an der Westfront im Einsatz waren, wo sie im Juli 1916 an der Somme schwere Verluste erlitten.[75] Deutsch-Ostafrika, so der Plan von Botha und Smuts, sollte vorwiegend durch südafrikanische Truppen eingenommen und dann zwischen Briten und Portugiesen aufgeteilt werden. Im Gegenzug sollte Südafrika den südlichen Teil Mosambiks bis zum Sambesi erhalten, darunter auch die Delagoa-Bucht (Maputo-Bucht) mit ihrem wichtigen Hafen.[76]

So wurde die deutsche Kolonie 1916 von mehreren Seiten mit starken Kräften angegriffen. Die Operationen der verbündeten Briten, Südafrikaner, Belgier und Portugiesen waren jedoch schlecht koordiniert, denn alle Beteiligten spekulierten bereits auf ihren Anteil an der Beute und wollten ihren Verbündeten bei dem Erreichen strategischer Ziele wie Bahnlinien und Häfen zuvorkommen, um sich eine möglichst starke Position am Verhandlungstisch zu sichern.[77] Dies spielte Lettow-Vorbeck in die Hände. Dennoch musste er nach einigen Monaten wichtige Positionen räumen, zumal er kaum noch mit Nachschub aus Deutschland rechnen konnte: Seit April hatte kein deutsches Schiff mehr die Blockade durchbrechen und die Kolonie erreichen können. Am 7. Juli zog er sich aus Tanga zurück und am 3. September aus Daressalam.

Danach verlangsamte sich die Offensive der Alliierten. Angesichts der erdrückenden Übermacht der Gegner spalteten sich mehrere Einheiten von Lettow-Vorbeck ab, um den Feind abzulenken. Sie legten bei ihren Märschen kreuz und quer durch die Kolonie teilweise Tausende von Kilometern zurück und banden beträchtliche Teile der gegnerischen Truppen. Dabei machten die Deutschen keinerlei Versuche, die einheimische Bevölkerung gegen die Invasoren aufzuwiegeln, wurden von ihr aber nicht selten passiv unterstützt.[78]

Vor allem die Südafrikaner hatten derweil mit massiven Schwierigkeiten zu kämpfen. Sie setzten vor allem berittene Infanterie ein, die jedoch im Buschkrieg kaum zu gebrauchen war. Die Pferde fielen reihenweise der von der Tsetsefliege übertragenen Naganaseuche zum Opfer, während die weißen Soldaten an Ruhr und Malaria erkrankten. Das zur Malariabehandlung eingesetzte Chinin war jedoch knapp, und auch sonst gab es mit dem Nachschub Probleme. Ganze Regimenter wurden so ohne jede Feindberührung dezimiert. Hier rächte sich nun, dass Smuts aus politischen und ideologischen Gründen schwarze Südafrikaner nur als Träger und Hilfskräfte einsetzte. Am Ende des Feldzugs hatte Südafrika 1 600 tote Soldaten zu beklagen, viermal mehr als in Südwestafrika gefallen waren. Der Krieg wurde in der Union immer unpopulärer, je länger er andauerte. An seiner Politik, keine Schwarzen aus dem eigenen Land als Soldaten einzusetzen, änderte Smuts jedoch nichts. Im Januar 1917 wurde er in das Imperial War Cabinet abberufen. Seine Nachfolger Hoskins und Deventer griffen bei der Verfolgung von Lettow-Vorbeck, der sich immer mehr nach Südosten zurückzog, zunehmend auf die schwarzen Kolonialtruppen der Briten aus Kenia, Uganda und Westafrika zurück, die stark aufgestockt wurden.[79]

Zur Entscheidungsschlacht kam es erst am 14. Oktober 1917 bei Mahiwa im äußersten Südosten der Kolonie. Es war das einzige größere Gefecht des gesamten Krieges. Die Alliierten verloren in vier Tagen über die Hälfte ihrer 5000 Mann. Aber es war ein Pyrrhussieg für Lettow-Vorbeck, der ebenfalls schwere Verluste zu verzeichnen hatte. Hinzu kam, dass sich nun das Fehlen von Nachschub bemerkbar machte. Vor allem Munition und Medikamente wurden knapp. Ein letzter Versuch, die Truppe von Deutschland aus per Luftschiff mit Nachschub zu versorgen, scheiterte; Zeppelin L59 musste über dem Sudan umkehren. Kommandeur Lettow-Vorbeck entschloss sich nun, über 1000 Mann, für die er keine Munition mehr hatte, darunter auch die Kranken und Verwundeten, nebst einem umfangreichen Tross von Frauen und Kindern zurückzulassen, und zog sich mit nur 300 deutschen Soldaten und 1700 Askaris nach Mosambik zurück.[80] Im Juli 1918 besiegte er bei Namakura eine britisch-portugiesische Garnison und konnte eine größere Menge an Munition und Lebensmitteln erbeuten. Ab August machte die Influenza seiner Kolonne, zu der auch Frauen und Träger zählten, immer mehr zu schaffen. Als sich Lettow-Vorbeck am 25. November 1918 im Norden Rhodesiens ergab, zählte sein Haufen noch 155 Deutsche und 1156 Askaris.[81]

Lettow-Vorbeck wurde wie T. E. Lawrence und Graf Spee zu einem der Helden des Krieges, dem auch die Gegner für seine erstaunlichen Erfolge Tribut zollten. Er arbeitete auch selbst an seinem Mythos und veröffentlichte schon bald nach Kriegsende mehrere vielgelesene Erinnerungsbücher.[82] In der Weimarer Republik wurde er rasch zu einer Galionsfigur der Kolonialnostalgiker und anderer deutschnationaler Kreise. Zu einer Heroisierung des Mannes besteht jedoch kein Anlass. Seine vielgerühmte Ritterlichkeit und sein Großmut erstreckten sich wohl nur auf die wenigen weißen Gefangenen, die er machte. Auf die einheimische Bevölkerung nahm er nur wenig Rücksicht. Seine Truppe hinterließ eine Spur der Verwüstung. »Hinter uns lassen wir zerstörte Felder, restlos geplünderte Magazine und für die nächste Zeit Hungersnot«, vertraute einer von Lettow-Vorbecks Ärzten seinem Tagebuch an, »wir sind keine Schrittmacher der Kultur mehr; unsere Spur ist gezeichnet von Tod, Plünderung und menschenleeren Dörfern, gerade so wie im Dreißigjährigen Kriege nach dem Durchmarsch der eigenen und feindlichen Truppen.«[83] Auf die Dauer hat Lettow-Vorbeck die Loyalität seiner schwarzen Soldaten nur aufrechterhalten können, weil er ihnen Plünderungen und Vergewaltigungen erlaubte. Vor allem gegen Ende des Krieges ähnelte seine von allem Nachschub abgeschnittene Truppe daher immer mehr einem Haufen marodierender Landsknechte. Er selbst hat sie als einen Haufen völlig abgestumpfter Männer bezeichnet, wobei er freilich unterschlug, dass er für diese Verrohung durch die sinnlose Fortführung seines Kampfes bis zuletzt zum großen Teil selbst verantwortlich war.[84]

Zum Mythos wurde Lettow-Vorbeck auch, weil ihm zu gelingen schien, was anderswo in Afrika scheiterte, nämlich beträchtliche Kräfte des Gegners für längere Zeit an der Peripherie zu binden und vom Einsatz in Europa abzuhalten. Aber auch hier sind Fragezeichen angebracht. Das indische Expeditionskorps, das 1914 so kläglich scheiterte, wäre niemals in Europa eingesetzt worden. Das gilt auch für die afrikanischen Kolonialtruppen der Briten, die jahrelang gegen die Deutschen in Ostafrika kämpften. Ob die Südafrikaner mehr Einheiten nach Europa geschickt hätten, wenn die Schutztruppe früher aufgegeben hätte, ist fraglich. Insofern lief Lettow-Vorbecks Strategie, möglichst viele britische Truppen vom Einsatz in Europa abzuhalten, weitgehend ins Leere.

Dennoch kann der Krieg in Ostafrika nicht einfach als Nebenschauplatz abgetan werden. Die Zahl der eingesetzten Soldaten war mit rund 200 000 Mann begrenzt, und auch die Verluste können einem Vergleich mit dem Krieg in Europa nicht standhalten. Die für die Briten kämpfenden einheimischen Soldaten verloren etwa 10 000 Mann und die weißen südafrikanischen Regimenter rund 1 600 Soldaten. Auf deutscher Seite kamen etwa 11 500 Soldaten ums Leben, die meisten davon Askaris. Das waren insgesamt weniger Soldaten, als mitunter an einem Tag an der Westfront fielen. Dennoch hatte der Krieg dramatische Folgen für die Region, denn er wurde vor allem als Bewegungskrieg in einem Gebiet von großer Ausdehnung geführt, in dem es nur wenige Straßen und Eisenbahnlinien gab. Da Packtiere für Krankheiten anfällig waren, setzten beide Seiten in großem Stil Einheimische als Hilfskräfte und Träger ein; auf einen Soldaten kamen immer mindestens zwei oder drei Träger. Insgesamt wurden etwa zehnmal mehr Träger als Soldaten eingesetzt, die in vielen Quellen und Darstellungen keine Berücksichtigung fanden. Allein die Briten haben in Kenia, Rhodesien, Njassaland (Malawi), dem Kongo, Mosambik und Deutsch-Ostafrika mindestens eine Million Träger für den Feldzug rekrutiert. Die belgische Force Publique setzte neben 20 000 Soldaten 250 000 Träger ein. Diese Zwangsrekrutierung junger Männer hatte fatale Folgen für die Wirtschaft der Region.

Die Träger wurden nur unzureichend versorgt und erkrankten daher oft. Vor allem in der letzten Phase des Krieges verkleinerten sich ihre Kalorienrationen dramatisch. Die Todesrate unter ihnen lag viel höher als unter den Soldaten und entsprach etwa der an der Westfront. Allein von den auf britischer Seite eingesetzten Trägern starben über 100 000 während des Feldzugs. 45 000 von ihnen stammten aus Kenia, wo sie ein Achtel der erwachsenen männlichen Bevölkerung ausmachten.

Wie viele Träger auf deutscher und belgischer Seite ums Leben kamen, ist nicht bekannt. Noch schwerer sind die Opfer zu beziffern, die der Krieg von der Zivilbevölkerung forderte. Infolge der fehlenden Infrastruktur und der chronischen Nachschubprobleme mussten sich die Truppen beider Seiten auf ihren Märschen zum großen Teil aus dem Land versorgen. So wurde die einheimische Bevölkerung nicht nur durch die Zwangsrekrutierung der jungen Männer als Soldaten und Träger, sondern auch durch Requisitionen und Plünderungen belastet, die ihre Lebensgrundlagen zerstörten. Hungersnöte und Seuchen waren die Folge. Am härtesten hat der Krieg Deutsch-Ostafrika getroffen. Genaue Statistiken fehlen. Schätzungen gehen davon aus, dass in der Kolonie bis Kriegsende rund 650 000 Menschen infolge des Krieges ums Leben kamen, fast ein Zehntel der Einwohner. Darin sind die Opfer der bei Kriegsende einsetzenden und die Bevölkerung weiter dezimierenden Spanischen Grippe noch nicht mitgerechnet.[85]

Die Kolonialreiche im Krieg

Global war der Erste Weltkrieg nicht nur, weil er auch außerhalb Europas, in Ostasien, in Afrika und im Nahen und Mittleren Osten ausgefochten wurde und weil auch souveräne außereuropäische Mächte wie das Osmanische Reich, Japan und die Vereinigten Staaten und schließlich auch China und viele lateinamerikanische Länder in ihn eintraten. Ein globaler Krieg war er auch deshalb, weil die Kolonien der europäischen Mächte in ihn von Beginn verwickelt waren. Vor allem Großbritannien und Frankreich griffen im Ersten Weltkrieg in beträchtlichem Umfang auf die materiellen und humanen Ressourcen ihrer Kolonialimperien zurück.[86] Diese machten mit etwa 440 Millionen Menschen, von denen 90 Prozent auf das Britische Empire entfielen, gut ein Viertel der Weltbevölkerung aus. Auf der Seite der Mittelmächte verfügte nur Deutschland über nennenswerte Kolonien. Das Kaiserreich beschränkte den Einsatz seiner relativ kleinen Kolonialtruppen auf die Verteidigung seiner Kolonien. Großbritannien und Frankreich dagegen rekrutierten in großem Stil Soldaten und Arbeitskräfte in ihren militärisch kaum bedrohten Kolonien und setzten diese zum Teil auch in Europa und an anderen Kriegsschauplätzen ein, wie etwa im Nahen und Mittleren Osten.

Großbritannien war besonders stark auf Soldaten aus dem Empire angewiesen; es war die einzige am Krieg beteiligte Macht ohne Wehrpflicht, und das stehende Heer war klein. Allerdings konnte es auf Siedlerkolonien mit starken Bindungen an das Mutterland zurückgreifen, die sogenannten »weißen« Dominions wie Kanada, Südafrika, Australien und Neuseeland. Dies war ein wichtiger Unterschied zu Frankreich, aber auch zu den anderen am Krieg beteiligten Kolonialmächten wie Deutschland, Italien, Belgien oder Portugal.

Die Dominions unterstützten die Kriegsanstrengung des Mutterlandes von Anfang an in beträchtlichem Umfang. Kanada lieferte zahlreiche Rüstungsgüter und stellte 458 000 Soldaten.[87] Fast 60 000 Kanadier fielen, über 170 000 wurden verwundet. Neufundland, das zu dieser Zeit noch ein von Kanada unabhängiges Dominion war, stellte ein Regiment von 790 Mann, das am 1. Juli an der Somme komplett aufgerieben wurde; am Ende des Tages waren 272 Gefallene und 438 Verwundete zu beklagen. Neuseeland stellte 112 000 Mann, mehr als ein Zehntel seiner gesamten Bevölkerung. 40 Prozent der Männer im Alter zwischen 25 und 40 Jahren nahmen am Krieg teil, mehr als die Hälfte davon verlor ihr Leben oder wurde verwundet.[88] Australien, das 1914 vier Millionen Einwohner hatte, stellte 332 000 Mann. Das war, wie in Neuseeland, etwa die Hälfte aller wehrfähigen Männer. Von ihnen kamen 60 000 im Krieg ums Leben, weitere 167 000 wurden verwundet. Die australische Verlustquote war mit 65 Prozent die höchste aller Armeen des Britischen Empire.[89] Südafrika mobilisierte 136 000 Soldaten, die vorwiegend gegen die deutschen Kolonien in Afrika eingesetzt wurden (siehe das vorige Unterkapitel), zu einem kleineren Teil aber auch an der Westfront. Schwarze Südafrikaner waren vom Kriegsdienst ausgeschlossen, über 40 000 von ihnen kamen jedoch in Frankreich als Arbeitskräfte zum Einsatz. Insgesamt beteiligten sich die Dominions also mit weit über einer Million Soldaten am Krieg. Das war eine beträchtliche Unterstützung für die sechs Millionen Soldaten, die während des Krieges in Großbritannien und Irland ausgehoben wurden. Die Dominions stellten einen ähnlich hohen Anteil ihrer wehrfähigen Männer wie Großbritannien (53 Prozent), und auch die Quote ihrer Gefallenen stand der des Mutterlands (12 Prozent) in nichts nach. Es ist daher nicht verwunderlich, dass sich der Erste Weltkrieg tief in das kollektive Gedächtnis auch dieser Gesellschaften eingeschrieben hat. Das gilt vor allem für Australien und Neuseeland. Kein Land der Welt hat in seinem Staatshaushalt für Gedenkveranstaltungen anlässlich der hundertsten Jährung des Kriegsausbruchs 2014 mehr Geld bereitgestellt als Australien.

Die Rekrutierung der Soldaten in den Dominions beruhte zunächst auf Freiwilligkeit. Die Zahl der Freiwilligen ging jedoch nach einem anfänglichen Schub deutlich zurück, da die hohen Verlustzahlen abschreckend wirkten und das Reservoir derjenigen, die noch im Mutterland geboren waren und besonders enge Bindungen an dieses hatten, bald ausgeschöpft war. So kam es auch in den Dominions zu einer Debatte um die Einführung der Wehrpflicht. In Kanada verlief diese nicht nur nach sozialen, sondern auch nach ethnischen Bruchlinien. Die Frankokanadier verspürten nur wenig Neigung, für Großbritannien und sein Empire in den Krieg zu ziehen. Aus ihren Reihen meldeten sich nur wenige freiwillig zu den Waffen. Die Arbeiterbewegung und die ländliche Bevölkerung, in der die französischsprachigen Kanadier überrepräsentiert waren, waren gegen die Einführung der Wehrpflicht, die dementsprechend nur mit großer Mühe im August 1917 von der Unionsregierung durchgesetzt werden konnte. Die daraufhin ausbrechenden Proteste und Unruhen in Québec haben die Beziehung zwischen den englisch- und den französischsprachigen Landesteilen stark belastet, aber auch die liberale Partei, die über der Frage der Wehrpflicht auseinanderbrach.[90]

Zu scharfen Auseinandersetzungen über die Wehrpflicht kam es auch in Australien, wo die Zahl der Freiwilligen 1916 immer mehr zurückging. Zudem waren die in Gallipoli und an der Somme eingesetzten Einheiten stark dezimiert worden. Premierminister William Morris Hughes plädierte für ihre Einführung, doch die Gewerkschaften und Teile der Labour Party, deren Vorsitzender er war, verweigerten ihm die Gefolgschaft. Auch die meisten Katholiken irischer Abstammung waren dagegen, nachdem die Briten den Irischen Osteraufstand blutig niedergeschlagen hatten. So sprach sich im Oktober 1916 die Mehrheit der Bevölkerung in einem Referendum gegen die Wehrpflicht aus. In den letzten beiden Kriegsjahren nahm die Ablehnung des Krieges vor allem in den Gewerkschaften und der Labour Party weiter zu, was zu einer scharfen Polarisierung der politischen Landschaft führte. Im Dezember 1917 setzte Hughes, der sich nur mit Hilfe der konservativen Parteien an der Regierung halten konnte, ein zweites Referendum über die Wehrpflicht an, scheiterte jedoch noch deutlicher als beim ersten Mal. So blieb die Australian Imperial Force im Gegensatz zu den anderen britischen Verbänden eine reine Freiwilligenarmee. Das bedeutete auch, dass diese Soldaten selbst für schwere militärische Vergehen nicht mit dem Tod bestraft werden konnten – sehr zum Missfallen der britischen Militärführung. Es hatte aber auch zur Folge, dass die Erinnerung an den Krieg in Australien relativ stark von bürgerlich-konservativen Kräften und Veteranenorganisationen besetzt wurde und die Gesellschaft nicht so stark einte wie etwa in Neuseeland. Hier wurde die Wehrpflicht im August 1916 vom Parlament ohne ausgedehnte politische Debatten mit großer Mehrheit eingeführt. Durch die hohe Zahl der Freiwilligen war ohnehin bereits fast jede Familie vom Krieg betroffen. Die relativ hohe Zustimmung zu Krieg und Wehrpflicht ging auch darauf zurück, dass die Gesellschaft ethnisch weniger zerklüftet war. So waren in Neuseeland von Beginn an auch die Maori bei der Armee als Freiwillige willkommen, anders als Asiaten und Schwarze in Kanada und Südafrika. Nicht wenige haben davon Gebrauch gemacht. Zunächst wurden sie auf verschiedene Einheiten aufgeteilt, später dann aber an der Westfront in einem eigenen Pionierbataillon zusammengefasst. Der Stolz auf die Kriegsteilnahme an der Seite der Waffenbrüder aus allen Teilen des Empire und die mythisch überhöhte Erinnerung an den ANZAC-Einsatz waren also kein exklusives Privileg weißer Soldaten. Von den Maori, die schon seit 1867 das allgemeine Wahlrecht besaßen, konnte dieses Engagement auch sehr erfolgreich im Kampf um die volle Gleichberechtigung eingesetzt werden.[91]

Die Truppen der Dominions waren zunächst keine selbständigen Armeen, sondern Teil der britischen Streitkräfte und wurden auch von britischen Generälen befehligt. Ihre Offiziere waren von den höchsten Kommandoebenen ausgeschlossen. Im Laufe des Krieges wurden die britischen Befehlshaber jedoch durch eigene Kommandeure ersetzt, allen voran durch den Kanadier Edward Currie und den Australier John Monash. Diese machten aus ihren Kontingenten immer mehr eigenständige, nationale Armeen. So hat der Erste Weltkrieg die Nationsbildung und Verselbständigung der Dominions entscheidend vorangetrieben, zumal sie der Krieg mit eigenen Mythen und Erinnerungsorten wie Gallipoli versorgte, die bis heute zum Kernbestand ihrer nationalen Erinnerungskultur zählen.

Die Beteiligung am Krieg führte in den Dominions zu steigenden Erwartungen und Forderungen nach mehr Selbständigkeit. Diese Dynamik ist auch in anderen Teilen des Britischen Empire zu beobachten und war den Zeitgenossen durchaus klar. Deshalb waren viele entschiedene Imperialisten in London oder der kolonialen Verwaltung vor Ort auch wenig begeistert von der Einbeziehung der Kolonien in den Krieg, während andere, die den Status quo des Empire als weniger festzementiert betrachteten, für eine rücksichtslose Einbeziehung der Kolonien in die Kriegsanstrengungen eintraten, um möglichst rasch den Sieg zu erringen. Zu diesen gehörte Lloyd George, der zunächst das Munitions- und das Kriegsministerium geleitet hatte, bevor er Ende 1916 Premierminister wurde. Er schuf eine ganze Reihe von imperialen Gremien, in die er die Premierminister der Dominions einbezog, um die kriegsbedingten Ansprüche Londons abzustützen und zu legitimieren. Dies führte zu einer Aufwertung der Dominions. Sie forderten nun, als »autonomous nations of an Imperial Commonwealth« anerkannt zu werden. Das bezog sich auch auf ihre Außenpolitik, die bisher in der Zuständigkeit Londons lag. In Westminister konnte man sich diesen Forderungen immer weniger widersetzen, je länger der Krieg dauerte. So wurde den Dominions schließlich eine »adequate voice in foreign policy« eingeräumt. Dieser Souveränitätsgewinn fand nach dem Ende der Kämpfe seinen sichtbarsten Ausdruck darin, dass die Dominions bei den Friedensverhandlungen in Paris mit selbständigen Delegationen vertreten waren.[92]

Aber auch aus anderen Teilen des Empire kamen Soldaten und Arbeitskräfte, vor allem aus Indien. Die indische Armee zählte bei Kriegsbeginn nur 155 000 Mann. Sie war keine wirklich gesamtindische Armee, sondern rekrutierte sich fast ausschließlich aus Bewohnern des Nordens und Nordwestens des Subkontinents, zumal ihre Hauptaufgabe in der Verteidigung der Nordwestgrenze bestand. Nach dem Großen Aufstand von 1857, der »Great Mutiny«, waren die bengalischen Einheiten aufgelöst und durch Muslime und Sikhs aus dem Punjab ersetzt worden. Männer aus dem Süden und dem Osten, die meist Hindus waren, galten als verweichlicht und kriegsuntauglich. Eine allgemeine Wehrpflicht bestand nicht und wurde während des Krieges auch nicht eingeführt.

Ursprünglich plante London, indische Soldaten nur in begrenztem Umfang einzusetzen, um seinem Kolonialregime auf dem Subkontinent keine Blöße zu geben. Vorgesehen war vor allem ein Einsatz in Ägypten, damit die dort stationierten britischen Truppen nach Frankreich verlegt werden konnten.[93] Doch angesichts der prekären Lage an der Westfront wurden seit Anfang 1915 indische Einheiten auch in Frankeich eingesetzt. Das nach Europa verschiffte Armeekorps umfasste zwei Infanterie- und zwei Kavalleriedivisionen und bestand aus 28 500 Indern und 16 000 britischen Soldaten. Die beiden Infanteriedivisionen waren nur für den Kolonialkrieg ausgerüstet und ausgebildet und erlitten hohe Verluste. Entsprechend negativ bewertete die Militärführung ihre Kampfkraft, und schon Ende des Jahres wurde die Infanterie wieder aus Europa abgezogen, während die beiden Kavalleriedivisionen in Frankreich blieben. Zum Einsatz kamen die indischen Truppen nun vor allem in Mesopotamien, aber auch in Palästina, Ostafrika, Gallipoli, auf der arabischen Halbinsel und am Persischen Golf. Insgesamt mobilisierten die Briten in Indien 1,27 Millionen Mann, von denen 827 000 im Kampf eingesetzt wurden. Das waren mehr Soldaten, als Serbien oder Rumänien in den Kampf schickten. 60 000 indische Soldaten kamen im Krieg ums Leben, deutlich mehr Gefallene, als Belgien zu beklagen hatte. Darüber hinaus umfasste die indische Unterstützung beträchtliche materielle Ressourcen im Wert von 146 Millionen Pfund.[94]

Der Weltkrieg wirkte sich in dem riesigen Subkontinent mit einer Bevölkerung von knapp 300 Millionen Menschen weniger stark aus als in anderen Ländern und hat sich nicht so stark und dauerhaft in das kollektive Gedächtnis eingeschrieben wie anderswo. Doch auch in Indien verstärkte der Krieg Bestrebungen, die auf mehr Autonomie und Selbstverwaltung zielten. Der von Hindus dominierte Indische Nationalkongress (Kongresspartei) und die Muslimliga forderten für Indien »Home Rule« nach dem Vorbild der Dominions. 1916 verabschiedeten sie ein gemeinsames Programm, das Reformen forderte, die der einheimischen Bevölkerung eine Mehrheit in den Vertretungsorganen sichern sollten. In der britischen Indienpolitik kam es mehr und mehr zu einem Umdenken, zumal sich der hohe Steuerdruck und der Preisanstieg infolge der hohen Kontributionen negativ auf die wirtschaftliche Lage auswirkten. Die Februarrevolution in Russland und die prekäre militärische Lage der Entente spielten den indischen Autonomiebestrebungen außerdem in die Hände. Am 20. August 1917 erklärte Indienminister Edwin Montagu vor dem Unterhaus, wenngleich relativ vage, die graduelle Entwicklung der Selbstverwaltung und Selbstregierung Indiens als Teil des Empire zum Ziel der britischen Politik. Dieses Versprechen fand 1919 ihre teilweise Umsetzung, und ein Teil der Lokalverwaltung ging in indische Hände über. So hat der Krieg insgesamt zu einer Politisierung der einheimischen Eliten und Intellektuellen geführt und zum Eintritt vieler Inder in Provinzpolitik und Verwaltung. Er war damit ohne Zweifel eine wichtige Etappe auf dem Weg zur Selbständigkeit. Darüber hinausgehende Reformen und Konzessionen blieben freilich aus. So wurde die Forderung nach einer eigenständigen Vertretung Indiens auf der Pariser Friedenskonferenz, die der Nationalkongress Ende 1918 erhoben hatte, von den Briten nicht erfüllt.[95] Das im Januar desselben Jahres von dem amerikanischen Präsidenten Woodrow Wilson formulierte 14-Punkte-Programm, das Demokratie und nationale Selbstbestimmung zum Thema hatte und auf dem Subkontinent wie in China starke Hoffnungen erzeugt hatte, blieb für die Inder deshalb vorerst ein leeres Versprechen, so universal es sich auch immer gebärdete.[96]

Auch Frankreich hat in großem Stil Soldaten in seinen Kolonien rekrutiert. Da waren zunächst die französischen Bürger in Übersee, von denen etwa 134 000 mobilisiert wurden, davon 92 000 allein in Algerien. Die meisten von ihnen kehrten gleich am Beginn des Krieges nach Frankreich zurück. Darüber hinaus mobilisierte Frankreich etwa 545 000 Soldaten aus der indigenen Bevölkerung seiner Kolonien. Von ihnen wurden etwa 438 000 in Europa oder dem Nahen Osten eingesetzt. Damit machten die Kolonialtruppen etwas über fünf Prozent der französischen Streitkräfte aus. Das war ein erheblicher Anteil, aber doch deutlich weniger als im britischen Fall.

Zu den französischen Kolonialtruppen zählten die »Tirailleurs sénégalais«, eine leichte Infanterietruppe, die sich keineswegs nur aus dem Senegal, sondern auch anderen Teilen Westafrikas rekrutierte. Es handelte sich um eine Söldnertruppe, denn bis 1917 bestand für die einheimische Bevölkerung keine Wehrpflicht. Die Rekrutierung setzte zunächst vor allem auf ökonomische Anreize. Mit der Zeit war aber auch immer mehr Zwang im Spiel. Daneben wurden leichte Infanterieeinheiten aus Algerien (Zuaven und Turcos) und Marokko sowie Kavallerieeinheiten aus Algerien, Tunesien und Marokko (Spahis) eingesetzt. Insgesamt mobilisierte Frankreich 269 950 Mann aus Nord- und 181 512 Soldaten aus Schwarzafrika. Hinzu kamen 48 922 Männer aus Indochina, 41 355 aus Madagaskar, 2 434 aus Französisch-Somalia und 1 067 aus den französischen Kolonien im Pazifik.[97]

Die Deutschen protestierten vehement gegen den Einsatz der französischen Kolonialsoldaten in Europa und schlachteten ihn nach Kräften für ihre Propaganda aus. Dabei wurden alle Register des Rassismus gezogen. Der Einsatz von Afrikanern, denen barbarische Kampfmethoden unterstellt wurden, war eine willkommene Gelegenheit, um den gegen Deutschland seit Kriegsbeginn erhobenen Vorwurf des Zivilisationsbruchs mit gleicher Münze zu beantworten. Wichtig war auch, dass es sich durchweg um mehr oder weniger zum Kriegsdienst gepresste Söldner handelte. Das ging auch den Sozialdemokraten in Deutschland gegen den Strich. So konnte die deutsche Propaganda hier an rassistische und antikolonialistische Impulse gleichermaßen appellieren.

Der Einsatz von Kolonialtruppen in Europa war jedoch auch in Frankreich, ähnlich wie jenseits des Kanals, aus verschiedenen Gründen umstritten. Viele Militärs sprachen ihnen die Kampfkraft, die nötigen Sprachkenntnisse und die Eignung für das europäische Klima ab. Andere warnten vor den unkalkulierbaren Folgen eines Einsatzes der Afrikaner in Frankreich oder befürchteten den Ausbruch von Rebellionen infolge der Truppenverlegungen aus den Kolonien. Der Einsatz der Söldner stieß überdies bei den französischen Sozialisten und vielen Radikalen auf massive Kritik, widersprach er doch der republikanischen Idee der »Nation in Waffen«. Doch die Logik des totalen Krieges, der zur Mobilisierung aller Ressourcen zwang, setzte sich durch.

Die Kolonialsoldaten wurden zusammen mit französischen Einheiten an vielen Frontabschnitten eingesetzt, darunter auch in Verdun und in Gallipoli. Sie waren vielfältiger Diskriminierung ausgesetzt, und ihre Aufstiegschancen in der französischen Armee waren begrenzt. Das galt vor allem für die Soldaten aus Schwarzafrika. 1917 gab es erst sechs schwarze Offiziere. Viele Einheiten wurden in den Wintermonaten von Nord- nach Südfrankreich verlegt, dennoch waren Erkrankungen aufgrund des ungewohnten Klimas, vor allem der Atemwege, an der Tagesordnung. Einige Historiker vertreten die Ansicht, die Kolonialsoldaten seien besonders häufig in gefährliche Einsätze geschickt und als Sturmtruppen gebraucht worden. Dass einige französische Militärführer diese planten, steht außer Frage, doch die These ist aufgrund der komplizierten Quellenlage nicht einfach zu überprüfen und daher umstritten. Tatsächlich betrug die Zahl der Gefallenen 87 000 Mann, 240 000 Soldaten wurden verwundet. Damit lagen die Verluste der Kolonialtruppen nur geringfügig über dem französischen Durchschnitt. Gemessen an ihrer sehr viel kürzeren Einsatzdauer erlitten sie jedoch deutlich höhere Verluste als der Rest des französischen Heeres.[98]

Frankreich rekrutierte nicht nur Soldaten, sondern auch rund 220 000 Arbeiter in Übersee, um sie in der Industrie oder Landwirtschaft einzusetzen. Die meisten von ihnen kamen aus Algerien und Indochina. In China wurden 36 000 Kulis angeworben. Diese Arbeiter aus dem kolonialen Raum stellten eine wichtige Ergänzung der 230 000 Arbeitsmigranten dar, die aus dem neutralen Spanien nach Frankreich kamen. Ein großer Teil der Arbeitskräfte aus den Kolonien konzentrierte sich in Paris, in Marseille und anderen Hafenstädten. Sie wurden dort streng von der Polizei überwacht, um Revolten vorzubeugen. Viele beschweren sich über niedrige Löhne und harte Arbeitsbedingungen, zumal nicht alle Arbeitgeber den festgesetzten Mindestlohn zahlten und ein Teil des Lohnes für Unterkunft und Transport nach Europa einbehalten wurde. Manche Arbeiter aus Übersee scheinen das Leben in den französischen Städten jedoch auch genossen zu haben, auch wenn Spannungen mit der einheimischen Bevölkerung nicht ausblieben. Die Gewerkschaften waren über die Anwerbung der Arbeiter aus Übersee nicht begeistert. Gerüchte machten die Runde, dass sie als Streikbrecher eingesetzt würden, was jeder Grundlage entbehrte. So kam es vor allem in den letzten beiden Kriegsjahren auch zu Ausschreitungen gegen sie oder gegen Kolonialsoldaten, die sich auf Fronturlaub befanden. Derartige Ausbrüche von Gewalt gegen ausländische Arbeiter hatte es allerdings in Frankreich schon vor 1914 gegeben. 1893 sind in den Salinen von Aigues-Mortes acht italienische Arbeiter von der örtlichen Bevölkerung massakriert worden. Der Weltkrieg stellte in dieser Hinsicht also keine Zäsur dar.[99]

Der Krieg hat die französischen Kolonien stärker in Mitleidenschaft gezogen als die der Briten, was nicht zuletzt daran lag, dass sie nicht so groß und bevölkerungsreich waren wie die britischen und sich daher größerem Druck ausgesetzt sahen. Die bürokratische Infrastruktur wurde durch die Einziehung vieler Kolonialbeamter zum Kriegsdienst geschwächt. Die Unterbrechung des Handels mit Deutschland führte zu wirtschaftlichen Schäden, vor allem in Marokko, wo viele Deutsche gelebt hatten, die nun interniert wurden und ihren Besitz verloren, aber auch in Tahiti. Durch die massive Steigerung der staatlichen Nachfrage kam es zu einer Verteuerung und Verknappung von Lebensmitteln und anderen kriegswichtigen Gütern. Das traf vor allem die indigene Bevölkerung, die zudem unter höheren Steuern und Abgaben zu leiden hatte. Hunger und Epidemien waren die Folge. Gleichzeitig verschärften sich auch die Zensur und Überwachung, begleitet von einer Propaganda, die sich vor allem gegen die deutschen Versuche richtete, das Reich als Befreier der Muslime von kolonialer Herrschaft darzustellen.[100]

Diese konnte jedoch nicht verhindern, dass die Unzufriedenheit der indigenen Bevölkerung in den französischen Kolonien rasch wuchs. So kam es während des Krieges zu zahlreichen Revolten in Westafrika, Algerien, Marokko, Neukaledonien und Indochina. Die größte von ihnen war der Grande-Rivière-Aufstand in Westafrika 1915/16, der sich neun Monate hinzog und 160 000 Menschen und 500 Ortschaften erfasste. Er wurde von französischen Soldaten mit aller Härte niedergeschlagen, wobei mehrere tausend Menschen ums Leben kamen. Aufstände dieser Größenordnung hat es während des Krieges weder in Indien noch in den afrikanischen Kolonien des Empire gegeben.

Diese Revolten waren vor allem Reaktionen auf den zunehmenden Einsatz von Zwang bei der Rekrutierung von Soldaten. 1917 wurde in den französischen Kolonien in Afrika die Wehrpflicht eingeführt, obwohl die Einheimischen fast durchweg keine Bürger, sondern nur Untertanen Frankreichs und damit weitgehend rechtlos waren. Daraufhin flohen viele kriegstaugliche Männer in die portugiesischen oder britischen Nachbarkolonien. Die Härte der französischen Rekrutierungsmethoden stieß nicht nur bei der einheimischen Bevölkerung auf Kritik, sondern auch bei dem britischen Gouverneur von Nigeria, Lord Lugard, und selbst bei hohen französischen Kolonialbeamten wie dem aus einer niederländischen Patrizierfamilie stammenden Joost van Vollenhoven, dem früheren Gouverneur von Indochina, der im Mai 1917 Gouverneur von Französisch-Westafrika wurde. Er widersetzte sich mit großem Nachdruck den neuen Aushebungen, die vom Kolonialministerium unter André Maginot verordnet worden waren. Darüber kam es auch zu einer direkten Auseinandersetzung mit Ministerpräsident Clemenceau, der sich im Dezember auf Maginots Seite geschlagen hatte. Van Vollenhoven reichte daraufhin seinen Abschied ein und kehrte als einfacher Hauptmann an die Front zurück, wo er im Juli 1918 im Kampf sein Leben ließ.[101]

Die Revolten destabilisierten die französische Kolonialherrschaft, aber sie bedrohten sie nicht in ihren Grundfesten, denn sie zielten nicht auf ihre Abschaffung, sondern auf eine Verbesserung der Lebensbedingungen und das Ende der Aushebungen. Es gab jedoch personelle Kontinuitätslinien zwischen diesen Revolten und den späteren nationalen Befreiungsbewegungen, etwa in Madagaskar oder in Tunesien. In den Bergen Marokkos kam es schon 1921 zu einem Aufstand der Rifkabylen und nach militärischen Erfolgen auch zur Ausrufung einer eigenständigen Republik. Dem konnte erst einige Jahre später mit einem großangelegten Einsatz der französischen Armee unter General Philippe Pétain ein Ende gemacht werden.

Auch in den französischen Kolonien regte sich die Hoffnung, dass ihre Beteiligung am Krieg zu einer Veränderung ihres Status und zu mehr Rechten für ihre Einwohner führen werde. Solche Erwartungen wurden etwa von Blaise Diagne formuliert, dem ersten Schwarzen in der französischen Nationalversammlung, der dort seit 1914 sein Heimatland, den Senegal, vertrat. 1917 kam es zu einer »Kolonialkonferenz« in Paris, bei der diese Fragen diskutiert wurden. Doch die Ergebnisse blieben mager. Zwar konnten Soldaten aus den Kolonien nun unter bestimmten Bedingungen französische Bürger werden. In der Praxis ist es jedoch nur relativ selten zur Verleihung des Bürgerrechts an Veteranen gekommen. Ehemalige Soldaten wurden von der kolonialen Arbeitspflicht ausgenommen und erhielten das Recht auf Pensionen, die denen französischer Veteranen entsprachen. Auch sollten sie wie ihre französischen Kameraden bei der Vergabe von Arbeitsstellen bevorzugt werden. Doch all dies wurde oft nicht in die Tat umgesetzt.

Weitergehende politische Forderungen wie die nach Einführung von Selbstverwaltung blieben bis zum Ende der französischen Kolonialherrschaft unerfüllt. Auch in dieser Hinsicht fiel die Bilanz des Krieges für die französischen Kolonien also deutlich negativer aus als etwa für Indien. Wilsons 14-Punkte-Programm und die Oktoberrevolution beflügelten jedoch auch hier die Opposition gegen den Kolonialismus. Im Februar 1919 fand in Paris der erste Pan-Afrikanische Kongress statt, der von Blaise Diagne und dem afroamerikanischen Bürgerrechtler William Edward Du Bois geleitet wurde und eine Petition an die gleichzeitig tagende Friedenskonferenz richtete, in der Selbstverwaltung für die Afrikaner gefordert wurde, wenn auch mit der einschränkenden Zusatz »so schnell es ihre Entwicklung erlaubt«. Auch in Indochina regten sich Hoffnungen auf mehr Mitsprache. Ho Chi Minh, der damals einen Verein der vietnamesischen Arbeiter in Frankreich leitete, publizierte im Juni 1918 eine Petition, in der er für Indochina mehr Selbstbestimmung und eine Vertretung im französischen Parlament forderte. Von Unabhängigkeit war auch hier noch nicht die Rede.

Unter den Intellektuellen und den indigenen Eliten hat der Krieg ohne Zweifel zu einem antikolonialen Politisierungsschub geführt. Dies ist auch in China zu beobachten. Ob dies auch für die einfachen Soldaten aus den britischen und französischen Kolonien gilt, ist angesichts der gegenwärtigen Forschungs- und Quellenlage nicht eindeutig zu beantworten. Vieles deutet auf ambivalente Erfahrungen und Haltungen hin. Bei den Soldaten und Arbeitern aus den französischen Kolonien entwickelten sich vielfach Ressentiments gegen Frankreich, weil sie sich ausgebeutet oder als Kanonenfutter missbraucht sahen. Viele waren aber auch stolz auf die eigene Leistung, auf Auszeichnungen und Beförderungen und die damit verbundene Teilhabe, auch wenn diese dann hinter den Erwartungen oft zurückblieb. Viele Kolonialsoldaten entwickelten ein positives Bild von Frankreich. Ihnen erschienen die Franzosen in ihrem eigenen, vom Feind bedrohten und teilweise besetzten Land deutlich weniger hochmütig als die Kolonialbeamten und Siedler in den Kolonien. Auch die Disziplin in der Armee wurde oft als gerechter und weniger willkürlich erfahren als das oft brutale Regime in Übersee. Hinzu kam, dass die Männer aus den Kolonien nun erkannten, dass es auch in Frankreich arme und unterdrückte Menschen gab und das Land eine Klassengesellschaft war. Es gab nicht nur Spannungen, sondern auch Kameradschaft mit den einfachen französischen Soldaten. Der Durchhaltewillen der Bevölkerung und die Tapferkeit der französischen Soldaten wurden oft bewundert. Der Mythos von der Unbesiegbarkeit und Unfehlbarkeit des weißen Mannes löste sich jedoch bei vielen auf.[102]

Noch positiver waren die Erfahrungen und Eindrücke der indischen Soldaten, die in Frankreich zum Einsatz kamen oder in englischen Lazaretten versorgt wurden. Zwar litten sie, wie andere Soldaten auch, unter vielfachen Entbehrungen, noch dazu konnten sie in vorderster Front meist ihre religiösen Speisevorschriften nicht einhalten. Der Dienst in Europa war jedoch deutlich beliebter als der in Mesopotamien oder Persien und erhöhte in der Regel das Prestige der Soldaten in ihrer Heimat. Der Kulturkontakt mit Franzosen und Briten führte oft zu einem positiven Bild von Europa und zu Vergleichen, bei der das eigene Heimatland schlecht abschnitt. In manchen Fällen kam es sogar zu einer sehr weitgehenden Akkulturation bis hin zu Partnerschaften und Ehen mit französischen Frauen. Positiv gesehen wurde vor allem der hohe Bildungsstand, der als Ursache für den größeren Wohlstand galt. Auch die hohe Produktivität der Landwirtschaft, der Fleiß der Bevölkerung und ihre Sparsamkeit wurden hervorgehoben. An Indien wurden dagegen oft die hohen und unproduktiven Ausgaben für religiöse Zeremonien wie Hochzeiten und Beerdigungen kritisiert. Dies führte auch häufig zu entsprechenden Ratschlägen an die Familien daheim. Diese wiederum äußerten nicht selten die Befürchtung, dass die Soldaten die Bindung an ihre Religion und ihr Heimatland verlieren könnten, was offenbar nicht völlig unbegründet war. Politische Themen spielten eine geringe Rolle. Die Vorstellung, dass sich Indien durch den Kriegseinsatz das Recht auf größere politische Selbständigkeit und Selbstbestimmung erworben habe, findet sich selten, was allerdings auch eine Folge der Briefzensur gewesen sein könnte. Keine Zensur der Welt konnte die Soldaten jedoch zu Loyalitätsbekundungen gegenüber der britischen Krone zwingen, die relativ häufig in den Briefen vorkamen, vor allem im Zusammenhang mit Besuchen des Königs oder seiner Familienmitglieder an der Front oder in Krankenhäusern.[103]

Diese indischen Quellen bestätigen die gängigen Annahmen über die politischen Auswirkungen des Weltkriegs im kolonialen Raum nicht. Diese gehen meist davon aus, dass der Krieg das Prestige der Europäer in den Kolonien beschädigt habe. Das jahrelange sinnlose Morden sei als Selbstzerstörung Europas und tiefe Krise der europäischen Zivilisation empfunden worden und habe in aller Welt zu einem Schub an antikolonialem und antieuropäischem Selbstbewusstsein geführt. Für die Intelligenz und die Eliten, die oft in Europa studiert hatten, mag dies gelten, ganz gleich ob in Japan, Indien, China oder Lateinamerika. Die Soldaten aus den Kolonien scheinen diese Haltungen jedoch nicht immer geteilt haben. Im Gegenteil: Im Fall der indischen Soldaten aus dem Punjab hat der Kriegseinsatz die Bindungen an das Empire und das positive Bild von Europa möglicherweise sogar gefestigt.

KAPITEL 5

KULTURKRIEG

Das Bild vom Kriegsbeginn im August 1914 ist bis heute von jubelnden Menschenmengen auf den Straßen und Plätzen geprägt, von siegesgewissen Soldaten, die singend und blumengeschmückt an die Front zogen und ihre Eisenbahnwaggons mit patriotischen Sprüchen verzierten, von den zahlreichen jungen Männern, die freiwillig zu den Fahnen eilten, von der enthusiastischen Reaktion der bürgerlichen Jugend und der meisten Intellektuellen, die sich bereitwillig in den Dienst der »geistigen Mobilisierung« stellten, und dem einhelligen Bekenntnis nahezu aller politischen und gesellschaftlichen Kräfte zur Vaterlandsverteidigung, das im »Burgfrieden« oder der »Union sacrée« seinen Ausdruck fand.

Die Vorstellung, dass der Ausbruch des Krieges überall einen Taumel nationaler Begeisterung ausgelöst habe, ist von der neueren Forschung mittlerweile revidiert worden. Die These von der allgemeinen Kriegsbegeisterung im August 1914 ist einer der großen Geschichtsmythen des 20. Jahrhunderts. Dies gilt vor allem für Deutschland, wo sich die politische Rechte bis hin zum Nationalsozialismus immer wieder auf das »Augusterlebnis« berufen hat. So rühmt auch Hitler in *Mein Kampf* die »überschwengliche Begeisterung«, die das deutsche Volk bei Kriegsbeginn erfasst habe: »Der Kampf des Jahres 1914 wurde den Massen, wahrhaftiger Gott, nicht aufgezwungen, sondern von dem gesamten Volke selbst begehrt.«[1]

Die Vorstellung von der allgemeinen Kriegsbegeisterung – nicht nur in Deutschland, auch in den anderen europäischen Ländern – hatte ihren Ursprung in den Augusttagen selbst. Sie war das Ergebnis selektiver Wahrnehmung durch die Meinungsführer in Presse, Publizistik und Politik, die eine in der Öffentlichkeit besonders lautstarke und sichtbare Reaktion auf die Ereignisse überzeichneten und verallgemeinerten, nicht zuletzt um den eigenen Kriegseintritt zu legitimieren. Das war Bestandteil der überall rasch einsetzenden »geistigen Mobilmachung«, deren Deutungsmuster den öffentlichen Diskurs bald dominierten und von den Intellektuellen in den folgenden Wochen und Monaten oft zu mehr oder weniger geschlossenen Kriegsideologien wie den deutschen »Ideen von 1914« verfestigt wurden. Zentral war überall die Vorstellung, der Krieg sei dem eigenen Land aufgezwungen worden, ein Motiv, das es auch oppositionellen politischen Kräften wie den sozialistischen Arbeiterparteien erleichterte, sich in die nationale Einheitsfront und klassenübergreifende Solidarität einzureihen.

Die meisten der am Krieg beteiligten Länder hatten vor 1914 einen raschen Prozess der Modernisierung durchlaufen. Ihre Gesellschaften waren sozial tief gespalten und politisch wie weltanschaulich äußerst heterogen. Viele Menschen verunsicherte die mit dem raschen Wandel verbundene Komplexität und Unübersichtlichkeit. Starke Wünsche nach Einheit und Gemeinschaft waren ebenso aufgekommen wie Ängste der Regierenden, ob ihnen ihre Völker im Ernstfall folgen würden. Ohne diese Hoffnungen und Befürchtungen kann die bei Kriegsbeginn herrschende Stimmung ebenso wenig nachvollzogen werden wie ihre Überhöhung, die auf die reibungslose Mobilisierung und die weitgehende Bereitschaft der politischen Kräfte abzielte, ihre Konflikte zumindest vorübergehend beizulegen.

Die Stimmungen bei Kriegsbeginn

Die meisten Menschen in Europa haben den Krieg keineswegs mit Begeisterung erwartet und begrüßt. Das hat schon 1977 eine Pionierstudie für Frankreich gezeigt, die sich auf die Stimmungsberichte der Präfekten und der Schuldirektoren und die Provinzpresse stützte. Wie in anderen Ländern herrschte in der französischen Öffentlichkeit und Bevölkerung die Hoffnung, dass sich die Krise beilegen lasse. Die Russlandreise der französischen Regierung im Juli des Jahres verstärkte diesen Eindruck und wirkte beruhigend. Hauptthema der französischen Presse in diesen Tagen war nicht der drohende Krieg, sondern der spektakuläre Prozess gegen die Frau des ehemaligen Finanzministers Caillaux, die im März den Chefredakteur des *Figaro* erschossen hatte und am 28. Juli überraschend freigesprochen wurde. Die Reaktionen auf das Ultimatum und die Kriegserklärung Österreichs an Serbien waren verhalten und von der Sorge um die Erhaltung des Friedens geprägt. Die sozialistische Partei und die Gewerkschaften organisierten mehrere große Kundgebungen gegen den drohenden Krieg. Patriotische Kundgebungen fanden nur am 29. Juli statt, als die Regierung nach Paris zurückkehrte. So wiesen die Reaktionen auf den Krieg in den letzten Julitagen insgesamt eine große Bandbreite auf, die von patriotischem Enthusiasmus über Indifferenz und Resignation bis hin zu Angst und massiver Ablehnung des Krieges reichte. Dominant war eine sehr verhaltene, von Sorge und Resignation geprägte Grundstimmung. Sie prägte das Bild bis zur Mobilmachung am 1. August. In den ersten Augusttagen schlug die Stimmung jedoch unter dem Eindruck der deutschen Kriegserklärung und des Angriffs auf Belgien um. Die französischen Sozialisten erklärten sich zur Unterstützung des Verteidigungskrieges bereit und stimmten am 4. August für die Kriegskredite. Auch in der Bevölkerung setzte sich nun immer mehr eine Stimmung der Kriegsentschlossenheit und patriotischen Pflichterfüllung durch. Sie war durch und durch defensiv geprägt. Nationalistische Begeisterung für revanchistische Kriegsziele wie die Wiedergewinnung Elsass-Lothringens spielte kaum eine Rolle.[2]

Auch in Österreich-Ungarn waren Angst und Verzweiflung über den Krieg in der Bevölkerung weit verbreitet. Daneben muss jedoch genau zwischen den verschiedenen Reichsteilen unterschieden werden. In Wien war in der Öffentlichkeit und der bürgerlichen Presse von Anfang an die Empörung über Serbien groß, ebenso die Befürwortung eines Krieges, der als kurze und legitime Strafexpedition gegen den Unruhestifter vor der eigenen Haustür gesehen wurde. Aber schon in Ungarn fielen die Reaktionen sehr viel ambivalenter aus. Noch verhaltener waren sie in den slawischen Teilen der Donaumonarchie, bei den Tschechen, Slowenen, Kroaten, Ruthenen und Polen, von den Serben ganz zu schweigen, die schon kurz nach der Ermordung des Thronfolgers an verschiedenen Orten wie Sarajewo und Zagreb Opfer von Ausschreitungen geworden waren. In Böhmen oder Galizien war von Kriegsbegeisterung wenig zu spüren. Aber es artikulierte sich auch kein offener Protest oder Widerstand gegen den Krieg. Die spätere Auflösung der Donaumonarchie und nationale Verselbständigung ihrer Teile darf nicht auf die erste Phase des Krieges zurückprojiziert werden, wie dies etwa in stark national eingefärbten tschechischen Geschichtserzählungen geschehen ist. Die Mobilisierung verlief wider Erwarten überall reibungslos. Die Vertreter der slawischen Volksgruppen bekundeten durchweg ihre Loyalität und erklärten sich bereit, den Krieg mitzutragen. Dies geschah allerdings meist in der expliziten Erwartung, eine loyale Haltung werde zu der schon lange diskutierten Reform der Monarchie führen und der eigenen Volksgruppe mehr Selbstverwaltung und nationale Autonomie im Staatsverband bringen.³

In Russland war Begeisterung für den Krieg fast ausschließlich eine Sache der relativ kleinen städtischen Eliten. Die bürgerliche Presse begrüßte ihn mehrheitlich und war wie die Falken in der Regierung der Auffassung, dass Russland keine weitere Schlappe wie in der Bosnienkrise hinnehmen könne, wenn es nicht sein Prestige als Großmacht verlieren wolle. Der Kriegsausbruch löste vor allem in der Intelligenzija eine Welle des Nationalismus aus, die sich gegen alles Deutsche richtete – und schon nach wenigen Tagen zur Umbenennung von Sankt Petersburg in Petrograd führte. In der Landbevölkerung des noch weitgehend agrarischen Riesenreiches stieß der Krieg jedoch durchweg auf Ablehnung oder bestenfalls resignierte Indifferenz. Zur offenen Rebellion gegen die Einberufungen ist es jedoch weder auf dem Land noch in der Arbeiterschaft der Städte gekommen, die im Juli noch an vielen Orten gestreikt hatte.⁴

Nirgendwo in Europa fiel im Juli 1914 die Kriegsbereitschaft so gering aus wie in Großbritannien. Die britische Gesellschaft war zu Beginn des Krieges keineswegs von Nationalismus und Kriegsbegeisterung durchdrungen, wie oft behauptet worden ist.⁵ Kaum jemand rechnete mit einem großen Krieg und erst recht nicht mit einer Beteiligung des Vereinigten Königreichs. Die Öffentlichkeit beschäftigte in erster Linie die Irische Frage, dahinter trat die europäische Krise weitgehend zurück. Die Sympathien für Serbien und Russland hielten sich in engen Grenzen. Eine britische Intervention in den Konflikt stieß auch dann noch auf breite Ablehnung, als sich die Krise immer weiter zuspitzte. Nicht nur die Labour Party war dagegen, sondern auch die Friedensbewegung, die Frauenbewegung, die meisten protestantischen Kirchen, die Geschäfts- und Finanzwelt der Londoner City, die eine Beeinträchtigung ihrer Geschäfte befürchtete, und ein großer Teil der liberalen Presse, allen voran der *Manchester Guardian*.⁶

Anfang August begann sich die Stimmung der Öffentlichkeit zu drehen. Die *Times* denunzierte Deutschland als treibende Kraft hinter Österreich. Frankreich dürfe nicht im Stich gelassen werden, eine deutsche Hegemonie auf dem Kontinent sei nicht im britischen Interesse. Aber noch am

2. August, einem Sonntag, an dem das Kabinett die Entscheidung zum Kriegseintritt fällte, predigten führende Geistliche der anglikanischen Staatskirche gegen den Krieg. Noch ausgeprägter war die Ablehnung des Krieges bei protestantischen Freikirchen wie den Baptisten und Methodisten. Gegen Abend führten die Sozialisten auf dem Trafalgar Square eine Kundgebung gegen eine britische Kriegsbeteiligung durch, die von einer relativ kleinen Gruppe von Gegendemonstranten gestört wurde, die sich vorwiegend aus der bürgerlichen Jugend rekrutierte. Am Montag, der ein Bank Holiday war, versammelten sich etwa 10 000 Menschen zu einer patriotischen Kundgebung vor dem Buckingham Palace. Am 4. August bejubelten etwa 12 000 Menschen vor dem Palast und in ganz London das Auslaufen des britischen Ultimatums an Deutschland. Diese patriotischen Menschenansammlungen waren deutlich kleiner als in anderen europäischen Hauptstädten und alles andere als repräsentativ für das sieben Millionen Einwohner zählende London.[7]

Führende Politiker haben diese Manifestationen der Kriegsbegeisterung in ihren Erinnerungen stark übertrieben und auf den 2. August zurückprojiziert. Dahinter stand die offenkundige Absicht, ihre Entscheidung nachträglich mit dem angeblichen Volkswillen zu legitimieren.[8]

Tatsächlich hat die Regierung ihre Entscheidung nicht unter dem Eindruck der öffentlichen Meinung oder der Stimmung auf den Straßen gefällt. Die Haltung von Öffentlichkeit und Bevölkerung zum Krieg war hochgradig ambivalent und unentschieden. Es bestand große Sympathie für Frankreich und ein Gefühl der moralischen Verpflichtung gegenüber dem Bundesgenossen. Gegenüber Russland und Serbien dominierten jedoch Ablehnung und Verachtung. Zu einem Umschwung kam es erst nach der Kriegserklärung und dem deutschen Einmarsch in Belgien. Die Presse und fast alle politischen Kräfte unterstützen nun den Kurs der Regierung. Dies entzog der Opposition gegen den Krieg die organisatorische Basis und drängte abweichende Haltungen ins Private ab. Die Begeisterung für den Krieg nahm zwar zu, blieb aber auf bürgerliche Milieus beschränkt. Die Mehrheit der Bevölkerung fand sich in einer Mischung aus Pflichtbewusstsein und Resignation mit dem Krieg ab. Erst nach der Niederlage des britischen Expeditionskorps bei Mons, als eine deutsche Invasion bevorzustehen schien, setzte sich auch in Großbritannien eine relativ breite, defensiv geprägte Kriegsbereitschaft durch, wie sich an der steigenden Zahl der Freiwilligen ablesen lässt.[9]

Auch in Deutschland waren im Juli 1914 weder die öffentliche Meinung noch die breite Bevölkerung von Kriegsbegeisterung durchdrungen. Die bürgerliche Presse ergriff zwar meist für Österreich und gegen Serbien Partei und propagierte eine deutsche Kriegsbereitschaft, um Russland von einem Eintreten in den Konflikt abzuschrecken. Kriegstreiberische Töne fehlten jedoch noch in den meisten Blättern. Es herrschte vielmehr die Hoffnung vor, die Reichsleitung werde auf diplomatischem Wege eine Lokalisierung des Konflikts und die Erhaltung des Friedens erreichen.[10]

Die SPD hat in der letzten Juliwoche im ganzen Reich Hunderte von Versammlungen und Demonstrationen gegen den Krieg organisiert, an denen sich etwa 750 000 Menschen beteiligt haben. Den Höhepunkt bildete am 28. Juli eine Kundgebung im Treptower Park in Berlin, an der zwischen 100 000 und 200 000 Menschen teilnahmen. In keinem Land sind im Juli 1914 mehr Menschen *gegen* den Krieg auf die Straße gegangen als in Deutschland. Der Massenandrang bei diesen Kundgebungen war weit größer als bei früheren Antikriegsveranstaltungen der Sozialdemokratie, obwohl sie meist an Werktagen stattfanden und ihnen keine langen Kampagnen vorausgingen. In der deutschen Arbeiterschaft stieß der Krieg also auf breite Ablehnung, doch die größte sozialistische Partei der Welt hat dieses Potenzial nicht dazu genutzt, massiven Druck auf die Reichsleitung auszuüben. Vielmehr fügte sich die Führung der Partei in das Ende Juli verhängte landesweite Demonstrationsverbot. Somit konnten ihre Anhänger das öffentliche Bild nicht mehr in dem Maße bestimmen, wie es ihrer Stärke entsprochen hätte.[11]

So hat sich die Presse dann vor allem auf die Menschenmengen konzentriert, die in den letzten Julitagen auf den Straßen und Plätzen der größeren deutschen Städte immer wieder zusammenkamen. Das begann am 25. Juli, als sich im Berliner Zeitungsviertel etwa 10 000 Menschen versammelten, um die Reaktion Serbiens auf das österreichische Ultimatum zu erfahren. Am Abend dieses Tages kam es dann in der Berliner Innenstadt zum ersten Mal zu Ansammlungen und Umzügen kriegsbegeisterter Bürger, darunter viele Studenten und Jugendliche, bei denen patriotische Lieder gesungen und improvisierte Ansprachen gehalten wurden. Ähnliches wiederholte sich in den folgenden Tagen in Berlin und anderen Städten, vor allem den Residenz- und Universitätsstädten. Meist wurden die Menschen von Neugier auf die Straße getrieben, wie etwa am 31. Juli, als sie die Antwort der russischen Regierung auf das deutsche Ultimatum erfahren wollten. Begeisterung machte sich vor allem dann breit, wenn Militär aufmarschierte oder sich sogar der Kaiser zeigte, wie am 31. Juli in Berlin, als er am frühen Abend vom Schlossbalkon eine kurze Ansprache hielt, in der er zwar seinen Friedenswillen beteuerte, aber dennoch vorsorglich auf den Ernstfall einging: »Enorme Opfer an Gut und Blut würde ein Krieg vom deutschen Volk erfordern, den Gegnern aber würden wir zeigen, was es heißt, Deutschland anzugreifen.«[12] Zum Abschluss stimmte die Menge »Heil Dir im Siegerkranz« an, bevor sie sich wieder zerstreute.

Am ersten Tag des August erreichte die Spannung ihren Höhepunkt. Im Zentrum der Reichshauptstadt versammelten sich große Menschenmengen in Erwartung neuer Nachrichten. Am späten Nachmittag wurde die Mobilmachung verkündet. In allen großen deutschen Städten kam es nun zu den oft geschilderten Manifestationen starker Kriegsbegeisterung. In den überfüllten Cafés der Berliner Innenstadt wurden patriotische Reden gehalten, Jugendliche und Studenten paradierten durch die Straßen, und vor dem Stadtschloss versammelten sich rund 50 000 Menschen, die das »Deutschlandlied«, die »Wacht am Rhein« und ähnlich patriotisches Liedgut anstimmten und nach dem Kaiser riefen, der sich bald an einem Fenster des Schlosses zeigte. Seine berühmte Ansprache interpretierte die Begeisterung der Menge als Loyalitätsbekundung und erklärte feierlich die Aufhebung aller politischen Gegensätze: »Aus tiefem Herzen danke Ich Euch für den Ausdruck Eurer Liebe, Eurer Treue. In dem jetzt bevorstehenden Kampfe kenne Ich in Meinem Volk keine Parteien mehr. Es gibt unter uns nur noch Deutsche. Und welche von den Parteien auch im Laufe des Meinungskampfes sich gegen Mich gewandt haben, Ich verzeihe ihnen allen. Es handelt sich jetzt nur darum, dass alle wie Brüder zusammenstehen, und dann wird dem deutschen Volk Gott zum Siege verhelfen.«[13] An diese Worte des Kaisers, so berichtete die *Frankfurter Zeitung*, »schloss sich ein Jubel, wie er wohl noch niemals in Berlin erklungen ist«.[14] Die bürgerliche Presse zeigte sich tief beeindruckt von den Vorgängen des Tages und tat nun alles, um den Mythos der nationalen Einheit zu festigen. Was in den Tagen zuvor begonnen hatte, verstärkte sich nun. Die Stimmung in den Zentren der großen Städte wurde umstandslos auf die gesamte Bevölkerung des Reiches übertragen. Das Vaterland schien geschlossen hinter dem Kaiser zu stehen, endlich geeint und begeistert bereit, die Nation gegen den äußeren Feind zu verteidigen.

In den folgenden Tagen setzte nun in den Zentren der größeren Städte ein, was oft als »Kriegspsychose« und chauvinistische »Massenhysterie« beschrieben worden ist. In Berlin versammelten sich aufgebrachte Menschen vor den Botschaften der feindlichen Mächte. Es kam zu Angriffen auf englische und russische Diplomaten. In den Kaffeehäusern wurden Kapellmeister gewaltsam davon abgehalten, französische Musikstücke zu spielen, und der Hamburger »Alsterpavillion« wurde am 3. August durch die anwesenden Gäste verwüstet, nachdem der Direktor einem von ihnen das laute Verlesen längst bekannter Extrablätter untersagt hatte.[15] Auch setzte nun eine Kampagne gegen den Gebrauch von Fremdwörtern ein. Was der Deutsche Sprachverein seit Jahren angestrebt hatte, wurde in wenigen Tagen Wirklichkeit. Viele Geschäftsinhaber sahen sich gezwungen, ausländische Markenartikel aus ihren Schaufenstern zu entfernen, und überall wurden ausländische Bezeichnungen durch deutsche ersetzt. Aus dem Berliner »Café Piccadilly« wurde das »Deutsche Café«, aus dem Hamburger »Belvedere« das »Kaffeehaus Vaterland«.[16] Eine Vielzahl falscher Gerüchte setzte überall in Deutschland eine Jagd auf vermeintliche Spione in Gang.[17]

Von allgemeiner Kriegsbegeisterung kann jedoch auch für Deutschland keine Rede sein, wie neuere Studien gezeigt haben. Die Menschenmengen, die sich Ende Juli und Anfang August auf den zentralen Straßen und Plätzen der deutschen Städte versammelten, waren oft weniger von patriotischen Gefühlen erfüllt, sondern von Nervosität und Neugier getrieben. Auch Sensationsbedürfnis und die Lust am Ausnahmezustand spielten eine Rolle. Nicht alle Menschen reagierten mit Jubel auf die eingehenden Nachrichten und wo er auftrat, hielt er häufig nicht lang an. Die Stimmung war vielfach von Ernst und Ernüchterung, von Angst und Spannung geprägt. Häufig war auch ein Wechselbad der Gefühle zu verzeichnen, das starke Ambivalenzen offenbart: »Patriotische Hochstimmung mischte sich mit Zukunftsängsten; Euphorie und Panik lagen dicht beieinander.«[18] Mitunter erfolgten aber auch Umzüge und Kundgebungen, bei denen Anhänger nationaler Vereine, bürgerliche Jugendgruppen und Studentenverbindungen oft eine wichtige Rolle spielten. Die Kriegsbegeisterung auf den Straßen brach sich also keineswegs so spontan Bahn, wie oft behauptet worden ist.

Was auch immer die Motive und Stimmungslage der Menschen waren, die sich in diesen Tagen auf den Straßen versammelten, repräsentativ für die gesamte Bevölkerung waren sie mit Sicherheit nicht. Schon an der Kleidung war erkennbar, dass sie meistens zu den gehobenen Schichten zählten. Vor allem die bürgerliche Jugend war überrepräsentiert, Arbeiter und Handwerker hingegen nur schwach vertreten. Selbst die rund 50 000 Menschen, die am 1. August vor dem Berliner Stadtschloss den Kaiser bejubelten, stellten nur einen kleinen Ausschnitt aus der Bevölkerung der über vier Millionen Einwohner zählenden Reichshauptstadt dar. Der patriotische Enthusiasmus manifestierte sich meist auf den zentralen Plätzen der großen Städte. Die Berichterstatter der bürgerlichen Presse nahmen vor allem wahr, was sich hier abspielte, und übertrugen das gewonnene Bild oft auf die gesamte Bevölkerung. Schon auf den Nebenstraßen war die Stimmung oft ernst und gedrückt. Dies galt erst recht für die Arbeiterviertel der Großstädte. Hier löste die Generalmobilmachung alles andere als Begeisterung aus. Ein Schreinergeselle aus Nürnberg notierte später in seinem Tagebuch: »Die erste Nacht haben wenige geschlafen, denn die Sorge um den Mann, die Frau, den Bräutigam, die Braut waren schwerer als jeher, da man wußte, daß ein sehr schwerer Krieg bevorsteht.«[19]

Auf dem Land war von Kriegsbegeisterung ohnehin wenig zu spüren. Das galt nicht nur für Deutschland, sondern für alle beteiligten Länder. Die ländliche Bevölkerung stand dem modernen Nationalstaat und seinen Institutionen fast überall in Europa noch mit einer gewissen Distanz gegenüber. Hier hatten sich regionale und konfessionelle Identitäten am stärksten erhalten. Auf dem Land fehlten aber meist auch die äußeren Voraussetzungen für kollektive Manifestationen von Patriotismus und Kriegsbegeisterung, also die Monarchen und ihre Residenzen, die Vertretungen ausländischer Mächte und die nationalen Denkmäler, die Prachtboulevards und Militärkapellen.[20] Am wichtigsten aber war, dass der Kriegsbeginn mitten in die Erntezeit fiel und die bäuerliche Ökonomie sehr direkt bedrohte. Gerade die jüngeren Männer wurden dringend gebraucht, ebenso wie die Pferde, die nun überall requiriert wurden. Entsprechend gedrückt zeigte sich die Stimmung auf dem Land, wie die *Münchener Neuesten Nachrichten* vom 4. August berichteten: »Schwerer Kummer aber ist bei vielen unserer Bauernfamilien eingezogen, denn die Väter oft sehr kinderreicher Familien müssen fort, die Söhne, Pferde und Wagen werden von den Militärbehörden gefordert, und draußen steht die Ernte.«[21]

Der Auszug der Truppen in den ersten Augusttagen war ebenfalls keineswegs immer von Jubel begleitet, sondern fand oft in einer ernsten Atmosphäre statt. Vor allem Frauen und Kinder ließen dabei nicht selten ihrer Trauer und Verzweiflung über den Abschied der Verlobten und Ehemänner, der Väter und Brüder freien Lauf. Der Ausbruch des Krieges löste in breiten Bevölkerungsschichten Panik und Zukunftsängste aus, und schon in den letzten Julitagen kam es zu Hamsterkäufen. Vor den Banken bildeten sich langen Schlangen. Vor allem Kleinsparer versuchten, ihre Ersparnisse in Sicherheit zu bringen. Ein Run auf Hartgeld setzte ein. Viele Geschäftsleute wechselten Papiergeld nur noch mit deutlichen Aufschlägen in Hartgeld um.[22]

Unter dem Eindruck des von Wilhelm II. beschworenen Burgfriedens, der relativ reibungslosen Mobilisierung und der ersten Siegesmeldungen nahm die Stimmung in der deutschen Öffentlichkeit und Bevölkerung jedoch eine neue Qualität an. Die Begeisterung, die nach den ersten Siegesmeldungen am 7. August einsetzte, war deutlich größer als die der Tage zuvor. Sie erfasste nun auch die Menschen, die sich bisher in einer Mischung aus Ernst, Anspannung und Neugier auf die Straßen begeben hatten. Die militärischen Erfolge nährten die Hoffnung auf einen raschen deutschen Sieg. Der Krieg erschien entgegen allen Befürchtungen nun als ein kurzer und ruhmvoller Feldzug, der spätestens an Weihnachten beendet sein würde. Tausende verfolgten jubelnd den Auszug oder Durchzug der Truppen und überhäuften die Soldaten mit Blumen, während die Bürgermeister oder andere Honoratioren Ansprachen hielten und Frauen des Roten Kreuzes »Liebesgaben« verteilten. Auch die ersten Verwundeten wurden noch so empfangen. Zu einem zweiten wichtigen Kristallisationspunkt der Begeisterung wurden die Siegesfeiern, die mit Glockengeläut, feierlichen Proklamationen und Paraden begangen wurden. Große Begeisterung löste vor allem der Fall von Brüssel am 22. August aus, der nun auch in kleineren Städten und auf dem Land mit Siegesfeiern und Schulfeiertagen begangen wurde. Den Höhepunkt bildete die Sedansfeier am 2. September, die von vielen als Vorgeschmack auf die abschließende Siegesfeier verstanden wurde. Mehrere hunderttausend Menschen verfolgten die Berliner Parade unter den Linden, auf der erbeutetes französisches Kriegsgerät vorgeführt wurde.[23]

Im Laufe des August griff dieses Hochgefühl auch auf Teile der Arbeiterschaft über.[24] Auch in den proletarischen Wohngegenden wurden hier und da Siegesfeiern abgehalten, patriotische Lieder in den Kneipen angestimmt, Bänder in den preußischen und deutschen Farben angelegt oder sogar Flaggen aus den Fenstern gehängt. Diese Indizien dürfen jedoch nicht überbewertet werden. Die Stimmung in den Arbeitervierteln blieb insgesamt ernst und gedrückt, allein schon wegen der sozialen Not, zu der die Umstellung der Wirtschaft auf den Krieg führte.[25] Die Arbeitslosigkeit stieg im August vorübergehend von drei auf 23 Prozent an. Hinzu kam eine große Zahl von

Kurzarbeitern; Frauen waren davon besonders betroffen. Die Beschäftigten hatten teilweise hohe Lohneinbußen hinzunehmen: Die Löhne der Männer sanken im Durchschnitt um 5 bis 10 Prozent, die der Frauen sogar um 15 Prozent. Die Lebensmittelpreise dagegen stiegen deutlich an. Die Familien der eingezogenen Soldaten mussten überdies kräftige Einkommenseinbußen hinnehmen, denn die staatlichen Unterstützungszahlungen waren völlig unzureichend.[26] So fielen bereits kurz nach Kriegsbeginn große Teile der Bevölkerung unter die Armutsgrenze.[27] Offene Kriegsgegnerschaft äußerte sich jedoch nun auch in der Arbeiterschaft nur noch selten. Das Einschwenken der SPD in die nationale Einheitsfront hatte dem kollektiven Protest gegen den Krieg die organisatorische Grundlage entzogen und führte bei vielen Sozialdemokraten zu einem Gefühl der Verunsicherung und Resignation. Der Krieg schien zu einer unabänderlichen Tatsache geworden zu sein.[28] So lief die Mobilisierung weitgehend reibungslos ab, was in der bürgerlichen Öffentlichkeit einen nachhaltigen Eindruck hinterließ und als weiterer Beleg für die nationale Geschlossenheit gewertet wurde.

Viele sozialdemokratisch geprägte Arbeiter fügten sich jedoch nicht nur wider ihren Willen dem äußeren Zwang, sondern übernahmen die von der Parteiführung und den meisten Parteiorganen verbreitete These vom »gerechten Verteidigungskrieg« und die Hoffnung, durch »nationale Pflichterfüllung« zu einem gleichberechtigten und geachteten Teil einer im Inneren erneuerten Nation zu werden. Dies führte in breiten Teilen der Arbeiterschaft zu einer Haltung, die wenn auch nicht als Kriegsbegeisterung, doch als patriotische Kriegsbereitschaft charakterisiert werden kann. »Kriegsbegeistert ist der sozialistische Arbeiter nicht, aber kriegsentschlossen«, so kommentierte der Pfarrer einer Berliner Arbeitergemeinde die Stimmung im August, und ein Amtskollege aus einer dörflichen Arbeitergemeinde machte ähnliche Beobachtungen: »Es war kein Hurrapatriotismus da, aber eine strikte feste Entschlossenheit: jetzt gilts und ein unausgesprochenes Gelübde: auf mich kann das Vaterland zählen.«[29] Dieser defensive und sozialintegrative Patriotismus spricht auch aus vielen Feldpostbriefen sozialdemokratischer Arbeiter aus der ersten Kriegsphase.[30] Bei aller grundsätzlichen Ablehnung des Krieges wurde die Pflicht zur Vaterlandsverteidigung von der Mehrzahl der Soldaten nicht grundsätzlich infrage gestellt. Den Feind von der Heimat fernzuhalten, stellte vielmehr ein zentrales sinnstiftendes Motiv für sozialdemokratische Soldaten dar und stieß auf breite Akzeptanz: »Es gibt kein größeres Unglück als den

Krieg, das größte Unglück aber ist dem Land beschieden, in dem der Krieg geführt wird. Bleibe keiner zurück, um von unserem Vaterland dieses Unglück abzuwehren.«[31]

Die Kriegsfreiwilligen

Als einer der aussagekräftigsten Belege für die Kriegsbegeisterung im August gelten die Kriegsfreiwilligen. Die deutsche Presse sprach schon im August von bis zu zwei Millionen Freiwilligen. Die Regierung bestätigte das. Auch Adolf Hitler, der wohl berühmteste Kriegsfreiwillige aller Zeiten, nennt diese Zahl in *Mein Kampf.* Sie ist völlig übertrieben. Genaue Zahlen liegen nicht vor, Schätzungen gehen davon aus, dass sich im August 185 000 Männer meldeten.[32] Bis Ende des Jahres waren etwa 300 000 Freiwillige in die deutsche Armee aufgenommen worden.[33] Ähnliche Angaben werden für Frankreich gemacht.[34] In beiden Ländern herrschte Wehrpflicht. Es konnten sich daher nur Männer melden, die noch nicht oder nicht mehr wehrpflichtig waren, die wegen körperlicher Mängel nicht gedient hatten, oder Reservisten, die man noch nicht eingezogen hatte. Die Zahlen sind daher durchaus beträchtlich. Aber ein Beleg für allgemeine Kriegsbegeisterung sind sie nicht, denn auf jeden Freiwilligen kamen mehrere Männer, die es vorzogen, zu Hause zu bleiben. Auch zur sozialen Zusammensetzung der Kriegsfreiwilligen liegen keine genauen Angaben vor. Nach zeitgenössischen Zeitungsberichten waren es vor allem Gymnasiasten und Studenten, die darauf brannten, sich auf dem Altar des Vaterlands zu opfern. Die Söhne des Bürgertums, die sich trotz ihrer Bildung und Herkunft als »einfache Soldaten« meldeten, eigneten sich besonders gut als Kronzeugen für die klassenübergreifende nationale Gemeinschaft, in die sich Deutschland im August angeblich verwandelt hatte. Aber auch Angestellte und Handwerker haben sich freiwillig gemeldet. Bauern und Arbeiter waren zweifellos unterrepräsentiert, wenngleich aber auch Sozialdemokraten zu den Fahnen eilten, vor allem junge Funktionäre der Partei.

Was waren die Motive der Kriegsfreiwilligen? Hier ist vor allem das in der bürgerlichen Jugend und Intelligenz in ganz Europa verbreitete Lebensgefühl der Jahre vor 1914 zu nennen: das Unbehagen an einer zunehmend durchorganisierten industriellen und am Materiellen orientierten Welt, das Ressentiment gegen eine in bürgerlichen Konventionen und Sicherheitsdenken erstarrte Gesellschaft, wie es sich in der bürgerlichen Jugendbewegung und den expressionistischen Strömungen der Vorkriegsjahre ausgedrückt hatte.[35] Langeweile, Überdruss und ein diffuser Erlebnishunger bildeten den Hintergrund, vor dem der Krieg von vielen als Befreiung und Abenteuer und als Aufbruch zu einer moralischen Erneuerung der Gesellschaft begriffen wurde. »Soldat-Werden, sein Jahr abdienen müssen, war für mich während der Gymnasialzeit immer eine peinliche, bedrohliche Vorstellung gewesen«, so der Kriegsfreiwillige Carl Zuckmayer. »Jetzt war es das genaue Gegenteil: Befreiung! Befreiung von bürgerlicher Enge und Kleinlichkeit, von Schulzwang und Büffelei, von den Zweifeln der Berufsentscheidung und von alledem, was wir – bewußt oder unbewußt – als Saturiertheit, Stickluft, Erstarrung unserer Welt empfunden, wogegen wir schon im ›Wandervogel‹ revoltiert hatten. Jetzt hatte das die Beschränkung auf Wochenende und Feriensport verloren, es war Ernst geworden, blutiger, heiliger Ernst, und zugleich ein gewaltiges, berauschendes Abenteuer, für das man das bißchen Zucht und Kommißkram gern in Kauf nahm.«[36] Es waren wohl vor allem Freiwillige aus der bürgerlichen Jugend, die den Krieg zunächst als Abenteuer und Befreiung von Zwängen erlebten, vor allem, wenn sie kurz vor dem Abitur standen und ihnen dieses, wie mitunter berichtet wird, durch die freiwillige Meldung zu den Waffen erleichtert wurde.[37] Aber auch Männern anderer sozialer Schichten bot der Krieg die Möglichkeit, drückender Arbeit, familiären Problemen, sozialer Isolation oder anderen Nöten zu entkommen. Der am Rande der Gesellschaft lebende Hitler ist das beste Beispiel. Die Flucht aus dem Alltag und die Aussicht auf Abenteuer zogen viele an, zumal der Krieg den meisten zunächst wie ein auf wenige Wochen befristeter Urlaub erschien.

Patriotische Motive sollten jedoch nicht unterschätzt werden. Wichtig war vor allem die von Regierung und Presse verbreitete These, das Reich sei überfallen worden und von einer »Welt von Feinden« umgeben, die ihm seine Daseinsberechtigung streitig machen wollten, der Krieg daher ein Verteidigungs- und Befreiungskrieg. »Wenn wir ›Freiheit‹ riefen«, so Zuckmayer, »meinten wir es gewiß im primitiven, im nationalen Sinn: unser Volk sollte befreit werden von der Bedrohung seiner Existenz (an die wir, wie alle kriegführenden Völker, bedingungslos glaubten), auch vom Druck einer Welt-Gegnerschaft, die ihm die freie Entfaltung seiner Kräfte versagen wollte.«[38]

Die hohe Zahl der Kriegsfreiwilligen war nicht zuletzt das Ergebnis nationaler Gesinnung und militärischer Leitbilder, wie sie in Familie, Schule, Jugendverbänden und patriotischen Vereinen aller Art jahrzehntelang vermittelt worden waren. »Als Kriegsfreiwilliger eingetreten aus Pflichtgefühl«, so ein Student auf die in einer zeitgenössischen Erhebung gestellte Frage nach seinen Motivationen: Und ein anderer Student, der sich freiwillig meldete, erinnert sich: »Ich kam mir keineswegs als Held vor, und der Heldentod hatte mit allen Zutaten für mich etwas äußerst Unheimliches. [...] Andererseits wäre ich aber auch gerne mit Kreuzen und Orden dereinst als Offizier siegreich in die Heimat zurückgekehrt.«[39]

Daneben war die freiwillige Meldung für viele junge Männer, die noch nicht gedient hatten und noch unter der Kontrolle ihrer Eltern und Lehrer standen, auch eine verlockende Gelegenheit, von heute auf morgen den Status vollwertiger Erwachsener zu erlangen und Mannbarkeit unter Beweis zu stellen.[40] In einer Kultur, die Männlichkeit seit mehr als einem Jahrhundert immer enger mit dem Soldatischen verknüpft hatte, war die Meldung zum Kriegsdienst ein naheliegender Schritt, wenn es darum ging, sich der eigenen Geschlechtsidentität zu vergewissern. »Was mich hinaustrieb«, so schrieb ein zwanzigjähriger Student, der offenkundig von Selbstzweifeln geplagt wurde, »war die auflodernde Männlichkeit (fast möchte ich sagen: das Fünkchen Männlichkeit, denn ein schlapper Kerl bin ich leider stets gewesen).«[41]

Daneben ist auch oft auf den sozialen Druck hingewiesen worden, dem Männer, die nicht eingezogen wurden, in den ersten Wochen nach Kriegsbeginn ausgesetzt waren. Das Bekenntnis der Sozialdemokratie zur Landesverteidigung und die Inszenierung der Nation als bedrohte Solidargemeinschaft schufen in der Öffentlichkeit ohne Zweifel eine Atmosphäre, in der soziale Anerkennung eng mit der Bereitschaft zum Kriegsdienst verkoppelt war. Die übertriebene Zahl der Kriegsfreiwilligen verstärkte dies. Viele meldeten sich daher aus Schamgefühl und aus Angst vor Stigmatisierung zum Kriegsdienst:[42] »Ich meldete mich am 1. Tage als Kriegsfreiwilliger, um ja nicht länger Zivilkleider tragen zu müssen.«[43] Vor allem die Angst, ohne Uniform als »unmännlich« zu gelten, dürfte in dieser Altersgruppe eine beträchtliche Rolle gespielt haben: »Hurra! endlich habe ich meine Beorderung«, schrieb ein studentischer Freiwilliger am 3. August. »Heute Vormittag traf ich eine junge bekannte Dame; ich schämte mich fast, mich in Zivilkleidern vor ihr sehen zu lassen.«[44] Der soziale Druck, der vom unmittelbaren Umfeld ausgeübt wurde, sollte jedoch nicht überbetont werden. Vor allem die Mütter und Frauen versuchten den patriotischen Überschwang ihrer Söhne und Männer zu bremsen und diese von der freiwilligen Meldung abzuhalten. »Acht Tage nach der Kriegserklärung«, so erinnert sich die Witwe eines Kriegsfreiwilligen, »bat mich mein Mann, daß ich erlauben möchte, daß er sich freiwillig zum Militär melden kann. Ich bat, flehte und bekam einen Weinkrampf, der meinen Mann dermaßen erschütterte, da er mich noch niemals weinen sah, daß er mir versprach, sich nicht freiwillig zu melden.« Erst nachdem der Mann depressiv wurde, nicht mehr essen und nachts nicht mehr schlafen konnte, willigte sie schließlich doch ein.[45]

Nirgendwo haben sich mehr Männer freiwillig gemeldet als in Großbritannien. Das Land war allerdings auch die einzige europäische Großmacht ohne allgemeine Wehrpflicht. Die Zahlen können daher nur schwer mit denen anderer Länder verglichen werden. Die stehende Armee bestand nur aus sieben Divisionen und war daher besonders stark auf Freiwillige angewiesen. So ergingen auch umgehend entsprechende Appelle, denen im Laufe des Krieges insgesamt 1,2 Millionen Männer Folge leisteten. Auch auf der Insel waren unter ihnen anfänglich viele Studenten, die nicht darauf brannten, aus den Sommerferien wieder in die Hörsäle zurückzukehren.[46] Abenteuerlust, Idealismus und nationale Begeisterung waren auch hier häufige Motive. Die meisten Freiwilligen entstammten jedoch anderen Schichten. Für sie spielten oft handfestere Beweggründe eine wichtige Rolle, darunter vor allem die Arbeitslosigkeit, die nach Kriegsbeginn bald um sich griff. Wirtschaftszweige, die im Krieg schrumpften, stellten viel mehr Freiwillige als die kriegswichtigen Industrien, die expandierten. Aufschlussreich ist auch, dass sich bis zum 22. August nur rund 100 000 Freiwillige meldeten, sicher nicht mehr als in Deutschland, wo Wehrpflicht herrschte. Erst nach der Niederlage des Expeditionskorps bei Mons am 24. August setzte ein regelrechter Freiwilligen-Boom ein. Denn nun drohte die Kanalküste in die Hände des Feindes zu fallen und eine Invasion der Insel bevorzustehen. Ab Ende August meldeten sich Tag für Tag fast so viele Männer freiwillig wie bisher in einer Woche. Der Höhepunkt wurde am 3. September erreicht, als sich über 33 000 Briten in die Schlangen vor den Rekrutierungsstellen einreihten. Defensiver Patriotismus, nicht nationalistische Kriegsbegeisterung, war also auch bei den Briten der entscheidende Faktor, der breitere Bevölkerungskreise zur Unterstützung der Kriegsanstrengungen motivierte. Der Krieg wurde jetzt nicht mehr nur für Belgien und Frankreich geführt, sondern als Verteidigung der Heimat verstanden.[47]

Aber auch die geschickte Rekrutierungstaktik des Kriegsministers leistete der Mobilisierung Vorschub, denn Kitchener forderte Schulklassen, Belegschaften, Fußballclubs, Straßenzüge und Ortschaften auf, sich geschlossen zu den Fahnen zu melden, und versprach ihnen, dass sie in der Armee zusammen bleiben und in ›Pal-Battalions‹ dienen würden. Das schuf ein Stück Heimat in der Armee und mobilisierte sozialen Druck in den Gruppen, aber auch die Rivalität zwischen ihnen und ihren Lokalstolz. So wurde der Kriegseinsatz zum sportlichen Wettkampf, in dem jede Institution und jeder Ort, der etwas auf sich hielt, vertreten sein wollte. Bis Ende September hatten fünfzig englische Städte jeweils mindestens eine Einheit aufgestellt. Diese Form der Rekrutierung hatte aber auch Nachteile. Sie konnte dazu führen, dass in einer einzigen Schlacht ein großer Teil der jungen Männer einer Schule, einer Universität, eines Stadtviertels oder Ortes getötet oder verwundet wurden. Dies wurde spätestens an der Somme deutlich. Ein besonders drastisches Beispiel ist das 11. Battalion des East Lancashire Regiments, das aus 700 Männern bestand, die alle aus der Kleinstadt Accrington kamen. Von ihnen wurden am ersten Tag der Somme-Schlacht am 1. Juli 1916 innerhalb von 20 Minuten 235 getötet und 350 verwundet.[48] Auf die Dauer aber ließ sich der Krieg auf dieser Basis nicht durchhalten. Die Zahl der Freiwilligen ging angesichts der hohen Opferzahlen bald zurück, und nach dem gescheiterten Gallipoli-Feldzug meldeten sich nur noch 70 000 Männer pro Monat freiwillig, was zu wenig war, um die Lücken aufzufüllen. 1916 wurde daher auch in Großbritannien die Wehrpflicht eingeführt.[49]

Militärische Freiwilligkeit war im Ersten Weltkrieg, wie in vielen bewaffneten Konflikten zuvor, auch ein transnationales und globales Phänomen. Das wird oft übersehen.[50] So kehrten Tausende junger Männer, die sich vorübergehend in Übersee aufhielten oder ganz dorthin ausgewandert waren, in ihre Heimatländer zurück. Auch sie müssen zum Teil als Freiwillige betrachtet werden, selbst wenn sie zu den Waffen gerufen wurden, denn wer sich im neutralen Ausland, vor allem in den USA oder Lateinamerika aufhielt, konnte sich der Einberufung leicht entziehen. Die meisten taten dies auch. Dies gilt vor allem für Emigranten aus dem Zarenreich, der Donaumonarchie und Italien. So haben sich 370 000 Italiener im Ausland der Einberufung verweigert, wofür sie in Abwesenheit vor Militärgerichten angeklagt wurden. Weitere 300 000 sind in ihre Heimat zurückgekehrt, viele davon allerdings nicht aus neutralen Ländern, sondern aus kriegführenden Staaten, in denen sie mit einer Internierung als »feindliche Ausländer« oder mit einer Auslieferung an Italien rechnen mussten.[51] Zu den deutschen Freiwilligen aus Übersee zählten auch die Deutschstämmigen aus Chile, die sich nach der Schlacht von Coronel dem Ostasiengeschwader von Admiral Spee anschlossen, was fast alle von ihnen in der Schlacht bei den Falklandinseln mit dem Leben bezahlten.

Daneben gab es auch zahlreiche Freiwillige aus neutralen Ländern, die meistens auf der Seite der Entente kämpften. Zu ihnen gehörten die rund 2 500 republikanisch orientierten Italiener der »Legione Garibaldi«, die 1914 in der Phase der italienischen Neutralität gebildet und der französischen Fremdenlegion angeschlossen wurde. Eine sehr viel größere Gruppe stellten die 35 600 US-Amerikaner dar, die freiwillig in die kanadische Armee eintraten, um an der Seite der Westalliierten zu kämpfen. Es gab aber auch amerikanische Freiwillige, die direkt in der britischen oder der französischen Armee dienten. Viele von ihnen waren Flieger, beispielsweise die 267 Amerikaner des Lafayette-Flying Corps, das zur französischen Armee gehörte, oder die rund 1 700 US-Bürger im Royal Flying Corps. Viele Amerikaner meldeten sich auch als freiwillige Sanitäter. Die sechs amerikanischen Elite-Universitäten der Ivy League haben alleine rund 1 000 Ambulanzfahrer gestellt. Der bekannteste amerikanische Sanitätsfreiwillige ist wohl Ernest Hemingway, der 1918 am Piave durch einen Granatsplitter schwer verwundet wurde, eine Erfahrung, die er in seinem 1929 erschienenen Buch *A Farewell to Arms* (*In einem anderen Land*) verarbeitet hat.

Die Sozialdemokratie am Beginn des Krieges

Dass sich im August 1914 überall auch in breiten Teilen der Bevölkerung eine Stimmung der Kriegsbereitschaft und nationalen Pflichterfüllung, wenn auch nicht der Kriegsbegeisterung, durchsetzte, ist zu einem erheblichen Teil auf das Verhalten der sozialistischen Parteien zurückzuführen. Sie hatten sich vor 1914 immer wieder grundsätzlich gegen Krieg ausgesprochen, doch als die Bewährungsprobe für die Sozialistische Internationale anstand, brach die internationale Solidarität innerhalb weniger Tage zusammen. Fast überall erklärten sich nun ihre Vertreter zur Unterstützung der Kriegsanstrengungen bereit. Die Führer der sozialistischen Gewerkschaften folgten ihnen fast durchweg. Die SPD-Fraktion stimmte am 4. August geschlossen im Reichstag für die Kriegskredite, nachdem sich am Tag zuvor in einer internen Abstimmung 78 Abgeordnete dafür und nur 14 dagegen ausgesprochen hatten. In Frankreich waren alle 100 Abgeordneten der Sozialisten in der Nationalversammlung für das Kriegsgesetz. Von den 41 Labour-Unterhausmitgliedern stimmten nur fünf gegen die Kriegskredite. In der russischen Duma stellten sich die 14 Abgeordneten der Bolschewiki und Menschewiki am 8. August gegen die Kriegskredite, während sich die zehn Abgeordneten der sozialdemokratischen Trudowiki enthielten. Trudowiki und Menschewiki erklärten sich jedoch wenig später zur Unterstützung des Verteidigungskrieges bereit. Völlig verweigert haben sich nur die serbischen Sozialisten, die allerdings auch nur mit zwei Abgeordneten im Parlament vertreten waren.[52]

In vielen Darstellungen wird das Einschwenken der Sozialisten in die nationale Einheitsfront bis heute darauf zurückgeführt, dass der Nationalismus bei Kriegsbeginn in der Arbeiterschaft über den Sozialismus gesiegt habe.[53] Die Führer der sozialistischen Parteien sind jedoch keineswegs von ihrer Basis zur Unterstützung des Krieges und zum Burgfrieden gedrängt worden. Ihre Haltung zum Krieg war vielmehr schon vor 1914 nicht so eindeutig, wie es den Anschein hat. Zwar positionierten sich überall die sozialistischen Parteien grundsätzlich gegen Krieg, der als Ausdruck und Folge von Kapitalismus und Imperialismus begriffen wurde. Die Nation wurde jedoch nicht grundsätzlich abgelehnt und von vielen Sozialisten als politischer Handlungsrahmen akzeptiert, vor allem von reformistischen Kräften. Ziel war nicht die Abschaffung, sondern die soziale und politische Demokratisierung des Nationalstaats. Nation und Klasse waren daher für die meisten Sozialisten keine scharfen Gegensätze.[54] Dass bewaffnete Konflikte zwischen Nationalstaaten nur durch ihre Einbindung in eine stabile supranationale Friedensordnung zu vermeiden sind, lag noch außerhalb des Erfahrungshorizontes. So waren die Sozialisten bei Kriegsbeginn hin und hergerissen zwischen Ablehnung des Krieges und Bejahung der Nation. Das Dilemma wurde gelöst, indem der Krieg nicht als imperialistische Auseinandersetzung, sondern als Verteidigungsmaßnahme aufgefasst wurde. Das erlaubte es, die Kriegsanstrengungen zu unterstützen. Hinzu trat die weit verbreitete Hoffnung, der Krieg, der ohne die Massen nicht zu führen war, werde zu einer Demokratisierung der Nation und zu einer Aufwertung der Arbeiterbewegung führen.

Der Fall der deutschen Sozialdemokratie ist besonders erklärungsbedürftig. Die SPD war viel weniger in das politische System ihres Landes integriert als ihre Schwesterparteien in Frankreich oder Großbritannien, die bereits vor 1914 indirekt an liberalen Regierungen beteiligt gewesen waren. Sie hat sich auch viel weitgehender dem Burgfrieden unterworfen, was schließlich 1917 zu ihrer

Spaltung führte und zur Gründung der stärker links orientierten Unabhängigen Sozialdemokratischen Partei Deutschlands (USPD).[55] Dieser überraschende Schwenk wird oft mit einer »schleichenden Integration« und »unbewussten Nationalisierung« der Sozialdemokraten im Kaiserreich erklärt, es sei das Ergebnis ihrer reformistischen Praxis, ihrer politischen Erfolge und des steigenden Lebensstandards ihrer Anhänger gewesen.[56] Solche Thesen sind nicht unumstritten, denn die Sozialdemokraten sind in den Jahren vor 1914 gerade wegen ihrer Erfolge und zunehmenden Stärke politisch unvermindert ausgegrenzt und als »vaterlandslose Gesellen« diffamiert worden.[57] Dies provozierte allerdings bei vielen von ihnen eine Art Widerlegungseifer, der ihren Patriotismus stärkte.[58] All dies schlug sich in einer widersprüchlichen Haltung nieder, denn Krieg, Imperialismus und Rüstungspolitik wurden nach wie vor abgelehnt, andererseits wurde zwischen Angriffs- und Verteidigungskrieg unterschieden. Dennoch stellte die Kriegsverhinderung nicht das vorrangige Ziel dar, und die SPD ließ sich nicht auf den präventiven Massenstreik im Kriegsfall festlegen, wie von den westeuropäischen Genossen in der Sozialistischen Internationale gefordert.

All das kann jedoch das Verhalten der Partei Anfang August nicht erklären. Bis zuletzt war ganz ungewiss, wie sich die Sozialdemokratie beim Ausbruch eines Krieges verhalten würde. Die Basis war zum Widerstand gegen den Krieg bereit, wie die Massenkundgebungen der letzten Juli-Tage zeigten. Doch die Parteiführung konnte sich nicht dazu entschließen, ernsthaft Druck auf die Reichsleitung auszuüben. Sie fügte sich dem landesweiten Demonstrationsverbot; ein Generalstreik wurde ausgeschlossen.[59]

Dahinter stand vor allem die Furcht, massivere Proteste könnten zu staatlicher Repression führen. Die Bewahrung der sozialdemokratischen Organisationen und ihrer politischen Handlungsfähigkeit hatte für die Parteiführung Priorität vor dem Ziel der Friedenswahrung.[60] Schon am 29. Juli signalisierte die Parteiführung der Regierung die Bereitschaft zum Verzicht auf weitere Proteste und wies die Parteipresse an, die Propaganda gegen den Krieg abzuschwächen und die Friedensbemühungen der Reichsleitung hervorzuheben. Diese inoffizielle Verständigung führte dazu, dass die Militärbehörden geplante Maßnahmen gegen die Arbeiterbewegung abblasen ließen.[61] Die Angst vor Repression hat auch noch bei der Entscheidung, den Kriegskrediten zuzustimmen, eine Rolle gespielt.[62]

Auch in den folgenden Tagen agierte die Parteiführung nicht unter dem Druck der angeblichen Kriegsbegeisterung der Massen.[63] Sie entschied sich vielmehr »weitgehend unabhängig von der Haltung der Parteibasis aufgrund eigenständiger Überlegungen und Motive für die Unterstützung der nationalen Kriegspolitik«.[64] Eine wichtige Rolle spielte dabei die Befürchtung, durch eine Ablehnung der Kriegskredite in die politische Isolation zu geraten und erneut mit dem Vorwurf der Reichsfeindschaft belegt zu werden. »Darum wollte man nicht als Patriot minderer Qualität gelten«, so der SPD-Abgeordnete Heinrich Ströbel im Rückblick, »sondern sich den Ehrentitel eines guten Deutschen sichern. Nur so konnte man ja hoffen, sein Reichstagsmandat zu behalten, da man ja vielfach auf die Unterstützung bürgerlicher Wähler, auf einen Wahlkompromiss mit den Liberalen angewiesen war.«[65] Hinzu kam der Zusammenbruch der internationalen Klassensolidarität. Die Nachricht vom Votum der französischen Sozialisten für den Verteidigungskrieg beseitigte am 3. August in der Reichstagsfraktion die letzten Hindernisse, die einer Bewilligung der Kriegskredite im Wege standen.[66]

Entscheidend für die Haltung der SPD-Führung Anfang August war jedoch, dass sie mit dem Reich auch die deutsche Arbeiterbewegung in ihrer Existenz bedroht sah und sich daher zur Landesverteidigung aufgerufen fühlte. Die Frage der Kriegsschuld trat dahinter zurück und spielte bei den Beratungen der Fraktion am 3. August keine zentrale Rolle.[67] In der Erklärung, mit der die SPD-Reichstagsfraktion am 4. August die Bewilligung der Kredite begründete, hieß es: »Jetzt stehen wir vor der ehernen Tatsache des Krieges. uns drohen die Schrecknisse feindlicher Invasionen. Nicht für oder gegen den Krieg haben wir heute zu entscheiden, sondern über die Frage der für die Verteidigung des Landes erforderlichen Mittel.«[68] In dieser Logik musste, wie die Bielefelder *Volkswacht* mit aller Deutlichkeit festhielt, letztlich jeder Krieg, »aus welchem Anlass und auf welche Weise immer er entstanden sein mag«, als Verteidigungskrieg gelten. »Denn verläuft der Krieg unglücklich, dann dringt der Feind ins Land, er will erobern, unterjochen und Kontributionen auferlegen.«[69]

Der relativ inhaltsleere Begriff der »Landesverteidigung« gewann seine mobilisierende Kraft vor allem durch den »Antizarismus«, der tief in den Traditionen der Sozialdemokratie verwurzelt war. Das Feindbild der »russischen Despotie« erlaubte es der Sozialdemokratie, die neugewonnene nationale Haltung mit ihren revolutionären und freiheitlichen Traditionen zu verbinden. Dabei blieb es jedoch nicht. Das politische Feindbild verband sich mit einem kulturellen Überlegenheitsanspruch, der an Rassismus grenzte. Auch in der

Parteipresse wurde der Krieg als Kampf zwischen »Kultur« und »Barbarei«, zwischen höher- und minderwertigen Kulturen und Nationen stilisiert – eine Sicht, die führende Sozialdemokraten durchaus teilten. »Sollen die halbasiatischen, schnapsgefüllten russischen Kosakenhorden die deutschen Fluren zerstampfen, deutsche Frauen und Kinder martern, die deutsche Kultur zertreten?«, notierte der Abgeordnete Otto Braun am 5. August in seinem Tagebuch. »So sehr wir die kapitalistische Raubpolitik der kapitalistisch-feudalistischen Regierungen, die zu solch furchtbaren Katastrophen führen muss, verfluchen, jetzt kann es nur eine Antwort geben: Gegen die russische Unkultur, zum Schutze deutscher Kulturgüter, zum Schutze deutscher Frauen und Kinder.«[70] Das Feindbild Russland erhielt schon im August eine weitere, offensive Wendung: Der Krieg sollte auch dazu dienen, Europa vom »Hort der Reaktion« zu befreien, wie schon Marx und Engels gefordert hatten. Im Vergleich mit dem zaristischen Russland erschien das Kaiserreich plötzlich in günstigem Licht. Angesichts der russischen Bedrohung schien ein Sieg des Reiches nicht nur in nationalem Interesse, sondern auch im Interesse »der ganzen menschlichen Kultur«, des Fortschritts, der Freiheit, der Demokratie und des Sozialismus zu liegen.[71]

Die Sozialdemokraten stimmten jedoch nicht nur den Kriegskrediten zu, sondern auch dem Burgfrieden und verzichteten nun weitgehend auf grundsätzliche Kritik an der Regierung. So konnte sich die Mehrheit der Reichstagsfraktion im November auch nicht dazu entschließen, die Verletzung der belgischen Neutralität zu verurteilen.[72] Diese Politik wurde vor allem vom Parteizentrum unter Ebert und Scheidemann, dem rechten Flügel und reformistischen und gewerkschaftlichen Gruppierungen getragen. Für diese Kräfte waren innenpolitische Motive ausschlaggebend.[73] Sie glaubten, die Eigendynamik des Krieges, der ohne die sozialdemokratische Arbeiterschaft nicht zu führen war, werde unweigerlich Reformen nach sich ziehen und die innenpolitische Stagnation des Reiches aufbrechen. Erwartet wurde vor allem die Abschaffung des Drei-Klassen-Wahlrechts in Preußen, das als entscheidendes Hindernis für den Übergang zur parlamentarischen Demokratie gesehen wurde. Durch Kooperation und Integration, so das Kalkül, werde die Sozialdemokratie ihre bisherige Diskriminierung überwinden, sich als Partner bürgerlicher Parteien etablieren und den Weg zur Macht und zur Demokratisierung des Reiches ebnen. So ersetzte in den Augen vieler Sozialdemokraten der Krieg die Revolution.

Die Verfechter dieser integrativen Strategie glaubten auf die gewandelte Haltung der Regierenden gegenüber der SPD verweisen zu können. Das Kaiserwort vom 1. August wurde als Geste der nationalen Versöhnung und als ein Versprechen von Gleichberechtigung und Demokratisierung aufgefasst. Zum ersten Mal trat die Regierung nun direkt mit dem Parteivorstand in Kontakt, erstmals fand die Sozialdemokratie den Beifall ihrer politischen Gegner.[74] Die Inszenierung der Einheit während der Sitzung des Reichstages am 4. August wurde von den meisten Sozialdemokraten als ein Akt der symbolischen Aufnahme in die Nation erfahren.[75]

Die Anerkennung ihrer loyalen Haltung führte bei manchen Parteifunktionären zu einem regelrechten nationalen Bekehrungserlebnis.[76] Viele Sozialdemokraten blieben nüchterner und feierten die nationale Geschlossenheit nicht als Selbstzweck, sondern argumentierten vor allem mit den gemeinsamen Interessen von Staat und Arbeiterbewegung im Krieg. Krieg und der Burgfrieden wurden in der Sozialdemokratie jedoch nicht nur pragmatisch gerechtfertigt, sondern auch ideologisch überhöht. Dabei wurden spezifisch sozialdemokratische Werte und Zielvorstellungen auf die Nation projiziert. Dies erlaubte einen »Objektwechsel der Aggressionen«[77], der die bisherigen innenpolitischen Feindbilder auf die äußeren Feinde übertrug. So konnte sich mit der Unterstützung der Kriegsanstrengungen des Reiches auch für die Sozialdemokraten ein spezifisches Sendungsbewusstsein verbinden.

Der Burgfriedensschluss wurde in der Parteipresse als »Triumph über den bürgerlichen Klassenstaat« interpretiert, wobei übersehen wurde, dass er in der bürgerlichen Öffentlichkeit meist als Verzicht der SPD auf Opposition und vermehrte Partizipation gefeiert wurde.[78] So lag dem nationalen Einheitserlebnis des August ein wechselseitiges Missverständnis zugrunde, das auf völlig konträren Projektionen beruhte, die erst im Laufe des Krieges in aller Deutlichkeit hervortraten.

Vor allem in der Gewerkschaftspresse wurde zudem seit dem September das Theorem des ›Kriegssozialismus‹ entwickelt. Im Staatsinterventionismus der Kriegswirtschaft wurde ein erster Schritt zur Verwirklichung des Sozialismus gesehen. Tiefen Eindruck hinterließ auch die Reibungslosigkeit der militärischen Mobilmachung, die die Strukturanalogien zwischen sozialistischer und militärischer Organisation offenzulegen schien. Der Krieg schien die Überlegenheit kollektiver Organisation über Individualismus und Markt zu belegen und durch seine Eigendynamik zur Überwindung der bürgerlichen

Gesellschaft zu führen. Der Krieg sei daher »wie kaum ein anderes Ereignis geeignet, sozialistisch zu wirken«.[79] Im Verständnis für Wert und Bedeutung der Organisation wurde das »Geheimnis der nationalen Kraft Deutschlands« ausgemacht und zugleich ein Bindeglied zwischen der sozialistischen Arbeiterbewegung und dem preußisch-deutschen Militärapparat, der in sozialpolitischer Hinsicht als Verbündeter galt.

Solchen Denkfiguren kam das sozialistische Geschichtsbild entgegen, denn ihm galt jeder einschneidende Wandel als historischer Fortschritt. Sie konnten sich überdies auf Erfahrungen stützen, die viele Arbeiterfunktionäre jetzt mit den Behörden machten. Gewerkschaftsvertreter wurden in die Verantwortung für die Kriegswirtschaft einbezogen und sahen sich dadurch in einer ganz neuartigen Weise anerkannt und aufgewertet. Dies kulminierte im Hilfsdienstgesetz von 1916, das die Einrichtung von Arbeiterausschüssen in den Betrieben festschrieb.[80] Zudem gab es durchaus Ansätze, im Rahmen bürgerlicher Wohltätigkeit die Parole von der klassenübergreifenden »nationalen Solidarität« mit praktischem Leben zu erfüllen, was vor allem bei theoretisch weniger geschulten Sozialdemokraten anfangs nicht ohne Wirkungen blieb. Mit Kriegsbeginn setzte in den höheren Schichten eine Welle spontaner Wohltätigkeit ein. Zahlreiche Industrielle erklärten sich in Erwartung eines kurzen Krieges bereit, ihren eingezogenen Arbeitnehmern weiter einen Teil ihrer Löhne und Gehälter zu zahlen. Mitunter verzichteten höhere Beamte oder andere Angehörige akademischer Berufsgruppen vorübergehend auf einen Teil ihrer Einnahmen zugunsten sozialer und nationaler Zwecke. Eine gesteigerte Aktivität entfalteten vor allem bürgerliche Frauenvereine und die ebenfalls meist von Frauen getragenen Vereine vom Roten Kreuz, die sich der Sammlung von Kriegsspenden, der Verschickung von Liebesgaben an die Soldaten im Feld, der Pflege von Verwundeten oder der Betreuung von Kriegerfamilien widmeten. Vor allem junge Frauen aus dem Bürgertum meldeten sich seit Kriegsbeginn in erheblichem Umfang freiwillig zu sozialen Diensten; in Frankfurt allein sollen es bis zum 5. August über 32 000 Frauen gewesen sein. In den meisten Kommunen wurden karitative Komitees gegründet, meist unter der Führung des Roten Kreuzes und mit finanzieller und organisatorischer Unterstützung der Stadtverwaltungen. Hier gingen hohe Spendenbeträge ein, die zur Unterstützung von Arbeitslosen, zur Übernahme von Mietkosten, zur Einrichtung von Suppenküchen und ähnlichem verwendet wurden.[81] In diesem Zusammenhang arbeiteten die bürgerlichen Frauenorganisationen nun auch mit sozialdemokratischen Frauenverbänden zusammen, die sie bisher nicht als Partner akzeptiert hatten. Für die Frauenbewegung wurde der Krieg zu einer willkommenen Gelegenheit, die nationale Bedeutung der Frauen als »weibliche Heimatarmee« und ihren Anspruch auf Anerkennung und Gleichberechtigung zu unterstreichen.[82]

Die Vorstellung, Deutschland befinde sich seit Kriegsbeginn unaufhaltsam auf dem Weg zu einer demokratischen und sozialistischen Gesellschaft, wurde zur Grundlage einer sozialimperialistischen Sinnstiftung des Krieges, die vor allem von einer Gruppe um die Abgeordneten Paul Lensch und Heinrich Cunow vorgetragen wurde. Sie sah, wie die bürgerlichen Meinungsführer, im deutsch-englischen Gegensatz den Kern des Konflikts. Diese Auffassung setzte sich zunehmend in der Partei durch. Deutschland mit seinen ausgeprägten militärischen und staatlichen Traditionen, der allgemeinen Schul- und Wehrpflicht, dem allgemeinen Wahlrecht und seiner starken kriegswirtschaftlichen Formierung verkörpere das Prinzip der Organisation, der Integration und Gleichheit und entspreche damit am weitesten dem Ideal einer »sozialisierten Gesellschaft«. England dagegen stehe für Individualismus und ungebremste liberale Marktwirtschaft und sei mit seiner monopolartigen Stellung auf dem Weltmarkt und seiner privilegierten Arbeiterklasse das Haupthindernis für die Durchsetzung der internationalen Arbeiterbewegung. Ein Sieg des Reiches über England sei gleichbedeutend mit der Überwindung des »Weltbourgeois« durch den »Weltproletarier«. So erhielt der Krieg für die deutsche Arbeiterbewegung einen Sinn, der weit über das Theorem vom Verteidigungskrieg gegen den »russischen Despotismus« hinausging. In dieser Perspektive wurde es zur »deutschen Sendung«, mit Englands Weltherrschaft auch die des Kapitalismus zu beseitigen. So wurde das deutsche Volk in den Rang eines revolutionären Subjekts erhoben, der Weltkrieg zum Befreiungskrieg und zur Weltrevolution gegen die globale Hegemonie des britischen Kapitals.[83]

Geistige Mobilmachung

Die ideologische Überhöhung des Krieges beschränkte sich nicht auf monarchistische und bürgerlich-konservative Kreise oder die Sozialdemokratie. »Wenig europäisch geschult, ganz im deutschen Gesichtskreis lebend«, so erinnerte sich Stefan Zweig, »meinten die meisten unserer Dichter ihr Teil am besten zu tun, indem sie die Begeisterung der Massen stärkten und die angebliche Schönheit des Krieges mit dichterischem Appell oder wissenschaftlichen Ideologien unterbauten. Fast alle deutschen Dichter, Hauptmann und Dehmel voran, glaubten sich verpflichtet, wie in urgermanischen Zeiten als Barden die vorrückenden Kämpfer mit Liedern und Runen zur Sterbebegeisterung anzufeuern. Schockweise regneten Gedichte, die Krieg auf Sieg, Not auf Tod reimten. Feierlich verschworen sich die Schriftsteller, nie mehr mit einem Franzosen, nie mehr mit einem Engländer Kulturgemeinschaft haben zu wollen, ja mehr noch: sie leugneten über Nacht, dass es je eine englische, eine französische Kultur gegeben habe.«[84]

In allen Ländern wurde von Beginn an auch geistig für den Krieg mobil gemacht, und den Intellektuellen kam dabei eine führende Rolle zu.[85] Sie haben sich überall in ihrer ganz überwiegenden Mehrheit nicht nur zur Verteidigung ihrer Nation bekannt, sondern den Krieg auch mit tieferem Sinn und weitreichenden Deutungen aufgeladen. An diesem patriotischen Engagement beteiligten sich Schriftsteller und Künstler ebenso wie Hochschullehrer und Geistliche, jüngere Exponenten der künstlerischen Avantgarde ebenso wie Vertreter des kulturellen und wissenschaftlichen Establishments. Selbst in Russland unterstützten die meisten Intellektuellen den Krieg, obwohl sie das zaristische Regime bisher fast durchweg abgelehnt hatten, darunter auch radikale Neuerer wie Wladimir Majakowski, der den Bolschewiki nahestand.[86]

Im Zuge der patriotischen Mobilisierung setzte sich bei den Intellektuellen beider Seiten bald die Auffassung durch, dass sich in diesem Krieg nicht nur Staaten und Armeen, sondern fundamental verschiedene Kulturen und Lebenseinstellungen gegenüberstanden. So wurde der Krieg in einem bisher nie dagewesenen Ausmaß ideologisiert und zu einem Konflikt der Weltanschauungen stilisiert. Dies trug erheblich zur Radikalisierung des Krieges und zur Verfestigung von nationalen Stereotypen und Feindbildern bei. Diese Mobilmachung des Geistes auf breiter Front markiert nicht nur eine Zäsur in der Geschichte der Kriege, sondern auch der Intellektuellen. Bisher hatten sie sich meist durch ihre Distanz zur Macht oder Kritik an ihr definiert. Wissenschaft, Literatur und Kunst hatten sich vor 1914 überdies stärker internationalisiert als jemals zuvor. Nun aber betonten ihre Vertreter ihre Einbettung in die kämpfende Nation, wobei sie sich nicht selten als ihre Wortführer sahen. Die Mobilisierung der Intellektuellen war kein staatlich gelenkter und von oben gesteuerter Prozess, sondern das Ergebnis einer spontanen Dynamik, nicht die Folge staatlich organisierter Propaganda, sondern ging ihr voraus und lieferte ihr die Stichworte.

Für dieses beispiellose nationale Engagement gab es eine Vielzahl von Gründen. Bei aller Internationalisierung von Wissenschaft und Kultur war der nationalistische Zeitgeist der Vorkriegsjahre an den Intellektuellen nicht vorbeigegangen. Der Krieg war für viele Dichter und Denker eine willkommene Gelegenheit, ihre nationale Bedeutung zu unterstreichen, ihr Publikum zu erweitern und ihre oft beklagte Entfremdung vom Volk zu überwinden. Für viele schon ergraute Geistesgrößen, die die Mobilmachung von ihren Schreibtischen und Kathedern aus verfolgen mussten, mag auch eine Rolle gespielt haben, dass sie ihren Studenten und jüngeren Kollegen, die nun reihenweise zu den Waffen eilten, in nichts nachstehen wollten. So sind wohl viele Kriegsgedichte, viele patriotische Vorträge, Manifeste und Pamphlete auch als Ersatzhandlungen zu sehen.

Entscheidend jedoch war, dass die Intellektuellen vor 1914 von einem tiefen Krisenbewusstsein erfasst worden waren, das allenthalben Erstarrung, Niedergang, Wertezerfall und Materialismus diagnostizierte. Hinter diesem Kulturpessimismus, der aus der Krise des liberalen Fortschrittsmodells resultierte, stand oft eine elitäre Ablehnung der Massen und ihrer Forderungen nach Teilhabe, die auch die privilegierte Stellung der bürgerlichen Intelligenz bedrohte.[87] Der Krieg schien die ersehnte Wende, ja die große Reinigung zu bringen; auf ihn richteten sich nun die Hoffnungen auf Erneuerung und Erlösung. Begeisterung löste überall vor allem die nationale Einheit bei Kriegsbeginn aus, die ein Ende der bisherigen Konflikte und Widersprüche versprach. Sie wurde überall als Wiedergeburt der Nation und als kollektive Bekehrung zu ihren besten Traditionen gedeutet. »Gestern, wie vor 125 Jahren haben sich alle Parteien, alle Klassen und Frankreiche vereinigt, um das Opfer anzunehmen und der Hoffnung entgegenzublicken«, so feierte die Zeitung *Le Matin* die »Union sacrée«, ganz so, als ob die Revolution von 1789 in Frankreich keine Gegner gehabt hätte.[88] So bezog sich die Begeisterung der Intellektuellen meistens auch nicht auf den Krieg an sich, sondern vor allem auf seine inneren Wirkungen, die vor allem in der Mobilisierung von Gemeinschaftsgefühl und Opfergeist gesehen wurden. Der Krieg schaffe »eine bewusste Gemeinschaft der Gefühle«, so ein Zeitgenosse, der britische Historiker A. L. Smith, »er offenbart uns die Grundlagen einer modernen Nation, die Gemeinschaft der Lebenden, der Toten und der Ungeborenen«.[89]

Moralische Erneuerung durch nationale Einheit wurde jedoch nur im eigenen Land erblickt. Dass sich analoge Prozesse der Selbstbegeisterung auch im gegnerischen Lager abspielten, wurde ausgeblendet. Den Feindnationen dagegen wurde nun alles zugeschrieben, was bisher an der modernen Welt überhaupt und der eigenen nationalen Kultur und Gesellschaft kritisiert worden war. Diese Ableitung der Aggressionen, diese Umpolung aller Kritik nach außen führte zu einer erheblichen Radikalisierung der Feindbilder. Durch seine Aufladung mit umfassenden Hoffnungen auf Welterneuerung gewann der Krieg auch bald eine eschatologische Dimension. Er wurde zum Weltgericht, zum Endkampf zwischen Gut und Böse, auf das ein ewiger Friede oder, wie der französische Schriftsteller Henri Lavedan meinte, »ein goldenes Zeitalter« folgen würde, »das mit Geschützdonner begrüßt wird, wie ein königliches Kind bei seiner Ankunft, ein Kind Frankreichs, dessen ersehnte Herrschaft schöner sein wird als die aller Könige und Kaiser«.[90] Wo solche Visionen im Raum standen, wurde die eigene Nation schnell zum »auserwählten Volk«, von dessen Sieg das Glück der Menschheit abhing. Dieser exaltierte Zungenschlag findet sich nicht nur bei französischen Intellektuellen, sondern auch bei dem Soziologen Werner Sombart oder dem sonst eher nüchternen Philosophen Paul Natorp, der die Deutschen in Anlehnung an ein Lutherwort als »Streiter wider eine Welt von Teufel« sah, »denen die Erfüllung aller erhabenen Prophetie der Menschheit zur Aufgabe gefallen ist«.[91]

Der Krieg der großen Worte und Geistesgrößen begann schon, kurz nachdem die ersten Schüsse gefallen waren. Der Philosoph Henri Bergson erklärte bereits am 8. August in einer Rede den Krieg gegen Deutschland zu einem Kampf »der Zivilisation gegen die Barbarei«.[92] Diese Losung hatte *Le Matin* schon am 4. August ausgegeben.[93] Sie setzte sich in Frankreich bald allgemein durch. Der Krieg wurde also in Frankreich von Anfang an als Kulturkrieg aufgefasst, und zwar noch vor den deutschen Kriegsgräueln in Belgien. Für die Öffentlichkeit und die Intellektuellen in Frankreich war der Angriff auf Belgien und Frankreich an sich schon ein Zivilisationsbruch, nicht erst bestimmte Formen der deutschen Kriegführung (siehe Kapitel 2), hatte Deutschland in ihren Augen doch einen von langer Hand geplanten Angriffskrieg vom Zaun gebrochen, um die Hegemonie in Europa zu erlangen.[94]

Die Reaktion der deutschen Intellektuellen ließ nicht lange auf sich warten und machte alles noch schlimmer. Dabei taten sich die Professoren besonders hervor, stärker als irgendwo sonst. Internationale Beachtung fand vor allem der in zehn Sprachen übersetzte »Aufruf an die Kulturwelt«, der am 4. Oktober in allen großen deutschen Tageszeitungen veröffentlicht und in Privatbriefen tausendfach in alle Welt versendet wurde. Das Manifest, dessen Thesen immer wieder mit einem trotzigen »Es ist nicht wahr« eingeleitet wurden, leugnete nicht nur, dass Deutschland mit dem Angriff auf Belgien das Völkerrecht gebrochen habe, obwohl selbst der Reichskanzler dies zugegeben hatte. Es stritt auch ab, dass es in Belgien zu Kriegsverbrechen gekommen sei, und rechtfertigte alle Maßnahmen gegen belgische Zivilisten mit »bitterster Notwehr« gegen »Meuchelmörder«, die aus dem Hinterhalt deutsche Soldaten beschossen und »Verwundete verstümmelt« hätten. Der Aufruf gipfelte in einem Bekenntnis zum Militarismus, der als Bedingung und Ergebnis deutscher Kultur hingestellt wird. So wurde ein Kernvorwurf der Gegenseite angenommen und ins Positive verkehrt: »Es ist nicht wahr, dass der Kampf gegen unseren sogenannten Militarismus kein Kampf gegen unsere Kultur ist, wie unsere Feinde heuchlerisch vorgeben. Ohne den deutschen Militarismus wäre die deutsche Kultur längst vom Erdboden getilgt. Zu ihrem Schutz ist er aus ihr hervorgegangen in einem Lande, das jahrhundertelang von Raubzügen heimgesucht wurde wie kein zweites. Deutsches Heer und deutsches Volk sind eins.«[95]

Unter den 93 Unterzeichnern des Aufrufs war fast die gesamte Elite des deutschen Kultur- und Geisteslebens vertreten, darunter viele Wissenschaftler, die mit dem Nobelpreis geehrt worden waren oder ihn künftig erhalten sollten. Alle Konfessionen und mit Ausnahme der Sozialdemokraten auch alle politischen Lager waren vertreten. Nicht wenige der Unterzeichner hatten sich vor 1914 in Organisationen engagiert, die für Frieden und internationale Verständigung eintraten. Verfasser des patriotischen Aufrufs war der Schriftsteller Ludwig Fulda. Dies hinderte die Nationalsozialisten jedoch nicht, ihn nach ihrer Machtübernahme wegen seiner jüdischen Abstimmung aus der Preußischen Akademie der Künste auszuschließen, mit Publikationsverbot zu belegen und in den Freitod zu treiben, nachdem er 1932 von Reichspräsident Hindenburg noch mit der Goethe-Medaille geehrt worden war.

Dem »Aufruf an die Kulturwelt« folgte eine »Erklärung der Hochschullehrer des Deutschen Reiches«, die mit mehr als 4000 Unterzeichnern fast den gesamten Lehrkörper der deutschen Universitäten und Hochschulen hinter sich brachte. Sie wurde der Öffentlichkeit am 16. Oktober in deutscher, englischer, französischer, italienischer und spanischer Sprache übergeben.[96] Die von dem angesehenen Berliner Altphilologen Ulrich von Wilamowitz-Moellendorff verfasste Erklärung war zwar weniger provokant und plakativ formuliert wie der »Aufruf der 93«, den er übrigens mitunterzeichnet hatte, ging aber über diesen noch deutlich hinaus. Denn er betonte nicht nur die Einheit von Militär, Wissenschaft und Nation in Deutschland, sondern erklärte den Sieg der deutschen Waffen auch zur Bedingung für den Fortbestand der europäischen Kultur und verlieh ihm damit universale Bedeutung: »In dem deutschen Heere ist kein anderer Geist als in dem deutschen Volke, denn beide sind eins und wir gehören auch dazu. […] Unser Glaube ist, daß für die ganze Kultur Europas das Heil an dem Siege hängt, den der deutsche ›Militarismus‹ erkämpfen wird, die Manneszucht, die Treue, der Opfermut des einträchtigen freien deutschen Volkes.«[97]

Nur wenige widerstanden dem nationalen Wahn und verweigerten die Unterschrift, darunter die Ökonomen und Soziologen Alfred und Max Weber und der Physiker Albert Einstein. Zu öffentlichem Protest war jedoch kaum jemand bereit. Das Gegenmanifest des Berliner Medizinprofessors Georg Friedrich Nicolai, das die Intellektuellen Europas zur Verteidigung der gemeinsamen Kultur und zum Widerstand gegen den »Bruderkrieg« aufrief, der »kaum einen Sieger, sondern wahrscheinlich nur Besiegte zurücklassen« werde, fand kaum Unterstützer, obwohl er zahlreichen Professoren zugänglich gemacht wurde. Nur Albert Einstein, der Privatgelehrte Otto Buek und der schon betagte Astronom Wilhelm Förster, der kurz zuvor den ›Aufruf an die Kulturwelt‹ unterstützt hatte, gaben ihre Unterschrift. So unterblieb die Veröffentlichung, bis Nicolai den Text 1917 in seinem Antikriegsbuch *Die Biologie des Krieges* in Zürich publizierte, das in Deutschland umgehend beschlagnahmt wurde, im Ausland aber beträchtliches Aufsehen erregte und in mehrere Sprachen übersetzt wurde.[98]

Die kritiklose Haltung der deutschen Intellektuellen gegenüber der eigenen politischen und militärischen Führung hat dem Weltruf der deutschen Wissenschaft und Kultur schweren Schaden zugefügt. Bislang hatte sich der Vorwurf der Barbarei vor allem auf die Reichsregierung und das Militär bezogen. Wissenschaft und Kultur waren davon meist ausgenommen worden. Dieses Kapital, das Deutschland gerade auch in den neutralen Ländern besaß, war nun verspielt. Das trotzige Bekenntnis der deutschen Intellektuellen zum Militarismus war eine Steilvorlage für die gegnerische Propaganda und Wasser auf die Mühlen all derjenigen, die nicht zwischen dem Deutschland der Dichter und Denker und dem der preußischen Feldwebel und Generäle unterscheiden wollten. Selbst der Schriftsteller und Pazifist Romain Rolland, der sich immer für die deutsch-französische Verständigung eingesetzt hatte, vertraute nun tief deprimiert seinem Tagebuch an, dass Kultur und Militarismus in Deutschland eins geworden seien.[99]

Während Rolland sich vom patriotischen Taumel seiner Kollegen in Frankreich und Deutschland nicht anstecken ließ und den Krieg weiter von der neutralen Schweiz aus verfolgte, provozierten die Manifeste der deutschen Intellektuellen in Frankreich eine Welle des Chauvinismus. So behauptete etwa die Académie des Sciences, die »lateinische und angelsächsische Zivilisation« habe die meisten großen Entdeckungen in der Mathematik und den Naturwissenschaften der letzten dreihundert Jahre hervorgebracht und auch die wichtigsten Erfindungen des 19. Jahrhunderts.[100] Auch jenseits des Kanals stieß das Bekenntnis der deutschen Geistesgrößen zum Militarismus und ihre überhebliche Rechtfertigung der deutschen Kriegführung mit der Weltmission der deutschen Kultur auf dezidierte Ablehnung. Aber die Reaktionen der Wissenschaftler fielen differenzierter aus als in Frankreich. In vielen Stellungnahmen wurden die langjährigen Verbindungen mit Deutschland hervorgehoben. Eine am 21. Oktober in der *Times* veröffentlichte Stellungnahme von 117 namhaften britischen Gelehrten rechtfertigte zwar den Krieg als Verteidigungskrieg und Kampf für Freiheit und Frieden. Dies geschah jedoch mit bedauerndem Unterton und nicht, ohne die tiefe Bewunderung für die Gelehrten und die Wissenschaften des Kaiserreichs zu betonen sowie auf die vielfältigen gegenseitigen Verbindungen hinzuweisen.[101] Anders als ihre französischen Pendants schlossen die Royal Society und die British Academy die Unterzeichner des »Aufrufs an die Kulturwelt« trotz französischen Drängens und heftiger Debatten auch nicht aus ihren Reihen aus. Ähnlich verfuhren die deutschen Akademien mit ihren »feindlichen« Mitgliedern.[102]

Deutschlands nur schwer bestreitbare Kulturleistungen wurden von den Intellektuellen der Entente nun oft in die Vergangenheit verlegt. In der Gegenwart hätten sich die Deutschen von allen gemeinsamen westlichen, europäischen und humanistischen Traditionen verabschiedet, darunter auch den eigenen, für die Namen wie Kant oder Goethe standen. An ihre Stelle sei die amoralische Verherrlichung des Machtstaats, der technisch-militärischen Effizienz und des Krieges getreten, eine Entwicklung, die vor allem Nietzsche und Treitschke und dem sozialdarwinistischen Denken der deutschen Eliten angelastet wurde, ganz als ob dieses im eigenen Lager niemals Anhänger gehabt hätte. Diese Denkfigur, die mit einer Abwendung der Deutschen von ihren eigenen ›guten Traditionen‹ argumentierte, ermöglichte es auch den zahlreichen Kennern und Bewunderern der deutschen Kultur, in den Chor der antideutschen Propaganda einzustimmen und dabei ihre Expertise einzubringen.[103]

In Frankreich setzten sich daneben noch deutlich gröbere Bilder von den Deutschen durch, die ethnisch oder sogar biologisch eingefärbt waren. So wurden ihnen nun eine ganze Reihe von angeborenen Eigenschaften wie Gier und Neid, Hochmut und Egoismus, Humorlosigkeit und schlechte Laune zugeschrieben und diese nicht selten auf ihren Körperbau zurückgeführt, ihre viereckigen Köpfe und sackartigen Körper. Der französische Psychologie-Professor Edgar Bérillon ging sogar so weit, den ungeliebten Nachbarn einen besonderen, unangenehmen Körpergeruch zuzuschreiben, der als eine Mischung aus dem Geruch von altem Fett, abgestandenem Bier, geronnener Milch und Kaninchenstall beschrieben wird. Der Grund dafür sei, dass die Deutschen einen besonders langen Darm mit einer zusätzlichen Schlinge hätten. Angesichts dieser Radikalisierung der Gegnerschaft kann es nicht verwundern, dass die Deutschen in der französischen Massenpresse schließlich nicht selten als »gänzlich böse und untermenschlich« bezeichnet wurden.[104]

Das Selbstbild der Entente war von Anfang an durch die Identifizierung der eigenen politischen Kultur mit universalen Werten gekennzeichnet. Diese Selbstbestimmung und Selbstvergewisserung konnte auch christlich-konservative Ausprägungen erfahren, im Vordergrund stand jedoch meist der Anspruch, die Traditionen der Aufklärung und die moderne Zivilisation, liberal-demokratische Ordnungsprinzipien und das internationale Völkerrecht zu repräsentieren. Im republikanischen Frankreich beschwor man dabei vor allem das revolutionäre und demokratische Erbe des Landes, in Großbritannien eher das Rechtssystem und den Parlamentarismus. Das waren freiheitliche Traditionen, die auch für viele neutrale Länder wichtige Bezugspunkte bildeten, die weltweit bewundert und nicht selten auch idealisiert wurden. Dagegen erschien das politische und gesellschaftliche System des Kaiserreichs als Hort einer feudalen und kriegerischen Militärkaste, von der das deutsche Volk befreit werden musste, wenn in Europa dauerhaft Frieden einkehren sollte. Diese Auffassung bildete den Kern der von dem britischen Science-Fiction-Autor und Historiker H. G. Wells schon im August 1914 ausgegebenen

Parole vom »war that will end war« (»der Krieg, der den Krieg beendet«), die vor allem im demokratischen und linken Lager auf breite Zustimmung stieß (und später auf die eingängigere Formulierung vom »Krieg, um alle Kriege zu beenden« gebracht wurde). So wurde der Krieg von westlichen Intellektuellen schon früh zu einem Kreuzzug für Recht und Freiheit stilisiert, eine Kriegsdeutung, die mit dem Ende des Zarismus und dem Kriegseintritt der USA im Frühjahr 1917 noch erheblich an Überzeugungskraft gewann.

Die Kriegsdeutungen der deutschen Intellektuellen haben diesen universalen Bezügen wenig entgegensetzen können. Sie operierten durchweg mit einer Dichotomie zwischen deutscher und westlicher Kultur, wobei das eigene Modell als dem westlichen überlegen dargestellt wurde, oder mit dem Gegensatz von »deutscher Kultur« und »westlicher Zivilisation«, wie ihn Thomas Mann in seinen *Betrachtungen eines Unpolitischen* beschwor. Diese Strategie der ideologischen Selbstausgrenzung aus der westlichen Kultur ging nicht nur weitgehend an den historischen Tatsachen vorbei, sondern entfaltete in ihrer arroganten Selbstbezogenheit auch nur im eigenen Land Wirkung. Bei den Neutralen, um deren Gunst und Unterstützung alle Seiten buhlten, hatte sie kaum Erfolg.

Die deutschen Kriegsdeutungen verdichteten sich in den Schriften namhafter Intellektueller und wurden schon bald unter dem Sammelbegriff der »Ideen von 1914« zusammengefasst.[105] Ihr Ausgangspunkt war das Augusterlebnis, das als nationale Wiedergeburt und gesellschaftliche Erneuerung gefeiert wurde. Darin habe das deutsche Volk zurückgefunden zu seinem wahren Wesen und seinen traditionellen Tugenden, zu Pflichterfüllung, Ehrlichkeit, Ordnungsliebe, Innerlichkeit und Gemeinschaftssinn. Der Krieg habe Deutschland von allen bisherigen Übeln befreit, von Bindungslosigkeit und Wertezerfall, Oberflächlichkeit und Individualismus, Egoismus und Materialismus, Klassenhass und innerer Zerrissenheit. Diese »Zersetzungserscheinungen«, die bisher an der eigenen Gesellschaft und der modernen Zivilisation überhaupt kritisiert worden waren, wurden nun den Gegnern zugeschrieben, allen voran England. Seinen extremsten Ausdruck fand dies in der im Februar 1915 fertiggestellten Schrift *Händler und Helden* des Berliner Nationalökonomen und Soziologen Werner Sombart. Darin brandmarkte er die pragmatische Philosophie und liberale Sozialethik der Engländer als »Händlergesinnung« und kontrastierte sie scharf mit der »Heldengesinnung« Deutschlands, dem vorgeblich letzten Bollwerk gegen Kommerzialisierung und Materialismus. Der deutsche Militarismus sei Garant und Inbegriff einer nicht auf Gewinnstreben, sondern Gemeinsinn und Idealismus gegründeten Gesellschaft. Solche konservativen und antiliberalen Diagnosen spielten in ihrer Überschätzung des deutschen Militarismus nicht nur der gegnerischen Propaganda in die Hände,[106] sondern wiesen auch viele Berührungspunkte mit den kriegssozialistischen Theoremen der rechten Sozialdemokratie auf.

Die Virulenz dieser Ideen bestand darin, dass sie eine Selbstbeschreibung lieferten, die aus nationalen Traditionen Rezepte für die Probleme moderner Industriegesellschaften schöpfte. Das sprach antiliberale und antikapitalistische Ressentiments gleichermaßen an. Dabei wurde Deutschland eine spezifische, vom Westen abweichende politische Kultur zugesprochen, die um den Vorrang des Staates und der kollektiven Organisation vor dem Einzelnen kreiste, und diese als überlegenes Zukunftsmodell ausgegeben. Das war auch der Kern der Vorträge, die Johann Plenge, Professor für Staatswissenschaften in Münster, im Herbst 1914 gehalten hatte und 1915 veröffentlichte. Hier wurde das Schlagwort von den »Ideen von 1914« geprägt. Die »Ideen von 1789« hätten das Individuum in den Mittelpunkt gerückt und zur Durchsetzung des Kapitalismus geführt. Mit der »neuen Idee von 1914« dagegen, der »Volksgenossenschaft des nationalen Sozialismus«, setze sich Deutschland an die Spitze der welthistorischen Entwicklung. Das 20. Jahrhundert sei das Jahrhundert Deutschlands: »Wir sind das vorbildliche Volk. Unsere Ideen werden die Lebensziele der Menschheit bestimmen.«[107] Ähnlich argumentierte 1915 auch der in deutscher Sprache publizierende konservative schwedische Staatsrechtler Rudolf Kjellén. Die Französische Revolution habe das Individuum entwurzelt. Der Sinn des Krieges sei die Überwindung der liberalen Demokratie westlicher Prägung zugunsten einer alternativen Kultur der Bindung und des Gemeinsinns, wie sie von Deutschland mustergültig vertreten werde. Der Berliner Religionswissenschaftler Ernst Troeltsch brachte diese Abkehr vom westlichen Demokratiemodell auf den Begriff der »deutschen Freiheit«, der auf die »selbstständige und bewusste Bejahung eines überindividuellen Gemeingeistes« zielte.[108]

Nach dem Krieg wurden die »Ideen von 1914«, die einigen ihrer Exponenten später peinlich waren, zunächst vergessen. Doch die Idee eines positiven deutschen Sonderwegs, die Suche nach einer anderen, antiwestlichen, antiindividualistischen und antidemokratischen Moderne und die ideologische Mischung aus völkerpsychologischen Dichotomien und technokratischen und bürokratisch-militärischen Effizienzvisionen wirkten weiter. Die Nationalsozialisten haben daran vielfach anknüpfen können, allerdings ohne Plenge Tribut zu zollen, der 1933 auf die Urheberschaft des Begriffes »Nationalsozialismus« Anspruch erhob.[109]

»Für ein größeres Italien«

Eine besonders wichtige Rolle spielten die Intellektuellen in Italien, denn sie trugen entscheidend dazu bei, dass ihr Land überhaupt in den Krieg eintrat und sich zu einem beispiellosen Laboratorium nationalistischer Ideologie entwickelte, aus dem kurz nach dem Krieg der Faschismus hervorging. Italien hatte im späten 19. Jahrhundert nur mit Hilfe fremder Mächte zur staatlichen Einheit gefunden. Die inneren Gegensätze zwischen Norden und Süden, Stadt und Land, arm und reich, Herrschenden und Beherrschten waren stark geblieben. Hunderttausende verließen das Land Jahr für Jahr, um ihr Glück nördlich der Alpen oder in Übersee zu suchen. Die Industrialisierung hatte erst spät eingesetzt und beschränkte sich auf das Dreieck zwischen Mailand, Turin und Genua. Sie hatte eine militante Arbeiterbewegung hervorgebracht, aber auch große Hoffnungen auf politische und soziale Erneuerung und Anschluss an die großen Nationen Europas.

Solche Erwartungen waren vor allem unter den bürgerlichen Intellektuellen verbreitet. Sie waren die Träger des neuen, radikalen Nationalismus, der sich zunächst im Umfeld einiger Kulturzeitschriften und 1910 auch als Partei organisierte. Stärker als anderswo präsentierte er sich in Italien als eine Mischung aus rechten und linken Elementen. Im Zentrum stand die Idee, den Klassenkampf zu externalisieren. Italien sei insgesamt eine »proletarische Nation«, so die Formel von Enrico Corradini, dem Wortführer der Nationalisten, ein Land von Emigranten und Parias, die sich gegenüber den »plutokratischen Nationen« nördlich der Alpen durch Aufrüstung, Kolonialexpansion und Krieg entschlossen behaupten müsse. Dazu zählte auch, anders als im völkischen Nationalismus in Deutschland, ein dezidiertes Bekenntnis zur industriellen und städtischen Moderne als Grundlage militärischer Macht und politischer Stärke. Auf dieser Basis sollten die Arbeiterschaft und das neue, produktive, industrielle Bürgertum zu einer neuen Einheit gegen die alte parlamentarische Führungsklasse zusammengeführt werden, eine autoritär geführte und militärisch disziplinierte

Nation entstehen, die sich im internationalen Wettbewerb ihren Platz erkämpfen sollte.[110]

In eine ähnliche, aber noch stärker revolutionäre Richtung zielten die Futuristen, die sich als intellektuelle und künstlerische Avantgarde einer umfassenden kulturellen und politischen Erneuerung verstanden. Tommaso Marinetti, ihre Führungsfigur, hatte 1909 ihr erstes Manifest publiziert, das um Begriffe wie Energie, Tempo, Dynamik, Umsturz und Modernität kreiste. Zu den zentralen Topoi der Futuristen gehörte auch die Vorstellung von der reinigenden Rolle der Gewalt und der Erneuerung der Welt durch Krieg.[111] Dies war zwar eine unter Intellektuellen in ganz Europa verbreitete Vorstellung, in Italien fiel sie jedoch auf besonders fruchtbaren Boden, denn hier konnte sie nahtlos an die ältere Idee von der inneren und äußeren Nationsbildung durch Krieg anknüpfen, die schon Giuseppe Mazzini gepredigt hatte, der Prophet des demokratischen Nationalismus.[112] Der Krieg sollte nun in den Augen vieler avantgardistischer Intellektueller nicht mehr nur die Nation vollenden, sondern diese auch in die Moderne katapultieren und radikal erneuern, also beides bewirken: Integration und Revolution zugleich. Dieses Postulat wurde ein paar Jahre später zu einer Grundidee des italienischen Faschismus.[113]

Ministerpräsident Giovanni Giolitti hatte seit der Jahrhundertwende versucht, Sozialisten und Katholiken durch behutsame Reformen in das klientelistische und korrupte System der liberalen Honoratioren zu integrieren. Doch dieser pragmatische Kurs scheiterte, zumal die Hochkonjunktur seit 1907 nachließ und die Verteilungsspielräume enger wurden. Auf der Linken setzten sich revolutionäre Kräfte durch, unter ihnen auch Benito Mussolini, der seit 1912 den *Avanti* leitete, die nach dem SPD-Zentralorgan *Vorwärts* benannte Parteizeitung der Sozialisten. Die Rechte dagegen setzte immer mehr auf Imperialismus und Krieg, um ihre Hoffnungen auf innere Einheit und nationale Größe durchzusetzen. Der Libyenkrieg war eine erste Konzession an diese Kräfte gewesen, die nicht nur unter Industriellen, sondern auch im Bildungsbürgertum und der Intelligenz immer mehr Anhänger fanden. So war das Land, das zudem im Frühjahr 1914 von einer proletarischen Streik- und Protestwelle bisher unbekannten Ausmaßes erschüttert wurde, von innerer Einheit weiter entfernt als jemals zuvor. Krieg oder Revolution schienen für viele nur eine Frage der Zeit zu sein.[114]

Dabei war der Kriegseintritt für Italien ähnlich wie für Japan oder das Osmanische Reich alles andere als zwangsläufig. Formell gehörte Italien 1914 immer noch zum Dreibund, dessen Substanz allerdings durch die wachsenden Spannungen zwischen Österreich und Italien auf dem Balkan und im Adriaraum längst ausgehöhlt war.[115] So erklärte die italienische Regierung Anfang August die Neutralität des Landes, mit der zutreffenden Begründung, Rom sei vor der österreichischen Kriegserklärung an Serbien nicht konsultiert worden, wie es das Bündnisabkommen vorschrieb.

Dabei blieb es jedoch nicht. In der Öffentlichkeit entwickelte sich schon bald eine heftige Debatte über den Kriegseintritt, die zu einer tiefgreifenden Polarisierung der politischen Landschaft führte.[116] Stimmen, die für eine Kriegsbeteiligung an der Seite der Mittelmächte eintraten, verstummten schon rasch, denn mit den zunehmenden Spannungen auf dem Balkan war selbst bei den Nationalisten das koloniale Thema immer mehr zugunsten irredentistischer Strömungen in den Hintergrund getreten, die für eine Angliederung der italienischsprachigen Gebiete der Donaumonarchie eintraten. Der Irredentismus hatte sich allerdings in den Jahren vor 1914 immer stärker nationalistisch eingefärbt und argumentierte häufig nicht mehr nur mit Sprache und nationaler Selbstbestimmung, sondern auch mit angeblich »natürlichen Grenzen« wie dem Brenner am Alpenhauptkamm, mit historischen Ansprüchen auf den Adriaraum, die von Venedigs glorreicher Vergangenheit abgeleitet wurden, oder mit militärischen Sicherheitserwägungen.[117]

So ging es schon bald nur noch um die Frage, ob Italien neutral bleiben oder an der Seite der Entente in den Krieg eintreten sollte. Die Sozialisten lehnten den Krieg grundsätzlich ab, zumal er in keiner Weise als Verteidigungskrieg gerechtfertigt werden konnte. Prinzipielle Erwägungen spielten auch für viele Katholiken eine wichtige Rolle. Hinzu kam, dass man sich in kirchlichen Kreisen für einen Krieg gegen das katholische Österreich schon aus konfessionellen Gründen nicht erwärmen konnte. Gegen den Kriegseintritt waren auch die Mehrheit der Bevölkerung und das Gros der liberalen Parlamentsabgeordneten, die immer noch von Giovanni Giolitti geführt wurden. Er hielt das Land für ökonomisch zu schwach, militärisch zu unvorbereitet und politisch zu ungefestigt, um einen großen Krieg durchstehen zu können. Ein Krieg war in seinen Augen auch nicht nötig, da Italien viele seiner Ziele durch Verhandlungen mit Österreich erreichen konnte.

Das Lager der Kriegsbefürworter war kleiner als das der Neutralisten und nicht minder heterogen zusammengesetzt, aber einflussreich und lautstark. Für die Nationalisten sollte der Krieg endlich die langersehnte Großmachtstellung bringen und der Anschluss der »unerlösten Gebiete« (»terre irredente«) nur den Auftakt für eine großangelegte koloniale Expansion darstellen. Viele Konservative im liberalen Lager sahen im Krieg vor allem eine Chance, das Prestige der Monarchie zu stärken, die inneren Konflikte aufzulösen und die Führungsrolle der politischen Klasse zu stabilisieren. Radikale und Sozialreformisten dagegen hofften, dass ein Krieg an der Seite des republikanischen Frankreich zu einer Demokratisierung des Landes führen werde.

Ähnlich, aber noch viel radikaler war die Haltung Mussolinis. Sein revolutionärer Aktivismus und Dezisionismus, der mehr von dem französischen Sozialphilosophen Georges Sorel als von Marx beeinflusst war, konnte sich nicht mit dem Neutralitätskurs seiner Partei abfinden, den er als ideologisch starr und rein defensiv brandmarkte, wofür er im November 1914 ausgeschlossen wurde. Nation und Revolution waren für ihn nun keine Gegensätze mehr, denn der Krieg sollte in seinen Augen das alte politische System hinwegfegen und zum Umsturz führen. Diese revolutionäre Variante der Kriegsideologie verbreitete der spätere »Duce« nun auf den Seiten seiner im November 1914 gegründeten Zeitung *Il popolo d'Italia*.[118] So war Mussolini aus den gleichen Gründen für den Krieg, aus denen Giolitti dagegen war. Beide sahen den großen Krieg als Geburtshelfer revolutionären Wandels, und beide sollten Recht behalten.

Mussolinis folgenreicher Schwenk kann ein Stück weit mit seinem ideologischen Eklektizismus und seinem avantgardistischen Temperament erklärt werden, seinem Drang, gleichsam immer an vorderster Front dabei zu sein. Doch die gesamte intellektuelle Avantgarde des Landes, der sich Mussolini zurechnete, von den Futuristen bis zu D'Annunzio, dem Popstar des modischen Ästhetizismus, sprach sich für den Krieg aus. In ihm sahen sie vor allem eine Absage an das materialistische und kleinkarierte Italien Giolittis und die große Chance zur Erneuerung. Eine Rolle spielte aber auch, dass die sozialistische Partei mit ihrem unbedingten Festhalten am Internationalismus zunehmend isoliert war, denn ihre wichtigsten europäischen Schwesterparteien hatten sich ja fast überall schon im August 1914 zur Unterstützung der nationalen Kriegsanstrengungen bereit erklärt, darunter auch die französischen Sozialisten, die ihre italienischen Genossen ganz gehörig zum Kriegseintritt drängten.

Doch wie konnte es zum Kriegseintritt Italiens kommen, wo doch die Mehrheit der Bevölkerung und der politischen Klasse gegen den Krieg war?

Die Befürworter der Neutralität stellten keine Einheit dar, zu scharf waren die Milieugrenzen zwischen Sozialisten, Katholiken und Liberalen, zu verschieden ihre ideologischen Motive und politischen Antriebe, vom sozialistischen Antiimperialismus über den katholischen Pazifismus bis hin zum pragmatischen Opportunismus Giolittis. Die Sozialisten waren relativ schwach und isoliert. Von den Katholiken sprach sich nur eine Minderheit grundsätzlich gegen den Krieg aus; den meisten war es wichtiger, ein weiteres Vorrücken der Sozialisten zu verhindern. So empfahlen viele der katholischen Würdenträger, in Ruhe die Entscheidung der Regierung abzuwarten. Auch die Anhänger Giolittis waren nicht grundsätzlich gegen Krieg, wie sich am Beispiel Libyens gezeigt hatte, und nur bedingt für die Neutralität, denn sie machten diese vom Ausmaß der österreichischen Zugeständnisse abhängig. Dass Italien aus dem Konflikt Profit ziehen müsse, um das liberale System und die Monarchie zu stabilisieren, stand für sie ebenso fest wie für Giolittis Nachfolger Salandra und die Krone. Dissens bestand im liberalen Lager nicht über dieses Ziel, sondern nur über den Weg dorthin.

Die Kriegsbefürworter verfügten dagegen über sehr viel mehr Gemeinsamkeiten. Dazu zählten vor allem gemeinsame Feindbilder: der Internationalismus der Sozialisten und der reformistische Pragmatismus Giolittis, dessen Rückkehr um jeden Preis verhindert werden sollte. Hinzu kam der Mythos von Erneuerung und Katharsis durch den Krieg. Deutungsoffen und daher von großer Mobilisierungskraft war auch die von D'Annunzio ausgegebene Parole vom »größeren Italien«, das durch den Krieg entstehen sollte. Die einen verbanden mit dieser Parole Trient und Triest, den Abschluss des Risorgimento und die Erfüllung seiner demokratischen Traditionen, die anderen dagegen das imperiale Projekt und den autoritären und starken Staat auf der Basis einer organisch integrierten Nation.

Entscheidend aber war letztlich, dass Salandra und Außenminister Sonnino den Krieg wollten und den Monarchen, der nach der Verfassung letztlich über Krieg und Frieden entscheiden konnte, auf ihrer Seite hatten. Seit Kriegsausbruch wurde unter strikter Geheimhaltung mit beiden Seiten verhandelt, getreu der Losung vom »heiligen Egoismus«, die Salandra ausgegeben hatte. Am Ende war Wien unter starkem Druck aus Berlin bereit, Italien das Trentino und Triest abzutreten, wenn es neutral bleiben würde, ganz so wie es Giolitti vorausgesehen hatte. London und Paris hatten nicht viel mehr zu bieten als Wien. Die italienische Führung hätte zudem längst erkennen können, dass der Krieg nicht kurz sein würde, wie man anfangs überall gehofft hatte, selbst wenn Italien in ihn eintrat. Aber der Wunsch, das Risorgimento durch einen großen Krieg abzuschließen, die Schmach der vielen verlorenen Schlachten des 19. Jahrhunderts durch einen heroischen Sieg zu tilgen und auf diese Weise die Monarchie und die Herrschaft der liberal-konservativen Eliten zu festigen, war stärker. So wurde am 26. April 1915 der Vertrag von London geschlossen, in dem Italien von Frankreich und Großbritannien das Trentino, Südtirol, Triest, Istrien und große Teile Dalmatiens zugesichert wurden.

Als die Nachricht von der einsamen Entscheidung der Regierung und Krone zum Bündnis mit der Entente und zum Kriegseintritt Anfang Mai in die Öffentlichkeit drang, spitzte sich der Konflikt zwischen den Gegnern und Befürwortern des Krieges dramatisch zu. Giolitti kehrte nach dreimonatiger Abwesenheit am 9. Mai nach Rom zurück und drängte Salandra umgehend zur Aussetzung des vom Parlament noch nicht ratifizierten Londoner Vertrags und zur Wiederaufnahme der Verhandlungen mit Österreich. Das wurde als Signal zum Widerstand gegen den Kriegseintritt gewertet. Das Parlament war geschlossen, die neutralistische Mehrheit konnte sich dort nicht artikulieren. Aber am 12. Mai gaben 320 Abgeordnete und 100 Senatoren, eine klare Mehrheit der Volksvertreter, als Zeichen der Solidarität bei Giolitti ihre Visitenkarten ab. Nach diesem informellen Misstrauensvotum trat Salandra am 13. Mai zurück.

Damit erreichte die Krise ihren Höhepunkt. Die Kriegstreiber hatten schon seit Tagen ihre Anhänger immer intensiver mobilisiert und ein bürgerkriegsähnliches Klima erzeugt. Am 14. Mai bezeichnete D'Annunzio in einer seiner flammenden Reden Giolitti und seine Anhänger als Vaterlandsverräter und rief offen zur Gewalt gegen sie auf. Gleichzeitig kam es in den größeren Städten zu Demonstrationen für den Kriegseintritt, die vor allem von Schülern und Studenten aus dem Bürgertum getragen wurden, die nun häufig nicht mehr davor zurückschreckten, Gegendemonstranten zu drangsalieren und mit Gewalt einzuschüchtern.

Der Konflikt war aber auch eine Verfassungskrise, denn der König hatte sein persönliches Schicksal mit dem Kriegseintritt verbunden und mit Rücktritt gedroht, falls das Parlament der Regierung die für den Krieg nötigen Vollmachten verweigern sollte. Damit stand die Monarchie auf dem Spiel, ein klarer Akt der Erpressung des Parlaments. Als sich die Dinge derartig zuspitzten, gab Giolitti klein bei und zog sich zurück. Einen offenen Konflikt zwischen Parlament und Krone, der unabsehbare Folgen für das politische System gehabt hätte, wollte er nicht riskieren. Damit war der Weg für eine Rückkehr Salandras frei. Am 16. Mai lehnte der König Salandras Rücktritt ab, vier Tage später bewilligte das Parlament der Regierung die für den Krieg benötigten außerordentlichen Vollmachten mit 407 gegen 74 Stimmen. Die Sozialisten stimmten mit Nein und waren damit die einzige große sozialistische Partei außerhalb Russlands, die sich gegen den Krieg aussprach. Am 24. Mai erklärte Italien Österreich-Ungarn den Krieg.

Der Mai 1915 stellt einen Wendepunkt nicht nur der italienischen Geschichte dar, dessen Bedeutung kaum überschätzt werden kann. Hier fand vieles zusammen, was bisher getrennt war, rechte und linke politische Ideen, Mythen und Praktiken. Im Zeichen des Krieges, vager Erneuerungshoffnung und der Ablehnung Giolittis verbanden sich alte und neue Rechte, demokratischer und antiliberaler Nationalismus, linke und rechte Radikale, die Mythen der Nation und der Revolution. Die Mobilisierung der Massen auf Straßen und Plätzen gegen die herrschende Klasse war bisher eine Aktionsform der Arbeiterbewegung gewesen. Das wurde nun auch von einer neuen, populistischen Rechten übernommen, die vorgab, im Namen der Nation zu sprechen. Gewalt wurde immer mehr als legitimes Mittel zur Beseitigung des Alten und Morschen propagiert, zunächst in der politischen Rhetorik, im Ansatz aber auch schon in der Praxis. Und schließlich war der Kriegseintritt im Kern auch ein Staatsstreich und Verfassungsbruch, wenn auch nicht formal, denn der König hatte das Recht, nach Gutdünken Bündnisverträge zu schließen und Krieg zu erklären. De facto aber wurde das Parlament autoritär und plebiszitär zugleich erpresst, überspielt und entmachtet. Es ist daher kein Wunder, dass die Faschisten den »maggio radioso« (»strahlender Mai«), ähnlich wie die nationale Rechte in Deutschland das Augusterlebnis von 1914, immer als Auftakt der nationalen Revolution gesehen haben, die im Marsch auf Rom ihren Höhepunkt erreichte. Der Mai 1915 war der Anfang vom Ende des liberalen Italien.[119]

Die Masse der Bevölkerung stand dem Krieg ebenso wie die meisten einfachen Soldaten von Anfang an distanziert gegenüber. Begeisterung für den Krieg machte sich nur in den Eliten breit, vor allem in der Intelligenz und der bürgerlichen Jugend. Die in den Massen vorherrschenden Haltungen waren Ablehnung, Indifferenz, Resignation. Das ist auf viele Faktoren zurückzuführen, allen voran auf die immer noch vorwiegend ländliche Sozialstruktur des

Landes, den starken Einfluss der Kirche und den geringen Nationalisierungsgrad der Massen, die zum großen Teil mit Schule und Wehrpflicht kaum in Berührung gekommen waren und immer noch nicht lesen und schreiben konnten. Für sie waren Trient und Triest weit entfernt, wenn sie überhaupt wussten, wo diese Orte lagen. Sie konnten daher kaum einen Sinn in diesem Krieg erkennen. Er war für sie eine weitere Laune der »Signori« oder eine Strafe Gottes, die zu erdulden war, wie Unwetter und Missernten. Für die stärker politisierten Teile der Bevölkerung war von Bedeutung, dass der Krieg anders als in Deutschland oder Frankreich nicht als Verteidigungskrieg gerechtfertigt wurde und werden konnte und er daher auch zu keiner »Union sacrée« aller Parteien und Lager geführt hatte, sondern zu einer tiefgreifenden Polarisierung des Landes.

Auch die Art, wie der Krieg geführt wurde, trug wenig dazu bei, Bevölkerung und Soldaten von dessen Sinn zu überzeugen.[120] Die rund sechs Millionen Soldaten, die zwischen 1914 und 1918 mobilisiert wurden – eine hohe Zahl bei einer Bevölkerung von nur 37 Millionen –, kamen meist aus dem ländlichen Raum, schon weil die meisten Industriearbeiter in der Rüstungsproduktion gebraucht wurden. Das Heer, dessen Friedensstärke bei 300 000 Mann lag, war mit der Ausbildung, Integration und Motivation dieser enormen Zahl von Rekruten, die dazu oft noch Analphabeten waren, völlig überfordert, auch weil es in den italienischen Streitkräften an Unteroffizieren fehlte, die als Scharnier zwischen den Mannschaften und Offizieren hätten dienen können.[121] Das italienische Heer war eine Armee von Untertanen, keine »Nation in Waffen«, und ihre Befehlshaber tendierten zu autoritären und repressiven Führungsmethoden, um Gehorsam zu erzwingen und die von Beginn an geringe Kampfmoral der Truppe aufrechtzuerhalten. Die starke regionale Durchmischung der Regimenter erschwerte zudem die Kommunikation zwischen den verschiedene Dialekte sprechenden Soldaten und ließ nur bedingt ein Einheitsgefühl unter ihnen entstehen. Es ist kein Zufall, dass die wenigen regional homogen rekrutierten Einheiten, die »Brigata Sassari« aus Sardinien und die »Alpini«, deutlich mehr Erfolge erzielten und Auszeichnungen erhielten als andere Teile des italienischen Heeres.

Auch sonst war die Armee miserabel auf den Krieg vorbereitet. Es fehlte an modernen Waffen und Ausrüstung, ja selbst an Winterkleidung, was im ersten Kriegswinter bei Zehntausenden von Soldaten zu Erfrierungen führte. Dennoch befahl die Militärführung unter General Cadorna im Nordosten eine frontale Offensive nach der anderen, um den Durchbruch nach Wien zu erzwingen, obwohl sich an anderen Fronten des Krieges längst gezeigt hatte, dass diese Strategie zum Scheitern verurteilt und das italienische Heer für derartige Materialschlachten und Abnutzungskämpfe besonders schlecht gerüstet war. Hunderttausende Soldaten wurden in den Isonzoschlachten sinnlos verheizt. Es verwundert daher nicht, dass es zu allen möglichen Formen der Verweigerung kam, denen die Militärführung mit immer härteren Strafen entgegentrat. Im Laufe des Krieges führten die Militärgerichte 262 000 Prozesse, die mit der Verurteilung von 170 000 Soldaten endeten. 15 000 Soldaten wurden zu lebenslänglicher Haft und 4 000 sogar zum Tode verurteilt, von denen 750 hingerichtet wurden.[122] Das waren deutlich mehr Todesurteile als in den sehr viel größeren Heeren Deutschlands oder Frankreichs. Hinzu kam, dass die italienischen Soldaten, die in Gefangenschaft gerieten, von der Führung des Heeres als Deserteure betrachtet wurden und aus der Heimat, anders als Franzosen oder Engländer, kaum Hilfslieferungen erhielten. Das sollte abschreckend wirken und hat dazu beigetragen, dass rund 100 000 der etwa 600 000 Italiener in österreichischen und deutschen Lagern gestorben sind, ein deutlich höherer Anteil als bei den englischen, französischen oder auch russischen Kriegsgefangenen.[123] Neuere Forschungsarbeiten bestreiten allerdings, dass die Erschwerung oder Unterlassung von Hilfslieferungen durch die italienische Führung den einzigen oder auch nur wichtigsten Grund für die hohen Opferzahlen darstellt, und verweisen auf die besonders harte Behandlung der Italiener, die als Verräter galten, in den deutschen und österreichischen Lagern wie etwa Mauthausen, das den Nationalsozialisten später als Konzentrationslager diente.[124]

1917 erreichten sowohl die Stimmung in der Bevölkerung als auch die Moral der Soldaten ihren Tiefpunkt. Dazu trug die immer schlechtere Versorgungslage ebenso bei wie die immer höheren Verluste und das Ausbleiben aller Erfolge, von der militärisch unbedeutenden Einnahme Gorizias 1916 einmal abgesehen. Im August 1917 bezeichnete Papst Benedikt XV., dessen Friedensappelle ungehört verhallt waren, den Krieg als »unsinniges Massaker«. In Turin kam es zu Streiks und massiven Unruhen, die nur durch den Einsatz von Militär niedergeschlagen werden konnten. Im Herbst 1917 ist Italien nur knapp der Niederlage entgangen und möglicherweise auch einer Revolution wie in Russland. Ende Oktober gelang der österreichischen Armee, unterstützt von deutschen Verbänden, in der Nähe des slowenischen

Kobarid (Caporetto) der Durchbruch. Die italienischen Linien lösten sich mit über 700 000 Mann völlig auf und konnten erst am Piave wieder stabilisiert werden, so dass große Teile Nordostitaliens von den Österreichern besetzt wurden. 40 000 Soldaten fielen oder wurden verwundet, 300 000 Soldaten gerieten in Kriegsgefangenschaft. Die Niederlage bei Caporetto war keine von den Sozialisten oder anderen Defätisten angezettelte Meuterei oder ein Militärstreik, wie die Nationalisten aller Couleur, die sich umgehend auf die Suche nach einem Sündenbock machten, behaupteten. Erst als der österreichische Durchbruch erfolgt war, hatten die meisten Soldaten ihre Waffen weggeworfen und den ungeordneten Rückzug angetreten. Die Auflösung der italienischen Verbände und ihrer Kampfmoral war nicht Ursache, sondern Folge der Niederlage. Das Desaster ging auf Fehler der Militärführung zurück, die alle Anzeichen der Offensive missachtet hatten. General Cadorna war kurz vor Caporetto sogar in einen dreiwöchigen Urlaub gegangen. Nun wurde er umgehend durch einen neuen Oberbefehlshaber, Armando Diaz, ersetzt.[125]

Die neue Militärführung schaltete nach Caporetto auf defensive Strategien um. Das senkte die Verluste und erhöhte die Moral der Soldaten. Zur Stabilisierung der italienischen Front trug auch bei, dass die Verbündeten Kontingente entsandten. Auch die Versorgungslage verbesserte sich, vor allem durch amerikanische Hilfslieferungen. Der Sold und die Essensrationen der Soldaten wurden erhöht und kostenlose Lebensversicherungen zur Absicherung ihrer Witwen und Waisen eingeführt. Zu diesem neuen Kurs zählte auch, dass den Bauern nun vage Versprechungen auf eine Landreform gemacht wurden. Auch die Propaganda wurde nun intensiviert. Sie nahm nun, wenn auch oft nur opportunistisch, die demokratische und antimilitaristische Kriegsdeutung auf, der sich die Entente unter der Führung des amerikanischen Präsidenten Wilson verschrieben hatte. So wurde der Krieg, der jetzt ein Verteidigungskrieg war, der auf italienischem Boden ausgefochten wurde, auch in der breiten Bevölkerung etwas populärer. Alle diese Faktoren erklären, warum Italien das letzte Kriegsjahr durchgehalten hat.[126]

Im Spätsommer zeichneten sich der Zusammenbruch Österreich-Ungarns und das Ende des Krieges ab. Engländer und Franzosen, die im Westen längst die Schlussoffensive eingeleitet hatten, drängten die italienische Militärführung zum Angriff, ebenso wie die Regierung, die seit Caporetto von Vittorio

Emanuele Orlando geführt wurde. Sie war an einem möglichst spektakulären Sieg interessiert, um die Erwartungen des nationalen Lagers nicht zu enttäuschen, aber auch, um sich eine gute Position für die Friedensverhandlungen zu sichern. Doch Diaz zögerte lange und gab erst am 24. Oktober den Befehl zum Angriff, drei Tage, nachdem in Wien die Revolution ausgebrochen war. Nach wenigen Tagen war der Übergang über den Piave gelungen, ein Keil in die österreichischen Verbände getrieben und das Vittorio (seit 1923: Vittorio Veneto) eingenommen worden. Nach diesem Ort ist die Schlacht, die im militärischen Fachjargon zunächst »Dritte Piaveschlacht« hieß, später auch benannt worden, vermutlich weil der Ort den Namen des ersten italienischen Königs Vittorio Emanuele II. trug, womit der symbolische Bezug zum Risorgimento hergestellt werden konnte. Die letzte Schlacht des Krieges, die vor dem Hintergrund des Zusammenbruchs der Donaumonarchie stattfand, dauerte nicht lange und war auch nicht besonders verlustreich. Vor allem in den letzten Tagen bis zum Waffenstillstand am 4. November kam es kaum noch zu Kampfhandlungen, da sich die österreichischen Verbände rasch zurückzogen. Das hinderte die italienische Führung nicht daran, das weitgehend kampflose Nachrücken der italienischen Truppen bis zur Waffenstillstandslinie am Alpenhauptkamm als größten Sieg aller Zeiten zu feiern und ihm kriegsentscheidende und damit welthistorische Bedeutung beizumessen. So verkündete Ministerpräsident Orlando in einer kurzen Rede am 10. November in Rom: »Für diesen italienischen Sieg, der so tiefgreifende Folgen für die Welt hat, gibt es in der Geschichte Vergleichbares nur im alten Rom.«[127] Das war stark übertrieben. Die italienische Kriegsbeteiligung hat den Konflikt nicht entschieden. Aber Italien, das über vier Millionen Soldaten in den Kampf schickte, leistete einen wichtigen und oft unterschätzten Beitrag zum Sieg. An Isonzo und Piave wurden jahrelang große Teile der österreichischen Armee, aber auch deutsche Truppen gebunden. Das hat die Entente erheblich entlastet.

Triumphal ist auch die Diktion des Bulletins der italienischen Heeresleitung vom 4. November 1918, das den Sieg verkündete und das bis heute in Bronze oder Marmor in allen italienischen Kasernen und Rathäusern angebracht ist. Es endet mit den Worten »Firmato Diaz« (»Gezeichnet Diaz«). Viele Italiener haben nach 1918 ihre Söhne nach Armando Diaz benannt. Dabei kam es allerdings häufig zu einer Verwechslung. So wurden viele Kinder in Unkenntnis der bürokratischen Sprache auf den Namen »Firmato« getauft, weil die Eltern das Wort auf den Bronzetafeln für den Vornamen von Diaz hielten. So manifestierte sich die für Italien so typische Distanz zwischen Bevölkerung und Staat mitunter selbst dort noch, wo sich einfache Bürger einmal mit ihrem Staat und ihrer Nation identifizieren wollten.

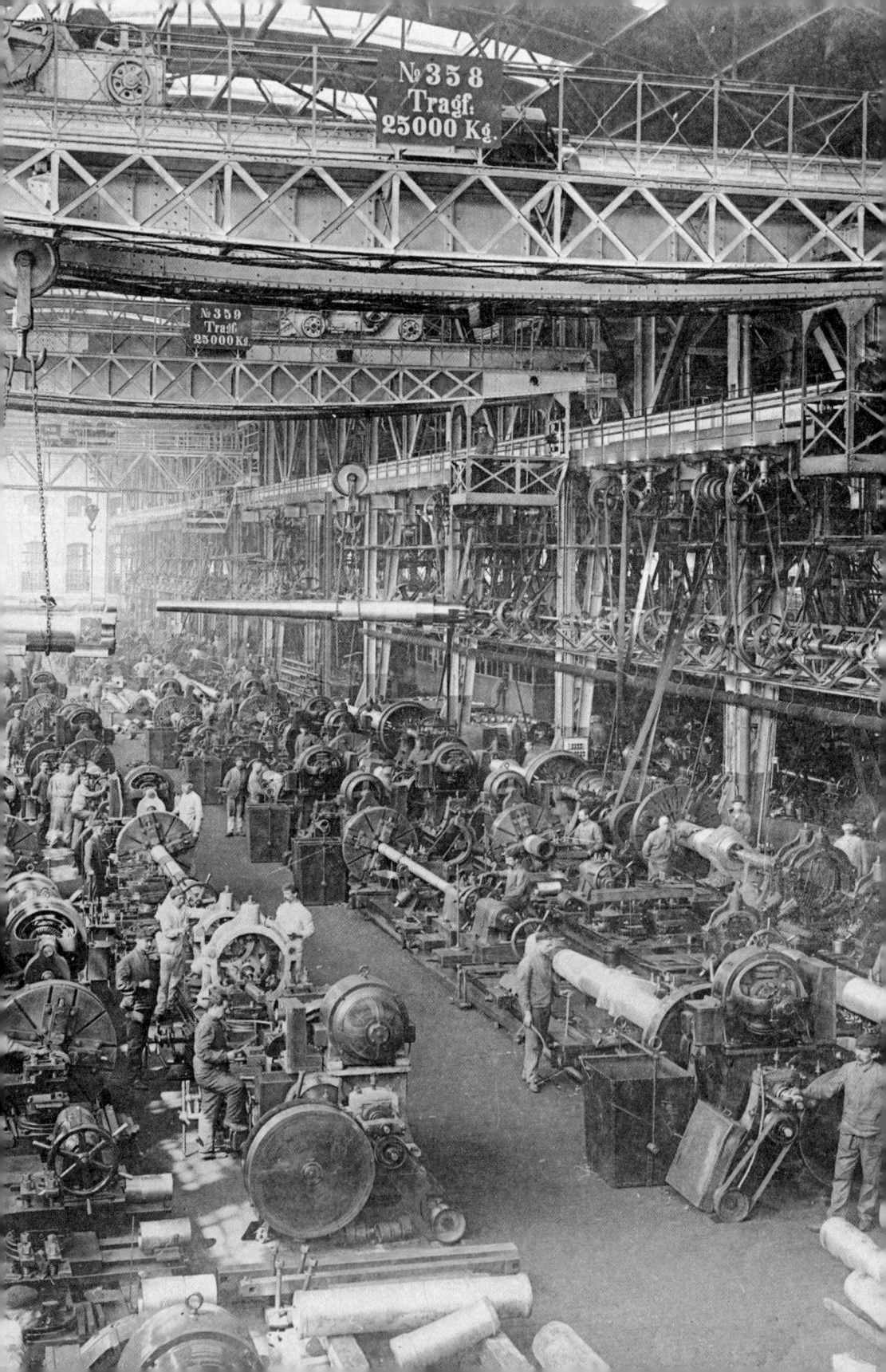

KAPITEL 6

TOTALER KRIEG

Ende Januar 1916 drangen mehrere deutsche Zeppeline in den Luftraum über Paris ein und bombardierten die Stadt. Nach diesem Angriff sprach der bekannte Journalist Léon Daudet in der ultrarechten Tageszeitung *L'Action française* zum ersten Mal vom »totalen Krieg«. Er meinte damit nicht allein die Angriffe auf zivile Ziele, sondern vermutete, dass Saboteure in Paris eine Auslösung des Alarms verhindert hätten. Der Krieg musste in seinen Augen deshalb auch gegen innere Feinde geführt werden, die den Zusammenhalt der Heimatfront bedrohten.[1]

Daudet brachte mit dem neuen Begriff zum Ausdruck, was auch viele seiner Zeitgenossen längst bemerkt hatten. Der Krieg fand nicht nur auf den Schlachtfeldern statt, sondern erfasste alle Bereiche des politischen, gesellschaftlichen und wirtschaftlichen Lebens in bisher unbekanntem Ausmaß. Ludendorff, der 1917 mit dem »Hilfsdienstgesetz« die Militarisierung der gesamten Gesellschaft erzwingen wollte, gab seiner späteren Rechtfertigungsschrift von 1935 den Titel *Der totale Krieg* und erklärte darin, dass die »seelische Geschlossenheit des Volkes die Grundlage des totalen Krieges« darstellte,[2] dieser also vor allem innere Einigkeit, aber auch die Ausgrenzung innerer Feinde erforderte.

Das ging weit über das hinaus, was Carl von Clausewitz ein Jahrhundert zuvor als »absoluter Krieg« beschrieben hatte. Clausewitz meinte damit nicht die Militarisierung des ganzen gesellschaftlichen Lebens, sondern Kampfhandlungen, die in aller Rücksichtslosigkeit bis zur Vernichtung des Gegners geführt wurden.[3] Die zunehmende Maßlosigkeit der Kriegführung, der immer weitergehendere Kriegsziele entsprachen, um den Gegner auf alle Zeiten niederzuwerfen, war jedoch nur eines der Kennzeichen des Ersten Weltkriegs. Die Totalisierung des Krieges erfasste auch die »Heimatfront« durch Maximierung von politischem Konsens mittels Meinungslenkung und die »restlose Entfaltung der eigenen Volkskraft«, wie es der deutsche Geheimdienstchef Walter Nicolai formulierte,[4] also die Mobilisierung der Wirtschaft für Kriegszwecke.

Zensur und Meinungslenkung

Mit dem Ausbruch des Krieges begann in allen beteiligten Staaten sofort auch ein Kampf um die öffentliche Meinung. Zum einen wurde er geführt, um die Weltöffentlichkeit, besonders die neutralen Länder, von der Rechtmäßigkeit der eigenen Selbst- und Feindbilder zu überzeugen. Zum anderen richtete er sich nach innen: Die gesamte Gesellschaft sollte in einer bis dahin nicht gekannten Weise mental in den Krieg einbezogen und im Sinne des Staates gelenkt werden. Die Totalisierung des Ersten Weltkrieges spiegelt sich nicht zuletzt im gewaltigen Räderwerk der Propaganda wider, das schließlich überall zu einem unentbehrlichen Bestandteil der »inneren« Kriegführung wurde.

In Deutschland wurde mit der Verkündung des Kriegszustandes auch die Pressefreiheit außer Kraft gesetzt und die jeweils im Reich zuständigen Militärbefehlshaber, insgesamt waren es 57, mit der Ausübung der Zensur beauftragt. Darüber hinaus aber traten immer wieder Unklarheiten in der Frage der Zuständigkeiten und Kompetenzen auf.[5] Konflikte, die schon vor dem Krieg zwischen Reichskanzlei, Ministerien und Militär ausgetragen wurden, fanden während des Krieges ihre Fortsetzung und waren symptomatisch für das deutsche System der Machtverteilung. Vor allem die ursprünglich nur mit Spionage betraute Nachrichtenabteilung der Obersten Heeresleitung (OHL) unter Oberstleutnant Walter Nicolai spielte für die Propagandatätigkeit eine bedeutende Rolle. Ihr unterstand das neugebildete Kriegspresseamt mit der Oberzensurstelle. Daneben existierten vergleichbare Büros des Reichsmarineamtes und des Kriegsministeriums sowie das Pressereferat des Auswärtigen Amtes.[6] Dort entstanden vergleichsweise strenge Zensurrichtlinien, deren Anwendung aber wegen der weitgehenden Selbständigkeit der Militärbefehlshaber ganz unterschiedlich ausfiel. Während diese Kontrollinstitutionen im Wesentlichen nur mit der Unterbindung unliebsamer Äußerungen in der Presse beschäftigt waren, verfügte die Regierung mit Wolffs Telegraphischem

Bureau (WTB), einer halbamtlichen Presseagentur, über das Monopol zur Verbreitung von gewünschten Informationen.[7]

Gegenüber der dezentralisierten Lage in Deutschland besaß Frankreich einen schon zu Beginn des Krieges geschaffenen zentralen Pressedienst: die dem Außenministerium unterstehende und vor allem auf die Auslandspropaganda ausgerichtete *Maison de la presse*.[8] Die Überwachung der Presse zählte zu den Aufgaben der Präfekten in den Départements. Die französische Zensur wurde sehr rigide gehandhabt und gehörte zu den strengsten des Krieges,[9] die Unterdrückung jeder missliebigen Äußerung wurde von der Bevölkerung allerdings weitgehend akzeptiert. Nur Georges Clemenceau sorgte mit einer spektakulären Protestaktion für Aufsehen: Er benannte seine Zeitung *L'Homme libre* in *L'Homme enchaîné* um. Als Clemenceau 1917 schließlich selbst der Regierung als Premierminister vorstand, sah er jedoch keine Veranlassung mehr, an den Zensurbestimmungen etwas zu ändern.[10] Die aktive Einflussnahme auf die öffentliche Meinung überließ der Staat der Presse selbst, auch wenn das Kriegsministerium die Zeitungen mit Bulletins versorgte. Bald waren die Beiträge vieler französischer Zeitungen von extremen Übertreibungen der eigenen Leistungen und besonders primitiven Schmähungen des Gegners geprägt, was französische Soldaten schon bald mit dem abwertenden Begriff »bourrage de crâne« (Vollstopfen des Schädels) bedachten.[11] Vergleichbare Auswüchse hat die Pressezensur in Deutschland im Interesse der eigenen Glaubwürdigkeit zu verhindern versucht.

In Großbritannien gab es ähnlich wie in Deutschland zunächst keine zentrale Einrichtung. Doch bündelte sich die Organisation der Propaganda zunehmend im War Propaganda Bureau, auch Wellington House genannt, das die Öffentlichkeit der neutralen Staaten zu gewinnen suchte, daneben aber unter anderem auch die britischen Intellektuellen für die Propaganda im eigenen Land mobilisierte. Der Schwerpunkt der im Großen und Ganzen relativ zurückhaltenden staatlichen Meinungslenkung lag bis zur Einführung der Wehrpflicht auf der Mobilisierung von Freiwilligen. Dazu wurde das Land mit einer Flut von 5,7 Millionen Werbeplakaten überschwemmt. Entsprechende Kampagnen waren den Briten allerdings schon von den Wahlkämpfen der Friedenszeit nicht unvertraut.[12]

In den USA schuf Präsident Wilson nach dem Kriegseintritt das Commitee on Public Information (CPI), dessen Leitung der Journalist George Creel innehatte. Diese Institution kann als Ausgangspunkt für die spätere amerikanische PR-Industrie angesehen werden. Durch die tonnenweise Versendung von Informationsmaterial brachte die CPI die meisten Zeitungen schließlich zur unkritischen Übernahme ihrer eigenen Darstellungen und der daraus gezogenen Schlussfolgerungen. Auch die Zahl der Flugblätter und Plakate, die bei Propagandakampagnen eingesetzt wurden, war überwältigend. Daneben ließ das CPI jede Woche etwa 20 000 Zeitungskolumnen erscheinen, in denen die Einheit der Amerikaner, die Niederträchtigkeit ihrer Feinde und die Notwendigkeit eines »Kreuzzugs« beschworen wurden. Neben seinen Pressekampagnen setzte der Staat aber auch auf die Mobilisierung der breiten Bevölkerung für die Propagandaarbeit und auf deren potenzierende Wirkung. Creel erfand die sogenannten »Four Minute Men«, eine Einrichtung, in der bis in die kleinsten Dörfer hinein Amerikaner als ehrenamtliche Redner angeworben wurden, um nach festen Vorgaben eine vierminütige patriotische Rede zu halten. 400 Millionen Menschen, so die Schätzungen, sollen 1917 oder 1918 eine solche Rede gehört haben.[13]

Vergleicht man die Organisation der Propaganda, so fällt insgesamt auf, dass bei den Westmächten der Staat stärker auf eine Selbstmobilisierung der Gesellschaft setzte. Presselenkung und Zensur gab es dort zwar ebenso wie im Deutschen Reich, jedoch beruhten die Anstrengungen in Richtung einer aktiven Meinungsbeeinflussung dort vielfach eher auf einem System freiwilliger Zusammenarbeit als auf einer unmittelbaren Lenkung von oben.[14]

Doch auch die deutsche Propaganda und Öffentlichkeitsarbeit erwies sich im Lauf des Krieges als durchaus lern- und entwicklungsfähig: In den ersten beiden Kriegsjahren dominierten noch traditionelle Methoden, die sich aus einer vorrangig bürokratischen und militärischen Perspektive ableiteten. Dabei ging es in erster Linie um die Wahrung der mit dem Burgfrieden deklarierten nationalen Einheit. Im Zentrum der Tätigkeit standen Kontrolle und Belehrung durch Zensur und die Verbreitung geeigneter Meldungen. Seit dem Sommer 1916 setzte mit dem Antritt der dritten OHL unter Hindenburg und Ludendorff eine grundlegende »Modernisierung« der deutschen Kommunikationspolitik ein. Das Thema Propaganda gewann nicht nur erheblich an Bedeutung, es vollzog sich auch ein Wandel in Stil und Inhalt, weg von konservativen und hin zu radikalnationalistischen Denkfiguren. An die Stelle der Burgfrieden-Rhetorik rückte mehr und mehr das Postulat der Volksgemeinschaft, was sich in der verstärkten Verwendung von Begriffen wie »Geschlossenheit«, »Geist«, »Wille«, »Kraft«, und »Führung« widerspiegelte. Die totale Mobilisierung der Gesellschaft gegen innere und äußere Feinde wurde vielleicht nirgendwo so stark zum Inhalt der Propaganda wie in Deutschland.[15]

Im Verlauf des Krieges veränderten sich aber nicht nur die Inhalte, sondern auch ihre Methoden und Medien. Moderne Formen der Öffentlichkeitsarbeit, wie sie in der Wirtschaftswerbung üblich waren und schon früher und stärker in der alliierten Propaganda Eingang gefunden hatten, verbreiteten sich nun auch in Deutschland. Das visuelle Element spielte dabei eine immer wichtigere Rolle. Unzählige Postkarten mit ernsten oder humoristischen Kriegsmotiven wurden gedruckt. Aber auch dem Plakat kam bei allen Kriegsparteien eine große Bedeutung zu. Besonders bekannt sind bis heute vor allem die britischen und amerikanischen Rekrutierungsposter und die ab 1917 auch in Deutschland eingesetzten Bildplakate, die die Bevölkerung zur Zeichnung von Kriegsanleihen aufrufen. Es stellte sich in der zweiten Kriegshälfte auch in Deutschland heraus, dass das zuvor noch wegen seiner Nähe zur Werbewirtschaft negativ bewertete Bildplakat nun gerade deswegen zum wichtigsten Mittler für politische Botschaften taugte.[16] Noch innovativer als die Nutzung von Plakaten war der Einsatz des neuen Mediums Film. Bilder und Filme spielten vor allem für die Propaganda in den neutralen Staaten eine große Rolle. Sie waren aber auch ein Mittel, um die eigene Bevölkerung zu beeinflussen. Zu diesem Zweck entstanden zahlreiche Dokumentar- und Spielfilme. Einer der bekanntesten und erfolgreichsten ist der britische Film *The Battle of the Somme* von 1916. In Deutschland wurde dem Einsatz von Filmen in der ersten Kriegshälfte noch wenig Bedeutung beigemessen, doch seit 1917 koordinierte das Bild- und Filmamt (BUFA), eine Institution der OHL, zentral die Herstellung und Verteilung der Filmpropaganda. Im gleichen Jahr wurde auf Initiative von Ludendorff mit der Universum Film AG (UFA) ein unter staatlicher Kontrolle stehender großer Filmkonzern geschaffen, der bis heute existiert. Die produzierten Filme zielten vor allem auf die größte Gruppe in der Heimat: die Arbeiter. Sie galt es von den Beschwernissen des Kriegsalltags abzulenken und zugleich zur weiteren Unterstützung des Krieges zu mobilisieren.[17]

Die staatlichen Bemühungen um Meinungsbeeinflussung richteten sich auch an die Soldaten, deren Moral nicht weniger bedeutsam war als die der Heimat. So wurden systematisch auch an und hinter der Front Feldkinos eingerichtet. Ein anderes Medium der Beeinflussung und der soldatischen Identitätsstiftung waren die Feldzeitungen, die sich in allen Armeen und an allen Fronten herausbildeten.[18] Auch die Oberste Heeresleitung erkannte schließlich ihre Bedeutung und sorgte 1916 mit der Errichtung der Feldpressestelle dafür, dass die Soldatenzeitungen gezielt beeinflusst und zur Vermittlung erwünschter Deutungsangebote genutzt werden konnten.[19]

Der Blick auf die Maßnahmen zur Meinungslenkung bestätigt, wie sehr der Erste Weltkrieg ein Medienereignis war. Beide Seiten versuchten nicht nur, die Deutungshoheit in der Weltöffentlichkeit zu erlangen, sondern den Zusammenhalt ihrer Gesellschaften zu festigen und ihnen den Glauben an den Sieg zu vermitteln. Als im Verlauf des Krieges überall die entscheidenden militärischen Erfolge ausblieben und der Bevölkerung immer größere Opfer abverlangt wurden, setzten die Meinungslenker auf allen Seiten immer stärker auf Durchhaltepropaganda. Welche Wirkungen sie erzielte, ist pauschal nicht zu beantworten, doch wo die Erfolge ausblieben, trat leicht das Gegenteil des gewünschten Effektes ein. Langfristig aber haben sich die von der Propaganda während des Krieges geprägten Bilder und Begriffe, ob die Vision einer Volksgemeinschaft oder das Versprechen universeller Demokratie, in den Köpfen der Menschen festgesetzt.[20]

Kriegswirtschaft, Arbeit und Frauen

Der Erste Weltkrieg wurde nicht nur auf den Schlachtfeldern ausgetragen, sondern auch in den Fabriken und Bauernhöfen, in den Banken, Häfen und auf den Eisenbahnlinien. Ein industrieller Krieg mit Massenarmeen war auf längere Zeit ohne eine Mobilisierung der gesamten Wirtschaft und Gesellschaft nicht durchzuhalten. Darauf war keine der beteiligten Nationen vorbereitet, schließlich hatten die militärischen Planungen überall mit einem kurzen Krieg gerechnet. Doch die Vorräte an Waffen und vor allem an Munition gingen rasch zur Neige, auf französischer Seite schon Mitte September, im deutschen, britischen und russischen Heer gegen Ende Oktober. So begannen alle beteiligten Länder schon bald, ihre Volkswirtschaften auf die Erfordernisse eines längeren Krieges umzustellen.[21] Der Staat griff nun überall in einem bisher völlig unbekannten Ausmaß in Wirtschaft und Gesellschaft ein. Der Weltkrieg markiert daher in vieler Hinsicht das Ende des liberalen Zeitalters mit dessen Betonung der Grenzen des Staates und der Selbstregulierung von Wirtschaft und Gesellschaft.

Die Entente konnte dabei von Anfang an auf ein größeres Potenzial an Menschen und Wirtschaftskraft zurückgreifen. Deutschland und Österreich-

Ungarn kamen, selbst wenn man die kolonialen Ressourcen ihrer Gegner unberücksichtigt lässt, nur auf 41 Prozent der Bevölkerungszahl und 61 Prozent der Wirtschaftskraft von Frankreich, Großbritannien und Russland. Der Kriegseintritt des Osmanischen Reichs und Italiens änderte an diesem Ungleichgewicht nichts. Die Niederlage Russlands, das über eine immense Bevölkerung, aber eine relativ schwache industrielle Basis verfügte, wurde durch den Kriegseintritt der USA, deren Sozialprodukt pro Kopf fast zehnmal so hoch lag wie das Russlands, mehr als wettgemacht. Wichtig waren aber nicht nur die demographischen und ökonomischen Potenziale, sondern auch die unterschiedlichen Positionen der beiden Seiten im globalen Wirtschaftskrieg. Die Mittelmächte wurden durch die britische Seeblockade von den Weltmärkten weitgehend abgeschnitten und ihre internationalen Handelsbeziehungen durch den Krieg viel stärker gestört als die der Entente. Sie mussten daher ihre Wirtschaft radikaler umstellen, wenn sie die Versorgung mit kriegswichtigen Gütern und Lebensmitteln sicherstellen wollten. Der U-Boot-Krieg zwang jedoch auch Frankreich, Großbritannien und Italien zu einer dirigistischen Konzentration der heimischen Ressourcen auf kriegswichtige Branchen und zur Reglementierung der Importe, zumal Frankreich wichtige Industrieviere durch die deutsche Besetzung des Nordostens verloren hatte.

Die starke Intervention des Staates äußerte sich überall in einer massiven Steigerung der staatlichen Nachfrage. Der Anteil der staatlichen Ausgaben am Sozialprodukt, der vor 1914 nirgendwo mehr als 20 Prozent betragen hatte, stieg während des Krieges drastisch an. In Deutschland erreichte er 1917 die Marke von 70 Prozent, aber auch in Großbritannien, dem Mutterland des Liberalismus, wo der Staat vor 1914 nur 13 Prozent beansprucht hatte, stieg er bis zum Ende des Krieges auf fast 50 Prozent an. Selbst in den USA, die erst spät in den Krieg eintraten und ihre ungeheuren wirtschaftlichen Ressourcen in viel geringerem Maße als andere Länder mobilisieren mussten, erreichte die Staatsquote am Ende des Krieges mit 22 Prozent eine völlig neue Dimension. Vor 1914 hatte sie nur wenige Prozentpunkte betragen. Die Staatsquote blieb auch nach dem Krieg überall hoch, viel höher als vor 1914, zumal nun seine wirtschaftlichen Folgen und sozialen Kosten zu bewältigen waren. So haben sich vor allem die europäischen Gesellschaften im Ersten Weltkrieg daran gewöhnt, dass der Staat einen großen Teil des Volkswohlstands für sich beanspruchte, was allerdings auch mit steigenden Erwartungen und Ansprüchen an diesen verbunden war. Dies ist vielleicht eine der wichtigsten langfristigen Folgen des großen Krieges.

Ein weiteres Merkmal der vom Staat in vieler Hinsicht gelenkten Kriegswirtschaft war die starke Zunahme und Expansion der bürokratischen Apparate. Überall entstanden neue Ämter, Behörden und Gremien, während den bestehenden Institutionen oft noch zusätzlich neue Aufgaben zuwuchsen. Doch die staatlichen Bürokratien expandierten nicht nur. Es kam auch zu vielfältigen personellen Verschränkungen zwischen Staat und Wirtschaft. Staatliche Stellen versuchten, immer mehr Wirtschaftszweige ihrer Kontrolle zu unterwerfen, oder gründeten sogar Unternehmen, während zahlreiche Experten aus der Wirtschaft in staatliche Behörden oder gemischte Gremien berufen wurden.

Zu ihnen zählte zum Beispiel Walter Rathenau, der Chef der AEG, dem 1914 die Leitung einer von ihm angeregten Kriegsrohstoffabteilung im preußischen Kriegsministerium übertragen wurde, das die Verteilung der knapp werdenden Rohstoffe organisieren sollte. Dies geschah durch eine Reihe von »Kriegsgesellschaften« für einzelne Rohstoffgruppen, die zwar als Aktiengesellschaften organisiert waren, aber unter staatlicher Aufsicht standen. Bei diesen neuen Formen der Kooperation zwischen Staat und Wirtschaft, die sich im Laufe des Krieges auf immer mehr Branchen ausdehnte, spielte das Militär in Deutschland eine führende Rolle. Dessen Einfluss verstärkte sich noch, als 1916 das »Kriegsamt« gebildet wurde, das von General Wilhelm Groener geleitet wurde und dem Kriegsministerium unterstand. Die Behörde sollte alle kriegswirtschaftlichen Kompetenzen bündeln und die ehrgeizigen Ziele des von Oberst Max Bauer entworfenen Hindenburg-Programms umsetzen, das sich eine massive Steigerung der Munitionsproduktion und eine zentrale Steuerung der Rüstungsindustrie zum Ziel gesetzt hatte. Noch mehr Einfluss besaß das Militär in Österreich-Ungarn, wo nach dem Kriegsdienstleistungsgesetz von 1912 alle Rüstungsbetriebe dem Kriegsministerium unterstanden. Daneben entstanden auch hier auf der Ebene einzelner industrieller Branchen zahlreiche freiwillige oder von Ministerien eingerichtete Zusammenschlüsse und Arbeitsgemeinschaften, um die Verteilung von Arbeitskräften und Rohstoffen zu regeln. Sie mündeten im Laufe des Krieges in öffentlich-rechtliche »Kriegsverbände«, die der Wirtschaft immer mehr ein korporatives Gepräge verliehen. Vielfältige Rivalitäten zwischen staatlichen und militärischen Stellen behinderten jedoch eine effiziente Organisation der Kriegswirtschaft.

Bei den Westalliierten spielten Zivilisten in der Organisation der Kriegswirtschaft eine wichtigere Rolle als bei den Mittelmächten. In Frankreich war zunächst das Kriegsministerium für die Rüstungsproduktion zuständig. 1915 ging die zuständige Abteilung jedoch in zivile Hände über und verselbständigte sich im Jahr darauf als eigenes Rüstungsministerium unter der Leitung des sozialistischen Politikers Albert Thomas, der nach dem Krieg der erste Direktor der Internationalen Arbeitsorganisation in Genf wurde. Eine wirksame Kontrolle über die Rüstungsindustrie hat das Ministerium nicht erlangen können. Diese organisierte sich eher unabhängig von staatlichem Einfluss in regionalen Gruppen, die vom einflussreichen Verband der französischen Kohle- und Stahlindustrie, dem »Comité de Forges«, koordiniert wurden. Staatlich kontrollierte Konsortien zur Bewirtschaftung der Rohstoffe wie in Deutschland entwickelten sich in Frankreich erst 1917 unter Leitung des Industrie- und Handelsministeriums. Auch in Großbritannien lag die Regulierung der Kriegswirtschaft in den Händen von Zivilisten, wobei es auch hier zu einer engen Verflechtung zwischen Staat und Wirtschaft kam. Im 1915 geschaffenen Munitionsministerium, das von dem sozialliberalen Politiker Lloyd George geleitet wurde, bevor er Ende 1916 Premierminister wurde, und später von Winston Churchill, wimmelte es nur so von Experten und Managern aus der Industrie, die von ihren Firmen für die Dauer des Krieges ausgeliehen wurden. Ähnlich lagen die Dinge in den USA, wo seit 1916 unter der Aufsicht des Council of National Defence zahlreiche neue Behörden und Gremien der Wirtschaftslenkung entstanden, in denen Fachleute aus der Privatwirtschaft eine führende Rolle spielten.

Der staatlichen Regulierung der Rüstungsindustrie standen ganz verschiedene Instrumente zur Verfügung. Sie reichten von informellen Absprachen oder der Anprangerung kooperationsunwilliger Firmen als unpatriotisch – vor allem in den USA – über die staatliche Bewirtschaftung und Zuteilung von Rohstoffen bis hin zur Subvention neuer Produktionsanlagen oder staatlich verordneten Stilllegung kleinerer, ineffizienter Betriebe. Frankreich, Deutschland und Russland verfügten über eigene militärische Werkstätten, die ausgebaut wurden. Dies konnte den ungeheuren Bedarf jedoch nicht decken. Die Gründung staatlicher Rüstungsfirmen stellte die direkteste Intervention dar. Dieser Weg wurde vor allem in Großbritannien beschritten, das bei Kriegsbeginn nur über eine kleine Armee verfügte und dessen Heeresrüstung daher einen beträchtlichen Rückstand aufwies. Hier wurden unter Lloyd George rund 200 staatliche Rüstungsfabriken aufgebaut. So unterschiedlich die Mittel waren, das Ziel der staatlichen Eingriffe war überall dasselbe: die möglichst weitgehende Umlenkung der volkswirtschaftlichen Ressourcen auf die kriegswichtigen Industrien und die maximale Steigerung der Produktion von Munition, Waffen und militärischen Ausrüstungsgütern zu möglichst geringen Kosten – »maximal slaughter at minimum expense«, wie es der Pazifist Bertrand Russell sarkastisch formulierte.[22]

Die Kosten des Krieges und der staatlichen Interventionen waren jedoch alles andere als minimal. Als Folge der Unterbrechung eingespielter Wirtschaftsverbindungen und Produktionsabläufe, der Verknappung von Arbeitskräften und des Mangels an Rohstoffen und Ausgangsprodukten sank fast überall die industrielle Produktion. Am stärksten war der Rückgang in Österreich-Ungarn, am schwächsten in Großbritannien. Frankreich und Deutschland lagen dazwischen. In Deutschland erreichte die industrielle Produktion 1918 nur noch 57 Prozent des Niveaus von 1913. In Russland dagegen wuchs die Industrieproduktion in den ersten beiden Kriegsjahren, allerdings von einem relativ geringen Ausgangsniveau, während sie in den USA zunächst zurückging, dann aber stark anstieg. Da die Rüstungsproduktion stark expandierte, traf der Rückgang der industriellen Produktion vor allem die sonstigen Industrien. Für die USA gilt dies wegen ihres späten Kriegseintritts und des enormen Potenzials ihrer Industrie am wenigsten. Hier überstieg der Anteil der Rüstung niemals die Marke von einem Viertel der Industrieproduktion. Auch in Russland nahm die Konsumgüterproduktion in den ersten beiden Kriegsjahren noch nicht ab. In Großbritannien dagegen arbeiteten schon 1915 rund 35 Prozent der Industriearbeiter für die Rüstung. 1918 waren es 61 Prozent. In Deutschland entfielen im letzten Kriegsjahr 45 Prozent der Beschäftigten auf die »Kriegsindustrien«, 35 Prozent auf Branchen, die sowohl für den militärischen wie den zivilen Bedarf arbeiteten, und nur noch 20 Prozent auf die »Friedensindustrien«.[23]

Zu den großen Verlierern des Krieges gehörte auch die Landwirtschaft, denn Futtermittel, Dünger, Saatgut, Pferde, Maschinen und Arbeitskräfte wurden knapp. Das machte die Lebensmittelversorgung der Bevölkerung fast überall zu einem Problem. In Deutschland fiel die landwirtschaftliche Produktion während des Krieges um ein Drittel.[24] Frankreich, das durch die deutsche Besetzung seiner nordöstlichen Landesteile wichtige Kornkammern verloren hatte, spürte noch stärker die Auswirkungen. Drastisch war der Rückgang auch in der westlichen Hälfte des Habsburgerreichs, zumal der Brotkorb Galizien zeitweise von den Russen besetzt und durch den Krieg verwüstet wurde. Sehr viel weniger belastend war er in Ungarn. Auch in Russland ging die landwirtschaftliche Produktion ab 1916 zurück, nicht zuletzt, weil mit Polen und Teilen der Ukraine 1915 wichtige Anbauflächen nicht mehr zur Verfügung standen. In Großbritannien dagegen gelang es durch die Ausweitung der Anbauflächen und andere Maßnahmen, die Lebensmittelproduktion um ein Viertel zu steigern, allerdings auf der Basis eines sehr geringen Ausgangsniveaus. Am Ende des Krieges wurden auf der Insel 70 Prozent mehr Weizen produziert als vor 1914. Auch in den USA weitete sich die landwirtschaftliche Produktion aus.[25]

Die Rüstungsproduktion lag überwiegend in den Händen privater Firmen wie Krupp, Skoda, Schneider-Creusot oder Putilov. Die sprunghaft steigende Nachfrage des Staates nach Rüstungsgütern setzte den Wettbewerb weitgehend außer Kraft. Die privaten Rüstungsunternehmen konnten daher Preise durchsetzen und Gewinne realisieren, wie sie in Friedenszeiten niemals möglich gewesen wären. Dies belastete nicht nur die Staatsfinanzen, sondern bedrohte auch den sozialen und politischen Konsens. Vor allem in Deutschland wurde dies zum Problem, da es dem Staat nicht gelang, die Gewinne der Rüstungsfirmen zu begrenzen oder durch Steuern wirksam abzuschöpfen. Dadurch erschwerte sich auch die Kontrolle der Arbeiterschaft. Das Hilfsdienstgesetz von 1916 unterstellte zwar einige Arbeitergruppen militärischer Kontrolle, das Recht zur freien Wahl des Arbeitsplatzes wurde jedoch nicht eingeschränkt. So konnten die Arbeiter in der Rüstungsindustrie auch häufig höhere Löhne durchsetzen, was neue Ungleichheiten schuf und den sozialen Frieden weiter belastete. Auch in Frankreich gelang es Regierung und Parlament kaum, die Gewinne der Rüstungsunternehmen zu begrenzen. Hohe Gewinne blieben der Hauptanreiz für die Rüstungsproduktion, obwohl ein sozialistischer Minister für sie zuständig war. Deutlicher erfolgreicher waren hier die Briten. Dies lag nicht nur daran, dass der Staat hier in großem Stil eigene Rüstungsfabriken aufbaute, die ihn ein Stück weit von privaten Anbietern unabhängig machte. Die privaten Rüstungslieferanten wurden auch relativ strikt kontrolliert und ihre Profite stark besteuert. Dies wiederum hat die Bereitschaft der Gewerkschaften zu Konzessionen deutlich erhöht.[26]

Auch auf anderen Feldern der kriegswirtschaftlichen Organisation und Intervention, etwa bei der Versorgung mit Rohstoffen oder Lebensmitteln, waren die Briten und ihre Verbündeten erfolgreicher als ihre Gegner. Dies ist vor allem auf die konsequente Ausnutzung ihrer globalen Marktmacht zurückzuführen. Zwar entwickelten die Deutschen zahlreiche Ersatzstoffe für kriegswichtige Materialien, etwa Aluminium für Kupfer oder synthetisches Ammoniak für Salpeter, das für die Düngemittel- und Sprengstoffproduktion gebraucht wurde. Die Rohstoffe und Lebensmittel wurden zunehmend rationiert und bewirtschaftet. Doch letztlich blieb den von den Weltmärkten abgeschnittenen Mittelmächten nichts anderes übrig, als den zunehmenden Mangel zu verwalten. Die immer tieferen Eingriffe in die Marktwirtschaft schufen jedoch kein einheitliches und effizientes System. Vielmehr bildete sich ein unübersichtlicher Dschungel von immer neuen Regelungen und Behörden, der zahllose Schlupflöcher ließ und in dem es für die Unternehmer vor allem auf gute Beziehungen zu den militärischen und anderen Stellen ankam.

Auch in Großbritannien wurden kriegswichtige Güter staatlich bewirtschaftet und rationiert. Das begann bei den Eisenbahnen, die auf der Insel noch weitgehend in privaten Händen waren, und dehnte sich 1916 auf die Stahlproduktion und 1917 auf die Kohleförderung aus. Ab August 1917 wurde der private Kohleverbrauch wie in Deutschland und Frankreich rationiert. Der Schlüssel für den Erfolg der Alliierten war jedoch nicht, dass sie ihre begrenzten heimischen Ressourcen staatlicher Kontrolle unterwarfen, sondern massiv in die internationalen Märkte eingriffen und dort strategische Rohstoffe, Lebensmittel und Güter aller Art in großem Stil aufkauften. Das britische Munitionsminsterium stieg auf diese Weise zum größten Handelskonzern der Welt mit einem Jahresumsatz von mehreren hundert Millionen Pfund auf. Durch den Einsatz der geballten Marktmacht des Staates konnte der private Wettbewerb weitgehend ausgeschaltet und die Preise in einem erträglichen Rahmen gehalten werden. Dabei kooperierten die Briten zunehmend mit ihren Verbündeten, um einen unnötigen Wettbewerb zwischen den Staaten der Entente zu vermeiden. 1915 wurde die amerikanische Privatbank J. P. Morgan zum gemeinsamen Einkaufsagenten in den USA ernannt; sie sorgte auch dafür, dass Deutschland an der Wall Street von der Kreditvergabe ausgeschlossen wurde. Mit dem Kriegseintritt machte die Kontrolle der globalen Märkte durch interalliierte Gremien weitere Fortschritte. Sie war deshalb so erfolgreich, weil es außerhalb der Entente kaum Märkte gab, auf denen die Rohstoffproduzenten ihre Waren hätten verkaufen können. Die Importe konnten überdies leicht kontrolliert werden, weil sie über wenige Häfen, vor allem in Großbritannien und Frankreich, liefen. Hinzu kam, dass die Alliierten den internationalen Schiffsverkehr und auch das maritime Versicherungswesen dominierten, dessen Fäden in London zusammenliefen. Schon 1913 befanden sich 60 Prozent der globalen Schiffskapazitäten in britischer Hand. Über ihr globales Netz von Kohlestationen, auf das alle angewiesen waren, konnten die Briten überdies Druck auf den Schiffsverkehr der Neutralen ausüben. Auch das hat die Kontrolle des Welthandels erleichtert.[27]

Der unterschiedliche Zugang zum Weltmarkt hatte spürbare Folgen für den Lebensstandard der Bevölkerung in den kriegsteilnehmenden Staaten und deren Versorgung mit Lebensmitteln. Großbritannien, das vor dem Krieg fast drei Viertel seiner Lebensmittel importiert hatte, war am stärksten verwundbar. Das konnte auch durch eine leichte Steigerung seiner Eigenversorgung während des Krieges nicht ausgeglichen werden. Butter und Fleisch wurden allmählich knapper. Die Preise für viele Produkte stiegen und zehrten am Lebensstandard der breiten Bevölkerung. Der private Konsum ging leicht zurück. Doch die Grundversorgung konnte durch die staatlich gelenkten Importe sichergestellt werden. Daran änderte auch der U-Boot-Krieg nichts. Rationierungen setzten erst spät ein. Die Versorgungslage blieb alles in allem gesichert und hat die Stabilität des Landes nicht gefährdet. Ähnlich lagen die Dinge in Frankreich, das sich während des Krieges nicht mehr wie bisher weitgehend aus dem eigenen Land versorgen konnte. Auch hier wurden die Lücken durch die gut organisierten alliierten Importe gedeckt, so dass es erst 1917 zu ersten Rationierungen kam. Italien war vor allem von der Blockade der Dardanellen und dem Wegfall der russischen Getreidelieferungen betroffen. Aber auch das wurde weitgehend durch alliierte Lieferungen ausgeglichen. Die Verteilung im Land verlief allerdings nicht immer reibungslos. In der Folge bildete sich ein Schwarzmarkt und es kam zu beträchtlichen Teuerungen, die vor allem 1917 heftige Unruhen auslösten.

Deutschland importierte vor dem Krieg zwar nur zehn Prozent seiner Lebensmittel, aber einen großen Teil der zu ihrer Herstellung nötigen Futter- und Düngemittel. Der Rückgang der landwirtschaftlichen Produktion konnte infolge der Blockade nicht durch Importe ausgeglichen werden. Die staatlichen Stellen versuchten der rasch einsetzenden Teuerung durch Höchstpreisverordnungen zu begegnen. Diese nahmen den Lebensmittelproduzenten jedoch den Anreiz, mehr zu produzieren, und trieb sie in die Schattenwirtschaft. So kam es schon bald zur Rationierung knapper Lebensmittel. Aber das beschleunigte den Teufelskreis nur, denn die Konsumenten wichen auf die noch nicht bewirtschafteten Lebensmittel aus, bis diese ebenfalls knapp und daher rationiert wurden. Hunger und Unterernährung waren die Folge, vor allem in den größeren Städten, aber auch wachsender Unmut, der sich immer mehr gegen den Staat richtete, je mehr dieser den Mangel bürokratisch verwaltete. Dieser Mangel war jedoch nicht nur eine Folge der alliierten Blockade, sondern war auch der starken Stellung des Militärs in Deutschland und den politischen Strukturen geschuldet, die dazu führten, dass Armee und Rüstungsindustrie bei der Zuteilung von Arbeitskräften und Gütern massiv bevorzugt wurden. Die Versorgung der Bevölkerung dagegen hatte einen geringeren Stellenwert, was sich etwa auch darin zeigte, dass die ländliche Bevölkerung in Deutschland überproportional zum Kriegsdienst herangezogen wurde. Den westlichen Mächten fiel es nicht nur leichter, ihre Bevölkerung zu versorgen, sondern sie maßen dieser Aufgabe auch höhere Bedeutung bei als die deutsche Führung. So wurden während des uneingeschränkten U-Bootkriegs die Transporte von Rüstungsgütern zeitweise vermindert, um die Lebensmittelversorgung nicht zu gefährden.[28]

Österreich-Ungarn hatte mit ähnlichen Problemen wie Deutschland zu kämpfen. Hinzu kamen hier noch Transportprobleme und die mangelnde Solidarität der ungarischen Seite, die Getreidelieferungen in andere Reichsteile nach Kräften behinderte. Dies führte zu massiven Spannungen zwischen den beiden Teilen des Reiches, die erheblich zu seinem Untergang beitrugen, denn in den letzten Kriegsjahren kam es zu Hungersnöten in Bosnien, Dalmatien und Istrien, der Steiermark und vor allem in Wien, die den in vieler Hinsicht überholten Strukturen der Doppelmonarchie zur Last gelegt wurden.[29] Im April 1918 war die Lage in Wien so verzweifelt, dass die Behörden durchfahrende Züge mit rumänischem Getreide beschlagnahmten, das für Deutschland bestimmt war.

In Russland war die Ausgangslage eigentlich günstig. Allerdings verlor es durch die Offensive der Mittelmächte 1915 bedeutende Anbauflächen, was zum Rückgang der Lebensmittelproduktion beitrug.[30] Als noch gravierender aber erwies sich, dass die eingespielten Verteilungswege immer mehr zusammenbrachen, vor allem aufgrund der Krise des rückständigen Eisenbahnwesens. So nahm auf dem Land die Subsistenzwirtschaft zu. Seit 1916 zerfiel das Land immer mehr in autonome Versorgungsregionen, von denen die Städte weitgehend abgeschnitten waren. Die Unterversorgung der Städte hat erheblich zum Autoritätsverfall des Zarenregimes beigetragen und konnte auch von der provisorischen Regierung nicht behoben werden.[31]

Ein weiteres Problem der Kriegswirtschaft war der Mangel an Arbeitskräften, da die Militärs bei der Mobilisierung ihrer Massenheere kaum Rücksicht auf die Erfordernisse der Wirtschaft, ja oft nicht einmal auf die der Rüstungsindustrie nahmen. Das galt nicht nur für Länder mit Wehrpflicht wie Deutschland und Frankreich, sondern auch für Großbritannien, wo zahlreiche qualifizierte Arbeiter aus kriegswichtigen Industrien als Freiwillige in die Armee aufgenommen wurden. Ende 1914 diente ein Viertel der Arbeiter der britischen Chemie- und Sprengstoffindustrie in der Armee. Ein Teil der eingezogenen Arbeiter musste bald zurückgestellt werden, um die Rüstungsproduktion nicht zu gefährden. In Frankreich waren Ende 1915 schon 500 000 Arbeiter vom Kriegsdienst zurückgestellt, unterstanden jedoch weiter militärischer Kontrolle. In Deutschland waren 1916 bereits 1,2 Millionen Arbeiter zurückgestellt, darunter 740 000 Männer, die als tauglich eingestuft waren. Bis 1918 stiegen diese Zahlen auf 2,2 und 1,3 Millionen. In Großbritannien dagegen entwickelte sich erst nach der Einführung der Wehrpflicht im März 1916 ein System von Rückstellungen, ein weiteres Indiz für den geringeren Problemdruck, der auf der britischen Kriegswirtschaft lastete.[32]

Rückstellungen vom Kriegsdienst, besonders in den kriegswichtigen Industrien, konnten den Arbeitskräftemangel ebenso wenig ausgleichen wie »Importe«: Die Deutschen setzten zunehmend Kriegsgefangene und Zwangsarbeiter aus Belgien und den besetzten Gebieten im Osten ein, die Franzosen Arbeiter aus ihren Kolonien, aus Spanien und aus China. So wurde der steigende Arbeitskräftebedarf der kriegswichtigen Industrien vor allem durch Umschichtung aus anderen Branchen gedeckt. Daneben griff man auch in großem Umfang auf Jugendliche zurück. Der Anteil der 14- bis 16-Jährigen in der deutschen Industrie stieg während des Krieges um zehn Prozent, in der Metallindustrie sogar um fast 60 Prozent. Da die Großbetriebe nun verstärkt zur hochgradig arbeitsteiligen Massen- und Fließbandfertigung übergingen, wurden die neuen Arbeitskräfte nur rasch angelernt. Dieser Strukturwandel blieb nicht ohne Folgen. Die für die Rüstung produzierenden, zügig expandierenden Betriebe der Metall- und Maschinenbauindustrie, die oft in den großen Städten angesiedelt waren, wurden schon bald zu Unruheherden, die auch von den Gewerkschaften kaum mehr kontrolliert werden konnten. Vor allem unter den hinzugekommenen ungelernten oder angelernten Arbeitern, die das Rückgrat der neuen, stark mechanisierten Serienproduktion bildeten, entwickelte sich eine zunehmende Militanz. Sie hatten wenig mit den besser bezahlten Facharbeitern gemein, die eine handwerkliche Lehre durchlaufen hatten und darauf besonders in Deutschland ungemein stolz waren. Den älteren Gewerkschaftsführern, die in der Regel mit den Regierungen kooperierten, fiel es schwer, die neuen, oftmals jungen Arbeiter zu integrieren. Diese wiederum legten eine hohe Protestbereitschaft an den Tag und bildeten die Basis der radikalen Strömungen in den sozialistischen Arbeiterbewegungen und der nach dem Krieg entstehenden kommunistischen Parteien.[33]

Ein weiteres Reservoir an Arbeitskräften stellten die Frauen dar. In Großbritannien stieg ihr Anteil in den öffentlichen Verwaltungen sowie im Handel um 75 bzw. 85 Prozent und im Transportwesen sogar um ganze 544 Prozent. Doch auch in den kriegswichtigen Branchen der Industrie verdoppelte bis verfünffachte er sich. In Deutschland wuchs der Frauenanteil vor allem in der Metall-, Maschinen- und Elektroindustrie stark an.[34] Deshalb galt der Erste Weltkrieg lange Zeit als der entscheidende »Sprung nach vorn« in der Geschichte der weiblichen Erwerbstätigkeit und damit der gesellschaftlichen Teilhabe von Frauen überhaupt. Heute wird diese These kaum noch vertreten, denn der Prozentsatz der Erwerbstätigen unter den Frauen war in vielen Ländern auch schon vor 1914 recht hoch; der Anstieg während des Krieges war keineswegs stark. In Deutschland nahm die weibliche Erwerbsquote um 17 Prozent, in Großbritannien um 23 Prozent zu.[35] Das ist nicht viel und zum Teil auch auf den Kriegsdienst der Männer und den Rückgang der männlichen Erwerbstätigkeit zurückzuführen, also auf einen rein statistischen Effekt. Die Zunahme war überdies nicht von Dauer. Nach Kriegsende ging die weibliche Erwerbsquote überall sehr rasch wieder auf ihr Vorkriegsniveau zurück. In Großbritannien etwa betrug sie 1921 fast genau so viel wie 1911, nämlich rund 32 Prozent.[36] Auf die langfristige Entwicklung der weiblichen Erwerbsquote hatte der Krieg also praktisch keine Auswirkungen.

Die Zunahme der Frauenarbeit in wichtigen Industrien und einigen anderen Bereichen resultierte nicht primär aus der Mobilisierung bisher nicht erwerbstätiger Frauen, sondern aus Verschiebungen innerhalb der Frauenerwerbsarbeit. Es waren vor allem Dienstmädchen und Frauen aus der Landwirtschaft, dem Handwerk und Kleinhandel und anderen Teilen der schrumpfenden Friedenswirtschaft wie der Textilindustrie oder dem Bekleidungsgewerbe, die nun in die Rüstungsfabriken strömten, Verwaltungsarbeit übernahmen oder städtische Omnibusse steuerten. Die weibliche Erwerbstätigkeit wurde dadurch in der städtischen Öffentlichkeit sichtbarer als bislang.

Frauen waren nun in Bereichen tätig, die bisher Männern vorbehalten waren. Diese Überschreitung bisheriger Grenzen zog Kritik auf sich, zumal Frauen nun auch Waffen produzierten, was als besonders unweiblich galt, weil es sich mit der traditionellen Rolle der Frau als Lebensspenderin schlecht vertrug. Insgesamt aber stieß der Einsatz der Frauen in Männerdomänen weitgehend auf Akzeptanz, weil er alternativlos war und eine vorübergehende Phase der Erwerbstätigkeit auch vor dem Krieg schon zum typischen Lebenszyklus von Frauen der unteren Schichten gehört hatte, vor allem aber, weil er als eine kriegsbedingte und vorübergehende Ausnahmeerscheinung betrachtet wurde. Als eine solche Ausnahme haben ihn auch die Frauen gesehen, denn sie hielten in aller Regel an der Perspektive von Heirat und Familiengründung als langfristigem Lebensziel fest.[37] Als starker Zuwachs an Freiheit wurden die neuen Tätigkeiten ohnehin nicht erlebt, zumal der Wechsel des Arbeitsplatzes meist aus ökonomischem Zwang geschah und die Arbeit in den Fabriken hart war und meist auch schlechter entlohnt wurde als die der Männer.

Auch die anderen Formen, in denen Frauen während des Krieges tätig wurden, haben die traditionellen Geschlechterrollen kaum in Frage gestellt. Dies galt nicht nur für das karitative Engagement bürgerlicher Frauen in den zahllosen lokalen Organisationen der Kriegsfürsorge, sondern auch für den freiwilligen Dienst im Sanitätswesen. Der Dienst als Krankenschwester war vor allem für unverheiratete Frauen aus den bürgerlichen Schichten attraktiv, weil er einerseits den traditionellen Rollenmustern nicht widersprach, er andererseits aber dem Bedürfnis der jungen Frauen nach Abenteuer und Teilhabe am Kriegsgeschehen entgegenkam und sie oft auch dicht an die Front und damit an Brüder, Verlobte und Freunde heranbrachte. Ärztinnen an der Front waren dagegen – von einigen amerikanischen Hilfsorganisationen, die in Europa tätig wurden, abgesehen – seltene Ausnahmeerscheinungen.

Aus den Armeen waren Frauen überall traditionell ausgeschlossen. Allerdings bekam dieser Grundpfeiler der bürgerlichen Geschlechterordnung während des Weltkriegs erste Risse. In Deutschland und Frankreich übernahmen Frauen zahlreiche Hilfsfunktionen für die Armeen, in der Versorgung oder in Schreibstuben, aber nur als Zivilistinnen und ohne Uniform. Weiter ging man in Großbritannien. Hier wurde es Frauen gestattet, sich in einer freiwilligen Reserve zu organisieren, die im Fall einer Invasion der Insel zum Einsatz kommen sollte. Im Januar 1917 wurde zudem ein uniformiertes Frauenhilfskorps gebildet, das unterstützende Aufgaben für die Armee übernahm und in dem bis Kriegsende über 57 000 Frauen dienten. Die entscheidende Grenze zur Aufstellung von weiblichen Kampftruppen wurde jedoch nur in Russland überschritten, wo Frauen schon bei den Protesten und Streiks, die im Februar 1917 zur Revolution führten, eine wichtige Rolle gespielt hatten. Im Juni wurde eine Frauentruppe gebildet, die sich »Bataillon des Todes« nannte. Ihre Aufstellung verdankte sich allerdings ganz traditionellen Impulsen, denn sie sollte vor allem die Soldaten beschämen, die zu dieser Zeit bereits in Massen meuterten und desertierten. Die unter dem Kommando der Kosakin Maria Botschkarewa stehende Einheit marschierte im Sommer 1917 mit 300 Frauensoldaten an die Front. Auch in anderen Truppenteilen wurden nun Frauen aufgenommen. Über 5 500 haben sich im Sommer 1917 zu den Waffen gemeldet. Politisch stand das Bataillon der Botschkarewa, das bald von der Front zurückkehrte, eher rechts. Im revolutionären Oktober unterstützte es die Regierung und war an der Verteidigung des Winterpalais beteiligt.[38]

Insgesamt hat der Krieg die traditionellen Geschlechterrollen, von Ausnahmen abgesehen, kaum verändert. Die Bilderwelt des Krieges mit ihren Postkarten und Propagandaplakaten belegt dies, wurden hier doch eher die traditionellen Stereotype bekräftigt. Frauen erscheinen vor allem als Mütter, die ihre Söhne bereitwillig dem Vaterland opfern, als barmherzige Krankenschwestern oder als Heimchen am Herd, die Socken für die Soldaten stricken. Verbreitet sind weibliche Figuren als Allegorien der bedrohten Nation, die vor der Vergewaltigung durch den Feind zu schützen ist, oder als Sinnbilder der Freiheit und Gerechtigkeit, vor allem auf französischen und amerikanischen Plakaten. Arbeiterinnen der Rüstungsindustrie, die tödliche Waffen produzieren, finden sich selten. Alle Kriegsgesellschaften waren auf den Beitrag der Frauen angewiesen. Aber sie zögerten, ihn offiziell anzuerkennen. So wurde auch nirgendwo eine allgemeine Dienstpflicht für Frauen eingeführt, obwohl sie in Deutschland und Großbritannien diskutiert wurde.[39]

Die Frauenbewegung, die überall die Kriegsanstrengungen mehrheitlich unterstützt hatte, berief sich in der 1918 einsetzenden Debatte um das Frauenwahlrecht durchweg auf den beträchtlichen Einsatz der Frauen für die kämpfende Nation. Als Argument spielte das eine große Rolle. Doch der Zusammenhang zwischen dem weiblichen Kriegsbeitrag und dem Frauenwahlrecht ist nicht so eindeutig, wie es den Anschein hat. So setzte sich das Frauenwahlrecht um den Ersten Weltkrieg herum auch in Ländern durch, die nicht an ihm teilnahmen, in Norwegen (1913), Dänemark (1915), den Niederlanden (1919) und Schweden (1921), aber auch in Teilnehmerländern, in denen die Frauen nur in geringem Maße in die Kriegsanstrengungen einbezogen worden waren wie den USA (1920).

In Frankreich (1944) und Italien (1946) mussten die Frauen das Ende eines weiteren Weltkriegs abwarten, bis ihnen das Wahlrecht gewährt wurde, in Portugal, das 1916 in den Krieg eingetreten war, sogar bis 1974. Durchsetzen konnte sich das Frauenwahlrecht hingegen fast überall dort, wo es infolge des Krieges zu einem scharfen politischen Systemwechsel kam wie in Russland (1917), Deutschland (1918) und den Nachfolgestaaten des habsburgischen und zaristischen Imperiums, in Ungarn, Rumänien (beide 1918), Österreich, Polen und der Tschechoslowakei (alle drei 1919), aber auch in Irland (1918). In den meisten dieser Länder wurde das Frauenwahlrecht nicht eingeführt, um die Frauen für ihren Kriegseinsatz zu belohnen, sondern weil konservative, liberale und sozialdemokratische Kräfte hofften, auf diese Weise ihre Wählerbasis ausweiten und eine bolschewistische Revolution verhindern zu können, da man meist nicht zu Unrecht davon ausging, dass die Frauen ihre Stimmen eher christlich-sozialen und konservativen Parteien gaben als der radikalen Linken. Diese Dynamik ist auch in Belgien zu beobachten, wo die Frauen 1918 ein beschränktes Wahlrecht erhielten.[40] Auch in Großbritannien wurde 1918 nur ein partielles Frauenwahlrecht eingeführt, das dem Gedanken der Belohnung für den weiblichen Kriegseinsatz offenkundig widersprach. Es erstreckte sich nur auf Frauen über 30 Jahren und schloss damit einen großen Teil der Frauen aus, die ihrer Nation besonders kriegswichtige Dienste geleistet hatten.[41]

»Union sacrée« und politische Krisen

Frankreich war durch die Besetzung seiner Industrieregionen im Nordosten in seiner wirtschaftlichen Leistungsfähigkeit mehr als alle anderen Kriegsteilnehmer beeinträchtigt. Es verlor die Hälfte seiner Kohleförderung, 83 Prozent seiner Roheisen- und 58 Prozent der Stahlproduktion, dazu große Anteile seiner Maschinenbau-, Chemie- und Textilindustrien. Es gelang ihm jedoch, diese außergewöhnliche Herausforderung durch die erfolgreiche Umstellung sonstiger Industrien auf die Waffen- und Munitionsherstellung zu meistern.[42] Besonders deutlich zeigt sich diese Leistung im massiven Ausbau der französischen Geschütz- und Munitionsproduktion.[43]

Zu Beginn des Krieges ging man davon aus, dass jedes Geschütz täglich sieben Granaten verfeuern würde. Tatsächlich aber reichte das nicht einmal für eine Stunde. So war bereits am 20. September 1914 die Hälfte der vorhandenen Munition verschossen. Der einzige Ausweg war, Firmen der Konsumgüterbranche auf die Herstellung von Munition und die Befüllung von Granaten umzustellen.[44] Die damit erreichte enorme Steigerung in der Herstellung von Granaten kam dem zunehmend wachsenden Bedarf der Front allerdings kaum hinterher. Im November 1914 wurden für die 7,5-cm-Geschütze täglich noch 15 000 Granaten produziert, im November 1915 waren es 100 000. Inzwischen verlangte die Artillerie aber bereits jeden Tag 150 000 Geschosse. 1917 betrug der tägliche Bedarf schon 190 000, geliefert wurden 170 000. Insgesamt produzierte die französische Industrie für das 7,5-cm-Geschütz 210 Millionen Granaten, für die 15,5-cm-Haubitze 32 Millionen, für alle übrigen Kaliber weitere 90 Millionen. So wurden in Frankreich insgesamt mehr Granaten und andere Geschosse als in Großbritannien hergestellt.

Bis Kriegsende wurden 52 000 Flugzeuge und 95 000 Motoren gebaut, während ihre Zahl im Jahr 1914 nur 154 betragen hatte. Frankreich stellte damit mehr Flugzeuge her als Großbritannien und Deutschland zusammen. Solchen gewaltigen Produktionsmengen standen aber auch immense Verluste gegenüber; bei Kriegsende waren lediglich 2 600 Flugzeuge übrig geblieben. Auch die Panzerproduktion erreichte ein bemerkenswertes Ausmaß: Bis 1918 baute Renault 2 500 leichte Panzer.[45] Die späteren großen Autohersteller Renault und Citroën erhielten Beihilfen und Staatskredite, um die Truppen mit gepanzerten und anderen Fahrzeugen zu versorgen. Die französische Armee verfügte so am Kriegsende über 170 000 Automobile, während es 1914 nicht einmal 200 gewesen waren.[46] Außerdem mussten Millionen Kilometer Stacheldraht hergestellt werden, aber auch Millionen von Stahlhelmen und Uniformen, denn bei Kriegsbeginn trugen die französischen Soldaten noch Mützen und viel zu auffällige rote Hosen und blaue Röcke.[47]

Vor allem angesichts des Verlusts von mehr als der Hälfte der Schwerindustrie war die Herstellung dieser gewaltigen Materialmengen eine ungeheure Leistung. Kaum ein Land war auf diesem Gebiet so erfolgreich wie Frankreich. Es konnte sogar Kriegsmaterial nach Russland und Rumänien liefern und 1918 auch das amerikanische Expeditionskorps versorgen.[48] Die Produktionssteigerungen wären allerdings ohne die Lieferungen von Stahl und Kohle aus Großbritannien nicht möglich gewesen. Nicht minder wichtig war die Versorgung der Betriebe mit Arbeitskräften. Unter den insgesamt 1,8 Millionen Rüstungsarbeitern im November 1918 waren 497 000 Soldaten, 430 000 Frauen, 133 000 Jugendliche unter 18 Jahren, 108 000 Ausländer, 40 000 Kriegsgefangene und 61 000 Arbeiter aus den Kolonien.[49]

Am 4. August wurde der Belagerungszustand für Frankreich und Algerien ausgerufen. Er griff zu Beginn weit intensiver in die Zivilverwaltung und das Justizwesen ein als der deutsche Kriegs- oder Belagerungszustand. Alle Kompetenzen der Präfekten und Bürgermeister gingen auf das Militär über; das Parlament wurde auf unbestimmte Zeit vertagt. Weit mehr noch als der »Burgfrieden« in Deutschland wurde der »geheiligte Bund«, die »Union sacrée« in Frankreich zum allgemein akzeptierten Grundsatz und Schlagwort. Staatspräsident Raymond Poincaré hatte den Begriff am 4. August in einer Adresse an das Parlament gebraucht.[50] Es dauerte nur wenige Wochen, bis im offiziell säkular geprägten Frankreich die »Union sacrée« den anfangs gängigen nüchternen Begriff des »Waffenstillstands der Parteien« verdrängt hatte.[51]

Der Wille zur »Union sacrée« zeigte sich in erster Linie in der Bereitschaft der Sozialisten und der Gewerkschaften zur Zusammenarbeit mit der Regierung. Die Sozialisten traten am 26. August mit zwei Ministern in die neue Regierung des Ministerpräsidenten René Viviani ein. Innenminister wurde Louis-Jean Malvy, der dem *Parti radical* angehörte, einer in der Mitte zwischen Sozialisten und Konservativen stehenden liberal-laizistischen Partei. Er sorgte gleich zu Beginn seiner Amtszeit dafür, dass die Verhaftungen von Sozialisten, Anarchisten, Pazifisten und Gewerkschaftern, deren Namen im sogenannten »Carnet B« (»Heft B«) eingetragen waren, nicht generell durchgeführt wurden. Ihm misstrauten die Militärs und die rechtsgerichtete Presse noch mehr als den Sozialisten.[52] Am 7. September wies der Chef des Generalstabs, General Joseph Joffre, den Gouverneur von Paris General Joseph Gallieni an, keine Informationen über militärische Angelegenheiten an die Regierung weiterzugeben. Dieser Affront zeigte auch, dass die Militärs ihre Demütigung und Marginalisierung nach der Dreyfus-Affäre nicht vergessen hatten und jetzt die Gelegenheit nutzten, es den Politikern heimzuzahlen.[53]

Die »Union sacrée« richtete sich nicht nur gegen den äußeren Feind, sondern auch gegen den »feindlichen Ausländer«. Die deutschen und österreichischen Bürger wurden in Internierungslager gebracht, ihr Besitz konfisziert. Den größten Schaden trug der Schweizer Lebensmittelkonzern Maggi davon, der von der rechtsextremen Zeitung *L'Action française* beschuldigt wurde, Spionage für Deutschland zu betreiben. Der vorgebrachte Beweis: Maggi-Depots befanden sich immer in der Nähe von Bahnanlagen. In Paris wurden daraufhin Lebensmittelfilialen von Maggi gestürmt. Die Plünderer sollten sich aber, so warnte die Zeitung, vor der »vergifteten Milch« des Konzerns hüten.[54]

Im Gegensatz zum Vereinigten Königreich beschränkte sich in Frankreich der Kampf gegen den inneren Feind jedoch nicht auf Maßnahmen gegen deutschsprachige Ausländer. Es gab Pazifisten und Anarchisten, die unter dem Kriegsrecht verhaftet wurden. Ihnen wurde nicht nur Widersetzlichkeit gegen die Mobilmachung, sondern auch Kollaboration mit dem Feind zugetraut. Nach einer späteren Mitteilung von Walter Nicolai, dem Chef des Nachrichtendienstes bei der OHL, hatten sich aber die Informanten in Frankreich, ebenso wie in Russland, allesamt bei Kriegsausbruch zurückgezogen und geweigert, weiterhin für Deutschland zu arbeiten: »Kein Russe, aber zunächst auch kein Franzose zeigte sich fähig, sein in den Kampf getretenes Volk zu verraten.«[55]

Die unter dem Kriegsrecht verfügte Suspendierung des Parlaments stieß auf erfolgreichen Widerstand der Abgeordneten. Mit der Wiederaufnahme der Sitzungen ab Ende Dezember 1914 waren die Konflikte mit dem Militär aber keineswegs beendet. Die Parlamentarier verlangten die politische Kontrolle über die Armee, inklusive der Durchführung von Frontinspektionen, und konnten sich nach anfänglichen Behinderungen damit auch durchsetzen. Im Kabinett Viviani stand Kriegsminister Alexandre Millerand, ein ehemaliger Sozialist, auf der Seite der Armeeführung und hielt gegenüber dem Parlament und den Kabinettskollegen seine Akten unter Verschluss. Der Streit mit Millerand eskalierte und führte schon im Oktober 1915 zur Regierungskrise und zum Rücktritt der Regierung Viviani. Nachfolger als Ministerpräsident wurde Aristide Briand. Er ernannte gegen den Willen des Oberkommandos den General Joseph Gallieni zum Kriegsminister. Gallieni war höchst populär, seitdem er im September 1914 seine Truppen, auch durch den Einsatz der Pariser Taxis, an die Marne geschafft und den Vorstoß der deutschen Armee aufgehalten hatte. Neuer Oberbefehlshaber wurde Robert Nivelle; dem glücklosen Joffre wurde der Abschied durch die Ernennung zum Marschall von Frankreich versüßt.[56]

Auch wenn Innenminister Malvy die ursprünglich geplante große Verhaftungswelle verhindern konnte, so wurden im August 1914 trotz seines Widerstandes doch zahlreiche im »Carnet B« aufgelistete Personen als »Spione« verhaftet.[57] Die immer hysterischeren Warnungen vor Saboteuren und Agenten gingen schließlich so weit, dass im Sommer 1916 die Kleinanzeigen der konservativen Tageszeitung *Le Journal* für verschlüsselte Nachrichten gehalten wurden. Das Ergebnis davon war, dass der Kriegsminister die Zensur auch der Annoncen im ganzen Land anordnete.[58]

Ungeachtet der politischen Grabenkämpfe war die französische Bevölkerung in ihrer Mehrheit stark von Patriotismus und Konsens- und Opferbereitschaft durchdrungen. Das Jahr 1917 markiert dabei allerdings einen merklichen Einschnitt. Beginnend mit dem harten Winter 1916/17, in dem sich die Bevölkerung mit Kohlemangel und steigenden Preisen konfrontiert sah, verschlechterte sich die allgemeine Stimmung zusehends. Die Inflation nahm immer stärkere Ausmaße an. Zudem war nach den schweren Verlusten bei Verdun und an der Somme weiterhin kein Ende des Krieges in Sicht. Die um sich greifende Missstimmung betraf sowohl die Zivilbevölkerung als auch die Armee.[59]

Als schon am ersten Tag der hoffnungsvoll erwarteten französischen Offensive beim Chemin des Dames, dem 16. April 1917, sich abzeichnete, dass auch diese Schlacht zu einem Misserfolg werden würde, ließ sich das Gefühl einer Demoralisierung unter den Soldaten kaum mehr unterdrücken. Es folgten Auflösungserscheinungen in der Armee, die Frankreich zeitweise in eine gefährliche Krise zu stürzen drohten. Die Auflehnung gegen die Führung ging sowohl von Fronturlaubern aus als auch von Soldaten, die sich zur Erholung in rückwärtigen Stellungen befanden. Auf den Befehl, an die Front zurückzukehren, reagierten sie mit einer Meuterei, die sich rasch ausdehnte und ihren Höhepunkt vor allem im Mai und Juni 1917 hatte. Dabei blieb es nicht allein bei massenhaften Gehorsamsverweigerungen, sondern es kam auch zu direkten Tätlichkeiten gegenüber Offizieren und in einigen Fällen sogar zu revolutionär inspirierten Kundgebungen. Nach offiziellen Zählungen ereigneten sich 250 Fälle von Meuterei, an denen etwa 30 000 bis 40 000 Soldaten beteiligt gewesen sein sollen und die insgesamt zwei Drittel aller Divisionen der französischen Armee tangierten. In der Regel lag dieser kollektiven Befehlsverweigerung allerdings nicht das Motiv zugrunde, den Kampf vollständig aufzugeben. Den Soldaten ging es vielmehr darum, sich gegen die herrschenden Bedingungen an der Front und im rückwärtigen Gebiet aufzulehnen und damit eine Verbesserung ihrer Situation zu erreichen. General

Philippe Pétain, der auf dem Höhepunkt dieser Moralkrise Nivelle als Oberbefehlshaber abgelöst hatte, gelang es schließlich, die Situation in den Griff zu bekommen. Jeder zehnte Meuterer kam vor ein Kriegsgericht, jedoch wurde von den zahlreichen Todesurteilen letztlich nur ein Bruchteil, nämlich 49, auch tatsächlich vollstreckt. Statt mit besonderer Härte zu reagieren, kam Pétain den Soldaten entgegen und bemühte sich um eine Verbesserung ihrer Lebensumstände.[60]

Frankreichs Krise im Jahr 1917, die sich in der zunehmenden Erschütterung der Moral zeigte, betraf auch die Bevölkerung. Fast gleichzeitig mit den Meutereien der Soldaten setzte auch in der Heimat eine erste Streikwelle ein. Sie ging zunächst von Frauen aus, Ende Mai machten 20 000 Arbeiterinnen mit lauten, auch karnevalistisch-heiteren Demonstrationen auf sich aufmerksam.[61] Dann folgten im Mai und Juni Streiks in weiteren Betrieben, schließlich sogar in Rüstungsbetrieben, die in erster Linie von den dort beschäftigten Frauen organisiert wurden. Die Männer waren meist zum Kriegsdienst einberufen und lediglich für die Fabrikarbeit freigestellt worden. Dabei blieben sie weiterhin der militärischen Disziplin unterworfen. Wenn sie gestreikt hätten, wären sie als Meuterer bestraft worden.[62]

Anders als in Deutschland wurden in den Streiks keine politischen Forderungen gestellt. Die Regierung drängte die Arbeitgeber, sich rasch mit den Streikenden zu einigen. Ende Mai 1918 kam es im Loire-Becken und in der Region um Paris, den wichtigsten Zentren der Kriegsproduktion, zu erneuten kurzfristigen Arbeitsniederlegungen. Wie immer wurde in Kooperation mit dem Gewerkschaftsverband die rasche Einigung gesucht, um das Land im Krieg nicht zu gefährden. Selbst überzeugte Syndikalisten und sogar der führende Internationalist und Pazifist Jean Longuet, ein Enkel von Karl Marx, zeigten sich entschlossen, »die totale Verteidigung der Nation zu sichern«.[63]

Während also nicht einmal die Pazifisten die grundsätzliche Berechtigung der »Union sacrée« bezweifelten, wurden dennoch im rechten Lager Verdächtigungen laut, hinter den Streiks und Demonstrationen des Mai 1917 stünden Agenten in deutschen Diensten. Amtliche Untersuchungen wurden angestellt, die einen fremden Einfluss auf die Streikbewegung allerdings nicht bestätigen konnten.[64] Genau zur selben Zeit begannen jedoch tatsächliche deutsche Versuche der Einflussnahme auf große Tageszeitungen bekannt zu werden. Die Nachrichten ließen sich von der nationalistischen Presse gegen den verhassten Innenminister Malvy und dessen ganzes liberales Umfeld wenden. Das deutsche Interesse richtete sich tatsächlich auf *Le Journal*, mit einer Millionenauflage eine der vier großen Tageszeitungen, und auf den linksliberalen *Bonnet rouge*.

In den *Bonnet rouge* hatte das Auswärtige Amt einige hunderttausend Goldmark investiert, ohne allerdings gegen die misstrauische Zensur eine nennenswerte pazifistische Agitation in Gang bringen zu können. Noch weitaus vergeblicher war der Versuch, *Le Journal* zu beeinflussen, obwohl insgesamt 20 Millionen Goldmark in dieses Projekt flossen. Ein Teilhaber des Blattes hatte die deutschen Gelder angenommen, dennoch aber an der politischen Linie des Blattes nichts geändert.[65]

Nach Untersuchungen des misstrauisch gewordenen Innenministers Malvy wurden die Vorgänge aufgedeckt. Dennoch überlebte der konservative *Le Journal* den Skandal, während der *Bonnet rouge* hingegen im Juli 1917 verboten wurde. Aufgrund der früher engen Verbindungen zwischen dem *Bonnet rouge* und dem Innenminister fiel es der *Action française* leicht, den liberalen Politiker als Verräter darzustellen. Am 31. August 1917 trat Louis-Jean Malvy von seinem Amt zurück, im folgenden Jahr wurde er wegen Geheimnisverrats angeklagt und zu fünf Jahren Verbannung verurteilt.[66]

Die Skandale und Konflikte des Jahres 1917, zu denen auch die Spionageaffäre um die berühmt-berüchtigte Tänzerin Mata Hari zählte,[67] wurden von lange andauernden Regierungskrisen begleitet. Der fortdauernde Konflikt zwischen der Regierung der »Union sacrée« und dem Militär schien jetzt zugunsten der Armeeführung und der Rückkehr zu einer Innenverwaltung im Ausnahmezustand zu führen. Dass es nicht so weit kam, war vor allem der starken, wieder von einer breiten parlamentarischen Mehrheit getragenen Regierung zu verdanken, die am Ende des Jahres der konservative Georges Clemenceau bilden konnte. Ausgerechnet in dieser Situation des Triumphs über die liberale Mitte setzte Clemenceau endgültig den Vorrang der Politik gegenüber dem Militär durch und brachte damit Frankreich der inneren Stabilität und dem Sieg im Weltkrieg näher.[68]

Clemenceau bildete die vierte Regierung des Jahres 1917 und die erste, die wieder Bestand hatte. Bis 1920 blieb er Ministerpräsident. Der Pazifismus und selbst soziale Bewegungen waren durch die dramatischen Enthüllungen des Jahres 1917 in die Nähe des Landesverrats geraten. Clemenceau fand damit die besten Voraussetzungen vor, erneut die Entschlossenheit zur Fortführung des Krieges bis zum Sieg durchzusetzen. Versuche pazifistischer Agitation um die Jahreswende 1917/18 blieben ohne Resonanz, Arbeitskämpfe im Mai 1918 wurden rasch beigelegt. Es erwies sich, dass die Arbeiter in ihrer Mehrzahl nicht bereit waren, ihr eigenes Land im Krieg zu gefährden.[69]

Bridge am Rande des Bankrotts

Eine offizielle Proklamation der nationalen Einheit wie in Deutschland und Frankreich blieb in Großbritannien aus. Die Kriegsbegeisterung war zunächst nicht sonderlich ausgeprägt, doch schwenkte die öffentliche Meinung nach der Entscheidung der Regierung und unter dem Eindruck des deutschen Angriffs auf Luxemburg und Belgien rasch auf eine Bejahung des Krieges ein. Während des Krieges herrschte in der veröffentlichten Meinung ein »semantischer Waffenstillstand im Innern«.[70] Im Gegensatz zu Frankreich und Russland verfügte Großbritannien während des Krieges über alle industriellen Anlagen, die auch vor dem Krieg bestanden hatten. Es gab zwar wiederholte Überfälle von Zeppelinen auf Städte des Binnenlandes und Angriffe von Schlachtkreuzern auf Hafenstädte, die Menschenleben kosteten und Gebäudeschäden verursachten. Aber zu ernsthaften Beeinträchtigungen der industriellen Produktion kam es nicht. Die Rüstungsproduktion stieg ähnlich schnell an wie in Frankreich, wenn auch unter viel günstigeren Voraussetzungen. Neue Waffen, wie die unschätzbar wertvollen Stokes-Mörser oder die Panzer, wurden vielfach unter der direkten Ägide des Rüstungsministeriums entwickelt und hergestellt.[71]

Auch in Großbritannien führten Warnungen der Behörden und der Presse vor feindlichen Agenten, Spionen und Saboteuren zu hysterischen Reaktionen: So plünderte und verwüstete ein wütender Mob zahlreiche Geschäfte deutscher oder vermeintlich deutscher Händler. Am 5. August 1914 verabschiedete das Unterhaus den Alien's Restriction Act (ARA); nur wenige kritische Stimmen erhoben sich gegen dieses Gesetz, das die Internierung von Deutschen und Österreichern vorsah, die keine britische Staatsbürgerschaft besaßen. Für sie galt ohne Unterschied der Verdacht der Spionage. Der ARA erlaubte den Behörden außerdem die ständige Aufsicht über alle Ausländer, die sich registrieren lassen und der Polizei jeden Ortswechsel mitteilen mussten. Am 8. August verordnete die Regierung auf dieser Grundlage den Defence of the Realm Act (DORA), der die Bürgerrechte für die Dauer des Krieges beträchtlich einschränkte.[72]

Im ganzen Land wurden Menschen mit verdächtigem Akzent durch die Straßen gejagt. Im Oktober 1914 musste der Erste Seelord Louis von Battenberg, der älteste Sohn eines hessischen Prinzen, der morganatisch geheiratet hatte, wegen seines deutschen Namens zurücktreten. Als die britische Königsfamilie 1917 ihren deutschen Namen (Sachsen-Coburg-Gotha) ablegte und sich nun Windsor nannte, änderte auch er den Namen seiner Familie und nannte sich fortan Mountbatten.[73]

Wenig Verständnis hatten die Briten auch für die Versuche der Deutschen, den Unabhängigkeitskampf der Iren für ihre Ziele zu nutzen. Im November 1914 war in Berlin, aus den USA kommend, der irische Nationalist Sir Roger Casement eingetroffen. Er bat die Regierung, »dem irischen Volk« zuzusichern, dass es, entgegen den Behauptungen der englischen Propaganda, nichts von Deutschland zu befürchten habe. Diesem Wunsch wurde gerne nachgekommen und betont, dass Deutschland gegenüber den Iren keine Feindschaft hege und ihnen »nationale Wohlfahrt und nationale Freiheit wünscht«.[74]

Sir Casement blieb bis zum Frühjahr 1916 in Deutschland und wurde dann in einem U-Boot an die irische Küste gebracht, um am geplanten Aufstand am Ostermontag, dem 24. April 1916, teilnehmen zu können. Die Briten kannten längst die Codes des deutschen Funkverkehrs und waren von Sir Casements Ankunft informiert. Er wurde festgenommen und wegen Hochverrats zum Tode verurteilt. Als sich Lady Ottoline Morrell, eine gemeinsame Freundin Casements und des Premierministers Asquith, für eine milde Behandlung des Hochverräters einsetzte, nannte Asquith dessen »Lasterhaftigkeit und Perversion« Grund genug, ihn seinem Schicksal zu überlassen – während der Untersuchung war Casements Homosexualität bekannt geworden. Ottoline Morell hatte großen Einfluss in Künstler- und Intellektuellenkreisen. In ihrem Heim in Garsington bei Oxford traf sich regelmäßig ein Kreis von Schriftstellern und Intellektuellen wie Aldous Huxley, Siegfried Sassoon, T. S. Eliot, D. H. Lawrence und Bertrand Russell, von denen viele offen zu ihrem Pazifismus standen; der Kanadier Robert Ross, früherer Geliebter und Lektor Oscar Wildes, lebte offen homosexuell. 1916 wurde bekannt, dass auch der Premierminister regelmäßig in diesem libertären und pazifistischen Künstlerzirkel verkehrte.[75]

Ähnlich wie Frankreichs liberaler Innenminister Malvy unterhielt der liberale Premier Herbert Henry Asquith also Kontakte, die ihn leicht das Amt hätten kosten können. Doch am Ende seiner Regierungszeit im Dezember

1916 wurden ihm nicht diese Verbindungen vorgehalten, sondern die ernüchternde Bilanz der militärischen Operationen in Gallipoli und an der Somme. Auf Kritik stieß auch, dass es zu den unabänderlichen Grundsätzen des Premiers zählte, täglich zwei Stunden Bridge zu spielen, ganz gleich wie wichtig die anstehenden Entscheidungen waren. Das mochte in Friedenszeiten angehen, aber im Krieg wurde dies selbst Großbritannien zu einem Problem.[76]

Es waren vor allem die vielen einzelnen Maßnahmen des Jahres 1916, die das öffentliche und private Leben der Menschen in Großbritannien grundlegend veränderten. Im Januar 1916 wurde erstmals in der Geschichte des Landes die Wehrpflicht eingeführt, mit Unterstützung auch der Gewerkschaften und der Sozialisten. Seit 1915 wurden staatliche Munitionsfabriken errichtet, die 1916 bereits in wenigen Tagen so viele Patronen und Granaten herstellten wie im ganzen Jahr 1914. Der Munitions of War Act vom Juli 1915 erlaubte der Regierung, jeden Geschäftszweig für kriegswichtig zu erklären, den Arbeitsmarkt zu kontrollieren und den Wechsel des Arbeitsplatzes zu verbieten, also noch deutlich bevor ähnliche Restriktionen in Deutschland eingeführt wurden. Kohleversorgung, Schiffsraum, Eisenbahntransporte, Landwirtschaft, Wolle, Eisenprodukte wurden staatlicher Aufsicht unterworfen. Nicht nur in Deutschland, auch in Großbritannien kam der Begriff des ›War Socialism‹ auf, um die staatliche und zentralistische Regulierung von Rohstoffbeschaffung, Arbeitsmarkt und Nahrungsmittelversorgung zu bezeichnen.[77]

Das Militärdienstgesetz vom Januar 1916 entzog den Fabriken noch weit mehr Arbeitskräfte als die Rekrutierungen der Jahre zuvor. Vier Millionen Männer zogen auf die Schlachtfelder. Ein Teil von ihnen wurde wieder in die Rüstungsbetriebe abkommandiert, wo sie unter militärischer Disziplin arbeiteten. Allerdings machten die Behörden im Vereinigten Königreich von dieser Möglichkeit, die Arbeiter zu kontrollieren, weit weniger Gebrauch als in Frankreich. Ein Teil der fehlenden Arbeiter in der Rüstungsproduktion wurde durch Frauen ersetzt, die zum großen Teil aus anderen Industriezweigen stammten. Oft musste ihre Beschäftigung gegen heftigen Widerstand durchgesetzt werden. Besonders zäh wehrten sich die klassenbewussten Arbeiter der »Red Clydeside«, der traditionell von einer links orientierten Arbeiterbewegung geprägten Region in der schottischen Stadt Glasgow und deren Umgebung am Fluss Clyde, gegen den Einsatz der Frauen.[78]

Anders als Deutschland war Großbritannien schon vor dem Krieg gezwungen, drei Viertel seiner Lebensmittel zu importieren. Der U-Boot-Krieg der deutschen Marine konnte zwar die Einfuhren nicht ernsthaft gefährden, aber doch empfindlich stören. Als einzigem unter den kriegführenden Staaten gelang Großbritannien die Erhöhung der landwirtschaftlichen Produktion. Aus Weiden wurden Getreideäcker, Traktoren kamen zum Einsatz, regionale Landwirtschaftsräte sorgten für effektivere Anbaumethoden. Trotzdem ließen sich Engpässe in der Lebensmittelversorgung und Preissteigerungen nicht verhindern. In den ersten beiden Kriegsjahren erhöhten sich die Preise um 50 Prozent und in der zweiten Kriegshälfte noch einmal um diese Rate. Allerdings wurden die Reallöhne der Arbeiter der Entwicklung meist angepasst, so dass vor allem mittelständische Familien und Pensionäre unter der Inflation zu leiden hatten.[79] Nach der Wiederaufnahme des unbeschränkten U-Boot-Krieges im Frühjahr 1917 verstärkten sich die Engpässe, zumal der vergangene Winter extrem kalt gewesen war und auch Frankreich immer mehr von Einfuhren aus den USA abhängig gemacht hatte. Militante Linke begannen, »Profiteure« für die Preissteigerungen und die Lebensmittelknappheit verantwortlich zu machen. In Industriebezirken, besonders der »Red Clydeside«, kam es zu spontanen Streiks. Die Regierung führte Maßnahmen zur Begrenzung von Profiten ein und ermunterte zu Lohnerhöhungen, die aber die Steigerungen der Lebenshaltungskosten nur wenig kompensieren konnten. Insgesamt aber gelang es, den sozialen Frieden zu bewahren. Erst im August 1918 kam es wieder zu größeren Streikaktionen, an denen sich selbst die Londoner Polizei beteiligte.

Große Gefahren drohten dem britischen Wirtschaftssystem aus der Kriegsfinanzierung. Während die Produktionszahlen der Rüstungsindustrie und die inneren sozialen Spannungen leichter als bei den Verbündeten und Gegnern auf dem Kontinent zu beherrschen waren, drohten am Ende des Jahres 1916 die Beziehungen im internationalen Kreditverkehr außer Kontrolle zu geraten. Im Gegensatz zu den Mittelmächten, aber auch zu Frankreich und Russland, verließ sich die britische Regierung nicht auf Kriegskredite der eigenen Bevölkerung, sondern erhöhte einerseits die Steuern und verließ sich andererseits auf die eigene beherrschende Stellung auf dem internationalen Kreditmarkt. Dabei wurde der britische Staatshaushalt nicht nur durch eigene Kreditaufnahmen belastet, sondern auch durch die Garantien, die er für seine Verbündeten übernahm. Im Februar 1915 garantierten die Regierungen Frankreichs und Großbritanniens für Kredite in Höhe von 100 Millionen Pfund (ca. 2,05 Milliarden Goldmark), die Russland auf den Kreditmärkten in London und

Paris aufnahm. 1916 sagte die britische Regierung Russland monatlich weitere 25 Millionen Pfund (ca. 511 Millionen Goldmark) an Krediten zu. Selbstverständlich konnte Großbritannien diese Beträge nicht selbst aufbringen. Es besorgte sie auf dem amerikanischen Anleihemarkt. Mehr als zwei Drittel aller amerikanischen Kredite an Großbritannien und Frankreich wurden an Russland weitergereicht. Alle Kriegsmaterialien und anderen Güter, die Russland in den USA einkaufte, finanzierte Großbritannien seit 1915 über Kredite. Das galt zunehmend auch für die italienischen Importe aus den USA. Seit 1916 garantierte London auch für alle französischen Bestellungen in Amerika. 1916 schuldete Frankreich Großbritannien 7,8 Milliarden Francs (6,3 Milliarden Goldmark) und den USA 3,4 Milliarden Francs (2,8 Milliarden Goldmark). Die gesamten alliierten Kriegsanstrengungen hingen damit am Kredit, den Großbritannien in den USA hatte, und zwar auf den dortigen Finanzmärkten, nicht etwa bei der amerikanischen Regierung.

Weitaus weniger Kredit auf dem amerikanischen Markt als Großbritannien hatte Frankreich 1916. Als die beiden Verbündeten versuchten, gemeinsam Staatsanleihen in Höhe von 500 Millionen Dollar über das Bankhaus J. P. Morgan anzubieten, fanden sich trotz einer Zinsgarantie von sechs Prozent kaum Käufer. Die französische Regierung überließ es dann Privatunternehmern und den besser angesehenen Stadtverwaltungen, Kredite aufzunehmen. Großbritannien konnte noch einmal allein Staatsanleihen platzieren, musste aber mit seinen immer geringeren Dollarsicherheiten dafür bürgen. Präsident Wilson hatte entschieden, Kredite an Großbritannien im Interesse der amerikanischen Exportindustrie zu fördern, obwohl das eigentlich seinem Verständnis von Neutralität widersprach. Im Februar 1916 gingen 90 000 Tonnen Fracht über den Atlantik, obwohl der amerikanische Handel mit den neutralen europäischen Staaten durch die britische Blockade weitgehend lahmgelegt war. Die amerikanische Industrie hatte vor dem Krieg eine schwere Rezession durchgemacht, erlebte aber nun durch die Lieferungen an die Entente einen bedeutenden Aufschwung.[80]

Doch im Laufe des Jahres 1916 kam es zu Irritationen verschiedener Art: Amerikanische Exporteure von Konsumgütern klagten über die britische Blockade, die auch den Handel mit neutralen Ländern erschwerte, während sich die Deutschen mit dem U-Boot-Krieg zurückhielten. Irischstämmige Amerikaner protestierten wegen der blutigen Niederschlagung des Osteraufstandes durch britische Truppen, jüdische Amerikaner wegen des Antisemitismus in Russland. Im Frühjahr 1916 hatten die Briten das Vermittlungsangebot Wilsons zurückgewiesen, in der Überzeugung, ihre Offensive an der Somme würde ihnen den Sieg bringen. Im September stieß Kriegsminister Lloyd George den amerikanischen Präsidenten vor den Kopf, als er in einem Zeitungsinterview bekräftigte, sein Land werde gegen jede Einmischung von außen bis zum »knock-out blow« weiterkämpfen. Als das Bankhaus Morgan im November 1916 die amerikanische Zentralbank, die Federal Reserve, darüber informierte, dass Großbritannien kurzfristige Schatzanweisungen auf den Markt bringen wolle, reagierte die Fed, unterstützt vom Präsidenten, mit einer Warnung vor dem Kauf ausländischer Papiere. Damit war das britische Projekt gescheitert, und das Pfund geriet unter Druck.[81] Im April 1917 verfügte Großbritannien gerade noch über so viele Sicherheiten, um drei Wochen lang Waren in den USA zu ordern.[82] Doch nach deren Kriegseintritt wurden die Finanzierungsengpässe Großbritanniens rasch behoben, da die amerikanische Regierung nun staatliche Garantien und Kredite vergab.[83]

Eine Einschränkung der amerikanischen Lieferungen hätte nicht das Ende der Entente bedeutet, ihre Kriegführung aber bedeutend erschwert. Die Ankündigung der Reichsregierung, zum 1. Februar 1917 den unbeschränkten U-Boot-Krieg wieder aufzunehmen, und die darauf folgende amerikanische Kriegserklärung retteten die Alliierten aus einer schweren Finanzkrise. Die Fortsetzung des Krieges bis zu einem vollständigen Sieg wurde jetzt auch zu einem Anliegen der Vereinigten Staaten, da die astronomischen Kosten, die sich mittlerweile angehäuft hatten, von den besiegten Mittelmächten beglichen werden sollten. Die Bezahlung der Kriegskosten durch den Gegner gehörte in allen beteiligten Ländern längst zu den Standardargumenten, um die Bevölkerung zum Durchhalten zu bewegen.

Großbritannien hat mit seinen kriegswirtschaftlichen Maßnahmen in mancher Beziehung Deutschland ein Beispiel gegeben. Die Bevölkerung hatte in beiden Ländern unter Entbehrungen zu leiden, wenngleich im Kaiserreich stärker. Beide Regierungen wurden mit der Forderung nach Frieden, Lohnerhöhungen oder Preiskontrollen konfrontiert. In beiden Ländern gelang es über weite Strecken des Krieges, in Zusammenarbeit mit den Gewerkschaften die Mehrheit der Arbeiter bei der Stange zu halten und Streikende immer wieder zur Rückkehr an den Arbeitsplatz zu bewegen. Ein wesentlicher Unterschied aber bestand in der Kriegsfinanzierung. Sie führte beide Staaten an den Rand des Staatsbankrotts, aber in Deutschland war die Beteiligung der

Mittelschichten über die Kriegsanleihen viel unmittelbarer und ihre Enteignung im Falle einer Niederlage viel offensichtlicher. In Großbritannien gelang es überdies, selbst in der krisenhaften Zuspitzung im Jahr 1916, die Währung vor größeren Turbulenzen zu bewahren. Die Bewältigung der wirtschaftlichen, finanzpolitischen und sozialen Probleme zeigte, dass Großbritannien vor allem durch seine ungebrochene Verbindung zur westlichen Welt ein hohes Maß an Steuerungsfähigkeit behielt. Einen wesentlichen Anteil an der Krisenbewältigung hatte aber auch der höhere Grad an Zustimmung in der Bevölkerung, die der Regierung und dem Parlament weitgehend vertraute. Selbst in Irland, das durch die Niederschlagung des Osteraufstandes traumatisiert wurde, scheint es ein höheres Maß an Zustimmung zur Regierung gegeben zu haben als etwa in Elsass-Lothringen.

Auch der Vergleich mit Frankreich fördert Ähnlichkeiten und Unterschiede zutage. In beiden Ländern wurden zur Bewältigung der Aufgaben im Krieg Koalitionsregierungen auf breiter politischer Grundlage gebildet. Wie in Paris wurde auch in London die Arbeiterpartei, die Labour Party, in den nationalen Konsens und die Regierungsverantwortung einbezogen. Eine vergleichbare Einbindung der sozialdemokratischen Parteien blieb in Deutschland, Österreich-Ungarn und Russland infolge der viel schwächeren Stellung der Parlamente aus. Zu den längerfristigen Voraussetzungen dafür gehörte auch, dass die Arbeiterparteien in Großbritannien und Frankreich schon vor dem Krieg mit den Liberalen kooperiert hatten, etwa durch Absprachen in den britischen Wahlkämpfen. In Frankreich ging die innere Spaltung viel tiefer, denn hier wirkte der Gegensatz zwischen dem republikanisch-säkularen und dem konservativen, monarchistischen und katholischen Frankreich, der sich schon in der Dreyfus-Affäre offenbart hatte, auch im Krieg noch fort, wie die aggressive Politik der *Action française*, die sich in erster Linie gegen den säkularen, republikanischen Liberalismus des *Parti Radical* und dessen Innenminister Malvy richtete, deutlich zeigte.

Mobilisierung ohne Konsens

In Russland wurde die Duma am 8. August 1914 zur Abstimmung über die Kriegskredite zusammengerufen. Trotz anderslautender Ankündigungen stimmten Menschewiki und Sozialrevolutionäre am Ende zu, um die Landesverteidigung nicht zu gefährden. Entschieden abgelehnt wurde jede Unterstützung für den Krieg von den Bolschewisten, den polnisch-litauischen Sozialisten und dem jüdischen *Bund* im russisch beherrschten Königreich Polen. Viele revolutionäre Russen befanden sich zu dieser Zeit im Ausland. Eine der bekanntesten Autoritäten unter ihnen war Georgi W. Plechanow, der bis zur Februarrevolution 1917 in der Schweiz lebte und hohes Ansehen in allen Fraktionen der russischen Revolutionäre genoss. Seine Stellungnahme zum Ersten Weltkrieg erregte großes Aufsehen: »Wir fühlen uns moralisch verpflichtet, unser Vaterland zu verteidigen, wenn es angegriffen wird oder wenn es sich um einen unvermeidlichen gerechten Krieg handelt.«[84] Erst bei der zweiten Zusammenkunft der Duma nach Kriegsbeginn, im August und September 1915, verlangten auch Abgeordnete der gemäßigten Linken (»Kadetten«) und Rechten (»Oktobristen«) Reformen und eine Regierung, die vom Vertrauen der Duma getragen sei. Zar Nikolaus II. antwortete mit der Schließung der Sitzung, ohne einen Termin für eine neue Zusammenkunft zu nennen.[85]

Eine Invasion Russlands und Einkesselung seiner Armeen, wie es der Schlieffenplan für den Westen vorsah, wurde von der deutschen Führung nicht ernsthaft in Betracht gezogen. Die russische Armee hatte in jeder Lage immer noch ein Hinterland, um sich zurückzuziehen, und es schien unmöglich, eine große Armee über einen längeren Zeitraum versorgen zu können, zumal das russische Eisenbahnnetz viel zu wenig entwickelt war.[86] Frankreich war tatsächlich von einer deutschen Besetzung bedroht, viele Briten glaubten, dass eine deutsche Invasion bevorstehe. Dass es vergleichbare Pläne gegenüber Russland nicht gab, wusste der russische Geheimdienst nicht erst, seitdem er von dem österreichischen Generalstabsoffizier Oberst Alfred Redl und dem Thorner Festungsschreiber Gustav Wölkerling mit Nachrichten beliefert wurde.[87]

Die Ausdehnung des Landes war auch ein Grund dafür, dass es eine zuverlässige Übermittlung von Nachrichten nicht gab. »Nachrichten aus Rußland waren deshalb meist von den Ereignissen überholt«, erklärte der Leiter der Nachrichtenabteilung III B des Generalstabs Walter Nicolai und verzichtete deshalb auf geheimdienstliche Aufklärung in Russland.[88] Die Art, wie die russische Teilmobilmachung vom 27. Juli 1914 in Deutschland bekannt wurde, illustriert die Behauptung des Geheimdienstchefs. Die Nachricht davon überbrachte der Kaufmann Pinkus Urwicz, der zwischen Ostpreußen und seiner polnischen Heimatstadt Kolno (damals zu Russland gehörig) Handel trieb und den Abwehroffizier in Allenstein (Olsztyn) regelmäßig mit Informationen aus dem Grenzgebiet versorgte. In Kolno fiel ihm das Plakat mit dem Mobilmachungsbefehl auf. Im Schutz der Nacht löste er ein Exemplar von der Wand des Rathauses und schaffte es, eingenäht in seinen Rock, über die Grenze. Es wurde sogleich durch einen Kurier nach Berlin gebracht, wo es noch bestehende Zweifel über die kriegerischen Absichten Russlands ausräumte, so dass Kaiser Wilhelm II. umso mehr bereit war, den Mobilmachungsbefehl zu unterzeichnen.[89]

Die Nachrichtenbeschaffung scheint im Osten recht einseitig zugunsten der russischen Seite verlaufen zu sein. Das hinderte die russische Presse nicht daran, eine Kampagne gegen deutsche Spione in Gang zu bringen, die vor allem in höchsten Positionen vermutet wurden. Die elitären Kreise des Adels unterhielten mit deutschen Familien enge verwandtschaftliche Beziehungen, allen voran die Zarenfamilie. Viele Angehörige deutscher Fürstenhäuser hatten das formelle Kommando über russische Regimenter. Auch in der Unternehmerschaft und im Finanzgeschäft bestanden Verbindungen nach Mitteleuropa, und nicht zuletzt die Generäle mit deutschen Namen gerieten in Verdacht. Der russische Ministerpräsident Boris Stürmer, ein Protegé der deutschstämmigen Zarin Alexandra und ihres Vertrauten Rasputin, wurde in der Öffentlichkeit als deutscher Agent verdächtigt.[90] Schließlich wurde sogar die Zarin verdächtigt, mit Rasputin gemeinsam ein Komplott zu einem Unterwerfungsfrieden mit Deutschland vorzubereiten.[91] Zu den spektakulärsten Fällen gehörte der des 1915 nach diversen Fehleinschätzungen entlassenen Kriegsministers Wladimir A. Suchomlinow. Im folgenden März wurde er wegen angeblichen Verrats verhaftet, im August 1917 vor Gericht gestellt und verurteilt. Aufgrund seines Alters kam er im Mai 1918 unter der neuen bolschewistischen Regierung aus der Haft frei. Sein enger Vertrauter Oberst Sergej N. Mjasojedow wurde im Frühjahr 1915, als Suchomlinow noch Minister war, nach einer konstruierten Anklage ebenfalls wegen Spionage zum Tode verurteilt und gehenkt.[92] Nach Kriegsbeginn wurden Gesetze erlassen, die für die deutsche Minderheit das Recht auf Grundbesitz und Gewerbebetriebe beschränkte. Diese Bestimmungen wurden aber durch zahlreiche Ausnahmeregelungen relativiert, so dass es zu keinem einheitlichen und konsequenten Vorgehen kam.[93]

Die ökonomischen Voraussetzungen Russlands für die Kriegführung waren nicht so schlecht, wie mitunter vermutet worden ist. Vor dem Ersten

Weltkrieg schien es, als ob Russland auf dem besten Weg sei, alle anderen europäischen Staaten an wirtschaftlicher und militärischer Macht einzuholen. Das jährliche Wirtschaftswachstum betrug zwischen 1908 und 1913 über drei Prozent, die Metallindustrie wuchs im selben Zeitraum um 90 Prozent. Das russische Militärprogramm unter Kriegsminister Suchomlinow sah vor, die Friedensstärke der Armee bis 1917 auf 2,5 Millionen Mann zu erhöhen, mehr als dreimal so viel wie in Deutschland.[94]

Bei Kriegsbeginn war das Land allerdings noch recht weit vom Ziel einer gut bewaffneten und schlagkräftigen Armee entfernt. 1915 berichtete der französische Botschafter aus Petrograd nach Paris, dass fünf Millionen Männer mobilisiert worden seien, für die nur 1,2 Millionen Gewehre zur Verfügung standen. Weitere 700 000 Gewehre wurden in Reserve gehalten. Die russische Industrie produzierte zu dieser Zeit monatlich 59 Millionen Patronen, was gerade einmal ausreichte, um eine Woche lang heftige Gefechte zu führen. Jedes Regiment verfügte über acht Maschinengewehre, die Deutschen und die Franzosen über anderthalb bis doppelt so viele. Auf 100 Quadratkilometer im größeren Umkreis des Kampfgebiets kamen nicht mehr als 1,6 Streckenkilometer Eisenbahnschienen, in Deutschland waren es 32 Kilometer.[95] Die schlechte Bewaffnung sollte dazu beitragen, dass die russischen Truppen nach den Anfangserfolgen zu Beginn des Krieges schnell schwere Rückschläge hinnehmen mussten.

Das sollte sich jedoch sehr bald ändern. Kriegsminister Suchomlinow bestellte zu Beginn des Jahres 1915 in den USA und Großbritannien 14 Millionen Granaten und 3,6 Millionen Gewehre der Firmen Winchester, Remington und Westinghouse, sein Nachfolger Alexei Poliwanow weitere 26 Millionen Granaten. Allerdings konnte nicht einmal ein Sechstel der bestellten Menge geliefert werden, zu schlecht waren inzwischen die Verkehrsverbindungen. Die Nordsee und der Landverkehr nach Mitteleuropa wurden durch die Mittelmächte blockiert, die Transsibirische Eisenbahn hatte nur sehr begrenzte Kapazitäten, der Überseehafen Archangelsk war viele Monate im Jahr vereist, und zum meist eisfreien Hafen Murmansk gab es erst seit März 1917 eine Bahnverbindung.[96]

Die Munitionsknappheit führte im Sommer 1915 zu einer Regierungskrise, in deren Folge nach deutschem Vorbild ein zentraler »Rat für Verteidigung«, daneben 34 Distrikts- und 192 lokale Räte gebildet wurden, die die Rohstoffe bewirtschafteten, Aufträge vergaben und Qualitätskontrollen veranlassten.

In diesen Räten waren Vertreter der Duma, Geschäftsleute und Beamte der Ministerien versammelt, bald auch Vertreter der Arbeiterschaft, vor allem gemäßigte Menschewiki. Die Organisation der Kriegswirtschaft gelang zwar nicht konsequent. Es war nicht möglich, die unterschiedlichen Interessen der Regierung, Unternehmerschaft und Gutsbesitzer, ja nicht einmal verschiedener Unternehmergruppen in Übereinstimmung zu bringen.[97] Die Distrikts- und lokalen Räte besaßen jedoch insofern eine große Bedeutung, als dass sie die einzigen legalen Kanäle waren, durch die sich politische Meinungen noch artikulieren konnten, nachdem fast alle Gewerkschaften und politischen Organisationen von der Geheimpolizei unterwandert oder aufgelöst worden waren.[98]

Nach der Besetzung großer Teile des Reiches durch die Mittelmächte wurden von der Regierung und durch die von London vermittelten Kredite genügend Finanzmittel aufgebracht, um den russischen Firmen so viele Aufträge zu erteilen, dass sich ein Wirtschaftsboom mit kräftigem Wachstum und lebhaftem Börsenhandel entwickelte.[99] Die Kriegskosten stiegen zwischen 1914 und 1916 von 2,5 über 9,4 auf 15,3 Millionen Rubel. Die Bargeldmenge und die Preise vervierfachten sich bis Januar 1917. Kriegsanleihen brachten insgesamt zehn Millionen Rubel ein. Der größte Teil der Kriegsfinanzierung kam aus Schatzbriefen der Staatsbank. Russland bezahlte seine beeindruckende Ausdehnung der Kriegsproduktion mit einer Geldentwertung, die schneller voranschritt und größer war als irgendwo sonst. Das traf alle diejenigen hart, die von festen Einkommen oder Geldvermögen lebten.[100]

Die Voraussetzungen für den Aufschwung waren aber bereits zuvor vorhanden gewesen. Die russische Schwerindustrie war im Vergleich zur Bevölkerungszahl zwar relativ schwach, absolut gesehen aber mit der französischen Schwerindustrie vergleichbar. Sie produzierte sehr erfolgreich große Mengen von 76-Millimeter-Geschützen und schwerer Artillerie. Das Problem war die Anlieferung von Rohstoffen. Bis zum Kriegsausbruch hatten sich die Russen auf die preisgünstigen Lieferungen von Kohle und Eisenerzen aus Großbritannien verlassen. Sie waren aufgrund der mangelhaften Eisenbahnverbindungen einfacher in Sankt Petersburg, dem industriellen Zentrum Russlands, anzuliefern als die Kohle aus dem Donezbecken und die Eisenerze aus dem Krywbass in der Ukraine.[101]

Die Maßnahmen des Jahres 1915 erbrachten bald beeindruckende Ergebnisse. Im Vergleich mit dem Stand von 1914 steigerte sich die Kohleförderung bis 1916 um 30 Prozent, die chemische Industrie verdoppelte und die Maschinenindustrie verdreifachte ihren Ausstoß. 1917 stellte Russland alle benötigten Haubitzen und drei Viertel der schweren Artillerie selbst her. Im Frühjahr 1917 gab es keine Engpässe bei der Munition mehr. Vielmehr hatte Russland jetzt sogar gegenüber den Mittelmächten die Überlegenheit bei den Mannschaften und beim Material.[102] Die Kehrseite dieser überwältigenden Erfolge war jedoch die Zerstörung der Konsumgüterproduktion und der Zusammenbruch der Lebensmittelversorgung in den Städten. Am Ende des Jahres 1916 war die Lage bereits so instabil, dass eine Revolution nur noch eine Frage der Zeit war.[103]

Vielvölkerstaat am Rande des Zerfalls

Das österreichisch-ungarische Parlament, der Reichsrat, war auf kaiserliche Verordnung hin schon im März 1914 suspendiert worden und sollte erst wieder 1917 von Kaiser Karl I. einberufen werden. In Österreich-Ungarn wurden deshalb Kriegskredite ohne die Zustimmung des Parlaments aufgenommen. Die Führung der Sozialdemokratischen Arbeiterpartei ließ an ihrer Unterstützung für den Kriegskurs zwar keinen Zweifel, die Möglichkeit aber, publikumswirksam auch in Österreich-Ungarn einen »Burgfrieden« zu proklamieren, wurde von der Regierung und vom Monarchen versäumt.[104]

Das Fehlen parlamentarischer Garantien für die Staatsanleihen führte dazu, dass nur 45 Prozent der Kriegskosten über Kriegskredite finanziert werden konnten und für diese auch noch höhere Zinsen bezahlt werden mussten als in Deutschland, das zwei Drittel seines Bedarfs über Kredite finanzierte. Deutschland subventionierte Österreich-Ungarn monatlich mit mehr als 100 Millionen Goldmark. Diese Zahlungen summierten sich bis Oktober 1917 auf mehr als fünf Milliarden.[105] Aber auch damit waren die Kosten der Donaumonarchie nicht zu decken. Wie in anderen Ländern wurde deshalb die Notenpresse in Gang gesetzt und die Geldmenge um das Fünfzehnfache gesteigert. Die Währung verfiel noch schneller als in Deutschland.[106]

Die Rüstungsindustrie war zwar nicht so leistungsfähig wie die der Russen, aber doch in der Lage, die Front mit ausreichend Waffen und Munition zu versorgen, so dass sich die Klagen der Militärs in Grenzen hielten. Fatale Folgen hatten jedoch die militärischen Erfolge der russischen Armeen 1914, denen die galizischen Ölfelder in die Hände fielen. Nach der Rückeroberung waren die Anlagen dermaßen stark beschädigt, dass sie lange Zeit nicht mehr zu gebrauchen waren. Österreich-Ungarn wurde deshalb noch mehr als bereits zuvor von deutscher Kohle, aber auch von schwedischem Stahl abhängig, den Deutschland während des ganzen Krieges über die Ostsee beziehen konnte.[107]

Die Produktion von Gewehren und Maschinengewehren entsprach hinsichtlich ihres Umfangs etwa der Russlands. Eine deutliche Entlastung hatten außerdem die zahlreichen russischen Gewehre gebracht, die in den Schlachten des Jahres 1915 erbeutet wurden. Der österreichische und böhmische Teil der Doppelmonarchie verfügte zudem über große Waffenfabriken. Die wichtigste war Skoda, wo die schweren 305-Millimeter-Mörser hergestellt wurden, die auch an die deutschen Truppen für die Beschießungen der Festungen von Lüttich und Verdun ausgeliehen wurden.[108] Deutschland lieferte dafür Gasmasken, Handgranaten, kleinere Geschütze und Flugzeuge. Zu den umfangreichen Waffenlieferungen der Deutschen an die übrigen Verbündeten konnte die Industrie Österreich-Ungarns allerdings kaum etwas beitragen.[109] Zur Beschaffung der Arbeitskräfte wurden, ebenso wie in Frankreich und ab 1916 auch in Großbritannien, möglichst alle Männer unter fünfzig Jahren zum Militär eingezogen, um dann die zum Krieg Untauglichen oder für die Produktion Unabdinglichen in die Rüstungsfabriken abzukommandieren. Dort unterstanden sie strenger militärischer Disziplin und arbeiteten oft 80 Stunden in der Woche für reduzierte Löhne.[110]

Weit umfassender als in Deutschland fiel die Beschränkung der Bürgerrechte aus; sogar die zivilen Schwurgerichte wurden durch Kriegsgerichte ersetzt.[111] Unzufriedenheit entstand in erster Linie durch die mangelhafte Lebensmittelversorgung, die zunehmende Spannungen zwischen dem österreichischen und dem ungarischen Reichsteil hervorrief. Dem agrarisch geprägten Ungarn ging es auch nach den Missernten 1915 und dem folgenden harten Winter vergleichsweise gut. Die unzureichenden Verkehrsverbindungen trugen dazu bei, dass die ungarischen Überschüsse nur schleppend und zu ständig steigenden Preisen im österreichischen Reichsteil angeliefert werden konnten. In Wien stieg die Zahl der Menschen, die nur noch in Kriegsküchen versorgt werden konnten, um fast das Dreifache auf 134 000; das waren mehr als sechs Prozent der Bevölkerung. Die bessere Versorgungslage Ungarns brachte diesen Landesteil und seinen Ministerpräsidenten István Tisza, was dieser selbstverständlich dementierte, in eine starke Position gegenüber Wien. Kaiser Karl, der nach dem Tode Franz Josephs am 21. November 1916 den

Thron bestiegen hatte, wurde schon bald mit dem selbstbewussten Kurs der Ungarn konfrontiert. Budapest forderte ihn auf, sich auch zum König von Ungarn krönen zu lassen und damit die Staatlichkeit Ungarns anzuerkennen. Das durchkreuzte die Pläne einer Reichsreform, die den anderen Völker der Monarchie mehr Selbstbestimmung gegeben, das Gewicht der Ungarn aber reduziert hätte. Widerstrebend stimmte Karl der Krönung am 30. Dezember 1916 zu und sicherte sich damit zumindest die Loyalität vieler Ungarn, enttäuschte aber die Hoffnungen der vielen anderen Nationalitäten des Reiches, die ihre Loyalität im Krieg mit der Hoffnung auf Reformen verbunden hatten. Eine Krönung zum König Böhmens lehnte Karl ab und begab sich damit der Möglichkeit, die Sympathien der Tschechen zu gewinnen.[112]

Zu allem Unglück folgten auch 1916 eine schlechte Ernte und dann wieder ein harter Winter, der die Arbeiter gegen die Eliten aufbrachte, die das Land »unter deutsche Führung« gebracht hätten. Die im Krieg zunehmenden ethnischen Spannungen ließen vor allem die slawischen Bevölkerungen immer weiter auf Distanz gegenüber Wien gehen. Im Dezember 1914 war der Führer der tschechischen Nationalisten, Tomáš Masaryk, von einer Reise in die Schweiz nicht in seine Heimat heimgekehrt, weil ihm die Verhaftung drohte. Er hatte nicht mehr allein Autonomierechte innerhalb der Monarchie, sondern einen unabhängigen Staat gefordert. Trotzdem waren viele Tschechen loyal geblieben und kämpften in der Armee, wenn auch die Desertionen an der russischen Front immer mehr zunahmen. General Brussilow verstand es, in seinen Offensiven 1916 und 1917 seine eigenen Legionen mit tschechischen Soldaten gegen österreichische Regimenter antreten zu lassen, in denen ebenfalls Tschechen dienten. Der erwartete Erfolg, das massenhafte Überlaufen der Tschechen auf die russische Seite, trat jedes Mal ein.[113] Im Mai 1917 versuchte Kaiser Karl ohne Erfolg, durch die Amnestie von fast 2 600 politischen Gefangenen die nationalistischen Gruppen zu beruhigen und zu integrieren. Doch auch das Versprechen eines allgemeinen Wahlrechts und nationaler Autonomierechte hielt den Zerfall des Vielvölkerreichs nicht mehr auf.[114]

Zu einem innenpolitischen Desaster wurden die militärischen Erfolge der Mittelmächte am Isonzo Ende Oktober 1917. In den Kriegsgefangenenlagern mussten nun 300 000 italienische Gefangene zusätzlich versorgt werden. Da die österreichischen Eisenbahnen über Monate hinweg fast nur Truppen und Kriegsmaterial transportiert hatten, war die Versorgung der Städte und Industrieregionen mit Brennmaterial und Lebensmitteln immer mehr zusammengebrochen. So brachte der Sieg über die Italiener Hungersnot in Österreich und schwere Unruhen – ein klassischer Pyrrhussieg.[115] Im Januar 1918 kam es zu Demonstrationen und Streiks, die bei den Daimler-Werken in Wiener Neustadt, einem der großen Rüstungsbetriebe, begannen und sich innerhalb weniger Tage auf Böhmen, Mähren, Ungarn, Siebenbürgen und Polen ausweiteten. Die nach wie vor kaisertreue Sozialdemokratie konnte die Arbeiter nicht mehr beruhigen, die zusehends Forderungen nach nationaler Unabhängigkeit stellten. Am 1. Februar 1918 kam es zu Meutereien bei der 5. Flotte im Hafen von Cattaro (Kotor in Montenegro), auf fast jedem Schiff wehten rote Fahnen. Im Mai erhoben sich slowenische Rekruten in der Steiermark, weitere Rebellionen folgten in Böhmen. Im Juni führten erneute Lebensmittelrationierungen zum Ausbruch von Hungerunruhen im ganzen Reich. Am 6. Oktober 1918 trat in Zagreb ein Nationalrat von Serben, Kroaten und Slowenen zusammen, um einen südslawischen Staat auszurufen. Damit begann der Zerfall des Vielvölkerreiches. Bald folgten weitere Proklamationen, mit denen die nationale Unabhängigkeit der Polen, Tschechen und Slowaken ausgerufen wurden.[116]

Vom Burgfrieden zur Verwaltung des Mangels

In Deutschland wurde am 31. Juli durch den Kaiser der Kriegszustand ausgerufen, der mit dem Belagerungszustand gleichgesetzt wurde. Er galt für das gesamte Reich mit Ausnahme Bayerns. Damit ging die Exekutivgewalt im Reich auf die Befehlshaber der Militärbezirke, die stellvertretenden Generalkommandos, über. Die Militärbezirke, die im Kriegszustand zugleich Zentralpolizeistellen waren, unterstanden in ihren innenpolitischen Funktionen jedoch nicht der Obersten Heeresleitung, sondern dem Kaiser. So entstand ein Nebeneinander von zivilen Verwaltungsbehörden, die nach wie vor der föderalen Gliederung des Reiches folgten, und militärischen Behörden, die ebenfalls dezentral organisiert waren. Dies führte dazu, dass die Exekutive im Krieg noch weniger einheitlich war als in Friedenszeiten und die Zuständigkeiten unklarer wurden, zumal sich die zivilen und militärischen Verwaltungseinheiten territorial nicht deckten.

In Bayern galt der vom Kaiser ausgerufene Belagerungszustand nur für die frontnahen linksrheinischen Gebiete. Im rechtsrheinischen Bayern wurde der Kriegszustand am 31. Juli durch eine Verordnung König Ludwigs III. hergestellt. Auch hier ging die Exekutivgewalt von den bayerischen Ministerien auf die drei stellvertretenden Generalkommandos in München, Würzburg und Nürnberg über.[117] Durch die hierarchische Überordnung des bayerischen Kriegsministeriums wurde in Bayern wenigstens eine einheitliche Verwaltung hergestellt. Ebenso wie im übrigen Deutschland führten jedoch die zivilen Unterbehörden weiterhin die Geschäfte unter der Aufsicht der stellvertretenden Generalkommandos, die mit den Behörden der Regierungsbezirke schon deshalb eng kooperieren mussten, weil sie selbst in der zivilen Verwaltung keine Erfahrung hatten.

In den ersten Kriegstagen gaben die Behörden zahlreiche Warnungen vor feindlichen Spionen heraus, mit dramatischen Konsequenzen, die der Chef des Nachrichtendienstes Walter Nicolai so beschrieb: »Die Folge war eine wilde Spionenfurcht in ganz Deutschland, die zu lächerlichen, aber auch zu sehr ernsten Erscheinungen führte. Die unsinnigsten Gerüchte verbreiteten sich wie ein Lauffeuer in Zeiten hochgespannter nationaler Erregung. Besonders die Nachricht, daß Autos mit Gold zu Zwecken des feindlichen Nachrichtendienstes Deutschland durchfuhren, wirkte verheerend. Jedes Auto wurde angehalten, die Insassen unter Feuer genommen. Hohe Beamte im Dienst büßten dabei ihr Leben ein. Innerhalb weniger Tage trat ein Zustand ein, der die Durchführung der Mobilmachung in Frage stellte. Der Generalstab mußte eingreifen, um diesem zum Unfug ausartenden Kampf gegen die Spionage ein Ende zu bereiten. Dabei traten zahlreiche Missgriffe ein und mussten rückgängig gemacht werden. Viele hochangesehene Persönlichkeiten gerieten durch irgendwelche Umstände unverschuldet in Verdacht und beschwerten sich über ihnen zugefügtes Unrecht. Ein allgemeiner Rückschlag war die Folge. Die Behörden, soweit sie bisher anregend gewirkt hatten, stellten ratlos ihre Tätigkeit ein. Sehr bald wandten sich die Militär- und Zivilbehörden der Heimat um Rat an den Generalstab als die einzig sachverständige Stelle. So entstand eine neue schwere Belastung der Obersten Heeresleitung.«[118] Die Hysterie breitete sich auch nach Österreich-Ungarn aus. Feldmarschallleutnant August Urbanski von Ostrymiecz, der Leiter des österreichisch-ungarischen Geheimdienstes, des *Evidenzbureaus*, machte ähnliche Erfahrungen wie Nicolai: »Das Gerücht, belgische Offiziere rasen mit goldbeladenen Autos durch die Monarchie, fand – so unsinnig und völlig unverständlich es auch klingen mochte – allgemeinen Glauben und wurde zum Anlasse einer wahren Hetzjagd gegen Automobile, die mehrere Menschenleben kostete. Namentlich in den Grenzgebieten trieb diese Psychose ihr Unwesen. Der Glaube an die Legende der goldbeladenen Autos saß selbst in höheren Militärkreisen so fest, daß dagegen nicht aufzukommen war.« Urbanski war sogar selbst betroffen, als er abkommandiert wurde und im Automobil die Einheiten seiner Brigade aufsuchte: »Es ist geradezu ein Wunder, daß ich bei diesen nächtlichen Autofahrten mit dem Leben davonkam.«[119] Nach dem Eingreifen des Generalstabs beruhigte sich die Lage. Die Militär- und Zivilbehörden hielten sich seitdem mit den Warnungen vor Spionen zurück. Das Thema spielte in der deutschen Presse danach auch eine geringere Rolle als in den Zeitungen Frankreichs und Großbritanniens. Schon bald gab es weitaus gravierendere Probleme als das Kompetenzwirrwarr der Bürokratie. Die Versorgung der Regierung mit Geld, der Front mit Waffen und Munition, der Industrie mit rüstungswichtigen Rohstoffen und der Bevölkerung mit Lebensmitteln wurden rasch zum Problem. Deutschland legte von 1914 bis 1918 in Sechs-Monats-Intervallen neun Kriegsanleihen auf. Die erste zeichneten 1,2 Millionen Menschen, die Märzanleihe von 1916 sogar 5,2 Millionen. Es handelte sich dabei um langfristige, mit fünf Prozent verzinste Anleihen, die zusammen etwa 100 Milliarden Mark, zwei Drittel der Kriegskosten, einbrachten. Mit der fünften Kriegsanleihe im September 1916 begann die Zahl der Subskribenten zu sinken. Die Geldmenge und die Inflation stiegen jetzt auch in Deutschland stark an und begannen außer Kontrolle zu geraten.[120]

Zunehmend schwierig gestaltete sich die Versorgung der Bevölkerung. Daran konnte auch das im Mai 1916 gebildete Kriegsernährungsamt nicht viel ändern. Das Amt konnte nach der besonders schlechten Ernte von 1916 im »Rübenwinter« 1916/17 nicht mehr als 170 Gramm Brot am Tag anbieten. Die Kindersterblichkeit stieg während des Krieges um 50 Prozent an, und die Zahl von 700 000 Hungertoten stellt sicher nur den Minimalwert dar.[121]

Die Lebensmittelknappheit in Deutschland ist oft auf die britische Seeblockade zurückgeführt worden. Dies ist jedoch nur ein Teil der Erklärung, denn immerhin gelang es der 1915 gegründeten Zentral-Einkaufs-Gesellschaft (Z.E.G.), bis Ende 1916 in Rumänien 2,7 Millionen Tonnen Getreide zu günstigen Preisen einzukaufen.[122] Dann trat Rumänien in den Krieg gegen die Mittelmächte ein, wurde besiegt und in den folgenden beiden Jahren ausgeplündert. Über eine Million Tonnen Öl, mehr als zwei Millionen Tonnen Getreide, 200 000 Tonnen Holz, 100 000 Rinder, 200 000 Ziegen und Schweine wurden aus dem Land geschafft.[123] Dennoch kam es im Reich zu immer mehr Versorgungslücken. Dies ist nicht in erster Linie auf fehlende Importe zurückzuführen, sondern folgte aus den Engpässen, die sich aus der Konzentration auf die Kriegswirtschaft ergaben.[124] Dazu gehörte vor allem auch der Mangel an Arbeitskräften. In der Landwirtschaft arbeitete zu Beginn des Krieges ein Drittel der deutschen Beschäftigten.[125] Bis 1918 wurden in Deutschland jedoch elf Millionen Männer, 16,5 Prozent der Bevölkerung, eingezogen. Hinzu kam, dass auch ländliche Arbeitskräfte in die boomende Rüstungsproduktion wechselten. In Großbritannien gelang es, durch den vermehrten Einsatz von Traktoren und anderen Maschinen den Mangel an Arbeitskräften zu kompensieren. Dafür fehlten in Deutschland jedoch die industriellen Kapazitäten, die einseitig auf den Krieg ausgerichtet wurden. Die verbreitete Vorstellung, dass in der Landwirtschaft Frauen, Kinder und Alte die abwesenden Männer ersetzen konnten, ging an der Realität vorbei, denn diese Gruppen hatten auf dem Land immer schon mitgearbeitet und stellten daher keine Reserve dar, die mobilisiert werden konnte. Der Mangel an Arbeitskräften war der Hauptgrund für den drastischen Rückgang der landwirtschaftlichen Produktion, die 1914 noch 27, 1918 aber nur noch 17 Millionen Tonnen Getreide liefern konnte. Die Kartoffelernten gingen von 45,6 auf 29,5 Millionen Tonnen zurück.[126]

Weitere Faktoren wie die massenhafte Beschlagnahmung von Pferden kamen hinzu. Einen Anteil an den Versorgungsproblemen in den Städten hatten auch die mangelhaften Transportkapazitäten. Die Eisenbahnen mussten auf Befehl der Militärs vorrangig Truppen zwischen den Kriegsschauplätzen transportieren und die Front mit Waffen und Munition beliefern. Im Winter 1917 geriet das ganze Transportsystem in eine schwere Krise, weil es den zahlreichen Anforderungen nicht mehr gewachsen war.[127] Die Bevölkerung in den Städten sah den Grund für das Versagen der Lebensmittelversorgung dagegen schon 1915 vor allem in den Preistreibereien und Spekulationen. Dazu trugen die unkoordinierten Maßnahmen der Stellvertretenden Generalkommandos bei, die im Krieg die exekutive Gewalt übernommen hatten. Sie hatten für einige Korpsbezirke bereits am 4. August 1914 Höchstpreise festgelegt, mit dem Ergebnis, dass die Waren in andere Korpsbezirke, in denen es keine Reglementierungen gab, verschoben wurden. Auch die »Preistreibereiverordnung« vom 23. Juli 1915, die überhöhte Profite unter Strafe stellte, erreichte das Gegenteil des Gewünschten: Wo Kontrollen durchgeführt wurden, blieben die Lieferungen aus.[128]

Die einseitige Konzentration der Ressourcen auf das Militär und die Rüstung verstärkte sich im Kriegsverlauf noch. Nachdem am 29. August 1916

Generalstabschef Falkenhayn durch Hindenburg ersetzt worden war, legte die neue OHL ein Programm zur Steigerung der Rüstungsproduktion vor, das sich die Verdoppelung des Munitionsausstoßes und die Verdreifachung der Geschütz- und Maschinengewehrherstellung zum Ziel setzte. Die totale Ausrichtung der Volkswirtschaft auf den Krieg war allerdings in diesem Umfang nicht durchführbar, und die Versorgung mit zivilen Gütern war schon viel zu sehr eingeschränkt, als dass sie noch weiter hätte vermindert werden können. Die ehrgeizigen Produktionsziele waren daher unrealistisch, auch wegen der fehlenden Rohstoffe und der Transportkapazitäten. Ein reduziertes Programm wurde am 2. Dezember 1916 im Reichstag unter der Bezeichnung »Gesetz über den Vaterländischen Hilfsdienst« beschlossen. Es verpflichtete alle Männer zwischen 17 und 60 Jahren zur Arbeit und untersagte den Wechsel des Arbeitsplatzes. Um die Arbeiter nicht der Willkür der Betriebsleiter auszusetzen, wurden Arbeiterausschüsse, Einigungsämter und Schiedsgerichte gebildet, die in Konflikten vermitteln sollten. In den Ausschüssen waren die Gewerkschaften vertreten, die durch dieses Gesetz eine erhebliche Aufwertung erfuhren. Dafür hatte sich General Wilhelm Groener eingesetzt.[129]

Die schlechte Versorgung der Städte wirkte sich zusehends negativ auf die Aufrechterhaltung des Burgfriedens aus, denn dieser hatte vor allem auf der Bereitschaft der Sozialdemokratie, der Gewerkschaften und der Arbeiter basiert, die Kriegsanstrengungen ohne Vorbehalt zu unterstützen. Schon 1915 kam es wegen der schlechten Versorgung zu ersten Unruhen. In den Berliner Arbeiterbezirken Lichtenberg und Wedding gab es Proteste, die schnell auf andere Bezirke übergriffen. Im März 1916, lange vor dem berüchtigten Hunger- oder Kohlrübenwinter, stellte Friedrich Ebert im Ernährungsbeirat des Reichstages fest, dass die Mehrheit des Volkes bitter Hunger leide.[130] In Münster kam es seit 1916 wegen der Lebensmittelversorgung wiederholt zu Aufläufen und Gewalttätigkeiten. Im Juli 1917 wurde der Gemüsemarkt deswegen vom Prinzipalmarkt auf den weitläufigeren Domplatz verlegt, wo es einfacher war, die Menge zu steuern: »Dort wurden die Fuhrwerke zu einer Wagenburg zusammengefahren und zwischen Verkaufsstand und Publikum von Baum zu Baum Ketten gespannt.«[131]

Die Versorgungsmängel und Preissteigerungen führten seit 1916 auch immer häufiger zu Arbeitsniederlegungen. Im Januar 1918 streiken in Berlin eine halbe Million, im ganzen Reich eine Million Arbeiter. Die »wilden

Streiks«, die gegen den Willen der Gewerkschaften geführt wurden, zeigten, dass die kompromissbereiten Gewerkschaftsführer der älteren Generation in der Arbeiterschaft an Einfluss verloren. Seit Januar 1917 erschienen die ersten »Spartakusbriefe« der »Gruppe Internationale«. Aus ihr ging der Spartakusbund hervor, der sich im April 1917 der in Gotha gegründeten Unabhängigen Sozialdemokratischen Partei (USPD) anschloss.[132]

Die Spaltung der Arbeiterbewegung und der SPD 1917 markierte das Ende des Burgfriedens und der breiten Zustimmung zum Krieg. In den Streiks wurde jetzt auch die Forderung nach einem Verständigungsfrieden ohne Kontributionen und Annexionen laut. Die Kriegsziele waren schon seit 1914 das entscheidende Thema innenpolitischer Auseinandersetzungen geworden. Reichskanzler Bethmann Hollweg war der staatstragenden Sozialdemokratie und den Gewerkschaften mit einer behutsamen »Neuorientierung« entgegengekommen und akzeptierte sie als neuen Partner der staatlichen Ordnung. Die Konservativen missbilligten diesen Kurs, konnten aber nicht offen dagegen polemisieren, denn das hätte einen Bruch des Burgfriedens bedeutet. Die politischen Lager grenzten sich vielmehr in einem »Denkschriftenkrieg« voneinander ab. Der Vorsitzende des rechten Alldeutschen Verbandes, Heinrich Claß, legte abenteuerliche Annexionsforderungen vor, als 1914 die deutschen Truppen im Westen siegreich schienen. Er veröffentlichte sie 1917 auch als Broschüre, um den »Verzicht-Politikern« und »ihren gefährlichen Vorschlägen« entgegenzutreten.[133] Die maßlosen Forderungen nach Reparationen und Expansion in Osteuropa und Belgien gipfelten in der Zielvorstellung ethnischer Säuberungen in den annektierten Gebieten.[134] Die wirtschaftlichen und territorialen Kriegsziele wurden von großen Wirtschaftsverbänden und selbst von Intellektuellen um den Theologen Reinhold Seeberg und den Historiker Dietrich Schäfer öffentlich wirksam unterstützt, während eine Gegendenkschrift der besonnenen Historiker Hans Delbrück und Friedrich Meinecke im Vergleich dazu geringe Unterstützung fand. Die Reichsleitung trat der Agitation nicht entgegen, obwohl die Expansionsforderungen den Beteuerungen vom Verteidigungskrieg widersprachen.[135] Die Frage der Fortführung des Krieges bis zum Sieg oder der Herstellung eines Verständigungsfriedens wurde zu einem zentralen Thema, das die politische Kultur der deutschen Kriegsgesellschaft vergiftete und nach dem Kriegsende mit den Themen der Kriegsschuld und des Dolchstoßes fortgesetzt werden sollte.

Antisemitismus und Balfour-Deklaration

Im Vorkriegsdeutschland gab es unbestreitbar einen latenten Antisemitismus, der aber dadurch in Schranken gehalten wurde, dass die wirtschaftlichen und politischen Eliten ihn weitgehend ablehnten. Auch der Kaiser war Juden gegenüber meist freundlich gesinnt und pflegte mit manchen sogar herzliche Verbindungen. Wenn es allerdings um jüdische Verleger und Journalisten oder um prominente Sozialisten ging, verstieg sich der Kaiser auch zu antisemitischen Ausfällen. Nach Kriegsbeginn und Ausrufung des Burgfriedens galten antisemitische Äußerungen erst recht als unanständig. Die deutschen Juden konnten sich jetzt mehr denn je als anerkannt in der deutschen Gesellschaft fühlen. Manche dankten es mit besonderem Patriotismus. Zu den Unterzeichnern des »Manifests der 93« gehörten zahlreiche Juden, und der Zionist und spätere israelische Staatspräsident Chaim Weizmann spottete nach dem Krieg, die jüdischen Intellektuellen seien 1914 »die arrogantesten und kampfeslustigsten aller Preußen« gewesen. Der jüdische Dichter Ernst Lissauer textete 1914 den sofort populären »Haßgesang gegen England«, für den ihm der Kaiser sogar den Roten Adlerorden verlieh.[136] So ziemlich alle Deutschen kannten die in jeder Beziehung erbärmlichen Strophen, die bald vertont und durch Chöre in Theatern und Schulen vorgetragen wurden.[137]

Unrealistische Hoffnungen machten sich manche Politiker und Militärs hinsichtlich der Möglichkeiten deutscher Juden, ihre Glaubensgenossen im russisch besetzten Teil Polens und in Russland zum Aufstand bewegen zu können. Der Kölner Rechtsanwalt Max Bodenheimer, ein Weggefährte Theodor Herzls und Mitbegründer des Jewish National Fund, schlug vor, an die russischen Juden eine Proklamation zu richten und ihnen deutsche Hilfe zu versprechen, und beteiligte sich am 17. August 1914, zwei Wochen nach Kriegsbeginn, an der Gründung des Deutschen Komitees zur Befreiung der russischen Juden. An Otto Warburg, den Präsidenten der Zionistischen Organisation, schrieb Bodenheimer am 22. November 1914: »Meiner Ansicht nach haben die Juden Russlands an einem entscheidenden Sieg Deutschlands genau dasselbe Interesse wie das Deutsche Reich.« Darin folgte die Zionistische Organisation Bodenheimer jedoch nicht. Denn bereits jetzt zeigte sich, dass nicht einmal die polnischen Juden, die bereits unter preußischer Herrschaft standen, auf eine Besserung ihrer Lage hoffen durften. Das Deutsche Komitee zur Befreiung der russischen Juden gab seine vermessenen politischen Ambitionen auf und beschränkte sich auf karitative Aufgaben. Dennoch hatte Bodenheimers Idee fatale Folgen, denn sie war auch in Russland bekannt geworden. Dass die russischen Juden mit den deutschen Konspirationen gar nichts zu tun hatten, wurde von militanten antisemitischen Nationalisten in Russland ignoriert. Die Juden seien Landesfeinde, zeterten sie und brachten die Regierung dazu, erneut Ausschreitungen zuzulassen und Juden zu deportieren.[138]

Zunehmende Risse in der Heimatfront aufgrund des Ausbleibens eines schnellen Sieges und der immer deutlicher spürbaren Einschränkungen ließen auch den Antisemitismus im Deutschen Reich erstarken.[139] Zunächst richtete er sich gegen die »Ostjuden« in den besetzten polnischen Gebieten. Nach der Okkupation des russischen »Königreichs Polen« war das 1915 errichtete Generalgouvernement Warschau mit zwei Millionen bitterarmen Juden konfrontiert, deren Lage im Krieg noch elender geworden war. 35000 von ihnen kamen freiwillig oder als Zwangsarbeiter ins Reich. Die eigentliche Dynamik gewann der Antisemitismus in Deutschland aber nicht aus der Konfrontation mit verelendeten Juden aus dem Osten, sondern aus der Aktualisierung alter antijüdischer Stereotypen im Zusammenhang mit den Hungerunruhen in den Städten. Der grassierende Lebensmittelwucher, über den sich die Demonstranten beklagten, wurde von vielen nicht auf die Organisation der Kriegswirtschaft zurückgeführt, sondern »den Juden« zu Last gelegt. Doch beides ließ sich auch verbinden, vor allem in der Person von Walter Rathenau. Er hatte die Leitung der Kriegsrohstoffabteilung zwar nur von August 1914 bis März 1915 inne, diese wurde jedoch weit darüber hinaus mit ihm als Initiator und Gründer identifiziert. Ihm folgte der preußische Offizier Joseph Koeth, der Rathenaus Amt mit hundert Mitarbeitern übernahm und bis 1918 auf 3500 Angestellte erweiterte.

Auch in der Zentral-Einkaufs-Gesellschaft (Z.E.G.), die von zwei Juden – dem Reeder Albert Ballin und dem Bankier Max Warburg – und einem Christen – dem Finanzpolitiker Carl Melchior – initiiert wurde, arbeiteten mehr Juden, als ihrem Anteil an der Bevölkerung entsprach. Wenn die Zahlen aus solchen Einrichtungen auf die Gesamtbevölkerung hochgerechnet wurden, kamen Ergebnisse heraus, die Statistiker als absurd, Ideologen aber als brauchbar ansahen. Prompt sah sich das preußische Kriegsministerium am 11. Oktober 1916 veranlasst, von den Armeekommandos die »Nachweisung der beim Heere befindlichen Juden wehrpflichtigen Juden« anzufordern. Am

Tag zuvor noch hatte es in einer Verlautbarung erklärt, »dass die Staatsangehörigen jüdischen Glaubens ebenso zur Erfüllung ihrer Wehrpflicht herangezogen werden, wie alle übrigen Wehrpflichtigen«.[140]

Die Ergebnisse dieser »Judenzählung« im Heer wurden nicht bekannt gemacht. Allein die Tatsache ihrer Anordnung hatte verheerende Folgen und diente den Antisemiten schon als Beweis dafür, dass die Juden den Kriegsdienst verweigerten. Trotz des Drängens jüdischer Organisationen veröffentlichte das Kriegsministerium weder das Ergebnis noch eine Erklärung dazu. Während daraus zu Recht geschlossen werden konnte, dass das Ergebnis positiv für die Juden ausgefallen war, setzte sich in der Öffentlichkeit die gegenteilige Vorstellung durch.[141] Erst in der Zeit der Weimarer Republik konnte der Statistiker Jakob Segall seriöse Zahlen errechnen, aus denen sich ergab, dass die Beteiligung von Juden und Nichtjuden am Kriegsdienst gleich groß war. 17,3 Prozent der Juden und 18,7 Prozent der Nichtjuden standen demnach im Laufe des Krieges an der Front. Die Differenz von etwa 1,4 Prozent ließ sich durch die unterschiedliche Altersgliederung erklären. Hinsichtlich der wehrpflichtigen Altersgruppen war kein Unterschied festzustellen. Mehr als ein Drittel der jüdischen Kriegsteilnehmer (35,4 Prozent) erhielten Auszeichnungen, 12 Prozent fielen an der Front. Höher als der Anteil an der Gesamtbevölkerung war der Anteil der Juden im Sanitätsdienst und in Schreibstuben. Dazu wurden sie jedoch aufgrund ihrer entsprechenden Ausbildung und nicht wegen ihrer Religion ausgewählt.[142]

Das tatsächliche Problem der Antisemiten waren gar nicht die Juden, die angeblich keinen Kriegsdienst leisteten, sondern diejenigen, die an der Front standen und wegen ihrer Tapferkeit ausgezeichnet und befördert wurden. Bis Anfang November 1915 hatten etwa 5000 jüdische Soldaten das Eiserne Kreuz und 650 andere Auszeichnungen erhalten. Im preußischen Kontingent waren etwa 500, im bayerischen 200 und im württembergischen zehn jüdische Offiziere ernannt worden. In den Offizierskasinos nahmen antisemitische Angriffe auf die jüdischen Kameraden zu. Judenfeindliche Verbände griffen das Thema auf und agitierten dagegen, dass christliche Soldaten von jüdischen Offizieren kommandiert wurden. Militärkabinett und Kriegsministerium wagten es nun nur noch in Ausnahmefällen, Juden zu befördern. Eine Ausnahme unter seinen Offizierskollegen bildete Oberst Walther Reinhardt: »Schließlich nehme ich in der Judenfrage eine andere Stelle ein – volle Rechtsgewährung, auch Offiziersernennung«, schrieb er 1918.[143]

Ebenso wie der Kriegsdienst der deutschen Juden verschwiegen und ihre Tätigkeit in den Kriegsgesellschaften hervorgehoben wurde, unterstellten ihnen die Antisemiten, nicht nur Anhänger, sondern auch die Drahtzieher von Liberalismus und Sozialdemokratie, Verständigungsfrieden und Pazifismus zu sein. Nicht nur Rosa Luxemburg und Hugo Haase, auch Karl Liebknecht wurde als jüdischer Vaterlandsverräter bezeichnet. Theodor Wolff, der liberale Chefredakteur des *Berliner Tageblatts*, und August Stein, der Berliner Korrespondent der *Frankfurter Zeitung*, begannen schon 1915 gegen die Annexionsziele der Heeresleitung anzuschreiben. Als am 19. September 1914 die Kathedrale von Reims durch die deutsche Artillerie schwer beschädigt wurde, beklagte Theodor Wolff diesen militärisch sinnlosen Akt. Dafür wurde er in der Avantgarde-Zeitschrift *Brenner* antisemitisch beschimpft.[144] Dabei waren auch unter den Nationalisten und Annexionsbefürwortern viele Juden, Bankiers wie Max Warburg und Unternehmer wie Albert Ballin, Sozialdemokraten wie Ernst Heilmann und Literaten wie Maximilian Harden. Doch die selektive Aufmerksamkeit der Antisemiten nahm nur die Gegner der Annexionspolitik ins Visier.

Es mag sein, dass es unter jüdischen Deutschen mehr Befürworter des Verständigungsfriedens gegeben hat als in anderen Gruppen der Gesellschaft. Wenn dies so war, dann »natürlich nicht«, so schrieb der liberale Historiker und Politiker Hans Delbrück 1919 rückblickend, »weil ihnen von der Natur eine größere Dosis politischer Klugheit verliehen wäre, sondern weil der internationale Zug ihres Denkens sie behütete vor dem nationalistischen Wahnsinn, der die anderen umnebelte«.[145] Aber nicht alle bewerteten die transnationalen Verbindungen der deutschen Juden zu den jüdischen Gemeinden und Zionisten anderer Länder so positiv wie Delbrück. Für die Ultranationalisten und Annexionisten waren sie ein gefundenes Fressen, wenn es darum ging, den Anhängern eines Verständigungsfriedens die nationale Zuverlässigkeit abzusprechen. Für Ludendorff beispielsweise war unumstößlich klar: »Die Bestrebungen dieses Teils der deutschen Sozialdemokratie deckten sich mit den Zielen des Feindes [...] In ihr war der jüdische Volksstamm besonders stark vertreten.«[146]

Für die internationale zionistische Bewegung war der Weltkrieg eine wichtige Zäsur. Am 2. November 1917 teilte der britische Außenminister Arthur James Balfour dem Parlamentsabgeordneten Lord Lionel Walter Rothschild mit: »Die Regierung Seiner Majestät betrachtet mit Wohlwollen die Errichtung einer nationalen Heimstätte für das jüdische Volk in Palästina und wird alle Anstrengungen unternehmen, um die Erreichung dieses Zieles zu befördern, wobei selbstverständlich nichts geschehen soll, was die bürgerlichen und religiösen Rechte der bestehenden nicht-jüdischen Gemeinschaften in Palästina oder die Rechte und den politischen Status der Juden in anderen Ländern beeinträchtigen könnte.« Der Erklärung des Kabinetts war ein Schreiben von Lord Rothschild vorausgegangen, der in wesentlichen Punkten eine deutlichere Aussage des Kabinetts erhofft hatte. Er hatte nicht von einer »Heimstätte in Palästina«, sondern von der »Wiederherstellung Palästinas als Heimstätte des jüdischen Volkes« gesprochen und gehofft, dass die Zionistische Organisation als Partner der Regierung akzeptiert würde. Stattdessen bat Außenminister Balfour den Adressaten lediglich, seine Erklärung der »Zionist Federation« zur Kenntnis zu bringen.[147]

Was darunter zu verstehen sein sollte, war ohnehin nicht klar. Die Zionistische Weltorganisation (ZWO) hatte ihre Zentrale in Berlin, ihr Präsident war der deutsche Agrarbotaniker Otto Warburg. Eine Alternative wäre gewesen, dem Vorsitzenden der British Zionist Organisation, Chaim Weizmann, zu schreiben. Es sollte aber gerade nicht um die britischen Juden gehen, sondern um die Wirkung auf die Öffentlichkeit in den USA und in Russland.[148] Wenn nicht Krieg geherrscht hätte, dann wäre die ZWO die einzige Organisation gewesen, an die sich die Deklaration hätte richten können. Da sich ihre führenden Mitglieder in Deutschland befanden und die deutsche Politik unterstützten, erklärte die Organisation, um ihre Existenz nicht zu gefährden, sofort nach Kriegsausbruch ihre politische Neutralität und beschränkte ihre nach außen gerichteten Aufgaben auf die Unterstützung des Jischuw, der jüdischen Siedlungsbewegung in Palästina. Im Dezember 1914 wurden für die Zeit des Krieges Büros in Kopenhagen und New York errichtet. Die Errichtung der temporären Büros führte dazu, dass die ZWO im Krieg keine einheitliche Linie mehr verfolgen konnte.

Die ersten Zeitungsberichte über den Brief erschienen in England und den USA. Sie folgten der Formulierung, die Lord Rothschild gebraucht hatte. Die *Vossische Zeitung* berichtete am 10. November 1917. Die *Jüdische Rundschau* kommentierte am 16. November, die Anerkennung des Rechts des jüdischen Volkes auf »Erneuerung seines nationalen Daseins in Palästina« sei ein »Ereignis von weltgeschichtlicher Bedeutung«, könne aber erst durch einen Friedensvertrag wirksam werden, da Palästina Teil des Osmanischen Reiches sei. Offenbar plane Großbritannien aber die Errichtung eines Protektorats im Nahen Osten.[149]

Im Gegensatz zur zionistisch ausgerichteten *Jüdischen Rundschau* spielte die *Allgemeine Zeitung des Judentums* (AZJ), die dem Centralverein deutscher Staatsbürger jüdischen Glaubens nahestand, die Bedeutung des Briefs herunter. Wichtiger als die Errichtung eines Staates »von Englands Gnaden« sei, so schrieb sie am 23. November, dass die »Juden des Ostens« endlich unter menschenwürdigen Bedingungen lebten, dann seien Zionismus und nationale Heimstätte in Palästina überflüssig. Tatsächlich war es gerade umgekehrt. Nach der russischen Februarrevolution annullierte die Provisorische Regierung unter Kerenski alle Einschränkungen staatsbürgerlicher Rechte der religiösen und nationalen Minderheiten. Auch die russischen Zionisten konnten nun gefahrlos an die Öffentlichkeit treten. Deren Zahl nahm nach dem Wegfall der Einschränkungen aber gerade nicht ab, sondern sie stieg. Vor dem Krieg gab es etwa 36 000 Mitglieder, unmittelbar nach der Revolution waren es 140 000, obwohl inzwischen ein Drittel der russischen Juden unter deutscher und österreichischer Kontrolle standen.[150]

Für die Existenz der vermuteten britischen Ambitionen in Palästina sprachen die jüngsten militärischen Ereignisse. Am 31. Oktober war den britischen und australischen Truppen unter General Edmund Allenby Be'er Scheva am nördlichen Rand der Wüste Negev in die Hände gefallen. Am 7. November 1917, zwei Tage vor der Veröffentlichung der Balfour-Deklaration, wurde das stark befestigte Gaza erobert. Jaffa fiel am 16. November, Jerusalem am 9. Dezember. Es gab gute Gründe für die Vermutung der *Jüdischen Rundschau*, dass ein Zusammenhang zwischen der britischen Eroberung Palästinas und der Balfour-Deklaration bestanden hat. Der jüdische Jischuw hatte in Palästina eine stabile Infrastruktur und konnte gute Dienste bei der Schaffung der künftigen Verwaltung des Protektorats leisten.

Eine wichtige Rolle spielten im britischen Kriegskabinett die Befürchtungen, die deutsche Regierung bereite eine öffentliche Sympathieerklärung für den Zionismus vor. Das Außenministerium, dem Balfour vorstand, ermahnte das Kriegskabinett, »ein Aufschub könnte die Zionisten den Deutschen in die Arme treiben«, wenngleich man nicht mehr annahm, dass die amerikanischen Juden nach dem Kriegseintritt der USA noch in ihrem Patriotismus zu beirren seien. In der ersten Kriegshälfte hatten in der deutschen Reichsführung Überlegungen eine Rolle gespielt, man könne über die amerikanischen Juden Einfluss auf die Regierungspolitik der USA gewinnen. Aber den Gedanken, die osteuropäischen Juden durch Versprechungen zu gewinnen, hatte die Reichsführung noch nicht aufgegeben. Ob solche Überlegungen realistisch waren, spielt in diesem Zusammenhang keine Rolle. Entscheidend war, dass man sie sowohl in London wie in Berlin ernst nahm.[151]

Großbritannien und Frankreich hatten sich im Sykes-Picot-Abkommen vom 16. Mai 1916 über die Neuordnung des Nahen und Mittleren Ostens verständigt. Syrien und der Südosten der Türkei sollten unter französischer Kontrolle stehen, die gesamte Region vom Jordan bis zum Persischen Golf wurde dem britischen Interessengebiet zugeschlagen. Dieses Abkommen war geheim und sollte es auch bleiben, weil es im Widerspruch stand zu den etwa gleichzeitigen Versprechungen des britischen Hochkommissars in Ägypten, Sir Henry McMahon, an Hussein ibn Ali, Großsherif von Mekka auf der Arabischen Halbinsel. Hussein ließ sich zum König ausrufen und begann 1916 einen Aufstand gegen das Osmanische Reich, im Vertrauen auf die britischen Zusagen, dass im Nahen Osten unabhängige arabische Staaten auf die Herrschaft der Hohen Pforte folgen würden.

Dieses Doppelspiel konnte nur so lange gut gehen, wie die verschiedenen Versprechungen nicht öffentlich wurden. Das Sykes-Picot-Abkommen war den Russen bekannt gemacht worden, um ihnen zu signalisieren, dass die französischen und britischen Pläne den russischen Kriegszielen am Schwarzen Meer und an den Dardanellen nicht in die Quere kamen. Am 23. November 1917 veröffentlichten die Bolschewiki den Text der Vereinbarung. Die arabischen Verbündeten Großbritanniens waren empört, die Mittelmächte und das Osmanische Reich hingegen erblickten die Chance, die Verbündeten der Entente im Nahen Osten für sich zu gewinnen.

Zu einem anderen Zeitpunkt wäre die Balfour-Deklaration eine Sensation gewesen. Ihre Veröffentlichung am 10. November 1917 fand aber weitaus weniger Aufmerksamkeit als die atemberaubenden Nachrichten aus Petrograd. Am Abend des 7. November 1917 begann der von dem Vorsitzenden der Provisorischen Regierung Kerenski einberufene Allrussische Sowjetkongress mit Delegierten von mehr als 400 Räten aus ganz Russland. In der Nacht zuvor waren allerdings erneut Kämpfe ausgebrochen, und am 8. November (dem 26. Oktober nach julianischem Kalender) wurde das Winterpalais gestürmt und die Regierung Kerenski für abgesetzt erklärt. Der Petrograder Sowjet unter Leitung Leo Trotzkis übernahm die Kontrolle über die Hauptstadt; die Russische Oktoberrevolution hatte begonnen. Die Delegierten des Sowjetkongresses stimmten dem Staatsstreich zu und verabschiedeten das Dekret über den Frieden. Das war die entscheidende Kriegswende im Osten, an der die deutsche Heeresleitung durch ihre Unterstützung Lenins einen großen Anteil hatte. Diese Nachrichten interessierten das Publikum in Deutschland und aller Welt. Die Balfour-Deklaration spielte angesichts dieser revolutionären Ereignisse lediglich eine Nebenrolle.

Das bedeutete aber nicht, dass die britische Erklärung bei den Mittelmächten nicht ernst genommen worden wäre. Palästina diene der militärischen Kontrolle der Verkehrsroute bei Suez, schrieb die *Vossische Zeitung* am 16. November, »die Bismarck bekanntlich ›das Genick der Welt‹ genannt hat. Gelingt es den Engländern, Palästina zu erobern, so treffen sie damit unsere Orientpolitik und gleichzeitig unsere Weltpolitik sehr schwer.«[152] Die jüdischen Siedler wurden deshalb auch als eine durchaus beachtenswerte Kraft gesehen, ebenso wie die öffentliche Meinung in den USA, die den Forderungen der Zionisten mit Sympathie gegenüberstand. Am 19. November wurde berichtet, dass der Außenminister von Österreich-Ungarn, Graf Czernin, den Präsidenten des Berliner Zionistischen Aktionskomitees Arthur Hantke empfangen und ihm »die Unterstützung der österreichisch-ungarischen Regierung für die zionistischen Bestrebungen bei der Türkei« versprochen habe. Die *Jüdische Rundschau* war der Ansicht, die österreichisch-ungarische Erklärung sei gegenüber der britischen zu bevorzugen, weil die Zustimmung aller Mächte zu den Maßnahmen in Palästina vorteilhaft sei. Am 31. Dezember brachte die *Vossische Zeitung* ein Interview mit Großwesir Mehmed Talât, der die Wiederansiedlung und Kolonisationsleistung der Juden in Palästina würdigte und sie einlud, osmanische Staatsbürger zu werden. Von einer »nationalen Heimstatt des jüdischen Volkes« konnte der Großwesir aber nicht reden.[153]

Anfang Januar 1918 wurden Otto Warburg und Arthur Hantke vom Unterstaatssekretär des Auswärtigen Amts empfangen. Der ließ sie diplomatisch wissen, die Regierung begrüße die Erklärungen Talâts, dass die »aufblühende jüdische Siedlung in Palästina durch die Gewährung freier Einwanderung und Niederlassung in den Grenzen der Aufnahmefähigkeit des Landes […] entsprechend den Landesgesetzen« gefördert werde. Entscheidend für die deutschen Zionisten war daran, dass auch die deutsche Regierung Stellung bezog und die Ziele des Zionismus als »politische Weltfrage« anerkannte.[154] Die deutsche Regierung tat so, als reagiere sie auf die Äußerungen des Großwesirs, tatsächlich aber hatte die Balfour-Deklaration der Entwicklung einen deutlichen Schub gegeben. Die Regierungen Italiens, Frankreichs, Serbiens, Griechenlands und der USA unterstützten die Schaffung einer »nationalen Heimstatt« in Palästina und begrüßten die 1918 folgende Grundsteinlegung der Hebräischen Universität in Jerusalem als Ausdruck der »Wiedergeburt des jüdischen Volkes«, wie Woodrow Wilson sich ausdrückte.[155]

Nicht nur der Centralverein deutscher Staatsbürger jüdischen Glaubens und die AZJ bezweifelten den Nutzen der britischen Deklaration. Auch in den USA regte sich Opposition. Es waren nicht nur einzelne orthodoxe Rabbiner, sondern auch Zionisten, die von den übereilten Projekten nichts wissen wollten. Anfang Dezember 1917 wandte sich der Zionist Nathan Straus auf einer Versammlung der Jewish Ministers' Association in New York gegen zionistische Agitationen während des Krieges, weil sie zu Feindschaft gegen die Juden im feindlichen Ausland und besonders im Osmanischen Reich führen würden. Innerhalb der jüdischen und zionistischen Organisationen überwog jedoch bei weitem die Zustimmung. Bisher rivalisierende Gruppen fanden angesichts der Euphorie über die britische Erklärung und die Zustimmung der Regierungen wieder zusammen.[156]

Die AZJ allerdings beobachtete die Euphorie der Zionisten »mit schwerster Sorge«. Es werde immer klarer, dass die Briten die Errichtung eines zionistischen Staates in Palästina vorbereiteten, schrieb sie am 7. Dezember 1917. Umso mehr richte sich die Hoffnung jetzt auf eine freiheitliche Entwicklung in Russland, dann würden nämlich die russischen Juden »am wenigsten geneigt sein, Insassen eines anderen Staats zu werden«.[157] Die patriotischen deutschen Juden, vertreten durch den Centralverein und die AZJ, waren noch immer überzeugt, dass die zionistischen Absichten einer Staatsgründung nur sinnvoll seien, solange die Juden in ihren Heimatländern rechtlos und verfolgt seien. Die Zionistische Organisation hatte sich in dieser Hinsicht aber längst von den programmatischen Begründungen der Anfangsjahre entfernt. Aus der Selbsthilfeorganisation, die Wege aus der Bedrückung suchte, war eine Nationalbewegung geworden, die ebenso wie die Völker Ostmitteleuropas die nationale Unabhängigkeit suchte. An einer zionistischen Demonstration in

Odessa nahmen im Dezember 1917 etwa 150 000 Menschen teil. Sie zogen an den Konsulaten Großbritanniens und der USA vorbei und sangen amerikanische und englische Hymnen. Die Versprechungen der russischen Revolutionäre, sie zu gleichberechtigten Staatsbürgern unter dem neuen Regime zu machen, spielten keine Rolle mehr. Es ging um ihre Nation, nicht mehr um ihre Staatsbürgerrechte.

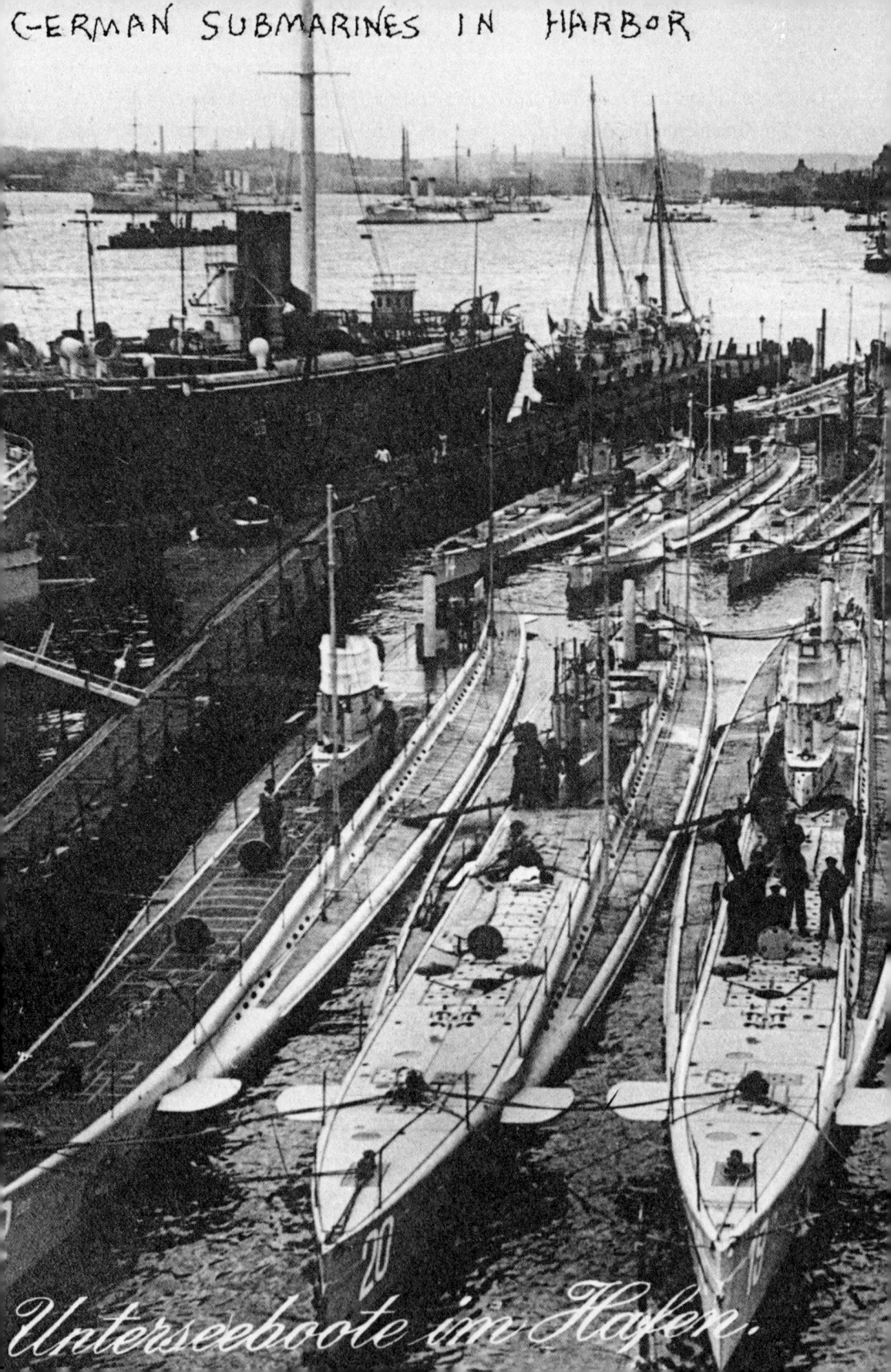

KAPITEL 7

KRIEGSWENDE

Das Jahr 1917 gilt wegen der Revolutionen in Russland im Februar und im Oktober und wegen des amerikanischen Kriegseintritts als Wende des Weltkriegs und der Weltgeschichte überhaupt. An vielen Fronten deutete sich jedoch schon 1916 an, wie sich die Dinge im folgenden Jahr entwickeln würden. Im Westen zeigten sich die ersten Anzeichen der strukturellen Überlegenheit der Alliierten. Im September war das Scheitern der deutschen Offensiven in Verdun offensichtlich geworden. An der Somme gerieten die Deutschen in die Defensive, aus der sie sich bis Kriegsende nicht mehr wirklich befreien konnten. Rückschläge der alliierten Truppen auf den Dardanellen und vorübergehend auch in Mesopotamien konnten von ihnen durch Erfolge im Nahen Osten und auf der Arabischen Halbinsel kompensiert werden. Im Osten dagegen zeigte die russische Armee trotz einiger spektakulärer Erfolge Anzeichen innerer Auflösung. Auf dem Balkan gewannen die Mittelmächte am Ende des Jahres die Oberhand und sollten sie bis September 1918 behalten.

Vorboten der Wende

Im ersten Kriegsjahr hatten sich die Mittelmächte gut behaupten können, weil sie ihre Truppen zügig zu den verschiedenen Fronten verlegen konnten, an denen sie gerade gebraucht wurden. Das hervorragende deutsche Eisenbahnnetz war die Voraussetzung dafür, im Zweifrontenkrieg, der durch den Kriegseintritt Italiens im Mai 1915 zum Dreifrontenkrieg wurde, standzuhalten. Die zweite Voraussetzung für die deutschen Erfolge stellte das Fehlen konzertierter Planungen und Aktionen der Alliierten dar.[1] Das war der Grund dafür, dass sich ihre Vertreter im Dezember 1915 in Chantilly, nördlich von Paris, trafen und eine Koordination ihrer Anstrengungen vereinbarten, um den Druck an allen Fronten gleichzeitig zu erhöhen. Am Ende des Jahres 1916 sollte sich zeigen, dass die strategischen Ziele der Eroberung operativ wichtiger Punkte nirgends erreicht werden konnten. Die Briten setzten nun auf einen vollständigen Sieg an der Westfront.[2] Ihre Absicht, sich auf die Westfront zu konzentrieren, scheiterte allerdings am Einspruch Russlands. Wenn Großbritannien sein Engagement in Südosteuropa einstellen würde, dann wollten sich die Russen an einer Offensive in Zentraleuropa nicht beteiligen, denn dort wurden Kräfte der Mittelmächte und des Osmanischen Reichs gebunden, denen die Russen sich sonst an ihren Fronten gegenübergesehen hätten.[3]

Die erste der in Chantilly vereinbarten Offensiven wurde im März 1916 von den Italienern unter General Luigi Cadorna mit der fünften Schlacht am Isonzo gestartet. Cadorna setzte überlegene Kräfte ein und sorgte sich deshalb nur wenig wegen des Schnees, der überall noch lag. 350 Infanteriebataillone mit 1 400 Geschützen bot er gegen 100 Bataillone mit nur 467 Geschützen auf. Die österreichische Seite beobachtete allerdings die Vorbereitungen der Offensive und zog die Truppen von der vordersten Linie zurück. Als dann 48 Stunden lang Granatfeuer auf die österreichischen Stellungen niederging, waren dort kaum noch Soldaten im Einsatz. In den folgenden Tagen bewegte sich die italienische Armee langsam durch Nebel und Schnee auf die Stadt Görz (Gorizia) zu. Dann, nach fünf Tagen der Offensive und Tausenden Toten auf beiden Seiten, entschied Cadorna, dass er genug im Sinne des Geistes von Chantilly getan hatte, und beendete die Schlacht.

Die folgende österreichisch-ungarische Gegenoffensive verjagte die Italiener wieder von den gerade eroberten Höhen. Generalstabschef Franz Conrad von Hötzendorf setzte den Angriff in die Hochebene von Asiago fort mit dem Ziel, die italienischen Linien zu durchbrechen und nach Verona, Padua und Vicenza vorzustoßen. So hoffte er den Norden Italiens in zwei nicht mehr zu verteidigende Zonen zu teilen und an einer der beiden neuen Fronten endlich durchzubrechen. Am 15. Mai 1916 begann der Angriff und traf Cadornas Truppen völlig unvorbereitet. Erst ein Schneesturm Ende Mai brachte die Offensive zum Stehen und erlaubte es den Italienern, ihre Stellungen zu festigen. Sie zählten inzwischen 148 000, die Österreicher 100 000 Tote und Verwundete. Zum Glück für Italien zwang die Anfang Juni einsetzende Offensive des

Generals Alexei Brussilow Österreich-Ungarn zum Abzug großer Truppenteile aus Italien.[4]

Brussilow, der einer aristokratischen Familie mit langer Militärtradition entstammte, war der Kommandeur der russischen 8. Armee. Den Anlass für seine Offensive schilderte er in seinen Memoiren dramatisch: Generalstabschef Michail W. Alexejew habe ihn am 11. Mai per Telegramm informiert, dass aus Italien ein dringender Hilferuf eingegangen sei. Die Italiener hätten gegen Österreich-Ungarn eine schwere Niederlage erlitten und seien ohne Entlastungsangriffe gegen Österreich-Ungarn verloren.[5] Von seinen Agenten hatte Brussilow bereits erfahren, dass der österreichische Generalstabschef Conrad von der galizischen Front sechs Infanteriedivisionen nach Italien hatte abziehen lassen. Die Gelegenheit für einen Angriff entsprechend den Vereinbarungen von Chantilly schien günstig.

Brussilow, wahrscheinlich der fähigste Offizier der russischen Armee, wie ein Historiker urteilte,[6] widersetzte sich der Forderung des Generalstabs, nach der wenig bewährten bisherigen Praxis anzugreifen: Artillerievorbereitung und anschließend Sturm der Infanterie.[7] Für eine Materialschlacht, wie sie von den Briten an der Somme geführt wurde, fehlte ihm ohnehin die erforderliche Menge an Geschützen und Munition. Er trainierte seine Soldaten, in kleineren Verbänden in die gegnerischen Linien einzubrechen. Mit dieser Taktik gingen 1916 auch einzelne französische und britische Verbände an der Somme vor. Dort bildeten sich oft spontan im Niemandsland kleine Kampfgruppen.[8] Diese Taktik der »Sturmtruppen« sollten 1918 auch die Deutschen anwenden.

Den Angriff sollte die 8. Armee beginnen, die jetzt unter dem Kommando von Brussilows Vertrautem Alexei Kaledin stand. Ihm gegenüber kommandierte Erzherzog Joseph Ferdinand die österreichisch-ungarische 4. Armee. Er hatte wenig Ahnung von militärischen Dingen und liebte angeblich mehr die Jagd und Abendgesellschaften. Im Gegensatz zu anderen aristokratischen Armeeführern fehlte ihm das Einsehen, den eigenen Mangel an militärischen Kenntnissen durch die Hinzuziehung fähiger Offiziere zu kompensieren. Zu allem Überfluss verachtete er auch noch die Russen und hielt es für ausgeschlossen, dass sie seine Verteidigungslinien durchbrechen könnten.[9]

Die Offensive an der russischen Südwestfront in Galizien, der Bukowina und in Wolhynien begann am 4. Juni 1916. Die russischen Schützen kannten durch ihre Luftaufklärung die genauen Positionen der feindlichen Artillerie und beschossen sie sehr präzise. Ihre sehr gut ausgebauten Schützengräben wurden den Österreichern zur Falle. Nachdem sich die russischen Truppen wochenlang an die österreichisch-ungarischen Stellungen »herangeschaufelt« hatten, konnten sie diese bei Angriffsbeginn sofort im Sturm nehmen, ohne dass der Gegner Gelegenheit zur Gegenwehr fand. Entsprechend viele Gefangene machten die russischen Einheiten. Am Abend hatte Brussilow einen 30 Kilometer breiten und sieben Kilometer tiefen Durchbruch erreicht, von dem andere Armeeführer im Weltkrieg nur träumen konnten. Als Stabschef Conrad die Nachricht bekam, weigerte er sich, sie für wahr zu halten. Allenfalls könne es einige Verluste gegeben haben, die durch Gegenangriffe bald wieder ausgeglichen sein würden, glaubte Conrad. Weil es aber hinter den vordersten österreichischen Linien keine weiteren leistungsfähigen Verteidigungslinien mehr gab, brachen Brussilows Soldaten weiter durch und nahmen in den kommenden drei Tagen mehr als 200 000 Österreicher gefangen. Allein die 4. Armee wurde von 110 000 auf 18 000 einsatzfähige Männer reduziert.

Am 8. Juni reiste Conrad nach Berlin und bat Generalstabschef Falkenhayn um deutsche Truppen für die Front bei Asiago, denn dort seien die Offensiven erfolgreicher als vor Verdun. Falkenhayn ging auf diese Bitte nicht ein und hielt Conrad stattdessen seine Fehler angesichts der russischen Offensive in einer Weise vor, dass sich der Stabschef später gegenüber seinen Offizieren erregte, er würde lieber »zehn Schläge ins Gesicht« hinnehmen, als noch einmal zu den Deutschen zu gehen.[10]

Doch Falkenhayn begriff den Ernst der Lage in Galizien und den Karpaten und zog vier Divisionen aus Frankreich ab. Conrad wurde angewiesen, die Asiago-Offensive abzubrechen, und die österreichischen und deutschen Truppen an der Ostfront wurden unter das Kommando des deutschen Generals Hans von Seeckt gestellt. Das bedeutete für Conrad eine tiefe öffentliche Demütigung, doch konnte Brussilows Vormarsch jetzt gestoppt werden. Wahrscheinlich bewahrten Falkenhayns Maßnahmen das österreichisch-ungarische Kaiserreich vor dem vollständigen Zusammenbruch.[11] Ein deutscher Historiker nannte die Brussilow-Offensive »mit 320 000 Gefangenen und über 500 Geschützen einen der größten Siege der Weltgeschichte«.[12] Brussilow selbst war bescheidener. Aber er wusste, dass sein Durchbruch eine schwere Niederlage der Italiener verhindert und alle Pläne der Mittelmächte für das Jahr 1916 durcheinandergebracht hatte.

Wenige Monate nach den spektakulären Erfolgen Brussilows war die russische Armee dennoch weitgehend am Ende, weil sie ihre Erfolge nicht konsolidieren konnte. Brussilow ordnete am 9. Juni den Abbruch der Offensive an und begann, die beim schnellen Vormarsch unterbrochene Versorgung wieder herzustellen und seine Truppen neu zu ordnen. Inzwischen wurden auf österreichisch-ungarischer Seite Befestigungen gebaut. Die Truppen standen unter deutschem Kommando, oft bis auf die Ebene der Kompanien hinunter. Als Brussilow am 28. Juli 1916 wieder angriff, erlitten seine Soldaten große Verluste und wurden zurückgeschlagen. Zehn Tage später, am 7. August, startete Brussilow erneut eine Offensive, die bis zum 20. September andauerte. Seine Truppen erreichten sogar die Ausläufer der Karpaten, mussten dann aber anhalten, weil ihnen die Versorgungseinheiten nicht folgen konnten. Brussilow sah ein, dass der Gewinn von einigen Kilometern mehr oder weniger keinen Einfluss mehr auf die militärische Lage hatte. Eines aber hatte er erreicht: Die österreichisch-ungarische Armee war seitdem nicht mehr in der Lage, anzugreifen. Von den 2,2 Millionen Soldaten der Armee waren inzwischen 1,5 Millionen gefallen, gefangen oder schwer verwundet worden. Die russische Armee verlor nahezu eine Million Soldaten. Auf beiden Seiten stiegen die Zahlen der Deserteure und der Meuterer. Brussilow machte das hoffnungslos überholte zaristische Regime dafür verantwortlich, dass die Anfangserfolge nicht ausgenutzt werden konnten. Er war zunehmend davon überzeugt, dass der Krieg nur nach einer Revolution erfolgreich fortgesetzt werden konnte.[13] Nach der Februarrevolution wurde Brussilow zum Oberbefehlshaber der russischen Armee ernannt. 1920 trat er in die Rote Armee ein und war entscheidend an den Siegen über die gegenrevolutionäre Weiße Armee des Kavalleriegenerals Wrangel beteiligt.[14]

Kaiser Franz Joseph hätte gerne an seinem glücklosen Oberkommandierenden Conrad festgehalten. Er starb jedoch im Dezember 1916, und zu den ersten Amtshandlungen seines Nachfolgers Karl gehörte es, Conrad zu entlassen und ihm ein Kommando an der italienischen Front zu geben, wo er bis zum Kriegsende nur noch eine untergeordnete Rolle spielte. Die Verantwortung für die Ostfront lag jetzt faktisch nur noch bei den Deutschen, obwohl sie sich eigentlich auf Verdun hatten konzentrieren wollen.

Als die Deutschen noch damit beschäftigt waren, die Front im Osten gegen Brussilows Offensive zu retten, begannen die britischen und französischen Armeen an der Somme Ende Juni ihre größte Offensive des Krieges. Dieser

Frontabschnitt bot sich schon deshalb an, weil hier britische und französische Einheiten nahe beieinander lagen – ganz im Sinne des bei der Chantilly-Konferenz beschworenen gemeinsamen Kampfes. Der französische Frontabschnitt musste allerdings von 40 auf 13 Kilometer reduziert werden. Der französische Generalstabschef Joffre hatte ursprünglich 40 Divisionen für die Offensive vorgesehen. Im Norden des Frontabschnitts sollten die britischen »New Armies« eingesetzt werden, die fast nur aus unerfahrenen jungen Rekruten bestanden. Dann entschloss sich die französische Armeeführung dazu, nur 16 Divisionen an der Somme einzusetzen. 24 Divisionen wurden nach Verdun verlegt, wo schon seit Februar 1916 gekämpft wurde.[15]

Auf deutscher Seite stand den Briten und Franzosen die 2. Armee unter General Fritz von Below gegenüber. Die Luftaufklärung bestätigte früh schon seine Vermutung, dass mit einem Angriff zu rechnen war, doch erhielt er von Generalstabschef Falkenhayn keine Unterstützung, weil dieser mit einem Entlastungsangriff für Verdun im Elsass rechnete. Dennoch wurde Below angewiesen, bei einem Angriff keinen Schritt zurückzuweichen. Dafür schien es auch die besten Voraussetzungen zu geben. Denn die Deutschen hielten diese Region seit 1914 besetzt und hatten inzwischen die Dörfer und einzelne Höfe zu Festungen ausgebaut. In den dichten Wäldern waren unzählige Maschinengewehre postiert, und in den Kalkböden hatte man tiefe Gräben mit starken Maschinengewehrstellungen angelegt. Verbindungsgräben führten von der vordersten Linie über sieben Kilometer zu weiteren rückwärtigen Verteidigungslinien, bis zu sieben Stück. Einige Abschnitte waren über Telefonleitungen mit dem Hauptquartier verbunden. Stacheldrahtrollen waren ausgelegt. Die Gräben waren oft zehn Meter tief und mit hölzernen und betonierten Anlagen ausgebaut. Ein britischer Journalist, der die Anlagen später besuchte, berichtete von getäfelten Wänden, Elektrizität, Weinkellern, Mobiliar und sogar einem Klavier. Sechs Divisionen standen zur Verteidigung bereit, weitere fünf wurden zur Unterstützung an gefährdeten Punkten bereitgehalten. Es war klar, dass die Deutschen diese Stellungen nicht kampflos aufgeben würden. Winston Churchill bezeichnete später die Somme-Region als »die zweifellos am stärksten und perfektesten verteidigte Position der Welt«.[16]

Der britische Feldmarschall Douglas Haig sollte diese beeindruckenden Verteidigungslinien mit seinen jungen, unerfahrenen Truppen angreifen. Die ursprünglichen britischen Expeditionsstreitkräfte waren im Juli 1916 nur noch eine »heroische Erinnerung«, lediglich 150 Offiziere waren noch am Leben. Ferdinand Foch, der französische Oberkommandierende in der Somme-Schlacht, bezeichnete die Aufgabe als »unmöglich«. Angesichts der drohenden Katastrophe vor Verdun aber war er überzeugt, dass das Unmögliche gelingen musste. In Verdun, sagte er, »haben wir alles getan und mit Erfolg ein Desaster verhindert, aber wir haben nichts getan, um einen Sieg zu erringen«.[17]

Haig sah eine Chance im Einsatz neuer Artillerie, die in Großbritannien und Frankreich seit einem Jahr hergestellt worden war. Scheinbar unbegrenzte Mengen von Granaten wurden überall bereitgehalten. Langandauerndes ununterbrochenes Artilleriefeuer sollte die deutschen Stellungen so gründlich zerstören, dass die jungen Soldaten der »New Armies« durchs Niemandsland mühelos die deutschen Positionen erreichen konnten. Das Artilleriefeuer begann am 24. Juni und dauerte eine ganze Woche lang. 1 500 schwere Kanonen schossen auf einer Breite von 15 Kilometern, so wurde auf britischer Seite mitgezählt, 1 627.824 Granaten in die deutschen Linien. »Es war ein Feuersturm«, schrieb ein britischer Kriegsberichterstatter, der Mitleid mit den »armen Teufeln da drüben« hatte. Sieben unterirdische Gänge wurden bis unter die deutschen Linien gegraben und mit jeweils bis zu 24 Tonnen Sprengstoff gefüllt. Nach der Zündung rissen sie bis zu 90 Meter große Krater.[18]

Nach der Detonation der Minen begannen am 1. Juli 1916 die Infanteristen vorzurücken. Die britischen Soldaten waren überzeugt, dass nach diesem Inferno kein Deutscher überlebt haben konnte und dass sie sich zu einem Spaziergang durch das Niemandsland aufmachten. Captain Wilfred Neville gab jedem seiner vier Züge einen Fußball: »The Great European Cup. The Final. East Surreys vs. Bavarians. Kick off at Zero!« Der Zug, der seinen Ball am weitesten nach vorn bringen konnte, sollte einen Bargeldpreis erhalten.[19] Die britischen Soldaten konnten sich nicht vorstellen, welcher Horror sie erwartete. Ein Viertel der verschossenen Granaten waren Blindgänger und drei Viertel davon enthielten noch Schrapnelle. Die detonierten Granaten hatten in den tiefen, ausgebauten Gräben auch viel weniger Schaden angerichtet als angenommen. In den vordersten Gräben waren viele Deutsche zwar am Ende ihrer Kräfte, aber vor allem weil sie seit einer Woche kein Wasser und keine Lebensmittel mehr bekommen hatten und weil sie vom Lärm der Detonationen taub waren. Sie ergaben sich sofort den britischen Truppen. Es gab aber auch Überlebende, die die vorrückenden Soldaten mit Maschinengewehren erwarteten. Der Berichterstatter Philip Gibbs glaubte beim Anblick der unzähligen fallenden Soldaten, hier sei eine Sense am Werk. Allein in der ersten Stunde verloren die Briten 30 000 Mann. Einige Abschnitte der vordersten deutschen Linie konnten zwar eingenommen werden, doch angesichts der Verluste an Menschenleben bedeuteten sie nicht viel. Der 1. Juli 1916 wurde der blutigste Tag in der Geschichte der britischen Armee. Von den 100 000 Soldaten, die in die Schlacht geschickt wurden, starben 19 240, einschließlich Captain Neville, 36 000 wurden verwundet. Am 5. Juli starteten die Deutschen mit großen Verlusten eine Gegenoffensive. Dann folgte eine Pause, in der sich beide Seiten erholten und neu gruppierten.[20]

Erfolgreicher als die Briten im Norden waren die Franzosen im Süden des Abschnitts. Sie hatten in Verdun gelernt, dass es mehr Erfolg brachte, in kleinen Gruppen statt in Linien vorzugehen. Sie wussten, wo die deutschen Stellungen stark befestigt waren, und griffen dort mit zielgenauer Artillerie an, während sie in die schwächeren Abschnitte ihre Kampfgruppen schickten. Am ersten Tag besetzten sie alle ihre Ziele und machten 4 000 Gefangene. Dann stockten auch hier die alliierten Angriffe. Die Deutschen befestigten ihre Linien in allen Abschnitten neu; am 10. Juli stellte die französische Armeeführung fest, dass sie stärker befestigt waren als zu Beginn der Offensive.

Um wieder Bewegung in die Frontlinien zu bringen, forderte die britische Armeeführung Hilfe aus dem ganzen Empire an. Die Somme-Offensive wurde zur Schlacht, in der sich Soldaten aus allen Teilen des Weltreichs einfanden. Noch heute werden die Friedhöfe und Denkmäler, die hier errichtet wurden, von den verschiedenen Nationen des Commonwealth betreut, deren Angehörige hier kämpften und starben.

Am 14. Juli, dem französischen Nationalfeiertag, begannen die britischen Truppen eine erneute Offensive. Auf einem sechs Kilometer breiten Abschnitt wurde wieder ihre überlegene Feuerkraft eingesetzt, so dass auf alle drei Meter der deutschen Linie jeweils eine Tonne Granaten niederging. Mit geringen Verlusten konnten die Briten diesmal wichtige Stellungen der zweiten deutschen Linie besetzen. Aber der Geländegewinn betrug nur wenige hundert Meter. Dahinter lagen immer noch mindestens zwei weitere Linien, die von Tag zu Tag stärker befestigt wurden. Der britische Oberkommandierende Haig verzichtete auf Großangriffe wie am 1. Juli und griff nur noch dort an, wo er eine Schwäche der deutschen Positionen vermutete. Das Ziel war jetzt weniger der große Durchbruch als die dauerhafte Schwächung der deutschen Front. Ebenso wie um Verdun wurde an der Somme auf Zermürbung des

Gegners gesetzt. Alle beteiligten Armeen hatten immense Verluste erlitten und konnten nur noch auf wenig Ersatz hoffen.[21]

Im September 1916 trafen an den britischen Frontabschnitten neue Kriegsmaschinen ein. Auf die Idee, mit gepanzerten Fahrzeugen auf Gleisketten mannshohe Wälle und Schützengräben zu überwinden, hatte die Armeeführung 1915 noch mit Zurückhaltung reagiert. Winston Churchill jedoch, der als Erster Lord der Admiralität gar nicht für das Heer zuständig war, zweigte 75 000 Pfund aus dem Marinebudget ab und brachte damit die Entwicklung der Panzer in Gang, die er kurzerhand zu »Landschlachtschiffen« deklarierte, damit er sie fördern konnte. Die Maschinen wurden streng geheim nach Frankreich verschifft, in Kisten, die zur Tarnung die Aufschrift »tank« trugen. So erhielten die Panzer ihren englischen Namen. Am 15. September wurden sie bei einem Angriff an der Somme erstmals eingesetzt. Sie erwiesen sich als anfällig. Der Treibstofftank war verwundbar, das Steuerungssystem fehlerhaft, die Sicht aus dem Fahrzeug beschränkt. An der Somme kamen zwei Typen des »Mark I« zum Einsatz. Jeder wog 30 Tonnen und fuhr bloß drei Stundenkilometer schnell, die »männliche« Variante war mit zwei Sechzehn-Pfund-Kanonen und vier Maschinengewehren, die »weibliche« mit sechs Maschinengewehren bestückt. Der Kriegsberichterstatter Philip Gibbs notierte, zuerst hätten sie Heiterkeit hervorgerufen, weil sie monströs lächerlich wirkten, »wie urzeitliche Kröten im Zwielicht der Weltendämmerung«. 49 Tanks wurden an die Front gebracht, 18 davon wurden eingesetzt. Die meisten fielen technischen Problemen oder der zielgenauen Artillerie der Deutschen zum Opfer. Die wenigen aber, die die befestigten Linien erreichten, machten einen gewaltigen Eindruck. Sie waren entscheidend an der Einnahme der dritten deutschen Verteidigungslinie beteiligt. General Haig telegrafierte den Erfolg nach London und orderte sogleich tausend Panzer mehr. »Great Hun Defeat«, meldeten britische Zeitungen.

Nicht nur auf dem Boden, auch in der Luft wurde zusehends aufgerüstet. Die Deutschen brachten 1916 eine neue Generation von Jagdflugzeugen an die Front. Die neuen *Halberstadt D.II* und *Albatros D.I* und *D.II* machten den Briten die Lufthoheit streitig. Bisher hatte die britische Militärführung Flugzeuge vor allem eingesetzt, um gegnerische Positionen auszuspähen. Auf deutscher Seite wurden nun erstmals »Jägerstaffeln« gebildet, meist besetzt von älteren, erfahrenen Piloten. Sie waren dafür ausgerüstet, gegnerische Flugzeuge anzugreifen und abzuschießen. Pionier des Luftkampfes war

Hauptmann Oswald Boelcke, zu dessen legendärer Staffel auch der »Rote Baron« Manfred von Richthofen gehörte, dem zu dieser Zeit seine ersten Abschüsse gelangen.[22]

In den letzten Oktobertagen erreichten die Briten den Höhenzug von Thiepval, heute der Standort eines großen Denkmals, in dem die Namen von 73 367 gefallenen britischen Soldaten eingraviert sind. Nach einer sorgfältigen Ausbildung war es Spezialeinheiten gelungen, sich zu diesem schwer befestigten Platz vorzukämpfen und ihn am 21. Oktober, dem Jahrestag der Schlacht von Trafalgar, einzunehmen. Da die Höhen von Beginn der Offensive an als strategisch entscheidender Punkt galten, war General Haig überzeugt, dass er endlich den Durchbruch erreicht hatte. Die Deutschen hatten jedoch längst neue Verteidigungslinien im Hinterland errichtet. So blieb auch diesmal der Durchbruch aus. Die einsetzenden Regenfälle verwandelten den verwüsteten Boden in ein Schlammfeld. Einem schottischen Regiment gelang noch die Einnahme des Dorfes Beaumont Hamel. Ansonsten lagen sich die feindlichen Einheiten wieder in ihren Stellungen gegenüber.[23]

Die Offensiven der Alliierten an der Somme hatten nicht den Durchbruch gebracht. Von den 56 britischen Infanteriedivisionen waren 53 an der Somme im Einsatz. Mehr als 419 000 Soldaten gingen durch Tod, Verwundung oder Gefangenschaft verloren. Die französischen Verluste betrugen etwas mehr als 200 000. Doch trotz dieser ungeheuren Opferzahlen blieb die Kampfbereitschaft der britischen und französischen Soldaten hoch, während die Moral der Deutschen durch den permanenten Einsatz der alliierten Übermacht an Menschen und Material schweren Schaden genommen hatte.[24] Die Deutschen waren in die Defensive gedrängt worden. Daran sollte sich bis Kriegsende in der Substanz nichts mehr ändern. Die strukturelle Überlegenheit der Defensive begann sich jedoch angesichts der ungleichen Kräfteverhältnisse, neuer Waffen und neuer Taktiken, zu denen auch der Einsatz von »Sturmtruppen« zählte, abzuschwächen. Das zeigen die Verlustzahlen. Als die Kämpfe an der Somme Ende November zu Ende gingen, hatten die Deutschen fast 600 000 Mann verloren, kaum weniger als die Angreifer. Die Militärhistoriker des Reichsarchivs schrieben später: »Der noch vorhandene alte, friedensmäßig geschulte Kern der deutschen Infanterie verblutete sich auf diesem Schlachtfeld.« Statt der erfahrenen Soldaten wurden jetzt immer mehr ungenügend ausgebildete Rekruten eingesetzt, deren Kampfkraft und Überlebenschancen niedriger waren.[25]

An anderen Fronten erzielten die Deutschen jedoch Erfolge. Rumänien wurde seit Kriegsbeginn von beiden Kriegsparteien umworben. Vor allem die reichen Ölquellen des Landes, seine Bodenschätze und Getreidefelder machten es zu einem wertvollen Verbündeten. Die Königsfamilie war ein Zweig des Hauses Hohenzollern, so dass sich die deutsche Regierung recht sicher war, dass sie sich auf die Hilfe des Landes verlassen konnte. Allerdings erhob Rumänien Ansprüche auf österreichische Gebiete. Als dann die russischen Armeen unter Brussilow die Linien Österreich-Ungarns durchbrachen, erklärte Rumänien am 27. August 1916 Österreich-Ungarn, nicht aber Deutschland den Krieg. Zuvor hatten die Alliierten versprochen, die drei österreichisch-ungarischen Provinzen Siebenbürgen, Bukowina und Banat nach dem Sieg an Rumänien abzutreten. Obwohl die rumänische Armee schlecht ausgebildet und mit veralteten Waffen ausgerüstet war, durchbrach sie rasch die feindlichen Linien und kontrollierte bald beträchtliche Teile von Siebenbürgen. An diese Front schickten die Deutschen den am 29. August 1916 von der Leitung des Generalstabs zurückgetretenen Erich von Falkenhayn an der Spitze der neu aufgestellten 9. Armee, die die rumänischen Truppen aus Siebenbürgen vertrieb. Eine zweite Armee unter dem Kommando von General August von Mackensen, die aus Deutschen, Bulgaren und Türken bestand, drang von Süden her in Rumänien ein. Am 6. Dezember, zehn Wochen nach Kriegsbeginn, wurde Bukarest besetzt. Von den 700 000 Soldaten seiner Armee hatte Rumänien 300 000 Mann verloren.[26]

Als schließlich im Mai 1918 ein Friedensschluss zustande kam, musste das besiegte Rumänien drakonische Maßnahmen akzeptieren: Ein Teil der rumänischen Karpaten wurde von Österreich-Ungarn annektiert, die Dobrudscha fiel zum Teil an Bulgarien. Der andere Teil wurde von Deutschland, Österreich-Ungarn und Bulgarien gemeinsam besetzt und verwaltet. Die Ölfelder und Bodenschätze wurden auf 90 Jahre an Deutschland abgetreten. Doch schon seit Beginn der Besatzung Ende 1916 nutzen die Mittelmächte die rumänischen Ressourcen massiv aus: Nicht weniger als eine Million Tonnen Öl und zwei Millionen Tonnen Getreide wurden transferiert. Dadurch konnten die verheerenden Folgen der schlechten Ernten in den beiden Jahren zuvor gemildert werden. Für die einheimische Bevölkerung jedoch begann damit eine Zeit des Hungers. Deutschlands harter Umgang mit Rumänien war für seine Gegner ein Warnsignal. Bei den Alliierten hatte bereits die Einsetzung der dritten OHL unter Hindenburg und Ludendorff, beide vehemente Gegner eines Verständigungsfriedens, den Eindruck entstehen lassen, dass die weitreichenden Kriegsziele der Alldeutschen zum offiziellen Programm der Reichsleitung geworden wären. Nun glaubte auf der Seite der Alliierten kaum noch jemand daran, dass Deutschland im Falle eines Sieges auf Annexionen und Reparationen verzichten würde.

Das Ende des Zarenreichs

Im November 1916 fragte der demokratische Politiker Pawel Miljukow in der Duma, ob die Unfähigkeit der Regierung das Resultat von »Dummheit oder Verrat« sei. Zu dieser Zeit war schon allgemein die Überzeugung von der Notwendigkeit einer grundlegenden Änderung verbreitet. Dann kam der extrem kalte Winter 1916/1917, und in allen Schichten der Bevölkerung wurde von Revolution gesprochen. Die ausgezeichnete Ernte 1916 hatte zwar Lebensmittel im Überfluss ergeben, aber das überforderte Eisenbahnsystem war nicht fähig, sie vom Land in die Städte zu schaffen. Die Wirtschaftspolitik führte zu einer Inflation, die die wenigen angelieferten Lebensmittel für den durchschnittlichen Russen unerschwinglich machten. Die Streikhäufigkeit nahm zu; das Ergebnis war ein Rückgang der Industrieproduktion um fast die Hälfte. An einem Streik im Januar 1917 beteiligten sich in Petrograd 150 000 Arbeiter. Auf dem Land entzogen sich die Söhne der Bauern der Einberufung. In der Armee lichtete Unterernährung die Reihen. Desertion und Befehlsverweigerung nahmen zu. Am 8. März (dem 23. Februar nach julianischem Kalender) kam es in Petrograd erneut zu Massenstreiks, die mit der Einberufung der Duma zusammenfielen. Die Streiks legten die Stadt lahm, und die Soldaten weigerten sich, Gewalt gegen die Arbeiter anzuwenden. Am 9. März wählte die Duma eine provisorische Regierung und ließ mehrere Minister des Zaren festsetzen.[27]

Am 11. März erhielt Nikolaus II. die Nachricht von den Beschlüssen der Duma. Er erklärte das Parlament für aufgelöst und befahl, auf die Streikenden zu schießen. Dann machte er sich auf den Weg zurück nach Petrograd. In Pskov wurde sein Zug von Arbeitern angehalten. Generalstabschef Michail W. Alexejew und der Kommandeur der Nordfront Nikolai Ruzsky überzeugten ihn davon, dass er zurücktreten müsse. Das tat er schließlich am 15. März und setzte seinen Bruder Michail als Nachfolger ein, der sich aber weigerte, den unmöglichen Auftrag anzunehmen. Damit war die dreihundertjährige

Herrschaft der Romanows beendet. Nikolaus kehrte nach Petrograd zurück und wurde mit seiner Familie im Alexanderpalast unter Hausarrest gestellt.

Fürst Georgi Lwow, bekannt als Kritiker der zaristischen Kriegführung, wurde neuer Premierminister. Der einflussreichste Politiker der neuen Führung aber war der 36-jährige Alexander Kerenski, seit 1912 Mitglied der Duma. Im März 1917 wurde er Justiz-, im Mai Kriegsminister. Er verstand es, mit seinen Appellen zum Durchhalten auch bei vielen Soldaten Patriotismus zu entfachen, und er brachte die meisten Offiziere dazu, der neuen Regierung zu gehorchen. Brussilow, der sich hatte zurückziehen wollen, nahm das Oberkommando der Streitkräfte an. Den Mittelmächten wurde das Angebot eines »Friedens ohne Annexionen und Kontributionen« gemacht, das aber von deutscher Seite abgelehnt wurde. Am 23. April 1917 hatte im Hauptquartier der OHL in Kreuznach eine Kriegszielkonferenz stattgefunden, an der auch Vertreter der Industrie teilnahmen. Man legte sich auf ein maßloses Annexionsprogramm fest. Im Baltikum sollten Kurland und Litauen annektiert werden, wobei man sich Erweiterungen nach Osten vorbehielt. Polen sollte zum Teil annektiert, zum Teil als Vasallenstaat beherrscht werden. Österreich-Ungarn sollte Serbien, Montenegro und Albanien kontrollieren. Rumänien sollte wie bisher unter deutscher Vorherrschaft bleiben, Belgien ebenfalls ein Vasallenstaat werden und weite Teile mit Lüttich, die flandrische Küste mit Brügge und das Gebiet um die Stadt Arel (Arlon) an Deutschland abtreten. Frankreich sollte Grenzberichtigungen zulassen. In Kreuznach hatten sich Hindenburg und Ludendorff mit einem Maximalprogramm durchgesetzt, das selbst dem Reichskanzler Bethmann Hollweg als »Phantasterei« erschien. Der Chef des Marinekabinetts, der um Zurückhaltung bemühte Admiral Georg Alexander von Müller, konstatierte »völlige Maßlosigkeit«.[28] Diese Kriegsziele führten zur Ablehnung der russischen Friedensofferte. Das Ergebnis war, dass Generalstabschef Brussilow beauftragt wurde, eine erneute Offensive gegen die deutschen Truppen vorzubereiten.

Ein Gegner der Fortsetzung des Krieges gegen Deutschland war der Führer der russischen Bolschewiki, Wladimir Iljitsch Lenin. Zusammen mit drei Dutzend weiteren Revolutionären brachte ihn das deutsche Militär in einem verplombten Zug aus seinem Schweizer Exil über Deutschland und Schweden nach Finnland. Von dort gelangte er am 16. April 1917 nach Petrograd, wo er umgehend seine »Aprilthesen« veröffentlichte. Darin forderte er unter anderem den Sturz der Provisorischen Regierung und die Auflösung des Parlaments, die Übertragung der Macht an die Arbeiter-, Landarbeiter- und Bauernräte (Sowjets), das sofortige Ende des Krieges, die Verteilung des Landes an die Bauern und die Kontrolle der Fabriken durch die Arbeiterräte. Sein Eintreten für einen sofortigen Frieden mit Deutschland und die Rolle der deutschen Obersten Heeresleitung bei seiner Rückkehr in das unruhige Petrograd führten dazu, dass er von der Regierung als deutscher Agent betrachtet wurde.[29] Bei den Massen jedoch, die für das Projekt der Regierung, aus Russland einen modernen Nationalstaat nach westlichem Vorbild zu machen, wenig Verständnis aufbrachten, stießen Lenins radikale Forderungen rasch auf breite Resonanz.

Kerenski hatte mit seinen patriotischen Appellen zwar kurzfristig Erfolg, musste aber doch erkennen, dass Lenin schnell auch die meist vom Land kommenden Soldaten für sich einnahm. Angesichts dieser Entwicklung glaubte Kerenski, er könne mit einer Offensive an der Front die Soldaten für sich gewinnen und die Bolschewiki isolieren. Mit der Vorbereitung der Offensive beauftragte er den schon legendären Heerführer Brussilow, der dem Vorhaben jedoch mehr als skeptisch gegenüberstand. Den 80 Divisionen der Mittelmächte standen nur noch 45 russische Divisionen gegenüber. Mehr als die Aufforderung, eine Offensive zu starten, bekam Brussilow auch nicht zu hören: »Um die Wahrheit zu sagen«, notierte er, »wusste die Regierung selbst nicht genau, was sie eigentlich wollte.« Er entschied sich dafür, die schwachen österreichisch-ungarischen Truppen im Süden der Front anzugreifen. Er hoffte, die Ölfelder von Drohobytsch und die galizische Hauptstadt Lemberg besetzen zu können. Am 1. Juli 1917 griffen zwei russische Armeen in Galizien an, und es gelang ihnen ein spektakulärer Durchbruch auf einer mehr als 60 Kilometer breiten Linie. Sie trieben die österreichisch-ungarischen Truppen zum Teil 30 Kilometer weit zurück. Den Erfolg verdankte Brussilow zum großen Teil der sogenannten Hussiten-Legion, tschechischen und slowakischen Soldaten der österreichischen Armee, die in Gefangenschaft geraten und für den Dienst in der russischen Armee gewonnen worden waren. Sie wurden gegen die 19. österreichische Infanteriedivision eingesetzt, die zum großen Teil ebenfalls aus Tschechen und Slowaken bestand, die dann auch bald in Scharen überliefen.[30]

Der Erfolg Brussilows war nicht von langer Dauer. Seine schnell vorrückenden Truppen waren bald vom Nachschub und der Versorgung abgeschnitten und konnten keine ausreichenden Verteidigungslinien errichten. Als ihnen bald neun deutsche und zwei österreichisch-ungarische Divisionen gegenübertraten, musste der Rückzug angeordnet werden. Der Misserfolg führte zur Entlassung Brussilows. Die Auflösung der Streitkräfte war nun kaum noch aufzuhalten; Hunderttausende verweigerten den Befehl oder desertierten. Dies lag auch daran, dass die Offensive in Galizien den Soldaten nicht als Verteidigung der Heimat vermittelt werden konnte. Außerdem hatten sich inzwischen in allen Einheiten Soldatenräte gebildet. Das untergrub die Autorität der Kommandeure und nahm den Soldaten die Angst vor der Militärjustiz. Von Bedeutung war auch, dass die provisorische Regierung den Bauern eine Landreform versprochen hatte, die nach dem Ende des Krieges durchgeführt werden sollte. Doch darauf wollten die Soldaten, die meist vom Land kamen, nicht warten. Viele desertierten, weil sie befürchteten, bei der in Aussicht gestellten Landverteilung leer auszugehen, wenn sie nicht rasch in ihre Dörfer zurückkehrten. Die Deserteure, deren Zahl im Sommer immer größer wurde, liefen in Scharen den Bolschewiki zu, der einzigen Kraft, die für sofortigen Frieden und umgehende Landverteilung eintrat.[31]

Aber es kam für Kerenski noch schlimmer. Die Deutschen hatten im Februar 1917 im Norden der Front 15 Sturmbataillone gebildet, nach dem Muster der bei Verdun erfolgreichen neuen Einheiten. Sie setzten sich aus Freiwilligen zusammen, die als Ausgleich für ihren gefährlichen Auftrag viele Privilegien erhielten. Leichte Maschinengewehre, Flammenwerfer und leichte Mörser machten sie sehr beweglich und fähig, schnell in gegnerische Linien einzubrechen. Im Osten mit den weiten, oft wenig befestigten Linien waren sie besonders erfolgreich. Die 13. Armee setzte diese Sturmtruppen zusammen mit Artillerie und konventioneller Infanterie am 1. September 1917 am Fluss Dwina nahe Riga ein. Gleich am ersten Tag gelang es, mit sechs Divisionen den Fluss zu überqueren. Am dritten Tag der Operation wurde Riga besetzt. Zur Feier dieses Sieges wurde zum ersten Mal wieder seit der Kapitulation Rumäniens ein nationaler Feiertag in Deutschland angeordnet. Den Triumph über Russland bedeutete allerdings auch dieser Erfolg noch lange nicht. Der russische Winter kündigte sich bereits an, und kaum ein verantwortlicher Offizier glaubte daran, bald Petrograd oder Moskau erreichen zu können.[32]

Der Fall von Riga hatte für Russland vor allem psychologisch verheerende Folgen. Wenn die Armee nicht imstande sei, Riga zu halten, so sprach es General Kornilow laut aus, dann könne auch der Vormarsch auf Petrograd nicht aufgehalten werden. Viele Soldaten desertierten, vor allem Finnen, Polen und

Ukrainer. Die Kavallerie, die Kornilow nach Petrograd verlegte, sorgte für Unruhe in der Stadt. Gegen deutsche Artillerieangriffe konnten die Reiter nichts ausrichten, hieß es, wohl aber gegen streikende Arbeiter. Leo Trotzki hatte bereits im April, als Lenin in Petrograd eingetroffen war, Soldaten, Matrosen und Arbeiter in der »Roten Garde« organisiert. Die Zeit der Reden sei vorbei, rief Trotzki auf einer Massenkundgebung, jetzt komme der Kampf auf Leben und Tod zwischen Revolution und Konterrevolution. Am 23. Oktober setzte die bolschewistische Partei ein Politbüro zur Planung eines bewaffneten Aufstands ein. Als Zeitpunkt wurde das Zusammentreten des zweiten gesamtrussischen Sowjetkongresses gewählt, den Kerenski zum 7. November einberufen hatte. Am 8. November (26. Oktober nach julianischem Kalender) wurde das Winterpalais besetzt und die Regierung verhaftet. Der Sowjetkongress wählte eine neue Regierung unter der Führung Lenins und verabschiedete das »Dekret über den Frieden« und das »Dekret über den Grund und Boden«. Am 3. Dezember begannen im deutsch besetzten Brest-Litowsk die Waffenstillstandsverhandlungen mit den Mittelmächten. Am 1. Februar 1918 wurde der gregorianische Kalender eingeführt. So wurde aus dem 1. Februar, kaum dass er begonnen hatte, der 14. Februar.

In Brest-Litowsk machten die Deutschen dem sowjetischen Unterhändler Leo Trotzki rasch klar, dass sie die russische Seite nicht als gleichberechtigten Partner betrachteten. Trotzki versuchte auf Zeit zu spielen. Aber die deutschen Truppen drangen trotz des Waffenstillstands weiter vor und gelangten im März 1918 bis auf hundert Kilometer vor Petrograd, besetzten die Krim und die ganze nördliche Schwarzmeerküste. Die Sowjetregierung und die am 28. Januar gegründete »Rote Arbeiter- und Bauern-Armee« hatten Mühe, sich im eigenen Land zu behaupten. Die deutsche Heeresleitung dachte bereits über die Annexion der gesamten Region zwischen Schwarzem und Kaspischem Meer nach. Dort gab es reiche Ölvorkommen, und dort lag der Zugang zum britisch kontrollierten Persien. Um das Schlimmste zu verhüten, unterzeichnete der russische Delegationsleiter Gregori Sokolnikow am 3. März 1918 den Friedensvertrag, der im Grunde ein Diktat war. Russland verlor mit ihm zweieinhalb Millionen Quadratkilometer und 62 Millionen Einwohner seines Staatsgebietes. Zu den Verlusten gehörten Finnland, die baltischen Staaten, die Ukraine und Galizien, Bessarabien (Moldawien) und die ganze Halbinsel Krim. Russland verpflichtete sich außerdem zur Lieferung großer Mengen Öl, Getreide, Lokomotiven, schwerer Geschütze und Munition.

Die extrem harte Haltung der Deutschen in Brest-Litowsk zeigte den Alliierten einmal mehr, was sie im Falle einer Niederlage zu erwarten hatten. Deutschland war offenbar nicht bereit, von seinen Plänen einer weiträumigen territorialen und wirtschaftlichen Kontrolle Osteuropas abzurücken. Das führte zu einer definitiven Wende in den alliierten Kriegszielen. Die französische Regierung hatte seit Kriegsbeginn ebenfalls mehr im Sinn, als nur den Status quo ante wiederherzustellen; neben der Wiedergewinnung Elsass-Lothringens stand für sie die Beschneidung des deutschen militärischen wie wirtschaftlichen Übergewichts im Mittelpunkt, etwa durch die Loslösung des Saarlands und des Rheinlands vom Reich. Doch ob die Briten dies unterstützen würden, war über weite Strecken des Krieges unklar. London ging es vor allem um die Wiederherstellung Belgiens, um Deutschland von den Küsten fernzuhalten. Mehr Einigkeit bestand hinsichtlich des Nahen Ostens. Deutschland sollte hier seinen Einfluss verlieren, das Osmanische Reich zerschlagen und weitgehend unter Briten und Franzosen aufgeteilt werden. Die Zerschlagung Österreich-Ungarns, die völlige Isolation und Schwächung Deutschlands und ein Regimewechsel in Berlin standen zunächst nicht auf der Agenda.[33]

Daran änderte sich auch mit dem amerikanischen Kriegseintritt weniger, als häufig angenommen wird. Wilson forderte in seinem 14-Punkte-Programm vom 8. Januar 1918 neben der Wiederherstellung Belgiens und der Rückgabe Elsass-Lothringens auch ein unabhängiges Polen und »Gelegenheit zu autonomer Entwicklung« für die Völker der Donaumonarchie und des Osmanischen Reiches, ohne aber die Zerschlagung dieser Gebilde zu fordern, ebenso wenig wie die Abdankung des Kaisers und einen Ausschluss Deutschlands aus der internationalen Ordnung. Weitere Punkte waren etwa die Schaffung eines Völkerbundes und die Freiheit der Meere und des Handels; dahinter standen vor allem amerikanische Exportinteressen. Vom »Selbstbestimmungsrecht der Völker« war dagegen nicht die Rede. Die Formel stammt nicht von Wilson, sondern wurde von der provisorischen Regierung in Russland am 9. April zum ersten Mal benutzt und von den Bolschewiki aufgegriffen. Nach Brest-Litowsk änderte sich dies. Die Führungsschicht des Reiches galt nun endgültig als eine Ansammlung unverbesserlicher Militaristen und Imperialisten. Deutschland sollte ein Regimewechsel aufgezwungen und seine militärische und wirtschaftliche Macht in Mitteleuropa dauerhaft gebrochen werden. Das Habsburgerreich sollte zugunsten möglichst großer und lebensfähiger Staaten aufgelöst werden. All dies ließ den Alliierten keine andere Alternative, als bis zum endgültigen Sieg weiterzukämpfen.[34]

Die Deutschen hatten geplant, nach dem Sieg im Osten 45 Divisionen in den Westen zu verlegen. Die wirtschaftliche Ausplünderung der besetzten Gebiete blieb jedoch nicht ohne Widerstand in der Bevölkerung, so dass nur 33 Divisionen abgezogen werden konnten. Das Dilemma der Besatzungspolitik zeigte sich vor allem in der Ukraine. Dort hatten die Deutschen im Februar 1918 ein Marionettenregime installiert, das sich jedoch nur mit Hilfe deutscher Truppen halten konnte. Die Mittelmächte standen zu dieser Zeit noch mit 650 000 Soldaten in der Ukraine. Diese Einheiten fehlten nicht nur im Westen, sondern verbrauchten auch einen großen Teil des ukrainischen Getreides selbst, das eigentlich nach Deutschland gebracht werden sollte. Dort kamen am Ende nur zehn Prozent der erwarteten Mengen an.[35] So konnte auch jetzt das Zwei-Fronten-Dilemma nicht völlig behoben werden. Die überdehnte Siegerpolitik im Osten behinderte die erfolgreiche Fortsetzung des Krieges im Westen.[36] Dabei hätten sich die Deutschen ohnehin stärker beeilen müssen, um die Erfolge des Jahres 1917 für eine Entscheidung an der Westfront auszunutzen. Denn dort kamen seit dem Januar 1918 endlich die lange erwarteten amerikanischen Truppen in großer Zahl an.

Der Kriegseintritt der Vereinigten Staaten

Der Eintritt der USA in den Krieg an der Seite der Entente war das zweite große Ereignis des Jahres 1917. Jetzt sollte sich bestätigen, was für viele deutsche Militärs seit Kriegsbeginn klar gewesen war: Die Entscheidung fiel im Westen, nicht im Osten. General Ludendorff hatte schon im Spätsommer 1916 erklärt, der unbeschränkte U-Boot-Krieg werde wieder beginnen, »sobald wir militärisch feststehen«, das heißt wenn die Schlachten zu keinem Durchbruch führten.[37] Ludendorff führte seit dem 29. August 1916 als Generalquartiermeister zusammen mit Hindenburg als Chef des Generalstabs die OHL. Inzwischen zeigte sich eine deutliche Überlegenheit der Westalliierten, die doppelt so viele Soldaten und Geschütze und dreimal mehr Flugzeuge einsetzen konnten.[38] Die Westfront sollte deshalb nur konsolidiert und die Entscheidung zur See gesucht werden.

Bevor es zur Ausweitung des U-Boot-Kriegs kam, wandte sich das Reich am 12. Dezember 1916 mit einem Friedensangebot an die Alliierten. Die eigentlichen Adressaten der Note waren jedoch nicht die Kriegsgegner, sondern die eigene Bevölkerung und die amerikanische Öffentlichkeit, die vom deutschen Friedenswillen überzeugt werden sollten. Die Reichsregierung rechnete mit einer Ablehnung des Angebots und spekulierte darauf, den Übergang zum unbeschränkten U-Boot-Krieg auf diese Weise leichter rechtfertigen zu können. Am 27. Mai des Jahres hatte der amerikanische Präsident Woodrow Wilson von einem »Frieden ohne Sieger und Besiegte« gesprochen. Darauf wurde Bezug genommen, allerdings ließen die Mittelmächte keine Bereitschaft erkennen, ihre Eroberungen im Osten aufzugeben. Kaum eine Woche nach dem deutschen Friedensangebot forderte Wilson beide Seiten auf, ihre Kriegsziele bekannt zu machen. Die Entente-Mächte antworteten prompt und nannten die Rückgabe Elsass-Lothringens an Frankreich, die Freiheit für alle unter österreichisch-ungarischer und osmanischer Herrschaft lebenden Völker und ansonsten die Wiederherstellung des Zustandes vor Kriegsbeginn als Bedingungen. Die Reichsleitung lehnte es ab, ihre Kriegsziele offenzulegen. Damit war der propagandistische Zweck des Friedensangebotes vor allem im Hinblick auf die USA verfehlt worden. Weder die amerikanische Politik noch die Öffentlichkeit trauten jetzt noch Deutschlands Friedensbeteuerungen.

Dennoch drängte die OHL weiter darauf, die Beschränkungen des U-Boot-Kriegs aufzuheben. Reichskanzler Bethmann Hollweg und Kaiser Wilhelm stemmten sich zunächst dagegen. Doch als ihnen versichert wurde, Großbritannien werde schon nach einem halben Jahr, und damit noch vor der etwaigen Ankunft größerer amerikanischer Kontingente, zum Aufgeben gezwungen sein, lenkten sie ein. Als die Reichsleitung die Wiederaufnahme des unbeschränkten U-Boot-Krieges zum 1. Februar 1917 ankündigte, brachen die USA die diplomatischen Beziehungen ab und traten am 6. April auf der Seite der Westmächte in den Krieg ein.[39] Andere Länder folgten ihnen darin: Brasilien, Kuba, Panama, Costa Rica, Nicaragua, Honduras, Guatemala sowie China, Siam (Thailand) und selbst Liberia. Zahlreiche weitere Staaten brachen die diplomatischen Beziehungen ab. Die Mittelmächte waren nun isolierter als jemals zuvor. Großbritannien und Frankreich wurden durch den U-Boot-Krieg nicht zum Einlenken gezwungen, sondern verstärkten ihre Kriegsanstrengungen noch. Obwohl die deutschen U-Boote bis zum Jahresende mehr als sechs Millionen Tonnen alliierten und mehr als eine Million Tonnen neutralen Schiffsraum versenkten, konnten sie weder den Nachschub für Großbritannien und Frankreich noch den amerikanischen Truppentransport über den Atlantik nachhaltig stören.

Die unmittelbarste Folge des amerikanischen Kriegseintritts war, dass die USA ihre Hilfslieferungen nach Großbritannien und Frankreich ausweiteten. Bedeutende Truppenkontingente trafen erst nach einem Dreivierteljahr ein. Um Truppen in größerer Zahl entsenden zu können, musste zunächst die Wehrpflicht eingeführt und eine Armee aufgebaut werden. In den ersten Monaten wurde der Krieg von den Amerikanern nicht so sehr in Europa, sondern vor allem daheim geführt; auf der Grundlage des »Alien Enemies Act« von 1798 richtete sich eine Proklamation gegen die deutschen »feindlichen Ausländer« im eigenen Land. Deutsche Einwanderer, die noch keine Bürgerrechte besaßen, standen unter besonderer Aufsicht. Sie konnten auf bloßen Verdacht hin verhaftet und interniert werden. Insgesamt sollen zwischen 8 500 und 10 000 Internierungen erfolgt sein. Sie betrafen etwa acht Prozent der »feindlichen Ausländer« deutscher Herkunft.[40]

Die Regierung forcierte nationale Emotionen und ließ sich umgekehrt zu Überwachungsmaßnahmen drängen, nicht zuletzt, um der Selbstjustiz und der Forderung nach Einführung des Kriegsrechts zu begegnen. Es entstand ein repressives Klima, das alle Nonkonformisten und Kriegsgegner zu Staatsfeinden machte. Gefördert wurde das Klima der Angst und Repression von freiwilligen Überwachungsvereinen. Solche Organisationen wurden zunächst staatlich gefördert, weil sie einer liberalen Tradition, in der die Bürger selbst Aufgaben der Gemeinschaft erledigten, zu entsprechen schienen. Das Justizministerium hatte sogar zur freiwilligen Überwachung der Heimatfront aufgerufen. Als im Laufe des Jahres 1917 die befürchteten Sabotageakte ausblieben, wurde daraus nicht geschlossen, dass von den deutschen Einwanderern keine Gefahr ausging, sondern vielmehr, dass die Kontrollen und Repressionen wirksam gewesen seien. Deshalb wurden mit der zweiten Proklamation gegen feindliche Ausländer vom 16. November 1917 die Maßnahmen nochmals verschärft.[41] In vielen Bundesstaaten wurde der Unterricht der deutschen Sprache verboten, deutschsprachige Gottesdienste durften an vielen Orten nicht mehr abgehalten werden, deutsche Musik- und Theaterstücke wurden nicht mehr aufgeführt, Bücher in deutscher Sprache öffentlich verbrannt. Deutsche Straßennamen, Gebäudebezeichnungen und Ortsnamen wurden geändert, deutsche Zeitungen aufgegeben. Diskriminiert wurden auch Angehörige religiöser Gruppen wie Mennoniten und Amish, die deutsche Wurzeln hatten, zurückgezogen lebten und zudem auch noch pazifistischen Grundsätzen folgten.[42]

In vielen Städten entstanden Bürgerwehren, die das Land vor feindlichen Ausländern zu schützen versprachen. Die größte Bürgerwehr war die *American Protective League* (APL), die sich mit 250 000 Mitgliedern über alle Landesteile erstreckte. »Bürgerwehrgruppen wie die APL wurden zu einem entscheidenden Bestandteil der Gesellschaft und trugen mit ihrem vigilanten Charakter in hohem Maße zur bedrohlichen Atmosphäre für Kriegsgegner und feindliche Ausländer bei, was auch die Mobgewalt begünstigte.«[43] In den meisten Fällen funktionierte jedoch der amerikanische Rechtsstaat. Die Behörden griffen beim Entstehen von Massengewalt meistens schnell ein. Das einzige Lynchopfer blieb der deutsche Einwanderer Robert Prager, ein Arbeiter in einer Kohlengrube, der am 4. April 1918 in Collinsville, Illinois, von einem Mob gehenkt wurde. Unter den am Mord beteiligten Bürgern waren auch zwei Deutschstämmige, die mit den anderen Tätern von einem Schwurgericht für »nicht schuldig« erklärt wurden.[44] Die behördlichen Maßnahmen richteten sich bald nicht mehr nur gegen »feindliche Ausländer«, sondern auch gegen Arbeiter und Gewerkschafter, unabhängig von ihrer nationalen Herkunft. Der »Sedition Act« vom Mai 1918 stellte öffentliche Meinungsäußerungen gegen den Krieg und Arbeitskämpfe unter Strafe. Insgesamt 2 643 Urteile wurden gefällt, zum größten Teil in Industrieregionen mit starken Gewerkschaften. 35 Personen wurden zur Höchststrafe von zwanzig Jahren Gefängnis verurteilt. Nach dem Krieg gestand das Justizministerium ein, dass unter den Verurteilten kein einziger war, der als Spion oder Agent in deutschen Diensten stand.[45]

Zur Enttäuschung der Westalliierten trafen 1917 nur wenige Einheiten aus den USA in Europa ein. Doch die Ankunft der ersten amerikanischen Soldaten war dazu angetan, den erschöpften Franzosen und Briten Mut zu machen, und wurde daher von den Medien begierig aufgegriffen. Das Einlaufen der Schiffe und die Landung der Truppen wurden in den Kinos in epischer Breite gezeigt. Szenen der Verbrüderung mit den Amerikanern riefen große Emotionen hervor. Auch die perfekte Ausrüstung der Amerikaner und ihre ersten Erfolge an der Front wurden ins Bild gesetzt. All das half beträchtlich, sich über das für die Entente schlimmste Ereignis des Jahres, das Ausscheiden Russlands aus der Kriegsallianz, hinwegzutrösten.[46] Ab Januar 1918 wurden größere amerikanische Verbände über den Atlantik gebracht. Bald wurde klar, was es bedeutete, dass eine Macht in den Krieg eingriff, die über fast unbeschränkte Mengen an Menschen und Material verfügte. Im Juli 1918 standen eine Million Amerikaner an der Front, und jeden Monat kamen Hunderttausende dazu.

Die Westfront 1917

Die dritte OHL setzte 1917 im Westen vor allem auf die Konsolidierung und Verkürzung der Front. Nachdem die britischen und französischen Truppen an der Somme wenige, aber doch militärisch wichtige Erfolge errungen hatten, war es notwendig, den Abschnitt zwischen Arras und Soissons strategisch besser zu befestigen. Die neue Linie, die überall Dutzende Kilometer hinter der alten Frontlinie lag, erhielt auf deutscher Seite den Codenamen »Siegfriedstellung« oder »Siegfriedlinie«. Die Alliierten nannten sie nach dem Chef der OHL »Hindenburglinie«. Die Rückverlegung der Truppen auf die Siegfriedstellung begann am 16. März und dauerte vier Tage, ohne dass die Deutschen dabei von den Alliierten gestört wurden. Die Operation trug die Bezeichnung »Unternehmen Alberich«. Das bezog sich auf den herrschsüchtigen Zwergenkönig aus Richard Wagners *Ring des Nibelungen*, der als einziger der gesamten Heldenschar die Götterdämmerung und den Weltenbrand überlebte, auch im Gegensatz zum Namenspatron der Siegfriedstellung, der Deutschland nicht vor der Niederlage bewahren konnte.

Die Arbeiten an der neuen Defensivlinie hatten bereits im Oktober 1916 begonnen. Es handelte sich wohl um die größte Baumaßnahme des Weltkrieges. 510 000 Tonnen Kies und Schotter, 110 000 Tonnen Zement, 20 000 Tonnen Rundeisen, 8 200 Tonnen T-Träger, dazu Unmengen von Holz, Blech, Drahtgeflecht, Röhren, 3 Millionen eiserne und 1,5 Millionen Holzpfähle, 12 500 Tonnen Stacheldraht und Draht wurden verbaut. Dazu waren nicht nur Unmengen von Werkzeugen und Baumaschinen, sondern auch Bahngleise, Lagerhallen, Baracken und vor allem Arbeitskräfte nötig. Von den 70 000 Arbeitern, die hier eingesetzt wurden, waren 35 000 Zwangsarbeiter, davon 26 000 Kriegsgefangene und 9 000 Zivilisten aus Belgien und Frankreich. Dem System der Zwangsarbeit wurden auch die Arbeiter aus Deutschland unterworfen, die mit Protesten und Arbeitsniederlegungen antworteten. Es fehlte an geeigneter Kleidung, Nahrung und ärztlicher Versorgung. Die Kranken- und Todesraten waren hoch. Die deutschen Arbeiter verließen die Baustellen, sobald sie konnten. Im März 1917 waren nur noch wenige von ihnen übrig. Ludendorff schrieb später, wenn nur schärfer durchgegriffen und überall Zwangsarbeit eingeführt worden wäre, dann hätte es 1918 ein uneinnehmbares Festungs- und Verteidigungssystem gegeben. »Die hauptsächliche Kriegserfahrung der OHL bestand darin, dass massenhafte

Zwangsarbeit unabdingbare Voraussetzung für eine erfolgreiche, moderne Kriegführung sei.«[47]

Die Baumaßnahmen konnten erstaunlicherweise geheim gehalten werden und wurden termingerecht abgeschlossen. Doch der Rückzug hinter die neue Linie blieb noch lange zwischen Kronprinz Rupprecht von Bayern, dem Chef der Heeresgruppe an der Front, und der OHL umstritten. Am 29. Januar, als die neuen Stellungen fast fertiggestellt waren, telegrafierte Ludendorff: »Ein freiwilliges Zurückgehen in die Siegfried-Stellung kann aus politisch-militärischen Gründen nicht stattfinden.« Schließlich aber musste Ludendorff nachgeben, weil er mit der Alternative konfrontiert wurde, die Verantwortung für künftige Niederlagen zu übernehmen. Als der Rückzug dann erfolgreich abgeschlossen war, wurde er von Ludendorff als Beweis der »vorsorglichen, vorausschauenden Arbeit des deutschen Generalstabes« gefeiert.[48]

Der Einsatz der Kriegsgefangenen für militärische Arbeiten hinter der Front war völkerrechtswidrig. Ohne ihn wäre das Alberich-Programm jedoch nicht durchführbar gewesen. Es wurde in der Geschichtsforschung die Vermutung geäußert, dass ein gleichzeitiger, demonstrativ öffentlicher Einsatz von Zwangsarbeitern bei Verdun als Ablenkungsmanöver gedacht war, um die umfangreichen Transporte von Kriegsgefangenen und Material zur »Siegfriedstellung« zu verschleiern. Die Deutschen brachten nämlich weitere 10 000 bis 20 000 Kriegsgefangene aus deutschen Lagern nach Verdun, wo sie Munitionstransporte und Befestigungsarbeiten mitten im feindlichen Feuer ausführen mussten. Die französischen Soldaten konnten ihre Kameraden mit bloßem Auge erkennen. Dieser demonstrativ öffentliche Einsatz war auch eine Reaktion darauf, dass auf französischer Seite seit 1916 deutsche Kriegsgefangene Arbeiten im Frontbereich durchführen mussten.[49] Die Lage der Kriegsgefangenen vor Verdun zog die Aufmerksamkeit der europäischen Presse auf sich. In Paris und Berlin debattierten die Parlamente. Das parallele Geschehen an der »Siegfriedstellung« blieb dagegen unbemerkt. Im April ordnete die französische Regierung an, die Kriegsgefangenen von der Front zu entfernen. Auch auf deutscher Seite wurden sie wieder zurück in die Lager gebracht.[50]

Am 9. Februar 1917 begann der Rückzug.[51] Alles, was sich zwischen den Linien befand, wurde abtransportiert oder zerstört. Die Einwohner wurden umgesiedelt. Ludendorff befahl: »Der Gegner muss ein völlig ausgesogenes Land vorfinden, in dem seine Bewegungsmöglichkeit auf das Äußerste erschwert ist.« Völlig zu zerstören waren: »Straßen, Brücken, Kunstwasserstraßen, Schleusen, Ortschaften und alle Vorräte und Anlagen, die von uns nicht zurückgeführt werden, aber dem Feind von irgendwelchem Nutzen sein könnten.« Ernste Bedenken gegen diese radikalen Maßnahmen äußerte in der deutschen Führung lediglich Kronprinz Rupprecht, aber auch nur in seinen privaten Aufzeichnungen. Er tröstete sich im Oktober 1916 damit, dass die Anweisung »sich aus technischen Gründen als unausführbar erweisen wird«. Darin sollte er sich täuschen.[52] Die alte Stadt Bapaume, die während der Somme-Schlacht das strategische Ziel der Briten gewesen war, wurde innerhalb von 45 Minuten zerstört. Es begann mit Sprengungen im Zentrum, anschließend wurden die noch stehenden Gebäude an 400 Stellen in Brand gesetzt. Viele Dörfer verschwanden vollkommen. Jede Straßenkreuzung wurde gesprengt, jeder Obstgarten angezündet. Für den Abtransport des Materials wurden über 29 000 Waggons eingesetzt, weitere 7 522 Waggons für den Transport der Bevölkerung, etwa 140 000 Menschen.[53] »Bis zur Siegfriedstellung war jedes Dorf ein Trümmerhaufen«, so Ernst Jünger, »jeder Baum gefällt, jede Straße unterminiert, jeder Brunnen verseucht, jeder Flusslauf abgedämmt, jeder Keller gesprengt oder durch versteckte Bomben gefährdet, jede Schiene abgeschraubt, jeder Telefondraht abgerollt, alles Brennbare verbrannt; kurz, wir verwandelten das Land, das den vordringenden Gegner erwartete, in eine Wüstenei.«[54]

Diese Operationen hatten unmittelbare Folgen für die Offensive, die Frankreichs Generalstabschef Robert Nivelle für das Frühjahr 1917 vorbereitete. Er hatte am 12. Dezember 1916 General Joseph Joffre als Oberbefehlshaber abgelöst, der in Verdun wenig erfolgreich gewesen war. Nivelle war den Politikern weitaus sympathischer, weil er deren Führungsanspruch anerkannte und Abgeordnete, die zur Front kamen, nicht gleich einsperren ließ, wie sein Vorgänger mitunter verfahren war. Großbritanniens Premierminister David Lloyd George gab dem Franzosen sogar den Vorzug vor seinem eigenen Oberbefehlshaber Douglas Haig, den er seit der gescheiterten Offensive an der Somme für einen Versager hielt. Nivelle sprach perfekt Englisch, weil seine Mutter Engländerin war. Deren Großvater war Offizier unter dem Herzog von Wellington gewesen, dem Sieger über Napoleon bei Waterloo. Lloyd George wäre bereit gewesen, Nivelle auch das Oberkommando über die britischen Verbände in Frankreich anzuvertrauen.[55]

Nivelle hatte bei Verdun Erfolg mit einer Taktik gehabt, die er bei seiner Frühjahrsoffensive erneut anwenden wollte: Massives Artilleriebombardement mit Sperrfeuer in die Tiefe, um unter einer »Feuerglocke« Infanterieattacken in die feindlichen Stellungen zu treiben und sie an einzelnen Punkten aufzubrechen. So musste in seinen Augen irgendwann der Durchbruch gelingen. Als Ort der geplanten Operation wählte er den Chemin des Dames, einen Höhenzug zwischen den Flüssen Aisne und Ailette. Den Namen »Weg der Damen« trägt das Gelände seit dem 18. Jahrhundert, als die Töchter König Ludwigs XV. dort Ausflüge gemacht und die schöne Aussicht genossen hatten, während der König und seine Begleitung im Tal und an den Hängen jagten. Diese schöne Aussicht hatten nun auch die Deutschen, die vom Hügelkamm aus beobachten konnten, was sich 200 Meter tiefer auf der französischen Seite der Front tat. Sie konnten sich dort oben recht sicher fühlen, weil die Stellungen zu den am besten befestigten der ganzen Front gehörten.[56]

Mit Interesse registrierten sie die Vorbereitungen für die Offensive und stellten sich darauf ein. Sie kannten sogar die Einzelheiten der französischen Pläne aus Kopien der Angriffsbefehle, die ihnen bei Überfällen auf französische Gräben in die Hände gefallen waren. Auf deutscher Seite wurden Truppen und Geschütze in Stellung gebracht, Aufklärungsflugzeuge waren über den französischen Linien im Einsatz. Nivelle seinerseits konnte die deutschen Gegenmaßnahmen beobachten, war aber trotzdem von seinem Plan überzeugt. Kriegsminister Hubert Lyautey war anderer Meinung und wollte Nivelle an der Offensive hindern. Dessen Plan, so spottete Lyautey, tauge allenfalls für die Armee der Großherzogin von Gerolstein, eine Anspielung auf die gleichnamige komische Oper von Jacques Offenbach. Nivelle verfügte allerdings über starke Unterstützung im Parlament, woraufhin Lyautey am 14. März 1917 sein Amt aufgab, bevor die Katastrophe hereinbrach. Das Ergebnis war eine Regierungskrise und der Rücktritt des Kabinetts Aristide Briand. Der neue Kriegsminister Paul Painlevé wollte keinen erneuten Ärger und ließ Nivelle gewähren.[57]

Die deutsche Truppenkonzentration am Chemin des Dames erlaubte den Briten und Kanadiern am 9. April einen Entlastungsangriff bei Arras im Norden der Siegfriedstellung, wo sie 9000 Gefangene machten und 200 schwere Geschütze erbeuteten. Mit fast 3000 Geschützen und 2,7 Millionen Granaten verschossen sie für einen kurzen Zeitraum doppelt so viel Munition wie an der Somme im Jahr zuvor. Von Anfang an unterstützten 40 Panzer den Angriff. Sie konnten zwar fast fünf Kilometer vorstoßen, aber nicht durchbrechen. Deshalb zogen die Deutschen auch keine Truppen vom Chemin des

Dames ab, wie Nivelle erhofft hatte. Die Offensive wurde wie an der Somme mit Artilleriefeuer eingeleitet. Als dann am 16. April der Angriff der Infanterie begann, wurden die Truppen aus befestigten Stellungen, aus Unterständen und natürlichen Höhlen heraus von massivem Maschinengewehrfeuer empfangen. Erstmals in diesem Krieg kamen Renault-Panzer zum Einsatz, 128 Stück, jeder mit zwei Soldaten als Besatzung, von denen jedoch keiner die deutschen Linien erreichte. Trotzdem gab es einige Erfolge. Nach dreitägigem Kampf erreichten die Franzosen den »Damenweg«. Sie hatten dabei mehr als 28 000 Gefangene gemacht. Aber der Durchbruch, das eigentlich Ziel des Angriffs, blieb aus. Am 23. April griff Staatspräsident Raymond Poincaré ein und ordnete die Einstellung der verlustreichen Offensive an. Die Verluste auf französischer Seite betrugen 130 000 Mann, darunter 29 000 Gefallene und 4 000 Gefangene. Auf deutscher Seite wurden die Verluste auf 35 000 geschätzt.[58]

Bei den Truppen Nivelles waren viele altgediente Soldaten, die sich trotz ihrer Erfahrung von der Begeisterung hatten anstecken lassen. Denn Nivelle hatte Charisma. Er verstand es, etwas von seiner Begeisterung für den Durchbruch auf seine Soldaten zu übertragen. Der britische General E. L. Spears berichtete von einem Besuch bei den französischen Truppen und von der Siegesgewissheit der Soldaten, die ihm mit »leuchtenden Augen« schilderten, wie sie die Feinde vor sich hertreiben würden. Umso größer war die Enttäuschung. Bei den Soldaten, die aus dem Heimaturlaub an die Front zurückkehren sollten, kam es zu Befehlsverweigerungen und Meutereien. Zur selben Zeit begannen in Paris die Streiks und Demonstrationen der Näherinnen und der Arbeiterinnen in den Rüstungsbetrieben. Aus der missglückten Offensive beim Chemin des Dames wurde eine der tiefsten Krisen der französischen Armee, die für den Rest des Jahres weitgehend »paralysiert« war.[59] Auf die Krise der Armee folgte eine Krise der Gesellschaft und der Union sacrée. Nivelle hatte sein Charisma verloren und wurde als Oberkommandierender durch Philippe Pétain ersetzt. Pétain glaubte nicht an einen Durchbruch, weder beim Chemin des Dames noch sonst irgendwo. Erst am 23. Oktober 1917 wurde unter seiner Führung am Chemin des Dames ein weiterer Angriff durchgeführt. Er diente auch der Entlastung für die gleichzeitige Offensive des britischen Oberkommandierenden Haig bei Ypern. Pétains Aktion war sorgfältig vorbereitet und führte schnell zur Eroberung des Forts La Malmaison durch die französischen Truppen. Anschließend verließen die deutschen Truppen den Höhenzug und zogen sich nach Norden hinter die Ailette zurück. Größere Offensiven wurden danach vom französischen Oberkommando 1917 nicht mehr unternommen, um weitere Verluste an Menschenleben zu vermeiden. Bis die amerikanischen Truppen eintrafen, sollten in erster Linie die französischen Verteidigungslinien verbessert und die Produktion von Waffen, Munition und Gerät forciert werden.

Die Briten hatten unterstützt von französischen Verbänden am 16. Juli ihre Großoffensive bei Ypern begonnen. Die britische Regierung verlangte, gerade angesichts der Schwäche der übrigen Alliierten, von den Militärs weitere Angriffe, durch die Gelände gewonnen und deutsche Kräfte gebunden wurden. Bis die US-Truppen eintrafen, sollten weitere Erfolge der Deutschen verhindert werden.[60] Die deutschen Linien in der Flandernstellung gehörten zu den stärksten der gesamten Front. Topografisch günstig lagen die deutschen Stellungen bei Passchendaele, Broodseinde und Gheluvelt, wo sie von leichten Anhöhen aus einen guten Überblick über die Ebenen boten. Diese Anhöhen sollten besetzt werden, um den britischen Truppen bessere Ausgangspositionen zu verschaffen. Drei Jahre ständiger Bombardements hatten alle Vegetation und das jahrhundertealte Entwässerungssystem der Felder zerstört. Der häufige Regen setzte das Gelände unter Wasser. Die deutschen Gräben waren nach den Jahren des Ausbaus tief und stabil, ergänzt durch Stacheldrahtverhaue und Betonbunker. Es gab neun Linien hintereinander, so dass Angreifern, selbst wenn sie die ersten Linien überwunden hatten, gefährliche Gegenattacken drohten. Zehn deutsche Divisionen lagen hier; in einer von ihnen erlebte Ernst Jünger seine »Stahlgewitter«. 2 300 Geschütze brachten die Briten in Stellung, mehr als 500 Flugzeuge kamen zum Einsatz. Sie dienten aber noch nicht, wie 1918, für Angriffe gegen Bodentruppen und strategische Bombardements, sondern der Artilleriebeobachtung und dem Abschuss der Fesselballons, die über den deutschen Linien schwebten und deren Besatzungen über Telefonleitungen den Geschützen die Zielpositionen angaben. Eine immer größere Bedeutung bekam auch die Jagd auf gegnerische Flugzeuge.[61] Die Entscheidung in der dritten Ypern-Schlacht musste nach wie vor zwischen den Gräben und Bunkern auf dem Schlachtfeld gesucht werden, doch die Bedeutung der Luftwaffe wurde immer größer. Die Maschinen waren teilweise bereits über 200 PS stark, konstruktive Neuerungen in Steuerung und Tragflächen wurden 1917 in kürzester Zeit entwickelt und in die Produktion eingeführt. So konnte eine Seite rasch die Luftüberlegenheit erlangen, sie aber auch schnell wieder verlieren. Es war die Zeit der »Fliegerasse«, deren Namen auf beiden Seiten bekannt waren. In Deutschland wurden Oswald Boelcke, Werner Voß und Manfred von Richthofen gefeiert, in Großbritannien Edward Mannock, James McCudden und Albert Ball, in Frankreich Georges Guynemer und René Fonck. Als Georges Guynemer, Sieger in 53 Luftkämpfen, in der dritten Ypern-Schlacht ums Leben kam, wurde er im Pariser Panthéon mit einer Gedenktafel geehrt.[62]

15 Tage lang dauerte das Artilleriefeuer der Briten und Franzosen, bei dem mehr als vier Millionen Granaten verschossen wurden, fast viermal mehr als an der Somme. Am 31. Juli begann die Offensive der Infanterie, die von 136 Panzern unterstützt wurde. Diese kamen schnell voran, und dieses Mal fielen nur zwei Tanks wegen technischer Fehler aus. Aber schon am Nachmittag zeigte sich, dass die Deutschen durch das zweiwöchige Granatenfeuer wenig beeinträchtigt worden waren, denn sie gingen zum Gegenangriff über. Als auch noch Regen fiel, verwandelte sich das verwüstete Gelände zu einer Morastgrube, das durch die Granaten bis in drei Meter Tiefe aufgewühlt wurde. Ein britischer Offizier beschrieb, was er dabei erlebte: »Hier müssen hunderte toter Deutscher begraben liegen, die jetzt von ihren eigenen Granaten wieder herausgepflügt und nach oben gebracht werden.«[63]

Am 4. August wurde die Offensive unterbrochen, um die erreichten Positionen zu festigen. Die Alliierten hatten 35 000 Soldaten verloren, die Deutschen etwa ebenso viele. Aber die Schlacht hatte gerade erst begonnen. Zwölf Tage später, am 16. August, erfolgte die nächste Attacke, die aber kaum zu Veränderungen führte.[64] Erst Anfang Oktober erreichten die britischen Truppen bei Broodseinde einen wichtigen strategischen Punkt. Mit ihm hätten sie sich nach Meinung vieler britischer Historiker zufriedengeben sollen. Denn inzwischen waren General Haigs erfahrenste Divisionen schon so dezimiert, dass weitere Operationen zum Risiko wurden. Doch Haig war zu Unrecht davon überzeugt, die deutschen Linien bereits durchbrochen zu haben. Deshalb befahl er die Fortsetzung der Angriffe, die vor allem von den ANZAC-Truppen und den kanadischen Divisionen getragen werden sollten.[65]

Die vier kanadischen Divisionen stießen bis zum 10. November bis Paschsendaele vor. Dabei verloren sie fast 16 000 Soldaten. Insgesamt kostete die Offensive die britische Seite 70 000 Tote und 170 000 Verwundete. Dieser Preis war nach Meinung britischer Militärhistoriker zu hoch. Am Ende hatten sie ihre besten Truppen verloren, während die Deutschen noch über genügend

Reserven verfügten, um ihre Linien wieder zu festigen. Trotz der Einführung der Wehrpflicht war nun auch das britische Reservoir an jungen Männern ausgeschöpft. An der Somme, so der Militärhistoriker John Keegan, hatte Haig »die Blüte der britischen Jugend in den Tod oder in die Verkrüppelung geschickt; bei Passchendaele stieß er die Überlebenden in den Sumpf der Verzweiflung«. Das hat den Oberbefehlshaber des Expeditionskorps bei vielen seiner Landsleute und besonders bei den britischen Intellektuellen verhasst gemacht. Die Strategie der Generäle, ganze Divisionen junger Männer in die Geschütz- und Maschinengewehrfeuer des Gegners zu schicken, war mit der dritten Ypern-Schlacht zu ihrem traurigen Höhepunkt und Abschluss gelangt.[66]

Mit dem verstärkten Einsatz von Panzern versuchten die Briten das Blatt zu wenden. Sie waren 1917 in großer Zahl hergestellt worden, und es gab jetzt ein eigenes »Tank Corps« unter dem Befehl von Brigadegeneral Hugh Elles. Der Panzergeneral suchte nach einer Gelegenheit, seine Einheiten einzusetzen, und zwar nicht wie bisher hinter der vorrückenden Infanterie, sondern an ihrer Spitze und gleich zu Beginn der Offensive. Der trockene Boden westlich von Cambrai bot dafür, anders als das nasse, schlammige Gelände bei Ypern, besonders gute Voraussetzungen. Elles konnte den Kommandeur der 3. Armee, General Julian Byng, von seiner Idee überzeugen. Der Angriff sollte den Gegner überraschen und daher nicht mehr, wie bisher, durch langanhaltendes Artilleriefeuer eingeleitet werden, sondern von den Panzern vorgetragen werden, in deren Schutz leichte Artillerie und Infanterie folgen sollten.

Auf einem Frontabschnitt von fast zehn Kilometern Länge wurde alle 30 Meter ein Panzer aufgestellt, 324 Fahrzeuge, denen acht Divisionen mit tausend Geschützen folgten. Am 20. November begann der Angriff, der umso überraschender war, als bei Cambrai die Front seit der Schlacht an der Somme ruhig geblieben war. Hier standen nur zwei deutsche Divisionen, die sich relativ sicher fühlten, denn ihre Linien waren bis zu sechs Kilometer tief und stark befestigt. Auf dem linken und dem rechten Flügel der Angreifer folgten Infanterie und Artillerie den Panzern, wie vorgesehen, in kurzem Abstand. Sie schalteten mit ihren Geschützen schnell die deutsche Gegenwehr aus. Die britischen Truppen drangen innerhalb von vier Stunden vier Kilometer tief in die deutschen Stellungen. Die Verluste waren extrem niedrig: Nur vier Tote und sieben Verwundete waren zu beklagen. In der Mitte dagegen folgten die Infanteristen den Tanks in mehreren hundert Metern Abstand. So konnten sie nicht eingreifen, als deutsche Geschütze die Panzer nacheinander abschossen. Dadurch wurde der Angriff, auch dort, wo er scheiterte, zu einem Test, der die Effizienz der revolutionären neuen Taktik eindrucksvoll bestätigte.[67] Für die Kriegshandlungen des folgenden Jahres wurden bei Cambrai entscheidende Erfahrungen gesammelt. Zunächst aber demonstrierte die deutsche Armee in einem Gegenangriff noch einmal ihre Stärke. Kronprinz Rupprecht ließ rasch zehn Divisionen heranschaffen, die nicht nur das Gelände zurückeroberten, das mit Hilfe der Panzer besetzt worden war, sondern sogar noch weitere britische Positionen. Der Ausgang der Schlacht zeigte, wie schwankend das Kräfteverhältnis an der Westfront war. Die erstarrten Verhältnisse, das wussten auch die alliierten Offiziere am Ende der blutigen und erfolglosen Schlachten, würden erst durch die Ankunft der amerikanischen Truppen in Bewegung zu bringen sein.

KAPITEL 8

KRIEGSENDE

Der Angriff der Alliierten bei Cambrai hatte gezeigt, dass Deutschland technisch und taktisch in einen schweren Rückstand geraten war. Bei den Flugzeugen konnten die Deutschen Schritt halten. Doch bei der Entwicklung einsatztauglicher Panzer und leichter Maschinengewehre waren Briten und Franzosen ihrem Gegner einen großen Schritt voraus. In Deutschland wurde ein monströs großer Panzer mit zwölf Mann Besatzung entwickelt, der *A7V*, von dem nur wenige Exemplare zum Einsatz kamen.[1] Sie erlangten nie die Bedeutung der kleineren britischen und französischen Tanks, die in großer Zahl und mit wachsendem Erfolg eingesetzt wurden. Selbst dem militärischen Nachrichtendienst fiel dieser folgenschwere Vorsprung des Gegners nicht auf, wie Geheimdienstchef Nicolai später zugab. Der Grund dafür lag in seinen Augen im »Mangel einer technischen Vorbildung und Schulung des Nachrichtendienstes im Frieden«.[2]

Die deutschen Offensiven an der Westfront 1918

Dennoch wurde die erste Phase der Kriegshandlungen des Jahres 1918 an der Westfront von den Deutschen bestimmt. An der Front im Baltikum war eine neue Taktik erprobt worden. Die konventionelle Eröffnung von Offensiven durch massives Artilleriefeuer auf breiter Front wurde ergänzt durch einen konzentrierten Angriff an einer geeigneten Stelle, statt wie bisher die Infanterie auf der ganzen Linie in das gegnerische Feuer zu treiben. Inzwischen konnten die Geschütze überdies immer genauer auf ihre Ziele ausgerichtet werden, so dass Durchbrüche leichter möglich erschienen, wenn genügend trainierte Truppen zur Verfügung standen. Im Laufe der verlustreichen Offensiven sollte sich jedoch immer deutlicher zeigen, dass die gefallenen, schwer verwundeten und in Gefangenschaft geratenen deutschen Soldaten kaum noch ersetzt werden konnten. Auf der Seite der Alliierten dagegen trafen seit Jahresbeginn immer mehr Soldaten aus den USA ein. Sie waren meist jung und militärisch wenig erfahren, dafür aber hoch motiviert.

Umso wichtiger war es, rasch möglichst viele deutsche Armeen vom Osten an die Westfront zu verlegen. Dem waren jedoch Grenzen gesetzt, denn die deutsche Führung rückte von ihren weitreichenden Expansionsplänen im Osten nicht ab. Das führte dazu, dass vierzig Infanterie- und drei Kavalleriedivisionen im Osten blieben, um die Kontrolle des Balkans und der Ukraine mit ihren gewaltigen Rohstoffschätzen zu sichern. Dieses fortdauernde militärische Engagement schwächte die deutschen Kräfte im Westen, die diese Divisionen aus dem Osten dringend gebraucht hätten, und fand deshalb selbst in der deutschen Öffentlichkeit wenig Verständnis.[3] Dennoch hatten die Deutschen 1918 im Westen zunächst das Übergewicht, denn ihnen standen 192 Divisionen zur Verfügung, den Alliierten nur 178.[4] Eine Frühjahrsoffensive sollte endlich den Durchbruch bringen, so dass auch den Westmächten die Bedingungen des Friedens diktiert werden konnten. Der militärischen Führung und anderen Annexionisten schwebte dabei die Schaffung eines Kontinentalblocks unter deutscher Hegemonie von Belgien bis zur Ukraine vor, der gleichzeitig ein autarker Wirtschaftsraum sein sollte. Realistischer und weniger ehrgeizig waren die Ziele der politischen Führung. Aber auch sie strebte Sicherheiten und Garantien an, die letztlich auf eine bedeutende Machterweiterung Deutschlands auf dem Kontinent hinausliefen.[5]

In der Anfangsphase der Frühjahrsoffensive übertraf die deutsche Truppenstärke zwar die der Gegner, zumal die Zahl der Bataillone in den britischen und französischen Divisionen reduziert worden war, doch den Alliierten stand mehr Material zur Verfügung, und sie waren waffentechnisch überlegen. 18 500 Geschütze, 4 500 Flugzeuge und mehr als 800 Tanks konnten sie ins Feld führen, während die Deutschen 14 000 Geschütze, 3 670 Flugzeuge und kaum Panzer besaßen. In dieser Situation kam alles darauf an, einen schnellen Sieg zu erreichen, bevor die amerikanischen Truppen das Blatt endgültig zugunsten der Alliierten wenden würden.[6]

Ludendorff hatte entschieden, den ersten Schlag gegen die Briten zu führen, und dafür den Abschnitt an der Somme ausgewählt. Die Offensive sollte aus der Siegfriedlinie nördlich von Cambrai heraus beginnen und erhielt den Codenamen »Michael«. Ohne sich dessen bewusst zu sein, hatte Ludendorff den Abschnitt gewählt, in dem auf britischer Seite die schwächsten Truppen standen, die von General Hubert Gough kommandierte 5. Armee, die in der dritten Ypern-Schlacht schwer gelitten hatte. Am 21. März fielen auf einer Frontlänge von 70 Kilometern 76 deutsche über 28 britische Divisionen her. Schon nach einer Stunde waren die meisten britischen Stellungen überwunden. Am Abend dieses Tages hatten die britischen Streitkräfte ihre erste Niederlage seit Beginn des Stellungskrieges erlitten. 7000 Briten waren gefallen, 10000 verwundet, 21000 in Gefangenschaft geraten. Auch wenn es auf deutscher Seite noch mehr Tote und Verwundete gab, so endete der erste Tag der Operation »Michael« doch mit einem deutschen Sieg. Der Kaiser war von den Erfolgen so begeistert, dass er am 23. März den Schulkindern einen freien Tag gab.[7]

In den folgenden Tagen drangen die deutschen Truppen weiter vor und drohten sogar die britischen von den französischen Verbänden zu trennen. Die Briten fürchteten bereits, zu den Kanalhäfen zurückgedrängt zu werden. Pétain, der die französischen Truppen im nördlichen Abschnitt kommandierte, rechnete mit einer weiteren Offensive bei Verdun und einem möglichen Vorrücken gegen Paris. Die Lage war so dramatisch, dass am 26. März eine interalliierte Konferenz nahe Amiens zusammentrat, das bereits vom Vormarsch der 30 Kilometer entfernten Deutschen bedroht war. Den Vorsitz der Besprechung hatte Frankreichs Präsident Poincaré. Anwesend waren außerdem Ministerpräsident Clemenceau, der britische Kriegsminister Lord Milner, der französische Generalstabschef Foch und die Generäle Haig und Pétain.[8] Am 5. April standen die Deutschen nur noch acht Kilometer vor Amiens, an dessen Verteidigung nun auch amerikanische Soldaten beteiligt waren. Zu diesem Zeitpunkt hatte der deutsche Angriff seinen Höhepunkt allerdings bereits überschritten und kam zum Stehen. Am 4. April war, vor allem von australischen Einheiten, ein Gegenangriff begonnen worden. Die deutschen Truppen mussten auf die geplante Einnahme von Amiens verzichten. Ihre Verluste waren mit 250000 Mann hoch wie die der Briten und Franzosen. Der erfolgreiche Gegenangriff der Alliierten demoralisierte die deutschen Truppen, deren Divisionen oft bis auf ein Zehntel dezimiert waren. Unter den jüngeren Offizieren begann sich Widerstand gegen Ludendorff zu regen. Sie warfen ihm vor, dass seine Entscheidungen mehr dem spektakulären Gewinn von Gelände als operativen Zielen galten, und bezeichneten die Offensive als misslungen.⁹

Als die Operation »Michael« am 5. April endete, hatte Ludendorff schon die nächste Offensive vorbereitet. Sie begann am 9. April gegen die Briten in Flandern. Ludendorff hoffte, an die Kanalküste hinter Ypern vorstoßen zu können, und dank überlegener Artillerie drangen die deutschen Truppen tatsächlich zunächst vor. Jetzt verstärkten Einheiten der kleinen belgischen Armee die britischen Linien. Am 24. April startete südlich von Ypern der erste deutsche Panzerangriff des Krieges, der aber von den überlegenen britischen Tanks zurückgeschlagen wurde. In den folgenden Tagen konnten einige Höhen besetzt werden, aber am 29. April war klar, dass der Angriff abgebrochen werden musste. Das Ziel, die britischen Truppen aus der Region um Ypern zu vertreiben und zu den Kanalhäfen vorzustoßen, war nicht zu erreichen. Stark beachtet wurde in diesen Tagen auf allen Seiten der Tod Manfred von Richthofens, des mit 80 Luftsiegen erfolgreichsten Kampffliegers des Krieges. Doch die Schlachten wurden immer noch von den Bodentruppen entschieden. Deren Verluste waren entscheidend, und sie waren hoch. Vom 21. März bis zum 10. Mai verloren die deutschen Armeen ein Fünftel ihrer Männer, mehr als 303 000 Soldaten. Ein Bericht der 6. Armee warnte bereits Mitte April, dass wegen der hohen Verluste mit Meutereien zu rechnen sei: Die Truppen würden bald den Gehorsam verweigern und nicht mehr angreifen.[10]

Die dritte deutsche Offensive zielte auf Paris. Am südlichen Ende der Siegfriedlinie waren die Deutschen nur gut hundert Kilometer von der französischen Hauptstadt entfernt. Ein erfolgreicher Vorstoß würde, so hoffte die OHL, die Zuversicht der eigenen Truppen heben und die Gegner demoralisieren. Der Angriff begann am 27. Mai am Frontabschnitt zwischen dem Chemin des Dames und der Gegend nördlich von Reims. Aus 6 000 Geschützen wurden in vier Stunden zwei Millionen Granaten verschossen. Gegenüber lagen 16 alliierte Divisionen, darunter drei britische, die von den Schlachten im März und April erschöpft waren und gerade deshalb zum Chemin des Dames verlegt worden waren, um wieder zu Kräften zu kommen. Die deutschen Truppen konnten nicht aufgehalten werden. Sie gelangten in einer Woche über Soissons hinaus und waren jetzt nur noch 90 Kilometer von Paris entfernt. Die Stadt war nun so nahe, dass die Deutschen sie mit ihren Ferngeschützen, den sogenannten »Paris-Geschützen«, beschießen konnten. Militärisch war dieser Einsatz der schweren Artillerie völlig sinnlos. Er kostete Zivilisten das Leben und zerstörte Gebäude in Wohnvierteln, ohne die Bevölkerung der Hauptstadt wie erhofft zu demoralisieren.[11]

Auf alliierter Seite wurden jetzt erstmals große amerikanische Verbände eingesetzt. Sie hielten die erste deutsche Armee an der Straße nach Reims auf, wo den deutschen Truppen wichtige Eisenbahnlinien in die Hände gefallen wären. Die amerikanischen Truppen erwiesen sich als militärisch wenig erprobt, dafür aber außergewöhnlich enthusiastisch. Am erfahrensten war noch das US Marine Corps. Ein Captain der Marines soll auf den Rat eines französischen Offiziers, sich zurückzuziehen, geantwortet haben: »Rückzug? Wir sind doch gerade erst angekommen.« Dies war der Stoff, aus dem sich der langsam entstehende Mythos des Corps speiste.[12]

Angesichts des wachsenden Widerstands der Gegner und des Zurückbleibens der eigenen Versorgungstruppen wurde die deutsche Offensive am 3. Juni abgebrochen. Die Verluste waren mit 100 000 Mann wieder sehr hoch. Dasselbe gilt für die alliierte Seite. Doch die Deutschen konnten ihre Verluste kaum noch ausgleichen, während auf der Seite ihrer Gegner inzwischen jeden Monat etwa 250 000 frische amerikanische Soldaten eintrafen. An der Front standen bereits 25 US-Divisionen, jeweils 28 000 Mann stark, weitere 55 Divisionen wurden gerade in den USA aufgestellt.

Dennoch begann am 9. Juni eine vierte deutsche Offensive, diesmal am kleinen Fluss Matz, einem Nebenfluss der Oise, im Raum Noyon und Montdidier. Die Truppen kamen allerdings rasch zum Stillstand, nicht zuletzt wegen der Spanischen Grippe, einer sich weltweit verbreitenden Pandemie, die im Juni bereits eine halbe Million deutscher Soldaten befallen hatte. Sie waren der Krankheit noch viel schutzloser ausgeliefert als die besser ernährten und widerstandsfähigeren alliierten Soldaten. Die französischen Truppen begannen einen Gegenangriff, bei dem sie 150 Tanks einsetzten. Mühelos konnten sie die deutschen Truppen, die nur wenig Gelände gewonnen hatten, aufhalten.

Die Erfolge der deutschen Offensiven des Frühjahrs und Sommers waren immer nur von kurzer Dauer. Sie scheiterten trotz Geländegewinnen jedes Mal nach großen Verlusten an den starken alliierten Verbänden. Trotzdem hielt sich die militärische Führung für erfolgreich genug, um zu einer Konferenz in ihr Hauptquartier einzuladen, das im März 1918 in die belgische Stadt Spa verlegt worden war. In Anwesenheit des Kaisers ließ sich die OHL ihre weitreichenden Kriegsziele im Westen bestätigen, zu denen die Annexion Luxemburgs und die Kontrolle über die nordfranzösischen Eisen- und Kohleregionen gehörten. Der Staatssekretär des Auswärtigen Amtes Richard von Kühlmann, der Verhandlungen anstrebte und davor warnte, nur auf militärische Erfolge zu setzen, musste auf Druck der Heeresleitung am 8. Juli zurücktreten.

Ludendorff war sich nach den Geländegewinnen der vergangenen Monate sicher, einen militärischen Sieg erreichen zu können. Am 15. Juli begann er die fünfte Offensive des Jahres. Sie sollte an der Marne nach Reims führen, brach aber nach schweren Verlusten schnell zusammen. Am 18. Juli begann die Gegenoffensive der Franzosen, unterstützt durch fünf amerikanische Divisionen. Die Deutschen wurden hinter die Marne zurückgetrieben. Eine weitere Offensive, die Ludendorff in Flandern geplant hatte, musste abgesagt werden. Dies war die Wende. Ein hoher deutscher Offizier schrieb im Rückblick über diese Wochen: »Im Juli kamen die Ereignisse von Reims. Da mußte jedem klar sein, daß der große Gedanke der Offensive erledigt war.«[13] Die deutschen Kommandeure begannen nun offen über die Fehler Ludendorffs zu reden. Der hochdekorierte General Fritz von Loßberg verlangte den sofortigen Rückzug auf die Siegfriedlinie. Major Alfred Niemann ließ eine Denkschrift zirkulieren, in der sofortige Verhandlungen mit den Alliierten gefordert wurden. Ludendorff bot theatralisch seinen Rücktritt an, fasste sich aber wieder, als die Alliierten ihre Erfolge an der Marne nicht zu weiteren Vorstößen ausnützten.

Die deutsche Niederlage und die Dolchstoßlegende

Am 8. August gingen die Alliierten östlich von Amiens erneut zum Angriff über. Bei der überraschenden Offensive wurden zehn Divisionen, darunter auch australische und kanadische, mit 530 britischen und 70 französischen Tanks eingesetzt. Das Datum ging als »schwarzer Tag des deutschen Heeres« (Ludendorff) in die Geschichte ein, denn die Alliierten erzielten einen spektakulären Durchbruch bis in die Tiefe der deutschen Stellungen. Am Ende des Tages klaffte eine 24 Kilometer breite Lücke in der deutschen Frontlinie. Als bei Amiens die Sonne unterging, hatten die Deutschen 30 000 Mann und 330 Geschütze verloren. Diesen Erfolg konnten die Westmächte aufgrund von Nachschubproblemen in den folgenden Tagen nicht wiederholen, dennoch wurde in Amiens die Wende besiegelt. Ende August erreichten die alliierten

Truppen die Siegfriedlinie und stellten damit wieder den Frontverlauf her, der zu Beginn der deutschen Offensiven im März bestanden hatte. Die Linie konnte von den deutschen Truppen im September noch gehalten werden, doch schon Mitte August gestand die OHL die Aussichtslosigkeit der Lage ein.[14] Am 26. September begannen britische, französische, amerikanische und belgische Truppen einen Großangriff an der gesamten Front von Flandern bis Verdun. Von den 197 deutschen Divisionen waren inzwischen nur noch 51 kampftauglich, während auf der Gegenseite 123 Divisionen eingesetzt und weitere 57 in Reserve gehalten wurden. Die deutschen Truppen mussten sich zurückziehen. Mitte Oktober wurde die Küste Flanderns geräumt.

Die alliierte Überlegenheit war nun offensichtlich. Ludendorff verlor die Nerven. In einem Wutanfall wetterte er so laut gegen den Kaiser, den Reichstag, die Marine und die Heimatfront, dass seine Stabsoffiziere die Türe seines Büros schließen mussten. Dann ging er zu Hindenburg und erklärte ihm, dass man um einen Waffenstillstand bitten müsse; am 29. September teilte die OHL dies auch der Regierung mit.[15] Außerdem verlangte die OHL nun entgegen ihrer bisherigen Haltung, die Regierung auf eine breitere parlamentarische Grundlage zu stellen. Damit sollte die Bereitschaft der Kriegsgegner zu Verhandlungen erhöht werden, denn diese hatten sich mittlerweile die Demokratisierung des Reiches auf die Fahnen geschrieben, aber auch die Verantwortung für die Niederlage den Politikern, insbesondere dem verhassten Parlament, zugeschoben werden.

Nach dem Rücktritt des Reichskanzlers Georg von Hertling, der Ende 1917 den Bethmann-Hollweg-Nachfolger Michaelis abgelöst hatte, bestellte der Kaiser am 3. Oktober Max von Baden zum Reichskanzler, der schon lange als gemäßigt und verhandlungsbereit galt. Max von Baden schickte noch am Abend dieses Tages Telegramme an die Alliierten und bat um Verhandlungen. »Dieser Schritt kam einer Kapitulation gleich«, war er sich bewusst, dafür trage »die OHL ebenso wie für seine Folgen die Verantwortung.«[16] Der Reichskanzler bezog sich auf das 14-Punkte-Programm von Präsident Wilson, denn dies war »weitaus maßvoller als die Kriegszielforderungen der europäischen Alliierten«.[17] Wilsons Hauptziel war nicht die Bestrafung, Schwächung und Isolierung der Besiegten, sondern die Errichtung einer dauerhaften Friedensordnung (siehe Kapitel 7).

Während die Reichsregierung mit Unterstützung der Parlamentsmehrheit alles tat, um den von der OHL verlangten Waffenstillstand zu schließen, tat

Ludendorff so, als ob er mit der Niederlage nichts zu tun habe, und begann gegen den Frieden zu wettern. Am 24. Oktober verfasste er eine Proklamation an das Heer, mit der er dem Reichskanzler in den Rücken fiel. Dieser dürfe auf die amerikanische Forderung nach »bedingungsloser Kapitulation« nicht eingehen. Die Soldaten könnten eine solche Forderung nicht akzeptieren und müssten deshalb den militärischen Widerstand mit aller Kraft fortsetzen. Ein Offizier des Generalstabs versuchte, diese Proklamation Ludendorffs zu unterdrücken, doch vergeblich, sie erreichte das Hauptquartier im Osten. Ein im dortigen Telegrafenbüro diensttuendes USPD-Mitglied informierte unverzüglich seine Parteiführung in Berlin. Erst auf diesem Wege wurde Ludendorffs Pamphlet dem Reichskanzler bekannt, der nun den Kaiser vor die Alternative stellte, ihn selbst oder Ludendorff zu entlassen. Der Generalquartiermeister wurde nach Berlin gerufen und aufgefordert, seinen Rücktritt einzureichen. Der Kaiser akzeptierte am 26. Oktober das Gesuch ohne ein Wort des Dankes.[18]

Am 26. Oktober beschloss die Regierung in Wien, unabhängig von Deutschland um einen Waffenstillstand zu bitten. Das Osmanische Reich kapitulierte am 30. Oktober. Am 3. November unterschrieben Vertreter des österreichischen Generalstabs bei Padua einen Waffenstillstand mit Italien und verpflichteten sich, das Trentino und Südtirol bis zum Brenner zu räumen und den alliierten Truppen den Durchmarsch nach Deutschland zu erlauben. Am 5. November nahmen die Alliierten das deutsche Angebot zum Waffenstillstand an und stellten damit die Weichen für einen Verhandlungsfrieden, obwohl »sich die deutsche Reichsleitung bereits mit einer bedingungslosen Kapitulation abgefunden hatte«.[19] Denn zwei Tage zuvor hatten auch in Deutschland revolutionäre Unruhen begonnen. Die Meuterei der Matrosen in Kiel wurde von einem mit der Regierung nicht abgestimmten Befehl der Flottenführung ausgelöst, zur Entscheidungsschlacht gegen die Briten auszulaufen. Die Ereignisse von Kiel wirkten im ganzen Reich als Signal zum Aufstand und riefen Erinnerungen an den Sturm auf das Petrograder Winterpalais wach, zu dem ein Schuss aus der Bugkanone des Panzerkreuzers *Aurora* das Signal gegeben hatte. Regierungstruppen liefen zu den Aufständischen über, die am 4. November bereits die Stadt kontrollierten.

Am 8. November überreichte der Oberbefehlshaber der französischen Streitkräfte, Marschall Ferdinand Foch, einer von Staatssekretär Matthias Erzberger geleiteten Delegation die Bedingungen des Waffenstillstands. Zu ihnen gehörten die Ablieferung der schweren Waffen, der Abzug der Truppen von den Kriegsschauplätzen mit Ausnahme des Baltikums, wo gegen die Truppen der Bolschewiki weitergekämpft werden durfte, der Abzug der deutschen Truppen aus dem Rheinland, die Übergabe der Hochseeflotte und eine Erklärung, die den Frieden von Brest-Litowsk für ungültig erklärte. Während in Berlin schwere Unruhen ausbrachen, hielt sich der Kaiser im Großen Hauptquartier der OHL im belgischen Spa auf. Hier bekam er von den Truppenführern zu hören, dass auf die Soldaten kein Verlass und seine Sicherheit gefährdet sei. Wilhelm II. dankte am 9. November ab und floh einen Tag später nach Holland. In Berlin verkündete Reichskanzler Max von Baden am 9. November um 12 Uhr die Abdankung des Kaisers und übergab die Regierungsgeschäfte dem Sozialdemokraten Friedrich Ebert. Zwei Stunden später rief Philipp Scheidemann von einem der Westbalkone des Reichstags die Republik aus. So endete das Kaiserreich, wie es entstanden war: im Krieg und durch Krieg.

Am 11. November unterzeichnete die deutsche Delegation in einem Eisenbahnwaggon im Wald bei Compiègne die Waffenstillstandsvereinbarung. Dass der Waffenstillstand und die folgenden Friedensverhandlungen nicht mehr durch eine kaiserliche Regierung verantwortet wurden, sondern durch die Republik, bot ihren Gegnern, allen voran Ludendorff, den Vorwand, von einem Dolchstoß der Heimat gegen das kämpfende Heer zu sprechen. Es gab jedoch auch hohe Offiziere, die sich ehrlich die Niederlage eingestanden und die neue demokratische Regierung ihrer Loyalität versicherten, etwa den Kommandeur der Marineschule Mürwik, Kapitän Christoph Moritz von Egidy: »Das ist nicht männlich und vor Allem nicht vornehm, wenn man abgewirtschaftet hat (und das haben ›wir‹) und hat abtreten müssen von der Bühne, den Anderen, die noch dafür im Moment der Gefahr, eingesprungen sind, dauernd Knüppel zwischen die Räder stecken zu wollen. Denn wir haben nun mal abgewirtschaftet.«[20]

In weiten Teilen der deutschen Öffentlichkeit setzte sich jedoch nicht dieses ehrliche Eingeständnis der Niederlage, sondern die Dolchstoßlegende durch.[21] Sie wurde zu eine der schwersten Belastungen der neuen Republik, und sie basierte auf einer völligen Verkehrung der Tatsachen. Ludendorff hatte Verhandlungen über einen Waffenstillstand verlangt, als die Lage bereits aussichtslos geworden war. Als er die militärische Niederlage erkannte, zog Ludendorff sich aus der Verantwortung zurück und überließ die Verhandlungen den Politikern, die durch die Niederlage und den völligen Bankrott der alten Führung überhaupt erst an die Regierung gekommen waren. Dieser kausale Zusammenhang von Niederlage und Revolution wurde von Ludendorff und Hindenburg geleugnet und einfach umgekehrt, um den »Verzichtpolitikern« die Schuld für das Desaster in die Schuhe zu schieben. Auch in seinem späteren Rechtfertigungspamphlet *Der totale Krieg* von 1935 blieb Ludendorff bei der abenteuerlichen Behauptung, die Niederlage sei erst nach seiner Entlassung eingetreten: »Als ich am 26.10.1918 entlassen wurde und der Kaiser am 10.11.1918, von seiner Wehrmacht im Stich gelassen, sogar auf Anraten der Heerführung Deutschland verließ, wurde aus der Revolutionierung die Revolution, die Volk und Heer die Widerstandskraft nahm. Das Ergebnis war die militärische Niederlage.«[22]

Die Dolchstoß-Metapher lag jedoch schon länger in der Luft, nicht nur in Deutschland. Der Begriff tauchte bereits 1916 in soldatischen Publikationen auf, die den mangelnden Nachschub für die bei Verdun kämpfenden Truppen kritisierten. Im Juli 1917 beschwerte sich General Hans von Seeckt über die politischen Auseinandersetzungen an der Heimatfront: »Wozu fechten wir noch? Die Heimat ist uns in den Rücken gefallen, und damit ist der Sieg verloren.«[23] Je mehr der Burgfrieden in der zweiten Kriegshälfte bröckelte, desto mehr gewann der Kampfbegriff in Deutschland an Konjunktur. In der politischen Ikonographie scheint das Motiv allerdings zuerst in Frankreich aufgetreten zu sein. Der Action-française-Aktivist Léon Daudet ließ 1918 das Dolchstoßmotiv auf dem Umschlag seines Pamphlets *Le poignard dans les dos. Notes sur l'affaire Malvy* (»Der Dolch im Rücken. Anmerkungen zu der Affäre Malvy«) abbilden, das sich gegen den 1917 gestürzten liberalen Innenminister Louis Malvy richtete.[24] Am 2. Oktober 1918 veröffentlichte die britische Satirezeitschrift *Punch* eine Zeichnung mit dem Titel »The Traitor«: Sie zeigt hinter einem wachsamen Soldaten einen mordlustigen Streikführer, dessen Gesichtszüge Lenin ähneln und der einen Dolch in der Rechten und ein Streikmanifest in der Linken hält.[25]

Die Metapher des Dolchstoßes gehörte also überall zum Arsenal des totalen Krieges, der den Zusammenhalt von Front und Heimat beschwor und die wachsenden Frustrationen auf innere Feinde und Verräter abzulenken versuchte. Doch während sie bei den Westmächten mit dem Sieg ihre Funktion verlor, gewann sie in Deutschland mit der Niederlage immer mehr an Bedeutung. Dies lag auch daran, dass die deutsche Durchhaltepropaganda der letzten Kriegsmonate die Öffentlichkeit über die wahre Lage an der Front im Unklaren gelassen hatte und die Niederlage vielen Deutschen als eine Art Phantom erscheinen musste, wurde sie ihnen doch nicht durch eine Besetzung des Landes unmissverständlich vor Augen geführt. Diesen Fehler sollten die Alliierten nach dem Sieg über Nazideutschland nicht begehen. Entgegen kam einer solchen Auffassung, dass den heimkehrenden Soldaten seit November 1918 auch von Vertretern der neuen Regierung aus dem begreiflichen Wunsch heraus, sie für ihre enormen Opfer symbolisch zu entschädigen und für die Republik zu gewinnen, immer wieder attestiert wurde, sie seien »im Felde unbesiegt« geblieben.[26]

Damit spielten die Politiker unbeabsichtigt den rechten Gegnern der Republik in die Hände, die sich zu allem Überfluss auch auf Stimmen aus dem Ausland stützen konnten. So zitierte am 17. Dezember die *Neue Zürcher Zeitung* die Ansicht des britischen Generals Frederick Maurice, die deutsche Armee sei »von der Zivilbevölkerung von hinten erdolcht« worden, ein Urteil, dem sich der Berichterstatter anschloss. Dieser Satz wurde von weiten Teilen der Presse und den rechten Parteien in Deutschland begierig aufgegriffen. Hindenburg hatte sich schon am 18. November in seiner Stellungnahme vor dem Untersuchungsausschuss, den die Nationalversammlung zur Klärung der Ursachen des Zusammenbruchs eingesetzt hatte, mit entwaffnender Logik auf den britischen General bezogen: »Ein englischer General sagt mit Recht: ›Die deutsche Armee ist von hinten erdolcht worden‹. [...] Wo die Schuld liegt, ist klar erwiesen. Bedürfte es noch eines Beweises, so liegt er in dem angeführten Ausspruch des englischen Generals und in dem maßlosen Staunen unserer Feinde über ihren Sieg.«[27]

Die Dolchstoßlegende wurde in der Weimarer Republik zu einem Dauerbrenner der rechten Agitation gegen die demokratischen Parteien und zu einem zentralen Thema der innenpolitischen Auseinandersetzungen. Die Frage, ob die gesamte Sozialdemokratie oder nur die USPD und die Spartakisten für den angeblichen Dolchstoß verantwortlich waren, wurde sogar vor Gericht verhandelt. Der Herausgeber der *Süddeutschen Monatshefte* Paul Nikolaus Cossmann hatte die Sozialdemokratie im Frühjahr 1924 in einem Artikel pauschal für die Niederlage verantwortlich gemacht. Auf polemische Antworten des Chefredakteurs der sozialdemokratischen *Münchner Post* Martin Gruber reagierte Cossmann mit einer Strafanzeige wegen Beleidigung. Das Münchner Amtsgericht vernahm 25 Zeugen und sechs Sachverständige. Cossmann modifizierte seine Vorwürfe während des Prozesses auf Anraten seines Anwalts dahingehend, dass er gar nicht die Mehrheitssozialdemokraten, sondern nur die links davon stehende USPD gemeint habe, eine Verteidigungslinie, die von seinen nationalistischen Freunden heftig verurteilt wurde.[28] Diese Einschränkung war eine Sensation, der bald eine zweite folgte. General Wilhelm Groener bestätigte vor dem Gericht, dass die Führung der Sozialdemokratie sich im gesamten Krieg loyal verhalten habe. Er habe sogar von Hugo Haase, dem Mitbegründer der USPD, im April 1918 »in die Hand« versprochen bekommen, er werde dafür sorgen, »dass am 1. Mai unter keinen Umständen gestreikt wird«. Während der revolutionären Unruhen in Berlin habe er eng mit Friedrich Ebert kooperiert, um eine geordnete Regierungsgewalt »durch Truppenmacht und die Nationalversammlung« zu erreichen.[29]

Das Gericht urteilte, dass es einen Dolchstoß der Sozialdemokratie nicht gegeben habe und Cossmann ein Irrtum unterlaufen sei: »Die Darstellung in den Heften ist teilweise irrig und unrichtig. Irrtümer und Unrichtigkeiten finden sich auch in anderen geschichtlichen Darstellungen.« Martin Gruber, der Schriftleiter der *Münchner Post*, wurde »eines fortgesetzten Vergehens teils der Beleidigung, teils der üblen Nachrede« schuldig befunden und zu einer Geldstrafe von 3 000 Reichsmark verurteilt. Das Gericht gelangte aber auch zu der Ansicht, dass viele Deutsche die Niederlage gewünscht und betrieben hatten. So wurde die Sozialdemokratie zwar entlastet, einer weiteren Agitation mit dem Dolchstoßvorwurf aber kein Riegel vorgeschoben, sondern sie sogar begünstigt.[30]

Die Pariser Friedensverhandlungen und Vorortverträge

Am 18. Januar 1919 traten die Siegermächte in Paris zur Friedenskonferenz zusammen. Sie zerfiel in zwei Teile. Zunächst fanden interalliierte Vorverhandlungen statt – offiziell »Präliminarfriedenskonferenz« genannt –, von der die Besiegten ausgeschlossen waren. Im Mai begannen dann parallel zu diesen Beratungen nacheinander die eigentlichen Friedensverhandlungen mit den Mittelmächten und ihren Nachfolgestaaten, die allerdings weitgehend auf schriftlichem Wege geführt wurden und meist auch kurz waren. Die Verhandlungen mündeten in die Friedensverträge von Versailles mit Deutschland (28. Juni 1919), St. Germain mit Österreich (10. September 1919), Neuilly mit Bulgarien (27. November 1919), Trianon mit Ungarn (4. Juni 1920) und Sèvres mit dem Osmanischen Reich (10. August 1920).

Die Vertreter der 32 alliierten Sieger und deren Verbündeten repräsentierten etwa drei Viertel der Weltbevölkerung. Dominiert wurden die Verhandlungen jedoch von wenigen Mächten, vor allem den Vereinigten Staaten, Großbritannien, Frankreich und Italien, die Anfang März einen Viererrat bildeten, in dem alle wichtigen Entscheidungen fielen.[31] Die Regierung der Bolschewiki in Russland wurde von den Siegermächten nicht als rechtmäßig betrachtet und daher an den Verhandlungen nicht beteiligt. China wurde mit einer Delegation zur Konferenz zugelassen, aber kaum ernst genommen und konnte sein Ziel, die deutschen Pachtgebiete in China zurückzugewinnen, nicht erreichen. Die Halbinsel Shandong wurde Japan überlassen.[32] Japan wiederum scheiterte mit der Forderung, die Gleichberechtigung aller Menschen gleich welcher Hautfarbe zu einem Grundprinzip des Völkerbundes zu erklären, am Widerspruch Australiens, Neuseelands, Kanadas und der USA. Indien, das die meisten Truppen für den Krieg in Mesopotamien gestellt hatte, wurde in Paris vom britischen Indienminister vertreten. Einer Delegation des Indischen Nationalkongresses war die Ausreise aus ihrem Land verwehrt worden. Ebenso erging es einer ägyptischen Delegation, deren Mitglieder zeitweilig in Malta interniert wurden. Präsident Wilson erkannte das britische Protektorat über Ägypten an, das 1914 einseitig errichtet worden war.[33] So wurden die Hoffnungen vieler außereuropäischer Völker auf Gleichberechtigung und Souveränitätsgewinn in Paris schwer enttäuscht.

Der Vertragsentwurf, der den deutschen Vertretern am 7. Mai 1919 vorgelegt wurde, sah die Abtretung von Elsass-Lothringen an Frankreich, der Provinz Posen, Oberschlesiens und des größten Teils von Westpreußen an den neuen polnischen Staat vor. Für Eupen-Malmedy, Nordschleswig und einige strittige Grenzgebiete Ost- und Westpreußens wurden Volksabstimmungen vorgesehen. Das Saargebiet wurde für die Dauer von 15 Jahren der französischen Kontrolle unter der formalen Oberhoheit des Völkerbundes unterstellt. Danach sollte eine Volksabstimmung über die Zugehörigkeit entscheiden. Danzig wurde eine dem Völkerbund unterstellte »Freie Stadt«. Das Rheinland sollte 15 Jahre lang von den Alliierten besetzt werden und auf Dauer entmilitarisiert bleiben. Falls Deutschland die Vertragsbedingungen nicht erfüllte, konnte die Besetzung auch verlängert werden. Die deutschen Streitkräfte waren auf ein kleines Berufsheer von 100 000 Mann zu reduzieren, das über keine schweren Waffen und Flugzeuge verfügen durfte und daher lediglich zur

Gefahrenabwehr im Inneren dienen konnte. Die deutschen Kolonien wurden als Mandatsgebiete des Völkerbunds unter den Siegern aufgeteilt. Deutsch-Ostafrika, Togo und Kamerun gingen an Großbritannien, Frankreich und Belgien, Deutsch-Südwestafrika an Südafrika, die deutschen Besitzungen im Pazifik an Australien (Deutsch-Neuguinea), Neuseeland (Samoa) und Japan (Marianen, Karolinen, Marschall-Inseln, Palau). Der Erste Weltkrieg führte also in vielerlei Hinsicht zunächst zu einer weiteren Aufgipfelung des Kolonialismus, auch wenn die Neuerwerbungen, zu denen auch große Teile des Osmanischen Reiches wie der Irak, Syrien und Palästina zählten, den Siegern nur als Mandatsgebiete überlassen wurden.

In Artikel 231 musste Deutschland seine Schuld am Weltkrieg einräumen und sich zur Entschädigung für alle Verluste und Schäden bereit erklären, die seinen Gegnern entstanden waren. Allerdings war in dem »Kriegsschuldartikel« nicht von einer Alleinschuld die Rede, wie es oft heißt, sondern vom »Angriff Deutschlands und seiner Verbündeten«. Die Höhe der alliierten Kriegsschäden wurde im Vertrag nicht genannt und sollte erst später festgesetzt werden. Bis dahin hatte Deutschland zunächst 20 Milliarden Goldmark zu bezahlen. Vom Völkerbund sollte Deutschland so lange ausgeschlossen bleiben, bis es seine Bereitschaft zur Erfüllung aller Vertragsbestandteile nachgewiesen hatte. Wilhelm II. und andere Deutsche, die von den Siegern als Kriegsverbrecher betrachtet wurden, sollten einem alliierten Gerichtshof ausgeliefert werden.[34]

Der Vertragsentwurf widersprach in vielfacher Hinsicht dem Friedensprogramm Wilsons. Der amerikanische Präsident war innenpolitisch geschwächt in die Verhandlungen gegangen, denn bei den Senatswahlen am 5. November 1918 hatte seine Demokratische Partei die Mehrheit an die Republikaner verloren, die dem Eintritt der USA in einen Völkerbund ablehnend gegenüberstanden. In Paris sah sich Wilson in vielen Fragen isoliert und vermochte seine Position in zentralen Punkten nicht durchsetzen. Zwar konnte eine Abtrennung des Rheinlands und seine Verwandlung in einen Pufferstaat unter französischer Kontrolle verhindert werden, weil sich auch London gegen eine solche Maßnahme aussprach, doch in den meisten anderen Fragen zogen Briten und Franzosen an einem Strang. Die Vorverhandlungen unter Ausschluss der Öffentlichkeit und der Besiegten waren bereits eine Konzession Wilsons an seine europäischen Verbündeten, die seiner Forderung nach dem Ende der klassischen Geheimdiplomatie widersprach. Auch in der Reparationsfrage nahm der Präsident eine einsame Position ein. Seine Verbündeten konnten einen weitreichenden Katalog von Schadenskategorien durchsetzen, der nicht nur Entschädigungszahlungen für die Zerstörungen in Frankreich und Belgien, wie von Wilson gefordert, sondern unter anderem auch für die Folgen des deutschen U-Boot-Krieges vorsah. Die deutschen Verpflichtungen wurden überdies weder zeitlich noch in ihrer Höhe begrenzt. Auch in der Frage der Verfolgung deutscher Kriegsverbrecher und des Ausschlusses Deutschlands aus dem Völkerbund herrschte Uneinigkeit, und auch hier konnte sich Wilson nicht behaupten. Dass es letztlich zur Einigung zwischen den »großen Vier« kam und Deutschland nicht noch härtere Bedingungen auferlegt wurden, lag vor allem dran, dass am 21. März in Ungarn eine sozialistische Räterepublik nach russischem Muster ausgerufen worden war. Vor allem die Briten befürchteten nun auch in Deutschland eine bolschewistische Revolution, wenn dem Land ein zu harter Friede auferlegt würde.[35]

Der Versailler Vertrag wurde von allen deutschen Parteien abgelehnt, auch denen des demokratischen und linken Spektrums. In ihren Augen entsprach er keineswegs dem Geist der 14 Punkte. Vor allem die sogenannten drei »Ehrenpunkte« wurden als diskriminierend empfunden: die Kriegsschuld Deutschlands, die Verweigerung der Aufnahme in den Völkerbund und die Auslieferung von Kriegsverbrechern. Bei der territorialen Neuordnung kamen die Alliierten den Deutschen, die sich in den Verhandlungen auf das nationale Selbstbestimmungsrecht beriefen, ein Stück weit entgegen. So wurden nicht nur für Eupen-Malmedy, Nordschleswig und die strittigen Teile West- und Ostpreußens, sondern auch für Oberschlesien Volksabstimmungen zugestanden. Eine Abstimmung in Elsass-Lothringen, wie sie die deutsche Seite erhofft hatte, stand jedoch nicht zur Debatte. Der Versuch der deutschen Regierung, eine feste Reparationssumme in den Vertrag zu schreiben, scheiterte vollkommen. Es blieb dabei, dass die Forderungen erst nachträglich berechnet werden sollten.[36]

In der deutschen Regierung und Öffentlichkeit überwogen lange die Stimmen, die sich für eine Ablehnung des Vertrages aussprachen. Daraufhin erhöhten die Alliierten ihren Druck auf die Deutschen und setzten ihnen ein knapp bemessenes und demütigendes Ultimatum für die Annahme und Unterzeichnung des Vertragsentwurfs. Matthias Erzberger, der Vorsitzende der Zentrumspartei, riet dringend zur Annahme der Friedensbedingungen. Er fürchtete nicht nur einen Einmarsch alliierter Truppen, sondern auch die

Aufnahme gesonderter Friedensverhandlungen mit einzelnen deutschen Ländern und eine Spaltung der jungen Republik. Wilhelm Groener, nach wie vor Generalquartiermeister und Oberbefehlshaber der deutschen Truppen, unterstützte Erzberger. In seinen Augen war die wirtschaftliche und militärische Situation Deutschlands so desolat, dass alliierte Maßnahmen zu einer Katastrophe führen würden. Heute ist bekannt, dass es in der Tat Pläne gab, Deutschland bis zur Weser und zum Main militärisch zu besetzen. Entwürfe für separate Friedensverträge mit den süddeutschen Staaten lagen bereits vor.[37] In der Regierung, die seit dem 13. Februar von Philipp Scheidemann (SPD) geführt wurde, herrschte ein Patt. Außenminister und Verhandlungsführer Graf Ulrich von Brockdorff-Rantzau, der durch sein brüskes Auftreten bei der Entgegennahme des Vertrags im Mai die deutsche Position erheblich geschwächt hatte, war gegen die Annahme des Vertrages und trat am 19. Juni zurück. Das war das Ende der Regierung Scheidemann. Das neue Kabinett, das sich auf eine Koalition von SPD und Zentrum unter Reichskanzler Gustav Bauer (SPD) stützte und am 21. Juni die Arbeit aufnahm, einigte sich auf die Annahme des Vertrags. Der Reichstag stimmte mit 237 zu 138 Stimmen der Unterzeichnung zu, die am 28. Juni 1919 im Spiegelsaal von Versailles erfolgte, am gleichen Ort, an dem ein halbes Jahrhundert zuvor das Deutsche Kaiserreich proklamiert worden war.[38]

Die übrigen Pariser Vorortverträge entfernten sich in vieler Hinsicht noch deutlicher als der Versailler Vertrag vom Programm Wilsons, das in Amerika immer weniger Unterstützung fand. Am 19. November lehnte der Senat den Versailler Vertrag ab, weil die Regelungen über den Völkerbund in den Augen der meisten Senatoren die Souveränität des Landes und seiner außenpolitischen Handlungsfreiheit zu beeinträchtigen schienen. Damit schieden die USA »als Verhandlungspartner und Garant für den Friedensschluss« aus.[39]

Die Verträge mit Österreich, Ungarn und Bulgarien lehnten sich an viele Bestimmungen des Versailler Vertrages an. Dazu zählten der vorläufige Ausschluss aus dem Völkerbund, Abrüstungsauflagen und die Feststellung der Kriegsschuld, auf deren Grundlage die Verpflichtung zu Reparationszahlungen festgelegt wurde. Diese Regelungen fanden ihre völkerrechtliche Begründung darin, dass Österreich und Ungarn nicht als neu gegründete Staaten, sondern als Rechtsnachfolger des Habsburgerreiches angesehen wurden. Oberste Leitlinie der Verträge war das Interesse der Franzosen und Briten an einer möglichst weitgehenden Schwächung Deutschlands. Im Osten und

Südosten sollte ein Gürtel möglichst starker neuer Staaten, von Polen über die Tschechoslowakei bis nach Rumänien und Jugoslawien ein Gegengewicht bilden. Einen Beitritt Österreichs zum deutschen Nationalstaat, der von weiten Teilen der Bevölkerung und der politischen Parteien angestrebt wurde, weil sie den »Rumpfstaat« allein für nicht lebensfähig hielten, schlossen die Siegermächte kategorisch aus, was dem Prinzip der nationalen Selbstbestimmung widersprach; der von der Provisorischen Nationalversammlung im November 1918 gewählte Name »Deutschösterreich« wurde der neuen Republik nicht gestattet. Eine Vereinigung von Österreich und Ungarn war ebenfalls untersagt, eine Bestimmung, die nur vom Völkerbund aufgehoben werden konnte.

Auch die territorialen Regelungen der drei Verträge verletzten in vielerlei Hinsicht das nationale Selbstbestimmungsrecht. Volksabstimmungen wurden nur für das bislang zu Ungarn zählende Burgenland und Südkärnten vorgesehen, nicht dagegen für die deutschsprachigen Teile der böhmischen Kronländer, das Sudetenland, das an die Tschechoslowakei fiel, und auch nicht für die slowenisch und deutsch besiedelte Untersteiermark, die dem neu gegründeten Königreich der Serben, Kroaten und Slowenen, dem späteren Jugoslawien, angegliedert wurde. Italien erhielt nicht nur das fast durchweg italienischsprachige Trentino, sondern auch Triest, Istrien und Julisch-Venetien, wo nicht nur nur Italiener, sondern auch viele Slowenen lebten. Auch für diese Gebiete waren keine Volksabstimmungen vorgesehen, ebenso wenig wie für das deutschsprachige Südtirol, das bis zum Brenner an Italien fiel. Das entsprach zwar dem Londoner Vertrag von 1915, auf dessen Grundlage Italien in den Krieg eingetreten war, stellte aber eine klare Verletzung des Nationalitätenprinzips dar. Für die relativ großen deutschsprachigen und slowenischen Volksgruppen, die nun eingegliedert wurden, war keinerlei Minderheitenschutz vorgesehen; die sofort einsetzende Italianisierungspolitik, die unter dem Faschismus massiv forciert wurde, konnte sich in diesen Gebieten frei entfalten.

Alle seine Ziele erreichte Italien in Paris jedoch nicht. Zu hochgesteckt, aber auch widersprüchlich waren sie. Ein großer Teil der Kriegsbefürworter hatte von Anfang an unrealistisch hohe Erwartungen mit dem Krieg verbunden, der in ihren Augen dem in mehrfacher Hinsicht noch rückständigen Land die langersehnte Großmachtstellung bringen sollte. Die Staatsführung hatte die Schlacht von Vittorio Veneto zum größten Sieg der Menschheitsgeschichte seit den Tagen des alten Rom aufgebauscht – kein Wunder, dass große Teile der Öffentlichkeit davon überzeugt waren, der italienische Beitrag habe den Krieg entschieden und das Land könne zu Recht reiche Belohnung für seine nicht unerheblichen Opfer erwarten. Die Regierung und das nationale Lager gingen davon aus, dass nun alle Bestimmungen des Londoner Vertrages, die von den Bolschewiki veröffentlicht worden waren, erfüllt würden. Sie sahen nicht nur die Angliederung der italienischen Irredenta (Trento, Triest) und Südtirols an Italien vor, sondern auch die Abtretung Fiumes (siehe Unterkapitel »Der lange Krieg«) und großer Teile Dalmatiens mit den vorgelagerten Inseln und ein Protektorat über Albanien.

Die Alliierten waren nicht bereit, diesen Forderungen nachzukommen, ebenso wenig wie sie das Land an der Verteilung des deutschen Kolonialbesitzes zu beteiligen gedachten. Frankreich war an einem starken jugoslawischen Staat als Teil eines ›cordon sanitaire‹ gegen Deutschland und Österreich interessiert, aufgrund seiner Interessengegensätze mit Italien im Mittelmeerraum dagegen nur wenig an einem starken Italien. Aber nicht nur Clemencau, auch Wilson und Lloyd George standen den italienischen Forderungen in Paris wenig aufgeschlossen gegenüber. Alle drei waren der Meinung, dass Italiens Beitrag zum Krieg hinter seinen weitreichenden Ansprüchen deutlich zurückgeblieben sei. Das Land hatte weniger Verluste aufzuweisen als seine Verbündeten und sich erst im Oktober 1918 wieder zur Endoffensive entschließen können, als der Zusammenbruch des Gegners schon abzusehen war. Seine Flotte hatte es kaum eingesetzt und den Krieg nur durch massive Unterstützung der Alliierten durchhalten können.[40]

Diese Zurückweisung löste in der italienischen Öffentlichkeit große Entrüstung aus. Außenminister Sidney Sonnino sprach als erster von einem »verstümmelten Sieg« (»vittoria mutilata«) und drohte den Verbündeten, dieser werde Italien die Anarchie bringen, womit er eine Revolution nach russischem Vorbild meinte. Am Ostersonntag 1919 musste Orlando den Verhandlungstisch in Paris verlassen, weil er seine Tränen nicht mehr zurückhalten konnte.[41] Vier Tage später verließ er aus Protest die Friedenskonferenz und wurde daheim begeistert empfangen. Im Mai kehrte er nach Paris zurück. Briten und Franzosen hatten inzwischen den deutschen Kolonialbesitz in Afrika unter sich aufgeteilt. Am 19. Juni wurde Orlando wegen seiner Misserfolge durch ein Misstrauensvotum gestürzt. Seinem Nachfolger, Francesco Saverio Nitti von der Partei der Radikalen, blieb nichts weiter übrig, als klein beizugeben und den Friedensverträgen zuzustimmen, die Dalmatien dem neuen jugoslawischen Königreich zusprachen und aus Fiume eine neutrale Stadt unter dem Protektorat des Völkerbundes machten. Damit war der »verstümmelte Sieg« nach Meinung vieler in Italien Realität geworden. Dies war weitgehend unbegründet, denn Italien konnte durchaus eine reiche Kriegsbeute nach Hause tragen. Dennoch wurde die Parole von der »vittoria mutilata« zu einer scharfen Waffe in den Händen der Nationalisten und Faschisten im Kampf gegen das linksliberale Establishment, das die Zügel des Staates noch bis 1922 mehr schlecht als recht in den Händen hielt. Sie entsprach der Dolchstoßlegende und der Parole von den »Novemberverbrechern«, mit denen die Gegner der Weimarer Republik in Deutschland so verhängnisvoll Politik machen sollten.

Der Vertrag mit Ungarn wurde erst unterzeichnet, nachdem die Räterepublik Ende 1919 mit Hilfe rumänischer Truppen gestürzt und durch ein rechtsgerichtetes Regime abgelöst worden war. Der Vertrag, den die von Frankreich unterstützte Regierung von Miklós Horthy am 4. Juni im Grand Trianon, einem Lustschloss im Schlosspark von Versailles, unterschrieb, war besonders hart.[42] Ungarn verlor mehr als zwei Drittel seines Staatsgebietes, darunter das Burgenland, die Slowakei, die Karpatenukraine, Kroatien, Slawonien, Teile des Banats und Siebenbürgen. In vielen dieser Gebiete, die nun an Österreich, die Tschechoslowakei, Jugoslawien und vor allem Rumänien gingen, lebten ungarische Bevölkerungsgruppen. Durch den Vertrag von Trianon fanden sich nun drei Millionen Ungarn als Bürger der Nachbarstaaten ihres Heimatlandes wieder, was einem besonders virulenten Revanchismus Vorschub leistete, der bis heute nicht völlig abgeebbt ist und immer noch ein wichtiges Mobilisierungsthema der ungarischen Rechtsradikalen bildet. Dem Mutterland verblieb eine Bevölkerung von 7,6 Millionen Menschen, zu denen allerdings nicht nur Ungarn zählten, sondern auch über eine halbe Million Deutsche sowie nicht wenige Slowaken, Rumänen, Kroaten, Serben, Slowenen und andere Minderheiten.

Sehr viel glimpflicher kam Bulgarien weg. Das Land verlor im Frieden von Neuilly zwar Westthrakien und damit den Zugang zur Ägäis, ansonsten aber nur kleinere Gebiete, die an Jugoslawien fielen. Die bulgarische Armee wurde auf 20 000 Mann beschränkt und die Reparationssumme auf 400 Millionen Dollar festgesetzt, die bis 1958 zu entrichten waren, eine beträchtliche, aber doch wenigstens feste Summe.[43] Teil des Vertrages war auch eine Konvention über einen Bevölkerungsaustausch zwischen Bulgarien und Griechenland, der zur Migration von fast 100 000 Menschen führte. Er sollte auf freiwilliger Basis erfolgen, sah jedoch kein Rückkehrrecht vor.

Die Zukunft des Nahen und Mittleren Ostens wurde von den europäischen Siegermächten bestimmt, nachdem die USA den Versailler Vertrag abgelehnt hatten und als Garantiemacht und wie auch als Kandidat für die Übernahme von Völkerbundsmandaten in der Region ausgeschieden waren. Der Friedensvertrag von Sèvres war der härteste aller Friedensverträge, denn er lief auf die Zerschlagung des Osmanischen Reiches hinaus und stellte die gesamte Region unter das Protektorat der Sieger. Der Vertrag sprach dem Osmanischen Reich fast alle seine Territorien außerhalb Anatoliens ab. Auf der europäischen Seite der Meerengen, die entmilitarisiert und unter internationale Kontrolle gestellt werden sollten, verblieb nur ein schmaler Streifen Land beim Osmanischen Reich. Konstantinopel sollte unter alliierter Besatzung bleiben. Der Irak und Palästina wurden Großbritannien, Syrien und der Libanon Frankreich als Völkerbundmandate übergeben. Aber auch Anatolien sollte nicht uneingeschränkt dem Osmanischen Reich verbleiben. Griechenland, das im Mai 1919 Truppen in die Westtürkei entsandt hatte, wurde nicht nur Thrakien, sondern auch die ägäische Hafenstadt Smyrna (Izmir) und ein relativ großes Umland zugesprochen. Für Armenien, das mit eigenen Vertretern an den Verhandlungen beteiligt war, war die Unabhängigkeit vorgesehen. Den Kurden wurde Autonomie eingeräumt und unter bestimmten Bedingungen auch die staatliche Unabhängigkeit in Aussicht gestellt. Der Vertrag wurde von der osmanischen Regierung zwar am 10. August unterzeichnet, aber vom Parlament nie ratifiziert, da es vom Sultan aufgelöst worden war. Die von Mustafa Kemal geführte national-türkische Gegenregierung, die sich im April in Ankara gebildet hatte, lehnte den Vertrag ab und erklärte die Unterzeichner zu Hochverrätern. In dem nun folgenden »Befreiungskrieg« gelang es den Türken unter der Führung Mustafa Kemals, die griechischen Truppen aus Kleinasien und dem europäischen Teil der Türkei zu vertreiben. Mit dem am 24. Juli 1923 unterzeichneten Vertrag von Lausanne wurden die Souveränität der Türkei und ihr Recht auf die zurückeroberten Gebiete anerkannt. So wurde die Türkei, die am 29. Oktober 1923 als Republik ausgerufen wurde, zum ersten Staat, der die Bestimmungen eines Pariser Vorortvertrages revidieren konnte.[44]

Die Pariser Vorortverträge schufen keine dauerhafte Friedensordnung. Die Sieger fanden nicht die Kraft zu einer neuen internationalen Ordnung, die auch von den Besiegten anerkannt werden konnte, und fielen in vieler Hinsicht in traditionelle Interessenpolitik zurück. Da die Vereinigten Staaten und das im Bürgerkrieg versinkende Russland aus der neuen Friedensordnung ausstiegen oder von ihr ausgeschlossen waren, fiel Europa, das zerrissener war als jemals zuvor und seine nationalen Gegensätze noch weniger unter Kontrolle hatte, auf sich selbst zurück. Darin unterschied sich die Situation nach dem Großen Krieg fundamental von der nach dem Zweiten Weltkrieg. Das Selbstbestimmungsrecht der Völker, das ursprünglich die Grundlage der neuen Ordnung hatte bilden sollen, war durch die Machtansprüche der großen, aber auch der kleineren Siegermächte vielfach durchlöchert und konterkariert worden. Als alleinige Grundlage des Friedens war es angesichts zahlreicher Gemengelagen und ethnisch gemischter Grenzregionen ohnehin nicht geeignet. So kam es zu zahlreichen alten und neuen Konflikten, wo es verletzt wurde, aber auch dort, wo die Sieger versucht hatten, ihm Rechnung zu tragen.[45]

Deutschland brachte die Nachkriegsordnung allerdings auch zahlreiche Vorteile, weil es nun von den ungünstigen Bündnissystemen der Vorkriegszeit entlastet war. So war nicht nur die Abhängigkeit von der zunehmend schwächelnden Habsburgermonarchie, sondern auch der Druck der russisch-französischen Allianz weggefallen. Die Beziehungen zur Sowjetunion und den neu entstandenen Staaten in Mittel- und Ostmitteleuropa boten viele wirtschaftliche Chancen und politische Spielräume, zumal das Verhältnis dieser Staaten untereinander nicht gerade konfliktfrei war. Diese positive Entwicklung der Beziehungen zu den europäischen Nachbarn wirkte sich jedoch auf die inneren Verhältnisse in Deutschland kaum aus: »Die verständliche Unfähigkeit, emotionsfrei die Chancen zu erkennen, die der Versailler Vertrag schon mittelfristig bereithielt, begünstigte innenpolitisch die Destabilisierung der Weimarer Republik aufgrund des revisionistischen Versailles-Nationalismus.«[46]

Die Unterzeichnung des Versailler Vertrages durch die sozialdemokratisch geführte Regierung Bauer hat die politische Kultur in Deutschland bekanntlich schwer belastet. Die rechtsgerichteten Parteien warfen den Parteien der »Weimarer Koalition« – SPD, Zentrum, Deutsche Demokratische Partei (DDP) – vor, Deutschland an die Siegermächte verraten zu haben. Dabei gehörte die Revision des Versailler Vertrags zum Programm aller Parteien. Und auch im Lager der Sieger wurden schon bald Stimmen laut, die an der Berechtigung der harten Bedingungen, die Deutschland auferlegt worden waren, und an der Zuweisung der alleinigen Kriegsschuld Zweifel äußerten.

Einflussreich wurde vor allem das Buch des amerikanischen Historikers Sidney Bradshaw Fay mit dem Titel *The Origins of the World War*, das seit 1928 in mehreren Auflagen und 1929 auch in deutscher Übersetzung erschien. Fay kam zu dem Schluss, das Deutsche Reich habe keineswegs einen europäischen Krieg geplant, sondern sei das Opfer seiner eigenen Torheit und des Bündnisses mit Österreich gewesen.[47] Das richtete sich unter anderem gegen die harte Haltung, die Raymond Poincaré als Leiter der alliierten Reparationskommission und als treibende Kraft bei der belgisch-französischen Besetzung des Ruhrgebiets 1923/24 gegenüber Deutschland als der für den Krieg verantwortlichen Macht eingenommen hatte. Fay beendete seine Überlegungen mit der Forderung nach einer Revision des Versailler Vertrags.[48] Damit stimmte er nicht nur deutschen Revisionisten zu, sondern auch Politikern wie Aristide Briand, der schon zu Beginn der zwanziger Jahre begonnen hatte, den Sinn der harten Friedensbedingungen im Versailler Vertrag zu bezweifeln. 1926 erhielt Briand zusammen mit dem deutschen Außenminister Gustav Stresemann den Friedensnobelpreis.

Der lange Krieg

In Westeuropa schwiegen seit November 1918 die Waffen. In anderen Teilen der Welt ging der Krieg jedoch nahtlos in zahllose weitere Konflikte und Kriege über. Aus der Sicht Osteuropas und des Nahen und Mittleren Ostens führen die konventionellen Schulbuchdaten 1914–1918 daher in die Irre. Hier endete der Erste Weltkrieg nicht 1918, sondern wesentlich später. Der Weltkrieg war nicht nur ein großer, sondern auch ein langer Krieg. Historiker sprechen gerne vom »langen 19. Jahrhundert«, das mit der Französischen Revolution begann und erst 1914 endete. In Anlehnung daran kann durchaus vom »langen Ersten Weltkrieg« geredet werden. Die These vom »Zweiten Dreißigjährigen Krieg« oder »Europäischen Bürgerkrieg 1914–1945«, die die Jahre zwischen 1914 und 1945 zu einem ununterbrochenen und zusammenhängenden Konfliktgeschehen erklärt, ist allerdings nicht unproblematisch. Zwar gingen schon bald nach dem Ende des großen Krieges viele davon aus, ein zweiter Weltkrieg werde nicht lange auf sich warten lassen.[49] Und in der Tat hat der große Krieg ohne Zweifel viel Zündstoff für den nächsten globalen Konflikt hinterlassen. Er mündete nicht in eine dauerhafte Friedensordnung. Der Wunsch nach Revision der Pariser Verträge war in vielen Nationen stark, vor allem in Deutschland, aber auch in Italien, Ungarn und anderen Ländern, und wurde zu einem bestimmenden Thema der internationalen Politik in der Zwischenkriegszeit. Der japanische Imperialismus hatte durch den Krieg weiteren Auftrieb erfahren. Der Konflikt mit den USA um die Vorherrschaft im Pazifik und in Ostasien, der im Krieg nur notdürftig kaschiert blieb, wurde nicht gelöst und schwelte daher weiter.

Es führt jedoch kein direkter Weg vom Ersten zum Zweiten Weltkrieg. Zwar gab es Soldaten und Offiziere, denen Militär, Krieg und Gewalt in den langen Jahren an der Front zur Lebensform geworden war und die im zivilen Leben nur schwer wieder Fuß fassten. Sie liefen nun den stramm rechts orientierten Freikorps zu, die überall in Ostmitteleuropa gegen die »rote Flut« kämpften, oder faschistischen Kampfbünden, wie in Italien, und anderen paramilitärischen Organisationen, die den Krieg als Bürgerkrieg weiterführten. Doch diese Konjunktur von Gewalt, die durchaus bürgerkriegsähnliche Formen annehmen konnte, ebbte in den meisten Ländern nach einigen Jahren ab. Für die Masse der ehemaligen Kriegsteilnehmer war sie untypisch. Die meisten heimkehrenden Soldaten wollten alles andere als einen erneuten Krieg, ebenso wenig die breite Bevölkerung ihrer Länder. Die Schrecken des großen Krieges hatten keineswegs zu einer allgemeinen Brutalisierung der Soldaten geführt, sondern vor allem zur Ablehnung des Krieges und zum Wunsch nach Frieden. Das galt auch für die meisten Veteranenverbände, die sich nun bildeten, besonders in Frankreich und Großbritannien, aber auch anderswo.[50] Der größte Veteranenverband der Weimarer Republik war nicht der rechte und republikfeindliche »Stahlhelm«, sondern das sozialdemokratische »Reichsbanner Schwarz-Rot-Gold«, das für Völkerverständigung, Frieden und die Verteidigung der Republik gegen ihre rechten wie linken Gegner eintrat.

Die Weimarer Republik hat sich nach ihren ersten turbulenten Jahren und dem Ende der großen Inflation 1923 trotz der enormen Belastungen durch die Kriegsfolgen wirtschaftlich, innenpolitisch und auch in ihren Außenbeziehungen erheblich stabilisieren können. Diese positive Entwicklung wurde erst wieder 1929 mit der Weltwirtschaftskrise unterbrochen, die keine unmittelbare Folge des Krieges mehr war. Erst jetzt begann der wirkliche Aufstieg der Nationalsozialisten, der erneut in den Krieg und die Katastrophe führte. In Italien kamen die Faschisten schon Ende 1922 an die Macht. Die Revision des »verstümmelten Friedens« gehörte ebenso zum Kern ihres Programms wie die sich teilweise aus älteren Wurzeln speisende Vorstellung, dass eine moderne und im Inneren disziplinierte Nation und der »neue Mensch« (»uomo nuovo«) letztlich nur durch Expansion und erfolgreiche Kriege zu schaffen waren. Doch die Kräfte der Faschisten wurden noch lange Jahre vom Aufbau der Diktatur absorbiert. Zahlreiche Kompromisse mit den konservativen Eliten, der Monarchie und der Kirche mussten geschlossen werden, aber auch mit den Westmächten und ihren Verbündeten. Diese erzwungene Zurückhaltung dämmte den italienischen Imperialismus über ein Jahrzehnt weitgehend ein. Zu offener gewaltsamer Expansionspolitik ist das Regime erst Mitte der dreißiger Jahre übergegangen, als es fest im Sattel saß und sich die internationale Lage durch die Machtübernahme der Nationalsozialisten radikal verändert hatte.[51]

Von allen Konflikten, die sich unmittelbar an den Ersten Weltkrieg anschlossen, ist der russische Bürgerkrieg wohl der welthistorisch bedeutsamste und auch mit Abstand blutigste; er kostete Millionen von Menschen das Leben, vielleicht mehr als der Erste Weltkrieg im engeren Sinne, besonders wenn man die Opfer unter der Zivilbevölkerung infolge von Unterernährung, Epidemien und Massakern mitzählt. Revolution und Bürgerkrieg haben die Erinnerung an den Ersten Weltkrieg in Russland weitgehend überlagert, da dieser ein Krieg des alten Regimes war und sich nicht als »Gründungsmythos« des neuen Staates eignete.[52]

Der Bürgerkrieg begann unmittelbar im Anschluss an die Revolution mit Aufständen in verschiedenen Teilen Russlands, vor allem im Süden des Landes und in Sibirien.[53] An ihnen waren vor allem die Kosaken und die über 40000 Mann starke Tschechoslowakische Legion beteiligt, die auf der Seite der russischen Armee gekämpft hatte und sich nun entlang der Strecke der Sibirischen Eisenbahn auf den Weg nach Osten machte, um sich in Wladiwostok einzuschiffen. Nach dem Friedensvertrag von Brest-Litowsk im März 1918 verminderte sich zwar der deutsche Druck auf die Bolschewiki, aber die Beziehungen zu den Entente-Mächten veschlechterten sich. Im Sommer 1918 intervenierten diese, um die Gegner der Revolution zu unterstützen und eine weitere Annäherung der Bolschewiki an die Deutschen zu unterbinden.[54] Im Juni 1918 landeten 600 britische Soldaten in Murmansk, im August ging ein ähnlich großes britisch-französisches Kontingent in Archangelsk mit dem Auftrag an Land, die dortigen Waffendepots zu sichern. Bald traf auch eine 5000 Mann starke amerikanische Truppe ein. Es kam zu vereinzelten Kämpfen mit der Roten Armee. Im Juli 1919 zogen die alliierten Truppen wieder ab, denn in der kriegsmüden Öffentlichkeit ihrer Länder ließ die Unterstützung für die Intervention nach. Von relativ kurzer Dauer war auch die Landung eines etwa 1000 Mann starken französisch-griechischen Kontingents in Odessa im Dezember. Es wurde im April 1919 wieder zurückgezogen, nachdem es in der französischen Schwarzmeerflotte, die das Unternehmen begleitete, zu Meutereien und Soldaritätsbekundungen mit den Bolschewiki gekommen war.

Am stärksten und längsten intervenierten die Alliierten im fernen Osten Russlands. In Wladiwostok waren schon im April 1918 einzelne britische und japanische Verbände an Land gegangen. Im August trafen dort knapp 8000 amerikanische Soldaten ein, um den Rückzug der Tschechoslowakischen Legion zu erleichtern und die weißen Truppen unter Admiral Koltschak zu unterstützen, die sich im Ural und in Sibirien 1918, wo die Bolschewiki kaum Fuß gefasst hatten, zunehmend stabilisieren konnten. Die Japaner waren zwischen Juli und November 1918 sogar mit 70000 Mann in Sibirien vertreten, wo sie bis 1922 blieben und vor allem durch Krankheiten 5000 Mann verloren. Militärisch hatte das Engagement der Alliierten nur eine geringe Bedeutung für den Bürgerkrieg, doch ihre materielle Unterstützung der Weißen Armee war beträchtlich. Im März 1919 ging Koltschak im Ural zur Offensive über und konnte große Gebietsgewinne machen. Zwischenzeitlich war die Rote Armee unter Federführung Trotzkis reorganisiert worden und zählte schon Anfang des Jahres über 800000 Mann. Es gelang ihr nicht nur, die Weißen im April zurückzuschlagen, sondern sie im Lauf des Sommers aus dem Ural zu vertreiben und immer weiter nach Osten zurückzudrängen. Als großer Nachteil für die Gegenrevolutionäre erwies sich, dass sie nicht über die Reserven Zentralrusslands verfügten und die alliierten Waffen und Hilfsgüter auf langen Nachschubwegen von Wladiwostok durch ganz Sibirien herangeschafft werden mussten. Im November fiel Omsk. Koltschak wurde gefangengenommen und 1920 hingerichtet.

Die weiße Bewegung in Südrussland hatte zunächst mehr Erfolg, obwohl sie bald von Koltschak abgeschnitten war. Im Juni 1919 brach die südliche Front der Roten Armee vorübergehend zusammen. Im Oktober standen die Verbände von General Denikin 400 Kilometer südlich von Moskau. Auch im Nordwesten kamen die Roten Ende 1919 in schwere Bedrängnis, denn im Baltikum hatten sich noch unter deutscher Besatzung weiße Truppen gesammelt, die nun unter der Führung von General Judenitsch die estnisch-russische Grenze überschritten. Ende Oktober lagen nur noch 30 Kilometer zwischen der Weißen Garde und Petrograd.

Doch dann kam die Wende. Die Weißen hatten im Süden ihre Linien überdehnt und litten unter Nachschubproblemen. Durch die nun einsetzenden Plünderungen verloren sie den Rückhalt in der bäuerlichen Bevölkerung. Die Rote Armee dagegen konnte sich fangen und spielte nun ihre überlegenen Kräfte aus. Am 13. Dezember erreichte sie Kiew, am 7. Januar 1920 Rostow am Don. Die letzten Einheiten Denikins mussten sich auf die Krim zurückziehen, wo sich die Weißen noch bis Ende 1920 halten konnten.[55] Aber damit war der Bürgerkrieg noch nicht vorüber, denn parallel zum Konflikt zwischen Weißen und Roten bildeten sich in der Ukraine und Südrussland bewaffnete Bewegungen, die für bäuerliche Selbstverwaltung eintraten und gegen die Beschlagnahmung der Lebensmittel durch die Bolschewiki kämpften. Zu diesen »grünen« Kräften gehörte der Anarchist Nestor Machno, der Teile der Ukraine bis 1921 gegen Weiße und Rote gleichermaßen verteidigte. Im südrussischen Oblast Tambow führte der Sozialrevolutionär Alexander Antonow eine 20 000 Mann starke Bauerntruppe, die sich bis Mitte 1921 gegen die Rote Armee halten konnte. Krieg, Revolution und Bürgerkrieg ließen ein völlig verwüstetes Land zurück. Die russische Wirtschaft lag 1921 völlig am Boden. Im Bürgerkrieg hatten noch einmal 1,5 Millionen Soldaten ihr Leben gelassen, die Hälfte davon im Gefecht, die andere durch Krankheiten und Epidemien. Die Zahl der Zivilisten, die Opfer von Hinrichtungen, Massakern, Hunger und Seuchen wurden, ist nicht genau bekannt, geht aber in die Millionen.

Zum Bürgerkrieg kam es auch in Finnland. Das finnische Parlament hatte am 6. Dezember 1917 die Unabhängigkeit des Landes proklamiert; sie wurde von den Bolschewiki im Januar 1918 anerkannt. Schon Ende Januar begann jedoch ein drei Monate dauernder Bürgerkrieg. Die finnischen »Radikalen« in der Regierung tendierten zur Sozialdemokratie, suchten aber enge Beziehungen zum Regime in Petrograd. Sie genossen große Unterstützung im Volk, waren aber ihren Gegnern, die sich vom bolschewistischen Regime in Russland distanzierten, militärisch unterlegen. Zu den von General Carl Mannerheim kommandierten Verbänden gehörten in Deutschland ausgebildete Jägerbataillone, denen die Roten Garden militärisch nicht gewachsen waren. Im April 1918 flohen sie aus Helsinki, begleitet von zahlreichen Zivilisten, und versuchten sich in Russland in Sicherheit zu bringen.[56]

Auch in Ungarn brachte ein Bürgerkrieg, unterstützt durch eine Intervention von außen, ein rechtsgerichtetes Regime an die Macht. In Budapest war es nach der Niederlage im November 1918 zur Revolution gekommen, die das Ende der gemäßigten Regierung Miháli Károlyis bedeutete. Seit März des Folgejahres stand Béla Kun an der Spitze einer Koalition von Sozialisten und Kommunisten. Als die Siegermächte in Paris festlegten, dass Ungarn große Teile Siebenbürgens an Rumänien abtreten sollte, erklärte Kun, dass er die ungarischen Grenzen mit Gewalt verteidigen werde. Rumänische Truppen fielen ins Land ein, unterstützt von einer in Szeged gebildeten rechtsgerichteten Gegenregierung. Deren »Nationalarmee« und die Rumänen zwangen Béla Kun nach 133 Tagen seiner Räteregierung zur Flucht nach Österreich, dann nach Russland. Am 16. November 1919 zog Miklós Horthy in Budapest ein und errichtete ein autoritäres Regime, das von den Siegermächten unterstützt und geduldet wurde, zumal es dem Friedensvertrag zustimmte, mit dem Ungarn fast zwei Drittel seines Territoriums und fast 30 Prozent seiner Bevölkerung an Rumänien, die Tschechoslowakei und Jugoslawien verlor.[57]

Polen, das im Oktober 1918 seine Selbständigkeit proklamiert hatte und 1919 durch die Pariser Verträge international anerkannt worden war, befand sich schon bald in zahlreichen Konflikten mit seinen Nachbarn, vor allem mit Russland. Der britische Außenminister Lord Curzon hatte am 8. Dezember 1919 in Paris einen Vorschlag für die Grenzziehung zwischen den beiden Staaten gemacht. Die Curzon-Linie, die weitgehend den heutigen Ostgrenzen Polens entspricht, stieß jedoch auf Ablehnung der polnischen Seite, die sich an den Landesgrenzen vor den drei Teilungen im späten 18. Jahrhundert orientierte. Die Situation war infolge des russischen Bürgerkrieges für die polnische Seite günstig. Um seinen Ansprüchen Nachdruck zu verleihen, marschierte Polen in Weißrussland und die Ukraine ein. Unterstützung erhielten sie von ukrainischen Nationalisten. Am 7. Mai 1920 wurde Kiew erobert, nachdem die Rote Armee die Stadt nach kurzem Widerstand verlassen hatte. Eine Woche später begann eine russische Gegenoffensive, die die polnische Armee am 12. Juni zur Aufgabe der Stadt zwang und im Juni bis nach Lemberg zurückdrängte. Im Juli eroberte die Rote Armee Minsk, Wilna (Vilnius) und Grodno, Anfang August Brest-Litowsk. Am 10. August überschritt sie bereits die Weichsel und bedrohte Warschau. Hier gelang den Polen die erfolgreiche Gegenoffensive. Das »Wunder an der Weichsel« brachte die Wende. Im Herbst eroberten sie Wilna und Minsk zurück. Beide Seiten waren nach den langen Kämpfen erschöpft und begannen im September 1920 Verhandlungen, um den Krieg zu beenden; ihre Verluste gingen in die Hunderttausende, und Tausende von Kriegsgefangene kamen durch Unterversorgung ums Leben.

Auch unter der Zivilbevölkerung gab es infolge von Übergriffen viele Opfer, am meisten unter den Juden, die von beiden Seiten als potenzielle Feinde gesehen wurden. Lenin wollte einen raschen Frieden, um den Rücken für den Kampf gegen die Weißen frei zu haben, und war deshalb zu weitgehenden Zugeständnissen bereit. Am 18. März 1921 wurde in Riga Frieden geschlossen, große Teile Weißrusslands und der Ukraine fielen an Polen. Diese Gebiete, die bis zu 250 Kilometer über die Curzon-Linie hinausreichten und mehrheitlich von Weißrussen, Ukrainern, Litauern und Juden bewohnt wurden, blieben bis zum Zweiten Weltkrieg bei Polen.[58]

Auch zwischen Polen und der Tschechoslowakei kam es schon bald nach Kriegsende zu einem Konflikt, der sich vor allem an der wirtschaftlich bedeutsamen Stadt Teschen entzündete. Die beiden neuen Staaten hatten sich am 5. November 1918 auf den Fluss Olsa als Grenze geeinigt. Dadurch war das mehrheitlich polnischsprachige Teschen geteilt worden. Bald darauf erhob Polen erneut Ansprüche auf das gesamte Olsa-Gebiet. Vom 23. bis 30. Januar 1919 wurde ein »Siebentagekrieg« geführt, der keiner der beiden Seiten einen Vorteil brachte. Auf Druck der Entente einigten sich Polen und die Tschechoslowakei auf Verhandlungen, die zunächst im Rahmen der Pariser Friedenskonferenz in Paris geführt wurden, an denen beide Länder als Siegermächte teilnahmen. Zu einem Ergebnis kam es aber erst Ende Juli 1920, wobei die Regelung vom 5. November 1918 bestätigt wurde. Endgültig beigelegt wurden die Differenzen jedoch erst im Juni 1958, als die Volksrepublik Polen definitiv auf ihre weitergehenden Ansprüche verzichtete.

Posen und Westpreußen waren durch den Versailler Vertrag ohne Abstimmung zu Polen gekommen. Für Oberschlesien jedoch, mit seinen Kohlegruben und Industrierevieren eine der bedeutendsten wirtschaftlichen Regionen in Ostmitteleuropa, war von den Siegern in Paris eine Volksabstimmung angeordnet worden. Sie erbrachte im März 1921 im größten Teil des Abstimmungsgebiets eine Mehrheit zugunsten des Verbleibs bei Deutschland. Schon vor der Abstimmung hatte es gewaltsame Zusammenstöße zwischen polnischen Nationalisten und deutschen Freikorps gegeben. Nach der Abstimmung brachen weitere Kämpfe aus, an denen auch Freiwillige aus Polen teilnahmen und bei denen Tausende von Menschen ums Leben kamen. Am 10. Oktober 1921 entschied der Völkerbund, dass der Osten Oberschlesiens mit seiner polnischen Bevölkerungsmehrheit an Polen angegliedert werden sollte. Von der deutschen Regierung wurde diese Entscheidung nie anerkannt, und eine Teilung Oberschlesiens war im Versailler Vertrag nicht vorgesehen.

Grenzkonflikte ereigneten sich auch weiter im Süden, zwischen Italien und dem neuen Königreich der Serben, Kroaten und Slowenen, das sich ab 1929 Königreich Jugoslawien nannte. Italien hatte in Paris nicht nur Anspruch auf Teile Dalmatiens, sondern auch auf die Hafenstadt Fiume (Rijeka) erhoben, das im Londoner Vertrag nicht enthalten war. Diese Ansprüche waren von den anderen drei großen Mächten zurückgewiesen worden, weil sie in ihren Augen das Nationalitätenprinzip verletzten, aber auch weil sie den neuen jugoslawischen Staat als Pfeiler der neuen internationalen Ordnung stärken wollten. Doch in der italienischen Öffentlichkeit gewannen zusehends jene Kräfte die Oberhand, die für eine gewaltsame Annexion Fiumes plädierten. Sie sammelten sich um Gabriele D'Annunzio, ein Meister der medialen Selbstinszenierung und Schlüsselfigur der Kriegsbewegung, der vor allem durch seinen legendären und riskanten Flugblattabwurf über Wien zum populären Kriegshelden geworden war. D'Annunzio trommelte gegen den »verstümmelten Frieden« und sammelte eine bunte Mischung demobilisierter Kriegsteilnehmer aus verschiedenen Teilen des nationalen Lagers um sich, darunter auch viele ehemalige Angehörige der italienischen Sturmtruppen (»Arditi«). Mit diesem etwa 2500 Mann zählenden Freikorps okkupierte er am 11. September 1919 Fiume. Das geschah gegen den Willen Roms, aber die italienischen Besatzungstruppen setzten D'Annunzio keinerlei Widerstand entgegen.[59]

Benito Mussolini unterstützte die Aktion, nahm an ihr aber nicht teil, weil er sich dem Rivalen nicht unterordnen wollte. Seine im März 1919 in Mailand gegründeten hochgradig heterogenen »Fasci di combattimenti« hatten zu dieser Zeit allerdings erst wenige Mitglieder und waren nur eine der vielen Gruppen im nationalen Spektrum, die sich auf die Suche nach einem dritten Weg zwischen Liberalismus und Sozialismus gemacht hatten. Sein Prestige und Einfluss reichte nicht annähernd an den D'Annunzios heran. Am 12. November 1920 einigten sich Italien und Jugoslawien im Vertrag von Rapallo, aus Fiume einen unabhängigen »Freistaat« unter der Oberaufsicht des Völkerbundes zu machen. An Weihnachten mussten D'Annunzio und seine Legionäre abziehen. Aber schon im März 1922 kam es zu einem Putsch der lokalen Faschisten. 1924 stimmte Jugoslawien einer Teilung des Territoriums zu. Fiume kam zu Italien, die Nachbarstadt Susak und das Umland wurden jugoslawisch.[60]

Die Besetzung Fiumes dauerte also über ein Jahr. Sie wurde zum wichtigsten Laboratorium des Faschismus. Hier wurde fast alles erfunden oder zum ersten Mal in die Tat umgesetzt, was den Faschismus kennzeichnen sollte: die korporative Verfassung, die Rhetorik von Blut, Glaube und Opfertod, der Kult der Gewalt und Männlichkeit, die konsequente Ästhetisierung der Politik und ihre Inszenierung als Rausch und Fest, die Übertretung aller bürgerlichen Konventionen, im Alkoholismus und in sexuellen Exzessen. Der »römische Gruß«, den die Nationalsozialisten übernahmen, aber aus naheliegenden Gründen anders nannten, die schwarzen Hemden und auch das Kampflied der Faschisten (»Giovinezza«), das die Jugend und die nationale Erneuerung besingt – ursprünglich ein Studentenlied mit harmloserem Text, das sich die Sturmtruppen zu eigen gemacht hatten –, all das stammte aus Fiume.[61] D'Annunzio wird bis heute in Italien ganz offiziell als großer Dichter, Kriegsheld und Frauenschwarm verehrt. In kaum einem Schulbuch fehlen seine schwülstigen Machwerke. Seine Villa in Gardone am Gardasee, die den hochtrabenden Namen »Vittoriale degli Italiani« trägt und in deren Garten er ein Mausoleum für sich und seine Gefährten errichten ließ, ist ein Nationaldenkmal, das jedes Jahr Tausende von Besuchern anzieht. Dass sein Besitzer ein Militarist, ein chauvinistischer Kriegstreiber reinsten Wassers und Geburtshelfer des Faschismus war, den Mussolini nur mit Mühe hat kaltstellen können und der 1924 nach dem brutalen Mord an dem Sozialistenführer Giacomo Matteotti den schwer kompromittierten Mussolini beinahe doch noch als »Duce« abgelöst hätte, wird den Besuchern verschwiegen. Sehr viel näher an der historischen Wahrheit ist da die Bar, die dem Eingang der Villa gegenüberliegt, denn hier können die Besucher Schlagstöcke und andere Devotionalien mit faschistischen Slogans erwerben, die an Deutlichkeit nichts zu wünschen übrig lassen (»Mussolini hat immer Recht«). Die örtlichen Behörden scheint dies nicht zu stören. Aber all das ist nur eine der vielen Merkwürdigkeiten im Umgang mit der faschistischen Vergangenheit, die man in Italien beobachten kann.[62]

Besonders instabil und konfliktträchtig stellten sich die Verhältnisse nach 1918 in Kleinasien und im Nahen Osten dar. Der von der türkischen Nationalbewegung unter Mustafa Kemal geführte militärische Widerstand gegen die Pläne der Siegermächte war vieles zugleich: ein bürgerkriegsähnlicher Konflikt mit der osmanischen Regierung, die weiter in Konstantinopel residierte; ein Konflikt mit Armeniern und Kurden, die eigene Staaten anstrebten; eine

Auseinandersetzung mit Griechenland, das im Zeichen der nationalistischen »Megali Idea« (»Große Idee«) zur regionalen Vormacht aufsteigen wollte, um Thrakien und die von Griechen bewohnten Küstenregionen Anatoliens; aber auch ein nationaler Befreiungskampf gegen die westlichen Großmächte, die sich selbst in Paris nicht nur die arabischen Teile des Osmanischen Reiches als Mandatsgebiete, sondern auch großflächige Besatzungszonen im Süden und Osten Anatoliens zusprachen. Im Waffenstillstand von Mudros vom 30. Oktober 1918 hatten sich die Sieger das Recht vorbehalten, jederzeit alle Teile des Reiches zu besetzen; in der Tat marschierten britische und französische Truppen im November in Konstantinopel ein, wo sie bis 1923 blieben. Die Regierung des osmanischen Sultans wurde zur Marionette der Sieger. Griechische Truppen besetzten im Mai 1919 Smyrna (Izmir), sein Umland und die angrenzenden Küstenregionen und im Sommer 1920 auch den kleinasiatischen Teil der Marmararegion. Dies geschah vor allem mit Unterstützung Großbritanniens, aber auch Frankreichs und der USA, die Griechenland als strategischen Partner in der östlichen Mittelmeerregion aufbauen wollten.[63]

Gegen die Besetzungen formierte sich alsbald Widerstand. Getragen wurde er zunächst von nationalistischen Freikorps, die sich aus Mitgliedern der aufgelösten geheimen Terror- und Guerillaorganisation der Jungtürken, aus desertierten Soldaten und Offizieren der osmanischen Armee und anderen Freiwilligen rekrutierten. Dazu stießen große Teile der osmanischen Armee, die entgegen dem Befehl des Sultans von Mustafa Kemal, der als Held von Gallipoli große Popularität genoss, nicht demobilisiert, sondern reorganisiert und gegen die griechischen Truppen ins Feld geführt wurden. Nachdem die kemalistischen Verbände nach langen Kämpfen, die fast 30 000 Soldaten das Leben kosteten, die Griechen besiegt hatten, nahmen sie am 9. September 1922 Izmir ein und richteten dort ein grauenhaftes Blutbad an. Innerhalb von wenigen Tagen wurden 30 000 Griechen und auch viele Armenier massakriert und deren Wohnviertel in Brand gesteckt. Zehntausende Griechen begaben sich nun auf die Flucht, viele von ihnen kamen dabei ums Leben.

Auch im Osten waren die Kemalisten erfolgreich. Hier hatte sich am 28. Mai 1918 die Demokratische Republik Armenien mit der Hauptstadt Jerewan gebildet. Zu ihr gehörten nach den Bestimmungen des Vertrags von Sèvres auch die armenischen Siedlungsgebiete im Osten Anatoliens, die Regionen um Trapezunt, Erzerum, Bitlis und Van. Der türkisch-armenische Krieg, in dessen Verlauf es erneut zu Massakern an der armenischen, aber auch an der muslimischen Zivilbevölkerung der Region kam, begann im Juni 1920 und endete im November mit einer Niederlage der Armenier, zumal Unterstützung von Seiten der Briten und Franzosen ausblieb, die mit der Niederschlagung von Aufständen in Mesopotamien und Syrien beschäftigt waren. Im Vertrag von Alexandropol musste Armenien im November 1920 auf alle Territorien, die ihm im Vertrag von Sèvres zugesichert worden waren, verzichten. 1921 machte Sowjetrussland auch dem Rest der kurzlebigen Republik ein Ende. Mit dem Vertrag von Lausanne akzeptierten die Franzosen und Briten im Juli 1923 den Sieg der Kemalisten, was vor allem zu Lasten der Griechen und Armenier ging, von den Kurden ganz zu schweigen. Die Türkei sicherte die freie Durchfahrt durch die Meerengen zu und erhielt dafür eine Garantie ihrer territorialen Integrität und Souveränität. Zwischen Griechenland und der Türkei wurde ein großangelegter Bevölkerungsaustausch vereinbart; als Grundlage für die Bestimmung der Nationalität diente die Religionszugehörigkeit. Etwa eine Million orthodoxer Griechen mussten die kleinasiatischen Gebiete verlassen, in denen ihre Vorfahren seit fast dreitausend Jahren gesiedelt hatten. Im Gegenzug wurden etwa 350 000 Muslime aus Griechenland ausgesiedelt.[64] Mit den Vereinbarungen von Lausanne war der Vertrag von Sèvres Makulatur. Sie stellten die erste größere Revision der Pariser Friedensverträge dar und erwiesen sich als außergewöhnlich dauerhaft. Sie hatten nicht nur für die Türkei, sondern auch für die Alliierten manche Vorteile, denn nun mussten sie nicht mehr wie 1922 und 1923 fürchten, dass sich die Türkei in ein Bündnis mit der Sowjetunion begab.[65]

Auch in den anderen Gebieten des ehemaligen Osmanischen Reiches blieb die Lage nach Kriegsende alles andere als ruhig. Großbritannien und Frankreich hatten sich über die Zukunft der Region in einem geheimen Abkommen geeinigt, das 1916 von den Diplomaten Mark Sykes und Georges Picot ausgehandelt worden war. Darin wurde der Nahe Osten in britische und französische Interessengebiete aufgeteilt (siehe Kapitel 6). Allerdings widersprach es den Zusagen der Briten an den haschemitischen Großscherifen von Mekka, Hussein ibn Ali, hinsichtlich der Unabhängigkeit eines arabischen Königreichs. Auf der Basis dieser Hoffnungen hatten arabische Verbände unter dem Großscherifen im Hedschas im Westen des Arabischen Halbinsel und in Palästina an der Seite der Briten gegen die Osmanen gekämpft. Doch London dachte überhaupt nicht daran, sein Versprechen eines haschemitischen Arabiens einzuhalten, half Hussein aber, im Hedschas ein Königreich zu errichten. Nach dem von Atatürk verfügten Ende des osmanischen Kalifats rief Hussein sich 1924 zum Kalifen aller Rechtgläubigen aus. Noch im gleichen Jahr wurde er von Abd al-Aziz ibn Saud vertrieben, der mit dem Nadschd den größten Teil der Arabischen Halbinsel beherrschte. Ibn Saud vereinigte 1932 die von ihm regierten Gebiete zum neuen Königreich Saudi-Arabien.

Mesopotamien stand seit dem Sieg über die Osmanen ganz unter der Kontrolle der Briten. Sie fassten die Provinzen Bagdad, Mossul und Basra zum Irak zusammen und ließen sich 1920 vom Völkerbund das Mandat für ihn übertragen. Da dies den Versprechungen auf ein souveränes Großarabien widersprach, kam es zum Aufstand, der drei Monate dauerte und etwa 8 500 Irakis und über 1 600 Briten das Leben kostete. Um die Wogen zu glätten, entschlossen sich die Briten dazu, einen arabischen Herrscher einzusetzen. 1921 wurde Faisal, einer der Söhne Husseins, durch ein Plebiszit mit überwältigender Mehrheit zum König bestimmt. Faktisch blieb das Land jedoch schon wegen seiner Ölreserven, die vollständig in ausländischem Besitz waren, weiter ein britisches Protektorat. Sein Enkel Faisal II. regierte das Land von 1939 bis zum Militärputsch im Juli 1958, der das Ende der britischen Vorherrschaft im Irak markierte.[66]

Zu schweren Unruhen, die sich aus der Enttäuschung nationaler Hoffnungen durch die Briten speisten, kam es kurz nach Kriegsende auch in Ägypten. Das Land, das sich seit 1882 faktisch unter der militärischen Kontrolle Londons befand, war schon im November 1914 zum britischen Protektorat erklärt und damit der formellen Oberhoheit der Osmanen entzogen worden. Die neue Wafd-Partei trat für eine Unabhängigkeit des Landes ein, das unter dem Krieg vor allem wirtschaftlich schwer gelitten hatte. Als sich Anfang 1919 eine Delegation der Partei nach Paris aufmachen wollte, um dort die Interessen des Landes zu vertreten, wurden ihre Mitglieder inhaftiert und nach Malta deportiert. Daraufhin brachen am 9. März schwere Unruhen aus, die von Streiks und vom Aufruf zum Boykott britischer Waren begleitet wurden und drei Wochen andauerten. Beim Einsatz des britischen Militärs kamen fast tausend Ägypter ums Leben.[67] Am 7. April erlaubten die Briten die Rückkehr der Deportierten. Diese legten der Pariser Friedenskonferenz umgehend die Forderung nach Unabhängigkeit Ägyptens vor, was von Wilson abgelehnt wurde. Doch schon wenige Jahre später lenkten die Briten ein. 1922 wurde das Land weitgehend unabhängig, 1936 erhielt es die volle Souveränität.

Das Völkerbundmandat über den Libanon und Syrien wurde 1920 Frankreich übertragen. Zuvor war es zu erheblichen Spannungen zwischen Paris und London über Syrien gekommen. Nachdem die Briten am Ende des Krieges Damaskus besetzt hatten, installierten sie eine arabische Verwaltung und ließen den syrischen Nationalkongress im März 1920 Faisal zum König ausrufen. London versuchte, vollendete Tatsachen zu schaffen, weil es befürchtete, Frankreich könne den arabischen Nationalismus herausfordern und dadurch die Interessen der Briten in der Region beschädigen. Letzlich gaben die Briten klein bei und machten 1920 französischen Besatzungstruppen Platz. Die schlugen alle Revolten im Land nieder und vertrieben Faisal, der sich jedoch schon nach kurzer Zeit im Londoner Exil mit der Königswürde des Irak trösten konnte.[68]

Mit dem Mandat über Palästina, das auch das heutige Jordanien umfasste, wurde Großbritannien vom Völkerbund betraut. Am 3. Januar 1919 hatten Faisal und Chaim Weizmann, der Leiter der zionistischen Delegation in Paris und spätere Präsident der Zionistischen Weltorganisation, ein Abkommen geschlossen, mit dem die Grenzen zwischen dem von Faisal angestrebten arabischen Königreich und dem von Weizmann auf der Basis der Balfour-Deklaration ins Auge gefassten jüdischen Staat abgesteckt wurden. Hier wurde nicht nur die Freundschaft, sondern sogar die gemeinsame Abstammung der Juden und Araber in Palästina betont. Faisal stimmte der Herauslösung Palästinas aus dem anvisierten arabischen Königreich und der Bildung eines jüdischen Staates zu. Dies wurde allerdings an die Bedingung geknüpft, dass es zu diesem selbständigen arabischen Staat kam. Doch Franzosen und Briten hatten andere Pläne und teilten die arabische Welt in verschiedene Protektorate auf. Das britische Mandat ließ ohnehin keinen Spielraum für eine jüdische Selbstverwaltung in Palästina, so dass die Vereinbarung keine unmittelbaren Folgen nach sich zog. Transjordanien, das heutige Jordanien, wurde im April 1920 dem britischen Mandatsgebiet Palästina angegliedert. Aber schon 1923 wurde es wieder abgetrennt und unter Faisals Bruder Abdullah zu einem autonomen Emirat. Faktisch blieb es ein Protektorat der Briten.[69]

In die schwersten Konflikte wurden die Briten nach dem Ende des Krieges nicht auf dem europäischen Kontinent oder im Nahen und Mittleren Osten verwickelt, sondern vor ihrer eigenen Haustür, in Irland, wo die Nationalisten nun den Lohn für die insgesamt loyale Haltung des Landes im Krieg einforderten und ihre Ambitionen nicht länger aufschieben wollten.[70] 1919 erklärte die Irish Republican Army Irland für unabhängig und begann den Kampf gegen die britischen Sicherheitskräfte. Die katholische Bevölkerung solidarisierte sich so stark mit der IRA, dass Gerichtsprozesse gegen deren Mitglieder wegen des Fehlens von Zeugen regelmäßig scheiterten. Die Polizei erklärte sich angesichts der Haltung der Bürger für machtlos. Die britische Verwaltung wusste sich 1920 nicht mehr anders zu helfen, als das Kriegsrecht zu verhängen. Als der britische Generalstabschef Sir Henry Wilson eine Armee von 200 000 Mann anforderte, um den Aufstand zu bekämpfen, wurde auch London klar, dass ein Krieg im Gang war, der weder militärisch noch politisch zu gewinnen war. Im Dezember 1921 wurde Irland geteilt. Die größere Hälfte wurde unabhängig, das von Protestanten dominierte Nordirland verblieb beim Vereinigten Königreich.

Der Erfolg der irischen Nationalisten gab anderen Unabhängigkeitsbewegungen im Empire Auftrieb, allen voran den Indern. Mahatma Gandhi stieß die gewaltsamen Methoden der Iren ab, andere Vertreter der indischen Unabhängigkeitsbewegung ließen sich dagegen von ihnen inspirieren.[71] Indien hatte im Krieg weit über eine Million Soldaten gestellt und großen Anteil am britischen Sieg über das Osmanische Reich. Während des Kriegs hatte es deutsche Versuche gegeben, die Inder zu instrumentalisieren und gegen ihre Kolonialherren aufzuhetzen,[72] doch die indische Nationalbewegung war im Krieg loyal geblieben und hatte die britischen Kriegsanstrengungen unterstützt. Dafür wurde nun mehr erwartet als ein gradueller Übergang zur Selbstverwaltung, den die Briten 1917 vage in Aussicht gestellt hatten. Der Ausschluss indischer Vertreter von der Pariser Friedenskonferenz wurde als schwere Kränkung empfunden und ließ die Nationalbewegung nur stärker werden, zumal die Briten jetzt mit verschärfter Repression gegen ihre Vertreter vorgingen. Der Nationalkongress organisierte überall in Indien Massendemonstrationen. Bei einer dieser Kundgebungen kam es am 13. April 1919 im nordindischen Amritsar zu einem Massaker. Britische Truppen und Gurkhas töteten rund 400 Hindus, Muslime und Sikhs, die gewaltlos gegen die Verhaftung einiger ihrer Anführer demonstriert hatten. Das heizte die Stimmung in Indien weiter auf. Die vorwiegend hinduistische Kongresspartei gewann immer mehr Einfluss auch in der unteren Mittelschicht, die sich in die britische Herrschaft bislang gefügt hatte. Aber auch die traditionell besonders loyalen indischen Muslime gingen nun immer mehr auf Distanz zu den Briten, weil sie ihnen die harte Behandlung und die Zerschlagung des

Osmanischen Reichs durch die Siegermächte übel nahmen. Sie organisierten eine Kampagne für die Erhaltung des osmanischen Kalifats, das für sie einen wichtigen religiösen Bezugspunkt bildete. Dieser Kampagne schlossen sich auch Mahatma Gandhi und der Indische Nationalkongress an. Der Widerstand der Muslime blieb jedoch nicht gewaltfrei. Die panislamische Kalifat-Bewegung kämpfte mit 10 000 Guerillakämpfern gegen die britische Herrschaft, wobei Tausende von ihnen den Tod fanden. Auch in Burma und Afghanistan wurden die Briten mit dem bewaffneten Widerstand islamischer Gruppen konfrontiert.[73]

KAPITEL 9

TRAUER UND ERINNERUNG

Der große Krieg führte zu neuen Konflikten, neuen Kriegen und neuer Gewalt. Aber auch dort, wo Frieden einkehrte, hatte er tiefgreifende Folgen, die hier nur angedeutet werden können. Der Krieg hatte fast alle beteiligten Nationen bedeutend ärmer gemacht. Die Demobilisierung der Millionenheere und der schwierige Übergang zur Friedenswirtschaft führten in vielen Ländern zu Arbeitslosigkeit und zur Verschärfung der sozialen Konflikte. Die Massen, die für ihre Nationen ungeheure Opfer gebracht hatten, waren durch den Krieg selbstbewusster geworden und forderten mehr Rechte ein. Dabei richteten sich die Hoffnungen und Erwartungen nun viel stärker als vor 1914 auf den Staat, der Wirtschaft und Gesellschaft im Krieg in einem bisher völlig unbekannten Ausmaß überformt hatte. Das begünstigte Tendenzen zum Wohlfahrtsstaat, aber auch rechte und linke Utopien des starken und totalitären Staates. Die Herrschaft liberaler und konservativer Honoratioren ging geschwächt aus dem Krieg hervor, zumal sich auch ihre bäuerlichen und kleinbürgerlichen Hilfstruppen nun oft in eigenen Parteien organisierten und sich in allen parlamentarischen Systemen das allgemeine Wahlrecht durchsetzte.

Die Arbeiterbewegung befand sich fast überall zunächst im Aufwind. Aber sie war auch gespalten zwischen denen, die mit demokratischen Kräften kooperieren und die im Krieg entstandene Partnerschaft mit den Unternehmern ausbauen wollten, und radikalen Kräften, die auf Revolution nach sowjetischem Muster setzten und kommunistische Parteien aufbauten. Diese sich im Laufe der Jahre verschärfende Entwicklung wurde vor allem denjenigen Ländern zum Verhängnis, in denen die parlamentarische Ordnung auch von starken rechten Kräften bedroht wurde wie Italien und Deutschland. Diese fanden nicht nur Anhänger unter entwurzelten Soldaten und Offizieren, die im Krieg Geschmack am militärischen Leben, an Befehl und Gefolgschaft gefunden hatten und im grauen Nachkriegsalltag nicht mehr Fuß fassen konnten oder wollten, sondern auch in großen Teilen des Mittelstandes, der unter der Wirtschaftskrise der Nachkriegsjahre, unter Arbeitslosigkeit und Inflation litt. Die Geldentwertung traf vor allem die Bezieher fester Einkommen, Angestellte und Beamte im öffentlichen Dienst, Pensionäre, Rentner und andere Versorgungsempfänger. Zu ihnen zählten auch die Millionen von Kriegerwitwen und Kriegsinvaliden, die mit ihrer schwarzen Trauerkleidung oder ihren grauenhaften Verstümmelungen und Prothesen überall das Stadtbild prägten. Sie vermehrten das Heer der Enttäuschten und ließen sich oft von der wohlfeilen Rhetorik rechter Bewegungen, die sie als Helden feierten, denen der Dank des Vaterlands versagt blieb, einfangen, vor allem in Deutschland und Italien.[1]

Die unmittelbarste Folge des großen Krieges aber war der Tod von fast zehn Millionen Soldaten, die Opfer der zahlreichen Nachfolgekriege nicht mitgerechnet. Hinzu kamen die zivilen Opfer, die durch Völkermord und Massaker, bei Flucht und Vertreibung oder infolge von Hungersnöten ums Leben gekommen waren, von den Opfern der weltweiten Grippeepidemie am Ende des Krieges ganz zu schweigen. In keinem Krieg der Weltgeschichte waren bisher so viele Menschen ums Leben gekommen wie in diesem. Von den Soldaten, die Deutschland, Österreich-Ungarn, Frankreich, Bulgarien und die Türkei eingesetzt hatten, waren am Ende des Krieges 15 bis 20 Prozent gefallen. Im Fall von Großbritannien und seinen Kolonien, von Belgien, Italien, Russland und den USA lag die Quote etwas niedriger, für Serbien und Rumänien mit 33 Prozent deutlich höher.[2] So gab es in den meisten am Krieg beteiligten Ländern kaum eine Familie, die keine Toten zu beklagen hatte.

Der Kriegstod ist für die trauernden Angehörigen immer besonders schwer zu akzeptieren und zu verarbeiten – sofern dies überhaupt möglich ist –, denn er ist die Folge politischer Entscheidungen und in aller Regel ein gewaltsamer und unnatürlicher Tod und steht schon deshalb unter erhöhtem Rechtfertigungsdruck. Die Trauernden sind nicht nur vom Sterben ihrer Angehörigen ausgeschlossen, sondern meist auch von deren Beerdigung. Die sterblichen Überreste der Gefallenen werden, wenn sie überhaupt geborgen und begraben werden, frühestens nach dem Krieg in die Heimat überführt. Mit der Beerdigungszeremonie entfällt für die Angehörigen ein wichtiges Trauerritual. Die Trauernden können in der Regel weder einen Körper noch ein Grab in

Augenschein nehmen und besitzen nur wenige Informationen über die Todesumstände. Das erschwert es erheblich, den Tod zu akzeptieren. Hinzu kam, dass im Ersten Weltkrieg vor allem junge Männer starben, die ihr Leben zum großen Teil noch vor sich hatten. In früheren Zeiten, als der Tod noch allgegenwärtig gewesen war und Junge wie Alte getroffen hatte, war dies ein geringeres Problem gewesen. In den Jahrzehnten vor 1914 hatte der Tod jedoch zumindest in Europa und der westlichen Welt dank des medizinischen Fortschritts und des gestiegenen Lebensstandards bereits viel von seiner einstigen Omnipräsenz eingebüßt und war immer stärker mit dem Alter assoziiert worden.[3] Diese Ordnung des Todes, die längst als natürlich empfunden wurde, hatte der Krieg auf dramatische Weise unterbrochen und umgekehrt. Sigmund Freud hat diese unerwartete Rückkehr des Todes in die Mitte des Lebens schon 1915 thematisiert:

»Wir haben die unverkennbare Tendenz gezeigt, den Tod beiseite zu schieben, ihn aus dem Leben zu eliminieren. Wir haben versucht, ihn totzuschweigen. […] Es ist evident, daß der Krieg diese konventionelle Behandlung des Todes hinwegfegen muß. Der Tod läßt sich jetzt nicht mehr verleugnen; man muß an ihn glauben. Die Menschen sterben jetzt wirklich, auch nicht mehr einzeln, sondern viele, oft Zehntausende an einem Tage. Es ist auch kein Zufall mehr. Es scheint freilich noch zufällig, ob diese Kugel den einen trifft oder den anderen; aber diesen anderen mag leicht eine zweite Kugel treffen, die Häufung macht dem Eindruck des Zufälligen ein Ende.«[4]

Die Trauer um die Toten des Ersten Weltkriegs war in erster Linie die Trauer von Eltern um verlorene Kinder, denn ein großer Teil der gefallenen Soldaten war noch jung und unverheiratet gewesen und hatte noch oft in häuslicher Gemeinschaft mit Vater und Mutter gelebt. Der Verlust erwachsener Kinder gilt in der psychologischen Forschung als Maximaltrauma. Die Trauer neigt hier zu einem chronischen und besonders komplizierten Verlauf.[5] Studien über die Eltern von gefallenen Soldaten späterer Kriege belegen die außerordentliche Intensität dieser Trauer. Sie äußert sich in Depressionen, Sinnverlust und erhöhtem Krankheits- und Mortalitätsrisiko.[6] Wir können daher davon ausgehen, dass Millionen von Menschen, die im Krieg engste Angehörige verloren hatten, ihres Lebens nicht mehr froh wurden und viele von ihnen an gebrochenem Herzen gestorben sind.

Es ist also nicht verwunderlich, dass nach dem Ende des Krieges fast überall enorme Energien in die öffentliche Ehrung der Toten investiert wurden, um die Angehörigen symbolisch zu entschädigen, ihnen Orte der Trauer und Erinnerung zur Verfügung zu stellen, aber auch, um ihre Trauer einzuhegen, zu entschärfen und politisch zu instrumentalisieren. Die öffentliche Erinnerung an den Krieg nach 1918 war vor allem Erinnerung an die Toten des Krieges. Tod und Trauer waren sein offensichtlichstes Erbe. Großbritannien etwa, so meint der britische Historiker David Cannadine, sei in der Zwischenkriegszeit »vom Tod besessen gewesen« wie in keiner anderen Periode seiner neueren Geschichte.[7] Allein in Frankreich sind über 30 000 »monuments aux morts« entstanden. Auch in Großbritannien, Deutschland und Italien wurden nach dem Krieg fast in jedem Ort Kriegerdenkmäler errichtet. Denkmäler, Soldatenfriedhöfe und nationale Gedenkfeiern waren die wichtigsten und sichtbarsten Manifestationen des öffentlichen Gefallenenkults nach dem Ersten Weltkrieg.[8]

Diese Formen der Kriegserinnerung und des politischen Totenkultes hatten vor allem eines gemein: Sie ehrten den einfachen Soldaten, und sie ehrten alle Soldaten, unabhängig von ihren besonderen Leistungen im Krieg, nicht Monarchen, Heerführer oder einzelne Kriegshelden. Jeder Soldat erhielt das Recht auf eine eigene Grabstelle und die Verewigung seines Namens. Das hatte es vereinzelt auch schon nach früheren Kriegen gegeben. Aber jetzt wurde es zur Regel. Auch die Namen derjenigen, deren Leichen nicht mehr aufgefunden und beerdigt werden konnten, wurden in Stein gemeißelt, auf den Soldatenfriedhöfen an der ehemaligen Front ebenso wie an den lokalen Kriegerdenkmälern. Damit wurde das Recht auf ein Fortleben im kollektiven Gedächtnis, eine säkularisierte Form der christlichen Idee des ewigen Lebens, die bisher nur den großen Männern des Vaterlandes vorbehalten war, auf alle Soldaten ausgedehnt, die ihr Leben für die Nation gelassen hatten. Auch wurden die Namen der Gefallenen nun oft alphabetisch und nicht mehr nach Rang aufgelistet. Offiziere und Soldaten wurden nicht mehr separat beerdigt wie früher. Strikt war dagegen die Trennung zwischen den Gefallenen und den zivilen Toten, die in der Anlage separater Soldatenfriedhöfe zum Ausdruck kommt. Auf den Soldatenfriedhöfen siegte die Egalität über die Individualität, denn die zahllosen provisorischen Friedhöfe wurden in den Jahren nach dem Krieg meist aufgelöst und die Toten in großen Friedhofsanlagen zusammengeführt, vor allem an der ehemaligen Westfront, aber auch in Italien. Sie wurden nicht nur zum Symbol der Gleichheit, sondern auch der militärischen Ordnung bis in den Tod hinein. Sie gewähren das gleiche Recht auf Grab und Namen nur um den Preis einer Uniformierung, die in die Anonymität des Massenhaften mündet.

Zu einem wichtigen Fokus der Kriegserinnerung und kollektiven Trauer wurde in vielen Ländern die Ehrung »unbekannter Soldaten«. In der Geschichte der politischen Totenehrungen stellte sie eine Innovation dar, die der Idee der Egalität der Gefallenen besonders verpflichtet war, denn hier wurde der Soldat des großen Krieges an sich geehrt, völlig unabhängig von seinem Rang und seinen Leistungen im Einzelnen. Die »unbekannten Soldaten«, die vor allem für die nie identifizierten Toten stehen sollten, wurden an hochsymbolischen Orten beigesetzt, die bisher den großen Männern der Nation vorbehalten waren. Die ersten Rituale dieser Art fanden am zweiten Jahrestag des Waffenstillstands in London und Paris statt.[9] In London wurde der »unbekannte Soldat« in der Westminster Abbey bestattet, der Grablege der britischen Monarchen und bedeutender Persönlichkeiten, in Paris unter dem Arc de Triomphe, dem Denkmal für die Siege Napoleons und seiner hier mit ihren Namen verewigten Generäle. Eine ähnliche Zeremonie fand ein Jahr später in Rom statt, wo der »unbekannte Soldat« im Zentrum des Nationaldenkmals für Vittorio Emanuele II., den ersten König des geeinten Italien, beigesetzt wurde. Seitdem wird das riesige Marmordenkmal nicht mehr »Vittoriano«, sondern »Altar des Vaterlandes« genannt. Der Leichnam des unbekannten Soldaten war in der Nacht vor der Beisetzung in einer römischen Kirche aufgebahrt worden. Die Mutter eines vermissten Soldaten konnte nur mit Mühe davon abgehalten werden, den Deckel des Sarges zu öffnen, weil sie der festen Meinung war, dieser könne nur ihren Sohn enthalten.[10] Die öffentliche Anteilnahme an dem Ritual war überall außerordentlich groß, denn mit dem neuen Symbol des »unbekannten Soldaten« war eine zugkräftige Chiffre der Nation gefunden worden, die Klassenschranken und Parteigrenzen überwölben konnte und der demokratisierenden Dynamik des Krieges Rechnung trug. Ein ursprünglich nur für die Feierlichkeiten in Whitehall errichtetes Gefallenendenkmal in der Form eines leeren Sarkophags hatte so viel Zulauf, dass an seiner Stelle ein Kenotaph aus Stein errichtet wurde.[11] Er ist das zentrale Gefallenendenkmal Großbritanniens und des Commonwealth, an dem bis heute alljährlich am 11. November, dem Tag des Waffenstillstands an der Westfront, die Toten geehrt werden.[12]

In den Formen und Aussagen des Gefallenenkultes nach 1918 dominierten international insgesamt die Gemeinsamkeiten. Der Kriegstod wurde selten realistisch dargestellt, sondern meist ästhetisiert und heroisiert. Symbole der modernen, technischen Kriegführung sind an den Denkmälern selten zu finden. Ihre Ikonographie setzte meist auf traditionelle Bilder- und Formensprachen. Fast alle Formen des Gefallenenkults versuchten den Tod zu negieren, indem sie den Toten Unsterblichkeit in der kollektiven Erinnerung versprachen. Der Kriegstod wurde fast immer als Opfer für das Vaterland gedeutet. Die Toten, so die Kernaussage, leben in der Erinnerung, aber auch in der historischen Zukunft der Nation fort, für die sie gestorben sind, nicht zuletzt als Vorbilder für die kommenden Generationen, die ihr Vermächtnis einzulösen haben. So erfüllten die Orte und Rituale des Gefallenenkultes meist eine doppelte Funktion. Sie waren zum einen Orte, auf die sich die Trauer der Angehörigen fokussieren konnte und an denen ihnen die öffentliche Anerkennung der lokalen und nationalen Gemeinschaft zuteilwurde. Die lokalen Denkmäler und die Grabmäler der unbekannten Soldaten dienten dabei auch als Ersatz für die fehlenden oder schwer erreichbaren Gräber. Sie waren aber meist auch Orte, an denen der Opfertod für das Vaterland als Gemeinschaft der Lebenden und Toten, die das individuelle Leben überdauert und transzendiert, zelebriert wurde.

Daher mischten sich in den meisten Manifestationen des Gefallenenkults Symbole von Tod und Sieg, Trauer und Triumph, in den Siegernationen ebenso wie bei den Besiegten. So tritt uns bei den Kriegerdenkmälern in allen Ländern ein breites Panorama von Ausdrucksformen entgegen, die oft auch in einzelnen Denkmälern koexistieren. Siegesembleme und kraftstrotzende männliche Heldenfiguren waren ebenso zu finden wie trauernde Frauengestalten und sterbende Krieger.[13] Die Darstellung heroischer Männlichkeit bediente sich meistens antiker Formen und Modelle. Verbreitet war auch der Einsatz der christlichen Symbolik der Trauer, der Auferstehung und des ewigen Lebens: vor allem das Kreuz, aber auch das Pietà-Motiv, das die Gefallenen in die Nähe Christi rückte,[14] sich aber auch dazu eignete, die Mütter und Frauen der Gefallenen zu ehren. Sie waren wichtige Adressaten und mitunter auch Träger der Trauer- und Totenkulte. Weibliche Allegorien der Trauer und des Schmerzes, aber auch des Sieges oder der Nation waren in vielen Ländern zentrale Elemente des Gefallenenkultes.[15] In welchem Verhältnis sich nationale und christliche, antike und kirchliche Symbolik mischten, ob der Akzent eher auf Heldentum und Sieg oder auf Trauer und Tod lag, das variierte in den meisten Ländern von Fall zu Fall, in Abhängigkeit von lokalen Traditionen und politischen Kräfteverhältnissen. So wurden die Denkmäler für die Gefallenen in Frankreich mal eher im politisch-säkularen Raum, in der Nähe von Schule und Rathaus errichtet und hier vor allem republikanisch und zivilreligiös eingefärbt, mal eher in der Nähe von Kirche und Friedhof, wo stärker die christliche Sprache und die Ikonographie der Trauer hervortraten. Patriotische und christliche Symbolik und Rhetorik schlossen sich jedoch auch in Frankreich nicht aus, sondern vermischten sich meist: Die Trikolore konnte zum Leichentuch, der Lorbeerkranz zur Dornenkrone werden, »Schützengraben und Golgatha« konnten sich in vielfältiger Weise überschneiden.[16]

Es gab aber auch nationale Unterschiede. In Sowjetrussland wurden den Toten des Ersten Weltkrieges kaum Denkmäler errichtet, weil Revolution und Bürgerkrieg die Erinnerung an den Weltkrieg in der Öffentlichkeit fast vollständig überdeckten.[17] Ähnlich lagen die Dinge in der Türkei, wo ebenfalls nicht der Weltkrieg, sondern der »Befreiungskrieg« zum Gründungsmythos der Republik wurde. Nur in Frankreich und Italien sind nach dem Kriege auch in größerem Umfang pazifistische Denkmäler entstanden, vor allem in Orten mit sozialistischer Kommunalverwaltung. In Italien wurden diese »Anti-Kriegsdenkmäler« nach der Machtübernahme der Faschisten rasch wieder entfernt.[18] Teilweise verschieden war auch die staatliche Bestattungspolitik: In Frankreich, wo die Kriegsgräber für die Angehörigen ohnehin relativ leicht zugänglich waren, wurde den Familien 1921 auf starken öffentlichen Druck hin gestattet, ihre Toten auf Staatskosten von den Soldatenfriedhöfen der Front in die Heimatorte überführen zu lassen, eine Möglichkeit, von der in erheblichem Umfang Gebrauch gemacht worden ist.[19] Eine ähnliche Regelung wurde 1921 auch in Italien eingeführt, von den Faschisten jedoch bald blockiert, da die Gefallenen in ihren Augen nicht den Familien, sondern dem Vaterland gehörten und ihre Gräber den Anspruch Italiens auf die neu gewonnenen Territorien an der ehemaligen Front dauerhaft bekräftigen sollten. Die amerikanischen Gefallenen wurden etwa zur Hälfte in die Heimat überführt. Die deutschen Kriegstoten dagegen blieben ebenso wie die Großbritanniens und seiner Dominions, wo sie gefallen waren.[20] In diesen Ländern fungierten die Kriegerdenkmäler daher noch stärker als in Frankreich oder den Vereinigten Staaten als Ersatz für die schwer zugänglichen Gräber. Unterschiedlich war auch das Ausmaß der staatlichen Beteiligung am Gefallenenkult, vor allem wenn man das zentralistische Frankreich, wo die lokalen Kriegerdenkmäler staatliche Unterstützung erfuhren, mit Deutschland und den angelsächsischen Ländern vergleicht, wo der Denkmalskult viel stärker selbstorganisiert war und seine Manifestationen daher auch mehr über die Haltungen der lokalen Denkmalsstifter aussagen.[21]

Frankreich, Großbritannien und den meisten ihrer Verbündeten gelang es in viel stärkerem Maße als den Verlierern, eine von Konsens geprägte Kultur der Erinnerung an den Krieg aufzubauen, in der sich der Stolz auf die Tapferkeit der Soldaten und ihre Erfolge, die Trauer um die Toten und der Wunsch nach einem dauerhaften Frieden ohne große Konflikte verband. Das ist kaum verwunderlich, schließlich hatten sie gesiegt, hatten sich ihre politischen Systeme im Krieg bewährt und ihn überdauert und waren antimilitaristische und pazifistische Elemente schon während des Konflikts Bestandteile ihrer nationalen Selbstdefinition und Kriegsideologie geworden. Im besiegten Deutschland dagegen blieb die Erinnerung an den Krieg hart umkämpft.[22] Das schlug sich auch darin nieder, dass erst 1931 durch die Umgestaltung der Neuen Wache in Berlin ein zentrales Ehrenmal für die Toten des Weltkriegs geschaffen wurde.[23] Kriegserinnerung und Gefallenenkult wurden in Deutschland stark vom nationalen Lager geprägt, das nicht müde wurde, der neuen Republik die Schuld für die Niederlage zu geben und die Soldaten des Krieges als unbesiegte Helden darzustellen, denen der Dank des Vaterlands versagt blieb. Rechtsgerichtete nationale und militärische Verbände spielten im Denkmalskult eine größere Rolle als anderswo, zumal die Sozialdemokraten, die sich mit dem Krieg des alten Systems nur bedingt identifizieren wollten, oft dafür plädierten, das Vermächtnis der Toten in erster Linie durch Unterstützung der noch lebenden Kriegsopfer zu ehren und weniger durch teure Totenmale. Die deutschen Denkmäler prägten daher stark soldatische und militärische Elemente. Sie leugneten meist den Tod und auch die Niederlage und waren häufig dem Gedanken der nationalen Wiedergeburt und Revanche verpflichtet.[24] Dementsprechend wurden die Gefallenen in Deutschland meist als kämpfende Krieger dargestellt, als antike Heroen oder stahlharte Frontsoldaten, in Frankreich hingegen eher als heimkehrende Bürger oder als sterbende oder tote Soldaten, oft zusammen mit Frauen und Kindern. In Frankreich sprach man von »Denkmälern für die Toten«, in Deutschland dagegen von »Kriegerdenkmälern«.[25] So hat Deutschland auch im Gefallenenkult den Krieg nicht wirklich beendet und seinen Toten ein Vermächtnis zugeschrieben, das sich nur durch weitere Kriege einlösen ließ.

ANMERKUNGEN

Einleitung

1 Vgl. Rüdiger Overmans: Kriegsverluste, in: Hirschfeld, Krumeich, Renz: Enzyklopädie, 663–666.
2 Vgl. Hew Strachan: The First World War as a global war, in: First World War Studies 1 (2010), 3–14; Stig Förster: Vom europäischen Krieg zum Weltkrieg, in: Hirschfeld, Krumeich, Renz: Enzyklopädie, 242–248.

Kapitel 1

1 Fritz Fischer: Griff nach der Weltmacht, Düsseldorf 1961, 97.
2 Vgl. Dennis E. Showalter: Army, state and society in Germany, 1871–1914. An interpretation, in: Jack R. Dukes, Joachim Remak (Hg.): Another Germany. A reconsideration of the imperial era, London 1988, 1–18.
3 Vgl. Jakob Vogel: Nationen im Gleichschritt. Der Kult der Nation in Waffen in Deutschland und Frankreich, 1871–1914, Göttingen 1997.
4 Vgl. David Cannadine: The context, performance and meaning of ritual: the british monarchy and the ›invention of tradition‹, 1820–1977, in: Eric Hobsbawm, Terence Ranger (Hg.): The Invention of Tradition, Cambridge 1983, 101–164.
5 Vgl. Etienne François, Hannes Siegrist (Hg.): Nation und Emotion, Göttingen 1995.
6 Vgl. Jürgen Osterhammel, Niels P. Petersson: Geschichte der Globalisierung, München 2003, 71.
7 Vgl. Niall Ferguson: Empire. How Britain Made the Modern World, London 2003.
8 Osterhammel, Petersson: Globalisierung, 71.
9 Wolfgang Kruse: Ursachen und Auslösung des Krieges, in: Ders. (Hg.): Eine Welt von Feinden, Frankfurt am Main 1997, 11–25, 13.
10 Vgl. Jost Dülffer: Der Weg in den Krieg, in: Hirschfeld, Krumeich, Renz: Enzyklopädie, 233–241, 240.
11 Vgl. Lawrence Sondhaus: World War One. The Global Revolution, 1914–1919, Cambridge 2011, 28.

12 Kruse: Ursachen, 15.
13 Vgl. Carl Alexander Krethlow: Generalfeldmarschall Colmar Freiherr von der Goltz Pascha, Paderborn 2012.
14 Sondhaus: World War One, 29 ff.
15 Ebd., 29 ff.
16 Ebd., 29 ff.
17 John Ellis: The Social History of the Machine Gun, New York 1975, 17.
18 Vgl. William K. Storey: The First World War, Lanham 2010, 11; Eric Dorn Brose: A History of the Great War, Oxford 2010, 8 f.
19 Ellis: The Social History of the Machine Gun, 25–29.
20 Brose: Great War, 9.
21 Alan Kramer: Dynamic of Destruction. Culture and Mass Killing in the First World War, Oxford 2007, 78 f.
22 Johann von Bloch: Der Krieg, 6 Bde., Berlin 1899.
23 Kramer: Dynamic of Destruction, 77.
24 Sondhaus: World War One, 31.
25 Brose: Great War, 14.
26 Ebd., 15; Sondhaus: World War One, 31 f.
27 Sondhaus: World War One, 31.
28 Jean-Jacques Becker, Gerd Krumeich: Der Große Krieg. Deutschland und Frankreich im Ersten Weltkrieg 1914–1918, Essen 2010, 149.
29 Kramer: Dynamic of Destruction, 78 f.
30 Brose: Great War, 14.
31 Sondhaus: World War One, 32.
32 Kramer: Dynamic of Destruction, 77.
33 Daniel Marc Segesser: Der Erste Weltkrieg in globaler Perspektive, Wiesbaden ²2012, 56 f.
34 Kramer: Dynamic of Destruction, 81 f.
35 Dittmar Dahlmann: Russland, in: Hirschfeld, Krumeich, Renz: Enzyklopädie, 87–96, 88 f.
36 Storey: First World War, 25.
37 John M. Bourne: Aufmarschpläne, in: Hirschfeld, Krumeich, Renz: Enzyklopädie, 352–356.
38 Brose: Great War, 30 f.
39 Bourne: Aufmarschpläne, 353.
40 Stenographische Berichte über die Verhandlungen des Reichstags 1890/91, Bd. 114, 76 f.; zitiert nach: Stig Förster: Der deutsche Generalstab und die Illusion des kurzen Krieges, 1871–1914, in: Militärgeschichtliche Mitteilungen 54 (1994), 61–95, 66.
41 Storey: First World War, 20.
42 Bourne: Aufmarschpläne, 353.
43 Storey: First World War, 21 ff.
44 Brose: Great War, 49 ff.
45 Vgl. Edward Mulligan: The Origins of the First World War, Cambridge 2010, 92 ff.
46 Mulligan: Origins, 110; Förster: Der deutsche Generalstab, 63 ff.
47 Holger Afflerbach: Falkenhayn. Politisches Denken und Handeln im Kaiserreich, München 1994, 53.
48 Mulligan: Origins, 112.

49 Zitiert nach Wolfgang J. Mommsen: Der Topos vom unvermeidlichen Krieg: Außenpolitik und öffentliche Meinung im Deutschen Reich im letzten Jahrzehnt vor 1914, in: Ders.: Der autoritäre Nationalstaat. Verfassung, Gesellschaft und Kultur des deutschen Kaiserreiches, Frankfurt am Main 1992, 380–406, 391.
50 Vgl. Kramer: Dynamic of Destruction, 76.
51 Kramer: Dynamic of Destruction, 76.
52 Mommsen: Der Topos vom unvermeidlichen Krieg, 389.
53 Zum Folgenden insgesamt: Mulligan: Origins, 118–125.
54 Ebd., 122.
55 Friedrich Kießling: Gegen den großen Krieg? Entspannung in den internationalen Beziehungen 1911–1914, München 2002, 38.
56 Mulligan: Origins, 117, dieser nach: Jason Tomes: Balfour and Foreign Policy: The International Thought of a Conservative Statesman, Cambridge 1997, 145.
57 Mulligan: Origins, 117.
58 Ebd., 116.
59 Karl Marx, Friedrich Engels: Werke, Berlin 1959–1968, Bd. 21, 350 f.
60 Vgl. Kramer: Dynamic of Destruction, 76.
61 Mommsen: Der Topos vom unvermeidlichen Krieg, 387.
62 Ebd., 387.
63 Holger H. Herwig: Why Did It Happen? In: Richard F. Hamilton, Holger H. Herwig (Hg.): The Origins of World War I, Cambridge 2003, 443–468, 467 f.
64 Vgl. Mulligan: Origins, 38
65 Friederike Krüger: Flottenrüstung, in: Hirschfeld, Krumeich, Renz: Enzyklopädie, 495–496.
66 Mulligan: Origins, 51 f.
67 Sondhaus: World War One, 33; Storey: First World War, 28.
68 Brose: Great War, 17.
69 Mulligan: Origins, 52 f.
70 Ebd., 53.
71 Ebd., 54 ff.
72 Ebd., 40.
73 Ebd., 45.
74 Ebd., 40.
75 Ebd., 126.
76 Vgl. beispielsweise David Stevenson: Armaments and the Coming of War. Europe 1904–1914, Oxford 1996, 64.
77 Mulligan: Origins, 61.
78 Jean-Jacques Becker: Entente, in: Hirschfeld, Krumeich, Renz: Enzyklopädie, 456–458.
79 Becker: Entente, 457 f.
80 Segesser: Der Erste Weltkrieg, 30.
81 James Joll, Gordon Martel: The Origins of the First World War, Harlow 2007, 299 f.
82 Mulligan: Origins, 62; Richard F. Hamilton: The European Wars 1815–1914, in: Hamilton, Herwig: The Origins of World War I, 45–91, 85.
83 Ebd., 66.

84 Ebd., 72.
85 Brose: Great War, 30; Mulligan: Origins, 76.
86 Gerd Krumeich: The War Imagined, in: John Horne (Hg.): A Companion to World War I, London 2010, 3–18, 13 f.
87 Mulligan: Origins, 128–130.
88 Brose: Great War, 31.
89 Christopher Duggan: The Force of Destiny. A History of Italy since 1796, Boston 2008, 374–389.
90 Kramer: Dynamic of Destruction, 117.
91 Wolfgang Schmidt: Luftkrieg, in: Hirschfeld, Krumeich, Renz: Enzyklopädie, 687 ff.
92 Mulligan: Origins, 79.
93 Brose: Great War, 32.
94 Ebd., 32; Martin Kröger: Balkankriege, in: Hirschfeld, Krumeich, Renz: Enzyklopädie, 366–368.
95 Mulligan: Origins, 79 f.
96 Kröger: Balkankriege, 367.
97 Brose: Great War, 32.
98 Kröger: Balkankriege, 367.
99 Mulligan: Origins, 80.
100 Ebd., 81 f.
101 Kröger: Balkankriege, 367.
102 Ebd., 367.
103 Wolfgang Höpken: Albanien, in: Hirschfeld, Krumeich, Renz: Enzyklopädie, 324 ff.
104 Hew Strachan: Der Erste Weltkrieg, München 2004, 23.
105 Mulligan: Origins,, 83.
106 Ebd., 86.
107 Ebd.,, 88 f.
108 Ebd., 90.
109 Wolfgang J. Mommsen: Deutschland, in: Hirschfeld, Krumeich, Renz: Enzyklopädie, 16.
110 Strachan: Der Erste Weltkrieg, 26.
111 David Stevenson: Cataclysm. The First World War as Political Tragedy, New York 2004, 10.
112 Kramer: Dynamic of Destruction, 109.
113 Strachan: Der Erste Weltkrieg, 28.
114 Ebd., 32.
115 Ebd., 32.
116 Segesser: Der Erste Weltkrieg, 65.
117 Günther Kronenbitter: Berchtold, Leopold Graf, in: Hirschfeld, Krumeich, Renz: Enzyklopädie, 377 f.
118 Sondhaus: World War One, 46.
119 Strachan: Der Erste Weltkrieg, 33 f.; Rudolf Jerabék: Tisza, István Graf de Boros-Jeno, in: Hirschfeld, Krumeich, Renz: Enzyklopädie, 924.
120 Sondhaus: World War One, 50 f.
121 Kruse: Ursachen, 22–25.

122 Nicht alle Historiker folgen dieser These; vgl. Sondhaus: World War One, 50.
123 Sondhaus: World War One, 48.
124 Sondhaus: World War One, 51 ff.
125 Strachan: Der Erste Weltkrieg, 36.
126 Storey: First World War, 30; Sondhaus: World War One, 54.
127 Strachan: Der Erste Weltkrieg, 42.
128 Kronenbitter: Berchthold, 377.
129 Sondhaus: World War One, 49.
130 Segesser: Der Erste Weltkrieg, 66.
131 Strachan: Der Erste Weltkrieg, 42.
132 Sondhaus: World War One, 55.
133 Strachan: Der Erste Weltkrieg, 42; Stevenson: Cataclysm, 13; Storey: First World War, 30 f.
134 Storey: First World War, 30 f.
135 Dahlmann: Russland, 89.
136 Stevenson: Cataclysm, 21–24.
137 Stevenson: Cataclysm, 24 f.
138 Stig Förster: Vom europäischen Krieg zum Weltkrieg, in: Hirschfeld, Krumeich, Renz: Enzyklopädie, 242–248, 242.

Kapitel 2

1 Vgl. Holger Herwig: War in the West, in: Horne: Companion, 49–65, 49; Sandhaus: World War One, 68; Eric Dorn Brose: A History of the Great War, Oxford 2010, 52.
2 Vgl. Brose: Great War, 48 ff.
3 Vgl. Sondhaus: World War One, 68 ff.
4 Brose: Great War, 53.
5 Vgl. Brose: Great War, 52 ff.; Herwig: War in the West, 50 f.; Sondhaus: World War One, 64 ff.
6 Vgl. Brose: Great War, 55; Herwig: War in the West, 51; Sondhaus: World War One, 70.
7 Vgl. Brose: Great War, 55 f., Sondhaus: World War One, 70 ff.; Herwig: War in the West, 52.
8 Vgl. Alan Kramer: Combatants and Noncombatants: Atrocities, Massacres, and War Crimes, in: Horne: Companion, 188–201, 189.
9 Vgl. Alan Kramer: Franktireur, in: Hirschfeld, Krumeich, Renz: Enzyklopädie, 500 f.
10 Vgl. Sondhaus: World War One, 66.
11 Vgl. Kramer: Franktireur, 500 f.
12 Vgl. Kramer: Dynamic of Destruction., 15; Kramer: Combatants, 190.
13 Vgl. Kramer: Dynamic of Destruction, 6–12.
14 Kramer: Kriegsgreuel, in: Hirschfeld, Krumeich, Renz: Enzyklopädie, 647 f.
15 Vgl. Michael S. Neiberg: Fighting the Great War. A Global History, Cambridge (Mass.) 2005, 209 f.
16 Vgl. Annette Becker: Deutsche Besatzungsherrschaft in Nordfrankreich, in: Hirschfeld, Krumeich, Renz: Die Deutschen an der Somme, 51–78, 54.
17 Bogart: Spies of the Kaiser, 110.
18 Müller-Meiningen, Der Weltkrieg 1914–15, 150–151.

19 Müller-Meiningen: Der Weltkrieg 1914–15, 150.
20 Vgl. Kramer: Kriegsrecht und Kriegsverbrechen, 284.
21 Vgl. Bogart: Spies of the Kaiser, 110.
22 Vgl. Sondhaus: World War One, 72; Brose: Great War, 56.
23 Vgl. Jean-Jacques Becker: Marne, in: Hirschfeld, Krumeich, Renz: Enzyklopädie, 697 ff.; Sondhaus: World War One, 74 f.; Brose: Great War, 57–59; Markus Pöhlmann: Hentsch, Richard, in: Hirschfeld, Krumeich, Renz: Enzyklopädie, 551 f.
24 Vgl. Sondhaus: World War One, 75.
25 Vgl. Sondhaus: World War One, 75–77; Brose: Great War, 66.
26 Vgl. Herwig: War in the West, 53.
27 Vgl. Brose: Great War, 67.
28 Vgl. Brose: Great War, 67, Sondhaus: World War One, 77.
29 Vgl. Bernd Hüppauf: Langemarck-Mythos, in: Hirschfeld, Krumeich, Renz: Enzyklopädie, 671 f.; Herwig: War in the West, 53.
30 Vgl. Herwig: War in the West, 176.
31 Vgl. Kramer: Dynamic of Destruction, 33.
32 Alfred Buchalski, Feldpostbrief vom 28.10.1914, in: Philipp Witkop (Hg.): Kriegsbriefe gefallener Studenten, München 1929, 16.
33 Vgl. Stéphane Audoin-Rouzeau: Combat, in: Horne: Companion, 173–188, 174.
34 Vgl. Audoin-Rouzeau: Combat, 184.
35 Vgl. Kramer: Dynamic of Destruction, 34.
36 Vgl. Kramer: Dynamic of Destruction, 35.
37 Johann Knief, Feldpostbrief vom 29.9.1914, in: Bernd Ulrich, Benjamin Ziemann (Hg.): Frontalltag im Ersten Weltkrieg, Frankfurt am Main 1994, 86 f.
38 Kramer: Dynamic of Destruction, 84.
39 Zum Folgenden insgesamt: Audoin-Rouzeau: Combat, 178 ff.; Kramer: Dynamic of Destruction, 212 ff.
40 Vgl. Kramer: Dynamic of Destruction, 37.
41 Vgl. Brose: Great War, 121.
42 Vgl. Herwig: War in the West, 55.
43 Vgl. Herwig: War in the West, 55 f.
44 Vgl. Brose: Great War, 123.
45 Vgl. Audoin-Rouzeau: Combat, 176.
46 Vgl. Herwig: War in the West, 56 f.
47 Vgl. Brose: Great War, 120.
48 Vgl. Herwig: War in the West, 56; Brose: Great War, 119 f., 123 f.
49 Vgl. Kramer: Dynamic of Destruction, 211.
50 Christian Krull, Brief vom 29.7.1916, in: Ulrich, Ziemann: Frontalltag, 90 ff.
51 Feldpostbrief vom 2. Juli 1916 (Autor unbekannt): in: Ulrich, Ziemann: Frontalltag, 92.
52 Zum Folgenden insgesamt: Brose: Great War, 152–156; Kramer: Dynamic of Destruction, 244–247.
53 Dominik Richert, Feldpostbrief August 1914, in: Ulrich, Ziemann: Frontalltag, 87.

Kapitel 3

1 Theobald von Bethmann Hollweg an seinen Vertrauten Karl von Eisendecher, 23. März 1913, zitiert nach Klaus Hildebrand: Das vergangene Reich. Deutsche Außenpolitik von Bismarck bis Hitler 1871–1945, durchgesehene Ausgabe, Berlin 1999, 343.
2 Zu den beschleunigten russischen Rüstungsmaßnahmen vor 1914 und ihrer Wahrnehmung im deutschen Militär vgl. David Stevenson: Armaments and the Coming of War. Europe, 1904–1914, Oxford 1996, 315–328.
3 Vgl. Manfried Rauchensteiner: Österreich-Ungarn, in: Hirschfeld, Krumeich, Renz: Enzyklopädie, 64–86, 65 f.
4 Vgl. David Stevenson: 1914–1918. Der Erste Weltkrieg, Düsseldorf 2006, 87 f.
5 Vgl. Hew Strachan: Der Erste Weltkrieg. Eine neue illustrierte Geschichte, München ²2006, 168–171; Stevenson: 1914–1918, 92–94.
6 Vgl. Dennis Showalter: War in the East and Balkans, 1914–18, in: Horne: Companion, 66–81, 68.
7 Carl Freiherr von Bardolff: Soldat im alten Österreich. Erinnerungen aus meinem Leben, Jena 1938, 208.
8 Vgl. Rauchensteiner: Österreich-Ungarn, 67.
9 Vgl. Stevenson: 1914–1918, 106 f.
10 Zitat Falkenhayns nach Gerhard P. Groß: Im Schatten des Westens. Die deutsche Kriegführung an der Ostfront bis Ende 1915, in: Ders. (Hg.): Die vergessene Front. Der Osten 1914/15. Ereignis, Wirkung, Nachwirkung, Paderborn u. a. 2006, 49–64, 58; vgl. ferner Strachan: Weltkrieg, 172–174.
11 Vgl. Groß: Im Schatten, 58 f.; Afflerbach: Falkenhayn, 218–232; Wilhelm Deist: Kriegführung der Mittelmächte, in: Groß: Die vergessene Front, 249–271, 256 f.
12 Zitiert nach Afflerbach: Falkenhayn, 217.
13 Vgl. Günther Kronenbitter: Von »Schweinehunden« und »Waffenbrüdern«. Der Koalitionskrieg der Mittelmächte 1914/15 zwischen Sachzwang und Ressentiment, in: Groß: Die vergessene Front, 121–143, 143.
14 Vgl. Richard L. Di Nardo, Daniel J. Hughes: Germany and Coalition Warfare in the World Wars. A Comparative Study, in: War in History 8 (2001), 166–190, 171 f., 178 f.
15 Vgl. Stevenson: 1914–1918, 191 f.; Strachan: Weltkrieg, 177 f.; Sondhaus: World War One, 142–144; Showalter: War in the East and Balkans, 72 f.
16 Vgl. Hew Strachan: Die Ostfront. Geopolitik, Geographie und Operationen, in: Groß: Die vergessene Front, 11–26, 22.
17 Vgl. Stevenson: 1914–1918, 192.
18 Vgl. Peter Gatrell: Russia's First World War. A Social and Economic History, Harlow u. a. 2005, 29–33; Peter Holquist: Making War, Forging Revolution. Russia's Continuum of Crisis, 1914–1921, Cambridge u. a. 2002, 26–28.
19 Vgl. Karen Petrone: The Great War in Russian Memory, Indiana 2011, 25–28; Strachan: Weltkrieg, 187.
20 Zur Brussilow-Offensive vgl. Sondhaus: World War One, 219–224.
21 Zur Brussilow-Offensive vgl. Stevenson: 1914–1918, 205–207; Showalter: War in the East and Balkans, 74 f.; Sondhaus: World War One, 219–224.

22 Zur Stimmung in der russischen Oberschicht vgl. Alexander von Russland: Einst war ich ein Großfürst, Leipzig 1932, 275–278.
23 Vgl. Gatrell: Russia's First World War, 178–182; Strachan: Weltkrieg, 182 f.
24 Vgl. Dittmar Dahlmann: Rußland, in: Hirschfeld, Krumeich, Renz: Enzyklopädie, 87–96, 91–94.
25 Vgl. Sondhaus: World War One, 251 f. Zur Kerenski-Offensive vgl. ebd., 248–251; Stevenson: 1914–1918, 418 f.
26 Vgl. Strachan: Ostfront, 16.
27 Vgl. Strachan: Ostfront, 22 f.
28 Vgl. Dahlmann: Rußland, 95.
29 Vgl. Timothy Snyder: Bloodlands. Europa zwischen Hitler und Stalin, München ²2011.
30 Vgl. Boris Khavkin: Russland gegen Deutschland. Die Ostfront des ersten Weltkrieges in den Jahren 1914 bis 1915, in: Groß: Die vergessene Front., 65–85, 65.
31 Vgl. Piotr Szlanta: Der Erste Weltkrieg von 1914 bis 1915 als identitätsstiftender Faktor für die moderne polnische Nation, in: Groß: Die vergessene Front, 153–164, 155–157.
32 Vgl. Eugeniusz Cezary Król: Besatzungsherrschaft in Polen im Ersten und Zweiten Weltkrieg. Charakteristik und Wahrnehmung, in: Bruno Thoß, Hans-Erich Volkmann (Hg.): Erster Weltkrieg – Zweiter Weltkrieg. Ein Vergleich. Krieg, Kriegserlebnis, Kriegserfahrung in Deutschland, Paderborn u. a. 2002, 577–591, 580 f.; Strachan: Der Erste Weltkrieg, 185 f.
33 Vgl. Vejas Gabriel Liulevicius: Kriegsland im Osten. Eroberung, Kolonialisierung und Militärherrschaft im Ersten Weltkrieg, Hamburg 2002, 143–188; ders.: Von »Ober Ost« nach »Ostland«, in: Groß: Die vergessene Front, 295–310, 301.
34 Vgl. Liulevicius: Von »Ober Ost« nach »Ostland«, 313; Showalter: War in the East and Balkans, 77 f.
35 Vgl. Liulevicius: Kriegsland im Osten, 262 f.
36 Vgl. Bernd Wegner: Finnland, in: Hirschfeld, Krumeich, Renz: Enzyklopädie, 483–487.
37 Vgl. Hans-Erich Volkmann: Der Ostkrieg 1914/15 als Erlebnis- und Erfahrungswelt des deutschen Militärs, in: Groß: Die vergessene Front, 263–293, 263; Hubertus F. Jahn: Die Germanen. Perzeptionen des Kriegsgegners in Russland zwischen Selbst- und Feindbild, in: Groß: Die vergessene Front, 165–177, 168–172.
38 Vgl. Strachan: Der Erste Weltkrieg, 170 f.
39 Vgl. Volkmann: Der Ostkrieg, 270 f.
40 Vgl. Liulevicius: Kriegsland im Osten, 189–216; Liulevicius: Von »Ober Ost« nach »Ostland«, 302. Vgl. hierzu auch den entsprechenden Befund, den Gundula Gahlen am Beispiel Rumäniens erbracht hat: Gundula Gahlen: Erfahrungshorizonte deutscher Soldaten im Rumänienfeldzug 1916/17, in: Bernhard Chiari, Gerhard P. Groß (Hg.): Am Rande Europas? Der Balkan – Raum und Bevölkerung als Wirkungsfelder militärischer Gewalt, 137–158, 153.
41 Vgl. Strachan: Der Erste Weltkrieg, 43; Jürgen Angelow: Der ›Kriegsfall Serbien‹ als Willenstherapie. Operative Planung, politische Mentalitäten und Visionen vor und zu Beginn des Ersten Weltkrieges, in: Militärgeschichtliche Zeitschrift 61 (2002), S.315–336, 318–320.
42 Vgl. Showalter: War in the East and Balkans, 69.
43 Vgl. Angelow: Der ›Kriegsfall Serbien‹, 320 f.; Showalter: War in the East and Balkans, 71;

Gerhard Hirschfeld: Serbien, in: Hirschfeld, Krumeich, Renz: Enzyklopädie, 833–836, 833 f.; Ortner, Christian: Die Feldzüge gegen Serbien in den Jahren 1914 und 1915, in: Jürgen Angelow (Hg.): Der Erste Weltkrieg auf dem Balkan, Berlin 2011, 123–142, 132–137.
44 Vgl. Hirschfeld: Serbien, 834.
45 Vgl. Hirschfeld: Serbien, 834; Strachan: Der Erste Weltkrieg, 196 f.
46 Vgl. Strachan: Der Erste Weltkrieg, 196.
47 Josef Neumair: In allen Winkeln des Balkans, Wien u. a. 1919, 256.
48 Vgl. Wolfgang Hoepken: Rumänien, in: Hirschfeld, Krumeich, Renz: Enzyklopädie, 804–807, 806; Showalter: War in the East and Balkans, 75; Sondhaus: World War One, 224–231.
49 Aufzeichnungen Mackensens über die Einnahme von Bukarest, in: Mackensen. Briefe und Aufzeichnungen des Generalfeldmarschalls aus Krieg und Frieden, bearb. von Wolfgang Foerster, Leipzig 1938, 311.
50 Vgl. Franz Carl Endres: Der Krieg gegen Rumänien, München/Leipzig 1917, 127.
51 Vgl. Strachan: Der Erste Weltkrieg, 197 f.; Sondhaus: World War One, 232.
52 Zitiert nach Strachan: Der Erste Weltkrieg, 197 (Zitat aus David French: British Strategy and War Aims 1914–16, London 1986, 141).
53 Vgl. Stevenson: 1914–1918, 198 f., 254.
54 Vgl. Showalter: War in the East and Balkans, 73.
55 Vgl. Hamit Bozarslan: The Ottoman Empire, in: Horne: Companion, 494–507, 495 f.
56 Vgl. Jehuda L Wallach: Anatomie einer Militärhilfe. Die preußisch-deutschen Militärmissionen in der Türkei 1835–1919, Düsseldorf 1976; Hans Werner Neulen: Feldgrau in Jerusalem. Das Levantekorps des kaiserlichen Deutschland, München ²2002, 15–27.
57 Vgl. Erik-Jan Zürcher: Osmanisches Reich, in: Hirschfeld, Krumeich, Renz: Enzyklopädie, 758–762, 758; Stevenson: 1914–1918, 142 f.
58 Zitiert nach Strachan: Der Erste Weltkrieg, 131 f.
59 Zitiert nach Wallach: Anatomie eines Militärhilfe, 150.
60 Der Islam an der Front, in: Leipziger Neueste Nachrichten, 30.10.1914.
61 Vgl. Stevenson: 1914–1918, 148; Wallach: Anatomie einer Militärhilfe, 152.
62 Vgl. Stevenson: 1914–1918, 151; Strachan: Der Erste Weltkrieg, 150; Ulrich Trumpener: The Turkish War, 1914–18, in: Horne: Companion, 101.
63 Vgl. Stevenson: 1914–1918, 153; Strachan: Der Erste Weltkrieg, 154 f.; Sondhaus: World War One, 137 f.
64 Vgl. Graham Seal: Inventing Anzac. The Digger and National Mythology, St. Lucia 2004, 169 f.
65 Vgl. Strachan: Der Erste Weltkrieg, 156.
66 Vgl. Stevenson: 1914–1918, 149; Strachan: Der Erste Weltkrieg, 139–142.
67 Vgl. Trumpener: The Turkish War, 97, 99.
68 Vgl. Strachan: Der Erste Weltkrieg, 157.
69 Vgl. Christoph Cornelißen: Indien, in: Hirschfeld, Krumeich, Renz: Enzyklopädie, 571–573, 571.
70 Vgl. Trumpener: The Turkish War, 105; Strachan: Der Erste Weltkrieg, 159; Stevenson: 1914–1918, 155.
71 Generalfeldmarschall Colmar Freiherr von der Goltz. Denkwürdigkeiten, hg. von Friedrich Frhr. von der Goltz und Wolfgang Foerster, Berlin 1929, 421 f.

72 Vgl. Neulen: Feldgrau in Jerusalem, 202 f.; Hans von Kiesling: Soldat in drei Weltteilen, Leipzig 1935, 254.
73 Kiesling: Soldat in drei Weltteilen, 262.
74 Vgl. Trumpener: The Turkish War, 103 f.
75 Vgl. Strachan: Der Erste Weltkrieg, 341 f.; Stevenson: 1914–1918, 516 f.; Sondhaus: World War One, 371 f.
76 Vgl. Strachan: Der Erste Weltkrieg, 343; Stevenson: 1914–1918, 518; Trumpener: The Turkish War, 103 f.; Sondhaus: World War One, 381–384.
77 Vgl. Trumpener: The Turkish War, 104.
78 Vgl. Sondhaus: World War One, 394 f.
79 Vgl. Strachan: Der Erste Weltkrieg, 129, 345.
80 Zu den allgemeinen Problemen von Kriegskoalitionen im Ersten Weltkrieg vgl. Jehuda Wallach: Uneasy Coalition. The Entente Experience in World War I, Westport (CT) 1993, 1–6, 170–172; Di Nardo, Hughes: Germany and Coalition Warfare in the World Wars, 166 f.
81 Vgl. Alexander Will: Grenzerfahrungen beim Waffenbruder. Offiziere der Mittelmächte im Orient 1914–1918, in: Sabine Penth u. a (Hg.): Europas Grenzen, St. Ingbert 2006, 141–155.
82 Vgl. Stefan Minkov: Der Status der Norddobrudscha im Kontext des deutsch-bulgarischen Verhältnisses im Ersten Weltkrieg, in: Angelow: Der Erste Weltkrieg auf dem Balkan, Berlin 2011, 241–255.
83 Bulgarische und griechische Greuel. Amtlicher Bericht des französischen Generalinspekteurs der ottomanischen Gendarmerie, in: Frankfurter Zeitung, 9.1.1913.
84 Alfred H. Fried: Der ›dritte‹ Balkankrieg, in: Die Friedens-Warte 15 (1913), Juli 1913, 241 f.
85 Vgl. Stevenson: 1914–1918, 149.
86 Vgl. ebd., 149 f.; Strachan: Der Erste Weltkrieg, 142–145.
87 Vgl. Segesser: Der Erste Weltkrieg, 177.
88 Vgl. Strachan: Der Erste Weltkrieg, 143, 145.
89 Vgl. Bozarslan: The Ottoman Empire, 503.
90 Vgl. Oswald Überegger: »Verbrannte Erde« und »baumelnde Gehenkte«. Zur europäischen Dimension militärischer Normübertretungen im Ersten Weltkrieg, in: Sönke Neitzel, Daniel Hohrath (Hg.): Kriegsgreuel. Die Entgrenzung der Gewalt in kriegerischen Konflikten vom Mittelalter bis ins 20. Jahrhundert, Paderborn u. a. 2008, 241–278, 272 f.
91 Vgl. Überegger: Verbrannte Erde« und »baumelnde Gehenkte«, 270–272.
92 Tagebuchaufzeichnung des Husaren Pál Kelemen, 31.10.1915, in: Peter Englund: Schönheit und Schrecken. Eine Geschichte des Ersten Weltkriegs, erzählt in neunzehn Schicksalen, Berlin 2011, 191.
93 Vgl. Überegger: »Verbrannte Erde« und »baumelnde Gehenkte«, 263 f.
94 Vgl. Strachan: Der Erste Weltkrieg, 52; Überegger: »Verbrannte Erde« und »baumelnde Gehenkte«, 261–263.
95 Vgl. Alan Kramer: Deutsche Kriegsverbrechen 1914/1941: Kontinuität oder Bruch?, in: Sven Oliver Müller, Cornelius Torp (Hg.): Das Deutsche Kaiserreich in der Kontroverse, Göttingen 2009, 341–356, 341.
96 Vgl. Kramer: Deutsche Kriegsverbrechen 1914/1941, 342–344; Überegger: Verbrannte Erde« und »baumelnde Gehenkte«, 254–256.

97 Vgl. Niall Ferguson: Der falsche Krieg. Der Erste Weltkrieg und das 20. Jahrhundert, Stuttgart ²1999, 353.
98 Zitiert nach Strachan: Der Erste Weltkrieg, 155.
99 Bericht von Charles Tames, 16.6.1915, zitiert nach Ferguson: Der falsche Krieg, 362.
100 Ernst Jünger: In Stahlgewittern, in: Ders.: Sämtliche Werke. Erste Abteilung: Tagebücher, Bd. 1, Stuttgart 1978, 249 f.
101 Vgl. Überegger: »Verbrannte Erde« und »baumelnde Gehenkte«, 258 f.; Ferguson: Der falsche Krieg, 353–369; Jochen Oltmer: Funktionen und Erfahrungen von Kriegsgefangenschaft im Europa des Ersten Weltkriegs, in: Ders. (Hg.): Kriegsgefangene im Europa des Ersten Weltkriegs, Paderborn u. a. 2006, 11–23, 14; Alan Kramer: Kriegsrecht und Kriegsverbrechen, in: Hirschfeld, Krumeich, Renz: Enzyklopädie, 281–292, 287.
102 Vgl. Ferguson: Der falsche Krieg, 353.
103 Vgl. Annette Becker: Paradoxien in der Situation der Kriegsgefangenen 1914–1918, in: Oltmer: Kriegsgefangene, 24–31, 27.
104 Vgl. Oltmer: Funktionen und Erfahrungen von Kriegsgefangenschaft, 11.
105 Vgl. Oltmer: Funktionen und Erfahrungen von Kriegsgefangenschaft, 13; Strachan: Der Erste Weltkrieg, 178.
106 Vgl. Oltmer, Funktionen und Erfahrungen von Kriegsgefangenschaft, 18.
107 Vgl. ebd., 19.
108 Vgl. Stevenson: 1914–1918, 155.
109 Vgl. Becker: Paradoxien in der Situation der Kriegsgefangenen, 30; Oltmer: Funktionen und Erfahrungen von Kriegsgefangenschaft, 17.
110 Vgl. Oltmer: Funktionen und Erfahrungen von Kriegsgefangenschaft, 15 f.
111 Gustav W. Eberlein: Deutschland im Kriege. Erschautes und Erlebtes, Zürich 1916, 120.
112 Aufzeichnung des italienischen Kriegsgefangenen Paolo Monelli, Sommer 1918, in: Englund: Schönheit und Schrecken, 577.
113 Vgl. Becker: Paradoxien in der Situation der Kriegsgefangenen, 26 f.
114 Vgl. ebd., 24 f.; Oltmer: Funktionen und Erfahrungen von Kriegsgefangenschaft, 16 f.; Kramer: Kriegsrecht und Kriegsverbrechen, 287.
115 Vgl. Oltmer: Funktionen und Erfahrungen von Kriegsgefangenschaft, 20 f.
116 Vgl. Überegger: »Verbrannte Erde« und »baumelnde Gehenkte«, 256 f.
117 Vgl. Christian Westerhoff: Zwangsarbeit im Ersten Weltkrieg. Deutsche Arbeitskräftepolitik im besetzten Polen und Litauen 1914–1918, Paderborn 2012, 330–346.
118 Vgl. Kramer: Kriegsrecht und Kriegsverbrechen, 285. Demgegenüber bewertet Strachan die Blockade als eine zumindest indirekte Verletzung des Prinzips, die Zivilbevölkerung zu schonen (vgl. Strachan: Der Erste Weltkrieg, 263).
119 Vgl. Strachan: Der Erste Weltkrieg, 271; Kramer: Kriegsrecht und Kriegsverbrechen, 286.
120 Vgl. Strachan: Der Erste Weltkrieg, 273; Segesser: Der Erste Weltkrieg, 169 f.
121 Vgl. Kramer: Kriegsrecht und Kriegsverbrechen, 288; Segesser: Der Erste Weltkrieg, 172.
122 Vgl. Kramer: Kriegsrecht und Kriegsverbrechen, 288.
123 Vgl. Segesser: Der Erste Weltkrieg, 172 f.
124 Vgl. Andrea Süchting-Hänger: »Kindermörder«. Die Luftangriffe auf Paris, London und Karlsruhe im Ersten Weltkrieg und ihre vergessenen Opfer, in: Dittmar Dahlmann (Hg.): Kinder und Jugendliche in Krieg und Revolution. Vom Dreißigjährigen Krieg bis zu den Kindersoldaten Afrikas, Paderborn u. a. 2000, 73–92, 86 f.

125 Vgl. Segesser: Der Erste Weltkrieg, 173.

Kapitel 4

1 Stig Förster: Vom europäischen Krieg zum Weltkrieg, in: Hirschfeld, Krumeich, Renz: Enzyklopädie, 242–248, 242.
2 Leipzig 1905; zitiert nach Strachan: Der Erste Weltkrieg, 96.
3 Förster: Vom europäischen Krieg zum Weltkrieg, 243.
4 Vgl. Strachan: Der Erste Weltkrieg, 93 f.
5 Bernd Wegner: Wann begann und wann endete der Zweite Weltkrieg?, in: Frankfurter Allgemeine Zeitung, 12.8.2009, Nr. 185, N3.
6 Imanuel Geiss: Der Begriff des Weltkriegs, in: Frankfurter Allgemeine Zeitung, 7.10.2009, Nr. 232, N4.
7 Vgl. Sondhaus: World War One, 100.
8 Vgl. Bettina Brand, Dittmar Dahlmann: Streitkräfte (Russland), in: Hirschfeld, Krumeich, Renz: Enzyklopädie, 901–904, 903.
9 Vgl. Brand, Dahlmann: Streitkräfte (Russland), 903; Rüdiger Overmans: Kriegsverluste, in: Hirschfeld, Krumeich, Renz: Enzyklopädie, 663–666.
10 Vgl. Overmans: Kriegsverluste, 665.
11 Wegner: Begriff des Weltkriegs.
12 Vgl. Richard F. Hamilton, Holger H. Herwig: World Wars: Definitions and Causes, in: Dies.: The Origins of World War I, Cambridge 2003, 1–44, 2 f.
13 Förster: Vom Europäischen Krieg zum Weltkrieg, 243.
14 Ebd.
15 Ebd.
16 Ebd., 243.
17 Zum Folgenden insgesamt: Hew Strachan: The First World War as a global war, in: First World War Studies 1 (2010), 3–14.
18 Vgl. Jürgen Zimmerer: Kolonialkrieg, in: Hirschfeld, Krumeich, Renz: Enzyklopädie, 617–620, 617.
19 Strachan: Der Erste Weltkrieg, 98.
20 Frederick R. Dickinson: War and National Reinvention: Japan in the Great War, Boston (Mass.) 2010, 35.
21 Vgl. Wolfgang Schwentker: Japan, in: Hirschfeld, Krumeich, Renz: Enzyklopädie, 593–596, 593.
22 Vgl. Strachan: Der Erste Weltkrieg, 98.
23 Vgl. ebd., 99.
24 Vgl. Schwentker: Japan, 593.
25 Vgl. ebd., 594.
26 Vgl. Brose: Great War, 92 f.
27 Vgl. Sondhaus: World War One, 101.
28 Vgl. Mattias Hirschfeld: Beethoven in Japan. Zur Einführung und Verbreitung westlicher Musik in der japanischen Gesellschaft, Hamburg 2005.
29 Vgl. Segesser: Der Erste Weltkrieg, 122 f.
30 Vgl. Segesser: Der Erste Weltkrieg, 124; Brose: Great War, 93 f.; Sondhaus: World War One, 110.

31 Schwentker: Japan, 594.
32 Vgl. Segesser: Der Erste Weltkrieg, 125.
33 Vgl. Schwentker: Japan, 594; Brose: Great War, 94; Sondhaus: World War One, 110 f.
34 Schwentker: Japan, 594.
35 Vgl. Förster: Vom europäischen Krieg zum Weltkrieg, 245.
36 Zum Folgenden insgesamt: Guoqi Xu: The Great War and China's Military Expedition Plan, in: The Journal of Military History 72 (2008), 105–140; Segesser: Der Erste Weltkrieg, 124–127.
37 Vgl. Klaus Mühlhahn: China, in: Hirschfeld, Krumeich, Renz: Enzyklopädie, 412–416, 414.
38 Vgl. Sondhaus: World War One, 101 ff.
39 Vgl. Strachan: Der Erste Weltkrieg, 103.
40 Zitiert nach: Wikipedia, Art. SMS Emden (1908), http://de.wikipedia.org/wiki/SMS_Emden_(1908) (5.7.2013).
41 Vgl. Wikipedia (engl.), Art. SMS Emden (1908), http://en.wikipedia.org/wiki/SMS_Emden_(1908) (5.7.2013).
42 Vgl. Sondhaus: World War One, 104.
43 Vgl. Strachan: Der Erste Weltkrieg, 106; Sondhaus: World War One, 105.
44 Vgl. Holger H. Herwig: Spee, Maximilian Reichsgraf von, in: Hirschfeld, Krumeich, Renz: Enzyklopädie, 861.
45 Richard Hough, The Pursuit of Admral von Spee, London 1969, 116; ders.: The Great War at Sea, Oxford 1986, 96; zitiert nach: Brose: Great War, 88; Strachan: Der Erste Weltkrieg, 106.
46 Vgl. Brose: Great War, 95 f.
47 Vgl. ebd., 95–97; Sondhaus: World War One, 106 f.
48 Vgl. Sondhaus: World War One, 108.
49 Vgl. Strachan: Der Erste Weltkrieg, 108.
50 Vgl. Brose: Great War, 105 f.
51 Vgl. Strachan: Der Erste Weltkrieg, 113.
52 Vgl. David Killingray: The War in Africa, in: Horne: Companion, 112–126, 115 f.; Sondhaus: World War One, 111 f.; Brose: Great War, 108 f.
53 Vgl. Killingray: The War in Africa, 116. Nach Zimmerer betrug die Zahl der deutschen Soldaten in Kamerun 600–700 Mann. Vgl. Zimmerer: Kolonialkrieg, 618.
54 Vgl. Zimmerer: Kolonialkrieg, 618. Niedrigere Zahlen nennen: Brose: Great War: 109 (13 000), und Sondhaus: World War One, 113 (15 000).
55 Vgl. Killingray: The War in Africa, 116 f.
56 Vgl. ebd., 117.
57 Vgl. Sondhaus: World War One, 113.
58 Vgl. Strachan: Der Erste Weltkrieg, 118 f.
59 Vgl. Killingray: The War in Africa, 118; Sondhaus: World War One, 113.
60 Vgl. Zimmerer: Kolonialkrieg, 618.
61 Vgl. Bill Nasson: Südafrika, in: Hirschfeld, Krumeich, Renz: Enzyklopädie, 913 f.
62 Vgl. Nasson: Südafrika, 913; Killingray: The War in Africa, 118.
63 Vgl. Nasson: Südafrika, 914.
64 Vgl. Sondhaus: World War One, 114.
65 Vgl. Killingray: The War in Africa, 119.
66 Vgl. ebd., 118 f.

67 Vgl. Zimmerer: Kolonialkrieg, 618.
68 Vgl. Killingray: The War in Africa, 118 ff.
69 Vgl. ebd., 120.
70 Vgl. ebd., 120 ff.
71 Vgl. ebd., 121.
72 Vgl. Brose: Great War, 107.
73 Vgl. ebd., 107 f.
74 Vgl. Killingray: The War in Africa, 121 f.
75 Vgl. Nasson, Südafrika, 914.
76 Vgl. Strachan: Der Erste Weltkrieg, 115; Killingray: The War in Africa, 122.
77 Vgl. Killingray: The War in Africa, 122; Sondhaus: World War One, 116.
78 Vgl. Strachan: Der Erste Weltkrieg, 123; ders.: The First World War, Bd. 1: To Arms, Oxford 2001, 630–635.
79 Vgl. Strachan: Der Erste Weltkrieg, 118; Sondhaus: World War One, 117.
80 Vgl. Strachan: Der Erste Weltkrieg, 124; Killingray: The War in Africa, 124.
81 Vgl. Sondhaus: World War One, 119.
82 Vgl. Paul von Lettow-Vorbeck: Meine Erinnerungen aus Ostafrika, Leipzig 1920; ders.: Heia Safari! Deutschlands Kampf in Ostafrika, Leipzig 1920.
83 Ludwig Deppe: Mit Lettow-Vorbeck durch Afrika, Berlin 1919, 393.
84 Vgl. Sondhaus: World War One, 119.
85 Vgl. Strachan: Der Erste Weltkrieg, 112; Killingray: The War in Africa, 124; Zimmerer: Kolonialkrieg, 618; Sondhaus: World War One, 120.
86 Zum Folgenden insgesamt: Robert Aldrich, Christopher Hilliard: The French and British Empires, in: Horne: Companion, 524–539.
87 Nach anderen Angaben dienten im Canadian Expeditionary Corps sogar über 619 000 Mann. Vgl. Martin Kitchen: Kanada, in: Hirschfeld, Krumeich, Renz: Enzyklopädie, 603 ff., 604.
88 Vgl. Jeffrey Grey: Neuseeland, in: Hirschfeld, Krumeich, Renz: Enzyklopädie, 735 f.
89 Vgl. Jeffrey Grey: Australien, in: Hirschfeld, Krumeich, Renz: Enzyklopädie, 360–364, 364.
90 Vgl. Kitchen: Kanada, 605.
91 Vgl. Grey: Neuseeland; Aldrich, Hilliard: The French and British Empires, 530.
92 Vgl. Aldrich, Hilliard: The French and British Empires, 532.
93 Vgl. Cornelißen: Indien, in: Hirschfeld, Krumeich, Renz: Enzyklopädie, 571–573.
94 Vgl. Aldrich, Hilliard: French and British Empires, 525. Nach Cornelißen wurden sogar 1,5 Millionen Soldaten rekrutiert und knapp 900 000 kämpfenden Einheiten zugeteilt. Vgl. Cornelißen: Indien, 571.
95 Vgl. Cornelißen: Indien, 572.
96 Vgl. Erez Manela: Imagining Woodrow Wilson in Asia. Dreams of East-West Harmony and the Revolt against Empire in 1919, in: American Historical Review 2006, 1327–1351.
97 Vgl. Aldrich, Hilliard: The French and British Empires, 526 f.
98 Vgl. Aldrich, Hilliard: The French and British Empires, 527 f.
99 Dies suggerieren Aldrich und Hilliard: The French and British Empires, 529. Zum Massaker in Aigues-Mortes: Gérard Noiriel: Le massacre des Italiens: Aigues-Mortes, 17 août 1893, Paris 2010.

100 Vgl. Aldrich, Hilliard: The French and British Empires, 530.
101 Vgl. ebd., 531.
102 Vgl. ebd., 534 f.
103 Vgl. David Omissi: Europe Through Indian Eyes: Indian Soldiers Encounter England and France, 1914–1918, in: English Historical Review 122 (2007), 371–396.

Kapitel 5

1 Adolf Hitler: Mein Kampf, 855. Auflage, München 1943, 176 f.
2 Vgl. Jean-Jacques Becker: 1914, comment les Français sont entrés dans la guerre, Paris 1977; Wolfgang Kruse: Kriegsbegeisterung? Zur Massenstimmung bei Kriegsbeginn, in: Kruse: Welt von Feinden, 159–167, 160.
3 Vgl. Mark Cornwall: Austria-Hungary and ›Yugoslavia‹, in: Horne: Companion, 371–385, 373 ff.
4 Jean-Jacques Becker: Entrées en guerre, in: Stéphane Audoin-Rouzeau, Jean-Jacques Becker (Hg.): Encyclopédie de la Grande Guerre 1914–1918. Histoire e Culture, Paris 2004, 193–204, 201 f.
5 Vgl. Arthur Marwick: The Deluge: British Society and the First World War, London 1989, 309.
6 Vgl. Adrian Gregory: The Last Great War. British Society and the First World War, Cambridge 2008, 16–25.
7 Vgl. Gregory: Last Great War, 13–15.
8 Etwa David Lloyd George, während des Ersten Weltkriegs Munitions-, dann Kriegsminister und ab Ende 1916 Premierminister. Siehe David Lloyd George: War Memoirs, London 1938, Bd. 1, 39, zitiert nach: Gregory: Last Great War, 10.
9 Gregory: Last Great War, 25–32.
10 Vgl. Jeffrey Verhey: Der »Geist von 1914« und die Erfindung der Volksgemeinschaft, Hamburg 2000, 28–52.
11 Vgl. Wolfgang Kruse: Krieg und nationale Integration. Eine Neuinterpretation des sozialdemokratischen Burgfriedensschlusses, Essen 1993, 36–44.
12 Zitiert nach Gunter Mai: Das Ende des Kaiserreichs. Politik und Kriegführung im Ersten Weltkrieg, München 1987, 12.
13 Zitiert nach Mai: Ende des Kaiserreichs, 14
14 Zitiert nach: Ernst Johann (Hg.): Innenansicht eines Krieges. Deutsche Dokumente, München 1968, 17.
15 Vgl. Verhey: »Geist von 1914«, 145.
16 Vgl. Volker Ullrich: Kriegsalltag. Hamburg im Ersten Weltkrieg, Köln 1982, 15 ff.
17 Vgl. Verhey: »Geist von 1914«, 133 ff., 146 ff.
18 Ullrich: Kriegsalltag, 13.
19 Kriegstagebuch Georg Schenk, Bayerisches Hauptstaatsarchiv München, zitiert nach: Bernd Ulrich, Benjamin Ziemann (Hg.): Frontalltag im Ersten Weltkrieg. Quellen und Dokumente, Frankfurt am Main 1994, 33.
20 Vgl. Ziemann, Benjamin: Zum ländlichen Augusterlebnis 1914 in Deutschland, in: Bedrich Loewenstein (Hg.): Geschichte und Psychologie. Annäherungsversuche, Pfaffenweiler 1992, 193–203, 199 ff.

21 Zitiert nach: Ulrich, Ziemann: Frontalltag, 31.
22 Vgl. Verhey: »Geist von 1914«, 155–166.
23 Vgl. ebd., 183–188.
24 Vgl. Ullrich: Kriegsalltag, 14
25 Vgl. ebd., 19 ff.
26 Vgl. Kruse: Krieg und nationale Integration, 160; Verhey: »Geist von 1914«, 161.
27 Vgl. Ullrich: Kriegsalltag, 19 f.; Kruse: Krieg und nationale Integration, 161.
28 Vgl. Kruse: Krieg und nationale Integration, 159.
29 Zitiert nach Kruse: Krieg und nationale Integration, 163.
30 Vgl. Kruse: Krieg und nationale Integration, 184–195.
31 Zitiert nach Kruse: Krieg und nationale Integration, 189.
32 Vgl. Verhey: »Geist von 1914«, 168.
33 Vgl. Bernd Ullrich: Kriegsfreiwillige. Motivationen, Erfahrungen, Wirkungen, in: Berliner Geschichtswerkstatt (Hg.): August 1914: Ein Volk zieht in den Krieg, Berlin 1989, 232–241, 234; Bernd Ulrich: Die Desillusionierung der Kriegsfreiwilligen von 1914, in: Wolfram Wette (Hg.): Der Krieg des kleinen Mannes. Eine Militärgeschichte von unten, München 1992, 110–126, 114 f.
34 Vgl. Sondhaus: World War One, 180.
35 Vgl. Robert Wohl: The Generation of 1914, Cambridge (Mass.) 1979.
36 Carl Zuckmayer: Als wär's ein Stück von mir, Frankfurt am Main 1994, 234.
37 Vgl. Ulrich, Zieman: Frontalltag, 35 f.
38 Zuckmayer: Als wär's ein Stück von mir, 235.
39 Ullrich, Ziemann: Frontalltag, 36 f.
40 Zuckmayer: Als wär's ein Stück von mir, 234.
41 Philipp Wittkop (Hg.): Kriegsbriefe gefallener Studenten, München 1929, 17.
42 Vgl. Ullrich: Kriegsalltag, 111 ff.
43 Ulrich, Ziemann: Frontalltag, 39.
44 Wittkop: Kriegsbriefe, 7.
45 Ulrich, Ziemanns: Frontalltag, 38.
46 Gregory: Last Great War, 30 ff.
47 Vgl. ebd., 32.
48 Vgl. Sondhaus: World War One, 180.
49 Vgl. ebd., 180.
50 Vgl. hierzu insgesamt: ebd., 180 f.
51 Vgl. Leonard V. Smith: Renitenze, ammutinamenti e repressioni, in: Stéphane Audoin-Rouzeau, Jean-Jacques Becker, Antonio Gibelli (Hg.): La prima Guerra mondiale, Bd. 1, Turin 2007, 348 f.
52 Vgl. Jean-Jacques Becker: Unions sacrées et sentiment des responsabilités, in: Stéphane Audoin-Rouzeau, Jean-Jacques Becker (Hg.): Encyclopédie de la Grande Guerre 1914–1918. Histoire et Culture, Paris 2004, 205–217, 207 f.
53 Vgl. Sondhaus: World War One, 177.
54 Becker: Unions sacrées, 206.
55 Vgl. Kruse: Krieg und nationale Integration, 10.
56 Vgl. Hans-Ulrich Wehler: Sozialdemokratie und Nationalstaat. Nationalitätenfragen in Deutschland 1840–1914, Göttingen, ²1971, 214.

57 Vgl. Kruse: Krieg und nationale Integration, 21 ff.
58 ebd., 25 f.
59 ebd., 35–46.
60 Vgl. Dieter Groh, Peter Brandt: »Vaterlandslose Gesellen«. Sozialdemokratie und Nation 1860–1990, München 1992, 159.
61 Vgl. Kruse: Krieg und nationale Integration, 48–51.
62 Vgl. ebd., 62.
63 Vgl. Dieter Groh: Negative Integration und revolutionärer Attentismus. Die deutsche Sozialdemokratie am Vorabend des Ersten Weltkrieges, Frankfurt am Main 1973, 680 f.; Groh, Brandt: Vaterlandslose Gesellen, 159.
64 Kruse: Krieg und nationale Integration, 55.
65 Heinrich Ströbel: Die Kriegsschuld der Rechtssozialisten, Berlin 1919, 18, zitiert nach: Kruse: Krieg und nationale Integration, 63.
66 Vgl. Kruse: Krieg und nationale Integration, 64.
67 Vgl. ebd., 67 ff, 70.
68 Zitiert nach Kruse: Krieg und nationale Integration, 71.
69 Zitiert nach Kruse: Krieg und nationale Integration, 71.
70 Zitiert nach Kruse: Krieg und nationale Integration, 72.
71 Vgl. Kruse: Krieg und nationale Integration, 73–76.
72 Vgl. Groh, Brandt: Vaterlandslose Gesellen, 162.
73 Vgl. Kruse: Krieg und nationale Integration, 76.
74 Vgl. Groh, Brandt: Vaterlandslose Gesellen, 162.
75 Vgl. Kruse: Krieg und nationale Integration, 104.
76 Vgl. ebd., 98 ff.
77 Groh: Negative Integration, 725.
78 Vgl. Kruse: Krieg und nationale Integration, 109–115.
79 Zitiert nach Brandt, Groh: Vaterlandslose Gesellen, 163.
80 Vgl. Brandt, Groh: Vaterlandslose Gesellen, ,163 f.
81 Vgl. Verhey: »Geist von 1914«, 180 ff.
82 Vgl. Barbara Guttmann: Weibliche Heimatarmee. Frauen in Deutschland 1914–1918, Weinheim 1989, 117 ff.
83 Vgl. Brandt, Groh: Vaterlandslose Gesellen, 164 ff.; Kruse: Krieg und nationale Integration, 124–130.
84 Stefan Zweig: Die Welt von gestern. Erinnerungen eines Europäers, Frankfurt am Main 1993 (Originalausgabe 1944), 265.
85 Grundlegend dazu: Kurt Flasch: Die geistige Mobilmachung. Die deutschen Intellektuellen und der Erste Weltkrieg, Berlin 2000.
86 Vgl. Kramer, Dynamic of Destruction, 184.
87 Vgl. ebd., 164.
88 Zitiert nach: Michael Jeismann: Das Vaterland der Feinde. Studien zum nationalen Feindbegriff und Selbstverständnis in Deutschland und Frankreich 1792–1918, Stuttgart 1992, 344 f.
89 Zitiert nach: Wolfgang Kruse: Krieg und nationale Identität, in: Kruse: Welt von Feinden, 167–176, 169.

90 Zitiert nach: Kruse: Krieg und nationale Identität, 170.
91 Paul Natorp: Der Tag des Deutschen. Vier Kriegsaufsätze, Leipzig 1915, 55, zitiert nach: Kruse: Krieg und nationale Identität, 170.
92 Bernhard vom Brocke: ›Wissenschaft und Militarismus‹. Der Aufruf der 93 ›An die Kulturwelt!‹ und der Zusammenbruch der internationalen Gelehrtenrepublik im Ersten Weltkrieg, in: William M. Calder u. a. (Hg.): Wilamowitz nach 50 Jahren, Darmstadt 1985, 649–719, 665.
93 Vgl. Jeismann: Vaterland der Feinde, 336.
94 Kramer: Dynamic of Destruction, 183.
95 Vom Brocke: Wissenschaft und Militarismus, 718.
96 Vgl. ebd., 651.
97 Ebd., 717.
98 Vgl. ebd., 683.
99 Vgl. ebd., 664.
100 Vgl. ebd., 667.
101 Vgl. ebd., 670.
102 Vgl. ebd., 674.
103 Vgl. Kramer, Dynamic of Destruction, 182.
104 Vgl. ebd., 183.
105 Vgl. zum Folgenden insgesamt: Jeffrey Verhey: Ideen von 1914, in: Hirschfeld, Krumeich, Renz: Enzyklopädie, 568 f.
106 Vgl. Kramer: Dynamic of Destruction, 186 f.
107 Zitiert nach Verhey: Ideen von 1914, 569.
108 Verhey: Ideen von 1914, 569.
109 Vgl. ebd., 569.
110 Vgl. Walter L. Adamson: Avant-Garde Florence: From Modernism to Fascism, Cambridge (Mass.) 1993; Alexander De Grand: The Italian Nationalist Association and the Rise of Fascism in Italy, Lincoln (Nebr.) 1978.
111 Vgl. Emilio Gentile: Futurismo, cultura e politica, Turin 1988; ders.: La nostra sfida alle stelle: futuristi in politica, Rom 2009.
112 Vgl. Roland Sarti: Giuseppe Mazzini and his opponents, in: John A. Davis (Hg.): Italy in the Nineteenth Century, Oxford 2000, 74–107, 82 ff.
113 Emilio Gentile: The struggle for modernity. Nationalism, futurism and fascism, Westport 2003; ders.: La grande Italia. Ascesa e declino del mito della nazione nel ventesimo secolo, Mailand 1997.
114 Vgl. Alexander De Grand: The Hunchbacks Tailor. Giovanni Giolitti and liberal Italy from the challenge of mass politics to the rise of fascism, 1882–1922, London 2000.
115 Vgl. Richard Bosworth: Italy, the least of the Great Powers. Italian Foreign Policy before the First World War, Cambridge 1979; Holger Afflerbach: Der Dreibund. Europäische Großmacht- und Allianzpolitik vor dem Ersten Weltkrieg, Wien 2002.
116 Vgl. zum Folgenden insgesamt: Antonio Gibelli: Italy, in: Horne: Companion, 464–478; ders.: La Grande Guerra degli italiani 1915–1918, Mailand 1998.
117 Vgl. Gisela Framke: Im Kampf um Südtirol. Ettore Tolomei (1865–1952) und das »Archivio per l'Alto Adige«, Tübingen 1987; Marina Cattaruzza: L'Italia e il confine orientale, Bologna 2007, 43–68.

118 Vgl. Paul O'Brien: Mussolini in the First World War: the Journalist, the Soldier, the Fascist, Oxford 2005.
119 Vgl. Gibelli: Italy, 466–468.
120 Vgl. zum Folgenden insgesamt: Giorgio Rochat: The Italian Front, 1915–18, in: Horne: Companion, 82–96; Nicola Labanca: L'esercito italiano, in: Jean-Jacques Becker, Stéphane Audoin-Rouzeau, Antonio Gibelli (Hg.): La prima guerra mondiale, Bd. 1, Turin 2007, 217–230; ders.: La guerra sul fronte italiano e Caporetto, in: Ebd., 444–460.
121 Vgl. Labanca: Esercito Italiano, 220 f.
122 Vgl. ebd., 225.
123 Vgl. Giovanna Procacci: Soldati e prigionieri italiani nella grande guerra, Rom 1993; dies.: I prigionieri italiani, in: Becker, Audoin-Rouzeau, Gibelli: La prima guerra mondiale, Bd. 1, 361–373.
124 Vgl. Alan Kramer: Italienische Kriegsgefangene im Ersten Weltkrieg, in: Hermann J. W. Kuprian, Oswald Überegger (Hg.): Der Erste Weltkrieg im Alpenraum. Erfahrung, Deutung, Erinnerung, Innsbruck 2006, 247–258.
125 Vgl. Labanca: La guerra sul fronte italiano, 456 ff.
126 Vgl. Duggan: Force of Destiny, 403; Labanca: L'esercito Italiano, 227.
127 Gazzetta Ufficiale del Regno d'Italia, Nr. 265, 11.11.1918, 3195.

Kapitel 6

1 Bavendamm: Spionage und Verrat, 156; Bavendamm: L'ennemi chez soi, 752.
2 Ludendorff: Krieg, 11.
3 Hedley P. Willmott, Michael B. Barrett: Clausewitz reconsidered, Santa Barbara 2010, 37–51.
4 Nicolai: Nachrichtendienst, 16.
5 Vgl. Martin Creutz: Die Pressepolitik der kaiserlichen Regierung während des Ersten Weltkriegs. Die Exekutive, die Journalisten und der Teufelskreis der Berichterstattung, Frankfurt am Main 1996, 1–43.
6 Vgl. Anne Schmidt: Belehrung, Propaganda, Vertrauensarbeit. Zum Wandel amtlicher Kommunikationspolitik in Deutschland 1914–1918, Essen 2006, 32–38.
7 Vgl. Stevenson: 1914–1918, 324–336; Michael Jeismann: Propaganda, in: Hirschfeld, Krumeich, Renz: Enzyklopädie, 198–209, 203.
8 Vgl. Jeismann: Propaganda, 203.
9 Vgl. Becker, Krumeich: Der Große Krieg, 90.
10 Vgl. Becker: Frankreich, 36.
11 Vgl. Stevenson: 1914–1918, 322.
12 Vgl. Stevenson: 1914–1918, 328 f.; Jeismann: Propaganda, 203 f.
13 Vgl. Ronald Schaffer: USA, in: Hirschfeld, Krumeich, Renz: Enzyklopädie, 105–115, 107; Jeismann, Propaganda, 204.
14 Vgl. Stevenson: 1914–1918, 330.
15 Vgl. Schmidt: Belehrung, 115–124, 247 f.
16 Vgl. ebd., 106 f.
17 Vgl. Susanne Brandt: Bild- und Filmamt (BUFA), in: Hirschfeld, Krumeich, Renz: Enzyklopädie, 387; Stevenson: 1914–1918, 331; Schmidt: Belehrung, 157–160.

18 Vgl. Anne Lipp: Meinungslenkung im Krieg. Kriegserfahrungen deutscher Soldaten und ihre Deutung 1914–1918, Göttingen 2003.
19 Vgl. Lipp: Meinungslenkung, 307.
20 Ebd., 308–320; Schmidt: Belehrung, 249–252.
21 Zum Folgenden insgesamt: Hans-Peter Ullmann: Kriegswirtschaft, in: Hirschfeld, Krumeich, Renz: Enzyklopädie, 220–232; Theo Balderston: Industrial Mobilization and War Economies, in: Horne: Companion, 217–233.
22 Vgl. Ullmann: Kriegswirtschaft, 228.
23 Vgl. ebd., 224 f.
24 Vgl. ebd., 225.
25 Vgl. ebd., 225.
26 Vgl. Balderston: Industrial Mobilization, 225.
27 Vgl. ebd., 226 f.
28 Vgl. ebd., 228.
29 Vgl. Mark Cornwall: Austria-Hungary and »Yugoslavia«, in: Horne: Companion, 371–385, 376 f.
30 Vgl. Peter Gatrell: Russia's First World War. A Social and Economic History, Harlow u. a. 2005, 29–33.
31 Vgl. Ullmann: Kriegswirtschaft, 228; Balderston: Industrial Mobilization, 228.
32 Vgl. Ullmann: Kriegswirtschaft, 226.
33 Vgl. Dick Geary: Arbeiter, in: Hirschfeld, Krumeich, Renz: Enzyklopädie, 142–154, 147 f.
34 Vgl. Susanne Rouette: Frauenarbeit, Geschlechterverhältnisse und staatliche Politik, in: Kruse: Eine Welt von Feinden, 92–126, 104 f.; Geary: Arbeiter, 148.
35 Vgl. Ullmann: Kriegswirtschaft, 227.
36 Vgl. Rouette: Frauenarbeit, 101 ff.
37 Vgl. Susan Grayzel: »Women and Men«, in: Horne: Companion, 263–278, 267.
38 Vgl. Grayzel: Women and Men, 272.
39 Vgl. ebd., 270.
40 Vgl. Francoise Thébaud: Femmes e genre dans la guerre, in: Audoin-Rouzeau, Becker: Encyclopédie de la grande guerre, 613–625.
41 Vgl. Grayzel: Women and Men, 273.
42 Stevenson: Cataclysm, 187.
43 Becker, Krumeich: Der Große Krieg, 148.
44 Stevenson: Cataclysm, 188.
45 Becker, Krumeich: Der Große Krieg, 149.
46 Stevenson: Cataclysm: 188.
47 Becker, Krumeich: Der Große Krieg, 147.
48 Stevenson, Cataclysm: 187.
49 Ebd.: 189.
50 Becker: Unions sacrées et sentiment des responsibilités, 205.
51 Becker, Krumeich: Der Große Krieg, 81.
52 Bavendamm: Spionage und Verrat, 25.
53 Becker, Krumeich: Der Große Krieg, 86.
54 Bavendamm: Spionage und Verrat, 54–55.
55 Nicolai: Geheime Mächte, 56.

56 Becker, Krumeich: Der Große Krieg, 88.
57 Bavendamm: Spionage und Verrat, 65–66.
58 Ebd., 210–211, 236.
59 Becker, Krumeich: Der Große Krieg, 120–123; Becker: Frankreich, in: Hirschfeld, Krumeich, Renz: Enzyklopädie 39–43.
60 Becker, Frankreich, 41; ders., Meutereien in der französischen Armee 1917, in: Hirschfeld, Krumeich, Renz: Enzyklopädie 710 f.
61 Bavendamm: Spionage und Verrat, 253.
62 Becker: Frankreich, 40 f.
63 Becker, Krumeich: Der Große Krieg, 98.
64 Bavendamm: Spionage und Verrat, 222, 255.
65 Ebd., 146–147.
66 Ebd., 293.
67 Vgl. Hirschfeld: Mata Hari, 179–202.
68 Becker, Krumeich: Der Große Krieg, 89.
69 Becker: Frankreich, 41–42.
70 Reimann: Krieg der Sprachen, 207.
71 Stevenson: Cataclysm, 190; Neiberg: Fighting the Great War, 199 f.
72 Bogart: Spies of the Kaiser, 76.
73 Ebd., 74.
74 Zitiert nach Kriegs-Rundschau. Zeitgenössische Zusammenstellung der für den Weltkrieg wichtigen Ereignisse, Urkunden, Kundgebungen, Schlacht- und Zeitberichte, Bd. 3, Berlin 1916, 1372.
75 Wilson: The Myriad Faces of War, 411 f.; Reimann: Krieg der Sprachen, 200.
76 Wilson: The Myriad Faces of War, 410.
77 Pope, Wheal: The Macmillan Dictionary of the First World War, 207 f., 501.
78 Stevenson: Cataclysm, 191.
79 Winter: Großbritannien, 55 f.
80 Stevenson: Cataclysm, 185.
81 Strachan: Kriegführung der Entente, 273.
82 Stevenson: Cataclysm, 186.
83 Winter: Großbritannien, 57.
84 Becker: Unions sacrées et sentiment des responsibilités, 207 f.
85 Ebd., 211.
86 Strachan: Time, Space and Barbarisation, 69 f..
87 Pethö: Agenten für den Doppeladler, 227–238; Schmidt: Gegen Rußland und Frankreich, 442–444.
88 Nicolai: Nachrichtendienst, 4–6.
89 Buchheit: Geheimdienst, 22.
90 Pope, Wheal: The Macmillan Dictionary, 407.
91 Arthur T. Frame: Russia, Home Front, in: Tucker: World War I, 1022; Neiberg, Fighting the Great War, 210.
92 Dahlmann: Rußland, 90.
93 Ebd., 90.

94 Strachan: Time, Space and Barbarisation, 62.
95 Dowling: Brusilov Offensive, 7 f.
96 Stevenson: Cataclysm, 193.
97 Dahlmann: Rußland, 92.
98 Pope, Wheal: The Macmillan Dictionary of the First World War, 408.
99 Stevenson: Cataclysm, 193; Frame: Russia, Home Front, 1021.
100 Stevenson: Cataclysm, 182.
101 Ebd., 192.
102 Ebd., 193 f.
103 Frame: Russia, Home Front, 1022.
104 Becker: Unions sacrées et sentiment des responsibilités, 216.
105 Stevenson: Cataclysm, 183.
106 Ebd., 182.
107 Ebd., 194.
108 Alan Allport: Austria-Hungary, Army, in: Tucker: World War I, 155.
109 Stevenson: 194.
110 Ebd., 194.
111 Timothy C. Dowling: Austria-Hungary, Home Front, in: Tucker: World War I, 157.
112 Rauchensteiner: Österreich-Ungarn, 77.
113 Ebd., 78.
114 Dowling: Austria-Hungary, Home Front, 157.
115 Rauchensteiner: Österreich-Ungarn, 79.
116 Dowling: Austria-Hungary, Home Front, 157.
117 Achim Fuchs: Stellvertretendes Generalkommando, 1914–1918/1939–1945, in: Historisches Lexikon Bayerns, URL: http://www.historisches-lexikon-bayerns.de/artikel/artikel_44718 (11.6.2013).
118 Stevenson: Cataclysm, 182.
119 Wehler: Kaiserreich, 373.
120 Zechlin: Deutsche Politik und die Juden, 524.
121 Stone: Eastern Front, 265.
122 Kramer: Kriegsrecht und Kriegsverbrechen, 285.
123 Mommsen: Urkatastrophe, 97.
124 Ebd., 93.
125 Ebd., 90.
126 Ebd., 91.
127 Wehler: Kaiserreich, 374.
128 Mommsen: Urkatastrophe, 95.
129 Nübel: Mobilisierung der Kriegsgesellschaft, 147.
130 Wehler: Kaiserreich, 375–381.
131 Claß: Zum deutschen Kriegsziel, 6.
132 Ebd., 6.
133 Mommsen: Deutschland, 18.
134 Friedländer: Politische Veränderungen, 30.
135 Zechlin: Deutsche Politik, 97.

136 Friedländer: Politische Veränderungen, 31 f.
137 Vgl. zum Folgenden insgesamt: Jacob Rosenthal: Die Ehre des jüdischen Soldaten. Die Judenzählung im Ersten Weltkrieg und ihre Folgen. Frankfurt am Main 2007.
138 Zechlin: Deutsche Politik und die Juden, 527–529.
139 Jochmann: Ausbreitung des Antisemitismus, 426.
140 Friedländer: Politische Veränderungen, 38.
141 Zitiert nach Jochmann: Ausbreitung des Antisemitismus, 421 f.
142 Vgl. Margret Boveri: Wir lügen alle. Eine Hauptstadtzeitung unter Hitler, Olten 1965, 28; Friedländer: Politische Veränderungen, 43.
143 Delbrück: Vor und nach dem Weltkrieg, 437; Friedländer: Politische Veränderungen, 47.
144 Friedländer: Politische Veränderungen, 45.
145 Stein: Balfour Declaration, 470.
146 Brockhaus: Balfour-Deklaration, 17.
147 Ebd., 23–25.
148 Stein: Balfour Declaration, 339–347.
149 Ebd., 533 f.
150 Zitiert nach Brockhaus: Balfour-Deklaration, 61.
151 Brockhaus: Balfour-Deklaration, 36.
152 Ebd., 37.
153 Ebd., 38.
154 Ebd., 40.
155 Ebd., 41.
156 Ebd., 40.
157 Ebd., 41.

Kapitel 7

1 Neiberg: Fighting the Great War, 178.
2 Strachan: Kriegführung der Entente, 276 f.
3 Neiberg: Fighting the Great War, 178.
4 Ebd., 180–181.
5 Brussilow: Meine Erinnerungen, 211.
6 Herwig: First World War, 208.
7 Brussilow: Meine Erinnerungen, 212.
8 Gerhard Hirschfeld: Die Somme-Schlacht von 1916, in: Hirschfeld, Krumeich, Renz: Die Deutschen an der Somme, 79–162, 83.
9 Dowling: The Brussilow Offensive, 21 f.
10 Neiberg: Fighting the Great War, 184.
11 Ebd., 185.
12 Walther Hubatsch: Der Weltkrieg 1914/1918, Konstanz 1955, 37.
13 Neiberg: Fighting the Great War, 186 f.
14 Dowling: The Brussilow Offensive, 189.
15 Neiberg: Fighting the Great War, 188.
16 Ebd., 190.

17 Ebd., 191.
18 Ebd., 192.
19 Ebd., 192 f.
20 Ebd., 193 f.
21 Ebd., 198.
22 Hirschfeld: Die Somme-Schlacht, 86.
23 Vgl. Neiberg: Fighting the Great War, 201.
24 Vgl. Kramer: Dynamic of Destruction, 211–216.
25 Hirschfeld: Die Somme-Schlacht, 87 f.
26 Neiberg: Fighting the Great War, 207 f.
27 Ebd., 212.
28 Frank Nägler: Müller, Georg Alexander von, in NDB 18, 1997, 391 f.
29 Neiberg: Fighting the Great War, 215.
30 Ebd., 218.
31 Eric Lohr: Russia, in: Horne: Companion, 479–493, 488 f.
32 Neiberg: Fighting the Great War, 221 f.
33 Vgl. Georges Soutou: Die Kriegsziele des Deutschen Reiches, Frankreichs, Großbritanniens und der Vereinigten Staaten während des Ersten Weltkrieges: ein Vergleich, in: Wolfgang Michalka (Hg.): Der Erste Weltkrieg. Wirkung, Wahrnehmung, Analyse, München 1994, 28–53.
34 Vgl. Soutou: Kriegsziele, 47 ff.
35 Neiberg: Fighting the Great War, 227.
36 Ebd., 226.
37 Mommsen: Urkatastrophe, 72.
38 Hirschfeld: Die Somme-Schlacht, 85.
39 Mommsen: Urkatastrophe, 73.
40 Nagler: Nationale Minoritäten im Krieg, 690.
41 Ebd., 687.
42 Wüstenbecker: Deutsch-Amerikaner im Ersten Weltkrieg, 314.
43 Nagler: Nationale Minoritäten im Krieg, 693.
44 Ebd., 397.
45 Bavendamm: L'ennemi chez soi, 755.
46 Sorlin: Film and the War, 360–362.
47 Geyer: Rückzug, 170–172.
48 Ebd., 165.
49 Jones: Violence against Prisoners of War, 146–153.
50 Ebd., 160.
51 Pöhlmann: Alberich, 326 f.
52 Geyer: Rückzug, 173.
53 Ebd., 178.
54 Ernst Jünger: In Stahlgewittern, in: Ders.: Sämtliche Werke. Erste Abteilung: Tagebücher, Bd. 1, Stuttgart 1978, 136.
55 Neiberg: Fighting the Great War, 230 f.
56 Keegan: The First World War, 349–350.
57 Neiberg: Fighting the Great War, 234.

58 Ebd. 241–244; Keegan, Die Kultur des Krieges, 353–355.
59 Keegan: The First World War, 386.
60 Ebd., 391.
61 Ebd., 384–395.
62 Ebd., 386.
63 Ebd., 388.
64 Ebd., 388.
65 Ebd., 392 f.
66 Ebd., 394 f.
67 Ebd., 397.

Kapitel 8

1 Die Abkürzung stand für »Abteilung 7, Verkehrswesen« des Preußischen Kriegsministeriums.
2 Nicolai: Nachrichtendienst, 16 f.
3 Vgl. ebd., 60 f.
4 Vgl. Keegan: The First World War, 421.
5 Vgl. Soutou, Kriegsziele, 46 f.; Keegan: The First World War, 406.
6 Vgl. Keegan: The First World War, 422.
7 Vgl. ebd., 429 f.
8 Vgl. ebd., 432.
9 Vgl. ebd., 434.
10 Vgl. ebd., 435.
11 Vgl. ebd., 436.
12 Keegan: Die Kultur des Krieges, 437.
13 Deist: Militär und Innenpolitik, 485.
14 Vgl. Wehler: Kaiserreich, 383 f.
15 Vgl. Keegan: The First World War, 442.
16 Wehler: Kaiserreich, 385.
17 Schwabe: Das Ende des Ersten Weltkriegs, 293.
18 Vgl. Keegan: Die Kultur des Krieges, 443 f.
19 Schwabe: Das Ende des Ersten Weltkriegs, 294.
20 Deist: Militär und Innenpolitik, 485 f.
21 Vgl. Gerd Krumeich: Die Dolchstoß-Legende, in: Etienne François, Hagen Schulze (Hg.): Deutsche Erinnerungsorte, Bd. 1, München 2001, 585–599.
22 Ludendorff: Totaler Krieg, 12.
23 Gerd Krumeich: Dolchstoßlegende, in: Hirschfeld, Krumeich, Renz: Enzyklopädie, 444 f.
24 Vgl. Bavendamm: Spionage und Verrat, 19 f.
25 Vgl. Reimann: Krieg der Sprachen, 200 f.
26 Vgl. Krumeich: Dolchstoßlegende, 444.
27 Ebd., 444.
28 Vgl. Irmtraud Permooser: Der Dolchstoßprozeß in München 1925, in: Zeitschrift für bayerische Landesgeschichte 59 (1996), 903–926, 917.

29 Vgl. Permooser: Dolchstoßprozeß, 918.
30 Ebd., 922 f.
31 Pope, Wheal: The Macmillan Dictionary of the First World War, 355.
32 Stevenson: Cataclysm, 414.
33 Vgl. Segesser: Der Erste Weltkrieg, 211 f.
34 Vgl. Kramer: Kriegsrecht und Kriegsverbrechen, 281–292; Hankel: Deutsche Kriegsverbrechen, 85–98.
35 Vgl. Schwabe: Das Ende des Ersten Weltkriegs, 294–297.
36 Vgl. ebd., 298.
37 Vgl. ebd., 299 f.
38 Vgl. ebd., 300.
39 Ebd., 300.
40 Vgl. Duggan: Force of Destiny, 412 f.
41 Vgl. ebd., 414
42 Vgl. Schwabe: Das Ende des Ersten Weltkriegs, 300.
43 Vgl. ebd., 300 f.
44 Vgl. ebd., 301.
45 Vgl. ebd., 302.
46 Klaus Schwabe: Versailler Vertrag, in: Hirschfeld, Krumeich, Renz: Enzyklopädie, 945–947, 947.
47 Fay: Origins of the World War, 552.
48 Ebd., 556.
49 Vgl. Neiberg: Fighting the Great War, 363.
50 Vgl. Antoine Prost: Les anciens combattants, in: Audoin-Rouzeau, Becker: Encyclopédie de la grande guerre, 1087–1098.
51 Vgl. MacGregor Knox: Fascism: ideology, foreign policy, and war, in: Adrian Lyttelton (Hg.): Liberal and Fascist Italy 1900–1945, Oxford 2002, 105–138, 119–123.
52 Vgl. Lohr: Russia, 479 f.
53 Vgl. Gatrell: War after the War, 559 f.
54 Vgl. ebd., 560.
55 Vgl. ebd., 560.
56 Vgl. ebd., 561.
57 Vgl. Stevenson: Cataclysm, 426 f.
58 Vgl. Schwabe: Das Ende des Ersten Weltkriegs, 301.
59 Vgl. Duggan: Force of Destiny, 415–419.
60 Vgl. Stevenson: Cataclysm, 415 f.
61 Vgl. Duggan: Force of Destiny, 418 f.
62 Vgl. Aram Mattioli: »Viva Mussolini«. Die Aufwertung des Faschismus im Italien Berlusconis, Paderborn 2010.
63 Vgl. Stevenson: Cataclysm, 428.
64 Vgl. Gatrell: War after the War, 564 f.
65 Vgl. Stevenson: Cataclysm, 429.
66 Vgl. ebd., 428.
67 Vgl. Gatrell: War after the War, 565.

68 Vgl. Stevenson: Cataclysm, 428.
69 Vgl. ebd., 428.
70 Vgl. Gatrell: War after the War, 566.
71 Vgl. ebd., 566 f.
72 Vgl. Bogart: Spies of the Kaiser, 118.
73 Vgl. Gatrell: War after the War, 566.

Kapitel 9

1 Vgl. Pierluigi Pironti: Kriegsopfer und Staat. Sozialpolitik für Invaliden, Witwen und Waisen des Ersten Weltkriegs in Deutschland und Italien (1914–1924), Diss. phil. FU Berlin 2012, 358 ff.; Valeria Tanci: Storia dei mutilati della Grande Guerra in Italia (1915–1924), Diss. phil. Università di Roma Sapienza und FU Berlin 2010.
2 Overmans: Kriegsverluste, 664 f.
3 Vgl. David Cannadine: War and Death, Grief and Mourning in Modern Britain, in: Joachim Whaley (Hg.): Mirrors of Mortality. Studies in the Social History of Death, London 1981, 187–242, 187; Martina Kessel: Sterben/Tod: Neuzeit, in: Peter Dinzelbacher (Hg.): Europäische Mentalitätsgeschichte, Stuttgart 1994, 260–274; Stèphane Audoin-Rouzeau, Annette Becker: 14–18. Retrouver la guerre, Paris 2000, 243.
4 Sigmund Freud: Unser Verhältnis zum Tode (1915), in: Ders.: Studienausgabe, Bd. IX, Frankfurt am Main 1982, 49 f.
5 Vgl. John Bowlby: Loss, Sadness and Depression, New York 1980, 112–125; Simon Rubin: The Death of a Child is Forever: The Life Course Impact of Child Death, in: Margaret S. Stroebe u. a. (Hg.): Handbook of Bereavement, Cambridge 1993, 285–293; Audoin-Rouzeau, Becker: Retrouver la guerre, 243 ff.
6 Ruth Malkinson, Liora Bar-Tur, The Aging of Grief in Israel: A Perspective of Bereaved Parents, in: Death Studies 23 (1999), 413–431.
7 Vgl. Cannadine: War and death, 232.
8 Vgl. Annette Becker: Der Kult der Erinnerung nach dem Großen Krieg. Kriegerdenkmäler in Frankreich, in: Michael Jeismann, Reinhart Koselleck (Hg.): Der politische Totenkult. Kriegerdenkmäler in der Moderne, München 1994, 315–324; Marilène P. Henry: Monumental accusations. The monuments aux morts as expression of popular resentment, New York 1996; Daniel J. Sherman: The construction of memory in interwar France, Chicago 1999; Jay M. Winter: Sites of memory, sites of mourning. The great war in european cultural history, Cambridge 1995; Alex King: Memorials of the great war in Britain. The symbolism and politics of remembrance, London 1998; Ken Inglis: Sacred places. War Memorials in Australian Landscape, Melbourne 1998; Oliver Janz: Das symbolische Kapitel der Trauer. Nation, Religion und Familie im italienischen Gefallenenkult des Ersten Weltkriegs, Tübingen 2009.
9 Vgl. Ken Inglis: Entombing Unknown Soldiers. From London and Paris to Bagdad, in: History and Memory 1993, 7–31.
10 Vgl. Oliver Janz: Zwischen Trauer und Triumph. Politischer Totenkult in Italien nach dem Ersten Weltkrieg, in: Jost Dülffer, Gerd Krumeich (Hg.): Der verlorene Frieden. Politik und Kriegskultur nach 1918, 61–75, 65; Mosse: Gefallen für das Vaterland, 132.

11 Vgl. George L. Mosse: Gefallen für das Vaterland, Nationales Heldentum und namenloses Sterben, Stuttgart 1990, 119.
12 Vgl. Adrian Gregory: The silence of memory. Armistice Day 1919–1946, Oxford 1994.
13 Vgl. Ken Inglis: War memorials: ten questions for historians, in: Guerres mondiales et conflits contemporains 167 (192), 5–22, 8.
14 Vgl. Becker: Kult der Erinnerung, 322 f.; Winter: Sites of memory, sites of mourning, 78 ff.
15 Vgl. Volker G. Probst: Bilder vom Tode. Eine Studie zum deutschen Kriegerdenkmal in der Weimarer Republik am Beispiel des Pietà-Motivs und seiner profanisierten Varianten, Hamburg 1986; Catherine Moriarty: Christian iconography and first world war memorials, in: Imperial War Museum Review 6 (1992), 63–75; Mariatte C. Denman: Visualizing the nation. Madonnas and mourning mothers in postwar Germany, in: Patricia Herminghouse, Magda Mueller (Hg.): Gender and Germanness, London 1998, 189–201.
16 Vgl. Becker: Kult der Erinnerung, 317.
17 Vgl. Inglis: War memorials, 8.
18 Vgl. Janz: Zwischen Trauer und Triumph, 69.
19 Vgl. Winter: Sites of memory, sites of mourning, 26.
20 Vgl. Mosse: Gefallen für das Vaterland, 103 ff.; Winter: Sites of memory, sites of mourning, 26 ff.; Inglis: War memorials, 9.
21 Vgl. Inglis: War memorials, 9.
22 Vgl. Benjamin Ziemann: Die Erinnerung an den Ersten Weltkrieg in den Milieukulturen der Weimarer Republik, in: Thomas Schneider: Kriegserlebnis und Legendenbildung. Das Bild des modernen Krieges in Literatur, Theater, Photographie und Film, Osnabrück 1999, 249–270; Bernd Ulrich: Die umkämpfte Erinnerung. Überlegungen zur Wahrnehmung des Ersten Weltkrieges in der Weimarer Republik, in: Jörg Duppler, Gerhard P. Groß (Hg.): Kriegsende 1918. Ereignis, Wirkung, Nachwirkung, München 1999, 367–376.
23 Vgl. Benjamin Ziemann: Die deutsche Nation und ihr zentraler Erinnerungsort. Das »Nationaldenkmal für die Gefallenen im Weltkriege« und die Idee des »Unbekannten Soldaten« 1914–1935, in: Helmut Berding, Klaus Heller (Hg.): Krieg und Erinnerung, Göttingen 2000, 67–92.
24 Dies betont vor allem Mosse: Gefallen für das Vaterland, 127–131. Vgl. auch Sabine Behrenbeck: Zwischen Trauer und Heroismus. Vom Umgang mit Kriegstod und Niederlage nach 1918, in: Jörg Duppler, Gerhard P. Groß (Hg.): Kriegsende 1918. Ereignis, Wirkung, Nachwirkung, München 1999, 315–339.
25 Vgl. Michael Jeismann, Rolf Westheider: Wofür stirbt der Bürger? Nationaler Totenkult und Staatsbürgertum in Deutschland und Frankreich seit der Französischen Revolution, in: Michael Jeismann, Reinhart Koselleck (Hg.): Der politische Totenkult, München 1994, 34 ff.; Reinhart Koselleck: Zur politischen Ikonologie des gewaltsamen Todes. Ein deutsch-französischer Vergleich, Basel 1998.

QUELLEN- UND LITERATURVERZEICHNIS

Adamson, Walter L., *Avant-Garde Florence: From Modernism to Fascism*, Cambridge (Mass.) 1993.

Afflerbach, Holger, *Der Dreibund. Europäische Großmacht- und Allianzpolitik vor dem Ersten Weltkrieg*, Wien 2002.

Afflerbach, Holger, *Falkenhayn. Politisches Denken und Handeln im Kaiserreich*, München 1994.

Afflerbach, Holger, »›... nearly a case of Italy contra mundum?‹ Italien als Siegermacht in Versailles 1919«, in: Gerd Krumeich (Hg.), *Versailles 1919. Ziele, Wirkung, Wahrnehmung*, Essen 2001, 159–173.

Aga Khan (Muhammad Shah III.), *Die Memoiren des Aga Khan. Welten und Zeiten*, München 1954, 240 f.

Aldrich, Robert und Christopher Hilliard, »The French and British Empires«, in: John Horne (Hg.), *A Companion to World War I*, Oxford 2010, 524–539.

Alexander von Russland, *Einst war ich ein Großfürst*, Leipzig 1932.

Allport, Alan, »Austria-Hungary, Army«, in: Spencer C. Tucker (Hg.): *World War I. Encyclopedia*, Bd.1, Santa Barbara (CA) 2005, 154–156.

Altmann, Ludwig (Hg.), *Die Weltkriegsspionage*, München 1931.

Angelow, Jürgen, »Der ›Kriegsfall Serbien‹ als Willenstherapie. Operative Planung, politische Mentalitäten und Visionen vor und zu Beginn des Ersten Weltkrieges«, in: *Militärgeschichtliche Zeitschrift* 61 (2002), 315–336.

Antier, Chantal, Marianne Walle und Olivier Lahaie, *Les espionnes dans la Grand Guerre*, Rennes 2008.

Audoin-Rouzeau, Stéphane, »Combat«, in: John Horne (Hg.), *A Companion to World War I*, Oxford 2010, 173–188.

Audoin-Rouzeau, Stéphane und Annette Becker, *14–18. Retrouver la guerre*, Paris 2000.

Audoin-Rouzeau, Stéphane und Jean-Jacques Becker (Hg.), *Encyclopédie de la Grande Guerre 1914–1918. Histoire et Culture*, Paris 2004.

Audoin-Rouzeau, Stèphane, Jean-Jacques Becker und Antonio Gibelli (Hg.), *La prima guerra mondiale*, 2 Bde., Turin 2007.

Balderston, Theo, »Industrial Mobilization and War Economies«, in: John Horne (Hg.), *A Companion to World War I*, Oxford 2010, 217–233.

Bardolff, Carl Freiherr von, *Soldat im alten Österreich. Erinnerungen aus meinem Leben*, Jena 1938.

Bavendamm, Gundula, »L'ennemi chez soi«, in: Stéphane Audoin-Rouzeau und Jean-Jacques Becker (Hg.), *Encyclopédie de la Grande Guerre 1914–1918. Histoire et Culture*, Paris 2004, 751–757.

Bavendamm, Gundula, *Spionage und Verrat. Konspirative Kriegserzählungen und französische Innenpolitik, 1914–1917*, Essen 2004.

Becker, Annette, »Der Kult der Erinnerung nach dem Großen Krieg. Kriegerdenkmäler in Frankreich«, in: Michael Jeismann und Reinhart Koselleck (Hg.), *Der politische Totenkult. Kriegerdenkmäler in der Moderne*, München 1994, 315–324.

Becker, Annette, »Deutsche Besatzungsherrschaft in Nordfrankreich«, in: Hirschfeld, Krumeich, Renz (Hg.): *Die Deutschen an der Somme*, Essen 2006, 51–78.

Becker, Jean-Jacques, *1914, comment les Français sont entrés dans la guerre*, Paris 1977.

Becker, Jean-Jacques, »Entrées en guerre«, in: Stéphane Audoin-Rouzeau und Jean-Jacques Becker (Hg.), *Encyclopédie de la Grande Guerre 1914–1918. Histoire et Culture*, Paris 2004, 193–204.

Becker, Jean-Jacques, »Unions sacrées et sentiment des responsabilités«, in: Stéphane Audoin-Rouzeau und Jean-Jacques Becker (Hg.), *Encyclopédie de la Grande Guerre 1914–1918. Histoire et Culture*, Paris 2004, 205–217.

Becker, Jean-Jacques, »Entente«, in: Gerhard Hirschfeld, Gerd Krumeich und Irina Renz (Hg.), *Enzyklopädie Erster Weltkrieg*, aktualisierte und erweiterte Studienausgabe, Paderborn 2009, 456–458.

Becker, Jean-Jacques, »Marne«, in: Gerhard Hirschfeld, Gerd Krumeich und Irina Renz (Hg.), *Enzyklopädie Erster Weltkrieg*, aktualisierte und erweiterte Studienausgabe, Paderborn 2009, 697–699.

Becker, Jean-Jacques und Gerd Krumeich, *Der Große Krieg. Deutschland und Frankreich im Ersten Weltkrieg 1914–1918*, Essen 2010.

Behrenbeck, Sabine, »Zwischen Trauer und Heroismus. Vom Umgang mit Kriegstod und Niederlage nach 1918«, in: Jörg Duppler und Gerhard P. Groß (Hg.), *Kriegsende 1918. Ereignis, Wirkung, Nachwirkung*, München 1999, 315–339.

Bloch, Johann von, *Der Krieg*, 6 Bde., Berlin 1899.

Bogart, Thomas, *Spies of the Kaiser. German Covert Operations in Great Britain during the First World War*, Basingstoke 2004.

Bosworth, Richard, *Italy, the least of the Great Powers. Italian Foreign Policy before the First World War*, Cambridge 1979.

Bourne, John M., »Aufmarschpläne«, in: Gerhard Hirschfeld, Gerd Krumeich und Irina Renz (Hg.), *Enzyklopädie Erster Weltkrieg*, aktualisierte und erweiterte Studienausgabe, Paderborn 2009, 352–356.

Boveri, Margret, *Wir lügen alle. Eine Hauptstadtzeitung unter Hitler*, Olten 1965.

Bowlby, John, *Loss, Sadness and Depression*, New York 1980.

Bozarslan, Hamit, »The Ottoman Empire, in: John Horne (Hg.), *A Companion to World War I*, Oxford 2010, 494–507.

Brand, Bettina und Dittmar Dahlmann, »Streitkräfte (Russland)«, in: Gerhard Hirschfeld, Gerd Krumeich und Irina Renz (Hg.), *Enzyklopädie Erster Weltkrieg*, aktualisierte und erweiterte Studienausgabe, Paderborn 2009, 901–904.

Brocke, Bernhard vom, »Wissenschaft und Militarismus«. Der Aufruf der 93 ›An die Kulturwelt!‹ und der Zusammenbruch der internationalen Gelehrtenrepublik im Ersten Weltkrieg«, in: William M. Calder (Hg.), *Wilamowitz nach 50 Jahren*, Darmstadt 1985, 649–719.

Brockhaus, Monika, »*Ein Ereignis von welthistorischer Bedeutung*«. Die Balfour-Deklaration in der veröffentlichten Meinung, Frankfurt am Main 2011.

Brose, Eric Dorn, *A History of the Great War*, Oxford 2010.

Brussilow, Alexej Alexejewitsch, *Meine Erinnerungen*, Berlin 1988.

Buchalski, Alfred, »Feldpostbrief vom 28.10.1914«, in: Philipp Witkop (Hg.), *Kriegsbriefe gefallener Studenten*, München 1929, S.16.

Buchheit, Gert, *Der deutsche Geheimdienst. Geschichte der militärischen Abwehr*, München 1966.

»Bulgarische und griechische Greuel. Amtlicher Bericht des französischen Generalinspekteurs der ottomanischen Gendarmerie«, in: *Frankfurter Zeitung*, 9.1.1913.

Cannadine, David, »The context, performance and meaning of ritual: the British monarchy and the ›invention of tradition‹, 1820–1977«, in: Eric Hobsbawm und Terence Ranger (Hg.), *The Invention of Tradition*, Cambridge 1983, 101–164.

Cannadine, David, »War and Death, Grief and Mourning in Modern Britain«, in: Joachim Whaley (Hg.), *Mirrors of Mortality. Studies in the Social History of Death*, London 1981, 187–242.

Cattaruzza, Marina, *L'Italia e il confine orientale*, Bologna 2007.

Churchill, Winston, *The River War. An Account of the Reconquest of the Soudan*, New York 1933.

Claß, Heinrich, *Zum deutschen Kriegsziel. Eine Flugschrift*, München 1917.

Claß, Heinrich, *Einhart 1914–1919*, Leipzig 1920.

Cornelißen, Christoph, »Indien«, in: Gerhard Hirschfeld, Gerd Krumeich und Irina Renz (Hg.), *Enzyklopädie Erster Weltkrieg*, aktualisierte und erweiterte Studienausgabe, Paderborn 2009, 571–573.

Cornwall, Mark, »Austria-Hungary and ›Yugoslavia‹«, in: John Horne (Hg.), *A Companion to World War I*, Oxford 2010, 371–385.

Crystall, Andreas, *Gustav Frenssen. Sein Weg vom Kulturprotestantismus zum Nationalsozialismus*, Gütersloh 2002.

Dahlmann, Dittmar, »Russland«, in: Gerhard Hirschfeld, Gerd Krumeich und Irina Renz (Hg.), *Enzyklopädie Erster Weltkrieg*, aktualisierte und erweiterte Studienausgabe, Paderborn 2009, 87–96.

De Grand, Alexander, *The Hunchbacks Tailor. Giovanni Giolitti and liberal Italy from the challenge of mass politics to the rise of fascism, 1882–1922*, London 2000.

De Grand, Alexander, *The Italian Nationalist Association and the Rise of Fascism in Italy*, Lincoln (Nebr.) 1978.

Deist, Wilhelm, *Militär und Innenpolitik im Weltkrieg 1914–1918. Zweiter Teil*, Düsseldorf 1970.

Deist, Wilhelm, »Kriegführung der Mittelmächte«, in: Gerhard P. Groß (Hg.), *Die vergessene Front. Der Osten 1914/15. Ereignis, Wirkung, Nachwirkung*, Paderborn 2006, 249–271.

Delbrück, Hans, *Vor und nach dem Weltkrieg. Politische und historische Aufsätze*, Berlin 1926.

Denman, Mariatte C., »Visualizing the nation. Madonnas and mourning mothers in postwar Germany«, in: Patricia Herminghouse und Magda Mueller (Hg.), *Gender and Germanness*, London 1998, 189–201.

Deppe, Ludwig, *Mit Lettow-Vorbeck durch Afrika*, Berlin 1919.

»Der Islam an der Front«, in: *Leipziger Neueste Nachrichten*, 30.10.1914.

Dickinson, Frederick R., *War and National Reinvention: Japan in the Great War*, Boston (Mass.) 2010.

Di Nardo, Richard L. und Daniel J. Hughes, »Germany and Coalition Warfare in the World Wars. A Comparative Study«, in: *War in History* 8 (2001), 166–190.

Dobbs, Charles M. und Spencer C. Tucker, »China«, in: Spencer C. Tucker (Hg.), *World War I. Encyclopedia*, Bd. I, Santa Barbara 2005, 297–299.

Dowling, Timothy C., »Austria-Hungary, Home Front«, in: Spencer C. Tucker (Hg.), *World War I. Encyclopedia*, Bd. I, Santa Barbara 2005, 156f.

Dowling, Timothy C., *The Brusilov Offensive*, Bloomington 2008.

Duggan, Christopher, *The Force of Destiny. A History of Italy since 1796*, Boston 2008.

Dülffer, Jost, »Der Weg in den Krieg«, in: Gerhard Hirschfeld, Gerd Krumeich und Irina Renz (Hg.), *Enzyklopädie Erster Weltkrieg*, aktualisierte und erweiterte Studienausgabe, Paderborn 2009, 233–241.

Eberlein, Gustav W., *Deutschland im Kriege. Erschautes und Erlebtes*, Zürich 1916.

Ellis, John, *The Social History of the Machine Gun*, New York 1975.

Endres, Franz Carl, *Der Krieg gegen Rumänien*, München/Leipzig 1917.

Englund, Peter, *Schönheit und Schrecken. Eine Geschichte des Ersten Weltkriegs, erzählt in neunzehn Schicksalen*, Berlin 2011.

Fay, Sidney Bradshaw, *The Origins of the World War*, New York 1928.

Ferguson, Niall, *Der falsche Krieg. Der Erste Weltkrieg und das 20. Jahrhundert*, Stuttgart 1999.

Ferguson, Niall, *Empire. How Britain Made the Modern World*, London 2003.

Fischer, Fritz, *Griff nach der Weltmacht*, Düsseldorf 1961.

Flasch, Kurt, *Die geistige Mobilmachung. Die deutschen Intellektuellen und der Erste Weltkrieg*, Berlin 2000.

Förster, Stig, »Der deutsche Generalstab und die Illusion des kurzen Krieges, 1871–1914«, in: *Militärgeschichtliche Mitteilungen* 54 (1994), 61–95.

Förster, Stig, »Vom europäischen Krieg zum Weltkrieg«, in: Gerhard Hirschfeld, Gerd Krumeich und Irina Renz (Hg.), *Enzyklopädie Erster Weltkrieg*, aktualisierte und erweiterte Studienausgabe, Paderborn 2009, 242–248.

Frame, Arthur T., »Russia, Home Front«, in: Spencer C. Tucker (Hg.), *World War I. Encyclopedia*, Bd. IV, Santa Barbara 2005, 1022.

Framke, Gisela, *Im Kampf um Südtirol. Ettore Tolomei (1865–1952) und das »Archivio per l'Alto Adige«*, Tübingen 1987.

Francois, Etienne und Hannes Siegrist (Hg.), *Nation und Emotion*, Göttingen 1995.

French, David, *British Strategy and War Aims 1914-16*, London 1986.
Freud, Sigmund, »Unser Verhältnis zum Tode (1915)«, in: Ders., *Studienausgabe*, Bd. IX, Frankfurt am Main 1982.
Fried, Alfred H., »Der ›dritte‹ Balkankrieg«, in: *Die Friedens-Warte* 15 (1913), Juli 1913, 241 f.
Friedländer, Saul, »Die politischen Veränderungen der Kriegszeit und ihre Auswirkungen auf die Judenfrage«, in: Werner E. Mosse und Arnold Paucker (Hg.), *Deutsches Judentum in Krieg und Revolution 1916-1923*, Tübingen 1971, 27-65.

Gahlen, Gundula, »Erfahrungshorizonte deutscher Soldaten im Rumänienfeldzug 1916/17«, in: Bernhard Chiari und Gerhard P. Groß (Hg.), *Am Rande Europas? Der Balkan – Raum und Bevölkerung als Wirkungsfelder militärischer Gewalt*, München 2009, 137-158.
Gatrell, Peter, *Russia's First World War. A Social and Economic History*, Harlow 2005.
Gatrell, Peter, »War after the War: Conflicts, 1919-23«, in: John Horne (Hg.), *A Companion to World War I*, Oxford 2010, 558-575.
Geary, Dick, »Arbeiter«, in: Gerhard Hirschfeld, Gerd Krumeich und Irina Renz (Hg.), *Enzyklopädie Erster Weltkrieg*, aktualisierte und erweiterte Studienausgabe, Paderborn 2009, 142-154.
Geiss, Imanuel, »Der Begriff des Weltkriegs«, in: *Frankfurter Allgemeine Zeitung*, 7.10.2009, Nr. 232, N4.
Gentile, Emilio, *Futurismo, cultura e politica*, Turin 1988.
Gentile, Emilio, *La grande Italia. Ascesa e declino del mito della nazione nel ventesimo secolo*, Mailand 1997.
Gentile, Emilio, *La nostra sfida alle stelle: futuristi in politica*, Rom 2009.
Gentile, Emilio, *The struggle for modernity. Nationalism, futurism and fascism*, Westport 2003.
Geyer, Michael, »Rückzug und Zerstörung 1917«, in: Gerhard Hirschfeld, Gerd Krumeich und Irina Renz (Hg.), *Die Deutschen an der Somme 1914-1918. Krieg, Besatzung, Verbrannte Erde*, Essen 2006, 163-178.
Gibelli, Antonio, »Italy«, in: John Horne (Hg.), *A Companion to World War I*, Oxford 2010, 464-478.
Gibelli, Antonio, *La Grande Guerra degli italiani 1915-1918*, Mailand 1998.
Goltz, Colmar von der, *Denkwürdigkeiten*, Berlin 1929.
Grayzel, Susan R., »Women and Men«, in: John Horne (Hg.), *A Companion to World War I*, Oxford 2010, 263-278.
Gregory, Adrian, *The silence of memory. Armistice Day 1919-1946*, Oxford 1994.
Gregory, Adrian, *The Last Great War. British Society and the First World War*, Cambridge 2008.
Grey, Jeffrey, »Australien«, in: Gerhard Hirschfeld, Gerd Krumeich und Irina Renz (Hg.), *Enzyklopädie Erster Weltkrieg*, aktualisierte und erweiterte Studienausgabe, Paderborn 2009, 360-364.
Grey, Jeffrey, »Neuseeland«, in: Gerhard Hirschfeld, Gerd Krumeich und Irina Renz (Hg.), *Enzyklopädie Erster Weltkrieg*, aktualisierte und erweiterte Studienausgabe, Paderborn 2009, 735 f.
Groh, Dieter, *Negative Integration und revolutionärer Attentismus. Die deutsche Sozialdemokratie am Vorabend des Ersten Weltkrieges*, Frankfurt am Main. 1973.
Groh, Dieter und Peter Brandt, »*Vaterlandslose Gesellen«. Sozialdemokratie und Nation 1860-1990*, München 1992.

Groß, Gerhard P. (Hg.), *Die vergessene Front. Der Osten 1914/15. Ereignis, Wirkung, Nachwirkung*, Paderborn 2006.

Groß, Gerhard P., »Im Schatten des Westens. Die deutsche Kriegführung an der Ostfront bis Ende 1915«, in: Gerhard P. Groß (Hg.), *Die vergessene Front. Der Osten 1914/15. Ereignis, Wirkung, Nachwirkung*, Paderborn 2006, 49–64.

Guttmann, Barbara, *Weibliche Heimatarmee. Frauen in Deutschland 1914–1918*, Weinheim 1989.

Hamilton, Richard F., »The European Wars 1815–1914«, in: Richard F. Hamilton und Holger H. Herwig (Hg.), *The Origins of World War I*, Cambridge 2003, 45–91.

Hamilton, Richard F. und Holger H. Herwig (Hg.), *The Origins of World War I*, Cambridge 2003.

Hamilton, Richard F. und Holger H. Herwig, »World Wars: Definitions and Causes«, in: Richard F. Hamilton und Holger H. Herwig (Hg.), *The Origins of World War I*, Cambridge 2003, 1–44.

Hankel, Gerd, »Deutsche Kriegsverbrechen des Weltkrieges 1914–18 vor deutschen Gerichten«, in: Wolfram Wette und Gerd R. Ueberschär (Hg.), *Kriegsverbrechen im 20. Jahrhundert*, Darmstadt 2001, 85–98.

Henry, Marilène P., *Monumental accusations. The monuments aux morts as expression of popular resentment*, New York 1996.

Herwig, Holger, *First World War: Germany and Austria-Hungary 1914–1918*, London 1997.

Herwig, Holger H., »Why Did It Happen?« In: Richard F. Hamilton und Holger H. Herwig (Hg.), *The Origins of World War I*, Cambridge 2003, 443–468.

Herwig, Holger H., »Spee, Maximilian Reichsgraf von«, in: Gerhard Hirschfeld, Gerd Krumeich und Irina Renz (Hg.), *Enzyklopädie Erster Weltkrieg*, aktualisierte und erweiterte Studienausgabe, Paderborn 2009, 861.

Herwig, Holger H., »War in the West, 1914–16«, in: John Horne (Hg.), *A Companion to World War I*, Oxford 2010, 49–65.

Hildebrand, Klaus, *Das vergangene Reich. Deutsche Außenpolitik von Bismarck bis Hitler 1871–1945*, Berlin 1999.

Hirschfeld, Gerhard, »Mata Hari: die größte Spionin des 20. Jahrhunderts?«, in: Wolfgang Krieger (Hg.), *Geheimdienste in der Weltgeschichte. Von der Antike bis heute*, München 2003, 179–202.

Hirschfeld, Gerhard, »Serbien«, in: Gerhard Hirschfeld, Gerd Krumeich und Irina Renz (Hg.), *Enzyklopädie Erster Weltkrieg*, aktualisierte und erweiterte Studienausgabe, Paderborn 2009, 833–836.

Hirschfeld, Gerhard, Gerd Krumeich und Irina Renz (Hg.), *Die Deutschen an der Somme 1914–1918. Krieg, Besatzung, Verbrannte Erde*, Essen 2006.

Hirschfeld, Gerhard, Gerd Krumeich und Irina Renz (Hg.), *Enzyklopädie Erster Weltkrieg*, aktualisierte und erweiterte Studienausgabe, Paderborn 2009.

Hirschfeld, Mattias, *Beethoven in Japan. Zur Einführung und Verbreitung westlicher Musik in der japanischen Gesellschaft*, Hamburg 2005.

Höpken, Wolfgang »Albanien«, in: Gerhard Hirschfeld, Gerd Krumeich und Irina Renz (Hg.), *Enzyklopädie Erster Weltkrieg*, aktualisierte und erweiterte Studienausgabe, Paderborn 2009, 324–326.

Höpken, Wolfgang, »Rumänien«, in: Gerhard Hirschfeld, Gerd Krumeich und Irina Renz (Hg.), *Enzyklopädie Erster Weltkrieg*, aktualisierte und erweiterte Studienausgabe, Paderborn 2009, 804–807.

Holquist, Peter, *Making War, Forging Revolution. Russia's Continuum of Crisis, 1914–1921*, Cambridge 2002.

Horne, John (Hg.), *A Companion to World War I*, Oxford 2010.

Hough, Richard, *The Great War at Sea*, Oxford 1986.

Hough, Richard, *The Pursuit of Admiral von Spee*, London 1969.

Hubatsch, Walther, *Der Weltkrieg 1914/1918*, Konstanz 1955.

Hüppauf, Bernd, »Langemarck-Mythos«, in: Gerhard Hirschfeld, Gerd Krumeich und Irina Renz (Hg.), *Enzyklopädie Erster Weltkrieg*, aktualisierte und erweiterte Studienausgabe, Paderborn 2009, 671 f.

Inglis, Ken, »Entombing Unknown Soldiers. From London and Paris to Bagdad«, in: *History and Memory* 1993, 7–31.

Inglis, Ken, *Sacred places. War Memorials in Australian Landscape*, Melbourne 1998.

Inglis, Ken, »War memorials: ten questions for historians«, in: *Guerres mondiales et conflits contemporains* 167 (1992), 5–22.

Jahn, Hubertus F., »Die Germanen. Perzeptionen des Kriegsgegners in Russland zwischen Selbst- und Feindbild«, in: Gerhard P. Groß (Hg.), *Die vergessene Front. Der Osten 1914/15. Ereignis, Wirkung, Nachwirkung*, Paderborn 2006, 165–177.

Janz, Oliver, *Das symbolische Kapitel der Trauer. Nation, Religion und Familie im italienischen Gefallenenkult des Ersten Weltkriegs*, Tübingen 2009.

Janz, Oliver, »Zwischen Trauer und Triumph. Politischer Totenkult in Italien nach dem Ersten Weltkrieg«, in: Jost Dülffer und Gerd Krumeich (Hg.), *Der verlorene Frieden. Politik und Kriegskultur nach 1918*, Essen 2002, 61–75.

Jeismann, Michael, *Das Vaterland der Feinde. Studien zum nationalen Feindbegriff und Selbstverständnis in Deutschland und Frankreich 1792–1918*, Stuttgart 1992.

Jeismann, Michael, Rolf Westheider, »Wofür stirbt der Bürger? Nationaler Totenkult und Staatsbürgertum in Deutschland und Frankreich seit der Französischen Revolution«, in: Michael Jeismann und Reinhart Koselleck (Hg.), *Der politische Totenkult*, München 1994.

Jerabék, Rudolf, »Tisza, István Graf de Boros-Jeno«, in: Gerhard Hirschfeld, Gerd Krumeich und Irina Renz (Hg.), *Enzyklopädie Erster Weltkrieg*, aktualisierte und erweiterte Studienausgabe, Paderborn 2009, 924.

Jochmann, Werner, »Die Ausbreitung des Antisemitismus«, in: Werner E. Mosse und Arnold Paucker (Hg.), *Deutsches Judentum in Krieg und Revolution 1916–1923*, Tübingen 1971, 409–510.

Johann, Ernst (Hg.), *Innenansicht eines Krieges. Deutsche Dokumente*, München 1968.

Joll, James und Gordon Martel, *The Origins of the First World War*, Harlow 2007.

Jones, Heather, *Violence against Prisoners of War in the First World War. Britain, France and Germany, 1914–1920*, Cambridge 2011.

Jünger, Ernst, »In Stahlgewittern«, in: Ders., *Sämtliche Werke*. Erste Abteilung: *Tagebücher*, Bd. 1, Stuttgart 1978.

Keegan, John, *Die Kultur des Krieges*, Berlin 1995.
Keegan, John, *The First World War*, London 1998.
Kessel, Martina, »Sterben/Tod: Neuzeit«, in: Peter Dinzelbacher (Hg.), *Europäische Mentalitätsgeschichte*, Stuttgart 1994, 260–274.
Khavkin, Boris, »Russland gegen Deutschland. Die Ostfront des ersten Weltkrieges in den Jahren 1914 bis 1915«, in: Gerhard P. Groß (Hg.), *Die vergessene Front. Der Osten 1914/15. Ereignis, Wirkung, Nachwirkung*, Paderborn 2006, 65–85.
Kiesling, Hans von, *Soldat in drei Weltteilen*, Leipzig 1935.
Kießling, Friedrich, *Gegen den großen Krieg? Entspannung in den internationalen Beziehungen 1911–1914*, München 2002.
Killingray, David, »The War in Africa«, in: John Horne (Hg.), *A Companion to World War I*, Oxford 2010, 112–126.
King, Alex, *Memorials of the great war in Britain. The symbolism and politics of remembrance*, London 1998.
Kirby, William, »The Internationalization of China: Foreign Relations at Home and Abroad in the Republican Era«, in: *China Quarterly* 150 (1997), 433–458.
Kitchen, Martin, »Kanada«, in: Gerhard Hirschfeld, Gerd Krumeich und Irina Renz (Hg.), *Enzyklopädie Erster Weltkrieg*, aktualisierte und erweiterte Studienausgabe, Paderborn 2009, 603–605.
Knox, MacGregor, »Fascism: ideology, foreign policy, and war«, in: Adrian Lyttelton (Hg.), *Liberal and Fascist Italy 1900–1945*, Oxford 2002, 105–138.
Kocka, Jürgen, *Klassengesellschaft und Krieg. Deutsche Sozialgeschichte 1914–1918*, Göttingen ²1978.
Koselleck, Reinhart, *Zur politischen Ikonologie des gewaltsamen Todes. Ein deutsch-französischer Vergleich*, Basel 1998.
Kramer, Alan, »Italienische Kriegsgefangene im Ersten Weltkrieg«, in: Hermann J. Kuprian und Oswald Überegger (Hg.), *Der Erste Weltkrieg im Alpenraum. Erfahrung, Deutung, Erinnerung*, Innsbruck 2006, 247–258.
Kramer, Alan, *Dynamic of Destruction. Culture and Mass Killing in the First World War*, Oxford 2007.
Kramer, Alan, »Deutsche Kriegsverbrechen 1914/1941: Kontinuität oder Bruch?« in: Sven Oliver Müller und Cornelius Torp (Hg.), *Das Deutsche Kaiserreich in der Kontroverse*, Göttingen 2009, 341–358.
Kramer, Alan, »Franktireur«, in: Gerhard Hirschfeld, Gerd Krumeich und Irina Renz (Hg.), *Enzyklopädie Erster Weltkrieg*, aktualisierte und erweiterte Studienausgabe, Paderborn 2009, 500f.
Kramer, Alan, »Kriegsgreuel«, in: Gerhard Hirschfeld, Gerd Krumeich und Irina Renz (Hg.), *Enzyklopädie Erster Weltkrieg*, aktualisierte und erweiterte Studienausgabe, Paderborn 2009, 647f.
Kramer, Alan, »Kriegsrecht und Kriegsverbrechen«, in: Gerhard Hirschfeld, Gerd Krumeich und Irina Renz (Hg.), *Enzyklopädie Erster Weltkrieg*, aktualisierte und erweiterte Studienausgabe, Paderborn 2009, 281–292.
Kramer, Alan, »Combatants and Noncombatants: Atrocities, Massacres, and War Crimes«, in: John Horne (Hg.), *A Companion to World War I*, Oxford 2010, 188–201.

Krethlow, Carl Alexander, *Generalfeldmarschall Colmar Freiherr von der Goltz Pascha*, Paderborn 2012.

Kröger, Martin, »Balkankriege«, in: Gerhard Hirschfeld, Gerd Krumeich und Irina Renz (Hg.), *Enzyklopädie Erster Weltkrieg*, aktualisierte und erweiterte Studienausgabe, Paderborn 2009, 366–368.

Król, Eugeniusz Cezary, »Besatzungsherrschaft in Polen im Ersten und Zweiten Weltkrieg. Charakteristik und Wahrnehmung«, in: Bruno Thoß und Hans-Erich Volkmann (Hg.), *Erster Weltkrieg – Zweiter Weltkrieg. Ein Vergleich. Krieg, Kriegserlebnis, Kriegserfahrung in Deutschland*, Paderborn 2002, 577–591.

Kronenbitter, Günther, »Von »Schweinehunden« und »Waffenbrüdern«. Der Koalitionskrieg der Mittelmächte 1914/15 zwischen Sachzwang und Ressentiment«, in: Gerhard P. Groß (Hg.), *Die vergessene Front. Der Osten 1914/15. Ereignis, Wirkung, Nachwirkung*, Paderborn 2006, 121–143.

Kronenbitter, Günther, »Berchthold, Leopold Graf«, in: Gerhard Hirschfeld, Gerd Krumeich und Irina Renz (Hg.), *Enzyklopädie Erster Weltkrieg*, aktualisierte und erweiterte Studienausgabe, Paderborn 2009, 377 f.

Krüger, Friederike, »Flottenrüstung«, in: Gerhard Hirschfeld, Gerd Krumeich und Irina Renz (Hg.), *Enzyklopädie Erster Weltkrieg*, aktualisierte und erweiterte Studienausgabe, Paderborn 2009, 495 f.

Krumeich, Gerd, »Die Dolchstoß-Legende«, in: Etienne François und Hagen Schulze (Hg.), *Deutsche Erinnerungsorte*, Bd. 1, München 2001, 585–599.

Krumeich, Gerd, »Dolchstoßlegende«, in: Gerhard Hirschfeld, Gerd Krumeich und Irina Renz (Hg.), *Enzyklopädie Erster Weltkrieg*, aktualisierte und erweiterte Studienausgabe, Paderborn 2009, 444 f.

Krumeich, Gerd, »The War Imagined«, in: John Horne (Hg.), *A Companion to World War I*, Oxford 2010, 3–18.

Kruse, Wolfgang, *Krieg und nationale Integration. Eine Neuinterpretation des sozialdemokratischen Burgfriedensschlusses*, Essen 1993.

Kruse, Wolfgang (Hg.), *Eine Welt von Feinden*, Frankfurt am Main 1997.

Kruse, Wolfgang, »Kriegsbegeisterung? Zur Massenstimmung bei Kriegsbeginn«, in: Ders. (Hg.), *Eine Welt von Feinden*, Frankfurt am Main 1997, 159–166.

Kruse, Wolfgang, »Krieg und nationale Identität«, in: Ders. (Hg.), *Eine Welt von Feinden*, Frankfurt am Main 1997, 167–176.

Kruse, Wolfgang, »Ursachen und Auslösung des Krieges«, in: Ders. (Hg.), *Eine Welt von Feinden*, Frankfurt am Main 1997, 11–25.

Kupfermann, Fred, *Mata Hari, Songes et mensonges,* Paris ²2005.

Labanca, Nicola, »La guerra sul fronte italiano e Caporetto«, in: Stéphane Audoin-Rouzeau, Jean-Jacques Becker und Antonio Gibelli (Hg.), *La prima guerra mondiale,* Bd. I, Turin 2007, 444–460.

Labanca, Nicola, »L'esercito italiano«, in: Stéphane Audoin-Rouzeau, Jean-Jacques Becker und Antonio Gibelli (Hg.), *La prima guerra mondiale,* Bd. I, Turin 2007, 217–230.

Lettow-Vorbeck, Paul von, *Heia Safari! Deutschlands Kampf in Ostafrika*, Leipzig 1920.

Lettow-Vorbeck, Paul von, *Meine Erinnerungen aus Ostafrika*, Leipzig 1920.

Liulevicius, Vejas Gabriel, *Kriegsland im Osten. Eroberung, Kolonialisierung und Militärherrschaft im Ersten Weltkrieg*, Hamburg 2002.

Liulevicius, Vejas Gabriel, »Von ›Ober Ost‹ nach ›Ostland‹«, in: Gerhard P. Groß (Hg.), *Die vergessene Front. Der Osten 1914/15. Ereignis, Wirkung, Nachwirkung*, Paderborn 2006, 295–310.

Lloyd George, David, *War Memoirs*, Bd.1, London 1938.

Ludendorff, Erich, *Der totale Krieg*, München 1935.

Mackensen, August von, *Briefe und Aufzeichnungen des Generalfeldmarschalls aus Krieg und Frieden*, bearbeitet von Wolfgang Foerster, Leipzig 1938.

Mai, Gunter, *Das Ende des Kaiserreichs. Politik und Kriegführung im Ersten Weltkrieg*, München 1987.

Malkinson, Ruth und Liora Bar-Tur, »The Aging of Grief in Israel: A Perspective of Bereaved Parents«, in: *Death Studies* 23 (1999), 413–431.

Manela, Erez, »Imagining Woodrow Wilson in Asia. Dreams of East-West Harmony and the Revolt against Empire in 1919«, in: *American Historical Review* 2006, 1327–1351.

Marwick, Arthur, *The Deluge: British Society and the First World War*, London 1989.

Marx, Karl und Friedrich Engels, *Werke*, Berlin 1959–1968.

Mattioli, Aram, »*Viva Mussolini*«. *Die Aufwertung des Faschismus im Italien Berlusconis*, Paderborn 2010.

Minkov, Stefan, »Der Status der Norddobrudscha im Kontext des deutsch-bulgarischen Verhältnisses im Ersten Weltkrieg«, in: Jürgen Angelow (Hg.), *Der Erste Weltkrieg auf dem Balkan. Perspektiven der Forschung*, Berlin 2011, 241–255.

Mommsen, Wolfgang J., »Der Topos vom unvermeidlichen Krieg: Außenpolitik und öffentliche Meinung im Deutschen Reich im letzten Jahrzehnt vor 1914«, in: Ders., *Der autoritäre Nationalstaat. Verfassung, Gesellschaft und Kultur des deutschen Kaiserreiches*, Frankfurt am Main 1992, 380–406.

Mommsen, Wolfgang J., *Die Urkatastrophe Deutschlands. Der Erste Weltkrieg 1914–1918*, Stuttgart 2002.

Mommsen, Wolfgang J., »Deutschland«, in: Gerhard Hirschfeld, Gerd Krumeich und Irina Renz (Hg.), *Enzyklopädie Erster Weltkrieg*, aktualisierte und erweiterte Studienausgabe, Paderborn 2009, 16.

Moriarty, Catherine, »Christian iconography and first world war memorials«, in: *Imperial War Museum Review* 6 (1992), 63–75.

Mosse, George L., *Gefallen für das Vaterland, Nationales Heldentum und namenloses Sterben*, Stuttgart 1990.

Mosse, Werner E. und Arnold Paucker (Hg.), *Deutsches Judentum in Krieg und Revolution 1916–1923*, Tübingen 1971.

Mühlhahn, Klaus, »China«, in: Gerhard Hirschfeld, Gerd Krumeich und Irina Renz (Hg.), *Enzyklopädie Erster Weltkrieg*, aktualisierte und erweiterte Studienausgabe, Paderborn 2009, 412–416.

Müller-Meiningen, Ernst, *Der Weltkrieg 1914–1915 und der »Zusammenbruch des Völkerrechts«. Eine Abwehr- und Anklageschrift gegen die Kriegführung des Dreiverbandes*, Berlin ³1915.

Mulligan, Edward, *The Origins of the First World War*, Cambridge 2010.

Nagler, Jörg, *Nationale Minoritäten im Krieg. »Feindliche Ausländer« und die amerikanische Heimatfront während des Ersten Weltkriegs*, Hamburg 2000.

Nägler, Frank, »Müller, Georg Alexander von«, in: *Neue Deutsche Biographie* 18 (1997), 391 f.

Nasson, Bill, »Südafrika«, in: Gerhard Hirschfeld, Gerd Krumeich und Irina Renz (Hg.), *Enzyklopädie Erster Weltkrieg*, aktualisierte und erweiterte Studienausgabe, Paderborn 2009, 913–914.

Natorp, Paul, *Der Tag des Deutschen. Vier Kriegsaufsätze*, Leipzig 1915.

Neiberg, Michael S., *Fighting the Great War. A Global History*, Cambridge (Mass.) 2005.

Neulen, Hans Werner, *Feldgrau in Jerusalem. Das Levantekorps des kaiserlichen Deutschland*, München 2002.

Neumair, Josef, *In allen Winkeln des Balkans*, Wien 1919.

Nicolai, Walter, *Nachrichtendienst, Presse und Volksstimmung im Weltkrieg*, Berlin 1920.

Nicolai, Walter, *Geheime Mächte. Internationale Spionage und ihre Bekämpfung im Weltkrieg und heute*, Leipzig 1923.

Noiriel, Gérard, *Le massacre des Italiens: Aigues-Mortes, 17 août 1893*, Paris 2010.

Nübel, Christoph, *Die Mobilisierung der Kriegsgesellschaft. Propaganda und Alltag im Ersten Weltkrieg in Münster*, Münster 2008.

O'Brien, Paul, *Mussolini in the First World War: the Journalist, the Soldier, the Fascist*, Oxford 2005.

Oltmer, Jochen, »Funktionen und Erfahrungen von Kriegsgefangenschaft im Europa des Ersten Weltkriegs«, in: Ders. (Hg.), *Kriegsgefangene im Europa des Ersten Weltkriegs*, Paderborn 2006, 11–23.

Omissi, David, »Europe Through Indian Eyes: Indian Soldiers Encounter England and France, 1914–1918«, in: *English Historical Review* 122 (2007), 371–396.

Ortner, Christian, »Die Feldzüge gegen Serbien in den Jahren 1914 und 1915«, in: Jürgen Angelow (Hg.), *Der Erste Weltkrieg auf dem Balkan*, Berlin 2011, 123–142.

Osterhammel, Jürgen und Niels P. Petersson, *Geschichte der Globalisierung*, München 2003.

Overmans, Rüdiger, »Kriegsverluste«, in: Gerhard Hirschfeld, Gerd Krumeich und Irina Renz (Hg.), *Enzyklopädie Erster Weltkrieg*, aktualisierte und erweiterte Studienausgabe, Paderborn 2009, 663–666.

Permooser, Irmtraud, »Der Dolchstoßprozeß in München 1925«, in: *Zeitschrift für bayerische Landesgeschichte* 59 (1996), 903–926.

Pethö, Albert, *Agenten für den Doppeladler. Österreich-Ungarns Geheimer Dienst im Weltkrieg*, Graz 1998.

Petrone, Karen, *The Great War in Russian Memory*, Bloomington (Ind.) 2011.

Pironti, Pierluigi, *Kriegsopfer und Staat. Sozialpolitik für Invaliden, Witwen und Waisen des Ersten Weltkriegs in Deutschland und Italien (1914–1924)*, Diss. phil. FU Berlin 2012.

Pöhlmann, Markus, »Alberich, Unternehmen«, in: Gerhard Hirschfeld, Gerd Krumeich und Irina Renz (Hg.), *Enzyklopädie Erster Weltkrieg*, aktualisierte und erweiterte Studienausgabe, Paderborn 2009, 326–327.

Pöhlmann, Markus, »Hentsch, Richard«, in: Gerhard Hirschfeld, Gerd Krumeich und Irina Renz (Hg.), *Enzyklopädie Erster Weltkrieg*, aktualisierte und erweiterte Studienausgabe, Paderborn 2009, 551 f.

Pope, Stephen und Elizabeth-Anne Wheal, *The Macmillan Dictionary of the First World War*, London 1995.

Probst, Volker G., *Bilder vom Tode. Eine Studie zum deutschen Kriegerdenkmal in der Weimarer Republik am Beispiel des Pietà-Motivs und seiner profanisierten Varianten*, Hamburg 1986.
Procacci, Giovanna, »I prigionieri italiani«, in: Stéphane Audoin-Rouzeau, Jean-Jacques Becker und Antonio Gibelli (Hg.), *La prima guerra mondiale*, Bd. I, Turin 2007, 361–373.
Procacci, Giovanna, *Soldati e prigionieri italiani nella grande guerra*, Rom 1993.
Prost, Antoine, »Les anciens combatants«, in: Stéphane Audoin-Rouzeau und Jean-Jacques Becker (Hg.), *Encyclopédie de la Grande Guerre 1914–1918. Histoire et Culture*, Paris 2004, 1087–1098.

Rabaut, Jean, *L'Antimilitarisme en France 1810–1975. Faits et Documents*, Paris 1975.
Rauchensteiner, Manfried, »Österreich-Ungarn«, in: Gerhard Hirschfeld, Gerd Krumeich und Irina Renz (Hg.), *Enzyklopädie Erster Weltkrieg*, aktualisierte und erweiterte Studienausgabe, Paderborn 2009, 64–86.
Reimann, Aribert, *Der große Krieg der Sprachen. Untersuchungen zur historischen Semantik in Deutschland und England zur Zeit des Ersten Weltkrieges*, Essen 2000.
Rochat, Giorgio, »The Italian Front, 1915–18«, in: John Horne (Hg.), *A Companion to World War I*, Oxford 2010, 82–96.
Rosenthal, Jacob, *Die Ehre des jüdischen Soldaten. Die Judenzählung im Ersten Weltkrieg und ihre Folgen*. Frankfurt am Main/New York 2007.
Rouette, Susanne, »Frauenarbeit, Geschlechterverhältnisse und staatliche Politik«, in: Wolfgang Kruse (Hg.), *Eine Welt von Feinden*, Frankfurt am Main 1997, 92–126.
Rubin, Simon, »The Death of a Child is Forever: The Life Course Impact of Child Death«, in: Margaret S. Stroebe u. a. (Hg.), *Handbook of Bereavement*, Cambridge 1993, 285–293.

Sarti, Roland, »Giuseppe Mazzini and his opponents«, in: John A. Davis (Hg.), *Italy in the Nineteenth Century*, Oxford 2000, 74–107.
Schmidt, Jürgen W., *Gegen Russland und Frankreich. Der deutsche militärische Geheimdienst 1890–1914*. Ludwigsfelde ²2007.
Schmidt, Wolfgang, »Luftkrieg«, in: Gerhard Hirschfeld, Gerd Krumeich und Irina Renz (Hg.), *Enzyklopädie Erster Weltkrieg*, aktualisierte und erweiterte Studienausgabe, Paderborn 2009, 687–689.
Schwabe, Klaus, »Das Ende des Ersten Weltkriegs«, in: Gerhard Hirschfeld, Gerd Krumeich und Irina Renz (Hg.), *Enzyklopädie Erster Weltkrieg*, aktualisierte und erweiterte Studienausgabe, Paderborn 2009, 293–303.
Schwabe, Klaus, »Versailler Vertrag«, in: Gerhard Hirschfeld, Gerd Krumeich und Irina Renz (Hg.), *Enzyklopädie Erster Weltkrieg*, aktualisierte und erweiterte Studienausgabe, Paderborn 2009, 945–947.
Schwentker, Wolfgang, »Japan«, in: Gerhard Hirschfeld, Gerd Krumeich und Irina Renz (Hg.), *Enzyklopädie Erster Weltkrieg*, aktualisierte und erweiterte Studienausgabe, Paderborn 2009, 593–596.
Seal, Graham, *Inventing Anzac. The Digger and National Mythology*, St. Lucia 2004.
Segesser, Daniel Marc, *Der Erste Weltkrieg in globaler Perspektive*, Wiesbaden ²2012.
Share, Michael, »China«, in: Spencer C. Tucker (Hg.): *World War I. Encyclopedia*, Bd. 1, Santa Barbara 2005, 297–299.
Sherman, Daniel J., *The construction of memory in interwar France*, Chicago 1999.

Showalter, Dennis E., »Army, state and society in Germany, 1871–1914. An interpretation«, in: Jack R. Dukes und Joachim Remak (Hg.), *Another Germany. A reconsideration of the imperial era*, London 1988, 1–18.

Showalter, Dennis E., »War in the East and Balkans, 1914–18«, in: John Horne (Hg.), *A Companion to World War I*, Oxford 2010, 66–81.

Simkins, Peter, Geoffrey Jukes und Michael Hickey, *The First World War*, Oxford 2003.

Smith, Leonard V., »Renitenze, ammutinamenti e repressioni«, in: Stéphane Audoin-Rouzeau, Jean-Jacques Becker und Antonio Gibelli (Hg.), *La prima guerra mondiale*, Bd. I, Turin 2007, 340–353.

Snyder, Timothy, *Bloodlands. Europa zwischen Hitler und Stalin*, München 2011.

Sondhaus, Lawrence, *World War One. The Global Revolution, 1914–1919*, Cambridge 2011.

Sorlin, Pierre, »Film and the War«, in: John Horne (Hg.), *A Companion to World War I*, Oxford 2010, 353–367.

Soutou, Georges-Henri, »Die Kriegsziele des Deutschen Reiches, Frankreichs, Großbritanniens und der Vereinigten Staaten während des Ersten Weltkrieges: ein Vergleich«, in: Wolfgang Michalka (Hg.), *Der Erste Weltkrieg. Wirkung, Wahrnehmung, Analyse*, München 1994, 28–53.

Sozialistische Monatshefte 20 (1914), 1124–1127.

Stein, Leonard, *The Balfour Declaration*, London 1961.

Stenographische Berichte über die Verhandlungen des Reichstags 1890/91, Bd. 114, Berlin 1891.

Stevenson, David, *Armaments and the Coming of War. Europe 1904–1914*, Oxford 1996.

Stevenson, David, *Cataclysm. The First World War as Political Tragedy*, New York 2004.

Stevenson, David, *1914–1918. Der Erste Weltkrieg*, Düsseldorf 2006.

Stone, Norman, *The Eastern Front 1914–1917*, New York 1975.

Storey, William K., *The First World War*, Lanham 2010.

Strachan, Hew, *The First World War*, Bd.1: To Arms, Oxford 2001.

Strachan, Hew, *Der Erste Weltkrieg*, München 2006.

Strachan, Hew, »Die Ostfront. Geopolitik, Geographie und Operationen«, in: Gerhard P. Groß (Hg.), *Die vergessene Front. Der Osten 1914/15. Ereignis, Wirkung, Nachwirkung*, Paderborn 2006, 11–26.

Strachan, Hew, »Time, Space and Barbarisation: The German Army and the Eastern Front in Two World Wars«, in: George Kassimeris (Hg.), *The Barbarisation of Warfare*, New York 2006, 58–82.

Strachan, Hew, »Die Kriegführung der Entente«, in: Gerhard Hirschfeld, Gerd Krumeich und Irina Renz (Hg.), *Enzyklopädie Erster Weltkrieg*, aktualisierte und erweiterte Studienausgabe, Paderborn 2009, 272–291.

Strachan, Hew, »The First World War as a global war«, in: *First World War Studies* 1 (2010), 3–14.

Ströbel, Heinrich, *Die Kriegsschuld der Rechtssozialisten*, Berlin 1919.

Süchting-Hänger, Andrea, »›Kindermörder‹ Die Luftangriffe auf Paris, London und Karlsruhe im Ersten Weltkrieg und ihre vergessenen Opfer«, in: Dittmar Dahlmann (Hg.), *Kinder und Jugendliche in Krieg und Revolution. Vom Dreißigjährigen Krieg bis zu den Kindersoldaten Afrikas*, Paderborn 2000, 73–92.

Szlanta, Piotr, »Der Erste Weltkrieg von 1914 bis 1915 als identitätsstiftender Faktor für die moderne polnische Nation«, in: Gerhard P. Groß (Hg.), *Die vergessene Front. Der Osten 1914/15. Ereignis, Wirkung, Nachwirkung*, Paderborn 2006, 153–164.

Tanci, Valeria, *Storia dei mutilati della Grande Guerra in Italia (1915–1924)*, Diss. phil. Università di Rom.

Tomes, Jason, *Balfour and Foreign Policy: The International Thought of a Conservative Statesman*, Cambridge 1997.

Troeltsch, Ernst, »Der Kulturkrieg«, in: *Deutsche Reden in schwerer Zeit*, Band 27, Berlin 1915.

Trumpener, Ulrich, »The Turkish War, 1914–18«, in: John Horne (Hg.), *A Companion to World War I*, Oxford 2010, 97–111.

Tucker, Spencer C. (Hg.), *World War I. Encyclopedia*, 5 Bde., Santa Barbara 2005.

Überegger, Oswald, »›Verbrannte Erde‹ und ›baumelnde Gehenkte‹. Zur europäischen Dimension militärischer Normübertretungen im Ersten Weltkrieg«, in: Sönke Neitzel und Daniel Hohrath (Hg.), *Kriegsgreuel. Die Entgrenzung der Gewalt in kriegerischen Konflikten vom Mittelalter bis ins 20. Jahrhundert*, Paderborn 2008, 241–278.

Ullmann, Hans-Peter, »Kriegswirtschaft«, in: Gerhard Hirschfeld, Gerd Krumeich und Irina Renz (Hg.), *Enzyklopädie Erster Weltkrieg*, aktualisierte und erweiterte Studienausgabe, Paderborn 2009, 220–232.

Ullrich, Volker, *Kriegsalltag. Hamburg im Ersten Weltkrieg*, Köln 1982.

Ulrich, Bernd, »Kriegsfreiwillige. Motivationen, Erfahrungen, Wirkungen«, in: Berliner Geschichtswerkstatt (Hg.), *August 1914: Ein Volk zieht in den Krieg*, Berlin 1989, 232–241.

Ulrich, Bernd, »Die Desillusionierung der Kriegsfreiwilligen von 1914«, in: Wolfram Wette (Hg.), *Der Krieg des kleinen Mannes. Eine Militärgeschichte von unten*, München 1992, 110–126.

Ulrich, Bernd, »Die umkämpfte Erinnerung. Überlegungen zur Wahrnehmung des Ersten Weltkrieges in der Weimarer Republik«, in: Jörg Duppler und Gerhard P. Groß (Hg.), *Kriegsende 1918. Ereignis, Wirkung, Nachwirkung*, München 1999, 367–376.

Ulrich, Bernd und Benjamin Ziemann (Hg.), *Frontalltag im Ersten Weltkrieg. Wahn und Wirklichkeit. Quellen und Dokumente*, Frankfurt am Main 1994.

Verhey, Jeffrey, »Krieg und nationale Identität: Die Ideologisierung des Krieges«, in: Wolfgang Kruse (Hg.), *Eine Welt von Feinden*, Frankfurt am Main 1997, 167–176.

Verhey, Jeffrey, *Der »Geist von 1914« und die Erfindung der Volksgemeinschaft*, Hamburg 2000.

Verhey, Jeffrey, »Ideen von 1914«, in: Gerhard Hirschfeld, Gerd Krumeich und Irina Renz (Hg.), *Enzyklopädie Erster Weltkrieg*, aktualisierte und erweiterte Studienausgabe, Paderborn 2009, 568 f.

Vogel, Jakob, *Nationen im Gleichschritt. Der Kult der ›Nation in Waffen‹ in Deutschland und Frankreich, 1871–1914*, Göttingen 1997.

Volkmann, Hans-Erich, »Der Ostkrieg 1914/15 als Erlebnis- und Erfahrungswelt des deutschen Militärs«, in: Gerhard P. Groß (Hg.), *Die vergessene Front. Der Osten 1914/15. Ereignis, Wirkung, Nachwirkung*, Paderborn 2006, 263–293.

Wallach, Jehuda L., *Anatomie einer Militärhilfe. Die preußisch-deutschen Militärmissionen in der Türkei 1835–1919*, Düsseldorf 1976.

Wallach, Jehuda L., *Uneasy Coalition. The Entente Experience in World War I*, Westport (CT) 1993.
Wegner, Bernd, »Finnland«, in: Gerhard Hirschfeld, Gerd Krumeich und Irina Renz (Hg.), *Enzyklopädie Erster Weltkrieg*, aktualisierte und erweiterte Studienausgabe, Paderborn 2009, 483–487.
Wegner, Bernd, »Wann begann und wann endete der Zweite Weltkrieg?« in: *Frankfurter Allgemeine Zeitung*, 12.8.2009, Nr. 185, N3.
Wehler, Hans-Ulrich, *Sozialdemokratie und Nationalstaat. Nationalitätenfragen in Deutschland 1840–1914*, Göttingen, ²1971.
Wehler, Hans-Ulrich, »Das Deutsche Kaiserreich 1871–1918«, in: Reinhard Rürup, Hans-Ulrich Wehler und Gerhard Schulz (Hg.), *Deutsche Geschichte*, Bd. 3, Göttingen 1985, 203–404.
Westerhoff, Christian, *Zwangsarbeit im Ersten Weltkrieg. Deutsche Arbeitskräftepolitik im besetzten Polen und Litauen 1914–1918*, Paderborn 2012.
Will, Alexander, »Grenzerfahrungen beim Waffenbruder. Offiziere der Mittelmächte im Orient 1914–1918«, in: Sabine Penth (Hg.), *Europas Grenzen*, St. Ingbert 2006, 141–155.
Willmott, Hedley P. und Michael B. Barrett, *Clausewitz reconsidered*, Santa Barbara 2010.
Wilson, Trevor, *The Myriad Faces of War, 1914–1918*, Cambridge 1986.
Winter, Jay M., *Sites of memory, sites of mourning. The great war in european cultural history*, Cambridge 1995.
Winter, Jay, »Großbritannien«, in: Gerhard Hirschfeld, Gerd Krumeich und Irina Renz (Hg.), *Enzyklopädie Erster Weltkrieg*, aktualisierte und erweiterte Studienausgabe, Paderborn 2009, 50–63.
Wittkop, Philipp (Hg.), *Kriegsbriefe gefallener Studenten*, München 1929.
Wohl, Robert, *The Generation of 1914*, Cambridge (Mass.) 1979.
Wüstenbecker, Katja, *Deutsch-Amerikaner im Ersten Weltkrieg. US-Politik und nationale Identitäten im Mittleren Westen*, Stuttgart 2007.

Xu, Guoqi, »The Great War and China's Military Expedition Plan«, in: *The Journal of Military History* 72 (2008), 105–140.

Zechlin, Egmont, *Die deutsche Politik und die Juden im Ersten Weltkrieg*, Göttingen 1969.
Ziemann, Benjamin, »Zum ländlichen Augusterlebnis 1914 in Deutschland«, in: Bedrich Loewenstein (Hg.), *Geschichte und Psychologie. Annäherungsversuche*, Pfaffenweiler 1992, 193–203.
Ziemann, Benjamin, »Die Erinnerung an den Ersten Weltkrieg in den Milieukulturen der Weimarer Republik«, in: Thomas Schneider (Hg.), *Kriegserlebnis und Legendenbildung. Das Bild des modernen Krieges in Literatur, Theater, Photographie und Film*, Osnabrück 1999, 249–270.
Ziemann, Benjamin, »Die deutsche Nation und ihr zentraler Erinnerungsort. Das ›Nationaldenkmal für die Gefallenen im Weltkriege‹ und die Idee des ›Unbekannten Soldaten‹ 1914–1935«, in: Helmut Berding und Klaus Heller (Hg.), *Krieg und Erinnerung*, Göttingen 2000, 67–92.
Zimmerer, Jürgen, »Kolonialkrieg«, in: Gerhard Hirschfeld, Gerd Krumeich und Irina Renz

(Hg.), *Enzyklopädie Erster Weltkrieg*, aktualisierte und erweiterte Studienausgabe, Paderborn 2009, 617–620.

Zuckmayer, Carl, *Als wär's ein Stück von mir*, Frankfurt am Main 1994.

Zürcher, Erik-Jan, »Osmanisches Reich«, in: Gerhard Hirschfeld, Gerd Krumeich und Irina Renz (Hg.), *Enzyklopädie Erster Weltkrieg*, aktualisierte und erweiterte Studienausgabe, Paderborn 2009, 758–762.

Zweig, Stefan, *Die Welt von gestern. Erinnerungen eines Europäers*, Frankfurt am Main 1993 (Originalausgabe 1944).

Quellennachweise der Bilder

Seite 8: Images courtesy of Brett Butterworth
Seite 16: Kulturhistorisches Museum Rostock
Seite 70: Images courtesy of Brett Butterworth
Seite 102: Kulturhistorisches Museum Rostock
Seite 132: Tsumeb Museum, Namibia
Seite 178: Images courtesy of Brett Butterworth
Seite 224: George Grantham Bain Collection, Library of Congress
Seite 280: George Grantham Bain Collection, Library of Congress
Seite 312: Images courtesy of Brett Butterworth
Seite 350: Images courtesy of Brett Butterworth
Vor- und Nachsatz: Kulturhistorisches Museum Rostock

REGISTER

14-Punkte(-Programm) 171, 175, 297, 319, 327
305-mm-Skoda-Haubitzen 73
420-mm-Mörser von Krupp 73

Abd al-Aziz ibn Saud 344
Ablehnung des Krieges 168, 181, 183, 189, 196, 335
Abnutzungsschlacht 96
Afrika 21
Agitationsverbände 23 f., 43, 144
Ägypten 46, 116 f., 120, 127, 138, 160, 170, 276, 325, 345
Aisne, Schlacht an der 84
Aitken, Arthur Edward 160 f.
Albert I. 74, 84
Alexandra (Romanowa) 257
Alexejew, Michail W. 283, 292
Alien Enemies Act 300
Alien's Restriction Act (ARA) 250
Allenby, Edmund 120, 275
American Protective League (APL) 301
Amerikanischer Unabhängigkeitskrieg (1775–1783) 138
Amish 300
Annexionsprogramm, maßloses 293
Anti-Kriegsdenkmäler 357
Antisemitismus 270 f.
Antizarismus 198
Antonow, Alexander 338

»ANZAC Day« 117
Apis (Geheimorganisation) 60
Aprilthesen 293
Arbeiter in Übersee 173
Arbeiterausschüsse 201, 268
Arbeiterbewegung 38, 53, 167, 196–198, 200–202, 212, 218, 240, 351
– Spaltung der 269
Arbeitskräftemangel 239
Arbeitslosigkeit 188, 193, 351 f.
Armenier 122 f., 136, 343 f.
Armutsgrenze 189
Artillerie
– schwere 28, 31, 73, 93, 96, 260 f., 316
– Vernichtungspotenzial der 87
Ärztinnen 241
Asquith, Herbert Henry 64, 67, 251
Atatürk (siehe auch unter »Kemal, Mustafa«) 117, 344
Atlantikkabel, deutsches 79
Attentat 59–61, 63
»Aufruf an die Kulturwelt« (siehe auch »Manifest der 92«) 206–208
Augusterlebnis 179, 210, 218
Ausländer
– deutschsprachige/deutsche 246, 300
– feindliche 300 f.
Australian Imperial Force 168
Australien 11 f., 20, 141–144, 166–168, 325 f.
Australische Nation, Gründungsmythos 117

Australisch-neuseeländisches Armeekorps (ANZAC) 117, 168
Ausweitung des Krieges 33, 65, 120, 130, 139
Automobile 244
Aymerich, Joseph 155

Baden, Max von 319, 321
Balfour, Arthur James 35, 38, 44, 274 f.
Balfour-Deklaration 270, 275–278, 346
Balkan 17, 22 f., 34, 39, 49, 54
Balkanbund 55
Balkankriege (1912, 1913) 28, 34, 37, 55, 57, 60, 68, 121 f., 136
– Ausgang der 58
– Gewinner der 57
Ball, Albert 308
Ballin, Albert 271, 273
Bassermann, Ernst 134
Bataillon des Todes 242
Battenberg, Louis von 251
Bauer, Gustav 328
Bauer, Max 232
Bayern 264 f.
Befehlsverweigerungen 247, 306, 292
Befreiungskrieg 191, 202, 332, 357
Beistandsverpflichtungen 41
Belagerungszustand 245, 264
Below, Fritz von 286
Berchtold, Leopold 36, 62, 64
Bergson, Henri 205
Bérillon, Edgar 209
Berliner Afrikakonferenz (1884/85) 21
Berliner Kongress (1878) 18
Bernhardi, Friedrich von 24
Bethmann Hollweg, Theobald von 40, 48, 52, 59, 62, 75, 79, 86, 103 f., 134, 269, 293, 299, 319
Bewegungskrieg 88 f., 125, 164
Beziehungen, internationale 40–42, 45, 48–51, 55
Bildplakate 229
Binnenkolonisation 21
Bismarck, Otto von 19, 36, 42, 46 f., 277
»Blankoscheck« 62

Bloch, Jan 27
Bodenheimer, Max 270
Boelcke, Oswald 290, 308
Bolschewiki 196, 203, 276, 293–295, 297, 321, 325, 330, 336–338
»Bonnet Rouge« 249
Bosnienkrise (1908) 49, 52, 56, 182
Botha, Louis 157–159, 162
Botschafterkonferenz (1913) 56
Botschkarewa, Maria 242
Braun, Otto 199
Brest-Litowsk 109, 296 f., 321, 336, 339
– Frieden von (1918) 321
Briand, Aristide 93, 246, 305, 334
Brockdorff-Rantzau, Ulrich von 328
Brussilow, Alexander 107 f., 114, 263, 283–285, 291, 293–295
Buek, Otto 207
Bulgarien 18, 50, 55–58, 62, 113–115, 122, 291, 324, 328, 331, 352
Bülow, Bernhard von 36, 43, 46, 48
Bülow, Karl von 73, 83
Bündnisblöcke 48
Bündniskrieg 109, 121
Bündnisse, europäische 49
Bündnissysteme 40 f.
Burenkriege 27, 92, 157
Bürgerkrieg
– europäischer 9, 134
– russischer 13 f., 111, 336, 338 f., 357
Bürgerrechte 175, 250, 262, 300
Burgfrieden 179, 188, 196, 199 f., 228, 245, 261, 264, 268–270, 322
– Ende des -s 269
Burián, Stephan 62
Bürokratie, staatliche 232
Byng, Julian 309

Cadorna, Luigi 219, 221, 282
Caillaux, Joseph 180
Canaris, Wilhelm 153
Cannadine, David 354
Casement, Sir Roger 251
China 11 f., 21 f., 47, 136, 140 f., 143–147, 165, 171, 176, 239, 299, 325

Chinas Rolle im Ersten Weltkrieg 145
Chlorgas 94 f.
»Christmas Truce« 98
Churchill, Winston 35, 117, 152, 233, 286, 289
Citroën 244
Claß, Heinrich 269
Clausewitz, Carl von 25, 44, 225
Clemenceau, Georges 174, 227, 249, 315
Comité de Forges 233
Commitee on Public Information (CPI) 227 f.
Conrad von Hötzendorf, Franz 25, 33, 35 f., 62, 65, 105 f., 113, 282–285
Coronel, (Schlacht von) 150–152, 195
Corradini, Enrico 53, 212
Cossmann, Paul Nikolaus 323 f.
Council of National Defence 233
Cradock, Christopher 150 f.
Creel, George 227 f.
Cunow, Heinrich 202
Currie, Edward 169
Curzon, George 339
Curzon-Linie 339 f.
Czernin, Ottokar Graf 277

D'Annunzio, Gabriele 215–217, 341 f.
Daimler-Werke 264
Daudet, Léon 225, 322
Defence of the Realm Act (DORA) 250
Dekret über den Frieden 277, 296
Dekret über den Grund und Boden 296
Delbrück, Hans 269, 273
Demonstrationsverbot 184, 197
Denikin, Anton Iwanowitsch 337 f.
Denkmäler, deutsche 358
Deportationen 79, 122, 128
Desertion 75, 97, 99 f., 263, 292
Deutscher Sprachverein 186
Deutsch-Französischer Krieg (1870/71) 75
Deventer, J. L. van 163
Diagne, Blaise 175
Diaz, Armando 221–223
»Dicke Bertha« (420-mm-Mörser von Krupp) 73

Dimitrijević, Dragutin 37, 60
Dinant, Massaker von 77
Dobell, Sir Charles 155
Dobrudscha 57, 114, 121 f., 291
Doering, Hans-Georg von 155
Dolchstoßlegende 321, 323, 331
Dolchstoß-Metapher 322
Dominions 137, 140 f., 144, 156, 166–170, 357
– Aufwertung der 169
»Dreadnoughts« 44 f.
Dreibund 42, 49, 214
Dreifrontenkrieg 281
Dreiklassen-Wahlrecht 199
Dreyfus-Affäre 35, 245, 256
Dschihad (siehe auch »Heiliger Krieg, islamischer« 116, 118, 139
Du Bois, William Edward 175
Duma 52, 196, 256 f., 292 f.
Durchhaltepropaganda 100, 230, 322
Durnowo, Pjotr N. 38

Eberlein, Gustav 127
Ebert, Friedrich 199, 268, 321, 324
Egidy, Christoph Moritz von 321
Ehrung »unbekannter Soldaten« 355
Einheit, Mythos der nationalen 185
Einstein, Albert 207
»Einundzwanzig Forderungen« 144 f.
Eisenbahnen 236, 263, 267
Eisenbahnnetz, deutsches 281
Elles, Hugh 309
Elsass 30, 72, 74, 84, 98, 286
Elsass-Lothringen 39, 42, 98, 181, 256, 297, 299, 325, 327
»Emden«, Kreuzer 148–150
Engels, Friedrich 38, 199
Entente (cordiale) 46 f., 49 f., 62, 72, 79 f.
Entgrenzung (des Krieges) 78, 112, 122, 128 f.
Erinnerung an den Krieg, öffentliche 354
»Erklärung der Hochschullehrer des Deutschen Reiches« 206
Ersatzstoffe für kriegswichtige Materialien 236
Erzberger, Matthias 320, 327 f.

Ethnische Säuberung 123, 269
Eurozentrismus/eurozentristisch 134–136
Evidenzbureau 265

Faisal 120, 345 f.
Faisal II. 345
Falkenhayn, Erich von 34, 40, 84, 86, 94 f., 105 f., 113 f., 120, 134, 268, 284, 286, 291
Falklandinseln, Schlacht bei den 136, 152, 195
Faschismus 12, 14, 212 f., 329, 341 f.
Fay, Sidney Bradshaw 333 f.
Federal Reserve 255
Feindbild Russland 199
Feindbilder 203, 216, 226
– ethnische 124
– innenpolitische 200
– nationalistische 98
– Radikalisierung der 205
Feldpressestelle 230
Feldzeitungen 229
Ferguson, Niall 125
Filmpropaganda 229
Finanzmärkte 11, 145, 254
Finnland 111, 293, 296, 338
Fischer, Fritz 36, 68
Fisher, Sir Jackie 35, 152
Fiume 330, 341 f.
Flieger 195
Fliegerasse 308
Fliegerbomben 54
Flottenbegeisterung 44
Flottenrüstung 36, 43–45, 48
Flottenwettrüsten 44, 48
Flugzeuge 54, 244, 262, 289, 298, 307, 313 f., 325
Foch, Ferdinand 25, 30, 82, 287, 315, 320
Fonck, René 308
Förster, Stig 138
Förster, Wilhelm 207
»Four Minute Man« 228
Franktireur/»franc-tireurs« 75 f.
Franz Ferdinand 37, 59 f.
Franz Joseph I. 62, 262, 285

Frauen, Dienstpflicht für 242
Frauenarbeit 240
Frauenbewegung 182, 202, 242
Frauenhilfskorps, uniformiertes 241
Frauenorganisationen, bürgerliche 201 f.
Frauenverbände, sozialdemokratische 202
Frauenwahlrecht 242 f.
Freischärler 76, 125
Freiwillige 89, 92, 98 f., 117, 157, 167 f., 183, 190–195, 227, 295, 340, 343
– aus neutralen Ländern 195
– aus Übersee 194
– Zahl der -n 193
Fremdwörter, Kampagne gegen den Gebrauch von -n 186
French, Sir John 27, 75, 93
Freud, Sigmund 353
Fried, Alfred H. 122
»Frieden ohne Annexionen und Kontributionen« 293
Frieden
– langer 17
– Sehnsucht nach 97, 100
– von Brest-Litowsk (1918) 321
– von Bukarest (1913) 57
Friedensangebot, (deutsches) 298 f.
Friedensordnung
– dauerhafte 319, 324
– neue 332
Friedensverträge von Versailles 324
Friedenswille 65, 185, 299
Friedenswirtschaft 240, 351
Fulda, Ludwig 206
Futuristen 213, 215

Gallieni, Joseph 82, 93, 245 f.
Gallipoli 116–118, 120, 167, 169 f., 172, 194, 252
– Held von 343
Gandhi, Mahatma 347
Gatling Gun 26
Gatling, Richard Jordan 26
Gefallenenkult 354–358
Gefangenenlager (siehe auch »Kriegsgefangenenlager«) 100, 126

Gefangenenzahlen 126
Gefangenschaft 100, 122, 125–127
- Leben in 127
Gehorsamsverweigerungen 247
Geiss, Immanuel 136
Geistige Mobilmachung/Mobilisierung 179 f., 202
Generalmobilmachung 66, 187
- österreichische 65
- russische 65
Generalstreik 108, 197
Genfer Konvention 127
George, Lloyd 41, 50, 115, 169, 233, 255, 304, 330
Geschichtsbild, sozialistisches 201
Geschlechterrollen, traditionelle 241 f.
Gewalt, völkerrechtswidrige 125
Gewehre, moderne 76
Gibbs, Philip 287, 289
Giftgas 94 f., 129
Giolitti, Giovanni 53, 213–218
Goltz, Colmar von der 25, 116, 118 f., 134
Gough, Hubert 315
Granaten, Herstellung von 244
Grande-Rivière-Aufstand (1915/16) 174
Grautoff, Ferdinand 133
»Great Mutiny« (1857) 169
Greater South Africa 157
Grenzschlachten 74, 81
Grey, Edward 35, 38, 44, 59, 64 f.
Griechenland 10, 18, 55–57, 62, 115, 278, 331 f., 342–344
Groener, Wilhelm 232, 268, 324, 328
»Großer Rückzug« 107
Gruber, Martin 323 f.
Guynemer, Georges 308

Haager Landkriegsordnung 94, 128 f.
Haase, Hugo 273, 324
Haber, Fritz 94
Haig, Douglas 25, 27, 93, 286–290, 304, 306, 308 f., 315
Hamilton, Richard F. 137 f.
Hantke, Arthur 277

Harden, Maximilian 273
Hari, Mata 249
Hausen, Max von 73
Heiliger Krieg, islamischer (siehe auch »Dschihad«) 120
Hemingway, Ernest 195
Hentsch, Rudolf 83
Hertling, Georg von 319
Herwig, Holger H. 137 f.
Herzl, Theodor 270
Hilfsdienstgesetz (1916) 201, 225, 235, 268
Hindenburg, Paul von 104–106, 111, 114, 206, 228, 268, 291, 293, 298, 319, 322 f.
Hindenburglinie 302
Hindenburg-Programm 232
Hitler, Adolf 10, 85, 99, 153, 179, 190 f.
Horthy, Miklós 331, 339
Hoskins, A. R. 163
Hughes, William Morris 167 f.
Hungertote 266
Hussein ibn Ali 276, 344 f.
Hussiten-Legion 294

»Ideen von« 180, 210 f.
Identitäten, regionale 99, 187
Imperial Service Troops 160
Imperialismus 22 f., 43
Indien 11, 20, 29, 118, 160, 169–171, 174 f., 177, 325, 347
- Selbstregierung -s 171
Indischer Nationalkongress 170, 325, 347 f.
Indochina 172–176
Industrie
- amerikanische 254
- russische 259
Industrieproduktion 234, 292
Infanterie, Vernichtungspotenzial der 87
Inflation 247, 253, 266, 292, 335, 352
Intellektuelle 18, 53, 78, 171, 176, 179 f., 203 f., 207 f., 210, 212 f., 251, 269
- britische 227, 309
- deutsche 205, 207 f., 210
- französische 205
- jüdische 270

- kulturpessimistische 23
- reformorientierte 146
- zivilisationskritische 34

Intelligenz 177, 182, 190, 204, 213, 218
Internierungslager 245
Irak 326, 332, 345 f.
Iren, Unabhängigkeitskampf der 251
(Irischer) Osteraufstand 168, 254, 256
Irish Republican Army (IRA) 346
Irland 20, 167, 243, 256, 346 f., 256
Irredentismus 214
Islam 116, 120, 123, 127
Isonzo, (Schlachten am) 220, 222, 263, 282
Iswolski, Graf Alexander 49
Italienischer Imperialismus 336

J. P. Morgan 236, 254 f.
Jagdflugzeuge 289
Jägerstaffeln 289
Jagow, Gottlieb von 64
Japan 21 f., 29, 45–48, 52, 61, 136, 140–148, 165, 213, 325 f.
Japanischer Imperialismus 137, 334
Japans Rolle im Ersten Weltkrieg 145
Jewish Ministers' Association 278
Jewish National Fund 270
Jischuw, (jüdische) 274 f.
Joffre, Joseph 72, 74, 81 f., 84, 245 f., 286, 304
Joseph Ferdinand (von Österreich-Toskana) 283
Juden 108, 124, 128, 270–278, 337, 339 f., 346
- wehrpflichtige 272
Judenitsch, Nikolai Nikolajewitsch 337
Jüdische Kriegsteilnehmer 272
Jüdischer Staat 346
Jugend, bürgerliche 23, 179, 183, 186, 190 f., 218
Julikrise (1914) 39, 49, 59, 65, 68
Jünger, Ernst 125, 304, 307
»Junges Bosnien« 60

Kaimo, Mitsuomi 142
Kaiser, Abdankung des -s 321
Kaledin, Alexei 283

Kameradschaft 99, 176
Kamerun 155, 160 f., 326
Kampfmotivation 98, 160
Kampftruppen, weibliche 242
Kanada 11, 20, 166–168, 325
Kapitulation, bedingungslose 320
Karl I. 261–263, 285
Károlyis, Miháli 338
Katharsis 23, 216
Kato, Takaaki 141, 144
Keegan, John 309
Kemal, Mustafa (Atatürk) 117, 332, 342 f.
Kenia 160 f., 163, 165
Kerenski, Alexander 108 f., 275–277, 293–296
Kesselschlacht 104
Kiesling, Hans von 119
Kindersterblichkeit 266
King's African Rifles 161
Kitchener, Horatio Herbert 26, 75, 193
Kjellén, Rudolf 211
Klassensolidarität, internationale 198
Kluck, Alexander von 73, 75, 81
Koalitionskrieg 109
Koeth, Joseph 271
Kohleverbrauch, privater 236
Kolonialherrschaft 21
Kolonialkonferenz (1917) 175
Kolonialkriege 138
Kolonialsoldaten 94, 172 f., 176
Kolonialtruppen 159–161, 163 f., 166, 171–173
- Verluste der 173
Kolonien 20–23, 45
- in Afrika 154, 166, 174
Kommunikationspolitik, deutsche 228
Konflikte, imperiale 22, 47 f., 54
Kongo 21, 51
Konkurrenz, imperiale 47
Konstantin I. 115
Kornilow, Lawr Georgijewitsch 295 f.
Krankenschwestern 241
Kraut, Georg 161
Kredite 253 f.
Krieg
- der großen Worte 205

- globaler 133 f.
- moderner 30, 87 f.
- totaler 10, 78, 172, 225, 322
- von welthistorischer Bedeutung 134

Kriegerdenkmäler 354–358
Kriegsamt 232
Kriegsanleihen 229, 256, 260, 266
Kriegsbegeisterung 97, 179, 181–187, 189 f., 193, 195, 197, 250
Kriegsbereitschaft 25, 182–184, 189, 195
Kriegsdeutungen 210, 221
Kriegsdienstleistungsgesetze (1912/1916) 232, 235
Kriegseintritt
- amerikanischer 300
- Italiens 215
- japanischer 141

Kriegserinnerung 354 f., 358
Kriegserklärung
- an Serbien 63, 65, 181, 214
- amerikanische 255
- britische 67
- deutsche 181
- ohne 56

Kriegsernährungsamt 266
Kriegsfinanzierung 253, 255, 260
Kriegsfreiwillige 85, 190–193
- Motive der -n 190
- Zahl der -n 192

Kriegsführung
- defensive 92
- »innere« 226

Kriegsgefangene, Arbeitseinsatz von -n 128
Kriegsgefangenenlager (siehe auch »Gefangenenlager«) 127, 263
Kriegsgesellschaften 232
Kriegsgräuelfrage 78
Kriegsküchen 262
Kriegsministerium 233
Kriegsmittel, neuartige 129
Kriegsplanung
- deutsche 31
- russische 29

Kriegspsychose 185

Kriegsschäden, alliierte 326
Kriegssozialismus (siehe auch »War Socialism«) 200
Kriegstod 352, 355 f.
Kriegsverbände, öffentlich-rechtliche 232
Kriegsverbrecher, Verfolgung deutscher 327
Kriegswende 281
- im Osten 277

Kriegsziele, alliierte 297
Kriegszielkonferenz 293
Kühlmann, Richard von 318
Kulturkrieg 179, 205
Kulturpessimismus 34, 204
Kun, Béla 338 f.
Kundgebungen, patriotische 181, 183
Kurland, Herzogtum 111, 293

Landesverteidigung 192, 198, 256
Landwirtschaft 177, 234, 240, 267
Langemarck, Schlacht bei 85
Lanrezac, Charles 74, 81
Lansdowne, Henry Petty-FitzMaurice of 44
Lavedan, Henri 205
Lawrence, D. H. 251
Lawrence, T. E. 120, 163
»Le Journal« 247, 249
Lebensmittelknappheit in Deutschland 266
Lebensmittelversorgung 234, 238, 253, 261 f., 267 f.
Lemberg 105, 107, 294, 339
Lenin, Wladimir Iljitsch 277, 293 f., 296, 322, 340
Lensch, Paul 202
Lettow-Vorbeck, Paul von 139, 154, 159–164
Libanon 332, 345
Libyen 21, 52 f., 216
Libyenkrieg 22, 35, 53 f., 213
Lichnowsky, Karl Max von 64
Liebknecht, Karl 273
Liman von Sanders, Otto 58, 116
Liman-von-Sanders-Affäre 59
Lissauer, Ernst 270 f.
Liturgien, nationale 19
Londoner Vertrag (siehe auch »Vertrag von London«) 329 f., 341

Longuet, Jean 248
Loßberg, Fritz von 318
Lothringen 30, 72, 74, 98
Ludendorff, Erich 104–106, 110, 225, 228 f., 273, 291, 293, 298, 302 f., 314–316, 318–322
Ludendorff, Widerstand gegen 317
Ludwig III. 264
Luftaufklärung 142, 283, 286
Luftkrieg gegen Städte 130
Luftwaffe, Bedeutung der 307
»Lusitania«, Passagierdampfer 79, 129
Lüttich 71, 73–76, 89, 93, 262, 293
Luxemburg, Rosa 273
Lwow, Fürst Georgi 293
Lyautey, Hubert 305
Lynchopfer 301

Machno, Nestor 338
Mackensen, August von 106, 113 f., 291
Maggi 245 f.
»Maggio radiso« (»Strahlender Mai«) 218
Maginot, André 174
Mahan, Alfred Thayer 44
Mahiwa, Entscheidungsschlacht bei 163
»Maison de la presse« 227
Majakowski, Wladimir 203
Malvy, Louis-Jean 245 f., 248 f., 251, 256, 322
»Manifest der 92« (siehe auch »Aufruf an die Kulturwelt«) 270
Mann, Thomas 210
Mannerheim, Carl 338
Mannock, Edward 308
Maori 168
Marinetti, Tommaso 213
Maritz, Manie 157 f.
Maritz-Aufstand 158
Marokko 49
Marokkokrise
– erste 46 f.
– Folge der 52
– zweite (1911) 24, 30, 40, 50–54
Marx, Karl 199, 215, 248
Masaryk, Tomáš 263
Maschinengewehre 26–28, 87

– leichte 295, 313
Massenhysterie, chauvinistische 185
Materialschlacht 71, 88, 90, 93, 95, 97, 149, 220, 283
Matteotti, Giacomo 342
Maurice, Frederick 323
Maxim Gun 26
Maxim, Hiram 26
Mazzini, Guiseppe 213
McCudden, James 308
McMahon, Sir Henry 276
Meerengen 39, 48–50, 55, 58, 59, 116, 332, 344
Meinecke, Friedrich 269
Meinungslenkung 226 f., 230
Melchior, Carl 271
Mennoniten 300
Menschewiki 196, 256, 260
Mesopotamien-Front 120
Meuterei 97, 108, 221, 247 f., 264, 306, 320, 337
– der Matrosen in Kiel 320
Michaelis, Georg 319
Militärdienstgesetz (1916) 252
Militarismus 17, 86, 206–208, 211
Militärkulturen, unterschiedliche 121
Miljukow, Pawel 292
Millerand, Alexandre 93, 246
Milner, Alfred 315
Minh, Ho Chi 175
Mjasojedow, Sergej N. 258
Moltke der Jüngere, Helmuth von 32
Moltke, Helmuth von 25, 30 f., 33–35, 40, 52, 65, 68, 72, 84, 116, 134
Mommsen, Wolfgang 59
Monash, John 169
Monelli, Paolo 127
Montagu, Edwin 171
Morrell, Ottoline 251
Mosambik 159, 161–163, 165
Motive, patriotische 191
Mücke, Hellmuth von 149
Mukden, Schlacht von 28, 46, 89
Müller, Georg Alexander von 293

Müller, Karl von 149
Mulligan, Edward 59
Munitions of War Act 252
Munitionsfabriken 252
Munitionsknappheit 259
Munitionsministerium 233
Muslimliga 170
Mussolini, Benito 213, 215, 341 f.

Nachrichten, Übermittlung von 257
Naher und Mittlerer Osten 112, 115, 119 f., 136, 165 f., 276, 332, 334, 346
Nationalsozialisten, Aufstieg der 335
»Nation in Waffen« 19, 172, 219
Nation, Bejahung der 196
Nationale Emotionalisierung der Massen 20
Nationalismus 17–20, 23, 196
- demokratischer 213, 218
- neuer 23, 212
- völkischer 212
Nationalsozialismus, Begriff 212
Nationalstaat
- homogener 18
- moderner 18, 146, 187, 294
Natorp, Paul 205
Neufundland 166
Neuseeland 11, 20, 141–143, 166–168, 325 f.
Neutralität
- belgische 31, 67, 199
- britische 64
- chinesische 142
- italienische 195
Neville, Wilfried 287 f.
Nibelungentreue 50
Nicolai, Georg Friedrich 207
Nicolai, Walter 226, 246, 257, 265, 313
Niederlage
- Eingeständnis der 321
- Verantwortung für die 319
Niemann, Alfred 318
Nietzsche, Friedrich 208
Nigeria 155, 161, 174
Nikolaus II. 47, 65, 257, 292 f.
Nitti, Francesco Saverio 330

Nivelle, Robert 246, 248, 304–306
»Novemberverbrecher« 331

Ober Ost 105, 111, 128
Oberschlesien 325, 328, 340
Offensive Strategien 25, 29 f.
Offensive, Fixierung auf die 25
Oktoberrevolution 111, 175, 277
Operation »Michael« 315 f.
Orlando, Vittorio Emanuele 221 f., 230
Ostafrika 139, 152 f., 156, 159–162, 164 f., 170, 326
Ostasiengeschwader, (deutsches) 141, 143, 147–149, 195
Painlevé, Paul 305
Palästina 170, 274 f., 277 f., 326, 332, 344, 346
Pan-Afrikanischer-Kongress, erster (1919) 175
»Panther«, Kanonenboot 50
Panzer 250, 289, 305 f., 308–310, 313 f.
- leichte 244
Panzerkreuzer 54, 141, 148, 150, 320
Panzerproduktion 244
Papst Benedikt XV. 220
Pariser Friedenskonferenz 147, 171, 340, 345, 347
Pariser Friedensverhandlungen 324
Pariser Vorortverträge 328, 332
»Paris-Geschütze« 316
Pašić, Nikola 60
Patriotismus, defensiver 98 f., 189, 193
Patt 90 f., 328
Persien, unabhängiges 119
Pétain, Philippe 175, 248, 306, 315
Piaveschlacht, dritte 222
Picot, Georges 344
»Plan 16« 72
Plechanow, Georgi W. 257
Plenge, Johann 211 f.
Poincaré, Raymond 63, 245, 306, 315, 334
Polen, Königreich 110, 257
»Politik der freien Hand« 42
Poliwanow, Alexei 259
Polnische Frage 110

Register 411

Portugal 12, 20, 161, 166, 243
Posen 325, 340
Postkarten 229, 242
Prager, Robert 301
Präventivkrieg 35 f., 39 f.
Preistreibereiverordnung (1915) 267
Pressefreiheit 226
Presselenkung 228
Princip, Gavrilo 60
Prittwitz, Max von 104
Propaganda
- deutsche 80, 85, 172, 228
- englische 251
Propagandaschlacht, internationale 78
Przemyśl, Festung 106
Putnik, Radomir 113
Rasputin, Grigori 108, 258
Rassismus 172, 198
Rathenau, Walter 232, 271
Rationierungen 156, 237, 264
Red Clydeside 252 f.
Redl, Alfred 257
Reims 78, 130, 273, 316–318
Reinhardt, Walter 273
Rekrutierungstaktik 193
Remarque, Erich Maria 9
Renault 244
Renault-Panzer 306
Repressalie, Recht auf 129 f.
Repressionsmaßnahmen 126
Resignation 100, 181, 183, 189, 218
Richthofen, Manfred von 290, 308, 316
Riezler, Kurt 40
Rifkabylen, Aufstand der (1921) 175
Riga 295, 340
Risorgimento 216 f., 222
Röhl, John 36
Rolland, Romain 208
Romanow, Michail 292
Romanowa, Alexandra 257
Roosevelt, Theodore 45
Ross, Robert 251
Rote Arbeiter- und Bauern-Armee 296
Rote Armee 285, 336–339

Rote Garde 296, 338
Rotes Kreuz 89, 127, 188, 201
Rothschild, Lord Lionel Walter 274
(Royal) West African Frontier Force
  (RWAFF) 155, 161
Rübenwinter (1916/17) 266, 268
Rückversicherungsvertrag (1887) 42
Ruffey, Pierre Xavier Emmanuel 81
Rumänien 18, 56 f., 62, 114, 121, 170, 243 f.,
  266, 291, 293, 295, 329, 331, 339, 352
Rupprecht von Bayern 85, 303
Russell, Bertrand 234
»Russische Dampfwalze« 109
Russische Revolution 10, 104, 111, 279
Russische Schwerindustrie 260
Russische Wirtschaft 338
Russisch-Japanischer Krieg 27 f.
Russland
- Ernährungskrise in 107
- innere Probleme -s 108
- Rüstungsindustrie 232 f., 235, 238 f., 242,
  253, 261
- staatliche Regulierung der 233
- Rüstungsproduktion 219, 233–235, 239, 250,
  252, 267 f.
- Programm zur Steigerung der 268
Ruzsky, Nikolai 292

Salandra, Antonio 216–218
Saloniki-Front 114 f.
Samsonow, Alexander Wassiljewitsch 104
Sanitäter, freiwillige 195
Saudi-Arabien, Königreich 345
Schäfer, Dietrich 269
Scheidemann, Philipp 199, 321, 328
Schlieffen, Alfred von 24, 31, 71 f., 109
Schlieffenplan 32 f., 65, 67, 257
Schnee, Heinrich 159
Schuld
- am Ausbruch des Weltkriegs 64, 68 f.
- am Weltkrieg 326
Schützengräben 84, 86, 92
- Ausbau der 91
- erste 88

»Schwarze Hand« (Geheimorganisation) 37, 60
Schwarzmarkt 237
Sediction Act (1918) 301
Seeberg, Reinhold 269
Seeblockade 79, 129, 139, 142, 231, 266
Seeckt, Hans von 294, 322
Seekrieg 147
- globaler 136, 139
Seekriegsrecht 129
Segall, Jakob 272
Seitz, Theodor 159
Selbstbestimmungsrecht der Völker 333
Selbstverstümmelung 97, 101
Separatfrieden 57, 109
Shikai, Yuan 144–146
Siebenbürgen 114, 264, 291, 331, 339
Siebentagekrieg (1919) 340
Sieger, alliierte 325
Siegesfeier 188
Siegfriedstellung/Siegfriedlinie 302–305, 315 f., 318 f.
Skoda 262
Smith, A. L. 204
Smuts, Jan 157, 162 f.
Sokolnikow, Georgi 296
Soldaten, heimkehrende 335
Soldatenfriedhöfe 354, 357
Soldatenräte 295
Solferino, Schlacht von 89
Solidarität, nationale 291
Sombart, Werner 205, 210
Somme 89, 162, 166 f., 194, 229, 247, 252, 255, 281, 283, 285–290, 302, 304–306, 308, 309, 314
Sonnino, Sidney 216, 330
Sorel, Georges 215
South Africa Act (1919) 156
Sowjetkongress 276 f., 296
Sowjetunion 10, 333, 344
Sozialimperialismus 53
Sozialisten, Parteizeitung der 213
Sozialistische Parteien 180 f., 184, 195 f., 215, 218

Spanische Grippe 147, 165, 317
Spartakusbriefe 269
SPD 184, 189, 195, 196–198, 200, 328, 333
Spears, E. L. 306
Spee, Graf Maximilian von 141, 143, 148, 150–152, 156, 163, 195
Spione, Warnungen vor -n 265 f.
Staatsquote 231
Stacheldraht 91, 244, 302
»Stacheldrahtpsychose« 127
Stahlhelme 244
Stein, August 273
Stellungskrieg 71, 88 f., 93 f., 114, 117, 125, 315
- neuartiger 103
- Übergang zum 86, 90
Stimmungen bei Kriegsbeginn 180
Stokes-Mörser 250
Straus, Nathan 278
Streiks 108, 220, 242, 248, 253, 264, 269, 292, 306, 345
Stresemann, Gustav 334
Ströbel, Heinrich 198
Stürgkh, Karl Graf 62
Stürmer, Boris 258
Sturmtruppen 172, 283, 290, 295, 341 f.
Subimperialismus 12, 140
Suchomlinow, Wladimir A. 258 f.
Südafrika 11 f., 20, 156 f.,159, 161 f., 166, 168, 326
Südafrikanische Union 156 f.
Südslawischer Staat 264
Südwestafrika 156–158, 161, 163, 326
Sykes, Mark 344
Sykes-Picot-Abkommen (1916) 276
Syrien 120, 123, 138, 276, 326, 332, 344 f.

Taktik, (neue) 28, 93, 283, 290, 304, 310, 313
Talât, Mehmed 123, 277
Tank Corps 309
Tanks 289, 308 f., 313 f., 316–318
Tannenberg, (Schlacht bei) 82, 104 f., 111
Thomas, Albert 233
Tirpitz, Alfred von 43, 52
Tisza, István 62, 262

Todesraten, monatliche 89
Togo 154f., 160, 326
Totaler Krieg, erster 10
Totenkult 354, 356
Townshend, Charles Vere Ferrers 118
Träger 155f., 162f., 165, 212
Trauernde 352
Trient und Triest 98, 216, 219
Troeltsch, Ernst 211
Trotzki, Leo 277, 296, 337
Trudowiki 196
Tschechoslowakei 243, 329, 331, 339f.
Tschirschky, Heinrich von 62
Tunesien 53, 172, 175
Türkei 10, 26, 116, 119f., 332, 344, 352, 357
Türkisch-armenischer Krieg 343

Überhöhung des Krieges, ideologische 202
Überläufer 105, 108, 125
Überlegenheitsanspruch, kultureller 198
Überwachungsvereine, freiwillige 300
U-Boot-Krieg 79, 129, 231, 237, 252–255, 298f., 327
Ukraine 111, 235, 260, 296, 298, 314, 338–340
Ultranationalisten, serbische 68
Umfassungsangriff 72, 84
Ungarn 62, 181, 235, 243, 262–265, 324, 327–329, 331, 334, 338f.
Uniformen 28, 244
»Union sacrée« 179, 204, 219, 243, 245, 248f., 306
Universum Film AG (UFA) 229
Unternehmen »Alberich«/Alberich-Programm 302f.
Unvermeidlicher Krieg 18, 24, 33f., 37f., 56f., 133, 257
Urach, Wilhelm von 111
Urbanski von Ostrymiecz, August 265
Ursachen des Ersten Weltkrieges 17, 40
USPD (Unabhängige Sozialdemokratische Partei Deutschlands) 197, 269, 320, 323f.

Verbrüderung 98, 301
Verdun 72, 81–83, 89, 95f., 107–109, 172, 247, 262, 281, 284–288, 295, 303f., 315, 319, 322
- Blutmühle von 96
Vergeltungsaktionen 54, 76f.
Verhandlungsfrieden 320
Verlierer des Krieges 234
Verlust erwachsener Kinder 353
Versailler Vertrag 327f., 332–334, 340
- Revision des -s 333f.
Versorgung der Bevölkerung 238
Verständigungsfrieden 269, 273, 292
Verteidigungskrieg 40, 67, 181, 189, 196–198, 202, 208, 214, 219, 221, 269
Vertrag
- von Alexandropol 344
- von Lausanne 344
- von London (1915) 217
- von Rapollo 341
- von Sèvres 324, 332, 343f.
Verweigerungen 97, 99f., 220
Veteranenverbände 335
Viererrat 325
Viviani, René 63, 93, 245f.
Völkerbund
- Ausschluss aus dem 328
- Schaffung eines -es 297
Völkerrecht 14, 78, 80, 98, 206, 209
- Bruch des -s 75, 129
Volksgemeinschaft 228, 230
Volksschulen 19
Vollenhoven, Jost van 174
Voß, Werner 308
Waffenbrüderschaft, deutsch-türkische 116
Waffenstillstand
- der Parteien 245
- erster 159
Waffenstillstandsvereinbarung 321
Waffentechnik, Entwicklung der 25–27, 76
Wahlrecht
- allgemeines 168, 202, 263, 351
- beschränktes 243
Waldersee, Alfred Graf von 48, 133
Wangenheim, Hans Freiherr von 116
War Propaganda Bureau 227

»War Socialism« (siehe auch
   »Kriegssozialismus«) 252
Warburg, Max 271, 273
Warburg, Otto 270, 274, 277
Warschau 110, 128, 271, 339
Weber, Alfred 207
Weber, Max 207
Wegner, Bernd 135, 138
Wehrgesetz 52
Wehrpflicht 19, 52, 166–168, 170 f., 174, 190,
   193 f., 252, 300
– Einführung der 157, 167, 227, 239, 309
Weimarer Koalition 333
Weimarer Republik 163, 272, 323, 331, 333,
   335
Weiße Armee 285, 337 f.
Weizmann, Chaim 270, 274, 346
Wellington House 227
Wells, H. G. 209
Welthandel 11, 237
Weltkrieg
– Begriff des -s 134
– enge Definition von 135
– weite Definition von 137 f.
– Zweiter 334 f.
Weltkriege der Weltgeschichte 137
Weltmarkt 30, 33, 202, 231, 236 f.
Weltmeinung, Beeinflussung der 79
Weltpolitik 43, 45 f., 59, 133, 277
Weltwirtschaftskrise 335
Westpreußen 325, 340
»Wettlauf zur See« 84
Wilamowitz-Moellendorff, Ulrich von 207
Wilde, Oscar 251
Wilhelm II. 42 f., 46, 65, 188, 258, 299, 321,
   326
Wilson, Woodrow 80, 171, 175, 221, 227,
   254 f., 278, 297, 299, 319, 325–328, 330,
   345, 347
Wirtschaftskrieg, globaler 136, 231
Wohlfahrtsstaat 351
Wohltätigkeit, spontane 201
Wolff, Theodor 273
Wolffs Telegraphisches Bureau (WTB) 226 f.
Wölkerling, Gustav 257
»Wunder an der Weichsel« 339
Württemberg, Albrecht Herzog von 74, 84 f.,
   94

Yatsen, Sun 144
Ypern-Schlacht 85, 307–309, 315

Zeitgeist
– nationalistischer 204
– sozialdarwinistischer 23, 25
Zensur 174, 177, 226 228, 247, 249
Zentral-Einkaufs-Gesellschaft (Z.E.G.) 266,
   271
Zeppeline 163, 225, 250
Zionistische Organisationen 270, 274, 278
Zionistische Weltorganisation (ZWO) 274
Zionistischer Staat 278
Zivilisten
– Gewalt gegen 124
– Übergriffe auf 122 f.
Zuber, Terence 32
Zuckmayer, Carl 191
Zwangsarbeit/Zwangsarbeiter 79, 122, 128,
   239, 271, 302 f.
Zwangsrekrutierung 128, 165
Zweibund 42
Zweifrontenkrieg 31, 66, 281
Zweig, Stefan 202